D1678547

संपूर्ण नाटक–2

वाणी प्रकाशन
नयी दिल्ली-110002
फोन : 3273167, 3275710 • फैक्स : 3275710
e-mail : vani_prakashan@yahoo.com
vani_prakashan@mantraonline.com

संपूर्ण नाटक

2

डॉ. चरणदास सिद्धू

वाणी प्रकाशन

इन नाटकों के सब अधिकार चरणदास सिद्धू और उनके परिवार के पास सुरक्षित हैं। इन नाटकों को मंच, रेडियो, टेलीविजन, फिल्म, वीडियो फिल्म आदि के लिए खेलने से पहले, अथवा किसी प्रकार का व्यापारिक प्रयोग करने से पहले लेखक से लिखित आज्ञा लेना जरूरी है।

ISBN : 81-7055-941-3

वाणी प्रकाशन
21-ए, दरियागंज, नयी दिल्ली-110002
द्वारा प्रकाशित

फोन : 0091#11#23273167, 23275710
फैक्स : 0091#11#23275710
ई-मेल : vaniprakashan@gmail.com
vani_prakashan@yahoo.com
वेबसाइट : www.vaniprakashan.com
संस्करण : 2007
© लेखकाधीन
मूल्य : 700.00
शुभम ऑफसेट, दिल्ली-110051
द्वारा मुद्रित

SAMPOORN NAATAK-2
by : Dr. Charan Dass Sidhu

संपूर्ण नाटक

2

डॉ. चरणदास सिद्धू

वाणी प्रकाशन

इन नाटकों के सब अधिकार चरणदास सिद्धू और उनके परिवार के पास सुरक्षित हैं। इन नाटकों को मंच, रेडियो, टेलीविजन, फिल्म, वीडियो फिल्म आदि के लिए खेलने से पहले, अथवा किसी प्रकार का व्यापारिक प्रयोग करने से पहले लेखक से लिखित आज्ञा लेना जरूरी है।

ISBN : 81-7055-941-3

वाणी प्रकाशन
21-ए, दरियागंज, नयी दिल्ली-110002
द्वारा प्रकाशित

फोन : 0091#11#23273167, 23275710
फैक्स : 0091#11#23275710
ई-मेल : vaniprakashan@gmail.com
vani_prakashan@yahoo.com
वेबसाइट : www.vaniprakashan.com

संस्करण : 2007
© लेखकाधीन
मूल्य : 700.00
शुभम ऑफसेट, दिल्ली-110051
द्वारा मुद्रित

SAMPOORN NAATAK-2
by : Dr. Charan Dass Sidhu

'भाग्यवान पोता' (भगतसिंह शहीद, भाग-1) का एक दृश्य

'भाग्यवान पोता' (भगतसिंह शहीद, भाग-1) की एक झांकी

'इनक़लाबी पुत्र' (भगतसिंह शहीद, भाग-2) का एक दृश्य

'इनक़लाबी पुत्र' (भगतसिंह शहीद, भाग-2) की एक झांकी

'भगत सिंह शहीद', भाग-2 का एक दृश्य

'भगत सिंह शहीद', की प्रस्तुति का आखिरी क्षण

'पूनम के बिछुए' का एक दृश्य

'पूनम के बिछुए' का अंतिम क्षण

'शास्त्री की दीवाली' का एक तनावपूर्ण क्षण

'शास्त्री की दीवाली' का एक दृश्य

'पहाड़िन का पुत्र' की एक झांकी

'पहाड़िन का पुत्र' का एक दृश्य

अभिनेता डॉ. सिद्धू का दिल्ली सरकार के वृष्ठ अधिकारी द्वारा सम्मान

रोमन नाटककार प्लॉटस के 'दि पॉट ऑफ गोल्ड' में डॉ. सिद्धू अभिनय करते हुए

नाटक 'बाबुल, मेरा डोला अटका' की एक झांकी

'बाबुल, मेरा डोला अटका' का अंतिम दृश्य

9

बात फत्तू कहार की

अपनी तगड़ी बेटी

पंकजा

को

जिसने पच्चीस अक्तूबर को जन्म कर

चन्नण कौर को जन्मा

लेखक की ओर से

हर बंदा सिकंदर जैसा योद्धा, शेक्सपीयर जैसा लेखक, आइनस्टाइन जैसा वैज्ञानिक, पिकासो जैसा कलाकार, क्यों नहीं बन सकता?

काम करने की ताक़त, दिमाग़ी ताक़त, हौसले की हद—इस पहलू से सारे इन्सान बराबर क्यों नहीं?

कौन सी जुगत बरते बंदा कि अपनी शारीरिक और दिमागी शक्तियों का पूरा-पूरा विकास कर सके? और महान बन सके?

अकेला औडिसियस (होमर का नायक) ही क्यों जीवित वापस घर लौटा? उसके साथियों में कौन सी कमी थी, कौन सी कमज़ोरी थी, जो वे बारी-बारी रास्ते में मरते गए? और अपने लक्ष्य पर नहीं पहुँच सके? इन्सान औडिसियस जैसा विजेता कैसे बने? क्या खूबियाँ थीं उसके अंदर?

तस्वीर का उलटा पक्ष : क्यों एक परिवार, अपनी पूरी कोशिश के बावजूद, ग़रीबी के जोहड़ में से बाहर नहीं निकल सकता? क्यों वह, रहंट कुएँ के बैलों की तरह, उसी जगह चक्कर पर चक्कर लगाता रहता है? पीढ़ी दर पीढ़ी?

'ब्रात फतू कहार की' इन बड़े सवालों का छोटा सा सिरा ही छूता है।

'बात फतू कहार की' कामेदी भी है और त्रासदी भी। एक अच्छे नाटक का अंत दिल ढहाने वाला नहीं होता। ख़ासकर त्रासदी का। राजा ईडिपस, राजा लीयर, हैमलिट, मैकबैथ, मदर करेज, डैथ ऑव व सेल्जमैन—आख़िर में इन्सान का उत्साह बढ़ाते हैं। अपनी त्रासदी के बारे में मैं दावे से नहीं कह सकता कि यह हर बंदे का हौसला बढ़ायेगी। सिर्फ उम्मीद कर सकता हूँ कि मुझे सैकड़ों 'बातें' सुनाने वाले मेरे ताऊ फतहचंद की यह 'बात' दर्शकों को उत्प्रेरित करेगी।

इला अपार्टमेंट्स (104 ए)
बी-7, वसुंधरा एनक्लेव,
दिल्ली-110096

चरण दास सिद्धू

निर्देशिका की ओर से

कई लोगों ने पूछा कि इस नाटक का नाम 'बात फत्तू कहार की' क्यों है? 'किस्सा' या 'कहानी फत्तू कहार की' क्यों नहीं? इस सवाल का समाधान नाटक पढ़ने के बाद हुआ। नाटक पढ़ने से पता चला कि जो अर्थ 'बात' में है, वह 'किस्सा' या 'कहानी' में नहीं है।

लोक-कथा और परी-कथा, आप-बीती और जग-बीती, सुनाने को "बात सुनाना" कहते हैं। हर बात की एक कहानी होती है, बेशक वह राजा-रानी की हो या ग़रीब मनुष्यों की। बोलने वाले जानवरों की हो या उड़ने वाले घोड़ों की। हर बात जीवन के किसी न किसी पक्ष की व्याख्या करती है, कोई न कोई शिक्षा देती है। हर बात का अंत भी "देअ लिव्ड हैपिली ऐवर आफ्टर" से होता है।

'बात फत्तू कहार की' आज की सदी की एक लोक-कथा है। इसके पात्र आम बंदे होने के साथ-साथ लोक-कथा के पात्र भी दिखते हैं। फत्तू कहार ज़िंदगी भर कुएँ का मेंडक बना रह गया। वह न तो पढ़ सका, न राजगीरी सीख सका। और न ही कोई दूसरा धँधा कर सका—जैसे कि किसी जादूगरनी ने उसकी तरक़्क़ी की राह कील दी हो। सुखदेव इस आधुनिक लोक-कथा का राजकुमार है जो अपने सपनों की राजकुमारी पाने के लिए आई.ए.एस. का जादुई घोड़ा तलाश रहा है। यह अलग बात है कि वह बी.ए. पास नहीं कर पा रहा। सपने फत्तू भी देख रहा है—अपनी बेटी विलायत में बस रहे लड़के के साथ ब्याह कर, परिवार की ग़रीबी दूर करने के सपने।

कुलतार फुटबाल का एक बड़ा और मशहूर खिलाड़ी बनने के सपने देख रहा है। इसी तरह चन्नणकौर भी तमाम मुश्किलों के बावजूद अपने सपनों का राजकुमार ढूँढ़ रही है।

लोक-कथाओं में जीवन का प्रवाह चलता रहता है। कुछ बदलाव नहीं आता। आई.ए.एस. के सपने देखने वाला सुखदेव अपने परिवार की परंपरा को कायम रखता हुआ, पानी के नल, टोंटियाँ और टैंकियाँ ठीक करने लग पड़ता है। छोटी लड़की सीसो अपनी बुआ भोलां की तरह मंदिर और पड़ोसी लड़के द्वारके के चक्कर में फँस जाती है और साधु

राम अपने चाचा मंगल सिंह की कपड़ों की गठड़ी उठाकर चल पड़ता है। फर्क इतना है कि कपड़े के थानों की जगह सिले सिलाये कपड़ों ने ले ली है। नाटककार ने 'बात' वाला भाव नाटक में बहुत ख़ूब पिरोया है। फत्तू कहार के मुँह से ब्राह्मण के पुत्र की 'बात', चन्नण कौर के मुँह से ज़मींदार चौधरी के पुत्रों के नाम कुत्ता, बिल्ला रखने की 'बात'— बहुत ही रोचक हैं। ये 'बातें' जीवन की झाँकी भी दिखाती हैं और शिक्षा संदेश भी देती हैं।

सुखदेव का पात्र भारतीय नाटक साहित्य में एक अनूठी रचना है। वह हर छात्र का प्रतीक है जो सीधा सादा है, जो छल कपट में न पड़कर, अपने जीवन को ऊँचा उठाना चाहता है। वह अंग्रेज़ विद्वानों के जीवन सिद्धांतों की चर्चा करता है, जो उसने पढ़े हैं, पर जिये नहीं। अँग्रेज़ी बोलता है पर पास नहीं कर पाता।

यह नाटक लोक-कथा होते हुए भी 'ऐब्सर्ड' अथवा 'परीकथा' वाला नहीं। यह जीवन के यथार्थ का नाटक है। इसलिए इसका प्रदर्शन खाली स्टेज पर नहीं हो सकता। नाटक को खेलने के लिए एक उचित वातावरण की ज़रूरत है। इसलिए मंच-सज्जा में फत्तू का घर, मंगल का घर और दोनों का साझा आँगन दिखाना ज़रूरी हैं। उन से भी ज्यादा जरूरी हैं उनके कामकाज की चीज़ें, जैसे—रस्सी डोल बाल्टी, घड़े, खाट, कपड़ों की गठड़ी, स्कूल का बसता, सूटकेस, कहारिन की दाने भूनने वाली भट्टी और दूसरा सामान। इन सबको दिखाना बहुत आवश्यक है। इसको माइम द्वारा नहीं दिखाया जा सकता।

पात्रों की वेशभूषा द्वारा भी समाज में उनका स्थान निर्धारित होता है और आजकल के फैशन की झलक भी मिलती है। सुखदेव एक कॉलेज का विद्यार्थी तो है पर वह शहरी नहीं। यह उसके कपड़ों से झलकना चाहिए। इसी तरह दूसरे पात्रों की वेशभूषा का भी ख़्याल रखना होगा।

प्रकाश योजना में किसी ख़ास ईफैक्ट की ज़रूरत नहीं। यह नाटक दिन की रौशनी में भी खेला जा सकता है। ज़रूरत है कि सैट्ट, वस्त्र और वस्तु विन्यास द्वारा सही माहौल और मंज़र की रचना की जाए।

संगीत व नाटक विभाग
भारत सरकार
नई दिल्ली

कु. मनोज बंसल

पहला मंचन

'बात फतू कहार की' को साहित्य कला परिषद, दिल्ली ने अपनी 'सर्व-भारत नाट्य लेखन प्रतियोगिता, 1985' में दूसरा पुरस्कार दिया। और अपने नाट्य उत्सव में 'विकल्प' टोली को वित्तीय सहायता दे कर, पहली बार, 7 नवम्बर, 1985 को सपरू हाऊस में मंचित करवाया। कलाकार थे :

फतहचंद	:	ऐस.डी. आहूजा / मनीष बहल
राम रखी	:	मोहिनी माथुर
साधुराम	:	बी.एम. सूरी / शैलेंद्र जैन
सुखदेव खुद्दार	:	सुरेंद्र नागपाल
भोलां	:	बरिंद्र महेड़ू
तारो	:	प्रो. इंदू बाला अरोड़ा
सीसो	:	धर्मेन्द्र सूरी / नूपुर सिद्धू
मंगल सिंह	:	नरेंद्र नादिम / टोंबी सिंह
कुलतार सिंह	:	आर.के. पावार
चन्नणकौर	:	सतिंद्र महेड़ू

परदे के पीछे

स्टेज मैनेजर	:	रमेश भटेजा / टोंबी सिंह
वस्तु विन्यास	:	संजीव अरोड़ा / प्रमिला सिद्धू
सैट्ट	:	गुरमुखसिंह
रौशनी	:	दिलबाग राए
श्रृंगार	:	मोहन और प्रदीप दमनिया
सह-निर्देशक	:	प्रो. जे.ऐन. कौशल
निर्देशिका	:	कु. मनोज बंसल

पात्र

फतहचंद	:	उम्र 52
राम रखी	:	उसकी घरवाली, 48
साधुराम	:	उसका पुत्र, 30
सुखदेव कुमार 'खुद्दार'	:	उसका छोटा पुत्र, 22
भोलां	:	उसकी बेटी, 20
तारो	:	उसकी बहू, 28
सीसो	:	उसकी पोती, 10
मंगल सिंह	:	उसका भाई, 50
कुलतार सिंह	:	उसका भतीजा, 21
चन्नणकौर	:	अध्यापिका, 22

* * *

स्थान : पंजाब का एक गाँव, ज़िला होशियारपुर

समय : आजकल

* * *

विषय - गीत

(क) बात सुनाऊँ, बात सुनाऊँ
बात एक ग़रीब की।
कुएँ भीतर मेंडक के,
खोटे नसीब की।
काम छोड़ रब्ब पर,
हिम्मतों को हारता।
झूठे सपने, समधी-पन पर,
बेटी बेटे वारता।।

(ख) चक्कर ग़रीबी वाला,
जो भाई तूने तोड़ना।
रब्ब अपना आप बन
काम से मुँह मोड़ न।
ग़ैरों को हाथ जोड़ न।
हिम्मतों को तोड़ न।।

पहला अंक

(गली में खड़े होकर यदि आप रखी कहारिन की भट्टी पर दाने भुना रहे हों, तो आपकी निगाह आँगन में लगी कीकर पर ज़रूर जाएगी। कीकर पर कंडोल, तोरी और घीये की बेलें अपने आप चढ़ी हुई हैं। छन कर पड़ती धूप में एक खाट और एक हिलती डुलती कुर्सी। आप के बायें हाथ हैं—फतह चंद का कोठा और रोटी टूक का छतड़ा। ऊपर चबारा। आपके दायें हाथ हैं—मंगलसिंह और कुलतार सिंह का कोठा और छतड़ा। रस्सी, डोल, घड़े, कुएँ में से डोल निकालने का कुंडा। भट्टी के लिए आमों के पत्तों का ढेर)

(शाम से थोड़ा पहले। रखी भट्टी के पत्ते डालकर, आग जलाकर, बैठती है। फतह चंद के कंधे पर अँगोछा और घड़ा। हाथ में रस्सी और डोल। अधमरा-सा फतह चंद घड़ा और डोल नीचे रखता है)

फतह चंद : हिम्मत नहीं पड़ती आज, घड़े भरने की। इस लड़के ससुरे ने भी कमर तोड़ दी। पता नहीं किस कुएँ खाई में लाश सड़ रही है उसकी। **(अँगोछे से आँखें पोंछता है। रखी गुस्से से देखकर, परे जाकर बैठती है)** भट्टी लगी हो जलाने? भट्टियों का वक्त हो गया?·· अच्छा भई, कुलतार बेटा, तेरी हमारी इतनी लिखी थी। 'वाहे गुरु को जो मन्जूर'। **(खाट पर बैठता है)** तेरा भी, पुत्र, क्या दोष? तुझे बुरा क्यों कहूँ। हुक्म मान उसका। तेरे से जो रब्ब ने कराया, तू ने कर लिया। जिधर तेरा चित्त जोड़ना था,जुड़ गया। ख़्वाजा पीर के हाथ में है सब। **(रुआँसा)** पर ससुरे, यह कोई उम्र थी तेरी? घर से बिछुड़ने की?— अच्छा! बस में नहीं, पुत्र, मेरे कुछ भी। तेरा भी बस नहीं था। "हुक्म रज़ाईं चलना, नानक लिखेआ नाल।"—उठ, ओए मन, बेगाने धन। **(कुबड़ा खड़ा)** मोटर भी पहुँचने वाली होगी? **(घड़ा कँधे पर)** तारो आज आएगी मायके से? सीसो ससुरी बिना भी सुनसान

पड़ा है घर। (**गली के पास रुक कर**) यों तू कह सही, रखी, मेरे में आज हिम्मत नहीं, घड़े भर कर लोगों के घर पहुँचाने की।—भोलां कहाँ गई? अगर वह डोल निकालती रहे, मैं घड़े उठा-उठाकर पहुँचाता जाऊँ—सुखदेव भी नहीं लौटा। कुलतार नहीं मिला होगा उनको भी।

रखी : अच्छा, देख। मैं सौ की एक बता देती हूँ तुझे आज। मैं इन कँजरों की रोटियाँ नहीं पका सकती। बाप बेटे की। जो इनके दो बरतन बनते हैं, गिनकर दे दे। आप पकायें, मरें। मेरी जान छूटे।

फतह : यह कितने की बात हुई! रखी, एक मुसीबत से तो छूटें पहले। तू दूसरी कलह किसलिए छेड़ती है?

रखी : कलह बता रहा है मुझे! बड़ा आया भाई भतीजे वाला। मेरे नही लगते कुछ भी। मेरे से नहीं गुंडों की जूठन धुलती।

फतह : न भई, राम रखी। यों मुझे दुखी को मत दुखा। कुलतार भी तेरे पुत्रों जैसा है। बिन माँ का बेटा। समझ ले, जैसा सुखदेव है, साधु है, वैसा कुलतार है।

रखी : मेरे पुत्र लोगों की बहू बेटियो को नहीं छेड़ते फिरते। कभी आया उलाहना? मेरे साधु के बारे में? मेरे सुखदेव के बारे में? और एक यह मरा भतीजा तेरा। है किसी बेटी बहन की इज़्ज़त का फिक्र? मेरी तरफ से तो डूब कर मर गया हो तो अच्छा। बल्कि सियापा ख़त्म हो बीच से।

फतह : वाह गुरु से डर, राम रखी। लड़के का बुरा मत सोच। जवानी में होता ही है। ग़लत पैर भी उठा लेता है बंदा।

रखी : इस कुत्ते के पूत को अकेले को जवानी चढ़ी है? हम ने तो नहीं देखी कभी! ऐसी जवानी! मैं तो कहती हूँ, अच्छा हुआ। जो पंचायत ने काला मुँह किया। ऐसे ही गधे को हाँक कर थाने क्यों नहीं ले गए? शहर? अंदर क्यों नहीं कराया? हवालात में? देख लेता, कैसे पुलिस निकालती बाहर इसकी जवानियाँ। किसलिए छुड़ाया था तू ने, बदमाश को? बेटे भतीजे सुनावे! ऐसा बेटी बेटा मर जाए तो चंगा।

फतह : मेरा ख़ून है, मेरा परिवार है। अगर मैं न छुड़ाता पंचायत से, मिन्नतें करके, तो कितनी इज़्ज़त रहती? जिस किसी ने कहना था, लो भई, फतहचंद का भतीजा गली-गली घुमाया पंचायत ने, काला मुँह करके। जूतों का हार पहना कर। ताऊ से इतना नहीं हुआ कि छुड़ा ले।

रखी : छिपी नहीं है मुझ से, तेरे परिवार की इज़्ज़तें। पिछले साल देखा था न? कैसे धंती के देवर ने दाढ़ी पकड़ ली थी? तेरे भाई की? जैसा

तेरा भाई लुच्चा, वैसा ही भतीजा।

फतह : ओए, मंगल तो ससुरा—चल—होता ही है। कितने बरस हो गए नामी मरी को। बारह चौदह बरस।

रखी : रंडुआ हो गया तो क्या लोगों की बीवियों को जा पकड़ेगा?

फतह : मंगल सिंह क्या जबरन जा पड़ा धंती को? वो आप कौन सी कम है? फिर दोनों जनें हैं भी इकल्ले। छड़े छड़ांट। वो विधवा, यह रंडुआ।

रखी : अगर इतना ही दर्द है, तो करा दे दोनों का गठजोड़। पकाये धंती बाप बेटे की रोटियाँ।

फतह : ढंग की बात कर। इतनी ज़मीन छोड़कर, दो बच्चे छोड़कर, धंती इसके आकर बसने लगी है? मंगल के? फिर, तुझे कहा, धंती का देवर—घीरा तो तभी कह रहा था, धंती खाये ख़ाक जहाँ खानी हो। ले जाए साथ बच्चे। बैठ जाए मंगल के। पर ज़मीन लिख दे सारी, घीरे के नाम।

रखी : लिख दे फिर रांड ज़मीनें। करती है इश्क़ माशूकियाँ। हया नहीं आती दोनों को। अधेड़, सूखी टहनियाँ।

फतह : भला धंती की ज़ात बिरादरी यह बात मान जाती? कैसे आकर बैठ जाएगी, धंती मंगल के?

रखी : ख़समों को खाये तेरा भाई! और साथ में धंती लुच्ची! मुझे तो पहले ही लग रहा था। लड़का भी बाप पर जाएगा। बदमाश बनेगा।

फतह : नहीं भई। कुलतार तो गऊ है। मेरे सामने कभी आँख नहीं उठाई। बाप की बेशक एक न माने। मेरी बात कभी नहीं टाली।

रखी : मैं जानती हूँ इस गऊ को। माँ जैसा है, घुन्ना, चुप्पा। लुका छिपा। दिल की दिल में रखता है। ऐसे बिच्छू का एतबार नहीं होता। बस, मेरे से अब बाप बेटे की रोटी नहीं पकाई जाती।

फतह : ओए, सब्र कर ज़रा। लड़का ढूँढ़ तो लें। कल का, पता नहीं, भूखा-प्यासा, किधर-किधर धक्के खा रहा होगा, मेरा बेटा।—तुझे हड़बड़ी लग गई अलग करने की। रब्ब का ख़ौफ खा। मैं त्राहि-त्राहि किए जा रहा हूँ, रात का। अब भी कोई ख़बर लाया कुलतार के मरने की, अब भी लाया।

रखी : मैं तो कहूँ, कुलतार बंदे, तू बेईं नदी में डूबे। हड्डी न मिले तेरी पानियों में से।

फतह : राम रखी! बेटे भतीजों को ऐसे नहीं बोलना चाहिए। दुरासीसें न दे। तेरे आप जन्में हुए हैं। तरस कर कुछ।

रखी : बहुतेरा किया तरस। जिस दिन की माँ मरी है, साधु और सुखदेव से बढ़कर समझा और पाला पोसा। बस, अब नहीं। आज से, हम जुदा, और तेरा भाई भतीजा जुदा।

फतह : तू अकेली कर देगी जुदा? मैं कुछ लगता ही नहीं घर का? मेरा कोई हक़ ही नहीं?

रखी : तख़्त पर बैठाया न तुझे भतीजे ने? चंबर डुलाता है तुम्हें तेरा भाई? देखती हूँ मैं, तू कैसे नहीं करता अलग।

फतह : ऐसी बात है तो अच्छा। अगर तू मंगल की रोटी नहीं पका सकती, तो मैं भी नहीं खाऊँगा तेरी पकाई।

रखी : मत खा। मेरी तरफ से, सारी उम्र न खा।

फतह : तू होती कौन है? मेरे परिवार को ऐसे कहने वाली?—आग लेने आई, घरवाली बन के बैठ गई।

रखी : मैं? मैं मालिक हूँ इस घर की। ज़िंदगी गला दी मैंने इस घर को बनाते हुए। अभी तक मैं आग लेने वाली रही?

फतह : बहुत घर बनाया तूने, चतुर ने। दो घाघरी लाई थी, फटी हुई, घिसी हुई। बड़े तेरे माँ बाप ने सँदूक भर दिए थे बाबू राम के कुनबे के। सोने से। कपड़े से।

रखी : अगर मेरे माँ बाप ने सँदूक नहीं भरे थे तेरे, तू ने आप कौन से महलों में रखा मुझे? पलँगों पर?—माँ तेरी, बुढ़ापे तक, वही माँग- माँग कर रोटियाँ खाती रही। बरतन माँज-माँज कर, नंबरदारों के। शाहों के। दाने भूनने तक तो आते नहीं थे, माँ-बेटे को। निकट नहीं फटकता था कोई भट्टी के। मैं आई तो भट्टी लगी चलने। तीन-तीन घड़े उठाकर पानी भरा, पूरे गाँव का। फिर तड़के उठकर, पका-पका के खिलाती रही तेरे कुटुंब को! **(रोती)** अब बता रहा है मुझे, आग लेने वाली है!—अच्छा, रख भाई भतीजे को साथ। आ लेने दे मेरे बेटों को। आ लेने दे साधु को। सुखदेव को। मैं कहूँगी, पुत्रो, मुझे रखना है तो रखो। नहीं तो मैं? मैं माता के मंदिर जा बैठूँगी। मुझे क्या खाने के लिए रोटी नहीं देगा कोई?

फतह : जाने दे, ज़िद नहीं करते। न हिंदुओं-मुसलमानों वाली लड़ाई छेड़। मैंने भाई के साथ क्या बाँटना है? न महाभारत छेड़। कल कम हुई हमारे साथ?

रखी : मैं तो चाहूँ, और होवे तेरे साथ। और पड़ें जूते बाप बेटे के।

फतह : बावली, कुलतार का अभी पता क्या है? सुख बोल। खुदाई मान उसकी।

(भोलां आती है, यतन से आँसू रोकती)

रखी : अरी, तू कहाँ रही? सवेरे की? रोटी भी नहीं खाई?

फतह : कुलतार को ढूँढ़ने गई थी?

भोलां : हाँ।

फतह : कहाँ?

भोलां : भट्टे के पास वाले जोहड़ के निकट।

रखी : जोहड़ के निकट? क्यों? तू उधर क्या कर रही थी, जंगल में? झंखाड़ में?

भोलां : मुझे डर है, कहीं जोहड़ मं न छलाँग मार दी हो।

रखी : छलाँग भी मारनी थी तो क्या इतनी दूर जाकर? अपने गाँव के खेतों में कुएँ थोड़े हैं?

भोलां : एक बार मुझे हँसता हुआ कहता, पनहारों का बेटा होकर भी, मैंने कभी तैरना नहीं सीखा। न कभी सीखूँगा। बाप जो कहता है, उस से उलट काम करूँगा। तैराकी नहीं सीखूँगा। लोगों का पानी भरने का धंधा नहीं अपनाऊँगा। बाप दादा वाला।

फतह : फिर क्या देखा तूने, तलैया पर? मिले नहीं तुम्हें, निशान? पैरों के? कपड़े? या जूते?

भोलां : निशानी तो कोई नहीं मिली। मैंने चारों तरफ ध्यान से ढूँढ़ा।

रखी : तो किस लिए बैठी रही वहाँ? तड़के की?

भोलां : मैंने सोचा, अगर साँझ को डूबा होगा, शरीर अब तक, तैर कर, पानी के ऊपर आ जाएगा। बैठी देखती रही मैं।

रखी : पागलों की तरह लगी हुई है। हमें क्या? डूबे मरे।

फतह : भट्टे के पास वाले पोखर में क्या इतना पानी हो गया? मुश्किल से घुटने घुटने तक होगा।

भोलां : नहीं, बापू। बीच में बहुत गहरा है। बरसातों के पहले देखा जो था हमने। जब ये कोठे लीपने के लिए हम मिट्टी निकाल कर लाईं। लोगों ने बीच में, चिकनी मिट्टी खोदते हुए, बड़ा गहरा कर रखा था। फिर, बारिशों का पानी भरा हुआ है। नाकों नाक। समुंदर का समुंदर लगे वह जोहड़।

रखी : अच्छा, चल। रोटी खा ले अंदर से। परात के नीचे ढक कर रखी मैंने।

फतह : पुत्र, सब्र कर। कुलतार भी बस। अगर जाना ही था कहीं, बता तो जाता। फिक्र तो न करता बंदा।

भोलां : यों दुखी बड़ा था गाँव से। मेरे साथ तो अभी बात कर लेता था।

मैंने एक दिन पूछा, "भैया जी, तेरा दिल नहीं लगता गाँव में?"— बोला, "मैं तो, पता नहीं, कौन सी बहमाता का रोका हुआ रुका हूँ। मैं तो चाहूँ, किस घड़ी उड़ जाऊँ। कहीं दूर, विलायत को। शहरों को।"

फतह : बारहवीं में फेल होने से दिल टूट गया। क्या करे? ससुरों ने फेल भी तीन बार कर दिया।

रखी : ऐसे कंजर नहीं पास हुआ करते। हर वक़्त खेलने की तो लगी रहती है। बूट कसे, सरसों का तेल मल कर जाँघ चिलकाये, और चल पड़ा फुटबाल उठाकर। पास वो माँ अपनी की चिता होगी?

भोलां : खेलता क्या वो हर वक्त रहता है? बहुतेरा पढ़ा। सारी सर्दी रात दिन एक कर दिया। ज़िद निकालते हैं अगले। जिसने घूस दे दी, वो पास। बाकी के फेल। आप बता रहा था मुझे कुलतार भैया।

फतह : ऐसे भी है। हमारे सुखदेव के साथ भी शायद यही हुआ। अँग्रेज़ी के परचे में।

भोलां : हाँ। साथ में, बापू, कुलतार और भी बता रहा था।

फतह : क्या?

भोलां : कहता, "भोलां, किसी ने मेरे सिर पर कुछ डाल दिया है। जब भी मैं पेपर देने बैठता हूँ, काली परछाईं एक, आँखों के आगे घूम जाती है। पूछताछ कराई मैंने, मन्नण हाना। सांईं बोला—पड़ोसिन कोई, तेरी रिश्तेदार। उसने करवाया तेरे पर टोना।"

रखी : देखतो, बातें सुनती, गुंडे की। ऐसा साधु संत है तो रात पंचायत ने क्यों मुँह काला किया?

भोलां : देख, बापू, है मानती यह? मैं क्या जानती नहीं? जान बूझकर नाम लगाया रुक्को बाहमनी ने, भैया जी का। छेड़ते तो दूसरे लड़के होंगे। भैया तो चिमटा बजा रहा था, दीवार के साथ बैठा। हम लड़कियाँ भेंटें गा रहीं थीं। वो नवेली बहू, सिमरो, परे बैठी थी, पीपल की तरफ की खिड़की के पास। रुक्को बाहमनी ने जानकर सेवादार को भड़काया।

फतह : रुक्को का क्या बिगाड़ा है हम ने? ऐसी करी हमारे साथ? बसने लायक नहीं छोड़ा हमें गाँव में?

भोलां : सिमरो कौन सी कम बदमाश है। किसी लड़की से पूछ लो बेशक। आँखें तो रोज़ मटकाती है, दूसरे लड़कों के साथ। नाम लगा दिया हमारे कुलतार का।

रखी : तेरा कुलतार किधर से आ गया? हमारा नहीं लगता कुछ भी।

ख़बरदार जो बुलाया उसको। और साथ में उसके जनने वाले को। हमारी तरफ से, जैस मरे हुए, वैसे ज़िंदा।

भोलां : तुझे हो क्या गया आज? पहले ही, पता नहीं, क्या कर बैठा है लड़का।

रखी : इसका काम क्या है, रोज़ मंदिर पर जाने का? लड़की बालिका तो हुआ भला, भेंटें गा लें। लड़कों का वहाँ क्या काम? औरतों में मर्द! पाद सूँघे ज़नानियों के।

फतह : छोड़ भी बात अब।—जा, बेटा, रोटी खा।

भोलां : ले देख ले, बापू। चोर भी, चतुर भी। आप ही कुलतार को कहा करती थी, "भोलां को अकेली नहीं जाने देना मंदिर। भाँति-भाँति का लड़का आता है वहाँ।" कहे, "कुलतार, विलायत वाले का पता ही है तुम्हें। तू बहन अपनी के साथ जाया कर।"—बल्कि वो कहा करता था, "माता को मैं नहीं मानता। अमृत छकूँगा मैं तो।"

रखी : मैं क्यों भेजने लगी उस कुत्ते के हाड़ को? तेरे साथ?

भोलां : कहा क्यों नहीं? तूने आप ताकीद की। बोली, "बेटा, तेरे मामा का बेटा सौ बात बनाएगा—अगर उसको बुरी भली बता दे कोई, भोलां के बारे में। कुलतार, तू साथ होगा तो भोलां के सास ससुर कहेंगे, हर बेला लड़की पर निगाह रखते थे, मायके वाले।"

रखी : चाँद चढ़ाया इसने निगाह रख कर, तेरे पर। मुझे क्या पता था, मंदिर जाकर ऐसी करतूत करता है, यह छोकरा।

फतह : अच्छा, बिटिया, हो गया जो होना था। अब तो वाहे गुरु के आगे अरदास करो। आ जाए जीता जागता, घर मुड़कर।

भोलां : चाचा को क्या हो गया? रात को भी नहीं लौटा। आज भी साँझ कर दी।

फतह : रात तो वो ससुराल होगा।

भोलां : मेरे ससुराल?

फतह : मंगल को आ जाना चाहिए था, अब तक।—बताओ तो, वो बेटे के बारे में यह बात सुनकर, क्या कहेगा? उबाल उठेगा उसके पेट में कि नहीं? मुझे क्या कहेगा? यही कहेगा—कि—भाई ने लड़के की इतनी मानहानि करवाई।—डूब कर तो मुझे मरना चाहिए जो भतीजे को नहीं बचा सका। क्या मैं अब मुँह दिखाने लायक रह गया हूँ? किसी को?

भोलां : फिर ननिहाल उसके क्या कहेंगे? मैं तो इसी बेइज़्ज़ती की मारी घूम रही हूँ। वे मुझे ताने मारेंगे। सास मेरी तो पहले ही बोला करती थी—

"ननद मेरी मर गई। ताई के बस में पड़कर, हमारे भानजा और भानजी गल गए।"

रखी : देख तो, कुतिया रांड। एक तो इतने बरस हो गए, पका-पका कर खिलाती हूँ। एक फिर ऊपर से वही, बुरी की बुरी। मामी कंजरी को इतना लाड़ था भानजे-भानजी से तो ले जाती अपने पास। मेरी हड्डियों के लिए क्यों छोड़ गई यहाँ?

फतह : कल के इसी नरक में डूबे पड़े हैं। चैन करो ज़रा। सुख का साँस ले लेने दो मुझे। बुढ़ापे में।

भोलां : ससुराल के उलाहनों से डरती तो मैं इतना ख़्याल रखती रही, कुलतार का। अब तो मुझे मेरी सास बिलकुल टिकने नहीं देगी। वो कहेगी, "ताई ने जानकर करवाया सब कुछ--ताकि देवर का कोठा भी संभालूँ, अपनों के वास्ते।"

रखी : कहती है तो कहे फिर, सास रंडी तेरी। मैं तो कहूँ, नामी बंदी, मर तो तू गई। तुम्हें अगली दरगाह में भी आसरा न मिले, जैसा तू ने रिश्ता बना के दिया है हमें। बारीकी ताप लगा गई, छिनाल, मेरे कुनबे को।

फतह : उस मरी हुई बेचारी को क्यों सराप देती है?

रखी : सराप न दूँ, तो और क्या मैं श्राद्ध करूँ, कुतिया का? ज़िंदगी बरबाद करके चली गई, मेरी बेटी की। पहुँचा रही थी विलायतों में।

भोलां : इसमें चाची का क्या कसूर?

फतह : संयोग की बात है सारी, बिटिया। नामी ने अपनी तरफ से तो भला ही सोचा था हमारा। खाता पीता घर। लड़का विलायत का पास बनाए बैठा था। पहुँचते ही काम पर लग गया।

रखी : अरे, अगर इतने बड़े शाह ढूँढ़ कर दे गई तुझे नामड़ो, तो यह निखट्टू हमारे दर पर काहे बैठी है? पाँच साल से? न विधवाओं में, न सुहागिनों में।

भोलां : **(रोती)** विधवा बना मुझे। रब्बा! मुझे तो कहीं भी शरण नहीं। न ससुराल में टूकर मिला, न मायके में। सास तो जो थी, थी। माँ और भौजाई सास से भी बढ़कर निकलीं। **(विलाप करती)** हाय ओए, विलायतों वाले, मैं किधर निकल कर जाऊँ?

फतह : बेटा, चुप कर।

भोलां : ओए मेरे कुलतार वीरा, मुझे भी ले चल साथ!

फतह : विलाप मत कर। बदशगुन है।

रखी : देख है, थूथना फाड़ने लग पड़ी।

भोलां : हे माता रानी, मुझे बुला ले अपनी बाहों में!

रखी : अरी, लोग इकट्ठे हो जायेंगे।

फतह : भोलां, बेटा, हट जा रोने से। गाँव वाले कहेंगे, कुलतार सचमुच कुछ कर बैठा।

भोलां : शेरां वालिये, मुझे ले चल पहाड़ों के पार!

फतह : चुप कर, तुझे कहा।

भोलां : हे धरती माता, जगह दे दे मुझे। न मैं मायके वालों की, न ससुराल वालों की। मैं किधर निकल कर जाऊँ? अभी तो मैं हाथ पैर चला कर खाती हूँ। मुझे फिर वही, कुत्तों वाली दुरदुर! दुरदुर! मुझे फिर सूखा टुकड़ा नहीं जुड़ता, मेरे माँ-बाप से।

रखी : पाँच साल किसकी खाई हैं? तेरी सास तो नहीं बेड़वीं तलकर भेजती रही।

फतह : है हटती दोनों जनीं! कोई सुनता हो तो क्या कहेगा?

भोलां : आ लेने दे आज चाचा को। मैं आप कहूँगी।—''मुझे विलायत भेज किसी तरह, मेरे आदमी के पास। नहीं तो ससुराल से मुझे ख़र्चा दिलवा। मैं जहाँ मरज़ी रहकर ख़ाऊँ। इस औरत के घड़े का पानी नहीं पिऊँगी मैं।''

फतह : क्यों नहीं पियेगी? घर कोई रखी अकेली का है?

रखी : मत पी। बेशक सौ बरस मत पी। देखो तो, किये कराये को गँवा रही है। अरी, तुझे बसाने के लिए, मैंने इतने साल झूठे बरतन माँजे, बाप बेटे के। अगर बिचौलिया न होते तेरे, तो मैं जूता सौ न मारती! मंगल के और उसके जने कुलतार के।

फतह : तू ही जिगरा कर। बोलने दे इसे।

भोलां : कुलतार झूठ तो नहीं कहता।

रखी : क्या भौंके कुत्ता?

भोलां : कहे, ''ताई की पकाई खाईं तो ज़रूर, पर इससे तो डूब के मर जाना बेहतर है।'' कहता, ''भोलां, अगर तेरा ब्याह मेरे मामा के बेटे संग न हुआ होता—अगर पाँच सालों से सास संग रूठ कर तू न मायके बैठी होती, मैं कभी भी रखी के हाथ से पानी लेकर न पीता।''

रखी : है हरामज़ादा! इनाम दिया मुझे! इतने सालों की सेवा का! कुलतार कुत्ते, ख़्वाजा पीर, गोते पर गोता देवे तुझे।

फतह : लड़की के बसने का हीला रहने देना है तूने कि नहीं?

भोलां : इसे मेरे बसने बसाने से क्या? इसने कह दिया जो कहना था।

फतह : अच्छा, लड़की, सहज कर। मंगल को कल मैंने इसी कारण भेजा,

बड़े नंगल। मैंने सुना है, जोगिंदर सिंह आने वाला है छुट्टी, विलायत से। लोग़ बतावें, चिट्ठी आई है। जैसे कैसे तुम्हें ले जाए साथ, इंग्लैंड। राम रखी, अब बताता हूँ मैं तुम्हें सच। मंगल सिंह को कल मैं ने आप ताकीद की---पास बनाओ भोलां का झटपट। अगर नहीं भी आना हो जोगिंदर ने, तो इसे अकेली भेज दें। जहाज़ का टिकट भेज दे उधर से। अब रब्ब के वास्ते, तू कलह मत बढ़ा। वाहे गुरु की कृपा हुई, तो शायद मंगल सिंह आज ही इसके सास ससुर को साथ लेकर आ जाए। और कल परसों को लड़की भेज दें अपने घर।

रखी : भेज दे! मुझे क्यों बतावे? मैं ने बाँध के बैठा रखी है? मेरी तरफ से कल जाती, आज जावे।

(रखी भट्टी पर जाती है। दाने भुनाने आई लड़की से डलिया पकड़ कर दाने भूनती है। सुखदेव आता है)

भोलां : कैसे? लगा पता?

फतह : बोहण पट्टी नहीं पहुँचा?

भोलां : केसरी मिली घर कि नहीं?

फतह : साइकल पर नहीं गये? तू और चन्ना?

रखी : खाया भी कहीं से कुछ? कि तड़के का भूखा ही चक्कर खाये जा रहा है?

सुखदेव : बोहण पट्टी तो पहुँचा वहीं वो। बल्कि केसरी ने सुना, तो गश खा गई। रोना धोना शुरू कर दिया। हार कर, हमने बग़ैर कुछ खाये पिये, साइकल मोड़ा, मौजो मज़ारे को चल पड़े।

फतह : मौजों मज़ारे क्या करना था?

रखी : है, उलटे पासे! क्या इनको मुसीबत पड़ी है। जाने नहीं देते। मरे खपे बीच में से। उठा, छोरी, रोटी पका, लड़के के लिए। बासी तू आप खाले। कढ़ी है बहुतेरी।

सुखदेव : रोटी नहीं मैं खाऊँगा। चाय बनाओ, बकरी दोह कर।

भोलां : गुरमुख के घर खाई रोटी?

फतह : गुरमुख कौन?

भोलां : भैया जी की टीम का कप्तान। मौजो मज़ारिया।

सुखदेव : बड़ी ख़ातिर सेवा की गुरमुख सिंह ने। परांठे खिला खिला कर तृप्त कर दिया उसकी माँ ने। भूख भी हमें कड़ाके की लगी थी।

भोलां : भैया जी के बारे में क्या कहता?

सुखदेव : चन्ना बोला, पहले गुरमुख के घर से रोटी खा लें। फिर बात करेंगे कुलतार के बारे में। वरना वही न हो। बहन केसरी की तरह। गुरमुख

भी दोस्त के लिए सीढ़ी सियापा छेड़ बैठे। और हम भूखे मरें।

रखी : चन्ने को ऐसी समझ बहुत है।

भोलां : खाने का कुत्ता है चन्ना। भैया कहता है, कभी वेला कुवेला नहीं देखता। जिसके जावे, खाने बैठ जाता है।

फतह : भूख हो तो शरम काहे की? अच्छा किया जो रोटी पकवा ली।

सुखदेव : मौजो मज़ारे कहाँ पहुँचा। गुरमुख ने बताया, कुलतार को मिले तो पंद्रह दिन हो गए। पखोवाल के टूर्नामेंट के बाद मिलना नहीं हुआ। हाँ, स्कीमें ज़रूर बना रहा था। "विलायत जाने की बात तो बनती नहीं दिखती", कुलतार बोला। "मामा का लड़का हाथ पल्ला नहीं पकड़ा रहा है। जी करता है, पटियाला चला जाऊँ। नहीं तो दिल्ली। या पंजौड़े वाले तरसेम के पास, कलकत्ते। फुटबाल की बड़ी टीमों में खेलने का मौक़ा मिले। और ओलिंपिक में खेलने का चांस बने।"

रखी : सपने तो देख कैसे कैसे लेता है। कहते हैं न—माँ मर गई पौष के महीने, बेटी का नाम रज़ाई।

फतह : तो यही बात होगी। कहीं दिल्ली की तरफ को चढ़ गया गाड़ी।

भोलां : परदेस जाना होता, तो मेरे कान में ज़रूर फूँक मारता।

रखी : तेरे कानों में ख़ामख़ा फूँकें मारनी हैं। मुश्टंडे ने। खावे जहाँ ख़ाक खानी हो।

भोलां : पैसे कहाँ से लिए होंगे? जेबें तो खाली थीं। बल्कि मेरे से माँग रहा था। बोला, "मलाई कुलफी खाने को जीभ तरस रही है।"—कल दोपहर को।

रखी : बहुतेरे दबा कर रखे हैं, बाप कंजर ने। हमसे चोरी।

भोलां : तू ऐसी बातें लेकर बैठ जाया कर।

सुखदेव : ईडियट साला। जाना ही था अगर ओलिंपिक खेलने तो, परदे से, कम से कम, घर के एक जीव को तो बता जाता।

भोलां : मेरी बायीं आँख फड़क रही है, रात की। मुझे लगता है, कुलतार जीवित नहीं है। **(आँसू पोंछ कर)** दिल्ली, पटियाला जाना होता, तो वो मुझे बताये बग़ैर कभी नहीं जाता।

फतह : सौदाई निकला। बावले बना गया हमें।

सुखदेव : टाँगें रह गईं, रेत में साइकल घसीटते हुए।

रखी : किधर बोहण पट्टी! किधर मौजो मज़ारा।

सुखदेव : गुरमुख के घर से निकले तो साइकल को काँटा लग गया। रूपोवाल के इर्दगिर्द। नाले में।

रखी : हाय रे! फिर कैसे हुई? पैदल चले, इतनी बाट?

सुखदेव : चार मील पर जाकर पंचर लगाने वाला मिला। माहिलपुर, अड्डे पर।

भोलां : बड़े नंगल चले जाते। वहाँ बैठता है, आटे की मशीन के पास। बाहमणों का लड़का। पंचर लगाता है।

सुखदेव : तेरे ससुराल जाने लायक हैं हम? पाँच बरस से जिन्होंने बात नहीं पूछी?—बकरी दोह फटाफट।

भोलां : भाग्य मेरा! न मायके सुख, न ससुराल सुख। **(रोती जाती है)**

रखी : तू अपनी पढ़ाई न ख़राब कर, कुलताड़े के पीछे।

सुखदेव : मेरी पढ़ाई का तुझे ज़्यादा फिक्र है?—एक तो सबजैक्ट है। घोटा चाढ़ लिया मैं ने। कोई नहीं जन्मा सुखदेव कुमार 'खुद्दार' को फेल करने वाला।

फतह : यही तू तब कह रहा था, सालाना इम्तिहान के वक़्त। बैठ गया कंपार्टमेंट लेकर, अँग्रेज़ी में। 'खुद्दार' बने!

सुखदेव : इस बार नहीं फेल होता मैं, बेशक कितना ही मुश्किल पेपर आ जाए।

रखी : आप ही रोता रहे, फेल हो गया दोबारा, तो साल मारा जाएगा।—पहली कोशिश में पास हो जाता, तो कहीं नौकरी का हीला करता।

सुखदेव : टाइप तो मुझे आ गई, हिन्दी की। स्पीड की बात है। वो मैं बना लूँगा, महीने में।

फतह : छः महीने तो एक मज़मून के पीछे ख़राब हो ही गए।

सुखदेव : अप्रैल में भी पास हो जाता मैं, तो तूने कौनसा मुझे एम.ए. में दाख़िल कराना था? यही है न, रुखी मिस्सी ख़ाकर, मुश्किल से, बी.ए. तक पहुँचा हूँ।

फतह : भैया, जो मैंने तेरे से छिपा कर बैंक भरी हुई हैं रुपयों से, तू ले।

सुखदेव : हमारी क्लास के आधे लड़कों के पास स्कूटर या मोटर साइकल हैं। नंबरदारों की गुरप्रीत को मिलाकर, पाँच लड़कियों के पास भी स्कूटर हैं। और एक हम थे। रोज़, या चन्ने के साइकल पर या पैदल।

फतह : पढ़ाई तू ने करनी है कि स्कूटर ने?

सुखदेव : टाईम कितना वेस्ट होता है? जो स्टूडेंट तीन घंटे कॉलेज आने जाने पर ख़र्चेगा, उसकी आप ही कंपार्टमेंटें आयेंगी। या थर्ड क्लासें। कैरियर ऐसे ही तबाह होते हैं।

फतह : नख़रे करने की क्या बात है। जिसने पढ़ना हो, वो बेटा, पैदल जाकर भी पढ़ लेता है। हमारे साथ होता था, पाँचवीं में, नंबरदारों का जैला।

सुखदेव : गुरप्रीत का भापा?

फतह : शौक़ीनी मे साले का पैर नीचे न लगे। निक्कर कसी हुई। बूट

चिलकते। साइकली घुमाते फिरना, हर वक़्त। सालाना इम्तिहान हुआ। हिसाब के पाँच सवालों में से, मेरे पाँचों सही। जरनैल के दो, कुल। वो भी जवाब मेरे से पूछे। सिफारिशी पास किया हैडमास्टर ने। बोला, अगर नंबरदारों का लड़का फेल कर दिया, तो गाँव में किसी घर से, लस्सी तक पीने को नहीं मिलेगी, मास्टरों को।

सुखदेव : अगर यह बात थी तो आज, जरनैल सिंह कपतान कैसे बन गया? फौज में? और तू लोगों का पानी ढोने लायक रह गया? गाँव में? बारातों के झूठे बरतन माँजता?

फतह : भाग्य की बात है सारी, बेटा। जरनैल पाँचवीं से आगे हाई स्कूल में दाख़िल हो गया, बजवाड़ा। घर में खाने को था। हम ग़रीब! मुझे बापू ने फूफा के साथ भेज दिया। फुमण सिंह के साथ। गड़वाल। बोला, राजगीरी सीख ले।—पुल बन रहा था, गंगा पर। ऊँचे पहाड़ों में। जोशीमठ के निकट।

सुखदेव : कपतान नहीं तो न सही। तू राज क्यों न बना? चालीस रुपए दिहाड़ी पाता है मिस्त्री आज।

फतह : यह भी, बेटा, कर्मों का चक्कर है। ठेकेदार मनीराम रोया करता था। कंगाल हो गया जब। कहो तो घड़ियाँ लगाता था, कलाई पर। पैरों पर धूल नहीं था पड़ने देता। हज़ारों में खेलना। तीन-तीन ईंट के भट्टे चलें। एक मौक़ा आया, दाने-दाने के लिए मुहताज घूमे। गली-गली। कुछ लड़कों ने उजाड़ दिया, शराबें पीकर। कुछ आप जुए में हार दिया। मनीराम गाया करे :

रत्ती कर्मों की एक अच्छी,
तोला अक़्ल का कभी न काम आए।
सुलेमान भटियारिन की भट्ट झोंके,
यूसफ हाट पर होने नीलाम आए।।

सुखदेव : मनिया तो मरा होगा शराबी कबाबी। तेरे कर्मों को कौन सी दोनाली लगी थी? जो राजगीरी तेरे हाथ से खिसक गई?

फतह : नहीं लिखी थी, बहमाता ने, राजगीरी, किस्मत में। फूफा बीमार पड़ गया। पहाड़ों का पानी नहीं पचा। लौटकर हम गाँव आ गए। मेरी भी ऐसे ही, हिम्मत नहीं पड़ी, किसी दूसरे उस्ताद की शागिरदी करने की। बापू के साथ पानी भरने लग पड़ा। साँझ सवेरे। एक साल आम ख़रीद लिए। शहतूत के टोकरे बनाना सीख लिया। माँ के साथ दाने भूनने की भट्टी चलाने लगा।

सुखदेव : और 'फतह चंद' से 'फत्तू' कहार बन कर, गाँव का मेंडक, गाँव में

रह गया! जबकि गुरप्रीत का भापा, जैले से, कैपटन जरनैल सिंह गिल बन गया।

फतह : माथे के लेख।! अपने अपने! हुक्म, सत करतार का।

सुखदेव : लेख हैं जूयें! हिम्मत हो जिस इन्सान में, वो तरक़्क़ी क्यों न करेगा? गाँव के जोहड़ में क्यों सड़ेगा, कछुआ बनकर?

फतह : अच्छा, बेटा, अब तू कर लेना तरक़्क़ी। हम ने तो काट ली जैसी काट सके। तू बस जाना शहरों में। ले लेना ऊँचा रुतबा। बन जाना करोड़पति।

सुखदेव : बनेंगे ही करोड़पति। एक बार बी.ए. करने दे मुझे। नौकरी लेकर शहर में रहूँगा। प्राइवेट एम.ए. करूँगा। फिर देखना तू। आई.ए.एस. से छोटी नौकरी नहीं करूँगा। इसी ज़िले का डी.सी. बनकर दिखाऊँगा तुम्हें।

फतह : मुझे क्या दिखायेगा? ज़रूर बन डी.सी.। मैं नंबरदारों के पानी के घड़े भरने से तो छूटूँगा। और माँ तेरी, आमों के नीचे से पत्ते बटोर बटोर कर, लोगों के दाने तो नहीं भूनेगी।

सुखदेव : नहीं। मेरा तो ख़्याल है, तुम्हें ग़रीबी में इतना स्वाद आता है, तुम दोनों, जब मेरी कोठी में, शहर में, बसोगे, मेरे साथ, तो मुझे पक्का यक़ीन है, तू तड़के उठकर घड़ा कंधे पर रखकर, कहेगा (**नक़ल उतारता**)—"मैं नंबरदारों के दो घड़े पानी पहुँचा दूँ।" और जब दिन ढलेगा, माँ मेरी कोठी के बाहर, सड़क पर, भट्टी जला कर बैठ जाएगी। करोलनी पकड़ के। और दाने भुनाने वालों की इंतज़ार करेगी।—इज़्ज़त बनाएगी, डी.सी. पुत्र की। दाने भून कर!

रखी : अरे, तू बन तो ले डी.सी.। मसख़री कर रहा है। इसी भट्टी का खाते हैं। धड़ी मक्का हो गया शाम को।

फतह : (**हँसकर**) तेरी तो, बेटा, वो बात हो गई, कि, "माँ, माँ, अगर मैं थानेदार बन गया, पहले तेरी पीठ की ठुकाई करूँगा।"

सुखदेव : ग़रीबी भी एक आदत है। जिसको आदत पड़ गई, वो बेशक कितना तंग हो, उसका ग़रीबी छोड़ने का मन नहीं मानता। नंगा रह लेगा। पेट से भूखा रह लेगा। पर ग़रीबी से छुटकारा पाने की हिम्मत नहीं जुटाएगा।

फतह : किस साले का दिल कहता है, भूखा रहूँ? जिस को मिले, वो ज़रूर खाएगा। जिसे तन के लिए कपड़ा मिले, वो नंगा क्यों घूमेंगा? (**घड़ा कंधे पर रखता है**)

सुखदेव : नहीं, बापू। ग़रीबी एक लत है। नशा है। व्यसन है। जिसको लग

जाए, छूटना मुश्किल है। सोच-सोच कर, मैं इस नतीजे पर पहुँचा हूँ : पावर्टी इज़ ए हैबिट, ऐंड हैबिट इज़ सैकंड नेचर।

(भोलां और चन्नण कौर आती हैं, भोलां के हाथ में दूध की लुटिया)

फतह : आओ, जी।

भोलां : ये नये बहन जी हैं। सीसो के स्कूल आए हैं।

चन्नणकौर : ससरी काल, जी।

फतह : ससरी काल, जी। बिराजो। **(जाता है)**

भोलां : यह मेरा वीर है। बी.ए. पास।

चन्नण : ससरी काल। **(खाट पर बैठने लगती है)**

सुखदेव : ससरी काल। नो। टेक दिस चेयर। भोलां, चाय रख।

रखी : किस गाँव से हैं आप, बहन जी?

चन्नण : जी, दूर है। माहिलपुर बाड़ियाँ के निकट।

भोलां : कुलतार भैया जाया करता है माहिलपुर, मैच खेलने फुटबाल के। खालसा स्कूल।

चन्नण : वही है।

रखी : गाँव कौन सा?

चन्नण : भाम।

भोलां : भाम? यहाँ देवी प्रक्ट हुई थी? **(पाँव छूकर)** तब तो आप को नमस्कार करनी चाहिए।

चन्नण : यह क्या कर रहे हैं आप? मैं थोड़ी देवी हूँ।

भोलां : मेरे वास्ते आप देवी हो। कई बार सोचा, दर्शन करें। आपके गाँव का मेला देखें।

चन्नण : चलो मेरे साथ। इसी इतवार को।

रखी : इतवार को जाने से क्या लाभ? मंगल का दिन सख़्त होता है।

भोलां : अगर मंगल को न पहुँचे माता के, तो बंदा जैसा गया, जैसा नहीं गया।

सुखदेव : क्यों? भाम में देवी का मंदिर है। कि दफ्तर? इतवार को देवी छुट्टी करती है?

रखी : बेटा, देवी का मख़ौल मत उड़ा।

भोलां : यह पढ़ लिख कर भी, बस! देवी देवताओं के बारे में गंद बकना, अच्छी बात कोई? है न, बहन जी?

चन्नण : शुग़ल का क्या है। तेरे भैया जी कौन सा सचमुच का मख़ौल उड़ा रहे हैं, देवी का।

रखी : इसका तो, लड़की, स्वभाव ही ऐसा है। आप नाराज़ न होना।

(भोलां अंदर जाती है)

चन्नण : मुझे कोई नाराज़गी नहीं।—बी.ए. इसी साल पास किया? अब क्या कर रहे हैं? एम.ए.?

सुखदेव : ऐक्चुअली, अभी बी.ए. तो मेरा बाकी है। एक सबजैक्ट।

चन्नण : मैं समझ गई। रैगूलर कॉलेज से नहीं। आपने पहले 'ज्ञानी' पास की होगी। या 'प्रभाकर'।

सुखदेव : पढ़ा तो मैं हूँ रैगूलर कॉलेज में। डी.ए.वी., होशियारपुर। ज्ञानी वगैरह नहीं की।

चन्नण : फिर?

सुखदेव : ऐक्चुअली, मेरी कंपार्टमेंट आई है। नो मैटर। मैंने अगले महीने क्लीयर कर ली, समझो।

चन्नण : किस सबजैक्ट में?

सुखदेव : इंग्लिश।

चन्नण : यह इंग्लिश है ही नामुराद। मैंने भी हायर सैकंडरी में रो पीट कर पास की। वैसे मेरे ऐगरीगेट में बहत्तर परसेंट मार्क्स आए।

सुखदेव : सैवंटी टू!

चन्नण : अँग्रेज़ी में छप्पन फीसदी।

सुखदेव : फिफटी सिक्स परसेंट भी बहुत होते हैं।—पेपर तो मेरे ठीक ही हुए थे। ऐक्चुअली, बी.ए. में पोइटरी मार लेती है। ऐग्ज़ामिनर ऐसा कुत्ता निकला! वो पोइमें पूछीं, जो क्लास के किसी लड़के ने भी तैयार नहीं करी थीं।

चन्नण : ऐसे भी करते हैं कुछ ऐगज़ामिनर। जानबूझ कर अपनी चतुराई दिखाते हैं, विद्यार्थियों को। भई देखो, मुझे भी कुछ आता है।

रखी : आप तो नहीं फेल करते, नन्हे मुन्नों को?

चन्नण : **(हँसकर)** नहीं, जी। तय करके तो नहीं।

सुखदेव : तरस करना चाहिए। फिर, छोटे स्कूल के तो बच्चे ही बड़े कोमल होते हैं। मेरी पोती भी आप के पास पढ़ती है।

चन्नण : कौन?

सुखदेव : बख़शीश।

चन्नण : दरअसल मैंने अभी परसों जॉइन किया है। किस जमात में है?

रखी : सीसो? सुख से, चौथी में हो गई है। स्कूल तो बड़े चाव से जाती है।

सुखदेव : कह रही थी, मॉनीटर है क्लास की।

चन्नण : अच्छा, चौथी की मनीटर? बख़शीश? वो आपकी पोती है?

आपका विवाह?··· मैं समझ गई।

सुखदेव : ओह नो! यू आर रौंग। सीसो मेरी भतीजी है। माई एलडर ब्रदर्ज़ डॉटर।

(भोलां प्यालों में चाय डालकर पकड़ाती है)

रखी : ननिहाल गई है, माँ के साथ, कल की। आती होगी, मोटर पर।

चन्नण : अच्छी बात है। पक्की नौकरी मिल जाए पहले। तो ही ब्याह करना चाहिए।

सुखदेव : विवाह? प्रॉबलम ही है यह भी। मैरिज इज़ ए बिग हैडेक।

चन्नण : वो कैसे?

सुखदेव : हमारी प्रोज़ की किताब में एक ऐस्से है, बेकन का। वो लिखता है: वाइव्ज़ ऐंड चिल्डरन आर इम्पैडीमैंट्स टू ग्रेट ऐंटरप्राइज़िज।— बिलकुल सही कहा बेकन ने।

चन्नण : आपने कौनसा बड़ा ऐंटरप्राइज़ शुरू कर रखा है? जिसमें, आपको डर है, रुकावट बनेगी, आपकी वाइफ?

सुखदेव : मैं?··· ऐक्चुअली, अभी तो नहीं··· पर मैं कोई महान काम करना चाहता हूँ। आई वौंट टु बि ग्रेट! इम्मॉर्टल! फेमस्स!

चन्नण : विवाहित इन्सान ग्रेट नहीं बन सकते? गांधी जी तेरह सालों के थे, जब घर वालों ने, कस्तूरबा के साथ विवाह कर दिया।

भोलां : संयोग की बात है सब। एक हैं जिनका ब्याह इतनी जल्दी हो जाता है। दूसरी हैं जो माँ बाप के घर में बैठी बुढ़ा जाती हैं।

रखी : आपका ब्याह, बहन जी, हो गया? हैडमास्टर लगा होगा, पाहुना?

चन्नण : नहीं। अभी नहीं हुआ, जी।

भोलां : नौकरी तो लग गई आपकी। अब कौनसी कसर रह गई?

सुखदेव : आगे पढ़ना चाहते हो? मेरी तरह?

चन्नण : आगे तो मैं ज़रूर पढ़ूँगी।

रखी : ब्याह किधर की रुकावट है? पढ़ने की नीयत हो जिसकी, वो पढ़ता ही रहता है। वो देखो तो, बडेसरों वाले पटवारी का पुत्र। मुकलावे के बाद बीआ किया। फिर ऐमआ किया। अब, कहें, डी.सी. लग गया है।

सुखदेव : उसकी बात और है। वो चंडीगढ़ रहा इतने साल। होस्टलों में। उसके बाप ने मेंह की तरह पैसा बरसाया, पुत्र पर। घूस का।

भोलां : डी.सी. लगे को भी आठ नौ बरस हो गए। अब तो देखे भी कई चिर हो गया।

रखी : बड़ी बहन होगी कोई आपकी? आगे, ब्याहने के लिए बैठी? तभी

नहीं किया घर वालों ने ब्याह।

चन्नण : बड़ी तो मैं ही हूँ।

भोलां : फिर ब्याह में कैसी देर?—साथ नहीं मिला होगा?

सुखदेव : ये आप नहीं मानते होंगे। घर वाले क्या कर सकते हैं इसमें?

चन्नण : मैं तो मानती हूँ, कब की। बेसिक की ट्रेनिंग के बाद एक़दम, सबसे पहले, मुझे नौकरी मिली। फस्ट थी मैं पूरे ज़िले में।

रखी : हई शाबाश! आप जैसी लड़की को बहुतेरे रिश्ते! कमाने वाली बहू तो कुल को उबार देती है।

चन्नण : रिश्ते की बात तो तभी चलाए बंदा अगर ब्याह-गौना जल्दी हो सकता हो।

भोलां : मेरे से तो कहीं ज़्यादा उम्र होगी आप की?

सुखदेव : इतनी नहीं। मेरे से बेशक साल भर छोटे हों? कौन से सन में हायर सैकंडरी पास की आप ने? चार साल पहले?

चन्नण : हाँ।

सुखदेव : बस फिर। वी आर दा सेम एज। इकट्ठे पास की हम ने।

रखी : समझ नहीं आई बात कुछ। नौकरी तो पक्की है?

चन्नण : तीन साल रगड़े देकर, अब पक्की की है महकमें ने। तभी तो आपके गाँव में बदली हुई। पहले कच्ची थी, भुंगे रिहाणे।

रखी : धन्य जिगरा, आपके माँ बाप का। कच्ची क्वाँरी लड़की को जो अकेली रहने देते हैं, बेगाने देहात में।

सुखदेव : अकेले रहने में क्या है?

भोलां : अकेले को गाँव में खाता है कोई? अगर बंदा आप चंगा हो।

चन्नण : चंदन की महक नहीं घटती। बेशक साँप चिमटे रहें इर्द गिर्द।

रखी : नांह, भाई। पढ़े लिखों की यह बात नहीं अच्छी लगती मुझे। एक उम्र होती है। उस वक्त बंदा ब्याहा हुआ ही अच्छा है।

सुखदेव : ऐनगेजमेंट हो चुकी आप की?

चन्नण : अभी नहीं।

भोलां : जिन की तनखाह पड़ती है, पहली की पहली, उनको ऐरा ग़ैरा लड़के भी कहाँ पसंद आते हैं। हम अनपढ़ों की तरह थोड़ी ही।

सुखदेव : यैस्स! इतना एजूकेटिड हो इन्सान, साथ में जॉब लगा हो, तो लाइफ पार्टनर जोड़ीदार मिलना ही चाहिए। अपने से ज़्यादा पढ़ा हुआ। ज़्यादा तन्खाह पाता।

चन्नण : नहीं, जी। मैं ऐसे नख़रे नहीं करती। मेरी तो बात ही कुछ और है।

रखी : अचंभे की बात लगती है। नौकरी भी पक्की है। बड़ा बहन-भाई भी

अन-ब्याहा नहीं है। फिर आपकी शादी को देर कैसी?

चन्नण : जी, मेरे माँ बाप···

सुखदेव : लीव इट, जी।—ख़ामख़ा लगी हो तुम पूछने। पर्सनल मामला है इनका। परदे की बात भी होती है कोई। खोज किये जा रही हैं। जासूसी से नहीं टलेंगी ज़नानियाँ।

चन्नण : जासूसी कैसी? मैं ने कौन सा जुर्म किया है?

सुखदेव : जुर्म नहीं। मेरा मतलब··ऐक्चुअली—

चन्नण : परदा रखने वाली बात नहीं है। मेरी दो बहनें और हैं, मेरे से छोटी।

भोलां : भाई?

चन्नण : एक है। सब से छोटा। चौथी में पढ़ता है।

रखी : पिता क्या करता है तेरा?

चन्नण : क्लर्क है। डाकख़ाने में।

रखी : अच्छा! तब तो दो तन्ख़ाहें घर मे पहुँच रही हैं हर महीने।

सुखदेव : इसको हरदम तन्ख़ाह की सूझे। पैसों के सपने लेती है हर वक्त।

चन्नण : नहीं, जी। ठीक कहते हैं आप के माँ जी। असल वजह बीच में यही है। चार बच्चे पालने मुश्किल हैं। एक बंदे की तन्ख़ाह में से। माँ मेरी सारी उम्र काम को ढीली रही। बरतन भांडे का, रोटी टूकर का, सब काम हम से कराती है। गुज़ारा होता नहीं।

भोलां : अच्छा! माँ चाहती होगी, तेरा ब्याह हो गया तो तेरी तन्ख़ाह तेरा मालिक खा जाएगा।

चन्नण : सच्ची बात तो है यही। माँ से बाप बढ़कर है। तेरी तन्खाह झपट कर रखना चाहते हैं।

सुखदेव : ओ आई सी! आई सी नाओ।

रखी : बुरा है क्या? माँ-बाप की गृहस्थी पालनी पड़ती है। बेटी ने पाल ली, जैसी पुत्र ने पाल ली।

सुखदेव : अपनी गृहस्थी के बदले, बाप अपने बच्चों की बलि दे? यह क़तई हक़ नहीं उसे।

भोलां : किसी लड़की को कोई मुसीबत, किसी को कोई। जिन का ब्याह हो चुका, वो भी रोती हैं। जिनका नहीं हुआ, वो भी रोती हैं।

चन्नण : रोती? मैं ने क्यों रोना? मैं ने अब फैसला कर लिया। जिसके साथ मेरा दिल किया, मैं ब्याह करा लूँगी।

रखी : घर वालों को बग़ैर पूछे?

चन्नण : पूछने पूछाने की रस्म बाद में हो जाएगी? ब्याह करा लूँगी पहले, कचहरी जा कर।

भोलां : छोटी बहनें? उनकी मदद नहीं करोगी?

चन्नण : यह मैं ने पहले सोचा हुआ है। चालाकी करके, मेरे साथ, मेरे माँ बाप, मुझे गुलाम नहीं बना कर रख सकते। साल दर साल। अगर उनको सहायता की ज़रूरत है, वो साफ-साफ मेरे साथ बात करें। मैं ने जब भी ब्याह किया, अपने हसबंड के साथ यह शर्त रख कर करूँगी—कि, अगर तेरा कोई बहन भाई है, माँ बाप है, जिनको हमारी मदद की ज़रूरत है, तो हम, दोनों मिलकर, मदद करेंगे। उसी तरह, मेरे बहन भाई भी, अगर आगे पढ़ना चाहें, तो हम दोनों, मिलकर पढ़ायेंगे।

सुखदेव : ग्रेट गर्ल!

भोलां : यह तो बहुत खरी बात है। मायके और ससुराल को एक बराबर समझना।

चन्नण : और क्या? चाहे बहन हो चाहे भाई। साला हो चाहे साली। बराबर समझो।

भोलां : विलायत पहुँच कर मैं भी अपने दोनों तीनों भाई उधर बुला लूँगी।

रखी : बहन जी, यह बराबरी चलती थोड़ी है। ससुराल का हक़ बहू पर ज़्यादा बनता है।

चन्नण : मैं किसी की ख़रीद नहीं हूँ। न अपने बाप की, न ससुर की।

भोलां : देखा, यह फायदा है पढ़े लिखे होने का। आप कमाये औरत तो बेशक ख़सम को जूते की जगह न समझे। धक्के तो न खाने पड़ें, हम अनपढ़ों की तरह।

सुखदेव : तू भी पढ़ लेती। आप ही हट गई तू चौथी से। मंदिरों के पीछे पड़के।

भोलां : नहीं क़िस्मत में थी मेरे, पढ़ाई। नहीं माता रानी का हुक्म हुआ।

रखी : दिया जला, री। रहिरास की वेला।

सुखदेव : रुक ले ज़रा। पूनम है आज।

चन्नण : अच्छा, जी। चाय के लिए धन्यवाद।

भोलां : रोटी खा कर जाना अब।

चन्नण : फिर सही। अब आपके गाँव में ही बसना है, कई बरस। हाँ, सच। मुझे सरपंच जी ने बताया। आप के पास चबारा खाली है। अगर किराये पर दे सको।

रखी : वो चबारा? नहीं, बेटा। वो तो हमारा नहीं।

सुखदेव : हमारा तो यह है, दो खाने। वो भी, बादल अभी बंबई होता है, चबारा पहले ही तिप्प-तिप्प, तिप्प-तिप्प। सारी किताबें कापियाँ गल गईं

मेरी। इस बार बरसात में। कहो तो अभी खाली कर दूँ। आप आ जाओ। रहो, जितना चिर मरज़ी।

चन्नण : वो तो मेहरबानी आपकी। मुझे सरपंच साहिब ने··क्या नाम बताया?

भोलां : ढेरा सिंह का चबारा?

चन्नण : हाँ, ढेरा सिंह। जो बाहर रहता है। कलकत्ता या···

रखी : चाबी तो ठीक हैगी हमारे पास। वो दे गया था हमें। दो तीन बरस के बाद लौटेगा। वो या उसके बहू बेटा।

चन्नण : किराया जितना कहो, मैं दे दूँगी।

सुखदेव : किरायों को छोड़ो। अभी, ऐसे करो। आप चबारा संभालो। मैं चिट्ठी डालकर ढेरा सिंह से इजाज़त ले लेता हूँ।

रखी : चिट्ठी के जवाब का इंतज़ार तो कर ले। पहले यहाँ हमारे ही आ जाओ आप। महीना खंड।

चन्नण : पाँच सात दिन तो मैं आसानी से सरपंच के चबारे में गुज़ार लूँगी।

भोलां : आप हमारे ही आ जाओ, जब तक चिट्ठी का मोड़ आता है।

सुखदेव : चिट्ठी के मोड़ आप ही आते रहेंगे। चाबी ला तू। चलो, जी, मैं चबारा खोलता हूँ। आप सामान करो अपना तैयार।

भोलां : मैं झाड़ू फेर दूँ पहले। कबूतरों की बीठ से भरा पड़ा है। साल हुआ किसी ने खोला नहीं। यह बाह्मणों की पुष्पा की बारात आई जब, तो खोला था, औरतों के बैठने के लिए।

चन्नण : सफाई मैं आप ही कर लूँगी।

रखी : **(अंदर से लाकर)** चाबी तो आप पकड़ लो। पर किराये का तो मालिक आप ही बतायेगा।

सुखदेव : डोंट वरी। आई विल अरेंज ऐवरीथिंग। यू स्पैरड यूअर फ्रैगरैंस हीअर।

चन्नण : बड़े नेक बंदे हैं आप। मेरी समस्या झट हलकर दी। आपका पड़ोस —सॉरी, आपका गाँव—मुझे बहुत पसंद आया।

रखी : ज़िले का एक नंबर का तगड़ा नगर है।

भोलां : आधी गलियाँ पक्की बनी हैं।

सुखदेव : यह हमारे महल्ले ही हैं, दो चार घर कच्चे। बाकी सारा गाँव पक्का है।

चन्नण : जी, मुझ से पूछें तो गाँव ईंटों पत्थरों से नहीं बनते। गाँव बसते हैं इन्सानों से। मुझे लगता है, मेरी नौकरी के कुछ साल यहाँ 'सुख' से बीतेंगे। पक्की भी हो गई नौकरी। चबारा भी मिल गया।

भोलां : पक्का पति भी मिल जाएगा, जल्दी।

सुखदेव : चलो, मैं आपके साथ चलता हूँ। सरपंच के घर से आपका सामान उठवा लाता हूँ।

चन्नण : आप कष्ट न करो। मेरे पास सामान ज़्यादा है भी नहीं। कल स्कूल के बच्चों को कहकर मैं उठवा लूँगी।

सुखदेव : कष्ट कैसा? इट इज़ ए एलय्यर। **(दोनों जाते हैं)**

रखी : उड़ती फिरे! है तलवे धरती, धरती पर! हर्ल हर्ल बातें करे।

भोलां : और क्या, मेरी तरह? दिल की दिल में रखे?

रखी : क्या उम्र है अभी। पक्की नौकरी मिल गई। कर्मों वाला घर होगा, जिनकी यह बहू बनेगी।

भोलां : तू सपने मत देख, उलटे सीधे। सुखदेव को, तेरा ख़्याल है, तू यों ही छुड़ा लेगी? वीरा और भाभी, तू क्या समझती है, ऐसे ही मानने लगे हैं? छोड़ कर देखना तू, भागो को। भाभी और वीरे संग कलह छेड़ बैठेगी।

रखी : ये सब तेरे बाप की करतूत हैं। मैं मना करती रही, न कर रिश्ता। कहा माना ही नहीं। उछले! कहे—''बात बन गई। एक ही घर में दोनों बेटे ब्याहे जायेंगे। सगी बहनों संग।''—देखना तू। बड़ी तो कमज़ात है सो है। कुढंगी। छोटी इससे भी दो रत्ती बढ़कर निकलेगी।

भोलां : बढ़ के निकले, चाहे घट के। मुझे लगता है, भाभी को मायके से संदेशा आया था परसों, देबो के हाथ। ज़रूर सुखदेव के ब्याह का धागा लेकर आएगी।

रखी : लाती फिरे धागे। हमें क्या? हम नहीं लेंगे ब्याह। पास हुआ नहीं अभी। नौकरी का हीला नहीं बनता। कानी कौड़ी पल्ले नहीं। ब्याह सुनावे हमें। मैं तो कहूँ, कल की टूटती, आज टूटे सगाई।

भोलां : सगाई तोड़ना आसान बात है?

रखी : लड़के का पता है मुझे। दिल से नहीं चाहता, सुखदेव। उसकी तरफ से बेशक फटक्क जवाब दे दो, आज ही।

भोलां : यों ही दे हो जाएगा जवाब? जब शगुन ले लिया बिरादरी के सामने। फिर भाई-भाई दुश्मन बनेंगे। उम्रों तक। भाभी दरारें डालेगी, कुटंब में।

रखी : पहले भाभी तेरी बहुत गोद में उठाए घूमे कुटुंब को।

भोलां : वो झट कह देगी, जुदा कर दो हमें।

रखी : हो जाए जुदी। बीस बार हो जाए।

(कुलतार और साधु आते हैं। भोलां भागकर कुलतार के गले लग

कर रोती है)

भोलां : भैया जी···

साधु : मैं जो कहता था, पाखरदास की कुटिया में रात काटी होगी। वहीं था।

कुलतार : बस कर, भोलां। चुप कर।

भोलां : खाया पिया भी कुछ? चाय पड़ी है घूँट भर। गर्म कर देती हूँ। रोटी भी झटपट बन जाएगी।

साधु : मैं ने सोचा, पाखरदास की कुइयाँ पर नहा के चलता हूँ। शक तो मुझे था। जो देखूँ, वहाँ चिटाई पर लेटा था। बरामदे में। दीवार की तरफ मुँह करके।

रखी : तू टला नहीं टोने टपानों से? बेशरम! देख तो, लकड़ी हो गया तू। चालीसे सीखता। मंत्र फूँकता। ये साधु तबाह करेंगे तुझे।

साधु : बुढ़िया, डर कर रहा कर, संतों से। भूत चुड़ैल पीछे लगा दूँगा।

रखी : चुड़ैल तो तेरी मैं सारी निकाल दूँगी। दिखा तो कहाँ हैं रांड। जो न भट्टी में झोंक दूँ, टाँगों से पकड़ कर।—टोकरे कितने बनाए आज?

साधु : तीन।

रखी : कुल तीन। निठल्ला बैठा खा।

साधु : द्रांती से उँगली चीर हो गई। दुखने लगी।

रखी : बहाने गढ़ने का है। दूसरे शहतूत के बारे में बात की? अच्छरी से? कितने पैसे माँग रही है?

(फतह चंद आता है। घड़ा, रस्सी डोल रखकर, बाँहों में लेकर रोता है)

भोलां : रात सारी तड़प तड़प कर काटी मैं ने। बापू की भी एक पल आँख नहीं लगी।

फतह : ओए पुत्तर! कहाँ रहा तू? ओए ससुरे, लहू सूख गया मेरा, फिक्रों से—कहीं कुछ कर न लिया हो। **(आँसू पोंछता है)**

भोलां : सिमरो कुत्ती करके, तू जान क्यों गँवाये?

फतह : अच्छा, जिगरा कर। लोगों का क्या है? भूल जाएँगे बात को, दो चार दिन में।

भोलां : मैं तो कहूँ, बापू, महीना भर ननिहाल काट आए भैया। ऐसे यहाँ लोग जल्दी भूल भुला जाएँगे।

फतह : रह आए ननिहाल। बल्कि अच्छा है।

भोलां : और अगर इसके मामा का बेटा आने वाला है, तो इसका भी विलायत का पास बनवा दे। हम इकट्ठे चले जाएँगे, बहन भाई,

विलायत को। उसके साथ।

फतह : मंगल सिंह मुड़ने वाला ही है, बड़े नंगल से। मोटर नहीं आई अभी? तारो और सीसो भी नहीं आईं।

साधु : गूँजती सुन तो रही है मोटर।

कुलतार : भाइया भोलां के ससुराल गया है? क्या करने?

भोलां : मेरे ससुराल?—तेरा ननिहाल है।

फतह : मैंने भेजा है। सुना है, चिट्ठी आई है जोगिंदर सिंह की। आने वाला है, विलायत से। मैंने सोचा, जाने दो। झगड़ा छोड़ो। अगर तेरा मामा और मामी मान जाएँ, आकर भोलां को ले जाएँ।

कुलतार : अगर भोलां चली है बड़े नंगल तो ठीक है। मैं भी पाँच सात दिन रह आऊँगा। क्यों, भोलां, तू चलेगी सास ससुर के पास?

रखी : कैसे चले जाएगी भोलां, अपने आप? पाँच बरस हुए हमें, घर से खिला रहे हैं। अगर तेरा मामा कंजर, साथ में रांड उसकी, आप आकर ले जाएँ, तो भेजूँगी मैं। वैसे नहीं भेजूँगी।

साधु : उन्होंने पहले कहाँ अड़ंगा डाला? सियापा तो साला लड़के का अपना डाला लगता है। मेम करके बैठा होगा, विलायत में। गोरी। इसीलिए नहीं लड़की का टिकट भेजा। सौदाई हुए हो तुम तो, विलायतियों के पीछे। ख़त्म करो बात को। करो छूट छुटैया। जोगिंदर सिंह कभी नहीं बसाएगा भोलां अपने घर।

फतह : ढंग से बोल। ग़रीबू ससुरा आप ही ढीला है। लोभ में पड़ा है। पैसे जो भेजे जा रहा है लड़का, धड़ाधड़।

रखी : लोभी है। और क्या? डर है, अगर लड़की साथ चली गई, वो पैसे भेजने बंद कर देगा।

फतह : बिलकुल। यही ख़तरा बैठा हुआ है, करमी और गरीबू के दिलों में। वो शेरगढ़ वालों के पुत्र ने ऐसे ही किया था। बीवी और बच्चे पहुँचे नहीं पास, उसने मकान ख़रीद लिया, किश्तों पर, लंदन में। माँ-बाप को धेला नहीं भेजा, तब से।

कुलतार : ताऊ, मेरे मामा और मामी पर यों ही दोष मत मढ़ो। वो तो भोलां की बड़ाई करते नहीं थकते। यह ही ज़िद किए बैठी है। सख़्त दिल है इसका। मानती नहीं बात सहज से। कितनी मिन्नत करे कोई।

फतह : मंगल सिंह को कहा था मैंने—साथ लाना गरीबू और करमी को।

रखी : ऐसी गऊ है अगर करमी लुच्ची, तो ख़र्चा क्यों नहीं देती लड़की को?

साधु : कहावत है न?—घर वालों की नीयत नहीं, मेहमान दो दो हो कर बैठें।—लड़का शायद गोरी ब्याहे बैठा है वहाँ। और ये यहाँ आशाएँ

लगाए बैठे हैं। ख़र्च को रोते हैं।

कुलतार : मैं जानता हूँ जोगिंदर को। बचपन का दोस्त रहा है मेरा। भोलां को छोड़कर, किसी गोरी को दिल में नहीं रखेगा।

भोलां : सिर पर डाल दिया किसी ने कुछ।

साधु : यही तो मैं कहता हूँ। जादू टोने, परे से परे। गोरियाँ बड़ी चालबाज़ होती हैं। साधु पाखरदास बता रहा था। हरिद्वार ऋषिकेश देखीं उसने, कई मेमें। सुलफा पीती हैं। जटा बढ़ाई हुई। मालाएँ पहनी। बिलौर छनकते बाहों में। जो साधु जोगी उनके चक्कर में फँस गया, पागल होकर मरता है। लहू निचोड़ लेती हैं, मोहिनी बन कर।

रखी : माँ ने आप किया, जो कुछ किया। ओझे से करवाया। वही सड़ रही थी। बोली, दहेज में दो लत्ते ढंग के नहीं दिए।

फतह : ओए, जाने दो। झाड़ने फूँकने वालों ने क्या करना है? मंगल को आने दो। शायद बात बन जाए। अगर आप नहीं भी आता, हम चिट्ठी लिखा कर ताकीद कराते हैं—टिकट भेजे। भोलां अकेली पहुँच जाएगी विलायत। जहाज़ में काहे का डर? आगे आ जाए लेने, हवाई अड्डे पर।

साधु : सौ की एक ही बता देता हूँ मैं तुम्हें। जोगिंदर का बखेड़ा छोड़ो। गरीबू अगर आता है तो, सुलह सफाई से, छूट छुटैया कर लो।

फतह : उलटी सलाहें देवे ससुरा। नित्य मिलें ऐसे जमाई! बेर है न झाड़ी का, जब मरज़ी तोड़ लिया।

भोलां : यह और भाभी, जब बोलेंगे, बदशगुनी बोलेंगे। बुरा ही चाहें मेरा।

फतह : हम सोचते हैं, ग़रीबी दूर हो परिवार की। दोनों तीनों लड़के भी हमारे बुलाए विलायत को। और यह छूट छुटैये कराने पर तुला है। बेवकूफ!

साधु : ग़रीबी तो तेरी जोगिंदर सिंह सारी हटा देगा! देखो तो! क्या नशा चढ़ा है इसे!—छोरी, तू भी सुन ले। विलायतों के सपने छोड़ दे। आज जवाब दें बड़े नंगल वाले, कल बिठा दूँगा मैं, दूसरी जगह। **(सुखदेव के हाथ में सूटकेस, चन्नण कौर के पास बिस्तरा और थैला, पीछे आते हैं)**

सुखदेव : आप चलो, खोलो चबारा। मैं अभी आया।
(चन्नण कौर जाती है)

साधु : यह लड़की कौन है?

सुखदेव : आ गया, बहादुर! कहाँ रहा?

फतह : सरपंच कहता है, बड़ा स्नेही स्वभाव है, इस मास्टरनी का।

साधु : साधु की कुटिया में छिपा बैठा था।

सुखदेव : हमारे जाँघों में गाँठें पड़ गईं। मेरे और चन्ने के। साइकल घुमाते हुए। पूरे ज़िले में।

साधु : मामे के बेटे पर गया, कुलतार भी। दोनों का पता ठिकाना नहीं लगता।

सुखदेव : यह बात तो सही कही तू ने।

साधु : पौलसीबाज़ है जोगिंदर।—सुखदेव, तू भी दे सलाह।

सुखदेव : कैसी?

साधु : मैं कहता हूँ—जोगिंदर साले के झाँसे में न फँसो। लारे लगा रहा है झूठे। भोलां का रिश्ता किसी दूसरी जगह कर दो।

फतह : ख़ामख़ा न, ओए, भौंका कर। साधुओं के डेरों में भंग पी कर, ऐसी सोचता रहे तू। लड़की छुड़ा रहा है। लगा तू परिवार की बेड़ी बैठाने। जिस परिवार की बेटियाँ लोग छोड़ने लग पड़ें, उस परिवार का जीने का चारा रहता है?—हम दोनों भाई मिन्नतें करते हैं। निवेदन करते हैं। पाँच साल हुए। किसी तरह लड़की विलायत पहुँचे। और ये ससुरे? नई पौध! छोटा भी और तू भी। नई स्कीमें सिखा रहे हैं हमें, सियानों को। तलाक लिखवाते हैं। हया नहीं आती? नई पढ़ाइयाँ पढ़ें ये। झट तलाक की बात! फटक्क तलाक की बात!

सुखदेव : बापू, ज़माना बदल चुका है। अगर न बने किसी औरत मर्द की, तो तलाक में भी हर्ज नहीं। पर इस में भोलां को जरूर पूछना चाहिए।

कुलतार : हाँ। भोलां की मरज़ी चलनी चाहिए इस बात में।

फतह : भोलां की ख़ाक है मरज़ी? घर का नफा नुक़सान हम नहीं सोच सकते?

सुखदेव : तेरी तो, बापू, वो बात है। हमारी अँग्रेज़ी की किताब में लिखा है। एमरसन एक अमरीकन विद्वान हुआ है। वो लिखता है : आई वांट ए मैन, हू कैन मेक मी डू, व्हट आई कैन।

रखी : फारसी मत पढ़ कर सुना हमें। सीधी ज़बान बोल।

सुखदेव : बापू में आप तो अमीर बनने की हिम्मत हुई नहीं। उम्र बीत गई। दूसरों की बेगार करते-करते। न पढ़ा, न राजगीरी सीख सका। अब चाहता है, किसी तरह, बेटे-बेटियों का सहारा लेकर, बुढ़ापे में, अमीर बन जाऊँ। ऐमरसन कहता है, खुद्दार बनो। मेरे जैसे। सैल्फरिलायंट! बेटे बेटियों की बलि मत चढ़ाओ।

फतह : कैसी बलि चढ़ाई, ओए, मैं ने तेरी? मेरी तरफ से तू बेशक जो मरज़ी कर।

सुखदेव : विलायत के लोभ से तूने रिश्ता किया जोगिंदर सिंह को भोलां का। एक तरह यह बेटी बेचने के बराबर है!

फतह : जूते मार कर, सिर पर बाल एक नहीं छोड़ूँगा।

रखी : चपेड़ों से थोबड़ा तोड़ दूँगी। बेचेंगे हम बेटियाँ, कंजरों को! जो पाँच बरस हुए घर से खिला रहे हैं।

साधु : एक तरह, सुखदेव, बातें तू सच्ची करता है। मैं तो कहता हूँ, अभी भी अक़्ल करो।

फतह : उकसाया हुआ अँग्रेज़ियों का। इतनी अँग्रेज़ी आती थी तो फेल क्यों हो गया?

सुखदेव : डी.सी. बनकर दिखाऊँगा तुझे। सात समुंदर पार की सैर करूँगा। अपने ख़र्चे पर। बेशक हूँ मैं कुएँ के मेंडक का बेटा। जोहड़ के कछुए का पुत्र।

रखी : जा, रे। थूथना मत चला। पकड़ा ऊपर सूटकेस, लड़की का।

सुखदेव : भोलां, दाल सब्ज़ी ध्यान से बनाना आज।

भोलां : मुझे नहीं पता? भैया जी भूखा है कल का।

सुखदेव : कुलतार? मैं तो चन्नण कौर करके कहता हूँ।

भोलां : वो भी हमारे खाएगी आज?

सुखदेव : हाँ, मैं ने इनवाईट किया है।

कुलतार : साधु, तूने दूसरी कौन सी जगह सोची है, भोलां को ब्याहने की?

साधु : है एक जगह।

सुखदेव : फिर भी, पता तो लगे।

साधु : दूर क्या जाना? मेरा अपना साला है। जो पिछले साल रंडुआ हुआ था।

रखी : जागर? भेंगा? चुप करके बैठा रह। अदला बदली करता है बहन की। मैं तो पहले ही कर्मों को रोती हूँ। छोटे की सगाई करा बैठी। नहीं तो एक घर में, मैं दो बेटों की मँगनी ब्याह न करती। (**झपट कर**) इसने ईंगड़ी-पींगड़ी फँसाई हैं?

फतह : मैं ने अकेले ने फँसाई हैं?

सुखदेव : तुम लोग मुझे क्यों बीच में घसीट रहे हो? क्या पता, मेरी यह सगाई सिरे चढ़े कि नहीं?

साधु : तो साले, शगुन का रुपया क्यों पकड़ा था?

सुखदेव : नन्हा था मैं।

फतह : दसवीं में पढ़ रहा नन्हा होता है?

कुलतार : साधु, तुझे बात करते हुए शरम तो नहीं आई? तेरा साला चालीस

को पहुँच रहा है। ऊँट के साथ बिल्ली बाँध रहा है तू कि नहीं?

साधु : चालीस नहीं! मैं तो कहता हूँ, सौ साल का होगा?

भोलां : उसकी तो बेटी मेरी उम्र की है। प्रीतो।

रखी : चार पाँच बच्चे हैं। स्कीमें गढ़ रहा है! तेरी जोरू ने यह मता पकाया होगा। इसीलिए गई है मायके? कहती थी, भाई का संदेश आया।

सुखदेव : यह तो मुझे नहीं पता। पर भाभी कल मेरे साथ हँसती ज़रूर थी— तेरे ब्याह का धागा लेने जा रही हूँ।

फतह : जाने दे, ओए नशाबाज़! पाप मत सोच। है देखो! बहन को ज़बरदस्ती छुड़ा कर, ब्याही वरी को, साले के साथ फाँसी देना चाहता है।

रखी : चतुर बने बड़ा।

कुलतार : जोगिंदर सिंह को मैं डालता हूँ चिट्ठी कल। लिफाफा लाकर। ताकीद करूँगा।

भोलां : लिखो, भैया जी। जैसे कैसे हो, टिकटें भेजे हमारी।

फतह : तुम मंगल सिंह को तो लौट आने दो।

कुलतार : या तो टिकट भेजे। नहीं तो बात एक तरफ करे। साफ-साफ।

साधु : साफ ही है उसकी तरफ से। ज़रूरत रह गई चिट्ठियों की अब?

फतह : वाहे गुरु पर भरोसा रखो, ससुरो। डरो उससे। तलाक क्या यों ही हो जाएँ?

(सीसो दौड़ी आकर फतहचंद से चिमट जाती है। पीछे प्लास्टिक की टोकरी उठाए, घुँघट निकाले, तारो आती है)

सीसो : बापू जी! बापू जी!

फतह : आ मेरा बेटा! बल्ले-बल्ले! मेरा बेटा आ गया! मेरा राजा बेटा आ गया!

सीसो : बापू जी, बस मैं न, इतनी भीड़ थी, इतनी भीड़ थी···

फतह : कितनी?

सीसो : आप समझ लो, एक बस में, हमारे स्कूल के सारे बच्चे बैठ जायें, तो भी नहीं होगी इतनी भीड़।

फतह : अच्छा!

सीसो : इतनी भीड़ तो अँग्रेज़ी स्कूल के रिक्शे पर नहीं होती।

फतह : तू खड़ी-खड़ी आई फिर ननिहाल से?

सीसो : नांह! बूझो, मैं कौन सी सीट पर बैठी थी?

फतह : ड्राईवर वाली सीट पर?

सीसो : यों ही? बुद्धू, बापू बुद्धू।

फतह : मैंने सोचा, शायद, मेरा बेटा बख़शीश ड्राईवर लग गया होगा।

सीसो : मैं, जी, खिड़की वाली सीट पर बैठी थी। सीट नंबर बाईस पर।

तारो : तीन बार डरैवर ने झिड़का, सिर बाहर मत निकाल।—मानी नहीं यह लड़की।

फतह : न, बेटा। सिर बाहर नहीं निकालते।

सीसो : ड्राईवर आप भी तो सिर निकाल निकाल कर बाहर देखता रहता है।

फतह : वो तो बस चलाता है। उसे आगे पीछे देखना पड़ता हे।

सीसो : मैं मील पत्थर पढ़ रही थी।

साधु : तेरी मौसी राज़ी थी?

सीसो : देख, बुआ। मामा जी ने मुझे चूड़ा चढ़ा के दिया।

तारो : दो चूड़ियाँ तोड़ भी लीं।

भोलां : सुंदर चमकीली हैं। यह बिलौर कितने का?

सीसो : सवा रुपए का। मुझे खुला है। मामा जी कहते थे, अगर तेरे खुला निकला, अपनी बुआ को दे देना।

तारो : ले ले, री। तेरे वास्ते ख़रीदा था मैंने।

भोलां : न, मैं नहीं पहनूँगी उसके बड़े-बिलौर।

तारो : बिलौर खा जाएगा तेरी बाँहें? उस लोहे के कड़े से तो नहीं बुरा।

भोलां : यह तो कुलतार भैया जी लाया था। अनंदपुर साहिब के मेले की निशानी।

तारो : मेरा भाई तो बल्कि पैंडल भी लेकर दे रहा था। चमक रहा था। स्टील का।

सीसो : सुखो, चाचा। चाची जी ने मुझे कहा, अपने चाचा जी को मेरी गुड मोरनी कहना।

कुलतार : तेरी चाची ने कोई रुमाल या छल्ला नहीं भेजा? निशानी? सुखदेव के वास्ते?

रखी : चुप कर, बे। कच्चे क्वाँरे को! यों ही चाची चाची बोले जा रहे हैं। न जाने, किस राजा की प्रजा होगी।

साधु : भागो को तू मौसी क्यों नहीं बुलाती?

सीसो : जब मौसी मेरी चाची बनने लगी है, दशहरे की छुट्टियों में, तो मैं चाची कहूँगी।

तारो : नांह, री। भागो को तू मौसी बुलाएगी।

फतह : दशहरे तक?

रखी : हमें बग़ैर पूछे?

तारो : बापू, वीर मेरा बहुत जल्दी में है। बोला, नवरात्रों का ब्याह ले लो। सुखदेव का। मैं धागा ले आई हूँ। सवेरे चार बंदे महल्ले के इकट्ठे करके, धागा पकड़ लो।

रखी : तू ख़ामख़ा धागे ले आई?

कुलतार : बिचौलिन का हक नहीं बनता? बिचौलिन भी और दुल्हे की साली भी। भाभी भी। तीन तीन रिश्ते! पकड़ा, भाभी, तू धागा। मुँह मीठा करा, ओए सुखदेव। अव्वल तो बोतल मँगवा।

सुखदेव : ये उलटी बातें मुझे मत सुनाओ। चिड़िया औ चिड़े की शादी है न! झटपट! बग़ैर पूछे! गुड्डे गुड़िया का ब्याह है न!

फतह : तारो, बिटिया, अभी रुक जाओ, साल खंड। इस लड़की का निबेड़ा हो किसी तरह।

तारो : लड़की भी··· **(साधु से)** तू ने की बात? वीरे के बारे में?

भोलां : मुझे मत ऐसी सुनाओ।

रखी : मैं नहीं बाँधूगी पूरा परिवार एक ही खूँटे पर।

तारो : नहीं बाँधती, मत बाँध। मेरे मायके क्या तेरे घुटने छुएँ आकर?

फतह : लड़की, चुप रह।

सुखदेव : आया गया भी देख लिया करो कभी। पानीपत की लड़ाई न छेड़े रखा करो। हर रोज़। सास बहू की।

रखी : एक कम कलह करती है मेरे साथ? दूसरी आएगी तो वो भी चाँद चढ़ा देगी। फिर तीजड़ पतीज़ड़। फाँसी ले लूँ। बेटी बाँध दूँ अधेड़ उम्र के साथ।

तारो : मेरा भाई अधेड़ है?

कुलतार : और क्या वो सेंटर फार्वर्ड खेलता है? ओलिंपिक में?

(बजाजी की गठरी उठाये, थका टूटा, मंगल सिंह आता है। खाट पर गिरता है)

तारो : बापू, कल चिट्ठी डालनी है मैं ने। लो चाचा भी आ गया। बैठ कर सलाह करो। पाँचवाँ नवरात्र। सवेरे पहुँच जाना बारात लेकर। —उसके बाद, मेरे भाई ने काम पर जाना है, लुधियाना। बोला, मिल बन रही है वहाँ। तीस मिस्त्री जा रहे हैं देहात से इकट्ठे होकर। तीन महीने लग जाएँगे। भागो का ब्याह मुकलावा निबट जाए, तो ही अच्छा।

सुखदेव : इट्स इंपॉसिबल। मेरा इम्तिहान है।—सीसो, तेरी नई बहन जी हमारे निकट आ गई।

सीसो : कहाँ?

सुखदेव : ढेरा सिंह के चबारे में! दौड़ कर कह उसे, सूटकेस लेकर मैं अभी आता हूँ।

सीसो : **(घसीटती)** मैं देकर आती हूँ।

फतह : भारी है, बेटा। **(सीसो जाती है)**

सुखदेव : तू रहने दे।

कुलतार : दशहरे तक हो गया सुखदेव क़बीलादार।

सुखदेव : नो! सॉरी! ऐगज़ाम से पहले मैं अपने माइंड को डिस्टर्ब नहीं करूँगा।

तारो : ताकीद की थी वीरे ने—पहुँचती ही कार्ड डाल देना।

साधु : मैं आप जा आता हूँ, खड़ा-खड़ा।

फतह : मंगल सिंह? तू तो आते ही गिर पड़ा।

मंगल : हाड़ टूट गए, थकावट से।

कुलतार : मोटर गाड़ी पकड़ लेता।

फतह : पहुँचा था कल बड़े नंगल?

मंगल : गठड़ी ने पीठ पत्थर बना दी। कछुए की खोपड़ी जैसी।

साधु : चाचा, क्या रंडी रोना डाला हुआ है तू ने? बजाजी कौन ख़रीदता है आजकल?

तारो : तेरे टोकरे बनाने से तो नहीं बुरा।

साधु : थोड़ी देर ही बनाऊँगा मैं टोकरे। चिल्ला संपूर्ण होने वाला है मेरा। लाइनें लग जाएँगी हमारे, भूत चुड़ैल निकलवाने वालों की। मशहूर हो जाएगा कुटुंब, तीन ज़िलों के अंदर।

तारो : टोकरे छोड़ कर, तू कौन सी विलायतों को जा रहा है?

सुखदेव : चाचा, तरक़्क़ी के राह पर चलना चाहिए तुम्हें। सदियों से, तेरे जैसे, फेरी लगाने वाले, इन देहात में गठरियाँ उठाए पीठ पर, बजाजी बेचते रहे हैं। तू नया काम कर कोई। परॉगरैंस कर।

फतह : नया कौन सा?

सुखदेव : फॉर ऐग्ज़ांपल··· **(उसे नहीं सूझता)**

साधु : बने बनाए कपड़े बेच।

सुखदेव : यैस्स, रैंडीमेड।

फतह : बहुत तरक़्क़ी है इसमें? गठरी तो वही रही पीठ पर। थान हों, चाहे सिले सिलाए।

कुलतार : आ रहा है क्या जोगिंदर सिंह? चिट्ठी आई?

मंगल : ढाडे ठुआणे को मुड़ गया मैं, नंगल से आता हुआ।

फतह : अढ़ाई तो छप्पर हैं। ठुआणे वाले तेरे लट्ठे और बैलें क्या ख़रीदेंगे?

मंगल : ओ नहीं। पीर की मज़ार पर गया था मैं तो।

साधु : बुलंद ख़ाँ के?

भोलां : मन्नत उतारनी थी कोई?

सुखदेव : चाचा, पीर से चाची माँगने गया था?

रखी : पीर बैठा, हीर सलेटी लेकर, इस के वास्ते।

फतह : कैसे गया था स्थान पर?

मंगल : साईं दित्तू शाह बीमार है।

फतह : पिछली सर्दियों में तो घोड़े जैसा था। लोहड़ी देने गया मैं जब नंबरदारों की बड़ी लड़की को, खरड़ अच्छरवाल। माथा टेकने चला गया मैं अंदर। साईं ने चाय पिलाई।

कुलतार : मलाई डालकर?

तारो : पोस्त डाला होगा।

मंगल : मेरा दिल करता है, साईं मरे तो मैं मज़ार पर जा बैठूँ।

फतह : है सौदाई! हम क्यों रहेंगे क़ब्रों में? तू अऊत प्रेत है? बेघर है?

साधु : साईं सेली टोपी तुझे पकड़ा जाएगा? सेवा ख़िदमत तो तूने की नहीं उसकी?

फतह : इस बात को छोड़ परे।—गरीबू से की बात?

मंगल : क्या बात करनी मैं ने सालों से?

फतह : हुई होगी कोई?

मंगल : चिट्ठी विट्ठी झूठ है सब। लड़के के आने की कोई आशा नहीं, हाल की घड़ी। करमी ने तो काड़ काड़ जवाब दिया। बोली, जब हमारे बेटे की सलाह नहीं दिखती, हम किसके सहारे रखें भोलां को, अपने पास?

रखी : है कंजरी! तो ख़र्चा दे! मुक़द्मा करो हरामज़ादी पर।

मंगल : ग़रीबू ने मिन्नत की। बोला—मेरा बस नहीं चलता। भाइयो, लड़की की, जहा मरज़ी मँगनी शादी कर दो।

साधु : जाने दे, बापू। ज़िद न कर। छोड़ जोगिंदर का पीछा।

सुखदेव : तलाक का केस कर दो।

कुलतार : ऐसी यारी, लगी हुई से, टूटी हुई, बेहतर है। **(भोलां बैठी रोती है)**

मंगल : फतह चंद, मेरी बिचौलगिरी यहीं तक थी। अब अपना पढ़ा विचारों।

रखी : हाय हाय री मरने वाली! तुझे नरक में भी शरण न मिले! लुच्ची, कर रही थी बिचौलपने! जन्म गला दिया मेरी बेटी का।

कुलतार : भोलां, रो क्यों रही है तू?

तारो : चुप कर, छोरी। हमारे बस में क्या है?

सुखदेव : कचहरी में केस फाइल करो। क्विक!

फतह : देख तो! बेटियों को कचहरी चढ़ाता है। मिट्टी में मिला रहा है परिवार का नाम!

मंगल : चारा भी और क्या है? गृहस्थ में ससुरे दुख ही दुख।

फतह : चारा क्यों नहीं है? मैं बाईस देहात की पंचायतें इकट्ठी करूँगा। बिरादरी इकट्ठी करूँगा। गरीबू मामा यों ही छूट जाएगा? मैं अपने गाँव की पंचायत लेकर जाऊँगा। सियाने लेकर जाऊँगा। कैसे छोड़ सकता है, ग़रीबू हमारी बेटी?

मंगल : गरीबू नहीं छोड़ रहा है। तुझे बताया, लड़का हाथों से निकल चुका है। परदेसों में, क्या ख़बर, क्या करता है? बाप बेचारे का ज़ोर है कोई?

साधु : पंचायतें सुना रहा है। कल थोड़ी करी पंचायत ने? तेरे परिवार संग?

मंगल : क्या हुआ कल?

फतह : कुछ नहीं। सहज कर, बताते हैं। **(साधु को)** वो बात अलग है, यह अलग है। गाँव की बेटी बहन को बसाना है। कौन सा पंच है, जो मेरे साथ नहीं चलेगा? सरपंच आप जाएगा! मेरी मिन्नत को नहीं टाल सकता, नंबदार।

सुखदेव : सियानों पंचायतों को मार गोली। क़ानून के मुताबिक चल।

फतह : तू चुप बैठा रह, ओए। चतुर बड़ा। **(छाती ठोक कर)** मैं देखूँगा! कौन सा माई का लाल जन्मा है! बाबू राम के कुटुंब की बेटी को छोड़ने वाला?

मंगल : बात को बढ़ा मत, फतह चंद। पंचायतों से, सियानों से, मैं नहीं रोकता तुम्हें। विलायत का लोभ छोड़। भोलां का बसना जोगिंदर के घर मुश्किल ही होगा।

(सीसो आती है)

सीसो : चन्नण बहन जी ने देखो मुझे क्या दिया?

तारो : कलंडर है?

सीसो : माता रानी वाला।

सुखदेव : डेट्स तो नीचे हैं ही नहीं।

सीसो : बहन जी कहते, माता की फोटो की उनको ज़रूरत नहीं है। तारीखें फाड़ कर रख लीं उन्होंने।

(रखी बिस्तरा और दो एक बरतन लाकर फेंकती है)

मंगल : यह क्या, भई? रखी, क्या हुआ?

रखी : उठा लो, कूड़ा कबाड़! तू जाने, तेरा कंजर बेटा जाने। आज से मेरे से नहीं पकेगी। तेरी और तेरे छोकरे की।

फतह : ओए कुतिया! **(जूता खोल कर)** तू ने बसने देना है कि नहीं? हम भाइयों को?

रखी : नांह। ये मेरे नहीं लगते कुछ भी।

मंगल : बात क्या हुई, राम रखी?

रखी : अन-जन्मों ने मार लिया। लुच्चों ने।

कुलतार : चल, अच्छा हुआ, भाइया। हम आप ही पका लेंगे।

रखी : जो दो बरतन बनते हैं, संभाल लो। कुत्ते के पूतों ने ज़िंदगी बरबाद कर दी, मेरी बेटी की।

फतह : तू टलेगी नहीं? कलह करने से? **(मारने दौड़ता है)**

सुखदेव : बापू! पीछे हट! नहीं तो हाड़ तुड़वा लेगा मेरे से।

साधु : ख़ामख़ा झगड़ने लगे।

फतह : कंजरी, मत कर अलग, भाइयों को। बुढ़ापे में।

भोलां : **(कुलतार के निकट खड़ी)** भैया जी, मैं सेंक दिया करूँगी तेरी रोटी।

सीसो : बुआ, तू बेल बेल कर तवे पर डालती जाना। मैं सेंके जाऊँगी।

भोलां : चिट्ठी भेज तू आप, भाई अपने को।

फतह : ज़िंदा नहीं छोड़ूँगा मैं! रखी, आज या तू नहीं, या मैं नहीं।

(सुखदेव आगे होकर मुक्का रोकता है)

कुलतार : कितनी देर तक सेंकेगी तू? मेरी रोटी?

भोलां : जितनी देर तक तेरा चित्त करेगा।

(अँधेरा)

(आधी छुट्टी)

दूसरा अंक

(गवैयों की टोली शुरू का विषय-गीत दोहराती है)

झाँकी 1

(सवेरा, काफी अँधेरा। फतह चंद के कँधे पर घड़ा, हाथ में रस्सी डोल। मंगल सिंह बजाजी की गठरी उठाकर जाने को तैयार। रखी चादर, झाड़ू पकड़े बाहर से पत्ते बटोरने के लिए तैयार। कुलतार खाट पर सोया पड़ा है)

फतह : मंगल, तड़के कहाँ को चल पड़ा? इस वक़्त कौन ख़रीदेगा कपड़ा तेरे से? ज़रा दिन तो चढ़ लेने दे।

मंगल : जब तक किसी गाँव पहुँचूँगा, आप ही दिन चढ़ जाएगा।

फतह : खाली पेट चल पड़ेगा? कुछ खा पी तो ले।

मंगल : खाने पीने की देखी जाएगी।

फतह : कहाँ खाएगा?

मंगल : माँगने वाले को घाटा है?

फतह : चाय का घूँट ही पी लेता। बैठ जा। मैं दोहता हूँ बकरी।—रखी, कहाँ चली?

रखी : भट्टी में तेरा सिर दूँगी?

फतह : ठहर के चली जाना पत्ते लेने। मंगल को दो रोटी सेंक देती।

रखी : नांह।

फतह : भूल भी जा रात की बात। छोड़। मैं ले आऊँगा पत्ते बटोर के। नहीं तो तारो ले आएगी। भोलां को भेज दे। तू रोटी पका दे, मंगल के वास्ते। कुलतार भी भूखा सोया रात को।

रखी : रोटियाँ नहीं। मैं तो पराँठे लगी हूँ सेंकने इनके लिए।

मंगल : रहने दे, फतह चंद। मैं जाता हुआ मज़ार पर एक टिक्कड़ पका के

खा लूँगा। साईं का हालचाल भी पूछ लूँगा। जा, रखी, तू पत्ते ला। जो हमारी क़िस्मत में होगा मिल जाएगा। जो गठरी बहमाता ने हमारी पीठ पर उठवानी है, वो तो, भैया, उठानी पड़ेगी।**(जाता है)**

फतह : **(आँसू पोंछ कर)** देख, है! जुल्म साईं का। कुनबे की कलह ने मार लिया मुझे।

रखी : तारो! अरी तारो!

सीसो : **(दूर से)** दादी, क्या बात?

रखी : माँ अपनी को कहना, चाय धर दे। मैं अभी आई मुड़कर।

सीसो : **(पास आकर)** मेरी रोटी नहीं पकाएगी?

रखी : क्यों? जननी तेरी कहाँ गई? वो नहीं पका सकती? सोई पड़ी घुटने घुटने धूप में? बेफिक्र हो कर। उठा उसे।

सीसा : वो तो है ही नहीं कहीं भी।

फतह : बाहर अंदर गई होगी।

रखी : आती है तो पकवा लेना उससे। ऐसी आलस की मारी बहू भी ख़्वाजा पीर ने हमारे खोटे कर्मों के लिए रखी थी। **(जाती है)**

फतह : भापा तेरा नहीं उठा?

सीसो : नहीं। **(नक़्ल लगाती)** खुर्राटे पर खुर्राटा बज रहा है।

फतह : निकम्मी औलाद ने बेड़ा डुबो दिया। तू उठा उसको। कह, घड़े छोड़ आए चार पानी के। नंबरदारों के घर। बहँगी में रखकर। मेरी सेहत नहीं अच्छी।

सीसो : मैं नहीं उठाती। उस दिन जगाया था, आज़ादी वाले दिन। फटाक थप्पड़ मारा मेरे। बोला, कच्ची नींद में उठा दिया।

फतह : बच्चा बने ससुरा। नन्हीं बच्ची, पास से तीन घंटे पहले उठ जाती है। यह गधा, अफीमची, पोस्ती, सोया रहता है। **(सुखदेव आता है। टूथपेस्ट की झाग से मुँह भरा है)** औलाद भी दी रब्ब ने, मैं कहूँ, कसरें निकाल दीं। पता नहीं कौन से पिछले जन्मों के पापों का फल है।

सुखदेव : क्या हो गया? मैं ने क्या किया?

सीसो : भापा जी सोये नहीं उठते। **(जाती है)**

सुखदेव : उठ जाएगा आप ही। तू ने उससे क्या करवाना है?

फतह : देख है, साला रानी खाँ का। वैसे कॉलेजों में पढ़ता है। उठकर काम धंधा नहीं करना? निठल्ले, दोनों भाई।

सुखदेव : मैं निठल्ला बैठता हूँ? टट्टी जाते हुए भी किताब रखता हूँ बग़ल में।

फतह : बग़ल में किताबें रखीं तो सारे गाँव को दिखती हैं। तभी शायद फेल

हो गया।

सुखदेव : मेरे साथ बहस नहीं करनी। जा, जिधर चला था। यह बहुत काम करे।

फतह : ठेकेदार मनीराम ठीक ही कहा करता था। स्वर्ग और नरक कोई ऊपर थोड़ी होवें। स्वर्ग-नरक तो गृहस्थ में ही होते हैं। जिसकी औलाद अच्छी, वो स्वर्गों में। जिसकी औलाद गंदी, वो नरकों में।

सुखदेव : देख तो, कोट करे ठेकेदार मनी राम को। महान फिलॉसफर था न! धक्के खाता मरा, अपनी करतूतों के कारण।

फतह : औलाद ने मारा बेचारे को। कहता था, फतहचंद, तेरी मेरी तो वही बात है—जो 'बात' सुनाया करते हैं।

(सीसो बस्ता पकड़े बाहर आती है)

सीसो : बात? कौन सी बात?

फतह : बाहमन की और कहार की।

सीसो : सुना तो, बापू।

सुखदेव : सवेरे-सवेरे, सुनती है बातें। बुढ़ों की। रन टु युयर स्कूल।

सीसो : बात सुनकर जाऊँगी। सुना, बापू। अभी लेख लिखना है मैं ने। चन्नण बहन जी ने दिया था।

फतह : एक कहार के चार बेटे थे। वो फख्र करे, रोज़। कहे, मेरे चार हैं। पड़ोसी बाहमन के इकलौता बेटा था। वो फिक्र करे—कि मेरे एक ही है। पर बेटा था आज्ञाकार। श्रवण कुमार। माता-पिता को पालकी में बैठा कर, तीर्थ कराने ले गया। कहार और उसके चारों बेटे वाहक बनकर गए, पालकी उठाए। कहार भी साथ था। जो बेटा थकता जाए, वही कहे—''बापू, आना इधर। दे, मेरी जगह कँधा।''—बारी-बारी, चारों भाई दम ले लिया करें। बाप की बारी आए न आराम करने की। हार कर, कहार बाहमन को कहता, ''तेरा एक इकल्ला है सुलक्षणा, जिसने बहँगी में बैठा कर तुम्हें तीर्थ कराए। मेरे चारों ख़ून पी गए मेरा।''—यही बात हमारी है। मंगल की और मेरी।

सीसो : सच्ची बात है यह?

सुखदेव : उठते ही लेक्चर झाड़ने लग जाया कर।

फतह : मैं क्यों दूँगा तुझे लेक्चर। मत करो काम। आप ही दुख भोगोगे।—उठ, ओए, मन। उठा घड़ा। ढो पानी। तेरे भागों में यही लिखा है। रहंट के बैलों की तरह। घूँ घूँ! घूँ घूँ! घूमते जाओ। आँखें बंद करके। चक्कर पर चक्कर। कोई आराम नहीं। कोई चैन नहीं।

सुखदेव : मेरा कसूर है इस में?

फतह : जैसी माँ थी, वैसे बेटे निकले।

सुखदेव : आप तो राजा महाराजा है तू! गद्दी बैठा हुआ! वही राज बेटों से कराएगा।

फतह : मैंने कैसे राज कराने तेरे से। मैं तो अपनी क़िस्मत को रो रहा हूँ। बापू मेरा पहेली पूछा करता था एक।

सीसो : **(कापी कलम छोड़कर)** पहेली? मैं बूझूँगा। पूछ, बापू।

फतह : एक थाल है। उसमें ख़रबूज़ा पड़ा है। साथ में एक चाकू है। चाकू ख़रबूज़ा काटने से रुकता नहीं। ख़रबूज़ा ख़त्म होता नहीं। थाल भरता नहीं। बूझो क्या है?

सीसो : बूझूँ मैं? बताना मत तुम।

फतह : तू नहीं बूझ सकेगी, बेटा। मुश्किल है।

सीसो : बताना मत। चुप··· बूझूँ··बूझूँ··चाकू रुकता नहीं, ख़रबूज़ा मुकता नहीं, थाल भरता नहीं··रहंट कुएँ की घड़िया! पानी ऊपर लाने के डिब्बे।

फतह : नहीं, बेटा।

सीसो : देखो, बैल रहंट कुएँ को चक्कर देते रहते हैं। घड़िया या डिब्बे, रुकते नहीं, चाकू की तरह। कुएँ में पानी ख़त्म नहीं होता, ख़रबूज़े की तरह।

सुखदेव : क-रैक्ट! ब्रिलियंट गर्ल!

फतह : है तो, बेटा, तेरी बात भी सच्ची। पर असली जवाब यह नहीं।

सीसो : मेरा जवाब ऐन ठीक है।

फतह : मेरा बापू कुछ और बताया करता था।

सीसो : क्या?

फतह : ख़रबूज़ा तो है बंदे। लोग। चाकू है मौत। और थाल है क़ब्रें या श्मशान।

सीसो : मेरा जवाब भी सही है, जी।

फतह : यही सोचता रहता हूँ मैं। यह पहेली है मेरी ज़िंदगी के बारे में।

सुखदेव : वो कैसे?

सीसो : मेरे से पूछो।

फतह : इससे पूछो! सियानी बुढ़िया से।

सीसो : कुएँ में पानी ख़त्म नहीं होता। घड़ा पर घड़ा। रोज़ ढोता है बापू। रोज़ ढोता है।

फतह : शाबाश, भई, मेरी बेटी के। बस, सौ की एक ही मुका दी।— अवधि बीत गई मेरी, लोगों का पानी भरते हुए। साँझ सवेरे। वही बोझा कँधे पर।

सुखदेव : तेरा अपना कसूर है इसमें। हिम्मत करे इन्सान तो क्यों पानी ढोये? मैं तो नहीं ढोऊँगा किसी का पानी।

(भोलां आती है)

फतह : चाय का घूँट बना, भोलां।

सीसो : रोटी पका दे मुझे, बुआ।

भोलां : तू रस्सी डोल निकाल कर बैठा है। जाना नहीं?

फतह : कहाँ?

भोलां : सियाने लेकर? बड़े नंगल? चाचा मिला मुझे, रास्ते में। बोला, कुलतार और तुम आ जाओ। पंचों को साथ ले लो।—कि अगर छुट्टी नहीं आना, तो मेरा टिकट मँगवाओ। चाहे साथ कुलतार भैया का भी टिकट मँगवा लो। विलायत का।

फतह : सोचता तो मैं भी यही था। सियाने लेकर गुस्सा न करें कहीं, सास ससुर तेरे।

भोलां : ऐसे ही करना—करूँ, न करूँ?

सुखदेव : टाइम पर कभी कुछ मत करना। पाँच साल बिता दिए। कभी आज, कभी कल। यह नहीं, बात आर करे या पार करे।

फतह : जाने को क्या है? मैं बेशक सौ बार जा आऊँ, अकेला ही। पर मंगल ठीक ही कहता है। यह मामला गरीबू और करमी के सुलझाने वाला है नहीं। लड़का लौटेगा विलायत से तो सियाने लेकर जाएँगे।

सुखदेव : साल गल जाएँ। चाह ज़िंदगियाँ सड़ जाएँ। फत्तू कहार का वही रेंगना। कछुए की चाल।

(तारो आती है, लकड़ियों का गट्ठा उठाए)

फतह : मेरे बस में है? अगर न मानें अगले, तो मैं क्या करूँ?

सुखदेव : मुक़द्दमा कर। लड़की छुटवा।

तारो : और क्या? मेरे भाई के बैठा दो। राज करेगी।

भोलां : पोखर में छलाँग मार के न मर जाऊँगी मैं।

फतह : अच्छा, रोटी पकाओ तुम।—दो चार दिन को मैं अकेला जा कर आप पूछूँगा। लड़की छोड़ कर हमारी, साले जाएँगे कहाँ? मिट्टी उड़ा दूँगा मैं, कंजरों की। रिश्तेदारी मैं। **(जाता है)**

भोलां : कुलतार भैया को देखो। ढोल बजते रहें बेशक सिरहाने। इसकी नींद नहीं खुलेगी।

सीसो : मेरा स्कूल का काम हो भी गया। मेरी रोटी पका, बुआ।

भोलां : माँ ने नहीं पकाई?

तारो : वो तो आमों के बाग में थी, पत्ते बटोरती।

भोलां : आ, खा ले। **(जाती है)**

(चन्नण कौर आती है। हाथ में डिक्शनरी)

सुखदेव : आओ, जी।

चन्नण : लीजिए।

सीसो : सस्सरी काल, बहन जी।

चन्नण : सस्सरी काल। बख़शीश, चलना नहीं स्कूल?

सीसो : रोटी नहीं पकी अभी।

सुखदेव : तकलीफ उठाई आपने।

चन्नण : तकलीफ कैसी? खाली पड़ी थी मेरे पास भी।

सुखदेव : डिक्शनरी भी आपने अच्छी मोटी रखी हुई है।

चन्नण : बी.ए. तक की अँग्रेज़ी आप बग़ैर डिक्शनरी के पास कैसे कर सकते हैं? मैं तो नवमीं में थी जब ख़रीद ली थी।

सुखदेव : हम ने तो नोट्स ख़रीद लिए थे। पोटरी के। प्रोज़ के भी। उसमें हर लफ्ज़ का मीनिंग दिया हुआ है। कौन क़ज़िया करे हर लफ्ज़ का मतलब डिक्शनरी से निकालने का?

चन्नण : क़ज़िया तो करना पड़ता है। बग़ैर मेहनत के शिक्षा नहीं मिलती। मैं तो बच्चों को बताया करती हूँ। आजकल की दुनिया का हथियार है—शब्द! जितने ज़्यादा आप शब्द जानते हो, उतनी ज़्यादा आपकी तरक्क़ी होगी। पिछले ज़मानों में जिस बंदे के पास ज़्यादा सिपाही होते थे, वो राजा बनता था। अफसर बनता था। आजकल जिस बंदे के पास लिखने के लिए, बोलने के लिए, शब्दों की बड़ी फौज होगी, वो बड़ा लीडर बनेगा। अफसर बनेगा। सो, तन्ख़ाह बढ़वाने का गुर है : बड़ी डिक्शनरी का नित्य प्रति इस्तेमाल

सुखदेव : बहुत ख़ुश किस्मत हैं बच्चे जो आप से पढ़ते हैं।

सीसो : सुखो चाचा, चल तू भी। मेरे साथ बैठना चौथी जमात में।

तारो : उलटी बात करे यह लड़की।

चन्नण : इन से तो मैं पढ़ूँगी। बी.ए. करूँगी मैं इनकी मदद से।

सुखदेव : ज़रूर, ज़रूर।

चन्नण : **(घड़ी देखकर)** मैं चलती हूँ। बख़शीश, लेट मत होना। मनीटर है तू। अच्छा जी, ससरी काल। **(जाती है)**

सुखदेव : सी यू।

तारो : चल, री। रोटी खा ले।

सीसो : देखा, कितने सुंदर हैं हमारे बहन जी। सुखो चाचा, सुंदर हैं न? बता।

तारो : अरी, देर हो रही है तुझे। मर भी परे।

सीसो : **(माँ को जीभ चिड़ा कर)** भागो मौसी से तो ज़्यादा गोरे हैं चन्नण बहन जी। **(जाती है)**

तारो : बहन मेरी ने रुमाल भेजा है। पकड़! कह रही थी, ब्याह वाले दिन तक, संभाल के रखना। नाम तेरा कसीदा किया है ऊपर।

सुखदेव : भाभी, मेरा ख़्याल है, तू यह बात जाने ही दे अभी।

तारो : क्यों, रे? मेरी बहन का चाव से पैर धरती पर नहीं टिकता। पता है, कितने गिलाफों पर कढ़ाई की? सिरहानों पर? मेज़ पोश। दादा हगौनी, गद्दियाँ, कुरसियों की। कसीदे में तो पूरे सैंटर से बढ़ चढ़कर है, भागो हमारी। रूप भी उड़ कर चढ़ा है। मेरी तरह।

सुखदेव : मैं अभी नहीं कराऊँगा ब्याह। पढ़ाई करूँगा आगे। आई.ए.एस. का इम्तिहान दूँगा। डी.सी. लगूँगा। पाँच सात साल लग जाएँगे। अपनी बहन का दिल मत तोड़। जागर को कह, अभी किसी जगह ब्याह कर दे। कम पढ़ा लिखा लड़का ढूँढ़ कर।

तारो : है रोता! लड़की हमारी की आँखें पक गईं। चाव से रास्ता देखती हुई, बारात का। इंतज़ार में बैठी है, बरसों से बँधी। तू अब लगा है जवाब देने। उलटी पढ़ रहा है। कुएँ खाई में डूब कर मर जाएगी, बहन मेरी।

सुखदेव : अफसरी मिलने से पहले शादी करना बेवकूफी है। वो भी छठी फेल से।

तारो : छठी को क्या करना है? घर के काम में बड़ी होशियार है। वो तो कॉलेज की लड़कियों को बात नहीं करने देती।

सुखदेव : घर के काम क्या अफसरों की बीवियाँ आप किया करती हैं?

तारो : अफसर बन तो ले तू पहले। पढ़ा लेना, जितना मरज़ी। हिन्दी तो गठरियाँ की गठरियाँ पढ़ लेती है। गुटके ग्रंथ बेशक मुँह ज़बानी सुन ले उस से।

सुखदेव : गुटके ग्रंथ? डीसियों की पत्नियाँ गुटके ग्रंथ नहीं पढ़ती आजकल।

तारो : अंग्रेज़ियाँ पढ़ा लेना। बहुतेरा दिमाग़ भागो का।

(सीसो आकर बसता उठाती है)

सीसो : सुखो चाचा, चन्नण बहन जी को बता दूँ?

सुखदेव : क्या?

सीसो : मैं कहूँगी—सुखो चाचा कहते हैं, आप चाँद जैसे हो।

सुखदेव : **(हँसता)** नांह। गुस्सा करेंगे ख़ामख़ा।

तारो : चाँद? थोबड़ा ऐसे है जैसे ततैइयों ने खाया हो। नाक? चपटी।

पुरानी जूती जैसी। हमारी भागो के सामने तो नज़र-बट्टू लगेगी तेरी चन्नड़ो।

सुखदेव : तुम औरतों का दिमाग भी! रौकिट से ज़्यादा तेज़ चलता है। शाम को आई चन्नण कौर यहाँ। तू अभी से भागो और चन्नण की कुश्ती कराने लग पड़ी।—सीसो, रुक ज़रा!

तारो : नया सूट पहना परसों। आप सिल कर। चुस्त। फिल्मों की ऐक्टरनी लगती थी।

सुखदेव : **(किताब पकड़ा कर)** यह नावल दे देना अपनी बहन जी को। कह रहे थे, "दि ओल्ड मैन एंड दी सी" की बहुत सिफ्त सुनी है। बुढ़े मलाह ने केसे समुंदर फतह किया।

सीसो : यह बाबा बुढ़ा जवान बहन जी ने क्या करना है? **(जाती है)**

तारो : बड़ी दूर बात पहुँच गई। एक ही रात के पड़ोस से। बच के रहना, देवर जी। मैंने इतने साल पाला है तुम्हें। जाँघों का गहना बना कर। **(भोलां आती है। लोटे में चाय और थाली में रोटी। सुखदेव शरमिंदा सा झट तौलिया साबुन उठाए बाहर जाता है)**

भोलां : भाभी!··· वीरे को उठाकर रोटी खिला दे। चाय ठंडी हो जाएगी, बाद में।

तारो : उठा नहीं अभी? **(जाती है)**

भोलां : कुलतार! भैया जी! उठ।

कुलतार : क्या बात?

भोलां : चाय पी ले। पराँठा खा ले। रात को भी नहीं खाई। दो दिन का भूखा है तू।

कुलतार : चोरी से लाई तू, माँ से?

भोलां : चोरी इस में कैसी?

कुलतार : मेरी ख़ातिर चोरी नहीं करनी तू ने।

भोलां : अपने भैया जी को रोटी देना चोरी होती है?

कुलतार : मैंने फैसला कर लिया। यहाँ रहने का धर्म नहीं मेरा। यह गाँव मुझे खाने को आता है। मैं चला जाऊँगा कहीं।

भोलां : अंदर चल। ठंडी हो रही।

कुलतार : डरती क्यों तू इतना?

भोलां : आ न जाए, रखी कुलक्षणी।

कुलतार : तेरी माँ तो जो थी, थी ही। अब, मैं गाँव में मुँह दिखाने के क़ाबिल नहीं रहा।

भोलां : फूटे कुएँ में फेंक, सिमरो को।

कुलतार : इस से तो गाड़ी के नीचे सिर दे दूँ तो बेहतर है। नसराला जाकर।

भोलां : न, मेरा वीर। ऐसी मन में नहीं लानी।

कुलतार : रखी ने सीख दी रुक्को बाहमनी को। मुँह काला करवाया मेरा।

भोलां : तुझे कैसे पता?

कुलतार : धंती ने ख़बरदार किया मुझे। परदे से। बोली, बेटा, तेरी ताई ने करवाया सब कुछ।

भोलां : छोड़ ताई को। तू ने कुछ लेना देना?—मैं रोटी पकाया करूँगी तुम्हारी। बापू तो बल्कि ख़ुश होगा। माँ की मैं परवाह नहीं करती।

कुलतार : मैं चला जाऊँगा। दूर। सिंघ सजकर, हजूर साहिब गुरुद्वारे जाकर, सेवादार लग जाऊँगा।

भोलां : परदेसों में?

कुलतार : वो परदेस है कोई? पर सियापा और है साला।

भोलां : क्या?

कुलतार : सारे सपने अधूरे रह जाएँगे। मैं सोच रहा था, फुटबाल का अव्वल नंबर का खिलाड़ी बनूँगा। ओलिंपिक में खेलूँगा।

भोलां : खेल तू फुटबाल। गाँव में रहकर। सब सपने पूरे होंगे तेरे।

कुलतार : तुम्हें कैसे पता?

भोलां : मेरा दिल कहता है।

कुलतार : सच?

भोलां : **(आँसू रोकती)** कुलतार, मुझे इस घर में अकेली छोड़ कर मत जाना। मिन्नत है मेरी। भाभी मुझे अपने बुढ़े भाई संग फाँस देगी। मुझे भाभी के हवाले मत करना। फिर चिट्ठी लिख अपने भाई को। हम दोनों को वहाँ बुला ले। मैं सब मानूँगी उसकी। लिखना, पैर धो-धो कर पिऊँगी।

कुलतार : अच्छा। तेरी ख़ातिर सही। याद रखना, भोलां। मेरी आँखों में देख। तेरी माँ के पीछे जाऊँ अगर मैं, तो ज़रूर जोगिंदर को कहूँ—'रखी की बेटी को तलाक दे दे।'—यह तेरे साथ प्यार है मुझे, जो मैंने इतने बरस, रखी की गालियाँ खाकर भी, तेरा साथ नहीं छोड़ा।

भोलां : तेरा किया मैं कभी नहीं भुलाऊँगी। मेरे वास्ते जैसा तेरे मामा का बेटा, वैसा तू।

कुलतार : सच? सौगंध खा, भोलां।

भोलां : सच। तेरी सौगंध, कुलतार।

कुलतार : एक तरह, अगर मैं ननिहाल वाला रिश्ता रखूँ, तू और मैं देवर-भाभी हुए। जोगिंदर भी सौदाई है, ससुरा। इतनी सुंदर तू। भरी जवान। पता नहीं कैसे काट रहा है दिन, तेरे बग़ैर।

भोलां : अंदर चल। गर्म गर्म छक जा।

(बाजू पकड़ कर उठाती है। पीछे झाँक कर जाती है)

(अँधेरा)

झाँकी 2

(संध्या का झुटपुटा। दूर से शादी का बाजा। कुलतार के कोठे से भोलां बाहर आती है। चुनरी बहुत सुंदर है। दोनों चोरों की तरह, इधर-उधर देखकर, जाते हैं। चन्नण कौर अपने गाँव से आई है। उसकी पलास्टिक की टोकरी पकड़े सीसो आगे आती है)

सीसो : बुआ, शादी पर चले हो? ठहरो, मैं भी आती हूँ।

कुलतार : **(बाहर से)** हम तो दूसरी जगह जा रहे हैं। **(जाते हैं)**

सीसो : सब बारात देखने गए लगते हैं। आप बैठो, बहन जी। मैं चाय बनाती हूँ।

चन्नण : नहीं, बख़शीश। चाय मैं अड्डे से पीकर आई हूँ।—तेरे चाचा जी का रिज़ल्ट निकल गया?

(सुखदेव अपने कोठे से बाहर आता है)

सीसो : **(बाजा सुनकर)** बारात आ गई। मिलनी हो रही। **(भागती है)**

सुखदेव : बैठिये। राज़ी खुशी थे आपके माता-पिता?

चन्नण : राज़ी थे। आप सुनाओ। रिज़ल्ट का क्या हुआ?

सुखदेव : बैड न्यूज़।

चन्नण : टूटी नहीं कंपार्टमेंट?

सुखदेव : न जाने साले ऐगज़ामिनर को क्या आग लगी थी? कुऐसचन भी सारे मेरे याद किए हुए आए थे।

चन्नण : यह तो बुरी हुई। मैं तो बल्कि फटाफट आई गाँव से। अच्छी ख़बर सुनने।

सुखदेव : माई बैड लक।

चन्नण : अब उस नौकरी का क्या होगा?

सुखदेव : कौनसी का?

चन्नण : आप कह रहे थे न, पानी के महकमें में कलर्कों की वेकैंसियाँ निकली हैं?

सुखदेव : यही तो ट्रैजडी है मेरी लाइफ की। मिनीमम क्वालीफिकेशन बी.ए. माँगी है उन्होंने।

चन्नण : हौसला रखो। बी.ए. जरूर पास कर लोगे आप।

सुखदेव : मैं ने सोचा था, नौकरी मिल गई तो, कच्ची तो कच्ची सही, कौरसपाडैंस कोर्स से एम.ए. करूँगा। फिर आई.ए.एस. दूँगा। सपने गढ़ता साँस नहीं लेता इन्सान। झट सपने, चूर चूर!

चन्नण : जिगरा रखो। सपने संजोना कोई गुनाह नहीं। सपने तो बंदे का भविष्य हैं। ज़िंदगी का निर्धारित लक्ष्य हैं। मंज़िल हैं। सिर्फ एक बात करनी चाहिए इन्सान को।

सुखदेव : कौन सी?

चन्नण : हर रोज़ बंदा सपने की तरफ एक क़दम बढ़ाए।

सुखदेव : वो कैसे?

चन्नण : काम करके। मेहनत करके। चीनी भाषा की कहावत पढ़ी मैं ने एक—"लंबे से लंबा सफर भी पहला एक कदम बढ़ाने से शुरू होता है।"—सपना बेशक सैंकड़ों मील दूर हो। हर रोज़ उठकर एक घंटा काम करो। सपना एक क़दम नज़दीक आ जाएगा। आप सुखी महसूस करोगे।

सुखदेव : इस वक्त, हवाई किले बनाना, मुझे मूर्खता लगती है।

चन्नण : नहीं, सुखदेव जी। हवा में किले बनाना, आसमान में महल रचना, अपने आप में मूर्खता नहीं। जवानी में महल खड़े करो। कल्पना से। अर्ध आसमान के बीच। फिर उस महल की नींवें भरो। धरती से ऊपर को नीवों की चिनाई करो। काम की ईंटों से। मेहनत के सीमेंट से। इस तरह, आपकी ज़िंदगी के अंतिम पड़ाव तक, वे महल सचमुच पुख़्ता, टिकाऊ, महल बन जाएँगे। ऊँचे। दूर आसमान में। और आपका जीवन आपको सार्थक नज़र आएगा।

सुखदेव : उपदेश तो आपका सही है। इस को प्रेक्टीकल ज़िंदगी में ढालना मुश्किल है। बिरला ही होगा, जो हार खा-खा के भी, निराश न होगा।

चन्नण : मुश्किल घड़ी हर इन्सान पर आती है। निराश हर प्राणी होता है। पर मैं ने अपने लिए एक क़सम खा रखी है।

सुखदेव : किस तरह की?

चन्नण : गेंद समझा करती हूँ मैं अपने आपको। अगर मैं, हार खाकर, पटक्क, धरती पर गिरूँ, बेहद गुस्सा आता है मुझे। मैं गेंद की तरह, उतने ज़ोर से, आसमान की तरफ उभरने की कोशिश करती हूँ। गुस्से की बात है सारी। हार खाओ तो और भी गुस्सा निकालो।

सुखदेव : किस पर?

चन्नण : अपने आप पर।

सुखदेव : कैसे?

चन्नण : काम करके। और मेहनत करो। और मुशक्क़त करो। हार का बदला निकालो। दुगुनी कामयाबी हासिल करके।

सुखदेव : यू आर ए ब्रेव गर्ल।

चन्नण : माफ करना। मैं बहादुर नहीं। हौसला मेरा भी टूट जाता है, कभी-कभी। जैसे आज सवेरे हुआ। पर मैं उपदेश देती हूँ। दरअसल अभी मैं आपको नही। एक तरह से अपने आपको खड़ा कर रही थी। शब्दों से। उपदेश के सहारे। अपने महलों को आसमान मैं खड़े रखने का प्रयत्न कर रही थी।

सुखदेव : आपके साथ क्या बीता सवेरे?··· बुरी बात है कोई!

चन्नण : आना तो मैं ने कल था। पर मैं घर में दुखी हो गई। मुझे हड़बड़ी लग गई। मैंने सोचा, आप का रिज़ल्ट पूछूँ। आपने तो मेरा और भी दिल ढहा दिया।

सुखदेव : लड़ाई झगड़ा हो गया, घर में?

चन्नण : नये तो नहीं हैं, लड़ाई झगड़े, हमारे घर। जिस दिन से मेरी नौकरी लगी है, साढ़े तीन साल हुए, उस दिन से, समझ लो, माँ-बाप दुश्मन बन गए हैं मेरे।

सुखदेव : स्टरेंज! उन को तो बल्कि उस दिन से और भी अधिक प्यार करना चाहिए आपके साथ।

चन्नण : प्यार! बड़ी पेचीदा चीज़ है प्यार।—जब तक पढ़ रही थी, तब तक मैं ऐसे माँगती थी। बच्ची थी। प्यार भी मिलता था। अब मैं तन्ख़ाह पाती हूँ। बस! अब मेरी माँ की बेटी चन्नण कौर नहीं। मेरी तन्ख़ाह ही उसकी बेटी है। एक एक पैसे का हिसाब माँगती है। बाप मेरा भी।—कहते हैं, सास ससुर लहू पिया करते हें बहुओं का। मेरे तो मायके ही मुझे चबाने में जुटे हैं। जैसे मरघट के कुत्ते ढोर को चीरते फाड़ते हैं। **(सिसकती है)**

सुखदेव : चन्नण, जी! चुप करो! आईम सॉरी।··· तो क्या हो गया? माँ बाप उम्मीद रखते ही हैं बेटे बेटियों से। मेरे घर वाले कौन सा जीने देते हैं मुझे। आपकी तो अभी नौकरी है। मेरी सोचो आप।

चन्नण : दोनों बहनों को, मैं ने सोचा, यहाँ लाकर, ग्यारहवीं तक पढ़ा दूँ। इतनी ज़िम्मेदारी तो मैं संभालने को तैयार हूँ। एक दसवीं में है, दूसरी आठवीं में। दो तीन बरसों में किसी जगह कलर्की के लायक हो

जाएँगी।

सुखदेव : अपने ख़र्च पर यहाँ पढ़ाओगे?

चन्नण : और क्या करूँ?

सुखदेव : घर वाले मान जाएँगे?

चन्नण : मानें, न मानें। मैंने दोनों बहनों को परदे से समझा दिया। मैं ने कहा, ''अगर मैं अपनी तन्ख़ाह में से, सूट भी नहीं सिला सकती, माँ से बग़ैर पूछे, तो धिक्कार है जीना मेरा। पढ़ पढ़ा के भी मैं रही वही, गुलाम की गुलाम। फ़र्ज़ तो अपना निभाऊँगी मैं। बहनों और भाई को पढ़ाऊँगी, ज़रूर। पर माँ बाप से आज़ाद हो कर।''

सुखदेव : आपने फैसला तो सही लिया। पर तन्ख़ाह वाला व्यक्ति ही कर सकता है इस तरह। मेरे जैसा क्या करे? नौकरी बग़ैर?

चन्नण : एक बात मानेगा, सुखदेव?

सुखदेव : क्या?

चन्नण : मैं ने सोचा, अगले महीने से, मैं पूरी तन्खाह अपनी मरज़ी से ख़र्चूंगी। घर को पैसा नहीं भेजूँगी। तू बी.ए. ज़रूर पूरा कर। थोड़ी बहुत ज़रूरत पड़ी पैसे की तो मेरे से ले लेना। ट्यूशन पढ़ा लूँगी मैं, एक आध। एक बार बी.ए. बीच में रह गया, तो रह जाएगा। डिगरी ज़रूर सिरे चढ़ा।

सुखदेव : वो तो मेहरबानी आपकी। अब जी नहीं मानता। दिल टूट गया।

चन्नण : ऐसे हौसला नहीं छोड़ा करते।

सुखदेव : कल, मेरे बुढ़ा बुढ़ी ने भी बहुत करी मेरे साथ। हैं भी सच्चे वो। मैं ने इतने सालों में घर का बनाया कुछ नहीं। न बी.ए. हुई, ना जॉब मिला। सारी रात बल्कि मैं तो सोचता रहा। करूँ तो क्या करूँ? दौड़ जाऊँ किसी तरफ? अगर छोटी-मोटी नौकरी मिल जाए किसी शहर में। इस जोहड़ से तो निकलूँ किसी तरह। भाभी ने उधर अलग अति उठा रखी है। कहती, ब्याह मुकलावा लो। क्या करूँ?

चन्नण : भागवंती से ही ब्याह करेगा?

सुखदेव : कांट सेअ।

चन्नण : मैं समझी, तू सचमुच छोड़ने को कह रहा था।—कि कैरियर ख़राब होता है। नौकरी वाली लड़की ही लेनी है।

सुखदेव : मेरा दिल तो नहीं करता। पर मैं जवाब देने लायक तो तब हूँगा जब मेरे अपने पास नौकरी हो।

चन्नण : मैं गाँव से एक बात दिल मैं तय करके आई हूँ।

सुखदेव : क्या?

चन्नण : तू बेशक मुझे बेशरम ही समझे।

सुखदेव : नॉट ऐट ऑल।

चन्नण : तीन साल घर से दूर रहकर, और उनको तन्ख़ाह कमा कमा कर देने से, मुझे ज़िंदगी के बारे में कई कुछ समझ आ गया है। और फिर आज पच्चीस अक्तूबर है, मेरा जन्म दिन।

सुखदेव : रीयली! मैनी हैपी रीटर्नज़।

चन्नण : मैं जन्म दिन पर, हर साल, ज़िंदगी का हिसाब किताब किया करती हूँ। सही रास्ते पर लाती हूँ। नया मोड़ देती हूँ। आज मैं ने पक्का इरादा कर लिया। मैं ब्याह कर लूँगी। मुझे कान्ह कन्हैया वर नहीं चाहिए। हीरो नहीं चाहिए। मेरे जैसा सीधा सादा हो। दोनों कमाएँ। गुज़ारे लायक। मुश्किल हो या आसान। मेहनत करके, घड़ी काट लें।

सुखदेव : सियानी बात है। किसके साथ कर रहे हो शादी?

चन्नण : सुखदेव, तू कर ले मेरे साथ शादी।—करेगा? कचहरी जाकर। पैसा हम एक नहीं ख़र्चेंगे।

सुखदेव : मैं? हँसी कर रहे हो आप? लड़कियाँ आप भी कभी प्रोपोज़ किया करती हैं?

चन्नण : क्यों? इसमें क्या है? जब मैं बराबर की तन्ख़ाह पाती हूँ, तो आप भी कह दिया, तो क्या अनर्थ हो गया? बता, करना चाहेगा?

सुखदेव : आपने तो, सच में, हद कर दी! कोई सुने, तो क्या कहे?

चन्नण : किसी ने सुनकर ख़ाक कहना है? हाँ, मेरी माँ को ब्याह का सुनकर ग़श पड़ जाएगी। मुर्गी समझती है मुझे, जो रोज़ एक सोने का अंडा देती है। वही नहीं। बड़े माँ-बाप देखे मैं ने। बेटे-बेटियों को दुधारू समझते हैं। बाखड़ी भैंस की तरह, बूँद-बूँद चूस लें। निगल जाते हैं बच्चों को। कौर काट-काट कर खा जाते हैं।

सुखदेव : वैरी ट्रू। मेरा अपना बाप ही ऐसा है। विलायत वाले के साथ रिश्ता जोड़ कर परिवार की ग़रीबी दूर करने पर तुला है। भागो के साथ मुझे बाँध कर कुटुंब की नाक रखनी चाहता है। सही फरमाते हैं आप। बेटे-बेटियाँ नहीं। कई माँ-बाप बच्चों को गाय-भैंस समझते हैं। जिधर से चार पैसों की आशा हुई, उसके हाथ ज़ंजीर पकड़ा दी।

चन्नण : इसी कारण, मैं झट आ गई गाँव से। मैं ने कहा, आज, बात एक तरफ करके हटूँगी। दो महीने हो गए। हम ने एक-दूसरे को काफी जान लिया है। मैं ने सोचा, मेरे लिए सुखदेव भी अच्छा पति साबित हो सकता है—अगर मैं आप अच्छी पत्नी बनने की कोशिश

करूँ।—क्या सलाह है फिर?

सुखदेव : एकदम—इतनी अनोखी बात कर दी आप ने। अगर मैं ने यह बात कहनी होती आप को, शरम के मारे, मैं ने बरस बिता देने थे।

चन्नण : बरस बरबाद करने का बावलापन मुझ में नहीं रहा। मैं अब ज़िंदगी का हर पल जी भर के जीना चाहती हूँ। अगर मेरे दिल में बात आ ही गई थी, तो मेरे आप पूछने में क्या हर्ज है?

सुखदेव : सोचने का टाईम भी नहीं दिया आपने।

चन्नण : नहीं, सुखदेव, इतनी हड़बड़ी नहीं मुझे। दो चार दिन सोचकर जवाब दे देना। अगर तू ने नांह कर दी, कोई गिला नहीं मुझे। ज़िंदगी भर के रिश्ते शरम शरम में नहीं तय करने चाहिए। मुझे कोई गुस्सा नहीं। रंज नहीं। दूसरा लड़का आ जाएगा, मेरे लायक।

सुखदेव : मेरी तरफ से, सच में, है तो हाँ पर ज़रा संभल कर। थोड़ा और सोच लूँ। घर वालों को, हौले से, सहज से, तैयार कर लूँ।

चन्नण : तेरी माँ का पता है मुझे। वो तो तेरी भाभी की बहन को इस घर में घुसाने के लिए तैयार नहीं।

सुखदेव : बाप मेरा सख़्त है। वो कहेगा, "हम लोगों की बेटियाँ छोड़ेंगे, तो हमारी कौन रखेगा? भोलां को बसाना नहीं किसी तरह?"

चन्नण : तू अपना पढ़ा विचार ले। मैं तो किसी बुढ़े-बुढ़ी को अपना जीवन बरबाद नहीं करने दूँगा। ख़ासकर उस वक़्त, जबकि मैं किसी का कुछ बिगाड़ नहीं रही। सिर्फ अपना ही संवार रही हूँ।

सुखदेव : मेरे भाई और भाभी भी बिगड़ जाएँगे। सारी उम्र के लिए।

चन्नण : भोलां को पूछ तू भाभी के बारे में। कहती है, "कच्ची को चबा जाऊँ। हर वेला अपने रंडुआ भाई का सियापा छेड़े रखती है।"—मेरे साथ सब कर लेती है भोलां। मेरे चबारे में। बोली, "इसी करके, मैं कुलतार की रोटी पका के देती हूँ। दोनों वक़्त। ताकि विलायत वाला बुला ले।"

सुखदेव : अच्छा। मान ली आप की सज्जैशन। क्यों लटकाना है बात को? भोलां का मामला एक तरफ होने दो। मैं आप लिखता हूँ चिट्ठी इंग्लैंड को। एक महीना ठहर लो। अभी किसी से शेयर मत करना। सीकरिट रखना।

चन्नण : पच्चीस नवंबर को फैसला एक तरफ। याद रखना, सुखदेव, मैं भोलां नहीं। इंतज़ार में ज़िंदगी बरबाद नहीं करूँगी।

सुखदेव : नहीं, जी। मेरी तरफ से तो अभी हाँ है। ऐक्चुअली, आईम वैरी हैप्पी। सारा गाँव महक गया, आपके आने से। इट वॉज़ माई डरीम।

टू लव यू। टू मैरी यू। मैं ने तो घर वालों की वजह से एक महीने की मुहलत माँगी है। हो सकता है, ऐमरसन के कहने के मुताबिक, आप वही हस्ती हो जो मेरी ज़िंदगी बना देगी। "आई वांट ए मैन, हू कैन मेक मी डू, व्हट आई कैन।"

चन्नण : सुखदेव, माफ करना। आख़िरी उपदेश दे दूँ एक? तुम्हें भी और अपने आपको भी।

सुखदेव : ज़रूर।

चन्नण : तू ने ऐमरसन को ठीक नहीं समझा। तेरा लिख कर दिया वाक्य मैं ने अपनी दीवार पर चिपका तो लिया, पर तुम्हें उसका सही अर्थ समझाने का मौक़ा तलाश रही थी।

सुखदेव : **(सीसो की नक़्ल करते)** समझाओ, बहन जी।

चन्नण : किसी दूसरे के सहारे ज़िंदगी नहीं काटी जा सकती। ज़िंदगी को आप ही जीना पड़ेगा। दूसरों से आशा रखना मूर्खता है। बेअक़्ली है। इन्सान को सिर्फ एक ही आसरे की ज़रूरत है।

सुखदेव : भगवान का?

चन्नण : नहीं। अपने आप का आसरा। अपने हाथ। अपना दिमाग़।

सुखदेव : वंडरफुल गर्ल! यू आर⋯जोन ऑफ आर्क! यू आर⋯इंदिरा गांधी!

चन्नण : पढ़ाई शुरू कर सवेरे। कंपार्टमेंट टूटे!

सुखदेव : चन्नण कौर से मैरिज! मेरा सपना पूरा हो गया!

चन्नण : बी.ए. पूरा कर। नौकरी मिले।

सुखदेव : सैलीब्रेशन हो जाए। फिर बर्थ डे है आपका। आऊँ चबारे?

चन्नण : यह बात झूठी। शादी के बाद।

सुखदेव : थोड़ी बहुत⋯

चन्नण : न थोड़ी, न बहुत।

सुखदेव : ओ.के.। रात मुझे फेल होने के अफसोस में नींद नहीं आई। आज आप के साथ मैरिज की खुशी में नींद उड़ंतर।

चन्नण : मुझे तो आज दबा कर नींद आएगी। **(चलती है)**

सुखदेव : गुड नाईट! स्वीट ड्रीम्ज़!

(फतह चंद आता है। पगड़ी कमीज़ सुथरे। कँधे पर अंगोछा है)

फतह : बहन जी?⋯अच्छा। बारात देखने नहीं गए आप? नंबरदारों ने हज़ारों ख़र्च दिए। दुल्हा भी, कहते हैं, लखपति है। है तो दुहाजड़, रंडुआ। पर तो क्या हुआ? लोग बता रहे हैं—लड़की मुट्ठियाँ भर भर ख़र्च करे, तो भी धन नहीं ख़त्म होगा। लुधियाना में फैक्टरी है। साईकल बनाता है।

सुखदेव : गुरप्रीत की पढ़ाई तब तो बेकार गई सब।

फतह : यों ही बेकार गई? पढ़ाई करके उसने कौनसा करोड़पति बन जाना था?

चन्नण : साईकल चलाए अब, ख़सम के। **(जाती है)**

फतह : तू नहीं चलेगा, ब्याह पर? नंबरदार पूछ रहा था।

सुखदेव : मेरी रोटी यहीं ले आओ।

फतह : अभी रोटी? बारात ने खाई नहीं अभी, तो कहारों को पहले ही मिल जाएगी?

सुखदेव : कहारों के घर में जनम लेकर भी मैंने बड़ी मौज उड़ाई! झूठे बरतन मांजो। पानी भरो। और रोटी मिलेगी, बारात की जूठन।

फतह : जूठन कौन खिला रहा है तुम्हें? ख़ामख़ा बोलता रहे तू। जा तो ऐसे ही, घर जा आ सीधा। माँ है तेरी वहाँ। तारो भी होगी। भोलां और कुलतार भी शायद उधर ही गए हैं। मंदिर की तरफ से होकर। जा, भाभी अपनी को कहना, चुपके से, तुझे एक थाल लगवा कर पकड़ा दे।

सुखदेव : तू यहीं भेज दे, मेरे खाने जितनी।

फतह : कर पैर मत चलाना अपने। घोंसले का चूज़ा बनता है। चुग्गे की इंतज़ार में। बैठना अब भूखा। बिलखना माँ को, आधी रात तक। **(जाता है)**

सुखदेव : **(ऊँचे, पीछे)** मैं लगा हूँ आने। घर सूना छोड़ दूँ? **(सुखदेव अपने घर के अंदर जाता है। सवैटर पहनता हुआ बाहर आता है। चोरों की तरह कुलतार और भोलां आते हैं)**

सुखदेव : तुम बारात से आए हो?

भोलां : हम तो मंदिर गए थे।

कुलतार : माता के मंदिर।

सुखदेव : फिर शुरू कर दिया तू ने? पहले कम हुई थी तेरे साथ? डैम फूल!

कुलतार : देखा, भोलां? तुझे कहा था न मैं ने? मत ले जा मुझे।

भोलां : पाँचवाँ बंदा है तू जिसने आज हमें, बहन भाई को, मंदिर जाने से टोका।

सुखदेव : सिर में खुजली होती होगी इसे। जूते खाने के लिए।

भोलां : सुख बोल, रे। माँ की तरह, ज़हर उगलता है, हर वेला।

सुखदेव : दुल्हे घोड़ी चढ़ा करते हैं। हमारा बहादुर कुलतार सिंह गधे की सवारी करेगा। काला मुँह कराके। जूतों का हार गले में डलवा कर। क्यों, भई, यही इरादा है? **(जाता है)**

कुलतार : हाँ। मैं तो दुल्हा बन गया। तू सिरवाला बनेगा मेरा?

भोलां : चुप कर। दफा हो लेने दे। ... जल्दी कर। आ न जाए कोई।

कुलतार : **(बाहों में लेकर)** मेरी भोलां रानी।

भोलां : हट! फिर करना ऐसी। निकलने की कर तू।

कुलतार : हे दसवें पातशाह! फिर कभी इस गाँव की बाऊँडरी न दिखलाना हमें।

भोलां : कंठहार और बालियाँ ले लीं हैं मैं ने।

कुलतार : गाड़ी के लिए टाइम बहुतेरा है। सवेरे दिल्ली। अपरेशन कराके, दूसरे दिन हजूर साहिब को गाड़ी चढ़ जाएँगे।

भोलां : जी नहीं मानता मेरा, अपरेशन कराने को।

(फूलों की मालाएँ थैले में डालती है)

कुलतार : ये बहसें छेड़ना, गाड़ी में। **(माला बाहर फेंक कर)** ख़ामख़ा बोझ बढ़ा रही है।

भोलां : **(आँसू रोकती)** हमारे ब्याह के फूल हैं।

कुलतार : निकल झटपट। आगे आगे। जोहड़ के किनारे से होकर, उपलों के बिटौरों में से, टूटे कुएँ के निकट खड़ी हो।

भोलां : **(चारों तरफ देख कर, आँसू पोंछती)** हे माता रानी! तेरा सहारा रहे हमें! **(जाती है)**

कुलतार : लो, भई, राम रखिए! तेरा मेरा हिसाब आज उकता चुकता हो गया! पकड़ मेरा आख़िरी गोल! **(फूलों को किक मारता है)**

(अँधेरा)

झाँकी 3

(झुटपुटा, तड़का। मंगल सिंह गठरी लेकर बाहर आता है। फतह चंद के कंधे पर घड़ा। रस्सी डोल उठाता है। रखी के हाथ में चादर और झाड़ू। मंगल सिंह जेबें टटोलता है। मुड़के अंदर जाता है। फिर बाहर आकर)

मंगल : कुलतार! कुलतार कहाँ गया? तुम्हारे चबारे में तो नहीं सोया, राम रखी?

रखी : हम तेरे कुलताड़ के पीछे-पीछे घूमते हैं?

मंगल : शादी वाले घर की तरफ गया है?

रखी : हम क्या जानें, किधर-किधर ख़ाक खाए?

फतह : नंबरदारों के तो मैं ने उसे देखा ही नहीं। आधी रात को हम आए हैं।

मंगल : जुल्म साईं का! पता तो लगे।

फतह : क्या बात हुई?

मंगल : बटुए में पैसे रखे थे मैं ने। खाली पड़ा है।

फतह : कितने?

मंगल : साठ पैंसठ थे। सिक्के थे, तीन चार के।

फतह : याद कर। कहीं अंदर होंगे।

(मंगल अंदर जाता है)

रखी : मेरे बेटे बेटियों के सिर मत मढ़ना। हम ने नहीं देखे तेरे पैसे-वैसे।

फतह : तुझे कह रहा है वो? ख़ामख़ा लग पड़ी तू, ज़बान चलाने, 'जपुजी साहिब' की बेला।

रखी : पुत्र कंजर के ने निकाल कर ख़र्च लिए होंगे।

फतह : है कहाँ कुलतार? सुखदेव को पूछ तो।

रखी : क्या ख़बर है, किस की गोद में सोया जाकर। खाट तो वो खड़ी।

फतह : भोलां नहीं उठी? उसको पूछ। भोलां! भोलां!

तारो : (दूर से) बापू, वो तो शायद शादी वाले घर ही सो गई। नाचती गाती वहीं पड़ गई होगी। लड़कियों संग।

रखी : मैं ने तो देखी नहीं कहीं भी। वहाँ तो पहुँची नहीं वो।

मंगल : (बाहर आकर) लो, भई! फेर गया झाड़ू। साल भर मैं गठड़ी उठाए गाँव-गाँव घूमता रहा।

फतह : क्या हुआ?

मंगल : ट्रंक में रक़म थी। ले गया चोर, ताला तोड़ कर।

फतह : ताला तोड़कर? दिखा तो। (जाता है)

मंगल : भोलां कहाँ है?

रखी : मेरी बेटी को चोरनी मत बना। अपने छोकरे जैसी मत समझ।

मंगल : साँस ले ले ज़रा, राम रखी। मैं तेरी बेटी को चोर क्यों कहूँगा? भोलां को पता होगा। कुलतार कहीं चला तो नहीं गया? पैसे लेकर?

रखी : वही ले गया। मुझे पक्का पता। बदमाश ने और क्या करना है? सेंध लगाने की कसर रह गई थी। वो भी पूरी हो गई अब। शुक्र है। अपने ही ट्रंक तोड़े। हम बच गए। अच्छा हुआ। जो तू ठगी मारता फिरे, औरतों से। दो के चार बनाता। ख़्वाजा पीर ने दूध का दूध, पानी का पानी कर दिया।

फतह : (आकर) सचमुच ताला तोड़ा है। ईंट पत्थर मार के।

तारो : (आकर) क्या बात, चाचा। पैसे निकल गए?

मंगल : (रोता) दिवाली से दिवाली। साल भर की कमाई थी मेरी।

तारो : ले, चाचा, मुझे याद आया। साँझ वेला कुलतार ही था अंदर। ठोका ठाकी कर रहा था। मैं ने आप सुना। भोलां बाट लेकर गई अपने घर से। नोन मिर्च कूटने वाला। कहती, सरिंज मरम्मत कर रहा है अंदर, भैया। फुटबाल में हवा भरने के लिए।

रखी : बस, उसी की करतूत है। पूछो तो लड़की से। सीसो! री, जा तो देख। बुआ तेरी ब्याह वाले घर तो नहीं है? आनंद कारज देख रही?

(सीसो आती है)

सीसो : दादी, मैंने, कुलतार चाचा और भोलां बुआ को, माता के मंदिर की तरफ जाते देखा था। संध्या को। मिलनी हो रही थी जब बारात की। मैं भी पीछे-पीछे गई। भेंटें ख़त्म होने के बाद, अकेले दोनों मंदिर में खड़े रहे। मैं खिड़की में से देखती रही। दोनों ने इक दूजे के हार डाले। जैसे शादी करते हैं। फिल्मों में।

फतह : क्या!!!

सीसो : फिर मैं नंबरदारों के चली गई। वो यहाँ आ गए।

रखी : हाय री तुझे! रांड! **(सीसो के थप्पड़ मारती है)** बहन भाई के बारे में कुफ्र तोल रही है तू।

तारो : सच में देखे तूने?

सीसो : माता रानी की सौगंध लगे मुझे।

तारो : ऐसे ही होगा, जी। घुसर मुसर करते रहते थे, हर वक़्त। भोलां तो रात की ही नहीं दिखती। देख लो। दरी और खेसी वो पड़ी अंदर। मेरी पेटी पर।

रखी : **(दुहत्थड़ मारकर)** रे कुलतारा, तू साँप लड़ कर मरे! ओए मेरे बैरी, तुझे नरकों की भट्ठी में भूनें!

मंगल : रखी! धीरे बोल! सुनता होगा कोई।

तारो : जा, री। बाप को उठा के ला। और सुखदेव को आवाज़ मार।

फतह : या रब्ब! यह कौन सी सज़ा दे रहा है मुझे! कौन सा पाप किया मैं ने!

मंगल : मिलकर दोनों बड़े नंगल चले गए होंगे। कुलतार उसको ससुराल छोड़ने गया होगा।

(सुखदेव बुर्श करता हुआ, तौलिया कँधे पर, बाहर से आता है)

तारो : नहीं, चाचा। शक तो मुझे चिर से पड़ रही। रोटियाँ पका-पका कर खिलाती थी रोज़। मैंने तो बेबे को पिछले नवरात्रो में ही कह दिया था। चाचे का बेटा हो, चाहे मौसी का। दोनों को रात बरात मंदिर में भेंटें गाने मत भेजा कर। इकट्ठों को। वही हुआ।

सुखदेव : क्या हुआ?

फतह : ओए धरती, दरार देदे मुझे! ओए मैं ज़िंदा ही मर गया!

(साधु आँखें मलता हुआ आता है। गले में माला, बाहों में बिलौर)

साधु : ओए, क्या तुम्हें भूत चुड़ैलें चिमट गए, तड़के? सोने नहीं देना?

रखी : कुलतार, कुत्ते के पूत! तेरा तिनका न रहे!

मंगल : राम रखी, मत निकाल बात को बाहर। बेटी बेटा हैं।

तारो : **(सुखदेव और साधु को)** कुलतार भोलां को भगा कर निकल गया। रक़म भी ले गया। बाप की। ताले तोड़ कर।

रखी : हरामज़ादे! जितनी कराई तूने ही कराई! कर रहा था तू रिश्ता साले के बेटे का। मेरी बेटी को बसने नहीं दिया।

मंगल : मैं ने तो बहुतेरा कहा। छुड़ा कर किसी और जगह बिठा दो। तेरे

घर वाला ही नहीं माना। विलायतों के लोभ का मारा।

सुखदेव : है कहाँ कुलतार! कोई पता बता लगा? पैसे दो तुम मुझे। मैं कृपाण लाता हूँ, गुरुद्वारे से। भाई से। जहाँ भी गए हों, मैं दोनों को क़त्ल करके, साँस लूँगा। साधु, चल मेरे साथ।

साधु : **(उबासी लेकर)** ओए, रुक, ज़रा। उतावला मत हो।

तारो : इसे रहने दे। तू अकेला जा।

साधु : फिर उनका पता क्या है, किधर को गए?

फतह : बड़े नंगल ही गए होंगे।

तारो : मैं कहती हूँ। देख, है! मानते नहीं मेरी बात। अब क्या छिपा कर रखना तुमसे? मुझे कई महीने से ऐसे लगता था। मुझे देखकर परे हट जाते थे। थी ज़रूर, जी, आपस में बातचीत। कुलतार और भोलां की।

सीसो : बातचीत क्या होती है, बीबी?

तारो : **(थप्पड़ मार कर)** चुप करके भी कभी बैठा कर।

फतह : इतना जुल्म! बहन भाई!

सुखदेव : आए सही साला हाथ मेरे। दुर्योधन की तरह, जाँघों की हड्डियाँ तोडूँगा। लाठियाँ मार-मार कर।

मंगल : मेरा दिल नहीं मानता।

तारो : सच पूछो तो मैं ने छोकरी को उलटी करते देखा था। महीना भर हुआ। संक्रांति के आस पास। मैं ने पूछा, अरी, क्या बात? दिल कच्चा कच्चा हो रहा है तेरा?—बोली, कुछ नहीं, भाभी। माश की दाल नहीं पची तुझे। कन्याएँ बैठाईं कल विमला ने। दाल खा हो गई मुझ से।—मैं तो तभी समझ गई थी।

फतह : बात करने लायक भी न रहे हम, किसी से।

रखी : फत्तू कहार! जितनी करतूत है, तेरी करतूत है, कंजर। न बेटी मेरी को छुड़ाया, न बसाया।

साधु : सच्ची बात तो है यही। विलायतों का उठाया हुआ था तू। मेरे कहने नहीं लगा।

सुखदेव : **(बड़ी द्राँती उठा कर)** कुलतार कुत्ता तो मिलेगा सो मिलेगा। पहले तेरे टुकड़े करूँ मैं!

मंगल : ओए! लड़के!

साधु : हट जा,ओए!

मंगल : होश कर!

फतह : तू? तू भी तो साले इसी घर में रहता है। तुझे न पता चला?

सुखदेव : पेट फाड़ दूँगा, द्राँती से। चौकीदारी करावे मुझ से, बदमाशों की।

फतह : नहाने धोने से फुर्सत नहीं मिलती। लाल पीला हो रहा है अब। बुर्श करे!

साधु : हट जाओ। सहज से बात सुनो। फूँक तो मेरे कान में मसानों वाले साधु ने भी मारी थी।

तारो : क्या बोला?

साधु : कहीं आटा माँगने आँगन में आया हमारे। भोलां और कुलतार घर में अकेले थे। साधु ने लड़की को देखकर, बूझ लिया। साधों से छिपी रह सकती हैं, ऐसी बातें?—मुझे बोला, साधु राम, जादू टोने फिर सीखना मुझ से। पहले बहन अपनी को, ससुराल भेज।

तारो : लो, सुन लो। मेरे भाई के घर नहीं बैठाई। अब कंजरी ने नाम उठा दिया कुटुंब का। **(सीसो ऊँचा रोती है। चपेड़ मारकर)** चुप करती है कि नहीं तू? ढींढीं! उठा बसता, स्कूल जा। रोटी तफरीह में आकर खा लेना।

सुखदेव : **(मंगल की तरफ द्राँती उठा कर)** चाचा साले! तुझे काटूँ पहले!

फतह : हट जा, ओए!

मंगल : मैं ने क्या किया? **(कुश्ती करता हुआ द्राँती छीनता है)**

फतह : पकड़ा, मेरे पास। **(द्राँती परे रखता है)** रुकता ही नहीं।

सुखदेव : ज़िंदा तो नहीं छोड़ूँगा मैं, बाप बेटे को।

साधु : फिजूल कलह बढ़ा रहा है। चाचा का क्या कसूर है इस में?

मंगल : बेटा, मैं तो आप बेबस हूँ। गंदी औलाद को मैं फाँसी दूँगा? न पढ़ा, न काम धंधा सीखा। निठल्ला बैठा खा रहा था, इतने बरसों से। मेरी तरफ से, बेशक क़त्ल कर दे! **(रोता हुआ)** लो भई, बहुत नज़ारे ले लिए मैं ने भी, गृहस्थ के। ख़त्म हो गया दाना पानी मेरा, इस घर से। साधु, संभाल ले कोठा।

फतह : तू कहाँ चला?

मंगल : मज़ार पर।

फतह : मज़ार पर? क्यों?

मंगल : साईं, या आज मरा, या कल मरा। जो दो दिन टूक लिखा है, भाग्य में, वहीं खा लूँगा। साधु, गठड़ी भी संभाल ले।

फतह : मंगल, घर मत छोड़, ओए। लड़का लड़की ढूँढ़ के ला।

सुखदेव : जीते जी इस घर में पैर डाल चुका कुलतार।

रखी : मिट्टी का तेल छिड़क कर, जला दूँगी मैं, ज़िंदे को।

मंगल : राम रखी, ज़्यादा शोर मत मचा। तेरी बेटी है। ढकी ढकाई रहने दे। लोगो को कहना, ससुराल भेजी है। आप ही भूल भुला जाएँगे, बरस छमाही बाद। अच्छा, भई, रब्ब राखा! **(रोता जाता है)**

फतह : (रोता) मत जा, भैया। बिखर गया, परिवार मेरा!

तारो : अच्छा, बापू, सुन। जैसी तुम्हारी बेटी, वैसी हमारी बेटी। जवान बेटियाँ घर नहीं रखीं जातीं। ब्याह ले लो सुखदेव का। नहीं तो हम लड़की दूसरी जगह ब्याह देंगे।

रखी : जा, ब्याह दे दूसरी जगह। मैं तो कहूँ, तारो रांड, यह सब तेरी करतूत है।

साधु : **(हँसकर)** उलटी गंगा पेहवे को! तारो का क्या कसूर इसमें, बेबे?

तारो : सुन ले, सुखदेव। है धींगो धींगी!

रखी : जिस दिन का, भाई-पीटी, तू ने मेरे घर में पैर डाला है, तबाह हो गया मेरा परिवार।

तारो : मैं ने किया भी है कुछ? देख ले, बापू।

रखी : एक से भूख मिटी नहीं अभी। दूसरी ला रही है हमारे सिर पर। नांह! सुन ले मेरे से! इस कुत्ती की बहन को नहीं मैं अपनी दहलीज़ पार करने दूँगी।

फतह : राम रखी! ठंडी हो ज़रा। एक मुसीबत से छुटे नहीं। तू दूसरी क्यों छेड़ती है?

रखी : इस ज़नानी ने फेल कराया मेरे सुखदेव को। दो बार। मटक-मटक कर बातें करती है। रात बरात। जीजा बना रही है! साथ में देवर! **(अंदर जाती है)**

तारो : हाय रे मुझे! री रखी कहारिन! तू अऊत ही जाये! इस जहान से।

साधु : फेल हम ने कराया? फेल तो इसके नहाने धोने ने कराया। शौक़ीनियाँ करने वाला पढ़ाकू भी कभी पास होता है?

(रखी कपड़े बरतन लाकर फेंकती है)

रखी : उठा कुत्त खाना! निकल मेरे घर से!

फतह : न पाट बना! न कुटुंब को आग लगा!

रखी : मुझे नहीं ज़रूरत। जो दो ठीकरे लाई थी, संभाल ले।

फतह : मत दुखी कर मुझे।

साधु : गिरी गधे से, गुस्सा कुम्हार पर।

तारो : इतना मान है कुटुंब का तो जा, ढूँढ़ ला। लुच्ची को। माँ जैसी को।

फतह : ओए यारो, मैं कहाँ गरक जाऊँ!

तारो : उठा, छोकरी। उतार बरतन परछत्ती से। रख चाचे वाले अंदर।
(चन्नण कौर आती है, लिफाफा पकड़े)

चन्नण : क्या बात हुई, चाचा जी?···बोलते नहीं?

सुखदेव : नथिंग सीरियस। बैठो।

तारो : **(साधु को)** उठ, पेटी उठवा मेरे साथ।

चन्नण : भोलां कहाँ गई? मेरे से शाम को पैसे माँग रही थी उधार। तुड़ा लिए अब मैं ने।
(फतह चंद, रखी, तारो, सीसो जाते हैं। साधु गठरी उठा कर अंदर रखता है)

साधु : अपनी गठरी मेरे सिर मढ़ गया, चाचा। वही दादा परदादा का धंधा पकड़कर बैठे रहेंगे, ये लोग। यह नहीं—कि कोई इज़्ज़त का काम करें। सम्मान कमाएँ। **(जाता है)**

चन्नण : नींद आई अच्छी रात को?

सुखदेव : नींद इस घर में क्या आएगी।

चन्नण : क्या हुआ?

सुखदेव : जॉइंट फैमिली की प्रॉबलम्ज़!

चन्नण : खुद्दार साहिब, अभी तक तो आपने साझे परिवार का फायदा ही उठाया है। हल तो कोई प्रॉबलम नहीं की।

सुखदेव : चिट्ठी किसको डालने जा रहे हो?

चन्नण : बहनों को। मैं ने लिखा है, किताबें उठाकर मोटर चढ़ जाओ।

सुखदेव : फटाफट फैसले करते हो आप।

चन्नण : हिचकिचाहट क्यों करनी? चट मँगनी, पट विवाह। या बात इस पार, या उस पार।

सुखदेव : रात को मैं ने एक बात सोची। मैं ने कहा, आपसे पूछ ही लूँ, डरते-डरते। आख़िर 'खुद्दार' उपनाम रखा हुआ है मैं ने।

चन्नण : सुखदेव, तेरे नाम के बारे में एक बात सुनाऊँ? जब मैं छोटी थी मेरे दादा जी ने सुनाई थी। रेलूराम ने।

सुखदेव : उपदेश?

चन्नण : उपदेश ही समझ ले। तेरा नाम जब मैं ने पहली बार सुना, 'खुद्दार', मन ही मन, बड़ा हँसी मैं।

सुखदेव : क्यों?

चन्नण : मेरा तजरबा है, नाम और काम थोड़े ही बंदों के मेल खाते हैं। हमारे

साथ लड़की पढ़ती थी एक। नाम था ज्ञान कौर। ज्ञानी ध्यानी! दसवीं नहीं पास कर सकी, चार साल।

सुखदेव : इसमें उसका क्या कसूर? ज्ञान कौर नाम तो माँ-बाप ने रखा होगा। 'खुद्दार' मैं ने आप चुना है।

चन्नण : इसी पर दादा जी ने बात सुनाई। हमारे साथ सीमा लगती है, बढेलां गाँव की। वहाँ का चौधरी हुआ करता था, गुलाम नबी। आज़ादी मिलने से पहले। बताते हैं—चौधरी हवेली में बैठा था। लोगों संग। घर से ख़बर आई, बेटा पैदा हुआ है। बोला, इसका नाम 'बिल्ला' रख दो।—दो साल बाद एक और लड़का जन्मा। चौधरी बोला, इसका नाम 'कुत्ता' रख दो।—सुनते सुनाते लोग बड़े हैरान हुए। एक मज़दूर, डरते-डरते कहने लगा, "चौधरी जी, साहिबज़ादों के नाम कुत्ता बिल्ला मत रखो। पूरी उम्र खिल्ली उड़ाएँगे लोग।"—चौधरी बोला, "ख़ैरदीन, अगर तो लड़कों ने किए नेक काम, तो लोग बुलाएँगे 'बुलंदख़ान' और 'कुतबुद्दीन'। अगर किए बुरे काम, तो वही बिल्ले का बिल्ला! कुत्ते का कुत्ता।"

सुखदेव : इट्स ए गुड स्टोरी।

चन्नण : इन्सान बनता है काम से। कारनामों से। नाम से नहीं।—पूछ जो बात पूछनी थी।

सुखदेव : आपकी सिसटर्ज़ की पढ़ाई पूरी होने पर... मतलब, फिर तो आपकी तन्ख़ाह—आई मीन—

चन्नण : हाँ, हाँ। झिझक मत। खुल कर बात कह।

सुखदेव : मेरा मतलब, मैं जॉब करती हुई वाइफ भी लूँ, और उसकी सैलरी उसके माँ बाप को—

चन्नण : अगर मेरे बूढ़े माँ बाप को ज़रूरत पड़ी हमारी मदद की? जैसे तुम्हारे माँ बाप को ज़रूरत पड़े हमारी?—मतलब, तू तो अपने माँ बाप की सहायता कर सकता है, मैं नहीं कर सकती। यही कहना चाहता है तू?

सुखदेव : हाँ। ऐक्चुअली—क्या वाइफ की पूरी सैलरी पर हसबैंड का हक नहीं बनता? मेरे से तो पूछ लेते, बहनों को चिट्ठी लिखने से पहले।

चन्नण : रुक, भई! मुझे एकदम लगा, जैसे तू सुखदेव नहीं। मेरा बाप गोपाल सिंह बोल रहा है। वो भी यही कहता है—"पढ़ाते रहे हम। शादी कर दी, तो तन्ख़ाह सारी इसका ख़सम रख लेगा।"—तू भी, मेरे बाप की तरह, मुझे ज़रख़रीद गुलाम बनाना चाहता है। इतनी मूर्ख नहीं

मैं। गोपाल सिंह की बेड़ियाँ पैरों में से तोड़ कर परे फेंक दूँ, और सुखदेव कहार की बेड़ियाँ ठुकवा लूँ! तू सुखदेव भी नहीं। फत्तू है तू तो, फत्तू! अपने में हिम्मत नहीं, काम करने की। दूसरों को पौड़ी बनाकर, ऊपर चढ़ने की कोशिश करो। कभी बेटी को, चिचड़ी बनकर, नोचो! कभी जमाई को, जोंक बनकर, चूसो। टुकड़ेख़ोर, मुआफ कर। मुझे चिचड़ी ख़सम नहीं चाहिए। खुद्‌दार!! थूह! फत्तू कहार, नमस्ते!

(तेज़ जाती है)

सुखदेव : चन्नण जी, रुको। आई डिडंट मीन दैट। मैं सब मानूँगा आपकी। आई लव यू! **(पीछे भागता है)**

(अँधेरा)

झाँकी 4

(झुटपुटा। फत्तू घुटनों में सिर देकर खाट पर बैठा है। रखी नीचे बैठी है। दोनों कमज़ोर और बुढ़े लगते हैं। साधु गठरी उठाकर बाहर लाता है। कंधे पर फरॉक, शर्ट रखता है)

फत्तू : जा रहा है, बेटा? सिले सिलाये कपड़े तो बहुत बिकते होंगे? कितने पैसे कमाये कल?

साधु : पैसे कमाये, सिर मुर्दों का।

रखी : सुखदेव! पुत्र, तू भी उठ। ठंडे ठंडे चक्कर लगा आ। धूप चढ़ जाएगी फिर।

फत्तू : भागो! बेटी, चाय का घूँट बना लेती। दूध देख कर कहीं।

रखी : बकरी के बग़ैर, चाय से भी गए।

(सुखदेव थैले में औज़ार रखता है, हथौड़ी, शीहनी, जंबूर, टोंटियाँ। साइकल निकाल कर, थैला टाँगता है)

सुखदेव : कल पच्चीस रुपए बन गए!

रखी : अच्छा!

फत्तू : कौन से गाँव गया था?

सुखदेव : भाम। माहिलपुर बाड़ियाँ के निकट।

रखी : मास्टरनी के गाँव?

फत्तू : बड़ा भारी है। कस्बा समझ।

रखी : माथा टेका, देवी के मंदिर?

साधु : **(हँसकर)** अब कद्दू लेगा तू? माशटरनी से? जो पानी एक बार नदी में से बह गया, वो कभी लौटकर भी आता है?

सुखदेव : तीन तीन मंज़िले मकान। टोंटियाँ टैंकियाँ तो हर घर में होंगी। ख़राब भी ज़रूर होती होंगी।

फत्तू : दिहाड़ी तेरी अच्छी बन जाती है। बुरा है क्या? पुश्तैनी काम हमारा, पानी का। मैं बहँगी चलाया करता था। तू नलके ठीक करता है।

सुखदेव : कलर्की से तो सौ गुना अच्छा है यह धंधा। न किसी का हुक्म, न रौब। अफसरी है।

साधु : मरम्मती! टट्टियों की! टोंटियों की। अफसर बनता फिरे!

सुखदेव : **(अनसुनी करके, बाप को)** पंदरह रुपए तो कल मैं ने, चूती हुई टोंटियों में, वाछलें डालने के झाड़ लिए। मिंटों सकिन्टों में।

(सीसो भोलां की चुनरी लेकर बाहर आती है। तारो के हाथ में चादर और झाड़ू)

फत्तू : साधु, तू भी साइकल ख़रीद ले। उड़ते फिरना। रास्ते सारे पक्के बन गए। गाँव से गाँव।

सुखदेव : कछुए नहीं उड़ा करते। चाचा मंगल सिंह की तरह, गठरी ढोते की, पीठ पत्थर बन जाएगी।

साधु : टर्र टर्र किए जा रहा है। मेंडक की तरह। डी.सी. लगा है बड़ा!

तारो : री, यह चुन्नी कहाँ से ली?

सीसो : भागो चाची ने दी है। बुआ की निकाल कर।

तारो : कहाँ चली तू? बन ठन कर?

सीसो : माता के मंदिर। पिछवाड़े वाला द्वारका कहता है, सवेरे भी मंदिर में आरती हुआ करेगी।

तारो : थप्पड़ मार कर थोबड़ा तोड़ दूँगी। मुड़ पीछे को। मिलती है द्वाड़कों से।

सीसो : आरती पर मैं ज़रूर पहुँचूँगी। **(जाती है)**

फत्तू : सीसो, बेटी!—चली गई ससुरी? पत्ते बटोरने जा रही हो तारो?

रखी : री, भागो! तू भी गठरी बटोर लाती। भट्टी के लिए।

फत्तू : प्रभु, तेरा हुक्म मीठा लागे!

(फत्तू और रखी घुटनों में सिर देकर, पत्थर बने बैठे हैं। साधु के कंधे पर गठरी। तारो के हाथ में चादर और झाड़ू। सुखदेव के हाथ में थैला और साइकल। तीनों एक स्थान पर खड़े 'चलते' रहते हैं, हाँफते हुए। गीत उभरता है)

गीत

चक्कर ग़रीबी वाला, जो भाई तूने तोड़ना।
रब्ब अपना आप बन, काम से मुँह मोड़ न।

ग़ैरों को हाथ जोड़ न।
हिम्मतों को तोड़ न।।

(तीनों चलते रहते हैं। धीरे धीरे परदा गिरता है)

—समाप्त—

(पहला प्रालेख : जून, 1982)

10

मस्त मेघोवालिया

आशुतोष उपाध्याय

वामिक अब्बासी

तथा

कालेजिएट ड्रामा सोसाइटी के दूसरे मसख़रों

को

जिन्होंने मलंग बनकर 'मस्त' खेला

ओर

नूरुलदीन के सब आशिक़ों को खुश किया

लेखक की ओर से

एक जर्मन प्रोफैसर ने फिलोसफी पर लेक्चर देने शुरू किए। मज़मून था : नेकी और बदी, पुण्य और पाप। प्रोफैसर की खुशी हदें पार कर गई जब उसने देखा श्रोताओं में शैतान खुद हाज़िर होता है। हर रोज़। ''मैं शैतान को भी नेकी सिखा दूँगा। बदी से हटा दूँगा। यह चमत्कार तो खुद खुदा भी नहीं था कर सका। सिर्फ चुने हुए शब्दों में नेकी और बदी के बीच का फर्क समझाने की ज़रूरत है।''

नित्य नियमानुसार, शैतान भाषण सुनता रहा। आख़िर में वह प्रोफैसर के पास गया, ''आपने मुझे नेकी और बदी का फर्क समझा दिया। धन्यवाद। अब मैं गलती नहीं करूँगा। भूल कर भी, कभी नेकी की तरफ कदम नहीं उठाऊँगा।''

अपनी तरफ से हर बंदा गर्व करता है कि वह धर्म का सही मतलब समझता है। और वह अकेला ही इस भेद का ज्ञाता है। असल में 'धर्म' शब्द उस कीड़े जैसा है जो जिस पत्ते पर बैठता है उसी जैसा रंग अपना लेता है।

'मस्त मेघोवालिया' कुछ जाने पहचाने मज़हबों के मायने उकेरने की कोशिश करता है। अपने आप को हिन्दू, मुसलमान, ईसाई, सिख कहलाने वालों को इन्साफ के तराजू में तोलता है।

पर 'मस्त' क्यों? एक 'पागल' क्यों?

जीनियस और पागल में थोड़ा ही फर्क होता है। मज़हब के सुधारक, सियासी इन्कलाबी, आम लोगों की आँखों में, पागल ही होते हैं। अपने घर परिवार को छोड़कर, जान माल को ख़तरे में डाल कर, जो बंदा दुनिया की भलाई करनी चाहे, वह बावला नहीं तो और क्या है? नक़्ल नौटंकी के मख़ौलिये की तरह, सर्कस के क्लाऊन की तरह, सुधारक भी ऊँची पदवी वालों को नीचे गिरा देते हैं। रुतबे के रौब से, कट्टरपन के घमण्ड से, फूले हुए पाखंडियों की ये जोकर फूँक निकाल देते हैं। अँग्रेज़ों की असंबली में पटाखा चलाकर विशाल साम्राज्य को झकझोरने वाला भगतसिंह, पठान का भेस बनाकर अँग्रेज़ों के हाथों से बच निकलने वाला सुभाषचंद्र बोस, इसी तरह के डरामेबाज़ थे। इन्साफ का योद्धा और कौमडी का क्लाऊन एक ही सिक्के के दो पहलू हैं। मुल्ला और पंडित को लम्बे हाथों लेने वाले चैतन्य, कबीर, रविदास, नानक इसी प्रकार के कलाकार थे। मंदिर

में से घूसखोर पुजारियों को धक्के देकर बाहर पटकने वाला जीसस और इस ख़ातिर सूली चढ़ने वाला क्राईस्ट एक ही मलंग बंदा था। मिट्टी और पत्थर के खिलौनों को रब्ब समझ कर पूजने वालों को मूर्ख कहने वाला मुहम्मद इसी तरह का इनक़लाबी था। इन महापुरुषों की गाथाएँ अकबर बीरबल के लतीफों जैसा संवाद और सीख देती हैं। मिराशी के ठट्ठे की तरह दिलचस्प और सेहतमंद होती हैं।

मेरा यह ड्रामा होशियारपुर (पंजाब) के मशहूर नक्लियों के गाँव को एक नज़राना है। और भारत के धार्मिक अक्लमंदों को पागल बनाने की कोशिश है।

इला अपार्टमेंट्स (104 ए)
बी-7, वसुंधरा ऐनक्लेव
दिल्ली-110096

चरणदास सिद्धू

निर्देशक की ओर से

जहाँ तक मैं समझता हूँ, प्रस्तुति के अटूट अंग हैं—नाटककार, अभिनेता और दर्शकगण। निर्देशक तो केवल बाँध या पुल का काम करता है, तीनों के बीच।

'मस्त मेघोवालिया' नाटक के साथ अन्याय होगा अगर इसको किसी महानगर के बड़े हाल अथवा गिनी चुनी यूनिवर्सिटयों की लाईब्रेरियों तक सीमित रखा जाए। इस कहानी को उन तक पहुँचाना ज़रूरी है जिनके बारे में यह लिखी गई है। यानि कि, हर वह व्यक्ति जिसको धर्म का सही अर्थ न मालूम हो या जो अपने स्वार्थ करके धर्म का सत्य जानने के लिए तैयार नहीं है।

डॉ. सिद्धू जी से गुरु-शिष्य का संबंध रहा है। उनसे बहुत कुछ सीखा है, जीवन और नाटक के क्षेत्र में। मेरी और हमारी नाटक मंडली की तरफ से यह गुरु दक्षिणा है उनको।

काश! हमारी संस्कृति, धर्म, इतिहास, कला, साहित्य इतने पूर्ण बन जाएँ कि किसी निर्भय, निर्वैर मस्त को बलिदान न देना पड़े।

इस आशा से,
आशुतोष उपाध्याय

पहला मंचन

'मस्त मेघोवालिया', पहली बार, 27 फरवरी, 1986 को कालेजियेट ड्रामा सोसाइटी, दिल्ली, द्वारा फाईन आर्टस थियेअर में खेला गया। डायरेक्शन आशुतोष उपाध्याय ने दी। कलाकार थे—

मस्त कैला : समीर सक्सेना / वामिक अब्बासी
चौधरी बलबीर सिंह : राजेश खट्टर
ठेकेदार इक़बाल चंद : राजंद्र ढींगरा
पंडित गंगा राम : संदीप महता
चिरंजी लाल : रबिंद्र नारायण माथुर
रहमान : ईलाक्ष
जागर : राकेश कौशिक
रामधन : शैलेंद्र जैन / संजय चोपड़ा
नाजो : सिमी सचदेव
सीलिया टौमस : श्वेता
कुलवंत कौर : प्रो. इंदूबाला अरोड़ा

परदे के पीछे

रौशनी : डॉ. अचल भगत
सैट डीज़ाइन : ईलाक्ष, अचल
आवाज़ें : अजय कपिला
मेकअप : रवि तनेजा
कपड़े : श्वेता, वीणा सिद्धू तनेजा
चीज़ें : देवेंद्र सचदेव, राजन खोसला
जगदंबा : ज्ञानकौर सिद्धू
नूरूल्दीन : डॉ. चरणदास सिद्धू
मैनेजर : वामिक अब्बासी

किरदार

मस्त कैला	:	उम्र 18 साल
चौधरी बलबीर सिंह	:	सरपंच, मस्त का ताऊ 50
ठेकेदार इक़बाल चंद	:	इमारतें बनाने वाला, 42
पंडित गंगा राम	:	हलवाई, 65
चिरंजीलाल	:	नाई, 23
रहमान	:	गूजर, 37
जागर	:	चौकीदार, बुनकर, 45
रामधन	:	ठेकेदार का नौकर, पूर्बिया, 35
नाजो	:	कुम्हारिन, बेवा, 30
सीलिया टौमस	:	नन, अँग्रेज़ी स्कूल की प्रिंसीपल, 26
कुलवंत कौर	:	एम.एल.ए., ठेकेदार की भाभी, 38
जगह	:	पंजाब का एक गाँव
ज़माना	:	आजकल, 23 मार्च

पहला अंक

(गाँव के दरमियान बरगद का दरख़्त। इर्द गिर्द ईंटों का चबूतरा। बुज़ुर्ग की समाधि। ऊपर लिखा है, "बाबा झंडूराम की जय"। दरवाज़ा और कुंडी लगी है। ऊपर बुझे दिये और रंग बरंगा झंडा। अगर आप समाधि के दरवाज़े की तरफ पीठ करके बैठें तो आपके दायें हाथ हैं—कुम्हारिन के घड़े, सुराहियाँ, लोटे, हंडियाँ, कूज़े, हुक्के, वगैरा। आप के बायें हाथ है, सब्ज़ी की दुकान। खोखे, बोरियाँ, सफ, वगैरा। नीचे चौक में दो दुकानें हैं। बायें, चिरंजी हेयर कटिंग सैलून। ऊँची कुर्सी, फिल्मी सितारों के कैलंडर, लौटरी के पोस्टर। दायें, पंडित गंगाराम हलवाई है। अँगीठी, बैंच, बरतन, कढ़ाई, ईंधन, वगैरा। ऊपर छोटा तख़्ता 'जमींदार कोपरेटिव बैंक'। पोस्टर—"शहीदी जलसा : शहीदे आज़म भगत सिंह"।)

(आधी रात। चिरंजी नाई चादर ताने चारपाई पर सोया पड़ा है। भागता हुआ मस्त आता है। फटे पुराने गीले कपड़े। ख़ून के धब्बे। होश हवास गुम। चिरंजी को झकझोड़ता है)

मस्त : चिरंजी! चिरंजी!

चिरंजी : हूँ।

मस्त : उठ!

चिरंजी : हूँ! कौन है?

मस्त : चिरंजी! उठ! चल!

चिरंजी : कहाँ?

मस्त : चल न!

चिरंजी : मस्ता, जा, चला जा। सोने दे मुझे।

मस्त : ओए, बात तो सुन।

चिरंजी : तू मार खाएगा मेरे से? जा, दौड़ जा।

मस्त : बहुत बुरी बात हो गई।

चिरंजी : तुझे कहा, दफा हो (**चादर तान कर लेटता है**)

मस्त : जगदम्बा है न?

चिरंजी : (**लपक कर**) कौन?

मस्त : जगदम्बा।

चिरंजी : जग्गो? बीकानेर वाली?

मस्त : हाँ।

चिरंजी : मुझे मिलने आई है? किधर है?

मस्त : बाहर। नहर पर। चल।

चिरंजी : नहर पर? वो क्यों? देख, ओए। मेरी जग्गो के बारे में उलटी- सीधी बात मत करना। पीट-पीट कर दुम्बा बना दूँगा।

मस्त : नहर में! धड़ाम!

चिरंजी : क्या कहा? छलाँग मारी? कहाँ है? डूब गई? क्यों?

मस्त : नहीं। मैं ने निकाली। किनारे पड़ी है। मैं छोड़ कर आया हूँ।

चिरंजी : तुम्हारे कपड़े तो निचुड़ रहे हैं।

मस्त : मैंने भी छलाँग मारी। बड़े पुल से लेकर बहती चली आई। छोटी पुली के पास पहुँच गई थी। डरोली वाली पुली के नज़दीक। वहाँ से निकाली मैं ने बाहर।

चिरंजी : झूठ तो नहीं बोलता?

मस्त : झूठ बोले मेरे बाप का साला। चल उठ।

चिरंजी : तू साथ ले आता।

मस्त : बेहोश पड़ी है। लेटा कर आया हूँ। बख़्शी राम के शीशम के झुंड में।

चिरंजी : ओए, यह क्या किया? लहू? तू ने तो मेरी चादर गंदी कर दी। लहू से।

मस्त : लहू लुहान हुई पड़ी थी, जगदम्बा।

चिरंजी : वो कैसे?

मस्त : अभी बताता हूँ तुझे। मैं ने आप आँखों से देखा। जग्गो ने छलाँग नहीं लगाई।

चिरंजी : फिर?··· वो गाँव से चल कर नहर तक पहुँच कैसे गई? जिन्न भूत उठाकर ले गया?

मस्त : किसी ने उसे उठाकर नहर में फेंका।·· दो आदमियों ने।

चिरंजी : अच्छा! कौन थे?

मस्त : बाद में बताऊँगा मैं। चल अब, उसे उठा कर लायें।

चिरंजी : तेरे तो माथे पर भी ख़ून लगा है। ज़्यादा ज़ख़्मी हुई पड़ी है?

मस्त : हाँ। पूरी बात तो मुझे भी नहीं बताई।

चिरंजी : होश तो है जग्गो को?

मस्त : होश तो थी तब। मेरे साथ बातें कीं। मुझे बताया, किसने फेंका उसे, नहर में।

चिरंजी : किसी ने उठाकर गिराया? क़त्ल किया? ओए मेरे रब्बा!

मस्त : ज़िंदा थी अभी। चोटें तो बहुत लगी हैं।

चिरंजी : नहर में तो पानी भी बहुत है, आजकल।

मस्त : डूबने से तो मैंने बचा ली। लेकिन सिर लगा नीचे। पुल के सरियों में। ख़ूनोख़ून हुई पड़ी है।

चिरंजी : बच तो जाएगी?

मस्त : क्या पता?

चिरंजी : किस किस का नाम लिया उसने?

मस्त : यह मैं अभी नहीं बताऊँगा। पुलिस के पास जाकर ही बताऊँगा। उठ तो सही।

चिरंजी : मैं अकेला?

मस्त : मैं जो हूँ तेरे साथ।

चिरंजी : तेरा मस्त मलँग का क्या है? न आगा, न पीछा। बारह साल ख़ाक फाँक कर आया है तू। जाने कहाँ-कहाँ की। मैं यूँ ही, ख़ामख़ा, केस में फँस गया तो क्या करूँगा? सोच लेने दे ज़रां।

मस्त : तू सोच में लगा रह। जगदम्बा का ख़ून बह बह कर, वो शायद मर ही जाए।

चिरंजी : अपने ताऊ की हवेली नहीं गया तू?

मस्त : क्यों?

चिरंजी : सरपंच है वो।

मस्त : मैं दौड़ा चला आ रहा हूँ अभी तो। चल न। मेरा ताऊ शायद होशियारपुर की तरफ गया था। टरैक्टर और ट्राली में। कल शाम को।

चिरंजी : हाँ, हाँ। कुलवंत कौर है न? नई एम.एल.ए.?

मस्त : ठेकेदार की भाभी?

चिरंजी : हाँ। इन तीनों ने वहाँ चाय पी। पंडित गंगाराम की दुकान पर। उसके बाद गए होंगे। लौट आया हो शायद सरपंच। आज भगतसिंह का शहीदी दिन मनाना है न। नई एम.एल.ए. प्रधान होगी। ज़रूर लौट आए होंगे। जा तू देख। उसे साथ ले चलते हैं।

मस्त : नहीं। उसे नहीं बतायेंगे अभी।

चिरंजी : मुसीबत है ससुरी। जागर को बुला लेते हैं।

मस्त : जागर कौन?

चिरंजी : जागर बुनकर। चौतही खेस बुनता है जो। रविदास मन्दिर के पास वाली झोंपड़ी।

मस्त : वो क्या करेगा?

चिरंजी : अरे बेवकूफ, जागर चौकीदार है। पहरा देता है।

मस्त : न। उसको नहीं बुलाऊँगा मैं। उसी ने तो मुझे पीटा था एक रात। कहता, वहाँ मत सोया कर। बाबा झंडू की समाधि के पास। थड़े पर। मैं उस कुएँ की मेंड़ पर लेटा। वहाँ से भी उठा दिया उसने। हार कर मैं आजकल नहर के किनारे जाकर सोता हूँ।

चिरंजी : जागर आदमी तो टेढ़ा है लेकिन मौके का अफसर है। किसी नंबरदार के बगैर, पंच सरपंच के बगैर, हम क़त्ल के केस में कैसे दखल दे सकते हैं?

मस्त : यूँ तो तू जग्गो जग्गो रटता है। कि इतना प्यार है तुझे उससे।

चिरंजी : प्यार तो है। लेकिन मैं तेरी तरह गधा थोड़े हूँ। अगर कहीं उलटी बात हो गई, मैं आप फँस जाऊँगा। लोग कहेंगे, रोज़ बीकानेरनी के साथ आँख लड़ाने की कोशिश करता था। इसी ने ज़बरदस्ती करके नहर में फेंक कर मार डाली।

मस्त : डरता क्यों है तू? जब मैं गवाह हूँ।

चिरंजी : तुझ पागल की गवाही कौन पूछेगा?

मस्त : अच्छा, तू रह यहीं। डर के मारे पेशाब निकला जाता है तेरा। आशिक़ बनता था इतना बड़ा। इतनी देर में जगदम्बा के प्राण निकल जायेंगे।

चिरंजी : पंडित गंगाराम को उठाऊँ मैं? हलवाई को?

मस्त : मैं चला सीधा। जगदम्बा को लेकर।

चिरंजी : कहाँ?

मस्त : हस्पताल। शहर।

चिरंजी : पीठ पर लाद कर ले जाएगा तू? थाने वाले पकड़ कर अंदर कर देंगे। लेने के देने पड़ जायेंगे। फाँसी पर लटकेगा।

मस्त : फाँसी तो होगी। लेकिन मुझे नहीं।

चिरंजी : और किसको?

मस्त : तीन बंदे हैं इस गाँव में।

चिरंजी : तौबा मेरे रब्बा। बाबा झंडू, रहम कर मेरे पर। कहाँ ससुरे ने आकर नींद हराम की। करोड़ों की लाटरी निकली थी मेरी। फिल्म में गाना

गा रहा था। हीरोइन के साथ। नाचते हुए। तूने सब तबाह कर दिया। न जाने कौन सा शनिश्चर बनकर आ गया तू। इस गाँव में। आफत साली। आधी रात को। जा चला जा अभी भी। सोने दे मुझे।

(नाजो आती है। खाँसती है। डर कर चिरंजी सुकड़ कर खड़ा हो जाता है)

नाजो : रे, तुम ने क्या घुसर मुसर लगा रखी है? क्या हो गया?

चिरंजी : कुछ नहीं। यों ही···

नाजो : यह मस्त है?

चिरंजी : इस सौदाई न ही मुसीबत खड़ी की है।

नाजो : क्यों, क्या हुआ?

मस्त : जगदम्बा! नहर में!

नाजो : हाय रे मुझे! बीकानेर वाली? वो चंगी भली थी शाम को। मैं गई उस कुतिया अँग्रेज़नी के इस्कूल। अपने घड़ों के पैसे वसूल करने। तब जगदम्बा उसकी रोटी पका रही थी।

चिरंजी : मुझे लगता है, यह पागल किसी और को देख कर आया है। अँधेरे में। आकर साले ने मेरी नींद खराब कर दी। क्या समझ है इस बुद्धू को?

मस्त : कसम है मुझे अपनी माँ की। कसम है मुझे इस बाबा झंडू के मज़ार की। जगदम्बा ही है। बातें कीं मैंने उससे। यह देखो, लहू।

नाजो : ख़ून! बे, तू तो लथपथ है।

मस्त : चलो दिखाऊँ।

चिरंजी : मैं नहीं जाऊँगा, भई। सच्ची बात है, मुझे तो डर लगता है।

नाजो : ओए, ठहर ज़रा। समझ तो लेने दे बात को। क्यों बे, मस्त?

मस्त : मैं ने आप देखा। दो बंदों ने, नहर में फेंका। डूबने लगी थी। मैंने बचाई। कहती, मेरी इज़्ज़त लूटी।

नाजो : किस ने?

मस्त : जग्गो ने नाम तो बता दिए मुझे। मैंने कुछ कुछ उनको खुद भी पहचान लिया था। लेकिन मैं बताऊँगा बाद में।

चिरंजी : झूटी तोहमत लगाएगा तो उलटा हाड़ पाँव तुड़वा बैठेगा।

नाजो : औरत होना भी लानत है। मर्द होती तो मैं तेरे साथ चलती।

चिरंजी : ख़तरा है, नाजो। सोच ले। तू ने तो तीन तीन बच्चों के पेट भरने हैं। कौन-सा मर्द है तेरे सिर पर। कहीं गवाहियों के चक्करों में पड़ गई तो जो चार घड़े कूज़े बिकते हैं, उससे भी जाएगी।

नाजो : इतना भी नहीं डरती मैं ऐसी बातों से। तोड़ ले जिसने मेरी टाँग

तोड़नी है।

चिरंजी : बेवा होते हुए ··

नाजो : हिम्मत न करे अकेली औरत तो जिये कैसे?—परदेसिन। ग़रीब। रिज़क़ कमाने आई, देखो किधर से। जयपुर, जोधपुर की तरफ से। गारा बनाती का, ईंटें ढोती का, रंग काला स्याह हो गया। जब आई थी, कसम से, धूप जैसा दमकता था चेहरा।

चिरंजी : बेइंतहा ख़ूबसूरत है अभी भी।

नाजो : परसों चौथ रो रही थी मेरे पास। कहती, परदेस भी आये। आगे ख़सम को बारीकी ताप हो गया। राजगिरी, मज़दूरी छोड़कर, रूई धुनने की मशीन पर लग गया। फिर कारख़ाने में कपड़े की खड्डी पर लग गया। धूल उड़-उड़ कर फेफड़ों में जम गई। टी बी हो गया। उम्र है कोई बेचारे की अभी?

चिरंजी : इलाज तो उसका, कहते हैं, हो रहा है। मुफ्त में। होशियारपुर हस्पताल में।

नाजो : काहे का इलाज होता है ग़रीब का? यों ही नरसें, रांड, पानी के टीके लगा छोड़ती हैं। खाये पिये बगैर कौन इलाज करता है कम्मी कमीन का?

मस्त : तुम बातों में रहोगे। उधर जग्गो बेचारी, पता नहीं, साँस गँवा बैठी हो।

नाजो : इतनी चोट आई उसे? तू कहता था, बातें कर रही थी।

मस्त : बोलती बोलती चुप हो गई। सिर से ख़ून बह रहा था।

नाजो : वे चिरंजी, जा। चौकीदार जागर को उठा। उसे कह, नहर पर पहुँच।

मस्त : डरोली वाली पुली के साथ। बख़्शी राम के शीशम के झुंड में। वहाँ लेटा कर आया हूँ मैं।

चिरंजी : अगर जागर न माना? अँधेरे में हाथ को हाथ तो दिखता नहीं। रहमान को उठाऊँ?

नाजो : तेरे क्यों डरते के पाद छूटते हैं? भागकर जागर को जगा। खाने तो नहीं चला तुझे?

(पंडित गंगा राम खाँसता है)

चिरंजी : पंडित भी जग गया है। उठाऊँ उसे?

नाजो : वो तो तेरे से भी ज़्यादा डरपोक है। जान बूझ कर शैतानी से खुर्राटे भरने लगेगा। तू जागर को ही साथ लेकर पहुँच। मेरे बस की बात होती तो मैं किसी को न कहती। खुद चली जाती अभी।

चिरंजी : ऐ बाबा झंडू! मुझे किसी मुसीबत में मत फँसाना। मैं परसाद

चढ़ाऊँगा तेरे। जुमा को। **(जाकर समाधि के आगे माथा टेकता है)**

मस्त : **(रोता, पाँव पकड़ कर)** नाजो, तू माँ है मेरी। मैं एक राज़ बताना चाहता हूँ तुझे। कसम खा। तू बताएगी नहीं किसी को।

नाजो : कह तो। मैं नहीं बताती।

मस्त : बोल, कसम है तुझे अपने असग़र की, सलामती की, असलम की। झिझक मत। मैं भी तेरे बेटों जैसा हूँ। ज़िंदगी भर जुल्म सहा है मैं ने। दर दर की ठोकरें खाई हैं। बारह साल। अब मौक़ा मिला है मुझे। अपनी मरी माँ की रूह को शांत करने का। बोल, बेटा बनाएगी तू मुझे अपना?

नाजो : रब मेहर करे मुझ पर। अच्छा, बता पूरी बात। मैं कसम खाती हूँ अल्ला ताला की। तेरा राज़ नहीं कहती किसी को।

मस्त : जगदम्बा को उसी आदमी ने मारा है जिसने मेरी माँ को कुएँ में धक्का दिया था। उसकी इज़्ज़त लूट कर। बारह बरस पहले। मैं छः साल का था तब।

नाजो : क़त्ल हुई थी बिशन कौर? ख़ुदकुशी नहीं की थी?

मस्त : क़त्ल की थी। मेरे ताऊ ने।

नाजो : चौधरी ने?

मस्त : हाँ, चौधरी। जो अब सरपंच है। बीस गाँव का लीडर। जिसको चाहे एम.एल.ए. बना दे। जिसको चाहे ठेके दिलवा दे। यही चांडाल चौकड़ी का प्रधान है। उसी ने मुझे यतीम बना कर मेरी जून ख़राब की है। नाजो, तू माँ है मेरी। तेरे सिवा मैंने आज तक यह बात किसी को नहीं बताई थी। इस जिन्न भूत को फाँसी पर पहुँचाने में मदद कर मेरी।

नाजो : अपनी माँ के मरने के बाद तू भाग क्यों गया था? एक दम? इतने सालों में बात भूल भाल गए लोग।

मस्त : तुझे पता है, मेरा जन्म ननिहाल में हुआ था। वो मामूली सा याद है अब मुझे। इतना ध्यान है, माँ कहती थी, मेरे बाप ने हजारों रुपए भेजे ताऊ को। ज़मीन ख़रीदी। पक्की हवेली बनाई। लेकिन मेरे जन्म से तीन महीने पहले उसके मरने की चिट्ठी आ गई। कनेडा से। तुम्हें याद होगा?

नाजो : हुआ तो ऐसे ही था। बेचारी बिशन कौर मायके से पहली बार आई थी। तुझे लेकर। महीना भर भी नहीं टिकी थी। जब डूब मरी।

मस्त : मेरे ताऊ की करतूत थी सब।

नाजो : शक तो लोग बहुत करते थे। कि बिशन कौर आधी ज़मीन बँटवा

कर अपने बेटे को दिलवाना चाहती थी। चौधरी सारी ज़मीन खुद हड़प करना चाहता होगा।

मस्त : हाँ। या यह उसे दूसरी बीवी बना कर रखना चाहता होगा। वो न मानी। तब तो मेरा मामा भी ज़िंदा था।

नाजो : तेरी माँ को वैसे ही जला दिया था। पुलिस को इतलाह तक नहीं की थी। पैसा चढ़ा दिया होगा थानेदार को। पर तू क्यों गुम हो गया था? इतने बरसों तक?

मस्त : माँ के साथ हाथापाई कर रहा था जब, ताऊ, मैं जग गया। सहम कर एक तरफ खड़ा हो गया। बेलों के झुरमुट में। ताऊ ने उसका मुँह बंद किया हाथ से। फिर कुएँ में पटक दिया। मुझे नहीं पता फिर क्या हुआ? श्मशान लेकर गए जब मेरी माँ को, ताबो कहारिन मुझे कंधे लगाए, चुप करा रही थी। बस इतना ही याद पड़ता है। फिर रातों रात मैं कहाँ गया। कितने बरस कैसे-कैसे काटे। बहुत धुंधली यादें हैं। पागल हो गया था मैं सचमुच।

नाजो : इतने छोटे बच्चे पर पहाड़ टूट पड़ा। पागल तो हो ही जाता।

मस्त : क़ातिल ताऊ का मुक़ाबिला तो मैं कर नहीं सकता। मुझे ज़मीन का हिस्सा भी नहीं चाहिए। जब मैं लौट कर आया, छः महीने पहले, और बताया कि मैं ही करनैल सिंह हूँ—छटपटा तो गया था ताऊ। लेकिन मैंने उसके मुँह मलाहिज़ा को ठुकरा दिया। हवेली में उसका भतीजा बन कर ठहरना मंजूर नहीं किया। जब उसने देखा, मैं वाकई सौदाई हूँ, मस्त मौला हूँ, उसके दिल का डर दूर हो गया। अब उसे मेरे से ख़तरा नहीं। इसलिए मुझे गाँव में रुकने दिया। वरना मुझे मरवाने की कोशिश करता। ज़रूर।

नाजो : ज़मीन की ख़ातिर, जो माँ को मार सकता है, वो बेटे को छोड़ देगा? ...अच्छा, सुन। ख़ुदा ख़ैर करे। है तू मेरे असग़र जैसा। लेकिन मैं भी ज़्यादा ताक़त नहीं रखती। कोशिश करते हैं मिल कर। वैसे चौधरी जैसे जाबर से टक्कर लेना तेरे मेरे बस की बात है नहीं।

मस्त : जो बीत गई, सो बात गई। अपना फ़िक्र नहीं मुझे। जगदम्बा के साथ जो कुछ हुआ है, उसका सबूत है मेरे पास। कम से कम इस केस को तो सरकार तक पहुँचाओ। सारा मेघोवाल मिलकर, इन देव दानवों को जेल भिजवाओ।

नाजो : जो मंजूर ख़ुदा को। मैं तेरे साथ हूँ! ...अरे चिरंजी, तुझे बाबा झंडू ने पकड़ कर बिठा लिया क्या अंदर?

चिरंजी : **(बाहर आकर)** मैंने सोचा, एक सौ आठ बार बाबे के नाम का जाप

कर लूँ। एक टाँग पर खड़ा होकर। मामला ख़तरनाक है। भली करे बाबा। **(आवाज़ देकर)** पंडित गंगा राम जी!·· ए पंडित जी!

पंडित : **(दूर से)** हरि कृष्ण। हरि कृष्ण। **(उबासी की आवाज़)**

चिरंजी : पंडित जी!

पंडित : **(धोती बाँधता हुआ)** क्या बात है, भई? आधी रात को भी चैन नहीं पड़ता तुझे? कहीं तेरी लाटरी तो नही निकल आई? कि लाख दो लाख सोने नहीं देता तुझे? यह कौन? नाजो?

नाजो : आ, पंडित, तू भी चल।

पंडित : कहाँ?

मस्त : जगदम्बा को, थड़ाम! नहर में!

पंडित : क्या?

नाजो : बीकानेर वाली जग्गो है न? जिसका ख़सम टी बी होकर होशियारपुर पड़ा है।

पंडित : हाँ, हाँ। वो जो ईसाइन मासटरनी के स्कूल में माई लगी है। क्या हुआ उसे?

चिरंजी : मस्त कहता है, उसको किसी ने नहर में ढकेल दिया।

पंडित : अच्छा? मर गई?··हरि कृष्ण! **(जाता हुआ)** महा पाप। महा पाप। वो भी आज के पवित्र दिन। जब गाँव जलसा करने जा रहा है। शहीदे आज़म भगत सिंह का।

नाजो : पंडित, कहाँ भागा चला जा रहा है तू? देखें न चल कर?

पंडित : मैं? न जी। मुझे कौन सी चट्टी भरनी है? ख़ामख़ा क़त्ल के केस में गवाहियाँ भुगतता फिरूँ? दुश्मनी मोल लूँ लोगों से?

नाजो : है!! मर्द होने को आए! दोनों!

मस्त : छोड़ो इनको। हम दोनों चलते हैं।

पंडित : नाजो, तू क्यों इस गधे की धक्के बाज़ी में आती है? सौदाई का क्या भरोसा? न जाने कोई बात है भी या नहीं। हम क्यों क़ज़िया मोल लें?

चिरंजी : बात तो सयानी है पंडित की।

पंडित : फिर वो किधर की गाँव की बहू बेटी है? जिसकी इज़्ज़त का सवाल हो?

नाजो : अरे! परदेसिन है तो क्या ज़नानी नहीं? उसकी इज़्ज़त नहीं बनती?

चिरंजी : मगर रहना तो हम ने अपने गाँव वालों के साथ ही है। मारा भी होगा किसी ने तो क़ातिल या तो मेघोवाल का होगा या पड़ोस के देहात का।

पंडित : परदेसिन ज़नानी के पीछे ज़िंदगी भर का बैर बसा लूँ मैं? न न। भगवान बचाये। इस जैसे मामलों से।

मस्त : चंगा फिर। तुम तीनों रहो यहाँ, मैं जगदम्बा को, जैसे कैसे, उठा कर शामचुरासी पहुँचाता हूँ। या आदमपुर। थाना या हस्पताल। **(चलता है)**

पंडित : रुक, ओए सौदाई। क्यों तेरी मौत बातें करा रही है तुझ से?

चिरंजी : मान जा, मस्ता। तू बीच में मत पड़। बुरा होगा।

पंडित : उलटी पड़ सकती है तुम्हारे सिर। कि तू ने ही उसे पहले छेड़ा। फिर डर के मारे, नहर में डुबो दी।

नाजो : इस बेचारे ने क्या छेड़ना? साईं भगत है यह तो। यों है तो मुसीबत। फिर भी, पंडित, चलो। कुछ नहीं बिगड़ेगा। हम इसके साथ चलते हैं? चिरंजी पीछे से चौकीदार को लेता आएगा।

पंडित : नहीं जी। तू मुझे बख़्श। तुझे जाना है तो जा। मैं ने ऐसी बहुत देखी हैं। ज़िंदगी भर।

मस्त : पंडित भी चिरंजी जैसा है। डरपोक। गीदड़ है गीदड़।

पंडित : थप्पड़ मार के जबड़ा तोड़ दूँगा। तमीज़ देखी साले की।

चिरंजी : चुप करो, पंडित जी। पागल से क्या टक्कर लेनी?

पंडित : एक बार फिर बोल, गीदड़। अगर न मैं तेरी हड्डी पस्सली एक कर दूँ।

नाजो : भला, इस पर काहे गुस्सा निकाल रहा है तू, पंडित? इसका क्या कसूर है? तू कर तो हिम्मत। मेरे बराबर खड़ा हो। जगदम्बा के हक़ में गवाही देनी पड़ती है तो दे।

मस्त : रोज़ अर्जुन-कृष्ण, अर्जुन-कृष्ण, सुनाते हो लोगों को। रोज़ गीता का उपदेश झाड़ते हो मंदिर में। लाउड स्पीकर पर। कान खा लिए चार गाँव के। यह भी तो धर्मयुद्ध है। लड़ तो उठ कर। अर्जुन बन।

चिरंजी : हई शाबाश! मस्ता, तू ने तो कमाल कर दी। लगता है तू ने बारह साल किसी प्रचारक स्वामी की गायें भैंसें चराई होंगी।

नाजो : अभी इस को लोग पागल पुकारते हैं।

पंडित : पागल नहीं तो और क्या है यह साला? अबे कुत्ते! अर्जुन ने बल्कि भगवान से कहा था, मैं लड़ाई नहीं करूँगा। अपने सगे संबंधियों का सिंहार नहीं करूँगा।

मस्त : लेकिन आख़िर में तो मान गया था अर्जुन? कृष्ण के समझाने पर? गीदड़ बन गया था न शेर?

पंडित : आप भगवान रथवान बनकर आए थे। ख़ुद सब को पहले ही मार

रखा था। अर्जुन के तीर तो सिर्फ बहाना थे। कौरवों को ख़त्म किया भगवान के सुदर्शन चक्र ने। या द्रौपदी थी। दुर्गा बनकर, काली बनकर, हाथ में खोपड़ी लिए, ख़ून पीती। घूम रही थी कुरखेतर के युद्ध में।

नाजो : यह भी तो कौरवों पांडवों वाली लड़ाई है। मस्त सही कहता है।

चिरंजी : एक तरह से बात सच्ची है। द्रोपदी की इज़्ज़त उतारी दुर्योधन ने। पांडवों ने इसीलिए लड़ाई की। भीमसेन ने दुर्योधन के जाँघ चकना चूर कर दिए। गदा मार मार कर। जाँघों पर बैठाया था द्रौपदी को उसने।

मस्त : गीदड़ बनने को कहती है तेरी गीता?

नाजो : अब जवाब दे, पंडित।

पंडित : ये बातें हैं द्वापर की। त्रेता की। आज है कलियुग। अर्जुन की मदद के लिए आ गया था भगवान। मेरी मदद के वास्ते कोई नहीं पहुँचेगा। मैं ने तो वही चार कप चाय के बेचकर गुज़ारा करना है। आधा पाव पकौड़े नहीं बिकते दिन में। ज़िंदगी भर सेवा की। इलाक़े की। दादे से लेकर पोते तक को पढ़ाया। कोई प्राईमरी स्कूल नहीं था दस-दस कोस तक, जब मैंने पढ़ाना शुरू किया। और अब? बुढ़ापे में, यह हलवाईपना पल्ले पड़ा है। लड़कपन में ही पढ़ाई छोड़कर, हलवाई बन गया होता, तो आज घंटाघर के पास दुकान पर बैठता। ठाठ से। नसराला वाले लब्भूराम की तरह। जाओ, भागो। मुझे शिक्षा मत दो। मैं क्यों कोर्ट कचहरी की धूल चाटूँ? इस अहमक़ के कहे लगकर?

चिरंजी : बात तो पंडित ने सौ पैसे खरी कही है।

नाजो : हाँ हाँ। पंडित की अपनी बेटी लज्या होती, रक्षा होती, इसकी बहू, तो पता चलता इसे, औरत की इज़्ज़त क्या होती है?

मस्त : तब तो यह गीता का सीधा मतलब समझाता पूरे मेघोवाल को। भई, "मेरी बिटिया की इज़्ज़त ख़ातिर लड़ो।"

चिरंजी : द्रौपदी की साड़ी नहीं थी उतरने दी, भगवान कृष्ण ने।

पंडित : पोथियों की बातें रह गई पोथियों में। तुम जाकर सरपंच को बता दो। उसको जगा दो। अपने गले में फाँसी क्यों डालते हो? हमारी तरफ से चौधरी जो मरज़ी करे। वो सरकारी आदमी है। **(रहमान आता है)** आओ रहमान। बुज़ुर्ग कह गए हैं : "जिसका काम, उसी को साजे। और करे तो डींगा बाजे।।" क्यों भाई रहमान? ठीक कहा मैंने?

रहमान : तुम लोगों ने आधी रात को क्या कानफरेंस शुरू कर रखी है? शहीदी जलसा तो शाम को है।

मस्त : जगदम्बा···

रहमान : कया बात है, नाज़नीन? तुझे भी अकेली को नींद नहीं आई? खटिया पर?

नाजो : क्यों? मुझे च्यूँटी काटती हैं? अकेली को?

रहमान : मैंने सोचा, शायद भई, मेरी तरह, तुम्हें भी अकेले नींद नहीं आती। भूल जा अब ख़ैरुल्दीन को। तीन साल होने को आए उसे जन्नत पहुँचे। अब तुझे मेरी ज़रूरत है। बाल बच्चे भी तेरे पल जाएँगे। कर ले निकाह मेरे से।

मस्त : बच्चे पालने वाला तो इसका है।

रहमान : कौन?

मस्त : इसका गधा। नूरुल्दीन।

रहमान : हाँ, यार। मैं किसी दिन नूरुल्दीन की टाँग तोड़ दूँगा। रक़ीब है मेरा।

पंडित : तू अपनी टाँग बचा कर रखना उससे। एक दिन मैं वहाँ खड़ा इसकी सुराही टनका कर देख रहा था। नाजो वहाँ थी नहीं। नूरुल्दीन अकेला था। ससुरे ने समझा, मैं चोरी से सुराही उठा रहा हूँ। पीछे से आया, चुपके से, वो दुलत्ती मारी। दस दिन मालिश करता रहा मैं। सरसों के तेल की।

मस्त : औरत की रखवाली के वास्ते कोई तो हो। वरना जग्गो की तरह···

रहमान : ख़सम और गधा एक बराबर हो गए?

नाजो : मेरा नूरू ख़सम से तो ज़्यादा मिट्टी ढोता है।

चिरंजी : सब्ज़ी लेने जा रहे हो? मंडी?

पंडित : अभी तो रात तगड़ी है। दो बजे होंगे।

नाजो : बे चिरंजी, मस्त के साथ जा तो एक बार। उस कुतिया अँग्रेज़नी के इस्कूल। देख कर आओ। जगदम्बा घर पर ही है?

चिरंजी : चल ओए। हो सकता है। वो शायद आराम से सोई पड़ी है। टाँगें पसारे। यह पागल उसको मरी हुई बनाने लगा है।

मस्त : मैं पागल तो पागल सही। लेकिन जग्गो को मैंने नहर से बाहर निकाला है। यह देखो उसका खून।

रहमान : अल्लाह! शाम को तो मैं ने उसे पूर्बिये के साथ जाते देखा था। बढ़इयों की गली में।

चिरंजी : ठेकेदार के नौकर के साथ?

रहमान : हाँ, रामधन के साथ। मस्त के ताऊ की हवेली को जा रहे थे। अपनी

आँखों से देखा मैंने। ठेकेदार का टरैक्टर खड़ा था। चौधरी बलबीर की हवेली। उसकी टराली में चढ़ी जग्गो। रामधन का हाथ पकड़ कर।

नाजो : शहर को, कहती थी, जाना है। अपने मालिक को देखने। हस्पताल में है न वो।

मस्त : टी बी का मरीज़ है।

नाजो : भाग चिरंजी। तुम और मस्त राँड सीलिया से पूछ कर आओ।

पंडित : उसको ज़रूर पूरी ख़बर होगी। उसके स्कूल में माई लगी है। खाना बनाती है उसका। जाओ दोनों जने।

चिरंजी : मुझे तो ख़ौफ लगता है।

नाजो : **(धक्का देकर)** टाँग चला भी अब। सीलिया तुझे निगल तो नहीं जाएगी। **(कानाफूसी करती)** वैसे भी सुना है उसका बटाले वाला आया हुआ है। रात का।

(चिरंजी और मस्त जाते हैं)

रहमान : कहाँ पड़ी है लाश? चल, नाज़नीन। हम दोनों चलकर देखते हैं।

पंडित : न, ओए। सरपंच को या चौकीदार को साथ लेकर जाना। गवाही देते जिंदगी बरबाद कर लोगे। **(जाने लगता है)** हरि कृष्ण! हरि कृष्ण! पहले भी तू इसी वजह से उजड़ कर आया है।

नाजो : ठहर, पंडित। लौट आने दे उन को। हम भी चलेंगे।

पंडित : न भई। मैं अभी घड़ी भर सोऊँगा। पहले ही मुझे पूरी रात नींद नहीं आई। बैंक का हिसाब करते हुए। इकत्तीस हज़ार का क़र्ज़ा लिया है चौधरी ने।

नाजो : बलबीर सिंह ने?

रहमान : टरैक्टर ख़रीदने के लिए होगा। कह रहा था एक दिन।

पंडित : हाँ। पर बातों बातों में रकम तो पकड़ कर डाल ली, फतूही की अंदरली जेब में। इकत्तीस हज़ार। दस्तख़त किए ही नहीं। मैं ने रजिस्टर आगे बढ़ाया। बोला, किए देता हूँ दस्तख़त अभी। फिर मैं कहीं गाहक को चाय का कप छान कर पकड़ाने लग गया। चौधरी बिना दस्तख़त किए उठके चल दिया। कुलवंत कौर और ठेकेदार के साथ।

रहमान : नक़द थे?

नाजो : इतने हज़ार की इतनी बड़ी गट्ठी होगी।

पंडित : यही तो मेरी सब से बड़ी ग़लती थी। नक़द देने का तो क़ायदा क़ानून ही नहीं है। चैक ही देना चाहिए था मुझे। लेकिन चौधरी कहने लगा,

"छोड़, कहाँ भुनाता रहूँगा मैं चैक। दो दिन बरबाद क्यों करूँ? आज शहीदी जलसा है गाँव में। कोल्ड स्टोरेज का नींव पत्थर रख रही हैं बीबी कुलवंत कौर। चल, आज टरैक्टर की ख़रीद भी हो जाए। सभी शुभ काम एक दिन में निपट जाएँ।" मेरी बेवकूफी। अगर किसी तरह की गड़बड़ हो जाए, अगर अभी इंस्पैक्टर आ कर रजिस्टर चैक कर ले, तो मेरे पर ग़बन का केस बन जाएगा। बेड़ियाँ पड़ जाएँगी।

रहमान : इकत्तीस हज़ार तो ग़रीब की तीन पुश्त नहीं उतार सकतीं। मेरी तरह कहीं तू भी ज़िंदगी भर क़र्ज़ उतारने में मत फँस जाना।

पंडित : जान मुट्ठी में है मेरी। हरि कृष्ण बचाये।

नाजो : जो जन्में नहीं, उनको अभी से क्यों रोता है, पंडित? करा लेना दस्तख़त। चौधरी कोई भागा जाता है? पूरे मेघोवाल को पता है कि नया टरैक्टर ख़रीदने के वास्ते उसने तुम्हारी सहकारी बैंक से क़र्ज़ उठाया है।

पंडित : मुकरेगा तो वो क्या? पर मैं यों बात करता हूँ। मेरा रिकार्ड तो सही होना चाहिए। इतनी बड़ी ग़लती मेरे काग़ज़ों में नहीं होनी चाहिए।

रहमान : क़र्ज़ बुरी बला है। इसी क़र्ज़े का उखाड़ा तो मैं धक्के खा रहा हूँ? परदेस में।

नाजो : तुझे किस कंजर ने सलाह दी थी, चचे के बेटे का ज़ामन बन। चोर डाकू का?

पंडित : और क्या? देखो तो। इसे बैठे सोये को उजाड़ फेंका न? चचेरे भाई ने? कृष्ण फ़िज़ूल थोड़ी कहता है अर्जुन को? मोह माया में फँसकर, बंदा, कुनबे के बदले, लोगों के बदले, आपा गँवा लेता है।

रहमान : ओ भई, कुनबे कबीले की मुहब्बत भी होती है इंसान को। हज़रत अबूहज़र की तरह, मैंने भी सोचा, "चलो, ज़मानत दिए देता हूँ। भाई लगता है आख़िर।" वो साला सचमुच डाकू निकला। आठ बरस हो गए आज। कोई ख़बर न सार। और मैं अभी पंद्रह हज़ार में से कुल दस हज़ार उतार सका हूँ। चट्टी का।

पंडित : हाथ तो नहीं लगा, भई, पुलिस के? इतने सालों में?

नाजो : कभी तो लगेगा हाथ पुलिस के। डाकू कितनी देर तक बचकर रहेगा? सौ दिन चोर के, एक दिन साधु का।

रहमान : अरे कहाँ। अब कहाँ मिलेगा वो?

पंडित : जाकर विंध्याचल के डाकुओं से मिल गया होगा। नर्मदा में नहाता होगा।

रहमान : डाकू भी बना होता वहाँ, तो कौन सा वो ज़िंदा होगा। मर खप गया होगा अब तक।

नाजो : और शिकंजे में कस गया तुझे।

पंडित : पाप किया था कोई तू ने पिछले जन्म में।

रहमान : पिछला जन्म किस ससुरे ने देखा है? इस जन्म में तो मैं ने उस के साथ नेकी कमाई थी।

नाजो : अब तो सुरखुरू होने को आया है। पोस्त कम पीता तो जल्दी लौटं जाता कुल्लू को।

रहमान : कुल्लू वापस जाकर भी अब कौन सा दिल लगेगा। झुंड का झुंड भेड़ बकरियों का। वो बेच आया था। भैंस थीं, चार पाँच। वो नीलाम हो गईं। यह साला प्याज़ बैंगन बेचने का धंधा भी वहाँ चलेगा नहीं। अब जाऊँ भी मुड़कर तो क्या जाऊँ? वैसे दिल मेरा बड़ा उचाट है यहाँ से।

पंडित : तेरी कौन सी चूड़ियों वाली बैठी पीछे। राह देखती। चुप करके मंडी से सब्ज़ी ले आया और बेचा कर यहाँ। और दिन काट।

रहमान : मगर, पंडित, चूड़ियों वाली की ज़रूरत भी तो पड़ती है। तू समझा तो नाज़नीन को।

पंडित : मैं तेरा बीच बिचौलिया क्यों बनूँ? नाजो ख़ुद समझदार है। तीन साल काफी मुश्किलें झेल चुकी है। ख़ैरुल्दीन के जाने के बाद।

रहमान : क्या सोचती है मेरी नाजो? गाँव में आज जश्न जलसा तो है। चल आज हो जाए तेरा मेरा निकाह।

पंडित : मौलवी नहीं, तो पंडित सही। मुझे दे देना जो दक्षिणा देनी हो।

रहमान : हाँ तो कहे यह एक बार। वो रही बाबा झंडू की मज़ार। उस पर खड़े हो कर, मस्त हमारा निकाह पढ़ दे।

पंडित : मस्त क्यों?

नाजो : मस्त है तो औलिया। न हिन्दू, न मुसलमान।

रहमान : तो हो जाए फिर आज। चट्ट मँगनी, पट्ट ब्याह।

नाजो : तीन बच्चों की माँ। बच्चे पाले पोसे या ख़सम करती फिरे? वो भी अफीमी पोस्ती?

रहमान : अफीम पोस्त तो मैं अकेलापन दूर भगाने को करता हूँ। हाँ कह तू अभी। मेरे ऐब भी छूट जाएँगे। असगर और सलामती और असलम भी पल जाएँगे।

(सीलिया, मस्त और चिरंजी आते हैं)

सीलिया : मस्त सच कहता है? जगदम्बा के बारे में?

नाजो : दुर फिट्टे मुँह! देखा इस ज़नानी को?

पंडित : घर नहीं तुम्हारे सोई पड़ी?

सीलिया : नहीं तो।

नाजो : न, तेरे इस्कूल में माई लगी है वो। रोटी टूक करती है तेरा। अगर तुझे नहीं मालूम जग्गो का, तो लोगों को सपना आया?

रहमान : नहीं है न घर?

चिरंजी : यह तो कहती, लौट कर आई ही नहीं। चारपाई खड़ी है। घड़ों के पास। कल सुबह की।

मस्त : बताओ, हो सौदाई तुम कि नहीं? जग्गो बाहर नहर पर पड़ी है। मौत के किनारे। उसको उठाकर डॉक्टर के पास नहीं ले जाते। थाना नहीं ले जाते। फिजूल में लड़ने झगड़ने जुते हैं।

पंडित : सरपंच को नहीं उठाया?

चिरंजी : सीलिया बहन जी, कहतीं, चौधरी भी शायद होशियारपुर से न लौटा हो। जागर चौकीदार को ज़रूर आवाज़ दे आए हैं।

नाजो : रात को वो तेरे पास सोने आई थी कि नहीं?

सीलिया : रामधन बुला के ले गया था उसे शाम को। कहता था, चौधरी साहिब और ठेकेदार और एम.एल.ए. बीबी जी···

पंडित : कुलवंत कौर? ठेकेदार की 'भाभी'? क्यों नाजो?

नाजो : भाभी हो या बीवी। निभ रही है दोनों की। जब से उसका सरदार मरा है।

रहमान : ख़ुशकिस्मत हैं दोनों। एक बेवा, दूजा क्वाँरा।

सीलिया : तीनों होशियारपुर जा रहे थे। छावनी वाले सरदार के यहाँ, खाना खाने।

नाजो : गई तो उन्हीं के साथ थी। मालिक को हस्पताल में देखने। पर वो मर्द उसे वापस भी ज़िंदा छोड़कर गए हैं तुम्हारे इस्कूल कि नहीं?

सीलिया : शाम के बाद मैं ने जगदम्बा का नहीं देखा। हम परेयर में बिज़ी हो गए। बटाला से फादर डेविड आए हैं। लैंटर पड़ेगा आज छत को। फादर उसको ब्लैस्स करने आए हैं। और आज के शहीदी जलसा की दावत भी भिजवाई थी चौधरी साहिब ने।

पंडित : उनके साथ जाने का तो पक्का हो गया। मैं खुद पहुँचा चौधरी की हवेली। रजिस्टर पर दस्तख़त करवाने के लिए। मेरे देखते-देखते टरैक्टर पर निकल गए। जगदम्बा साथ थी उनके। इकत्तीस हज़ार पर दस्तख़त नहीं करवा सका मैं। चौधराइन कहती, इसकी ताई, छावनी से लौटते वक़्त नसराला वाले दुम्मण सिंह से टरैक्टर और

टराली ख़रीद कर लायेंगे।

चिरंजी : तीनों चारों, उनमें से रात को कोई भी लौटा नहीं लगता।

मस्त : ठेकेदार के बाड़े में न उसका टरैक्टर है न टराली।

सीलिया : इसके बारे में तो मेरे पास इनफर्मेशन है।

पंडित : क्या?

सीलिया : सीमिंट उठाना था जालंधर से। ज़रूरी है आज। लैंटर के वास्ते। चौधरी साहिब ने बीबी जी से यह ख़ास मदद माँगी थी। चीफ मिनिस्टर को टेलिफोन करवाया।

रहमान : ब्लैक में?

नाजो : और क्या यह ईमानदारी का लाइसेंस लेने चली है?

पंडित : सीमिंट जालंधर से लाना था या होशियारपुर से? समझ नहीं आई बात हमें। एक शहर में दावत खाने जाना था। दूसरे शहर से सीमिंट की बोरियाँ लदवानी थीं।

रहमान : बोरियाँ उठवाने में क्या वक़्त लगता है? घंटे भर में जा पहुँचता है बंदा मोटर गाड़ी से। होशियारपुर से जालंधर। सवाल तो है कि जगदम्बा के साथ क्या बरताव किया उन्होंने?

सीलिया : ज़रूरी है उन्होंने ही किया हो? नेक लोग हैं वो। ग़रीब की हेल्प करते हैं। हम क्रिश्चियन्ज़ की तरह।

चिरंजी : नाजो, भला तेरे साथ क्या बात कर रही थी जगदम्बा? जब मैं अंदर बाबा झंडू के चिराग़ कर रहा था? कल शाम?

सीलया : सुराही ख़रीदने भेजा था मैंने।

नाजो : मैं बोली, नहीं बेचूँगी सुराही। पहले मेरे घड़ों के पैसे लाओ, मास्टरनी से।

सीलिया : टूटे हुए घड़ों के पैसे मैं क्यों दूँ?

नाजो : तोड़े होंगे तू ने। या तेरे बच्चों ने। मेरे पास से तो तू ठोक बजा कर ले गई थी।

सीलिया : सुबह तक सारा पानी चू गया। टूटी फूटी चीज़ का मैं पैसा एक नहीं दूँगी।

नाजो : तेरे बाप का राज है न? कैसे नहीं देगी?

पंडित : तुम पहले घड़ों में पानी डलवा कर परख लेती।

नाजो : मेरे आवे से घड़े खरे, नवे निकोर, गए थे। इस्कूल में किसी बच्चे ने ठोकर मार दी।

सीलिया : सेंट मेअरी की क़सम, जो मैं दस नए पैसे भी दूँ तुझे।

नाजो : मत देना। **(छाती ठोक कर)** नाज़नीन भी बाप की बेटी नहीं जो चौदह

रुपयों का पैसा पैसा न निकलवाए तेरे से। और तेरे बटाला वाला से।

मस्त : नाजो, छोड़ बात को।

नाजो : मैं जगदम्बा नहीं। कि कभी बीकानेर, कभी गंगानगर और कभी होशियारपुर। ठोकरें खाती फिरूँ।

मस्त : ओए, चलो भी अब।

चिरंजी : जागर की इंतज़ार है।

मस्त : वो ख़ुद आ जाएगा पीछे।

पंडित : क़ानून का मामला है। मस्ता, चौकीदार को ज़रूर साथ लेकर चलो।

रहमान : एक बात तो मस्त सही कहता है। आपके घर से कल रात की गई हुई, जगदम्बा मुड़कर नहीं आई।

सीलिया : उदास थी बहुत। कहती, मेरा मालिक शायद ज़िंदा बचेगा नहीं। सारे पैसे, जितने बचाए थे, बीमारी पर ख़र्च हो गए। बोली, चिट्ठियाँ डालीं कई। उसके भाइयों को। कि बीकानेर से आकर हमें ले जाओ। किराया ख़र्च के। इस परदेस से। कोई पहुँचा ही नहीं। न ससुराल से, न मायके से।

पंडित : किराए की बचत की अब भी। मुफ़्त में होशियारपुर मालिक को मिलने की ख़ाहिश थी।

सीलिया : बीबी कुलवंत कौर ने कहा, वो हस्पताल में डॉक्टरों को ख़ुद ताकीद कर देंगी।

रहमान : ख़सम की बीमारी से घबरा उठी होगी। ग़रीबी ने मार डाला। नहर में छलाँग लगा दी। हार कर। **(जागर आता है)** लो, जागर आ गया।

मस्त : छलाँग ख़ुद नहीं मारी उसने। मैंने अपनी आँखों से देखा।

जागर : आँखों से देखा तू ने अपनी माँ का... सिर। कितनी बार कहा तुझे? हमारे गाँव में नहीं घुसना। या तो अपने ताऊ के घर चैन से रह। नहीं तो पागल बनकर, गली मुहल्ले नहीं घूमना, दिन रात। तू और तेरा ताऊ! नींद हराम कर रखी है।

मस्त : मैं तो बाहर सोया था। बड़े पुल के पास। बुर्जी पर।

नाजो : इसने आप देखा है जग्गो को। नहर में...

मस्त : बार-बार बता चुका हूँ तुम्हें। उसे जानबूझ कर कुछ लोगों ने नहर में उठाकर पटक दिया। जग्गो ने मुझे पूरी बात बताई। फिर बेहोश हो गई। चुप हो गई।

पंडित : नाम तो लिए होंगे, जिन्होंने गिराया उसे।

मस्त : यह तो मैं पुलिस को बताऊँगा। सरकार को बताऊँगा।

जागर : बड़ा वकील बनता है साला। मुफ्त की मुसीबत डाल रहा है। जाओ सब। सोवो अपनी अपनी चारपाई पर। हमें क्या ग़र्ज़ है हम फँसें।

पंडित : हमारी तो कोई गिनती नहीं। लेकिन, जागर, तुम तो सरकारी आदमी हो।

रहमान : अगर तू देखने नहीं गया, तो पुलिस तेरे पीछे पड़ जाएगी।

नाजो : तू चौकीदार काहे का लगा है फिर? ग़रीब क़त्ल हो। न तू देखे, न सरपंच। यों चूल्हा टैक्स गुराहने आ जाया करो रोज़। पिछले जाड़ों में चार परात चुरा लीं। किसी कंजर ने। मेरे आवे से। मैं ने इसे बताया। बन संवर कर कहने लगा, "मैं थानेदार लगा हूँ? पकड़ूँ तेरी परात के चोरों को?"

सीलिया : चले जा, जागरा। इनके साथ। देख कर आ।

नाजो : चल, पंडित। मैं भी चलती हूँ।

पंडित : मेरा तो अब पूजा का वक़्त हो गया। तुम और जागर काफी हो।

चिरंजी : चारपाई ले लूँ साथ?

जागर : रुको ज़रा, एक मिनट। क्यों ओए मिरासी। है कहाँ जगदम्बा इस वक़्त?

मस्त : बख़शी के शीशम के झुंड में।

चिरंजी : डरोली वाली पुली के नज़दीक।

नाजो : बहते-बहते इतनी दूर पहुँच गई?

रहमान : बड़े पुल से लेकर? है! मील भर लुढ़कती गई!

जागर : बस, बन गई बात। हमें जाने की ज़रूरत ही नहीं।

नाजो : वो क्यों?

जागर : बख़्शी के शीशम हमारे गाँव की हदबंदी से बाहर हैं।

मस्त : तो क्या हुआ? जग्गो बेचारी की जान तो बचाओ।

रहमान : एक तो खेत रहा बीच में। मेघोवाल और डरोली के शीशम के झुंड में।

जागर : नहीं जी। क़ानून तो कानून है। हमारी हद में होती तो चलते। पुलिस उलटी पड़ेगी। आदमपुर का थाना लगता है। ज़िला भी दूसरा है। हमारे थाने वाले कहेंगे, क्यों इसे अपना मामला बनाया तुम ने? जिस गाँव में लाश पड़ी हो, वो जाएँ।

सीलिया : लाश? मस्त कहता है, ज़िंदा है अभी?

मस्त : तुम क़ानून छाँटते जाओ। जग्गो बेबस! न जाने कौन से स्वर्ग या नरक में पहुँच चुकी होगी।

नाजो : चल बे, जागरा। किसी भी गाँव की हद हो। क्या फर्क है? चोटें लगी

हैं अगर ग़रीब को, हस्पताल पहुँचाएं। रहमान, आ।

जागर : देख लो, भई। मैं ज़िम्मेवार नहीं। पंडित, गवाह बन तू। धींगाज़ोरी ये मुझे घसीट रहे हैं।

पंडित : मुझे गवाह मत बना, भाई। अपना पढ़ा विचार।

रहमान : डर के मारे तहमद गीले हो रहे हैं इनके। आओ तो। सरकार मेरा बिगाड़ ले क्या बिगाड़ती है।

चिरंजी : कैसे ग्रह चढ़े हैं आज की रात।

नाजो : उठाओ चिरंजी चारपाई।

चिरंजी : चादर भी ले लेता हूँ।

(जाते हैं)

सीलिया : मदर मेअरी ब्लैस्स मी। आज ही होना था यह सब कुछ। जब फादर डेविड आए हैं। लैंटर डलवाने। बटाला से।

पंडित : चलो, मैं भी पहले चौधरी को देख लूँ। **(रजिस्टर उठाता है)** इकत्तीस हज़ार का गबन पड़ सकता है मेरे सिर।

सीलिया : गई तो जगदम्बा चौधरी साहिब के साथ ही थी। ठेकेदार और रामधन और एम.एल.ए. बीवी। जीसस बचावे। हम किसी केस में उलझना नहीं चाहते।

पंडित : उलझे हुए तो तुम लोग हो ही। तुम्हारे स्कूल में नौकर थी वो। तुम्हारी रसोई से उठाकर ले गए हैं, शाम को। पूछ पड़ताल तो तुम्हारी होगी ही। और तुम्हारे बटाला वाले की भी।

सीलिया : सरपंच साथ है। एम.एल.ए. साथ है। पुलिस पूछेगी तो उनको पूछेगी। मुझे क्या फिक्र है?

पंडित : मामला गले में आ पड़े तो पता नहीं चलता, मास्टरनी जी। मक्की की रोटी के ऊपर आँवला धरा हे। यों। देखिए, किधर को लुढ़कता है?

(अँधेरा)

दूसरा अंक

ठेकेदार : पंडित जी।⋯ पंडित गंगाराम जी।

रामधन : वो भी उनके साथ गया होगा।

ठेकेदार : तू ही कह रहा था, सीलिया और पंडित नहीं गए।

रामधन : कहा तो मासटरनी जी ने यही था।

ठेकेदार : अगर बात सच्ची निकली, तो बेड़ा ग़रक। हम तीनों फँसेंगे।

रामधन : ठेकेदार साहिब, मेरा जी बहुत उदास है। अपने देस जाना चाहता हूँ। गाड़ी का किराया दे दीजिए। हफता भर में लौट आऊँगा। बच्चों को देखकर। सुबह की गाड़ी से जाने दीजिए। आठ बजे वाली।

ठेकेदार : क्यों बक बक किए जा रहा है? यहाँ ज़िंदगी मौत का सवाल पैदा हो गया है। तुझे बीवी बच्चों की पड़ी है। मेरी सोच। जिसकी न बीवी है न बच्चे।

रामधन : मिन्नत है। ठहरूँगा नहीं वहाँ। बस, गया कि आया। किराया दे दीजिये।

ठेकेदार : तुझे जाने दूँ? आज? जबकि मुझे पंद्रह और मज़दूरों की ज़रूरत है?⋯ पंडित जी।

रामधन : जी बहुत उचाट है। जानें दें तो⋯

ठेकेदार : न जाने क्या होने वाला है। पंडित से पूरी बात तो पता करें पहले।

रामधन : मुझे गाड़ी पकड़ने दो, साहिब।

ठेकेदार : चौधरी उधर खुर्राटे मार रहा होगा। चैन से। अभी आता हूँ मैं। पेशाब करके। यहीं रहना। पंडित की इंतज़ार में। अव्वल तो मैं खड़ा हूँ, नीम के नीचे। पंडित से बात पूछकर, झटपट मुझे ख़बर कर। **(जाता है)**

रामधन : अच्छा, जी।

(रामधन रुपए जेब से निकालता है। गठड़ी खोलकर गिनने की कोशिश करता है। "एक हज़ार। दो हज़ार। तीन हज़ार।" . . .

आहट आते ही चुप हो जाता है। रुपयों की गठड़ी कुरते की जब में रख कर दबा लेता है।)

पंडित : हरिकृष्ण! हरि कृष्ण!

रामधन : राम राम, पंडित जी।

पंडित : राम राम। (**रजिस्टर रखता है। भट्टी तैयार करता है**)

रामधन : का बात हुई, पंडित जी? कसम से, हम का सुनत हैं?

पंडित : क्या सुना है तूने?

रामधन : हम तो ईसैन बीबी के हाँ से आ रहे हैं।

पंडित : तू उसके घर क्या करने गया था, ओए? आधी रात को? कहीं टाँका तो नहीं लड़ाया तू ने? साले पतलू के। तू भी खचरा है। मक्कार है। तुझे पसंद तो नहीं कर लिया, सीलिया अँग्रेज़नी ने? ईसाई बना लिया तुझे भी?

रामधन : राम राम करो, पंडित जी। हम तो अभी जालंधर से चले आ रहे हैं।

पंडित : इस वक़्त? तू जालंधर थन लेने गया था?

रामधन : सीमिंट लाद कर लाए है। टराली पर। इस्कूल के लैंटर के लिए।

पंडित : तू तो, कहते हैं, होशियारपुर गया था, रात? चौधरी और ठेकेदार के साथ?

रामधन : हाँ। होशियारपुर भी गए थे।

पंडित : चौधरी रात आ गया कि छावनी ही रह गया? मैं हवेली से आ रहा हूँ। आवाज़ें दीं। कोई बोला ही नहीं।

रामधन : लौट आए थे हमारे साथ ही। बीबी जी वहीं सो गईं।

पंडित : बिल्ली वापस आकर बिल्लौटे देवर के साथ नहीं सोई?

रामधन : नहीं। उनको खाना खाकर सख़्त नींद लगी। वो वहीं सो गईं। छावनी वाले सरदार के फार्म पर। जलसा शुरू होने से पहले पहुँच जायेंगी।

पंडित : जगदम्बा भी तुम्हारे साथ गई थी होशियारपुर?

रामधन : गई थी। क्या बात हुई उसको?

पंडित : उसी की तो पहेली है सारी। बताया नहीं तुझे तेरी अँग्रेज़नी ने?

रामधन : यही पूछने तो ठेकेदार ने मुझे भेजा है आपके पास। बताओ क्या हुआ?

पंडित : मुझे भैया क्या पता? ज़नानी तुम्हारी बगल में थी। चौधरी जाने। या ठेकेदार जाने। या तू जाने।

रामधन : रात, हम तो, जालंधर जाने से पहले, जगदम्बा को यहाँ उतार गए हैं। ईसैन के घर के पास। चौधरी साब को बाद में उनकी हवेली उतारा।

पंडित : चौधरी आ चुका है? तो मैं भाग कर दस्तख़त करवा ही लूँ।

रामधन : सोये पड़े होंगे अभी तक। आधी रात को तो पहुँचे थे हम यहाँ।

पंडित : चंगा। दिन चढ़ते ही मिलता हूँ। इकत्तीस हज़ार का मामला है, भाई। कहीं ग़रीब तबाह न हो जाए।

(ठेकेदार आता है)

ठेकेदार : ओए, तू यहीं रह गया?

रामधन : बात पूछ रहा था, साहिब।

पंडित : आओ, ठेकेदार जी। जय राम जी की।

ठेकेदार : जय राम जी की।···बात के साले, सीमिंट कौन उतरवाएगा? लैंटर को देर हो रही है। अभी तो रोड़ी उठवानी है नसराला से। झटपट करो। मिस्तरी आने वाले होंगे। हाँ, और जाके जागर को उठा। उसे कह, बारू को साथ लेकर पहुँचे, फटाफट। सीमिंट रोड़ी तैयार करो। मशीन में। आज ही काम उठा देंगे। शहीदी जलसा शुरू होने से पहले पहले।

पंडित : जागर तो मस्त के साथ गया है।

ठेकेदार : कहाँ?

पंडित : नहर पर।

ठेकेदार : क्यों?

पंडित : जगदम्बा को उठाकर लाने।

ठेकेदार : उसे क्या हुआ?

पंडित : तुम्हें बताया नहीं ईसाइन ने?

रामधन : हम यही पूछने आत रहे यहाँ।··· साब, हमें आज जानें दें। अपने घर। जल्द लौट आएँगे। किराया दे दीजिए।

ठेकेदार : बात क्या हुई जगदम्बा को? हम उसे भली चंगी उतार कर गए हैं। रात को। स्कूल के पास। ख़सम को मिलकर आई थी, शहर से।

पंडित : रब की रब जाने। मस्त कहता था, नहर से निकाली। बहती हुई जा रही थी।

ठेकेदार : बच गई कि मर गई?

रामधन : ज़िंदा है क्या?

पंडित : गए हुए हैं सब लोग।

ठेकेदार : **(शराब का पाव भर मुँह को लगा कर पीता है)** एक घूँट पानी देना, पंडित।

पंडित : तड़के तड़के?

रामधन : शाम के इसी तरह पिये जा रहे हैं, सरकार।

ठेकेदार : मैंने सोचा, क्यों घूँट बचाना है बोतल में। आज इतना कुछ करना है। थकावट न हो। पैट्रोल डाल लूँ अंदर। कौन-कौन गए हैं नहर पर?

पंडित : चिरंजी है। नाजो। उसका आशिक़, रहमान। मस्त तो मुझे भी घसीट रहा था। मैंने कहा, न बाबा। मैं दूर ही भला। इस जैसे झमेलों से।

ठेकेदार : मस्त साला क्या कर रहा था नहर पर? उसने कैसे देख ली, जग्गो? नहर में छलाँग लगाती हुई?

पंडित : बोला, वो सोया पड़ा था, बुर्जी पर।

ठेकेदार : कौन सी बुर्जी?

पंडित : चौड़े पुल वाली। बड़ी सड़क पर।

रामधन : मुझे जानें दें, आज, ठेकेदार जी। आठ बजे की गाड़ी।

ठेकेदार : इतनी ऊँचाई से छलाँग लगाई, जगदम्बा ने?

पंडित : क्या पता, ठेकेदारा, हमें। मस्त ससुरा। सौदाई जो ठहरा। न जाने कुछ उसे नज़र आया भी कि नहीं। शायद, खुद नहीं गिरी वो। दो आदमियों ने उठाकर पटकी।

ठकेदार : झूट है सब। हम तो घर छोड़ कर गए हैं। क्यों, रामधन?

रामधन : हाँ। हम खुद उतार कर गए हैं। चौधरी साहिब को बाद में उतारा।

पंडित : चलो, छोड़ो बात को। शहीदी जलसे की तैयारी करो। वैसे बीबी जी तक़रीर ख़ूब करती हैं। जब जोश में आ जाए। डरोली वाला करतार सिंह कह रहा था, उसने आज के जलसे के वास्ते नई घोड़ी लिखी है। शहीदे आज़म भगतसिंह पर। गाकर सुनायेगा।

ठेकेदार : क्या कहता था मस्त? ज़िंदा थी वो?

पंडित : बातें कीं उसके साथ। बताया उसे, किस-किस ने फेंका नहर में।

रामधन : बातें कीं?

ठेकेदार : मरी नहीं?

पंडित : आते ही होंगे। अभी पता चल जाएगा सब कुछ। जब मस्त ने बाहर निकाली थी, डरोली वाली पुली के पास, तब तो साँस बाकी थे।

ठेकेदार : अचंभे की बात है। बड़ा पुल इतना ऊँचा है। नीचे सीमिंट है, चारों तरफ। इतनी ऊँचाई से छलाँग लगाकर, वो बच कैसे गई?

पंडित : चोटें तो बहुत लगी हैं। सिर पर, मस्त कह रहा था, गहरा घाव है। मस्त के हाथ मुँह ख़ून से लिथड़े हुए थे।

ठेकेदार : इस मस्त हरामी को भी, रब ने, प्लेग बनाकर, गाँव के पीछे लगा दिया है। कितने बरसों से मर खप गया था। अब भूत की तरह श्मशान से उठकर आ गया है। और चौधरी है कि कुछ किए नहीं देता। अभी भी डरता है कि ज़मीन का आधा हिस्सा न बँटवा ले।

वरना क्या है? भतीजे और बेटे में क्या फर्क होता है? सचमुच पागल है तो इलाज कराए उसका। घर पर रखे। बेटा बना कर। कम अज़ कम गाँव वाले तो परेशान न हों। क्या आफत खड़ी कर दी। वो भी आज के मुतबर्रक दिन।

रामधन : मुझे गाड़ी का किराया दे दो, साहिब।

ठेकेदार : ठहर, ओए, ज़रा। पूछ लो, पंडित जी, इस पूर्बीये से। क्यों, भई रामधन, हमारे साथ तो राज़ी ख़ुशी वापस आई थी शहर से। है न?

रामधन : बिलकुल ठीक थी। कहती, गहरी नींद लगी है। जाकर बाहर खाट पर सो जाऊँगी। बहन जी को नहीं जगाऊँगी।

ठेकेदार : जा, ओए। चौधरी साब को जगा के ला। मस्त की मुश्कें कसें। फिर न कहे, भतीजा है मेरा। चीफ मिनिस्टर साहिब चाहते हैं, इलाक़े में कोई गड़बड़ न हो। भाभी मनिस्टर बनी समझो। लेकिन अगर यह फिजूल केस शुरू हो गया, अगर अख़बारों में मिट्टी पलीद हो गई, भाभी का बना बनाया रसूख जाता रहेगा। इस मस्त बिच्छू का डंक अभी निकाल कर फेंकना होगा। और इस मामले को यहीं दबाना होगा। बुला चौधरी को।

रामधन : मुझे जाने देते, मेरे देस···

(सीलिया आती है। रामधन जाता है)

ठेकेदार : आओ, बहन जी।

पंडित : आपके सामने कल चौधरी ने मेरे से इकत्तीस हज़ार पकड़े थे न?

ठेकेदार : हाँ। टरैक्टर ख़रीदने के लिए। क्यों, क्या हुआ?

पंडित : जल्दी में दस्तख़त नहीं करवा सका। कोई बात नहीं। अभी आते हैं तो करवा लेता हूँ। आपके सामने। वैसे क़ायदे से मुझे चैक ही देना चाहिए था। कैश नहीं।

सीलिया : पहुँचे नहीं वो लोग जग्गो को उठाकर?

ठेकेदार : यह क्या तूफान खड़ा कर दिया आपने? एकाएक? वो भी आज? जब आपकी छत पड़नी है। डेविड साहिब आए बैठे हैं। और भाभी जी जलसा मनाना चाहती हैं। धूमधाम से। पानी दे, पंडित।

सीलिया : इस तूफान की ख़बर तो आपको होनी चाहिए। जगदम्बा आपके साथ थी। हम तो गहरी नींद सोये पड़े थे। जब मस्त से पता चला।

ठेकेदार : भाभी मेरी ने इतना कुछ किया आपके वास्ते। बराये मेहरबानी, गाँव में अब कोई हंगामा मत होने दीजिए। किसी तरह संभालिए जग्गो केस को।··चीफ मिनिस्टर को फोन किया भाभी ने। सीमिंट के लिए। **(उबासी लेकर)** रात भर सोया नहीं हूँ, आपकी वजह से।

सीलिया : केस का मुझे पता तो चले, है क्या? मगर बीबी कुलवंत कौर जी का अहसान हम नहीं भूलते। उनको थैंक्स देने ही आज डेविड साहिब आए हैं। बटाला से। ख़ास तौर पर। जलसा में शरीक होने।

पंडित : **(पानी पकड़ा कर)** चौधरी तो उम्मीद लगाए था कि उसको इनके स्कूल का मैनेजर बनाएँगे। क्यों, मास्टरनी जी?

सीलिया : हमारे लिए ख़ुशी की बात होगी अगर एम.एल.ए. साहिबा ख़ुद मैनेजर बनें।

ठेकेदार : कोई फर्क नहीं पड़ता, बहन जी। आप अपने पढ़ने पढ़ाने में ध्यान रखें तो बेहतर होगा। इन देहात की सियासत के कीचड़ में हाथ मुँह गंदे मत करो।

पंडित : तो मान गया चौधरी छोड़ने को?

ठेकेदार : छावनी वाले सरदार के यहाँ इसीलिए तो रात इकट्ठे हुए थे। लेन देन करने।

सीलिया : क्या फैसला हुआ फिर?

ठेकेदार : आपको तो इलाके के मुअतबर लोगों का हाथ अपने सिर पर चाहिए। है न? चौधरी साब को कहा है भाभी जी ने। आपके स्कूल की तरक़्क़ी में कोई रुकावट नहीं आएगी।

सीलिया : ठीक है। चौधरी साहिब हमारे सरपरस्त बनें। पहले भी इतनी देर, स्कूल उनके चौबारे में चलाया हमने।

पंडित : इस लेन-देन में और क्या सौदा हुआ? कोल्ड स्टोरेज का ठेका तुम्हें मिल गया होगा। तुम्हें और तुम्हारी भाभी को।

ठेकेदार : तय तो यही हुआ है।

पंडित : चौधरी के पौ बारह। और तुम्हारे भी। इन ईसाइयों के भी। ख़ूब होगा तो जलसा आज।

ठेकेदार : पंद्रह लाख में यह ठेका घाटे का सौदा है, पंडित जी। अपनी अपनी माँ की क़सम है मुझे। पंद्रह लाख में नहीं बन पाएगा। मैं तो मानता नहीं था। भाभी कहती, कोई बात नहीं। घाटा भी सह लिया तो क्या है। इलाके की ख़िदमत करना फर्ज़ है हमारा। मैं कहना नहीं मोड़ सकता। माँ बराबर है मेरी। मुझे पाला। पढ़ाया। भाभी ने। जब से मेरी माँ मरी है। मिनिस्टर बनने वाली हैं अब। चीफ मिनिस्टर ने वादा किया है। सेवा कर रहा हूँ मैं तो। लछमन की तरह। सिर्फ सेवादार हूँ।

सीलिया : हम ने भी क़सम खाई है। सारी उम्र जीसस को सर्व करेंगे।

पंडित : ठेकेदार कहाओ या सेवादार। हकूमत है आप लोगों की। रानी को

कौन कहे, आगा ढको। हम ने तो चाय बेचनी है, चार कप दिन के। लाखों के वारे न्यारे आपके।

ठेकेदार : हम कौन सा मुर्ग फाड़ते हैं रोज़? दाल रोटी है। वही मिल जाए तो काफी। हाँ, यह ज़रूर है। थकान मिटाने के लिए, पैट्रोल डालना पड़ता है, टंकी में। पैग, दो पैग्ग।

(चौधरी बलबीर सिंह आता है)

पंडित : चौधरी साहिब आ गए। **(रजिस्टर उठाता है)**

चौधरी : क्या बात हुई, इक़बाल?

ठेकेदार : अभी तो शुरू हुई है। न जाने कहाँ ले जा फेंकेगी यह आँधी।

चौधरी : साफ-साफ बता।

पंडित : यह ज़रा निशान सा लगा दें, रजिस्टर में।

चौधरी : काहे का?

पंडित : रुपए लेने पर। कल आप से जल्दी में दस्तख़त नहीं हुए।

चौधरी : ओए, ठहर। पहले बात तो समझ लेने दे। रामधन क्या कह रहा था? क्या हुआ उस राजस्थानी ज़नानी को?

पंडित : एक सकिंट तो लगता है। मारो साईन।

चौधरी : अबे, मैं भागा जा रहा हूँ? परे रख इसे। चाय का घूँट पला पहले।

पंडित : दूध लेकर पंडितायन ने आना था। सैनियों के घर से। पहुँची नहीं अभी।

चौधरी : आप ही दौड़ ले। आँखें तो खोलें। गर्म पानी से। **(उबासी लेकर)** नींद पूरी नहीं हुई।

पंडित : अच्छा, बैठो। मैं पानी धर जाता हूँ। आपकी चाय जितना तो हमारी गाय का भी होगा। मैं उसे दुहा कर लाता हूँ। **(डोलू लेकर जाता है)**

चौधरी : गड़बड़ हो गई?

ठेकेदार : ले जाना ही नहीं चाहिए था हमें साथ। ज़नानियों के झमेलों से रब बचावे। इसी वजह से आज तक हौसला नहीं हुआ मेरा ब्याह कराने का—आप नहीं माने मेरी। बताओ, बहन जी, इनको।

सीलिया : लगता है, जगदम्बा को गाँव के किसी बन्दे ने बेइज़्ज़त किया। फिर नहर में गिरा दिया। क़त्ल करने की कोशिश की।

चौधरी : मरी नहीं?

ठेकेदार : चोटें तो सख़्त लगी हैं। लहू बह रहा था। पर अभी ज़िंदा है।

चौधरी : हमारा कैला, वो कहाँ से पहुँच गया वहाँ? आधी रात?

ठेकेदार : छलावे की तरह, ससुरा कभी कहीं से निकल आता है, कभी कहीं से।

चौधरी : इस भतीजे मेरे ने जान ले ली है। मेरी और मेरे कुनबे की। यम बन के पीछे पड़ा है। न उस तरफ, न इस तरफ। पूरा पागल हो तो भी इलाज कराए बंदा। या पागलखाने बंद करवा दूँ। तरस भी आता है। (**भर्राई आवाज़**) बेटा है आख़िर। मेरे भाई की निशानी।

ठेकेदार : गधीगेड़ में पड़ गए हैं हम।

चौधरी : करें क्या अब?

सीलिया : यह बात होनी तो नहीं चाहिए थी। मैं ने तो बल्कि आपके हुक्म के मुताबिक, रहम खाया उस पर। माई लगाया। स्कूल में। मैंने सोचा, चलो, इसका पति मरने किनारे है। परदेस में बैठी है। मेरी तरह। आपके कहने की देर थी। मैंने डेविड साहिब को लिखा बटाला। उनकी मंजूरी झट आ गई। आपने भी, चौधरी साहिब, जग्गो का भला ही सोचा था। इस में मुझे तो कोई ख़तरा नहीं लगता।

चौधरी : सही बात कही आप ने, बहन जी। मैंने तो बेचारी पर दया की थी।

ठेकेदार : रात भी इसी वजह से साथ ले गए थे हम। भाभी मेरी साथ थी। टैरक्टर पर। हमने कहा, दो घण्टे की बात है। हम छावनी खाना खायेंगे। इतनी देर में यह अपने आदमी को मिल लेगी, हस्पताल।

सीलिया : बता कर गई मुझे। बड़ी ख़ुश थी।

चौधरी : साथ ही लौट आई हमारे। आपके फाटक पर उतारा उसे। फिर गया टैरक्टर हमारी हवेली।

सीलिया : कौन बंदा होगा गाँव का? जिसने यह करतूत की?

ठेकेदार : हम तो कह नहीं सकते।

चौधरी : बात को बढ़ाने से कुछ नहीं बनेगा। बंदा हुआ भी अगर, अब क्या हम उसे पकड़ सकते हैं? आप, बहनजी, जगे नहीं? जब वो गेट खोल कर अंदर आई? सोने?

सीलिया : नहीं जी। जीसस की क़सम। मुझे कोई होश नहीं। मेरे ख़्याल में, जगदम्बा को अंदर आने ही नहीं दिया।

ठेकेदार : अगर किसी तरह यह बात साबत हो जाए कि, शहर से लौटकर, आपके पास आकर सो गई थी। मतलब, हम उसको सही सलामत उतार कर, जालंधर गए थे।

चौधरी : सच्ची बात तो है यही।

ठेकेदार : फिर भी, चौधरी महाराज, सुबूत तो चाहिए। गवाही तो ज़रूरी है। वरना ज़िम्मेवारी हमारे सिर आती है।

चौधरी : हमारे सिर ज़बरदस्ती पड़ जाएगी? हम बेचारी को ख़ामख़ा जान से मार डालते?

सीलिया : रहम तो हम सब ने किया। मैं तो रोज़ समझाती थी। उदास रहने का क्या फायदा? माई की नौकरी पक्की कर दूँगी, डेविड साहिब को लिखकर।

चौधरी : उदास रहती थी?

ठेकेदार : ढीली ता रहती थी।

सीलिया : कहती, परदेस में बैठी हूँ। पेट की ख़ातिर। किधर से किधर आ गई।

ठेकेदार : मज़दूर की ज़ात में एका नहीं है, ससुरी में। इनके देहात के बाकी बंदे भी तो चले गए। साईकल कारखाना मुकम्मल हुआ नहीं कि सारे राजस्थानी मज़दूर वापस बीकानेर लौट गए। मैंने कहा भी, दो चार दिन रुक जाओ। मुझे ठेका मिलने ही वाला है, इस कोपरेटिव कोल्ड स्टोरेज का। लेकिन उतावले पड़े थे सभी। कहते, गड़बड़ है बहुत पंजाब में। भाग गए हरामी। जगदम्बा और उसके मरते हुए ख़सम को छोड़कर। सारे के सारे।

चौधरी : सुना, बहन जी? हम तो आपका फायदा ही सोचेंगे। आप भी परदेसी हैं। मगर हम ने अपनी तरफ से आपकी मदद करने में कसर नहीं छोड़ी। रात मैं मैनेजर बनने को भी मान गया। आपके स्कूल का। बीबी कुलवंत कौर के कहने पर।

ठेकेदार : हम सब ने, कुलवंत भाभी ने, मैंने, हमने सारे गाँव को समझाया। पंडित गंगाराम को समझाया। भाई लक्खासिंह को मनाया। हम ने कहा, यह सीलिया बहन जी, किसी हिंदू सिख बच्चे को जानबूझ कर ईसाई बनाने नहीं आई, पंजाब में। यह लोग तो सिर्फ स्कूल खोलकर, हस्पताल खोलकर, भलाई का काम करते हैं।

सीलिया : बिलकुल। मज़हब किसी का चाहे कोई हो। हमारा मकसद है मरीज़ों का इलाज करना। बच्चों को नेक चाल चलन सिखाना। अच्छा पढ़ाना।

चौधरी : अजी, हम पढ़े लिखे तो यह समझते हैं। लेकिन यह जो आधे अनपढ़ हैं, ये भाई और ब्राह्मण, ये तो, अगर हम न हों, ये आपके पीछे लग जाएँ। चील कौओं की तरह।

ठेकेदार : सारा गाँव खार खाता है आपके स्कूल से। मुझे ठट्ठा मख़ौल करते हैं, गली गली। कहते हैं, क्यों भई, ईसाइयों का गिरजाघर बनाकर, गाँव से मंदिर गुरुद्वारे हटाना चाहते हो?

सीलिया : ग़लत प्रापेगंडा है यह मेरे ख़िलाफ।

चौधरी : लोगों की जुबान थोड़ी पकड़ सकते हैं हम? मुझे भी बहुतों ने कहा। चौबारा क्यों दिया इनके स्कूल के वास्ते? तुम ने ज़मीन क्यों बेची

ईसाइयों को? सौ सौ बातें बनाते हैं।

ठेकेदार : मैं ने ठोक कर जवाब दिया। मैंने तो ठेकेदारी करनी है। मेरी तरफ से बेशक मंदिर बनवा लो। चाहे गिरजाघर। चाहे जेलख़ाना।

चोधरी : आप समझ लो, हम न होते तो आपका मेघोवाल में टिकना मुश्किल था।

सीलिया : मेहरबानी है आपकी। मैं मशकूर हूँ।

चौधरी : जग्गो का मामला भी अब आपके सिर आ पड़ा है।

सीलिया : वो क्यों? स्कूल से तो वो शाम को ही चली गई। आप के साथ। मुड़कर आई नहीं। मैं ने देखी नहीं।

ठेकेदार : देखी हो या न। ज़िम्मा तो आपका पड़ता है।

चौधरी : लोग कहेंगे, क्या पता, ईसाइयों ने क्या खिला दिया उसे? और सच्ची बात है, डेविड साहिब आपका, जब स्कूल का नींव पत्थर रखने आया—याद है तुझे इक़बाल?—गाँव वालों ने वो बकवास किया। कहें, जितनी ईसाई बहन जी हैं, और दूसरे पुजारी बगैरह, सब मौज मस्ती करते हैं। आपस में।

ठेकेदार : आपकी पीठ के पीछे सब यही कहते हैं।

चौधरी : कौन जाने, लोग कहने लगें, तुम जग्गो को इसी काम के वास्ते ईसाई बनाने की कोशिश में हो।

ठेकेदार : बेहद ख़ूबसूरत है। जवान है।

चौधरी : मुझे तो कुछ और ठनक रही है। बुरा मत मानना, बहन जी। डेविड साहिब रात के यहीं हैं न?

सीलिया : हाँ। आपके कहने पर मैं ने दरख़ास्त की। शहीदी जलसे में शामिल होने की।

चौधरी : रात कहीं, मुआफ करना, डेविड साहिब का दिल जगदम्बा पर तो नहीं आ गया? छेड़ दिया हो उसे?

ठेकेदार : और वो ख़ौफ खा गईं। भाग कर नहर में जा गिरी।

सीलिया : सरासर गलत है यह। डेविड साहिब ऊपर छत पर सो रहे हैं अभी तक। सेहन में नीचे ग्रेस और मैं थीं। जग्गो के साथ उनकी बात होने का सवाल ही नहीं उठता।

ठेकेदार : मर्द का कोई भरोसा नहीं। औरत के मामले में।

चौधरी : एक बार बात पुलिस तक पहुँच जाए। कचहरी में केस दाख़िल हो जाए। फिर तो, बहन जी, झूट का सच और सच का झूट बन जाता है।

ठेकेदार : बदनामी थोड़ी है?

चौधरी : एक भी झूटा गवाह अवा तवा बक दे। तुम बचाते रहना इज़्ज़त। वो मिट्टी ख़्वार होगी।

सीलिया : **(क्रास बनाती हुई)** मदर मेअरी सेव अस! किसी तरह इस मामले को यहीं दबाईये।

ठेकेदार : हम भी चलकर देखें? नहर पर?

चौधरी : अगर तो जग्गो मर गई हो, तब तो बात को जो मर्ज़ी मोड़ दे लेंगे। ज़िंदा हुई तो काम ख़राब है।

ठेकेदार : रामधन साला भी वहीं रह गया।

चौधरी : सीमिंट उतरवा रहा था। बारू और चन्ने से।··सुनो, बहन जी। तू भी सुन, ठेकेदार। बात इस तरह बनाओ। अगर जगदम्बा मर चुकी है, तो आप लोग यह कहना—उदास बहुत रहती थी। दिल नहीं लगता था। बार-बार मर जाने की बात किया करती थी।

(रामधन आता है)

सीलिया : करती तो थी। मगर ख़ुदकुशी करने वाली ज़नानी नहीं थी जगदम्बा।

ठेकेदार : चौधरी साहिब तो कचहरी से बचने का तरीका समझा रहे हैं आपको। सरपंच हैं गाँव के। सब तरफ देखना पड़ता है इनको।

चौधरी : आप कहो, जब शहर से लौटी, हमारे पास आकर सो गई। हम ने उसे देखा था। बुलाया था।

सीलिया : **(रोती हुई)** मुझे कोई इल्म नहीं। जीसस की कसम। मेरा ख़्याल है, बेइज़्ज़त करने वालों ने उसे मेरे घर तक पहुँचने ही नहीं दिया।

ठेकेदार : आपके फाटक पर तो हम ने आप उतारा था।

रामधन : ठेकेदार जी, रेल का किराया मिल जाता तो दस दिन अपने नन्हे मुन्नों को देख आता।

चौधरी : ठहर, ओए। इधर क्या मुसीबत आ पड़ी है। और तू भागने लगा है, पास से।

ठेकेदार : साले बात समझ आई तुझे कि नहीं? दौड़ेगा अब अगर तू, लोग और भी पक्की शक करेंगे। बहन जी को बता, हम ने जग्गो को उनके फाटक पर उतारा था कि नहीं।

सीलिया : मैं इनकार नहीं करती। शायद आप ने उतारा हो। मगर मुझे कोई ख़बर नहीं।

चौधरी : आप, मासटरनी जी, मेरी मानिये। बात को बढ़ाओ मत। हम तीनों, चारों। तू भी सुन, ओए पूर्बिया। हम तीनों कहेंगे, ''सही सलामत उतरी थी टरैक्टर से''। और आप बहन जी कहेंगे, शहर से मुड़कर मेरे साथ बातें कीं। अपने पति का हालचाल बताया। फिर मेरी आँख

लग गई। जग्गो ने जाकर नहर में छलाँग मार दी होगी।

ठेकेदार : ख़ुदकुशी।

सीलिया : सही नहीं यह बात।

चौधरी : फँसो फिर। हमें क्या? **(चलने को तैयार)**

ठेकेदार : रामधनु, सुना तू ने, क्या कहना है?

रामधन : ख़ुदकुशी। नहर में। ठीक है। किराया दे दें अगर **(पंडित आता है)**

पंडित : बैठो, चौधरी साहिब। लो, चाय तो बन गई। बाखड़ी गाय का दूध नहीं, निरा मक्खन है।

सीलिया : हमें झूठ बोलने की ज़रूरत न पड़े। हो सकता है, जगदम्बा ज़िंदा हो।

चौधरी : झूठ? झूठ से क्या मतलब?

ठेकेदार : आप तो हम तीनों छोड़कर गए हैं। राज़ी ख़ुशी। क्यों, रामधन?

रामधन : शिवालय के सामने उतारा हमने। गाँव की बाहर वाली सड़क पर।

सीलिया : कहाँ उतारा था?

चौधरी : ओए, गेट पर उतारा था। स्कूल के।

ठेकेदार : यह साला तो ऊँघ रहा था, नींद में। इसे क्या ख़बर, कौन सी सड़क थी। कौन सा गेट।

पंडित : लो जी, चाय उतारता हूँ। दस्तख़त कर दें आप। इकत्तीस हज़ार पर। **(रजिस्टर कलम उठाता है)**

(मस्त, नाजो, रहमान, चिरंजी, जागर आते हैं। लाश चारपाई पर चादर से ढकी है। ख़ून के धब्बे)

चौधरी : ज़िंदा है?

मस्त : ज़िंदा छोड़ता कोई तो ज़िंदा रहती।

चिरंजी : दोनों टाँगें टूटी हैं।

नाजो : सिर फटा है।

चिरंजी : कमर भी टूटी है।

रहमान : इतने ऊँचे पुल से गिराया।

जागर : नीचे पक्के सीमिंट की दीवारें। कोई बच सकता है?

मस्त : फिर ज़ोर से पटका, उठाकर। दो जनों ने।

चौधरी : पटका? किस ने पटका?

ठेकेदार : आप ही छलाँग मारी होगी। ख़ुदकुशी। क्यों, बहन जी?

नाजो : क़त्ल है यह। ख़ुदकुशी नहीं।

रहमान : साफ क़त्ल दिखता है।

ठेकेदार : है देखो। ख़ामख़ाह। उलटी बात।

चौधरी : तुम्हें कैसे पता, क़त्ल किया? आँखों से देखा तुम ने?

नाजो : अगर मैं ने आँखों से नहीं देखा, किसी और ने तो देखा है।

चौधरी : किस ने?

मस्त : **(बच्चों की तरह चिड़ाते हुए)** काले चोर ने! हराम ख़ोर ने!

चौधरी : तू बीच में बड़ बड़ मत कर, सौदाई। कहीं का नहीं छोड़ा तू ने मुझे। **(भर्राई आवाज़ में)** बेटा भतीजा है तू मेरा। देख तो, क्या हालत बना रखी है अपनी। सब कुछ घर में होते हुए, पाग़ल बना फिरता है। बेटा, आख़िर तू हमारा ही है। मत पड़ ऐसे बखेड़ों में। अपने मरे बाप की रूह को मत तड़पा। माँ की आत्मा को मत दुःखी कर। कुनबे की आन बनाए रखने दे मुझे। तू अलग हो जा इस झगड़े से।

मस्त : रहमान, नाजो, उठाओ चारपाई। सीधे थाने चलो। जागर, हो आगे। चिरंजी, पकड़ उधर से। **(खाट उठाने लगता है)**

चौधरी : थाना? तेरे कहे? तू होता कौन है?

मस्त : **(नाचते हुए)** मस्त मेघोवालिया!

चौधरी ' **(थप्पड़ मार कर)** तमीज़ से बोल। सीधी तरह।

रहमान : मार मत, चौधरी। इधर हट।

चौधरी : यह मख़ोल करने का वक़्त है? पागल भी हो बंदा, तो क्या इतना? आख़िर बात तो मुझ पर ही आएगी। दुनिया लानत मलामत तो मेरी करेगी। कि जानबूझ कर चौधरी ने, भतीजे को फँसा दिया। क़त्ल केस में।

मस्त : फँसेंगे क़त्ल करने वाले। मैं क्यों फँसूँगा?

चिरंजी : जगदम्बा ने बातें की इससे। मरने से पहले।

चौधरी : बातें?

ठेकेदार : क्या बताया?

सीलिया : मदर मेअरी, शील्ड मी। मस्ता, क्या बताया जग्गो ने तुम्हें? हमारे स्कूल तक नहीं पहुँची थी न वो रात को?

चौधरी : कैला बेटा, शांति से बता। ताऊ हूँ मैं तेरा। तुझे किसी किस्म का ख़तरा नहीं होने दूँगा मैं। सच सच बता। जग्गो अपने आप मरी है न?

मस्त : तीन आदमी थे। दो ने उसे बेइज़्ज़त किया। दो ने उठाकर नहर में फेंका। मेरी आँखों के सामने।

चौधरी : नाम बता उनके।

मस्त : तुम्हें क्यों बताऊँ?

चौधरी : और किसको बताएगा?

मस्त : **(नाचते हुए)** काले चोर को। हरामख़ोर को।

चौधरी : **(थप्पड़ मार कर)** टलेगा नहीं तू? हींगने से?

नाजो : **(आगे होकर)** चौधरी। बच्चे को पीट मत।

रहमान : नहीं, चौधरी। यह नहीं होने देंगे हम।

ठेकेदार : मस्ता, थाने के चक्करों में मत डाल। मुफ्त में। पूरे मेघोवाल को।

चौधरी : तुझे मैं बनाता हूँ लीडर। पागलपन तो तेरा मैं एक मिनट में निकाल दूँगा। इतने महीने हो गए। न जाने कहाँ से भूत प्रेत टपक पड़ा। घर बैठना नहीं। बेटा भतीजा बनके। सौदाई बना, फकीर बना, दर दर भीक माँगता फिरता है। कितनी बदनामी है ख़ानदान की। सीधा हो जा। भाग जा कहीं। अभी। हम संभाल लेंगे। इस औरत ने अपने आप जान ली है अपनी। मुसीबतों की मारी, बेचारी। परदेसिन। पति उधर बारीकी ताप से पड़ा है। शहर, अस्पताल में। घबरा गई ज़िंदगी से। मर गई। आत्महत्या करके। मैं सरपंच हूँ। मैं संभालूँगा थानेदार को। छोड़ो सब तुम लोग। कहानियाँ मत गढ़ो। जागर, साईकल पकड़ और थानेदार साहिब को कह—एक पुलिस का आदमी भेज दो। हम दाग़ दे दें इसे। किसी पर आँच नहीं लगने दूँगा मैं। बीबी कुलवंत कौर भी आने वाली होंगी। सब के सामने इसका क्रियाकर्म कर दें। शहीदी जलसा शुरू होने से पहले पहले। क्यों, पंडित जी, यही करना मुनासिब है न? रिपोट नहीं लिखानी चाहिए न?

मस्त : जब तक मस्त मेघोवालिया ज़िंदा है, जगदम्बा के क़त्ल की रिपोट तो ज़रूर लिखवाई जाएगी।

नाजो : यही सलाह है हमारी। क्यों रहमान?

रहमान : क़ातिल कचहरी जाकर बेशक छूट जाएँ। पर एक बार उनको क़ानून के हवाले करना होगा।

पंडित : इस पागल ने बैठे सोये गाँव को फँसा दिया। मरती थी तो मरने देता। अब पुलिस डण्डे बरसाएगी, बेकसूरों पर।

चौधरी : बहन जी, बचो अभी भी। क्या समझाया था मैं ने आपको?

सीलिया : सुन, मस्त। अगर जग्गो ने अपने आप मरने की सोची थी, तो जाने दे बात को। मान जा अपने ताऊ की।

नाजो : बहन जी, चतुर चालाक बाद में बनना। पहले चुपचाप मेरे घड़ों के पैसे अदा करो। चौदह रुपए।

रामधन : ठेकेदार जी, किराया दे दें मुझे। मैं अपने बच्चों को मिल आऊँ।

चौधरी : किस किस का नाम लिया जग्गो ने?

मस्त : साथ चलो मेरे। थाने। तुम सब के सामने रिपोट में सही-सही लिखा दूँगा। जो कुछ मरने से पहले जग्गो ने मुझे बताया।

चौधरी : जो बकवास वहाँ करेगा तू, उसको यहाँ बताने में क्या हर्ज है?

नाजो : यही तो ज़िद है इसकी।

रहमान : कहता है, नाम बताऊँगा तो सिर्फ रिपोट लिखाते वक्त।

पंडित : हम सौदाई समझते हैं। अड़ियल टट्टू है। ज़िद पर आ जाए अगर, तो रानी ख़ाँ का साला हटता नहीं।

चिरंजी : अँधे का जफ़्फ़ा है। जिस बात को पकड़ ले, सिर की बाज़ी लगा देता है।

पंडित : मान जा, गधे। इतने लोग कह रहे हैं।

सीलिया : नाम बता दे, कैला। अच्छा लड़का है तू।

मस्त : मैं ने कब इनकार किया है बताने से?

चौधरी : फिर?

मस्त : बताऊँगा पुलिस के सामने जाकर।

ठेकेदार : अड़ंगा लगा दिया, कंजर ने। अब क्या करें, चौधरी साब?

सीलिया : मैं चलूँ। स्कूल का वक्त हो रहा है।

चौधरी : मासटरनी जी, दोबारा सोच लो। जो मैंने गवाही बताई है, उसी पर पक्की रहना—अगर जान बचानी चाहती हो। **(सीलिया की आँखों में घूरता है। वो चुप है)**

रामधन : किराया मिल जाता मुझे आज···

पंडित : दस्तख़त कर दो, चौधरी साहिब।

नाजो : मेरे घड़ों के पैसे चुका दो। वरना खरी खोटी करूँगी।

सीलिया : टूटे घड़े मेरे माथे मार दिए। पैसे नहीं मैं तो तुझे कुछ और भी दूँगी।

नाजो : मत दीजो। तू तो क्या। घड़ों की कीमत तो तेरा बटाले वाला भी देगा।

सीलिया : देख लो, सरपंच साहिब। आपके होते हुए, यह ज़नानी कैसे ज़लील करती है शरीफ लोगों को।

चौधरी : यही रोना तो हम इतनी देर से समझा रहे थे आपको। है न, इक़बाल?

ठेकेदार : बिलकुल।

चौधरी : मेघोवाल में रहना है अगर तो सोचना समझना पड़ता है। जो हमने मशवरा दिया है, उसी पर पक्की रहना।

सीलिया : **(रोती, क्रास बनाती)** मदर मेअरी! मुझे बचाओ। **(जाती है)**

पंडित : ओहो। दूध तो फट गया। शायद पंडितायन ने डोलू धोया नहीं। दही वाले डोलू में गाय दोह ली। चाय तो गई।

चौधरी : रहने दे चाय।

पंडित : दो मिनट इंतज़ार करो। मैं सैनियों के घर से दूध पकड़ता हूँ।

चौधरी : जाने दे अब। **(चलने को तैयार)**

पंडित : दस्तख़त तो करते जाइए।

चौधरी : **(रामधन और ठेकेदार को)** पक्के रहना, ओए। हम छोड़कर गए हैं। स्कूल के फाटक पर।

रामधन : अच्छा, हुजूर। यही कहूँगा।⋯ दस दिन के अंदर अंदर लौट आऊँगा। रेल का किराया⋯

चौधरी : ख़ुदकुशी का केस है। साफ-साफ।

मस्त : क़त्ल का केस है। साफ साफ।

चौधरी : अच्छा। तू यह चाहता है तो यही सही। धर्म क्यों न पालूँ मैं अपना। भतीजा है तो क्या हुआ? इन्साफ के वास्ते लोगों ने बड़ी- बड़ी कुर्बानियाँ दी हैं। मेरा दिल तो काँप रहा था। न मौत के मुँह में धकेलूँ तुझे। मगर तू नहीं मानेगा। जुल्म तो जुल्म है। बेशक भाई करे या भतीजा। सच्चा सरपंच बनूँगा। मैं कुनबापरस्ती नहीं करूँगा। सुनो सब लोग। पंडित जी, ध्यान दो मेरी बात पर। असलियत जो है वो साफ नज़र आती है।

नाजो : क्या?

चौधरी : **(मस्त को)** बेटा, तू क्या जाएगा थाने। अब मैं बुला रहा हूँ थाना।

मस्त : **(तालियाँ बजाकर)** जय बाबा झंडू की। जल्दी बुलाओ। रपट लिखाओ। क़ातिल पकड़ो! ज़ालिम जकड़ो।

चौधरी : क़ातिल तो बेटा तू ही है।

मस्त : मैं?

चौधरी : हाँ। तू।

नाजो : ग़लत है।

रहमान : इसने तो जान बचाने की कोशिश की।

चिरंजी : मस्त ही ने तो बाहर निकाली नहर से।

जागर : ताऊ भतीजा उलझा रहे हैं तानी। हमारे तो सिरा हाथ नहीं आता।

चौधरी : हाथ आने वाला इस में है क्या? पहले मैं चुप था। ताकि यह बच जाए। अब इसने ज़िद पकड़ी है तो मैं मजबूर हूँ। इन्साफ की राह लूँगा।

ठेकेदार : आपका मतलब पूरी तरह पल्ले नहीं पड़ा।

मस्त : मैं कैसे हुआ क़ातिल?

चौधरी : रात को अकेली देखी ज़नानी। ख़ूबसूरत, जवान। पकड़ ली तू ने। काला मुँह किया उससे। फिर, इस डर से कि वो बता न दे, नहर

में पटक दी।

ठेकेदार : आफरीन, चौधरी साहिब। क़ानूनी नुक़्ता फट निकाल लिया। यों तो नहीं कचहरी में ज़िंदगी काटी।

चौधरी : एक तो क़त्ल किया। फिर बदमाश, ख़ुद बचने के लिए, औरों को फँसा रहा है। अभी ठीक करती है पुलिस तुझे।

मस्त : देर काहे की? अभी बुला ले तू पुलिस। देखते हैं, कौन असली क़ातिल है।

ठेकेदार : अकेले इसी का काम लगता है?

चौधरी : अकेला हो या दो जने। है इसी की करतूत। नहीं तो आधी रात सपना आया किसी को?

पंडित : भगवान जाने क्या सच है? ऐसा लगता तो नहीं कि मस्त ने कुछ किया हो। बेशक आधी रात को इसी ने आकर चिरंजी को जगाया और बताया था। बातें कर रहे थे दोनों जब मैं पहुँचा।

चौधरी : चिरंजी, तू भी साथ था इसके? दोनों ने मिलकर किया?

ठेकेदार : यह भी तो बीकानेरनी का आशिक़ है। बाल काटते वक़्त बहाने से उसी के क़िस्से छेड़े रहता है।

चिरंजी : मुझे मत फँसाओ। बाबा झंडू मेहर करना! चौधरी साहिब, मुझे कोई इल्म नहीं। यहाँ सो रहा था मैं तो। आराम से। पंडित जी से पूछ लो।

चौधरी : यह काम है तुम दोनों का।

मस्त : दो का नहीं। तीन का। जगदम्बा ने यही बताया मुझे।

रामधन : मुझे अपने देस जानें दें, सरकार।

पंडित : हरि कृष्ण बचावे। दस्तख़त कर दो, जी।

चौधरी : चल, ठेकेदारा। बुला थानेदार को। रपोट लिखवाएँ। लोग भी एक दिन नाज़ करेंगे। चौधरी बलबीर सिंह के इन्साफ पर। भतीजा हो या बेटा। कुर्बानी दूँगा। मस्त और चिरंजी, दोनों का नाम लिखवाते हैं।

मस्त : तीन का। वन टू थरी! वन टू थरी!

चौधरी : अगर न चढ़ाया तुझे फाँसी, तो कैला बेटा, मेरा नाम भी बलबीर सिंह नहीं।

मस्त : फाँसी? मैं? ज़ोर से बोलो, शहीदे आज़म, मस्त मेघोवालिया!

कई : ज़िंदाबाद!

(मस्त हँस रहा है। चौधरी उसकी आँखों में ज़हर उँडेल रहा है)

(अँधेरा)

(वक़्फा - इंटर्वल)

तीसरा अंक

(दोपहर। पिटते हुए मस्त की चीख़ व पुकार। चौधरी पेटी से पिस्तौल लगाए नई ठाट से बैठा है। कुलवंत कौर, ठेकेदार खा पी रहे हैं। पंडित उनकी ख़ातिर तवाज़ों में है। जागर एक तरफ खड़ा है।)

कुलवंत कौर : जागर, थानेदार को कह, बस करो अब। मस्त को छोड़ दो। यहाँ भेजो। शायद अब हमारे सामने सच बोल दे।

चौधरी : मेरी वजह से मत झिझको, जी। यह न कहना कल को सरपंच का भतीजा था। सो लिहाज़ किया।—ग़रीब का क़त्ल है। मामूली बात थोड़ी है। लग लेने दो साले के दो और।

ठेकेदार : कह, चिरंजी को चढ़ाओ अब कुटापा। बारी-बारी। बदमाश कुत्ते।

कुलवंत : थानेदार को चाय पहुँचाई?

पंडित : बन गई, जी। बस, चला। बरफी और पकौड़े तो दे आया लड़का।

कुलवंत : चौधरी साहिब, थानेदार का कुछ और इंतज़ाम भी करना चाहिए था।

ठेकेदार : भाभी, मेरे होते हुए तू फिक्र मत किया कर। रहमान को कह कर आया हूँ मैं। छेली चला है काटने। चौधरी साहिब की मेहरबानी हुई। इनकी बकरी के पीछे थी छेली। मोटी ताज़ी है। अँग्रेज़ी बोतल मैं ने मँगवा ली है। ठेके से।

चौधरी : मेहरबानी काहे की, भाई? गाँव की इज़्ज़त का सवाल है। बदमाश लड़कों ने बेटियों का, बहनों का, जीना मुश्किल कर रखा है।

कुलवंत : जहाँ नारी नहीं पूजी जाती, गुरु साहिबान फरमाते हैं, नरक है वहाँ। ग़रीब बेचारी। पेट ख़ातिर आई। किधर देस परदेस से। भाग्य देखो। कहाँ आकर स्वास पूरे हुए।

ठेकेदार : भाभी, यह ज़नानी काम की बड़ी कारिंदी थी। बीस ईंटें उठाकर, बाँस की सीढ़ी पर चढ़कर, तीसरी मंज़िल पहुँचा देती थी।

चौधरी : शरीर की निग्गर थी। जोश था हड्डियों में।

कुलवंत : यही तो मैं भी सोचती हूँ। इन दुबले, कमज़ोर लौंडों के कैसे क़ाबू में आ गई? एक-एक मुक्का मारके, चाहती तो, जबाड़े तोड़ गिराती। मस्त में जान है कोई? न ही चिरंजी में।

चौधरी : ओ जी, आधी रात डर जाता है बंदा। हमने उतारी। इन छोकरों ने देख ली। बहका लिया। या डरा लिया।

कुलवंत : जुल्म है कि नहीं? इज़्ज़त लूटी। फिर पकड़े जाने के डर से, नहर में फेंक दी।

चौधरी : फाँसी पर लटकाना चाहिए सालों को।

पंडित : चौधरी साहिब, लगाना निशान, रजिस्टर पर। इकत्तीस हज़ार की रसीद।

चौधरी : भागा जा रहा हूँ मैं कहीं? चाय तो पहुँचा पहले थानेदार को।

(पंडित चाय लेकर जाता है)

कुलवंत : बल्ली, मैं तो एक और सोचती हूँ।

ठेकेदार : क्या?

कुलवंत : इस पंडित को जाग ना आई होगी? जगदम्बा को अगर चिरंजी अपनी हट्टी में लाया...

चौधरी : ज़रूर, ज़रूर। पंडित को शोर शराबा सुना होगा। कहूँ थानेदार को? पूछे इसे भी?

ठेकेदार : सुन भी पड़ा होगा इसे, तो यह गवाह नहीं बनेगा। डर के मारे जान निकलती है।

चौधरी : है तो गंगाराम गीदड़। पर पूछ पड़ताल में हर्ज भी कुछ नहीं। पुलिस की एक धमकी कई राज़ बाहर निकाल लेती है।

ठेकेदार : भाभी, थानेदार को देने दिलाने की कैसे करें? चौधरी साब से कर ली सलाह?

कुलवंत : देख लो, चौधरी साब। भतीजा आपका है। मेरे कहे अभी तक रिपोट तो रोक रखी है। न हीं जगदम्बा की लाश की डॉक्टरी होने दी है मैंने। आप में और बल्ली में, मैं कोई फर्क नहीं समझती। आपने इतनी मदद की चुनाव में। जैसे छावनी वाले सरदार साहब आपको समझा रहे थे—इलाके में वही होगा जो आप चाहेंगे। समझ लो एम.एल.ए. आप ही हैं। मगर पुलिस ऐसा नहीं सोचती। थानेदार ने मुझे साफ-साफ कहा। मैं अपने देवर इक़बाल को बीच में न लाऊँ। आपका नाम लिखाकर रिपोट दर्ज करा दूँ और लाश की डॉक्टरी भी। फँसेगा चौधरी अकेला। गवाहियों में। कचहरियों में। लेकिन मैंने कहा—मैं ऐसा हरगिज़ नहीं होने दूँगी। सो, अभी तक उसने रिपोट

नहीं लिखी।

ठेकेदार : आपके साथ अंदर क्या बात हो रही थी? कोतवाली के सेहन में? पीपल के चबूतरे पर?

कुलवंत : यही बात—कि रिपोट सोच-विचार कर लिखाना। पहली रिपोट पर सब कुछ मुनहस्सर करता है। बेशक जिसको मर्ज़ी फँसा दो। मर्डर का केस है। रेप का। जिसके सिर चाहो, मढ़ दो। बाद में कचहरियों में होंगे ख़्वार, बरसों। सब के सब।

चौधरी : मेहरबानी आपकी। रिपोट नही लिखने दी। चलो, हमें क्या? मर गई तो मर गई। पर इस मस्त कुत्ते को कैसे फाँसें? बावेला उठा रखा है इसने।

ठेकेदार : नाइयों का छोकरा कौन सा कम है?

चौधरी : गुंडे तो हैं दोनों। पर लाश का क्या करें अब?

कुलवंत : यही तो मैं समझा रही हूँ। थानेदार की सलाह मानो। केस को यहीं ठप्प करा दो। फूँक दो इस ज़नानी को। इसी वक़्त। थानेदार ख़ुद गाँव मैं उतरा है। उसके रोटी खाते खाते, पार करो। भेजो बंदा होशियारपुर। लाए जगदम्बा के ख़सम को।

(चिरंजी के रोने चिल्लाने की आवाज़ें)

चौधरी : चंगा। ऐसे ही सही। क्यों, ठेकेदार?

ठेकेदार : लाख की कही है भाभी ने।

चौधरी : जागर, ला मस्त को इधर। अगर दोनों छोकरे, ज़बान बंद रखने की मान जाएँ, तो मामला ख़त्म कर दें। जला दें लाश। **(जागर जाता है)**

कुलवंत : और क्या? मैंने ख़ुद मुख्य मंत्री को ऐसी सलाह दी थी। जब बोहन पट्टी में क़त्ल हुए थे खेत मज़दूर। जागर की बरादरी के। जमींदारों के हाथों। याद है आपको? कितनी गड़बड़ हुई थी? पूरे पंजाब में? बसें रोकीं। हड़तालें हुई। तालिब-इल्मों ने करोड़ों रुपयों का सरकारी सामान जला डाला। मुख्य मंत्री की गद्दी ख़तरे में थी। दिल्ली की सरकार ने बहुत झाड़ डाली। पंजाब सरकार को। इस जैसे मामले ढके रहें, तो ही बेहतर। फिर यह ज़नानी तो है भी राजस्थानी।

ठेकेदार : अगर किसी कम्यूनिस्ट मज़दूर यूनियन ने केस उठा लिया, तो कन्सट्रक्शन वर्कर सभी शहरों में, हड़ताल करके बैठ जाएँगे।

कुलवंत : आग की चिंगारी है यह लाश। अगर इस वक़्त कोताही की, जगदम्बा दो सूबों में लपटें जला देगी।

चौधरी : करो जी, जैसे आप कहती हैं। मस्त तो है नंग धड़ंग। चलो, इसकी जगह मैं थानेदार को सौ दो सौ दिए देता हूँ। चिरंजी के पल्ले ज़रूर

होगा हज़ार दो हज़ार। वो निकलवा कर थानेदार के माथे मारो। और जलसे की तैयारी करो।

(रोता हुआ रामधन आता है)

कुलवंत : तुझे क्या हुआ, रे पूबिया? तू क्यों रो रहा है?

रामधन : हम से नहीं देखा जाता, बीबी जी। मालिक, रेल का किराया दे दो हमें। हफ्ता में लौट आएगा। बाल बच्चों को मिलकर। ··मस्त को वो पीटा। सिपाहियों ने। हम नहीं सहन कर पाएगा। मुझे जाने दो।

कुलवंत : अरे पागल। तुझे क्यों मारेगी पुलिस?

चौधरी : **(थप्पड़ मारकर)** तेरी तो दिया·· साला। चल बैठ उधर। मैं भेजता हूँ तुझे यूपी सीपी।

ठेकेदार : कितनी बार मना किया? अभी नहीं जा सकता तू।

चौधरी : पहले ही न जाने पुलिस क्या क्या शक कर रही है हम पर। तू दौड़ गया इस वक़्त तो सब कहेंगे, इन्होंने किया जबरज़िना। हमें क़त्ल के केस में फँसाने पर तुला है। कुत्ते का बच्चा।

कुलवंत : जाकर बाड़े बैठ।

रामधन : पुलिस बहुत ज़ालिम है।

ठेकेदार : ओए, दफा भी हो अब। और हाँ, देख, रहमान ने बकरी काटकर मीट घर पहुँचाया कि नहीं। कहना, जल्दी रोटी पकाएँ। थानेदार को लेकर हम तीनों पहुँचने वाले हैं। **(रामधन जाता है)**

चौधरी : जागर, ला मस्त को यहाँ। वहाँ खड़े क्या खुसर फुसर कर रहे हो?

कुलवंत : चिरंजी को भी ले आ। बहुत मार पड़ चुकी है। अब झट मान जाएँगे। कह दें, खुदकुशी की है।

ठेकेदार : अगर दोनों चुप रहने को ही मान जाएँ।

चौधरी : रफा दफा हो बात, किसी तरह। गाँव के किसी बंदे पर जुर्म नहीं आना चाहिए।

कुलवंत : हलके में गड़बड़ नहीं होने देना। किसी कीमत पर। मुख्य मंत्री की बार-बार ताकीद है यह मुझे। छावनी वाले सरदार साहिब भी यही चाहते हैं। तभी तो यह मीटिंग रखी थी हम ने। शहीदी जलसे में भी आज यही समझाना है पब्लिक को।

(मस्त को लेकर जागर आता है)

चौधरी : क्यों भई लीडर, अक्ल आई ठिकाने तेरी?

जागर : सौदाई को काहे की अक्ल आएगी? मानता ही नहीं। समझाया मैंने बहुत।

कुलवंत : मस्त, ध्यान से सुन मेरी बात। बेटा, तू यों ही जान मत गँवा। इस

झंझट में पड़के। जग्गो तो मर गई।

चौधरी : मारी है तू ने और चिरंजी ने मिलकर।

मस्त : हाँ। मैं ने क़त्ल की है। मैं ने और चिरंजी ने क़त्ल की है।

जागर : क्या कहा?

कुलवंत : वाक़ई?

(वक़्फ़ा)

ठेकेदार : शुक्र है!

चौधरी : बस जी, हो गई बात ख़त्म। अब हम गवाह हैं। इक़बाल कर लिया जुर्म। डंडा पीर है बिगड़े हुओं का।

ठेकेदार : उठाओ लाश। लकड़ियाँ चिनो। फूँको। फटाफट। लड़के बचाओ, दोनों। है न, भाभी जी।

जागर : रुको जी, ज़रा। आगे तो सुनो।

मस्त : चौकीदार, क्या कहा था मैंने तुम्हें? **(नक़्ल उतार कर)** "जला दो झटपट!" ताऊ मेरा तो यही चाहता है।

चौधरी : साले ताऊ के। तेरे भले की कहता हूँ। पागल, फँदा पड़ेगा फाँसी का गले में। निशानी है तू मेरे भाई की।

मस्त : फाँसी होगी तो मुझे होगी। तुम्हें क्या परवाह? लेकिन मैं चुप नहीं रहूँगा। अब मैं छः साल का बेसहारा बच्चा नहीं। कमज़ोर बच्चा नहीं। घाट-घाट का पानी पिया है। ठोकरें खाईं। चोर देखे। साधु संत देखे। मंदिरों में रहा। मस्जिदों में भटका। गुरुद्वारों में सोया। अब मैं सच के बदले लड़ मरूँगा। और मेरा कोई कुछ बिगाड़ भी नहीं सकता। जिसके पल्ले है ही कुछ नहीं, उसको ख़तरा कैसा? जागर, मिन्नत मान मेरी। अपने महल्ले वालों को कह, साथ दें मेरा। पूरा वाड़ा।

चौधरी : क्या कर लेगा तू?

ठेकेदार : बिगड़ने लगी बात।

कुलवंत : इलाक़े में दंगा फसाद मत करो, बेटा।

मस्त : तू भी डरपोक है अगर, तो बैठ घर। तेरी बिरादरी भी अगर कायरों की तरह घर घुसी बैठी रहती है, तो मुझे फ़िक्र नहीं। मस्त अकेला ही काफी हैं।

जागर : करेगा क्या तू, अकेला?

मस्त : मैं? क्या करूँगा?... मैं गाँव-गाँव मुनादी करता घूमूँगा। शहर-शहर ढिंडोरा पीटूँगा। सत्याग्रह करूँगा।

कुलवंत : काहे का?

मस्त : मैं कहूँगा, जगदम्बा को बेइज़्ज़त किया। क़त्ल करके नहर में फेंका। पुलिस ने घूस लेकर केस ख़त्म कर दिया।

चौधरी : तेरी मौत बातें करवा रही है तेरे से।

ठेकेदार : मस्त, छोड़ झमेला। अभी वक़्त है। वरना तेरी और चिरंजी की ज़िंदगी ख़राब हो गई।

कुलवंत : तुम दोनों सिर्फ इतना कह दो—हमें कुछ पता नहीं। हमने मरी हुई देखी।

मस्त : क्यों कह दूँ? सब बात बताई जगदम्बा ने मुझे। मरने से पहले। नाम लिए क़ातिलों के।

कुलवंत : यह असलियत है? मुझे नहीं पता था।

मस्त : और क्या मैं यों ही बके जा रहा हूँ? आधी रात से? जागर, मेरी मान। अपने मुहल्ले वालों को तैयार कर। इन पुलिस वालों का कोई भरोसा नहीं।

कुलवंत : चौधरी, यह तो कुछ और ही मामला है। क्या करें अब?

ठेकेदार : भाभी, यह लड़का वाक़ई पागल है।

चौधरी : बचपन में माँ मर गई।

ठेकेदार : मेरी तरह।

चौधरी : पेट में था अभी यह जब इसका बाप मर गया। कनेडा में। तब से भागा हुआ है। बारह साल के बाद लौटा है। घर पर ठहरता नहीं। दिमाग उखड़ गया। **(आँसू रोकता)** ताऊ हूँ मैं। बाप के बराबर। करूँ तो क्या करूँ? सज़ा भी इसे दिलवाना नहीं चाहता। लेकिन बचाऊँ भी किस सूरत? आप ही करो कुछ, बहन जी।

ठेकेदार : इस पागल की मत सुनो। बंद करो इसे वहाँ। बाबा झंडू की समाधि में। और जलाओ लाश।

कुलवंत : मुझे बताओ नाम, क़ातिलों के।

(मस्त सोच रहा है)

जागर : हम सब तेरे साथ हैं।

मस्त : बता दूँ?

कुलवंत : हाँ, हाँ।

(मस्त चुप है)

जागर : एम.एल.ए. यहाँ है। सरपंच यहाँ है। पंचायत का दूसरा मेंबर ठेकेदार यहाँ है। और तू किस को बताएगा? प्रधानमंत्री को?

(मस्त चुप है)

चौधरी : जाने दो जी इसे। कहा न मैंने। पागल है।

कुलवंत : रुक, चौधरी।

मस्त : **(एकाएक नाचता हुआ)** ईश्वर अल्लाह तेरो नाम। सब को श्रीमती दे भगवान। ईश्वर अल्लाह तेरो नाम। सब को श्रीमती दे भगवान।

ठेकेदार : पागल है, भाभी। करो बंद ताले में। और जला दो जग्गो।

मस्त : एक शर्त पर बताऊँगा नाम।

कुलवंत : किस शर्त पर?

मस्त : गाँव को इकट्ठा करो। सब माई भाई यहाँ पहुँचें। नहीं तो साध संगत गुरुद्वारे में इकट्ठी हो।

कुलवंत : हम जो हैं यहाँ। भीड़ की क्या ज़रूरत?

जागर : आख़िर लोगों की वोटों से चुने हुए हैं ये लोग भी।

मस्त : नहीं, जागर। एक वक़्त आ जाता है जब चुने हुए पंच भी प्रपंच पर तुल जाते हैं। जब खेत की बाड़ ही खेत को खाने लगती है। जब गडरिया भेड़िया बन जाता है। ऐसे वक़्त लोगों को खुद एक बार इकट्ठा होना पड़ेगा। गीदड़ों को मिलकर शेर बनना पड़ेगा। चिड़ियों को झुंड बनाकर बाज़ पर झपटना होगा। वो वक़्त आ पहुँचा है आज। हिम्मत है तो बुला सब को यहाँ। ख़ासकर मेघोवाल के सयानों को। बुजुर्ग औरतों और मर्दों को। उनके सामने बताऊँगा मैं, आप बीती।

चौधरी : क्या है आप बीती तेरी?

मस्त : सब के सामने बताऊँगा, कौन हैं क़ातिल।

कुलवंत : भगत जी, शांति से चल। मैं दुश्मन नहीं तेरी। मत फैला इस आग को। इलाक़ा जल सकता है फसाद से। ख़त्म करने दे हमें यह क़िस्सा। चुपचाप बैठ जा। अलग होकर।

मस्त : सब एक ही शिक्षा देते हैं। कहीं जुल्म हो। कहीं धाँधली हो। बेइन्साफी हो। सब कहेंगे—मुझे क्या? मेरी जान बचे। यही देखा है मैंने दस्तूर जग का। विरला है माई का लाल जो जुल्म के ख़िलाफ आवाज़ उठाए। लोग इकट्ठे करे। कुर्बानी दे। तुम लोग करो अपनी मर्ज़ी। बचाओ अपने धंधे। अपने कुनबे। मेरा कौन है? मैं हूँ मस्त मलंग। सब को अपने काम से काम है। लेकिन मैं गाता फिरूँगा, गाँव-गाँव, गीत, इस जुल्म के ख़िलाफ। अकेला तो अकेला सही। ख़ुदा भी ऊपर अकेला है। कोई मर्दाना मेरे साथ में रबाब उठा ले, तो चंगा। नहीं तो, ईश्वर अल्लाह तेरा नाम! सब को सम्मति दे भगवान!

ठेकेदार : इतनी मार पीट हुई। फिर वही पागलपन।

कुलवंत : बिजली लगवानी चाहिए थी इसके दिमाग को।

चौधरी : मेरा ख़ुद का दिमाग फटा जा रहा है। दिल करता है, अभी बोटी-बोटी कर दूँ इस चांडाल की। पूरी रात सोना नहीं मिला।

ठेकेदार : आप ने तो झपकी ले ही ली होगी। माँ क़सम जो आँख भी बंद करके देखी हो।

जागर : मैं वादा करता हूँ तेरे साथ। ले, मिला हाथ। मैं आप चलूँगा अपने महल्ले के सारे बंदे लेकर। जैसे तू कहता है। हम सड़क पर आना जाना रोक लेंगे। दरख़्त काट-काट कर गिरा देंगे। किसी गाड़ी को, ट्रक को, होशियारपुर जालंधर सड़क पर नहीं चलने देंगे। हम चलेंगे लाश लेकर डिप्टी कमिशनर के। हम खेत मज़दूर। हम कहेंगे, थानेदार ने रिपोट लिखने से मना कर दिया। लेकिन, भाई जान, तू कुछ सबूत दिखा तो सही। तेरे सौदाई के पीछे लग के, हम ग़रीब क्यों परेशान हों? पक्की बात हो अगर तो हम साथ दें तेरा।

मस्त : मेरा साथ ख़ाक देगा तू? साथ देना है तो उस ग़रीब परदेसिन का दे।

चौधरी : बिगड़ती जा रही है बात। बहन जी, फुर्ती से इलाज सोचो।

कुलवंत : इसका मामा नाना? या और कोई बंदा उस गाँव का? या किसी और जगह का? जो इसे समझाए? और ले जाए यहाँ से। है कोई रिश्तेदार इसका?

चौधरी : मामा था एक। वो कई बरस हुए मर चुका है। कोई अता पता था ही नहीं इसका, दस बारह साल।

कुलवंत : किस गाँव में काटे तुमने इतने साल?

मस्त : बहन जी, तुम्हारा होगा एक गाँव। मेरे हैं सभी गाँव। संत मौला किसी बंधन में नहीं फँसता। मेरे एक गुरु ने गुरुमंत्र सिखाया मुझे—"पंछी मार उडारी। पहुँच दूजी फुलवाड़ी।"

ठेकेदार : छोड़ भाभी। पागल से बहस करना दिमाग खोना है।

कुलवंत : है तो यह आपका कैला ही। पक्की पहचान है आपको?

चौधरी : कल तक तो पक्की पहचान थी। अब न जाने मेरा सिर घूम रहा है।

जागर : कोई कहता यह हिंदू है, कोई मुसलमान। एक दिन कहता, मैं जैन हूँ। गुजरात काठियावाड़ में पैदा हुआ था। कस्तूरबा की कोख से। बेसिर पैर की बकता रहता है। एक दिन एक साईं आया। यह बैठा था थड़े पर। बाबा झंडू की समाधि के आगे। साईं इसे पूछने लगा—"बेटा, तू वही नहीं जिसने मुझे रोटी खिलाई थी? तलवंडी के खत्रियों

का लड़का है तू?"

(नाजो और रहमान आते हैं)

चौधरी : थप्पड़ मारूँगा एक। और होश ठिकाने कर दूँगा। बड़ा बनता है पीर पैगंबर। हम तरस खा रहे हैं। जान बचे किसी तरह। अड़ियल टट्टू बना बैठा साला आगे से।

नाजो : **(मस्त को बाहों में लेकर)** हाय मेरा बेटा। कैसा पीटा। बीबी जी, इस बच्चे को क्यों मरवा रही हैं? बेकसूर है यह। रहमान, देख तो। चमड़ी उधेड़ दी। कसाइयों ने।

कुलवंत : मैं भी इसे बचाने की कोशिश में लगी हूँ।

चौधरी : यह कुत्ता ख़ुद माने तब न!

नाजो : बताये नहीं नाम तू ने?

मस्त : इनको नहीं बताऊँगा। पूरा मेघोवाल करो इकट्ठा।

कुलवंत : नाजो, तू ही मना इसको। हम इन दोनों लड़कों को छुड़ाना चाहते हैं। चिरंजी को बुलाओ··थानेदार को खिला पिला कर।·· समझ गई तू? यह स्कीम डाल इसके भेजे में।

चौधरी : ओए, रामधनु। चिरंजी को भेज।

(पंडित आता है)

ठेकेदार : रहमान, मीट के टुकड़े छोटे करने थे। फौरन गल जाएँ जो।

रहमान : मैं कहता हूँ, बकरी भी वो मुलायम निकली। देखना तुम। आग पर रखी नहीं कि बोटी पिघली नहीं। खाओगे तो याद करोगे। जैसे मैं आज का दिन ज़िंदगी भर याद रखूँगा।

मस्त : जगदम्बा की वजह से?

रहमान : नहीं, मस्त। तू नहीं समझ सकता। यह गृहस्थी के समझने की है।

पंडित : मान गई नाजो? तेरे साथ निकाह ब्याह को? बधाई हो। तोल दूँ दो किलो बरफी?

नाजो : मैं तो नहीं। मेरा नूरुल्दीन ज़रूर मान गया लगता है।

मस्त : दुलत्ती नहीं मारी आज उसने तुझे?

रहमान : नहीं। मैं नाजो के आवे के पास ही बकरी ज़बह कर रहा था। यह मेरी मदद कर रही थी। नूरू मियां बात ताड़ गए। उसने तो क़बूल कर लिया मुझे। अब नाजो को समझाओ आप पंच मिलकर।

कुलवंत : जश्न जलसे का दिन है। नाज़नीन, कह दे हाँ।

पंडित : चढ़ाऊँ कढ़ाई? लड्डुओं के वास्ते?

नाजो : अफीम पोस्त कहाँ से दूँगी मैं इसे? तीन बच्चों के पेट तो भर नहीं पाती। घड़े बेच कर।

रहमान : हाँ, तो कह तू। **(कान पकड़ कर)** कुरान मजीद की क़सम। ज़िंदगी भर छुऊँगा नहीं अफीम को। और मुर्ग़ीख़ाना खोलूँगा। ऐश करेगी तू।

मस्त : इन्शा अल्लाह!

कुलवंत : कह दे नाजो, क़बूल है।

(वक़्फा)

नाजो : क़बूल है।

रहमान : ओए होए कि शौकीन मेले की! ओए होए! **(नाजो को उठा कर नाचता है। बाकी हँसते और ताली बजाते हैं)**

नाजो : छोड़ मुझे। बेशर्म बनता है। बच्चे होंगे उधर।

पंडित : तोलूँ बर्फी?

रहमान : न, पंडित। बेइज़्ज़ती मत कर मेरी नाज़नीन की। राधास्वामी निकाह नहीं करेंगे हम। बकरा काटेंगे। जुमा वाले दिन।

ठेकेदार : हम तो ठेके को पियेंगे। अँग्रेज़ी।

पंडित : हरे कृष्ण! हरे कृष्ण! महाराज, मास शराब की बात करनी हो तो मेरी दुकान बख़्श दो। मेरा धर्म क्यों भ्रष्ट कर रहे हो?

मस्त : धर्म तेरा सारा खाने पीने में घुसा बैठा है? धर्म का मतलब कुछ और भी हो सकता है, मज़हब का मतलब कुछ और भी हो सकता है, यह बात कभी तेरे खाने नहीं पड़ेगी?

रहमान : क्यों, पंडित? तुझे शराब काटती है? उस दिन होली पर क्या पिया था? गऊमूत्र?

चौधरी : आई तो मेरी भट्टी से थी।

पंडित : इतनी ऊँची बात मत करो, चौधरी जी। कहीं पंडितायन ने सुन लिया, तो छः दिन रोटी नहीं पकाएगी।

जागर : तो क्या हो गया? श्राद्ध आयेंगे तो कसर निकाल लेना।

पंडित : जाने दे, यार। क्यों बदनाम करते हो हम ब्राह्मणों को? आजकल कौन करता है श्राद्ध? ब्राह्मण तो भूके मर रहे हैं। नास्तिक हो गई दुनिया। पहले होता था—जजमान के सिर पर पलते थे हम। जीते जी ब्राह्मण को दक्षिणा देता था। मरा जजमान हाथी की तरह था। ज़िंदा लाख का, मरा सवा लाख का। जजमान मरता तो पुरोहित को जोड़ा जामा, कपड़े, जूते, पैसे मिलते। और फिर श्राद्धों के महीने, खीर और पूड़े और हलवे।

मस्त : खीर और पूड़े तेरे पेट में ही जाते हैं। मुर्दे को क्या पहुँचता है?

जागर : मुर्दे को पहुँचती है सात चूल्हों की राख।

रहमान : पेट भरने का बहाना है पुजारियों का।

नाजो : पंडितायन को चूल्हे से तो छुट्टी मिलती है कुछ दिन।

पंडित : मैंने कहा था न आपको, चौधरी साहिब? बेगुरों का गाँव है, मेघोवाल। नास्तिकों का। ओए जागर, तू धर्म कर्म के ख़िलाफ मत बोला कर। तेरा बाबा रविदास गंगा भगत था। वरना इस कलियुग में तेरे साथ भी वही होगा। जैसे इस बीकानेरनी के साथ हुआ, घोर पाप।

रहमान : जग्गो के क़त्ल का तेरे श्राद्ध खाने से क्या तालुक है, भई?

जागर : तू खाता रह श्राद्ध। कौन रोकता है तुझे?

मस्त : तू भी, पंडित भिखमंगा। मैं भी भिखमंगा। दोनों बराबर। हैं कि नहीं? **(हँसी)**

नाजो : सच्ची कही।

जागर : कमाल कर दी, मस्त।

रहमान : अब दे, पंडित जवाब।

चौधरी : अच्छा, अब बंद करो, ओए। वो बात करो जिस वास्ते हम ने बुलाया है तुम्हें।

मस्त : मेरी तरफ हो जा, पंडित। मान जा मेरी मिन्नत। करो इकट्ठा सब को। धर्म तेरा यही कहता है—''सर्व धर्मेण परित्यजः मामेकं शरणं ब्रजः''।

पंडित : जा, ओए। तुझ पागल से समझूँ मैं, धर्म क्या होता है?

मस्त : **(बाल्टी में से पानी की चुल्ली भरकर)** देख, पंडित। यह रहा पानी। बीबी जी, आप का फार्म पंडोरी निज्झराँ में है न?

कुलवंत : हाँ।

मस्त : यह फेंका मैं ने। पहुँच गया इनके खेतों को?

पंडित : सौदाई। पाँच मील पर फार्म इनका। कैसे पहुँचेगा पानी उसको?

मस्त : तो भला तेरे मुर्दों को पानी कैसे पहुँच सकता है? स्वर्ग या नरक में?

नाजो : ज़िंदा थी अभी जगदम्बा। जब तू ने हमारे साथ चलने से इन्कार कर दिया। मुर्दों की फिक्र लगी है। श्राद्धों में।

रहमान : **(थपकी देकर)** शाबाश मस्त शाह औलिया!

नाजो : कौन कहता है बेटा मेरा पागल है?

पंडित : रहमान, हिन्दू धर्म का मख़ौल उड़ाता हुआ देखकर ख़ुश मत हो। पागल किसी एक धड़े की तरफ नहीं रहता। इस ने झट तेरे काअबा की तरफ पाँव करके सो रहना है।

रहमान : मैं पैर पटक कर दूसरी जानिब कर दूँगा।

मस्त : कर देना, यार। जिस तरफ तेरा खुदा नहीं, उस तरफ टाँगें घुमा देना मेरी।

कुलवंत : मस्त, इतना सौदाईपना अच्छा नहीं। मज़हब कोई भी हो, मख़ौल नहीं उड़ाते।

चौधरी : गोली सीने से आर पार कर देते हैं, करने वाले। दाँत निकाल रहा है तू।

(चिरंजी को पकड़े रामधन आता है)

नाजो : हाय रे चिरंजी। तुझे भी नहीं छोड़ा ज़ालिमों ने? बेकसूरों पर कहर कमा रहे हैं।

रामधन : मुझे जाने दें, साहिब। अपने देस।

ठेकेदार : चुप, ओए। भाभी, सीलिया को भी बुला लें?

कुलवंत : बुला लो।

चौधरी : हाँ। उसे बुलाओ। जल्दी। जा ओए, मास्टरनी को यहाँ भेज। **(रामधन जाता है)** चिरंजी, यह ससुरा माने न माने। तू अपना बचाव कर।

चिरंजी : **(रोता हुआ)** भगवान कसम। मैंने कुछ नहीं किया। मेरा कोई कसूर नहीं। बीबी जी, मुझे बचा लो। मैं निर्दोष हूँ।

कुलवंत : मैं इसी कोशिश में लगी हूँ। माँ तेरी भी गिड़गिड़ाती गई है। मैंने वादा किया है। गाँव के लड़कों का बाल भी टेढ़ा नहीं होने दूँगा। मगर बाकी लोग भी साथ दें न।

चौधरी : हो सकता है, उसने खुद तुम दोनों को फुसलाया हो। बदमाश थी बीकानेरनी भी।

कुलवंत : सच बता दो। हम छुड़ा लेंगे, पुलिस से। दोनों को। और पाँच मिनट में लाश जला देंगे।

ठेकेदार : लेकिन शर्त यह है कि गाँव के सभी बंदे मिल के कहें—जग्गो अपनी मौत आप मरी थी।

कुलवंत : एक ही गवाही दे सारा मेघोवाल।

चौधरी : हमारे से उलटा मत चले कोई। जागर, तुम अपने मुहल्ले की सोच लो। तुम्हारी बिरादरी में से कोई ख़िलाफ तो नहीं चलेगा? पंचायत से?

जागर : मैं अपनी बिरादरी का कोई ज़िम्मा नहीं लेता। जो कुछ आप ज़मींदारों ने हम ग़ैर-काश्तकारों के साथ किया था, पिछली फसल पर, उसको क्या लोग जल्दी भूल सकते हैं?

रहमान : जागर, राख हिला कर, ढके चिंगाड़े मत नंगे कर। उस नाकाबंदी में सब से ज़्यादा नुक़सान तो मेरा हुआ था। भेड़ बकरियों का सारा झुंड बेचना पड़ा। जुल्म साईं का, पाँच देहात के ज़मीन वाले, एक जुट होकर, बेज़मीनों को खेतों में पाँव न धरनें दें।

जागर : बग्गा सिंह जुलाहे की माँ, कहीं साधु सिंह की बाड़ के साथ खेत में पाखाने के लिए बैठी थी। साधु सिंह ने लाठी से पीटी बुढ़िया।

रहमान : जुल्म की इंतहा कर रखी थी तुमने। उस नाकाबंदी से डरा हुआ, भाइयो, भेड़-बकरी बेचकर, देख लो, सब्ज़ी बेचने लग पड़ा। फड़ी लगाने लगा।

पंडित : फड़ी तू लगाता है ताकि नाजो की बगल में बैठ सके। हर वक़्त। वरना दूध बेचना छोड़कर, कद्‌दू बैंगन कौन बेचता है?

रहमान : लेकिन यह बात सच्ची है। मेरा ख़ुदा जानता है। चौधरी की लीडरी के पीछे लगके, इन देहात के ज़मींदार अगर हम बेज़मीनों की पिटाई न करते, नाका बंदी न करते, हमें खेतों में जाने से न रोकते, तो मैं, आज तक, कर्ज़े से आज़ाद हो गया होता। और कुल्लू वापस लौट गया होता।

पंडित : दस्तख़त तो कर दो, चौधरी जी।

चौधरी : जागर, ख़त्म हो चुके मसले को दोबारा नहीं उठाते। मैंने आप तुम्हें पाँच मरले जगह दी कि नहीं? रविदास मंदिर के वास्ते?

जागर : आहो। ज़रूर दी। कौन साला इन्कार करता है?

कुलवंत : फिर तुम पिछली लड़ाई की यादें क्यों दिलवा रहे हो?

जागर : ज़मीन दी, चौधरी, तुमने तब, जब हमने परचा कटवा लिया। डॉक्टरी का। कैसे लच्छू को जान से मार दिया था इसने। लाठियाँ मार-मार के। अभी तक नहीं उठ पाया लड़का खाट से। सारी उम्र के लिए लूला लंगड़ा कर दिया। सौ-सौ गाली बरसाती है लच्छू की माँ। रविदास मंदिर को। और साथ ही चौधरी को। और पूरे वाड़े मुहल्ले को, कि "मेरा बेटा सदा के लिए खाट पर डाल दिया। और महल्ले के कंजरों ने पाँच मरले ज़मीन के बदले में मेरे बेटे के बदन का सौदा कर लिया।"

कुलवंत : जागर राम, छोड़ झगड़ा। पिछली भूल जा सब। इस मामले के बारे में सोचो।

चौधरी : मैं तो, आपके कहे, बल्कि हमेशा लड़ाई मिटाता हूँ। उस वक़्त यही सोच कर पाँच मरले दिए थे।

ठेकेदार : अब भी देख लो। मस्त फँसे या चिरंजी। हम अपना काम धंधा छोड़

कर तुम्हारे साथ बैठे हैं।

मस्त : तुम्हें यहाँ बैठने की कोई ज़रूरत नहीं। मेरे और चिरंजी वास्ते नहीं। क्यों, चिरंजी?

चिरंजी : ओए, भैया। मुझे मत बुला। मुझे छोड़। हड्डियाँ सेंक हो गईं मेरी। तुझ पागल के पीछे लग के।

चौधरी : तू मानता है, जग्गो की मौत के बारे में तुझे कुछ नहीं पता?

चिरंजी : मैं बताए जा रहा हूँ आपको। आधी रात को मस्त ने आकर मुझे जगाया। गवाह होगा तो मस्त होगा। मैं तो इसके कहने पर देखने चल दिया। वो भी नाजो के मनाने पर।

नाजो : बिलकुल सही कहता है लड़का। यह बेचारा तो डर के मारे जा ही नहीं रहा था। दोनों लड़के भोले भाले हैं।

चिरंजी : सब से पूछ लो। रहमान से। जागर से। मैंने मरी हुई देखी जगदम्बा।

चौधरी : चलो जी, चिरंजी तो ख़त्म हुआ। इसकी शहादत का कोई मोल नहीं।

ठेकेदार : आँखों से तो इसने होता हुआ कुछ देख नहीं।

चिरंजी : मुझे पुलिस से छुड़ाओ। रहम करो।

कुलवंत : मैं छुड़ा लूँगी। थानेदार को मनाती हूँ।

ठेकेदार : रक़्म का इंतज़ाम कर। भाग घर को।

चिरंजी : रक़्म? मेरे पास तो कुछ भी नहीं।

रहमान : यह रक़म क्यों दे? ऐसे तो नाजो और मैं भी साथ गए थे।

चौधरी : तुम्हारी बात और है। यह तो आँख रखता था बीकानेरनी पर। सारा मेघोवाल जानता है।

चिरंजी : सौगन्ध है मुझे। मैंने कभी भी···

ठेकेदार : हुज्जत मत कर, ओए। थानेदार को कुछ तो देना ही पड़ेगा। **(चिरंजी जाता है)**

चौधरी : अब तू बता, इन्क़लाबिया। अब तू रह गया अकेला। बकेगा अभी भी?

ठेकेदार : अकेला!

कुलवंत : इस पागल को रहने दो। लाश उठाओ। मैं साथ हूँ। थानेदार भी साथ चलेगा। जलाओ जल्दी। रात के थके हैं। घड़ी भर सो लूँ मैं। जलसे से पहले।

ठेकेदार : लकड़ी भिजवाता हूँ मैं श्मशान को।

चौधरी : चलो, उठो।

(कुलवंत कौर, ठेकेदार और चौधरी जाते हैं)

पंडित : **(रोने लगा हो जैसे, रजिस्टर पकड़े)** दस्तख़त तो कर देते।

मस्त : ओए, लोगो। मान जाओ मेरा कहना। चलो। सड़क रोको। उठाओ लाश। डीसी की कोठी को चलो। नाजो, तू कहती क्यों नहीं इनसे?

नाजो : मस्त ठीक कहता है। क़ातिल चालाक हैं। बच निकलना चाहते हैं। मस्त का साथ दो। तुम्हारा कुछ नहीं बिगड़ता।

रहमान : है तो मुश्किल। कल को बढ़ गया मामला तो? फिर भी, कैसे करें, पंडित?

पंडित : न, भैया। मुझे मत छेड़। जो करना है तुम ख़ुद करो।

मस्त : जागर, तुम्हारी क्या मर्ज़ी है?

जागर : मैं तो हूँ सिर्फ चौकीदार। लाश मैंने आँखों देखी है। चोटें हैं ज़रूर। गहरे ज़ख्म माथे पर। कमर टूटी हुई है। लेकिन ये बातें मेरे बस की नहीं। लाश की डॉक्टरी होनी चाहिए। मगर थानेदार, सरपंचों, लीडरों के होते हुए, चौकीदार की क्या बिसात? जो वो करें ठीक है।

मस्त : कचहरी में केस चला गया तो गवाही किधर की देगा?

जागर : किधर का क्या मतलब? सच बोलूँगा मैं। लाश फूँकने का हुक्म दिया है जिन्होंने, ज़िम्मा उनका है।

नाजो : रिपोट लिखाने दो मस्त को जैसे यह चाहता है। इसमें हर्ज नहीं।

रहमान : यार जागर, हमें इस क़त्ल को दबाने में साथ नहीं देना चाहिए। जो भी क़ातिल हो, सच बाहर तो आए। पंडित जी, कुछ तो कहो आप। इतना जुल्म। दिन दिहाड़े। सहा नहीं जाता।

पंडित : मैं अपने पर होता हुआ जुल्म देखूँ, या बेगानों को रोऊँ? इकत्तीस हज़ार। इतनी मोटी तह नोटों की। बहाने से चौधरी टाले जा रहा है। दस्तख़त नहीं करता।

मस्त : वो भी हो जाएँगे। जग्गो को तो ले जा रहे हैं वो फूँकने। फैसला जल्दी करो।

पंडित : रहमान, नाजो, अब भी सुन लो मेरी। अक़्ल इसी में है कि सौदाई का साथ छोड़ दो। तुम्हें ख़तरा है।

रहमान : हमें कैसा ख़तरा?

पंडित : अँधे हो क्या? देखते नहीं? मुल्क में दंगे फसाद हो रहे हैं। चारों तरफ। ज़ात पात के नाम पर। मज़हब के नाम पर। सरकार है डरती। इलाक़े में गड़बड़ नहीं चाहती।—सड़कें रोको। बसें जलाओ। कारख़ाने फूँको।—अक़्ल ठिकाने है तुम लोगों की? चले हैं इन्क़लाब लाने। पागल के पीछे लग के। मरने वाली तो गई। बेवकूफ, हिंदू मुस्लिम फसाद मत शुरू करवा देना।

रहमान : चिरंजी और मस्त दोनों हिन्दू हैं। फसाद क्यों होंगे?

पंडित : नाजो, तू ही समझा इस अहमक को। फसाद भला सच्चाई से शुरू होते हैं? फसाद करवाती है अफवाह। ग़लत अफवाह। अभी देख लो झूट का चमत्कार। अगर अभी चौधरी बाज़ार को आदमी भेज दे। नसराला या शामचुरासी। बाज़ार में शोर मचा दे—"सब्ज़ी बेचने वाले मुसलमान ने हिंदू औरत की इज़्ज़त लूटी और क़त्ल कर दी।" देखना तुम। कोई पूछेगा थोड़ी, सच क्या है? जान से मार डालेंगे तुझे।

रहमान : बकवास है यह। क्यों मारेगा मुझे कोई।

(सीलिया आती है)

जागर : भीड़ को भड़काने का क्या है? झूठ बोलकर भड़काई जा सकती है।

मस्त : अगर झूठ बोलकर भीड़ को भड़काया जा सकता है, तो सच बोल कर भी लोगों को उकसाया जा सकता है। बहन जी, आप बताएँ। सच्ची गवाही देंगी आप?

सीलिया : कैसी?

मस्त : कि मरने से पहले जगदम्बा आपके घर तक नहीं पहुँची।

सीलिया : चौधरी साहिब तो कहते हैं।

नाजो : अपनी बात कर तू। तुझे चौधरी से क्या? वो कुछ भी कहता फिरे।

रहमान : होशियारपुर से आकर तुम्हारे से मिली तो नहीं? बात तो नहीं की?

सीलिया : ठेकेदार और चौधरी छोड़कर गए···

जागर : तेरे से मिली थी जग्गो? इधर-उधर की मत हाँक।

सीलिया : नहीं। लेकिन उदास थी। जीने को दिल नहीं था दरअसल में उसका। मेरे साथ बटाला जाना चाहती थी।

पंडित : ईसाई बनाने चली थी उसे?

नाजो : सुन लो। मज़हब बदल ले तो नौकरी है। अब मर गई तो इस ज़नानी को इतना अफसोस भी नहीं जितना इन्सान कुत्ते बिल्ली का करता है।

जागर : ग़रीब का कैसा धर्म?

मस्त : लोभ ही धर्म है आजकल की दुनिया का।

जागर : जिसने रोटी दे दी, इज़्ज़त दे दी, उसी का मज़हब क़बूल कर लिया। अपनी नीची ज़ात छुपाने का एक ही तरीका रह गया है। ऊँची ज़ात वालों का धर्म अपना लो। उनका बाना पहन लो। वो चोटी रखते हैं तो चोटी बढ़ा लो। लम्बे बाल रखते हैं तो बाल बढ़ा लो। कपड़े की तरह जब चाहा, धर्म ओढ़ लो, उतार लो।

मस्त : जागर, तू ज्ञानी ध्यानी है। तू मेरा राजगुरु; मैं तेरा भगतसिंह। दोनों

जग्गो को इन्साफ दिलवाएँगे।

सीलिया : मेरे पर सारा गाँव इलज़ाम लगाने पर तुला है। मैं बच्चों को पढ़ाने आई हूँ। जान बूझकर किसी को ईसाई नहीं बनाती।

जागर : जमादारनी ठाकरी का बेटा। सभी उसको बसंता कह कर बुलाते हैं। एक दिन मैं ने आवाज़ दी, "बसन्तिया।" बोला ही नहीं। मैं ने कहा, "ओए, ऊँचा सुनता है?" कहता, नहीं। मैंने कहा, "फिर बोला नहीं?" कहता, मेरा सही नाम बोल। मैंने पूछा, "बसंत राम?" कहता, नहीं। कह, सी.बी. राम। "वो क्या हुआ," मैंने पूछा। कहने लगा, "चार्ल्ज़ बसंत राम।"

(हँसी)

नाजो : इसके बटाले वाले से मिल चुका है न बसंता भी।

सीलिया : तोहमत मत लगाओ। मैंने कभी किसी हिन्दू, सिख, मुसलमान बहन भाई को मज़हब बदलने के लिए नहीं कहा।

पंडित : इतनी दूर दक्खिन से उठकर और क्या लेने आई हो यहाँ? केरला से?

मस्त : ज़ालिमों के झूठ का साथ देने। ईसाई बनती है। जिसका पैगम्बर सूली पर चढ़ गया था। सच ख़ातिर।

सीलिया : कसम जीसस की। मैं ग़रीबों की ख़िदमत में ज़िंदगी ख़र्च दूँगी। मदर टैरिसा की तरह। नन बनी। सारी उम्र क्वाँरी रहूँगी। कमज़ोरों, बीमारों, मज़लूमों की सेवा करूँगी।

मस्त : जगदम्बा ऐसी ही मज़लूम थी। अब तुझे अपना स्कूल और गिरजा बचाने की ज़्यादा फिक्र है। इसीलिए जाबरों का साथ दे रही हो।

सीलिया : मस्त, सच क्या है, कौन ठीक से बता सकता है? कम अज़ कम मुझे यह ग़रूर नहीं। मैं वो करूँगी जो मेरी ज़मीर कहती है।

नाजो : क्या कहती है तेरी 'जमीड़'?

मस्त : जिधर ज़्यादा नफा हो उस तरफ की गवाही दे दो।

सीलिया : गलत है यह। मुझ से पूछ, ईसाई लोगों ने क्या-क्या रहम कमाए हैं मेरे साथ। मेरा शराबी बाप मुझे और माँ को छोड़ कर स्मगलर बन गया। और गोली से मारा गया। माँ ने मुझे यतीमख़ाने में भरती करवा दिया। और खुद गोआ के गंदे होटलों में काम करने लगी, शराबख़ानों में नाचने लगी। लेकिन जीसस के रहम व करम ने उसे बचा लिया। बिशप साहिब ने खुद उसे गंदगी से निकाला। उसके गुनाह बख़्शे। जैसे मेरे मालिक ने मेअरी मैगडलन के गुनाह बख़्शे थे। हस्पताल में नर्स लगवाया। और मुझे? **(आँसू रोकती)** यतीमख़ाने के जहन्नमुम

से निकाला। पढ़ाया। पाला पोसा। अब मैं क्यों न ख़िदमत करूँ इस मज़हब की? क्यों न मर मिटूँ इस पर? बेशक तुम लोग पत्थर फेंकों मुझ पर। मैं उफ तक नहीं करूँगी। सेंट स्टीफन की तरह। सच पर डटी रहूँगी। यही कहता है मेरा धर्म।

मस्त : लेकिन सच यह है कि जगदम्बा का क़त्ल हुआ है। मुझे कसम है तुम्हारे जीसस की। मिल जाओ हमारे साथ। लाश की डॉक्टरी करवाओ। उनको जलाने मत दो।

सीलिया : खुदकुशी करने वाली औरत थी तो नहीं वो। लेकिन डर लगता है मुझे।

नाजो : डर! सभी को कोई न कोई डर है।

मस्त : हौसला करो, यारो। इतने हो तुम। खा तो नहीं जाएँगे तीन चार बन्दे सारे गाँव को। मना कर दो। हम संस्कार नहीं होने देंगे। रोको इन लीडरों को। **(पागलों की तरह मस्ती में)** "शुभ कर्मन ते कबहुं न टरिहुं। निश्चय कर अपनी जीत करिहुं।" **(कुलवंत कौर, चौधरी और ठेकेदार आते हैं)**

चौधरी : थानेदार तो मान गया।

कुलवंत : बड़े यत्न से मनाया है मैंने।

ठेकेदार : पुलिस क्या सहज ही मान जाती है?

चौधरी : चलो, उठाओ लाश। फटाफट।

पंडित : दस्तख़त तो मार दें। इकतीस हज़ार।

चौधरी : यार बामणा, तू ने बीच में ही शोर मचा रखा है अपना। जब पैसे देगा, करवा लेना दस्तख़त। इन्कार करूँगा मैं क्या?

पंडित : हे भगवान! कहर की बात! पैसे तो आप ले चुके हैं। कल। इकतीस हज़ार का बंडल।

चौधरी : कब लिए मैंने? देखो, यारो। ज़बरदस्ती। लगा हज़ारों मेरे सिर चढ़ाने। गबन करना है बैंक में, हुसने खत्री की तरह, तो कर ले। लेकिन भाई मुझे क्यों साथ बाँध रहा है?

पंडित : मैं लुट गया, लोगो! मैं उजड़ गया! छः पुश्त मेरी इकतीस हज़ार नहीं उतार सकतीं।

कुलवंत : याद कर लो, पंडित। सहज से। इधर-उधर रखे हों। अंदर तिजोरी देख।

जागर : ध्यान कर, पंडित। रक़म बड़ी है।

रहमान : भैया, कहीं मेरी तरह तू भी ख़्वार मत होना। भाई की ज़मानत देने का नतीजा है। पंद्रह हज़ार। देस परदेस की धूल चाटता घूम रहा हूँ मैं।

चौधरी : मैं न कहूँ, क्यों बार-बार दस्तख़त—दस्तख़त भौंके जा रहा है। चोर से बढ़कर गठड़ी तेज़। मैंने इसे कहा शाम को—"मैं रोटी खा आऊँ, छावनी, सरदार के यहाँ। मुड़के तेरे से रक़्म उठाऊँगा। और नसराले वालों के टरैक्टर का भुगतान करूँगा।"

पंडित : इतनी मोटी तह नोटों की। चौधरी साब आपने मेरे हाथ से पकड़ कर अंदर डाली। मेरे सामने। फतूही की जेब में। कृष्ण भगवान की सौगंध है मुझे। अपने जनेऊ की सौगंध। कपिला गौ की सौगंध। अपनी चुटिया की सौगंध।

ठेकेदार : सोच ले, पंडित। एक और बखेड़ा मत खड़ा कर।

पंडित : हाँ, ठेकेदार, तुम आए जब चौधरी को बुलाने, थी न इनके हाथ में नोटों की गड्डी?

चौधरी : ख़ामख़ाह बकवास किए जा रहा है। मुझे झूठा बना रहा है।

ठेकेदार : जब मैं पहुँचा, सच्ची कहूँ, रक़्म की बाबत बात तो कुछ चल रही थी। तुम दोनों में। लेकिन मुझे क़तई याद नहीं, किसने पैसे लिए, किसने दिए।

चौधरी : गुरु ग्रंथ साहिब की क़सम उठवा लो मुझे।

पंडित : **(रोता हुआ)** मैं मारा गया! ग़रीब मारा गया! मैं ग़रीब मारा गया!

मस्त : बिखरे हुए गरीब इसी तरह मरा करते हैं। तिनका तिनका अकेला हो, तो ऐसे ही तड़क्क-तड़क्क टूट जाता है।

नाजो : आवे में बरतन दूर-दूर पड़े हों, तो आधे कच्चे रह जाते हैं। ग़रीब और ग़रीब एक-दूसरे से दुश्मनी करके, हसद करके, दूर-दूर रहें, तो उनका आवे का आवा ख़राब हो जाता है।

जागर : धागे मिलकर तानी न बनें जब तक, तो इसी तरह टूटते हैं।

मस्त : तो मिलो सारे। चलो मेरे साथ। उठाओ लाश। माँगो इन्साफ सरकार से। पंडित, हो सकता है, तेरी मुसीबत का हल भी इसी में हो।

नाजो : तीन बच्चे न होते मेरे अगर, तो मस्त, मैं अकेली काफी थी। तुझे इन नामर्दों से मदद की भीख न माँगनी पड़ती।

जागर : रिश्ते नाते ही तो हैं जिनकी वजह से बंदा सब्र कर के बैठ जाता है। अपने बूढ़े-चाचा की इल्तजा मानी मैंने। घरवाली की मिन्नत मानी। नहीं तो, पिछली नाकाबंदी के वक़्त, जब पूर्बिये साले इकट्ठे होकर, चौधरियों के खेतों में आधी मज़दूरी पर काम करने को तैयार हो गए। और यह कुत्ते का पूत, रामधनु, यह साला उन ग़द्दार पूर्बियों का लीडर बनकर, हमें अपने ही गाँव से निकलवाने चला था, मेरा दिल किया, एक दो जमींदारों की गरदनें काटकर सूली पर चढ़ जाऊँ।

भगतसिंह की तरह। मौक़ा आ जाता है एक, जब बंदे के जीने की बजाये, मरने में ज़्यादा इज़्ज़त होती है।

रहमान : रिश्ते नाते का बंधा हुआ ही तो बंदा बुज़दिल बन जाता है। वरना गुस्सा तो, भैया, बहुतेरा आता है, ग़रीब को, ज़ालिम के ख़िलाफ़।

मस्त : कितनी देर के रिश्ते हैं ये तेरे, रहमान मुहम्मद? आज तेरे साँस ख़त्म, अभी लोग कहेंगे, उठाओ, इस मिट्‌टी को मिट्‌टी में मिला दो।

जागर : सही है। बंदे की जून है तो ऐसी। आज मरा, कल दूसरा दिन।

सीलिया : बहुत ऊँची बात करते हो, मस्त, कभी-कभी। याद आया मुझे भी। बाईबल में लिखा है—"ज़िंदगी का भरोसा नहीं। आई कि गई।" और हाँ, एक बात और। रिश्तेदारों के बारे में भी यसूह मसीह कह गए हैं—"मैं आया हूँ दुनिया में ताकि, सच के बदले, बेटा बाप से भिड़ जाए। बेटी माँ से टक्कर ले। सच ख़ातिर। बंदे के दुश्मन भी कुनबे में ही होते हैं।" मैथ्यू, चैपटर दस।

मस्त : जय यसूह मसीह! डट जा सच पर। **(नाचता हुआ)** जय जगदम्बा! जय जगदम्बा! "सत्य नाम कर्त्ता पुरख, निर्भय, निर्वैर।"

नाजो : रुक जा, मस्ता।

रहमान : ठहर, ओए गधे।

जागर : अब पागल मत बन।

मस्त : पंडित, हो या सीधा धर्म के साथ। उठा गांडीव धनुष।

पंडित : तबाह हो गया मैं। साथ में सब नाती पोते। धर्म ने और क्या देना बाकी रखा है मुझे?

मस्त : आख़िर तो टूटेंगे सारे रिश्ते नाते।
फिर क्यों न बन आसमान का तारा टूटूँ?

चौधरी : पिस्तौल नज़र आती है न तुम्हें? बुलाऊँ थानेदार को? तुड़वाऊँ हड्डियाँ दोबारा?

कुलवंत : **(उबासी लेकर)** जाने दो, चौधरी। सुलट गया मामला। जागर, उठाओ लाश। ख़ुदकुशी थी।

ठेकेदार : लकड़ी पहुँच चुकी है श्मशान में।

नाजो : मेरा बस चले तो अभी सच बता दूँ। किसने मरवाया।

सीलिया : किस ने?

नाजो : तू ने। और किस ने? तू ने जानकर भेजा उसे शहर।

सीलिया : झूट। कोरा झूट। मैंने नौकरी दी। मुहब्बत दी।

नाजो : चौदह रुपए के बदले जो ज़नानी मेरे साथ बेईमानी कर सकती है, वो जग्गो के बदन का भी सौदा कर सकती है। दल्लालह। कुटनी।

चौधरी : मुँह संभाल कर बातकर, नाजो।

ठेकेदार : रहमान, तू सुन रहा है न? फिर मत कहना, नाजो के साथ बुरा भला किया हम ने।

सीलिया : घड़े टूटे हुए थे। क्यों दूँ चौदह रुपए?

पंडित : भई, इन साले घड़ों ने जान ले ली हमारी। चौदह को रोती है। यहाँ इकतीस हज़ार ग़रक हो गया। लिए ज़रूर थे, चौधरी, तुमने। तुम्हारे से गिर गए होंगे कहीं।

चौधरी : ज़रूर। अंदर की जेब से गिर गए। हवा थी न साली। जो फुर्रर उड़ गई। बके जा रहा है। बके जा रहा है।

कुलवंत : थानेदार उधर इंतज़ार कर रहा है। खिला-पिला कर, दफा करो उनको। ख़त्म करो झमेला।

चौधरी : जागर, जल्दी करो।

मस्त : हाँ, भाइयो, मान लो इनका हुक्म। रहमान, जागर, पंडित, आओ। समाधि के पास है लाश। नाजो, तेरे कोठे का ताला चाबी कहाँ है?

नाजो : वहीं, कुंडे से लटक रहे हैं। क्यों, तू क्या करेगा ताले का?

मस्त : अभी बताता हूँ। आओ तो सही।

(मस्त, नाजो, रहमान, जागर और पंडित जाते हैं)

चौधरी : इस पागल का पता नहीं अभी क्या कर बैठे। बहन जी, जाना ज़रा नाजो के। देखना क्या करता है।

(सीलिया जाती है)

ठेकेदार : भाभी, माफी दे हमें। गलती तो कर बैठे। बचा लिया तू ने।

कुलवंत : जान से मारने को तुम्हें किस ने कहा था? मुझे पता होता, मैं बेचारी को साथ सुला लेती। वहीं फार्म पर।

चौधरी : हमें क्या ख़बर थी, ऐसे करेगी।

ठेकेदार : कहने लगी, अभी चिल्ला-चिल्ला कर, गाँव को जगा दूँगी। हम डर गए।

कुलवंत : वाहिगुरु बचावे। अगर, बल्ली, तू इस केस में फँस जाता, तो मेरी वज़ारत ठुस्स। पूरा सियासी केरियर ठप्प।

चौधरी : बचा लिया आपने। शुक्र है।

कुलवंत : बल्ली, तुझे सब्र नहीं? दरिंदा बन जाता है तू कभी-कभी। यही करतूत करनी थी, तो फार्म पर ले आते उसे। दो घूंट पिला देते पहले। मज़दूर का क्या होता है। दस बीस रुपए जेब में डाल देते। पहले।

ठेकेदार : **(बच्चों की तरह कान पकड़ कर)** अब बचे। सो आगे को कान हो गए।

चौधरी : थानेदार का भुगतान करो। और, बहन जी, उसे कहो, मस्त को दो चार महीने अंदर रखे। और डरा धमका कर, इलाके से बाहर भगा दे।

ठेकेदार : बिजली लगवाओ सिविल सर्जन से। नहीं भी है पूरा पागल, तो डॉक्टर कर देंगे।

(रामधन को पीटता हुआ पंडित आता है)

पंडित : जाना हरामज़ादे अब तू ने कहाँ है। मेरा इकतीस हज़ार लेकर।

चौधरी : मिल गया? कहाँ से?

ठेकेदार : चोरी की? तेरी दुकान से?

पंडित : मेरी दुकान से क्यों कर चुराता? रक़म तो चौधरी तेरी जेब में थी। साला। बाबे झंडू की समाधि पर सौ रुपए नज़राना चढ़ा कर, दौड़ने की स्कीम बनाए हुए था।

ठेकेदार : मैं न कहूँ, बिस्तर गठड़ी बाँधे किस वासते तैयार बर तैयार खड़ा है।

कुलवंत : यूपी जा रहा था?

पंडित : बता, ओए। तेरे ...स कैसे पहुँची रक़म? चौधरी की जेब से निकल कर?

कुलवंत : थानेदार के हवाले करो इसको।

ठेकेदार : अभी ससुरा रेल के किराए की रट लगाए हुए था।

रामधन : पाँव पड़ता हूँ, साहिब। माफ करो। मैं बेक़सूर हूँ। पुलिस से मत पिटवाइये। मैं मर जाऊँगा।

(रहमान, नाजो और जागर आते हैं)

पंडित : रक़म मिली कहाँ से तुझे?

चौधरी : लाश?

कुलवंत : निकाली नहीं?

जागर : मस्त ने हम से अंदर रखवा ली।

नाजो : मेरे कोठे में।

रहमान : ताला लगा रहा था।

ठेकेदार : **(पागलों की तरह)** बागी हो गए ये लोग! भाभी, अब क्या होगा? हाय माँ, ले ले!

चौधरी : **(गुस्से से काँपता)** जागर, रहमान, जानते हो नतीजा? बसना तो इसी गाँव में है?

पंडित : सच बक दे। सिपाही पीट-पीट कर खाल उतार देंगे।

रामधन : माँ कसम। मैं ने चुराई नहीं। गिर गई होगी नोटों की गड्डी। चौधरी की जेब से। मुझे नहीं पता था इनके हैं। भगवान की

सौगंध। मुझे ख़बर नहीं। मैं समझा किसी और के हैं। वरना मैं उसी वक़्त इनको पकड़ा देता।

रहमान : मिले कहाँ से तुझे?

नाजो : डरता क्यों है तू?

जागर : हम मज़दूर साथी हैं तेरे। अपना बचाव कर। सच कह दे।

(नाचता हुआ मस्त आता है)

मस्त : जगदम्बा तेरी जय हो! जगदम्बा तेरी जय हो! अब कर लो जो करना है। यह रही चाबी। **(जेब में डाल लेता है)** लाश है बंद। नाजो के कोठे में। मरण व्रत शुरू है मेरा। सत्याग्रह। इस समाधि से उठूँगा नहीं जब तक क़ातिलों के हथकड़ी नहीं लगती। इनक़लाब!

कई : ज़िंदाबाद!

(चिरंजी आता है। रुपए देने लगता है)

चिरंजी : लो, चौधरी जी। पाँच सौ। मुझे छुड़ा लो।

नाजो : **(पैसे छीनकर)** नहीं, चिरंजी। अभी मत दे। रुक ज़रा। मस्त की बात सुन।

चिरंजी : नांह। मैं एक नहीं सुनूँगा मस्त की। हड्डियाँ तोड़ दीं मेरी सिपाहियों ने।

जागर : रक़्म मिली कहाँ से तुझे?

चौधरी : **(पिस्तौल पर हाथ रख कर)** रामधनु, यह देख रहे हो न?

(सीलिया लंगड़ाती हुई आती है)

सीलिया : हाय मैं मर गई! हाय माँ मेअरी!

मस्त : क्या हुआ?

सीलिया : टाँग तोड़ दी।

नाजो : किस ने?

सीलिया : नूरुल्दीन ने।

रहमान : दुलत्ती मारी?

मस्त : भाई नूरुल्दीन, ज़िंदाबाद।

सीलिया : यह पकड़ अपने चौदह रुपए। उई माँ, मर गई। **(रोती हुई)** मुझे मेरे आक़ा साफ नज़र आए। मसकीन जीसस गधे पर सवार होकर, जेरोस्लम में दाख़िल हो रहे थे। अपने मंदिर में से लालची दुकानदारों को मार के बाहर निकालने। उस ख़ुशकिस्मत चौपाय ने मुझे सज़ा दी। मैं गुनाहगार हूँ।

मस्त : दोबारा पाप मत करना।

पंडित : नाज़नीन, तेरी और मेरी कुंडली मिलती हैं। पैसे मिल गए।

रामधन : रक़म संभाल, पंडित। मैं चला अपने देस। राम राम सबको।

मस्त : **(पकड़ कर)** जाएगा कहाँ तू, बेटा? पिस्तौल से डर गया? धत्त तेरे की। हौसला करो, भगत जी। मरण व्रत पर मैं भी तो बैठ गया हूँ। सच बोल दे एक बार। घबरा मत। जगदम्बा मुझे सब कुछ बता कर मरी थी।

रामधन : **(रोता हुआ)** मेरा कोई क़सूर नहीं। यह बताया था तुझे जग्गो ने?

मस्त : हाँ। सुनो, भाइयो। क़ातिल हैं दो। मेरा ताऊ चौधरी बलबीर सिंह। और बीबी कुलवंत कौर एम.एल.ए. का देवर, ठेकेदार इक़बाल चंद। बोल, रामधन। सही बताया जगदम्बा ने?

पंडित : तू वादा मुआफ गवाह बन जाना। छूट भी सकता है। क्यों, जागर?

जागर : ज़रूर।

नाजो : सच बोल।

रहमान : हम तेरे पीछे हैं।

ठेकेदार : रामधनु, तू जानता है न मुझे?

पंडित : रक़्म तेरी ज़बान बंद रखने के लिए दी थी क़ातिलों ने?
(तीन अलग खड़े हैं। बाकी झुंड बनाए हैं)

मस्त : डर मत। सच की जीत होगी। **(मदहोश नाचता हुआ)** जय माँ काली, ले बदला। शेरों वाली दुर्गा, मारो दैत्य को। हम मो काज जगत में आए। धर्म हेतु गुरुदेव पठाये।।

नाजो : कैले! बेटा! संभाल अपने आप को।

रहमान : बता, ओए। कैसे हुआ?

रामधन : मुझे नहीं पता था, रक़्म चौधरी की है। जब चौधरी ⋯ पहले चौधरी ⋯ फिर ठेकेदार ⋯ टराली में ⋯ जग्गो से कर चुके ⋯ सड़क के किनारे पड़ी थी ⋯ नोटों की गड्डी। मैंने उठा ली।

सीलिया : मदर मेअरी शील्ड मी! जग्गो के साथ इन दोनों ने ⋯? ओह ओह जीसस!

रामधन : दोनों ने। रोई चिल्लाई बड़ा वो।

नाजो : कहती होगी, गाँव वालों को बता दूँगी।

रामधन : हाँ, हाँ। यही बात हुई। जब हम बड़े पुल पर आए। मैंने हाथ नहीं लगाया। सौगंध सीता मैया की। अपने बच्चों की सौगंध। मैं बेक़सूर हूँ।

मस्त : चलो जुलूस बनाकर। सीधे डी.सी. की कोठी। करो इकट्ठा सारा मेघोवाल।

जागर : थानेदार तो यहीं है।

चिरंजी : दो सिपाही भी।

रहमान : घूस ले चुका है थानेदार। कुछ नहीं करेगा।

मस्त : हम करेंगे, जो करना है। तू करेगा। जागर करेगा। उठाओ लाठी। भगाओ थानेदार को। इतना हुजूम है मज़दूरों का। लोगों का। ज़ालिम मुट्ठी भर हैं। मारों कुत्तों को। जकड़ो हथकड़ियों में। इनक़लाब!

सारे : ज़िंदाबाद!

चौधरी : जान नहीं चाहिए तुझे, करनैल सिंह?

मस्त : ताऊ, तू ने मेरी माँ को क़त्ल किया था। बारह साल पहले। बारह साल बाद आज वो जगदम्बा बन कर मिली है मुझे। आज तू नहीं बच सकता। यह है मेरी बारह बरसों की खट्टी कमाई। **(मुश्किल से आँसू रोकता)** आज तेरे साथ हिसाब चुकता करूँगा। मैं मरूँ या जियूँ। यह काम ज़रूर पूरा करूँगा। मेरी माँ की आत्मा तब तक शांत नहीं होगी। मेरी ज़िंदगी तबाह कर दी तू ने। कहीं चैन नहीं लेने दिया तू ने। दर-दर की ठोकरें खाईं। बारह साल। भिखारी बना। नौकर बना। साधु बना। चोर बना। पागल बना। मेरी माँ की चीखें, कुएँ में गिरती हुई माँ की चीखें, मेरे कानों में गूँजती रहीं। हमेशा। नहीं भुला सका मैं। आज वो दिन है। आज आज़ादी मिलेगी मुझे। अब बना हूँ मैं "निर्भय, निर्वैर।" गाओ सारे। उठाओ जगदम्बा को। गाते चलो। ईश्वर अल्लाह तेरो नाम। गाते चलो। जय जगदम्बा! ज़ोर से बोलो, इनक़लाब!

सारे : ज़िंदाबाद!

मस्त : चलो!

(आगे बढ़ता है। चौधरी सीने में गोली मारता है। मस्त गिरता है। नाजो और सीलिया बढ़कर उसे गोद में लेती हैं)

नाजो : बेटा!

सीलिया : जीसस!

मस्त : तुम··· चलते चलो! **(मर जाता है)**

सीलिया : मेरे जीसस!

नाजो : मेरा बेटा!

(दोनों ज़ोर से रो रही हैं। रौशनी लाल होकर बुझती है।

(ख़त्म)

(पहला प्रालेख : फरवरी, 1983)

11

भाइया हाकिम सिंह

प्रमिला सिद्धू
तथा
डॉ. अचल भगत
और
कालेजिएट ड्रामा सोसाइटी के दूसरे मलंगों को
जिन्होंने
मेरे 'भाइये' को
अखाड़े में जीवंत किया

लेखक की तरफ से

1. 'भाइया हाकिम सिंह' मंच पर बेहद कामयाब हुआ। इसके पहले चार शो देखकर, मैं ने अपने पिछले दस नाटकों के पहले प्रदर्शनों के बारे में सोचा। शायद 'भजनो' के पहले तीन शो देखकर मैं इतना खुश हुआ था। या, 'बाबा बंतू' का दूसरा और तीसरा प्रदर्शन देखकर। 'हाकिम सिंह' की सफलता ने मुझे और भी अधिक इस करके प्रसन्न किया—यह हमारी टोली के जवान लड़के-लड़कियों ने मिलकर खेला था। इस में मेरे जैसे बूढ़े प्राध्यापकों ने कोई दख़ल नहीं दिया था। बच्चों का बढ़िया काम देखकर मुझे अपनी ज़िंदगी का मक़सद पूरा हुआ दिखा।

कई दोस्तों ने, और कुछ आलोचकों ने, मेरे हौसले की तारीफ की। उनके मुताबिक, मैं ने 'भाइया हाकिम सिंह' में किसी पक्ष के साथ बेइन्साफी नहीं की। हर एक को बराबर सहानुभूति दी। हाकिम सिंह और उस के दुश्मनों को अपनी सफाई पेश करने का पूरा मौक़ा दिया। बिल्ले को समझने की कोशिश की। मेरे लिए यह बात हौसला दिखाने की नहीं है। यह तो नाटक लिखने का क ख ग है। नाटककार को चाहिए, वह मरने-जीने की टक्कर में फँसे पात्रों के दिलों के अंदर डुबकी लगा कर, उन को सही-सही चित्र सके। पात्रों को केवल काले या विशुद्ध सफेद होने से बचाए। 'भाइया हाकिम सिंह' में मैंने इस लक्ष्य को आँख से ओझल नहीं किया—बेशक कुछ दर्शकों के अनुसार मैं इस मंतव्य में सफल नहीं हो सका।

हाँ, एक तरह समकालीन मार-काट पर नाटक लिखना ख़तरे से खाली नहीं। आप सरकार को या आतंकवादियों को आम लोगों के दुश्मन बनाकर पेश करोगे, तो ये दोनों पक्ष आपके साथ ज़रूर ख़फा होंगे। क्या इस तरह का विषय चुनकर, नाटक लिखने के लिए मुझे साहस जुटाना पड़ा? नहीं। मेरे लिए यह रास्ता स्वाभाविक है। जिस दिन मैं ने फैसला किया, अपने लोगों की भली बुरी घटनाओं, आदतों और विश्वासों पर नाटक लिखूँ, उस दिन मुझे पता था, मैं खुशामदी नाटक नहीं लिखूँगा। कलाकार का काम है मनुष्य जीवन को सुधारना। अपनी कृति में बुराई दिखाकर, भद्दापन उकेर कर, उन ख़ामियों को समाज में से निकालना। अगर मैं सरकार का पिट्ठू बनकर, या किसी एक कट्टर फिरके के क़ातिलों से डर कर, सच को दबाने लग पड़ा, दमनकारियों की चापलूसी करने लग पड़ा,

तो मुझे कला जैसे क्षेत्र में पैर नहीं डालना चाहिए था। मेरा काम है खरी-खरी सुनाना, बेशक बिल्ले के और सरकार के और आलोचकों के टखने लगे, चाहे घुटने लगे।

नामर्द सरकार ग़रीब लोगों को क़ातिलों से न बचा सके! धर्म के अँधे बेगुनाहों को गोलियों से भूनते जाएँ! इस अत्याचार को देखकर भी अगर मेरे से आशा की जाए, कि मैं सरकार को या आतंकवादी बिल्ले को शाबाश कहूँ, धिक्कार है मेरे लिखने पर! और आपके पढ़ने पर!

2. कुछ गालियाँ बेईमान आलोचकों को।

आलोचक का हक़ है, वह अपनी समूची राय प्रकट कर सके--कि ''लेखक अपने मुद्दे में कामयाब नहीं हुआ।'' पर ऐसी राय देने से पहले, आलोचक को आलेख के तथ्यों के बारे में, फैक्ट्स के बारे में, नाटक की घटनाओं के संबंध में, अपनी जानकारी पक्की कर लेनी चाहिए। एक मूर्ख पत्रकार के अनुसार, 'भाइया हाकिम सिंह' में आतंकवादियों द्वारा सताए गए लोगों के दुःख दर्द के बारे में नाटककार ने एक भी संवाद नहीं लिखा! जिस विषय पर पूरा का पूरा नाटक आधारित है, जिस संताप को हर दूसरे तीसरे वाक्य में दोहराया गया है, उस विषय पर इस आलोचक को कुछ भी नहीं सुनाई दिया। तीसरे गाने में आतंकवादी और पुलसिये द्वारा मिलकर हाकिम सिंह की गर्दन पर चलाया गया आरा नहीं दिखाई दिया। साफ है, यह आलोचक ग़लत तथ्यों के आधार पर अपनी राय बना रहा है। कारण? मेरी भाषा इसको समझ नहीं आई। और सिख आतंकवादी बिल्ले को वह धर्मांध नज़रों से देख रहा है। कोई हैरानी नहीं अगर ऐसे म़हा अज्ञानी बेईमान को मेरा नाटक ''आतंकवाद को बढ़ावा देने वाला'' लगा हो। यह आदमी दिल से सिखों का शत्रु है और यही लिखने पर मजबूर था। यह दूसरा कोई संवाद न सुन सकता था न समझ सकता था। यह उसी कट्टर सिख आलोचक का भाई होगा जिसने मेरे पर लांछन लगाया था--मैंने 'बाबा बंतू' हिंदू नज़रिये से लिखा है!

अच्छा आलोचक लेखक का दोस्त है, साझेदार है। उसकी कमज़ोरियों को सुझा कर, लेखक को अपना आलेख सुधारने का अवसर प्रदान करता है। मैं ऐसे दोस्तों का बहुत आभारी हूँ। पर यह बात दोहराने से नहीं रह सकता। भैया, तू मेरी रचना के तथ्यों को झुठला कर अपनी राय न लिख। तू पटियालवी प्रिंसिपल की तरह मत कर--जिस बेईमान ने मेरी 'भजनो' के साथ बलात्कार करने की कोशिश की थी।

यह जनाब भाषा विभाग के भाड़े पर नाटक पर परचा पढ़ने पटियाला से दिल्ली पहुँचे। पन्ना तेरह पर उन्होंने फरमाया : सिद्धू की भजनो सरपंच बतन सिंह के साथ और अपने जमाई मास्टर कुंदन लाल के साथ लिंग संबंध कायम करती है! इस प्रिंसिपल बेवकूफ ने मेरा नाटक पढ़ा ही नहीं था। इसकी आलोचना के सिर पर राख और मिट्टी। (पता नहीं चुन चुन कर अनपढ़ों को कॉलेजों के प्रिंसिपल क्यों बनाया जाता है?) पुस्तकें पढ़ने-पढ़ाने के बारे में तो क्या, आ प्रिंसिपल को ज़ंदगी के बारे में भी आलिफ से बे नहीं

पता। मेरी भजनो इसको 'निम्न वर्ग' की लगी—क्योंकि वह अपने छिंदे पुत्र को पालने के लिए, पढ़ाने की ख़ातिर, अपने सब अंग, प्रयोग कर सकती है। इस बुद्धिजीवी की समझ के अनुसार, 'उच्च वर्ग' की महिलाओं के ज़नाना अंग नाकारा होते हैं!

इस अनपढ़ प्रिंसिपल का मुक़ाबिला सिर्फ बठिंडे का आलोचक ही कर सकता है। इस बठिंडवी मूर्खानंद को मेरा 'बाबा बंतू' बिलकुल नहीं जँचा। वजह? सिद्धू 'मालवे' की भाषा लिखनी नहीं जानता। जिस अँधे-बहरे को मेरी 'दुआबी' और अपनी 'मलवई' में फर्क नहीं नज़र आया, उसका क्या काम था रिवियू छपाने का? सिर्फ 'ट्रिबिऊन' से पच्चीस दमड़े भिक्षा लेने की ख़ातिर?—कौन कहता है, सिर्फ कुछ बेसहारा स्त्रियाँ ही कोठे बैठती हैं?

आलोचक भाई जी, आपका शाही ऐलान, आपकी जजमेंट, सिर माथे पर। आपकी वाणी सोने में मढ़ा कर पूजनी चाहिए। मगर, सर जी, पहले मेरी कृति के तथ्य तो समझ लो। किताब को एक बार पढ़ तो लो। आलोचना करना ईमानदार, निर्पक्ष, पढ़े-लिखे, इन्सानों का काम है। इस में कट्टर, बेईमान, ज़ातपात को मानने वाले, अनपढ़ ढोर को खुर नहीं फँसाने चाहिए।

३. क्या हाकिम सिंह बदचलन है? क्या मुझे हाकिम सिंह और बंती की यारी मंच पर नहीं दिखानी चाहिए? क्या जोगिंदरो और जीणदास का इश्क़, पुष्पा और अच्छर सिंह का प्यार, मुझे नाटक से बाहर रखने चाहिए?

नेक चाल चलन क्या होता है?

"सिद्धू का नाटक अश्लील है। बहन-बेटी यह नाटक नहीं देख सकती।" ये शब्द एक झूठ के उपासक ने संगोष्ठी में बोले। नाटक पर पीएच.डी. कर रही एक बेअक़्ल बीबी ने, भरी सभा में, उदाहरण सहित, मुझे सुधारने की कोशिश की : "हमारा साहित्य बहन-बेटी से परदा करता है। 'ससुर से निकाले घूंघट, नंगा रखती क्लिप वाला पासा'।—इस लोक गीत में बहू परदा रखने का यत्न करती है। सिद्धू को भी लड़के-लड़कियों का इश्क़, हाकिम सिंह और बंती की यारी, दर्शकों के सामने नहीं लाने चाहिएं।"

ऐसी नेक नसीहत मुझे डरपोक दोस्तों ने कई बार दी है। मुझे इन पर गुस्सा नहीं आता। बल्कि मैं खुश होता हूँ—मेरे नाटक का यह पक्ष उपेक्षित नहीं रहा। इसने दर्शकों को झंझोड़ कर सोचने के लिए मजबूर किया है। ये नासमझ नन्हे-मुन्ने, परदा डालने वाले बुज़दिल, बेचारे, एक दिन ज़रूर ज़िंदगी का यह हिस्सा सही समझ जाएँगे—अगर इसी तरह मेरे नाटक देखकर, पढ़कर, उनके बारे में बहसते रहे, लड़ते-झगड़ते रहे।

मैं प्यार संबंधों को नाटक में क्यों दिखाता हूँ? कया मैं दर्शकों को अश्लील पंक्तियाँ सुना कर उनकी जेबों से पैसे निकलवाना चाहता हूँ? क्या मैं जानबूझ कर अपने बेटे बेटियों को कुरास्ते डाल रहा हूँ? जीवन के बारे में गुमराह कर रहा हूँ? उनका चाल- चलन बिगाड़ रहा हूँ?

इन सवालों पर सालों साल मैं ने अच्छी तरह सोचा है। मेरे किसी भी नाटक में कोई भी घटना नहीं जिसको मैं अपने देश के लड़के-लड़कियों से छिपा कर रखना चाहूँ। मैं ने कभी कोई संवाद पैसे के लोभ के कारण नहीं लिखा। मेरे नाटकों में लिंग संबंधों को लेकर, जिन आलोचक ने झटका खाया है, उनको मेरे नाटकों में पिरोया गया चाल-चलन का अर्थ समझ नहीं आया। पति-पत्नी संबंध क्या होते हैं? इन्सानी रिश्ते सही कौन से हैं, ग़लत कौन से हैं? साहित्य और जीवन में अश्लीलता क्या होती है? इस पर प्रकाश डाल कर, अपने दर्शकों को, पाठकों को, अक़्ल सिखाने की तकलीफ एक बार फिर उठा लूँ।

चाल-चलन बड़ी चीज़ है। इन्सान का चरित्र टाँगों के बीच की दो इंच जगह तक सीमित नहीं होता। मैं हाकिम सिंह और बंती को बहुत ऊँचे और निर्मल इन्सान समझता हूँ। हाकिम सिंह किसलिए लड़ रहा है?—बड़े परिवार की रक्षा के लिए। अपने निज को त्याग कर, ख़ुदग़र्ज़ी को छोड़कर, समूचे कुनबे के लिए, भाइया आरा लगाने का यत्न कर रहा है। रामो सिर्फ अपने बेटे-बेटी की सोचती है। उसे देवर जेठ से, भतीजा भतीजी से, मूलतः मोह नहीं। सास का कंठहार अकेली दबा कर, रामो साँपनी बनी बैठी है। शाबाश बंती के! मलिका की मोहरों से अगर किसी परिवार का भला हो सके, बंती ख़ुशी ख़ुशी सोना वार देगी। मेरी दृष्टि में, सरबत्त का भला चाहने वाले, हाकिम और बंती, नेक चाल-चलन वाले हैं, सच्चे पति-पत्नी हैं। स्वार्थी रामो बदचलन है। उसने नानक को सही नहीं समझा। नानक ने अंगद को गद्दी पर बैठाया—अपने सगे पुत्रों को छोड़कर। ख़ुदगर्ज़ बिल्ला बदचलन है। उसने भगत सिंह को सही नहीं समझा। बिल्ला एक पंथ के बदले मौत का नाच नाच रहा है। वह धर्म को, सियासत को, तंग नज़रों से देख कर, क़ौम को, सूबे को, हमारे मुल्क को, तबाह कर रहा है। निकम्मी सरकार बदचलन है, जो ग़रीबों की रक्षा नहीं कर सकती। उनके बेटे बेटियाँ क़त्ल करवा रही है। इन अश्लील दुश्मनों से घिरे हुए, नफरत के पुजारियों के बीच में फँसे हुए, मेरे बेटे-बेटियाँ, मेरे जुगिंदरो, जीणदास, पुच्छी, मुझे दूधों धुले दिखते हैं। प्यार करने वाले चरित्रवान हैं। इस प्यार के शत्रु, मेरे हाकिम सिंह और बंती को अलग करने वाले, बिल्ला और सिपाही और आलोचक, बदचलन हैं।

'प्यार का क़त्ल'।–ट्रैजडी की इस से बढ़िया परिभाषा क्या हो सकती है?

मेरे 'हाकिम सिंह' को अभी तक सबसे तीखा आलोचक मिला है मेरी छोटी बिटिया, नूपुर उर्फ बब्बी। रिहर्सलों के दौरान बब्बी ने सबको समझाया : 'भाइया' नया नाटक नहीं। यह तो 'भजनो' का पुलिंग है। चरित्र की समझ के पक्ष से, बब्बी को सौ बटा सौ अंक। तगड़ी भजनो के लिए पुत्र को पालना ही सब से उत्तम चाल चलन है। कमज़ोर पूरो का बेटी को मारना ही सबसे बड़ी बदचलनी है। अगर मेरी भजनो, निखट्टू ख़सम को छोड़कर दूसरे या तीसरे मर्द के जा बैठी, ताकि उसका छिंदा और जीतो बढ़ें फूलें, तो वह बदकार कैसे हुई? माँ भजनो की निंदा करने वालो, पिता हाकिम सिंह को फटकारने वालो, अपनी समझ बढ़ाओ। चाल चलन का, नेकी बदी का, सही अर्थ सीखो।

परदा रखना, दिखावा करना, डरपोक समाज की करतूत होती है। लेखक तो इस नक़ाब को फाड़ने के लिए जन्म लेता है। कवि तो हमारे अंतर्विरोध को दिखा कर, हमें सत्य का सामना करने की चुनौती देता है। शरम हया के बहाने, सच से आँखें मत चुराओ। घूँघट जैसे घुटन भरे रिवाज भी जवान बहू का क्लिप नहीं ढक सकते। ससुर भी मुझे सुंदर समझे—हर बहू की ख़ाहिश होती है। दिल की गाँठों को खोलना, गूँगी मनोग्रंथियों को ज़बान देना, लेखक का मुख्य मंतव्य होता है।

मैं ड्रामाबाज़ ही नहीं। अध्यापक भी हूँ। पिता भी हूँ। मनोवैज्ञानिक होना मेरी कला की पहली पौड़ी है। मैं ने लड़के-लड़कियों संग पूरी उम्र बिताई है। किस से प्यार छिपा कर रखूँ मैं? दस ग्यारह साल का बच्चा मेरे अश्लील आलोचकों जैसा बुद्धू नहीं होता। समझता वह सब कुछ है। सिर्फ पाखंडी माँ-बाप से सीख कर, निकम्मे अध्यापकों से डर कर, वह अनजान होने का मकर करता है। ये पाखंड ख़तरनाक हैं। ये मकर घातक हैं। अगर नाटक और फिल्में और चुटकले इस बोझ को दिल व दिमाग से न उतारें, तो बच्चे रोगी हो जाएँगे। पागल हो जाएँगे। नशेबाज़ बन जाएँगे। आत्महत्या कर लेंगे। मेरे नाटक मानसिक घुटन को दूर करने का दारू हैं।

जो बुज़दिल मनुष्य, पड़ोसियों से डर कर, वहमी पुजारियों, अनपढ़ ग्रंथियों से ख़ौफ खा कर, अपने बेटे-बेटियों से सत्य को छिपा कर रखना चाहते हैं, वे मुल्क के साथ ख़तरनाक खेल खेल रहे हैं। नई पीढ़ी की सोच की घंटी मरोड़ कर, ये झूठ के बनजारे, एक दिन शायद धर्म का सच्चा अर्थ ही छिपा लें। और हमारे बेटे-बेटियों को अँधे करके, 'शहीदी' के रुमाल में लपेट कर, ख़ुदकुशी पकड़ा दें।

—मैं झूठा नहीं, बुज़दिल नहीं। मैं कड़वे से कड़वे सत्य को मधु-मीठे झूठ पर तरजीह देता हूँ। मैं अंध-विश्वास को अश्लील समझता हूँ। पत्थरों और पोथियों के पीछे किए जा रहे क़त्ल को अश्लील समझता हूँ। मैं नफरत को अश्लील समझता हूँ। प्यार को स्वच्छ समझता हूँ।

4. पंजाब की 'नक़्लें' क्या होती हैं? पीएच.डी. विद्वानों के शोध-प्रबंध शायद मेरे 'भाइया' को 'नक़्ल' न मानें।

मगर मैं, अपने गाँव के समझदार अनपढ़ों की तरह, 'भाइया' को अखाड़े में खेल कर, नक़्ल ही कहूँगा। अगर आप हमारे गाँव के फुम्मण सिंह को बताओ : ''बरगद के नीचे, दोपहर को, नक़्ले होंगी।'' वह नक़्ल का मतलब पाँच-मिंटी मख़ौल, अश्लील लतीफा, नहीं निकालेगा। फुम्मण सिंह समझेगा : नक़लिये गायेंगे, नाचेंगे, ठट्ठा ठिठौली करेंगे, हँसायेंगे। और साथ-साथ, एक लंबी कहानी खेलेंगे। कहानी लैला मजनूँ, कीमा मलिकी, सस्सी पुन्नूं, जैसे बदनसीब आशिकों के बारे में हो सकती है। जिसको देखते वक़्त फुम्मण सिंह आँसू नहीं रोक पाएगा।—और अगर यह 'नक़लियों' का जुट रात को भी खड़का दड़का करने के लिए ठहर गया, तो फुम्मण सिंह राजा हरिचंद्र या पूरन भगत का 'साल'

या 'रास' भी देख सकेगा। वह दुख भरी रास से ज़रा घबराता है। मरा हुआ पुत्र उठाये हरिचंद्र की रानी को देखते वक़्त, पूरन भगत से बिछुड़ी अँधी माँ अच्छरां को देखते वक्त, फुम्मण सिंह का वाघा की सरहद पर मरा जवान पुत्र गुरमुख सिंह मुड़ मुड़ कर उसकी आँखों के सामने आएगा, मुस्कराएगा। फुम्मण सिंह की पगड़ी का लड़ गीला हो जाएगा। और मुंडेर पर बैठी गुरमुख की माँ गश खा जाएगी। शायद वह कई दिन, कोनों में बैठी, पुत्र को याद करके, रोती रहे।

चलो, फुम्मण सिंह को इतना भी फिक्र नहीं। रासधारिये बीच-बीच में नक़्लें भी लगाएँगे। हँसायेंगे। नाचेंगे। गायेंगे। 'नक़्ल' पंजाब का 'टोटल थियेटर' है। 'भाइया हाकिम सिंह' को मैं ने वही डील डौल देने का यत्न किया है।

क्या 'पंज कुएँ वाले' और 'भाइया हाकिम सिंह' में मैंने अपने आप को दोहराया है? शायद नहीं। ज़्यादा नहीं। कहानी और पात्र और तकनीक अलग हैं। दोनों नाटक पंजाब के आतंकवाद के सालों की हालत पेश करते हैं। लेकिन मेरी कोशिश रही है कि ये हर पक्ष से दो अलग नाटक बन जायें।—और अगर मैं इस लक्ष्य में सफल नहीं हो सका, तो भी ख़ैर सल्ला। यह समय की ज़रूरत है। कुछ बातों को दोहराने की अभी ज़रूरत है।

काश! आतंकवाद देश से शीघ्र ख़त्म हो! और मैं हँसी मख़ौल वाला सुखद नाटक बना सकूँ।

इला अपार्टमेंट्स (104 ए)
बी-7, वसुंधरा ऐनक्लेव
दिल्ली-110096

चरणदास सिद्धू

निर्देशिका की ओर से

'भाइया हाकिम सिंह' निर्देशन के क्षेत्र में मेरा पहला प्रयास है। इस से पहले मैं स्टेज के साथ पिछले आठ सालों से एक अभिनेत्री और बैकस्टेज वरकर के नाते जुड़ी हुई थी। यह प्रस्तुति एक 'समर वर्कशॉप' की तरह थी। और इसकी सफलता का सेहरा प्रत्येक कलाकार के सिर जाता है। यह टीम वर्क था, एक जॉइंट ऐफर्ट, जिस में सब ने अपना किरदार तो निभाया ही साथ ही साथ नाटक से संबंधित बाकी काम भी बख़ूबी किए।

किसी भी नाटक की पहली पेशकारी का अनुभव अपने नयेपन से मज़ेदार तो होता ही है परन्तु एक ख़ास लाभ यह भी मिल जाता है कि अनछुई स्क्रिप्ट के हर पहलू को दर्शानि के लिए कई संभावनाए सामने आ जाती हैं। इस कारण सृजनशीलता और मौलिकता के कई अवसर मिलते हैं।

अपनी इस प्रस्तुति में हम ने पंजाब की लोक नाट्य शैली 'नक़्ल' के कुछ गुण इस्तेमाल किए हैं। दिल्ली की जन्मी-पली होने के नाते, अपनी आँखों से नक़्लें मैं ने एक आध बार ही देखी हैं। मगर कुछ ग्रंथों की सहायता से इस शैली का अध्ययन ज़रूर किया है। हमारे लिए यह एक नई क़िस्म का तजरबा था। यथार्थ से हटकर, 'घागरा पिड़' में यानि गोलाकार खाली सेट्ट पर, कम से कम वस्तुओं की सहायता से, हम ने इस नाटक को खेला। नक़ल शैली की तरह लोक गीत, गायक मण्डली, क्रॉस टॉक, अभिनेताओं का दर्शकों के बीच में से आना जाना, और दृश्य की समाप्ति पर, कोरस की जोटी में बैठ जाना, उनको अपने रोल से अलग करके, दर्शकों का ही हिस्सा बना लेता था। चारों तरफ दर्शक और बीच में चल रहे ऐक्शन का मुद्दा था दर्शकों को अधिक से अधिक नाटक के कथानक के साथ जोड़ना—ताकि पात्रों और दर्शकों के बीच की दूरी को तोड़ा जा सके। लोगों से खचाखच भरे श्रीराम सेंटर तल घर में नाटक खेलने से हमें अपने इस प्रयास में काफी सफलता मिली।

इस नाटक के निर्देशन में मुझे सब से ज़्यादा मज़ा इसकी रिहर्सलों में आया। ये कभी-कभी गोष्ठी का रूप ले लेतीं थीं। जो टरमॉइल इस नाटक में दिखाया गया है, वो खलबली हमारी बहसों में भी उभरी। इस विवादास्पद विषय ने हमारे हर कलाकार को कई पहलुओं पर सोचने के लिए मजबूर किया। पूर्वाभ्यास के दौरान कई तरह के प्रश्न हमारे

ज़ेहन में उभरे।—यह नाटक किसी एक गुट को अधिक महत्त्व तो नहीं दे रहा? क्या दर्शक इसके सही अर्थ को समझ जाएँगे? क्या यह सरकार के ख़िलाफ है? पुलिस के? हिंदुओं के? क्या यह आतंकवादियों का पख लेता है? पुलिस इस पर बैन तो नहीं लगा देगी?

लेकिन इन सब चुनौतियों को, ख़तरों को, ताक पर धर कर, अपने सहकर्मियों के सहयोग से, हम ने इसके चार शो किए। दर्शकों की प्रतिक्रिया ने, उनके भरपूर उत्साह ने, और आलोचकों की प्रशंसा ने, हमारी नाटक के प्रति सोच को दूसरे नए मोड़ दिए।

'भाइया हाकिम सिंह' के निर्देशन में मेरी पूरी कोशिश रही कि मैं मूल आलेख में ज़रा सा भी हेर फेर न करूँ। डबल कास्ट के साथ मेहनत तो दुगुनी करनी पड़ी, पर इस कारण, कई अभिनेताओं को अपने रोल में बढ़िया तबदीलियाँ करने का मौक़ा भी मिला। कुछ ने दो-दो रोल भी खेले—हालाँकि कई बच्चे पहली बार मंच पर उतरे थे। एक वर्कशॉप होने के नाते, हम ने हर कलाकार को उत्साहित किया। खुद अपने आप को, निर्देशिका की हैसियत को, भूलकर, मैं भी इसके बाकी कलाकारों में से एक थी।

इस प्रस्तुति में हमने अपनी अपरोच बड़ी सादा और अनौपचारिक रखने की कोशिश की, ताकि दर्शकों तक इस नाटक का संदेश सरलता से पहुँचा सकें। सैट्ट के मात्र चार लैवल थे, जो चार स्थानों को दर्शाते थे। हमने उन्हें प्रतीक रूप में बरता। दृश्य एक ख़ास जगह से शुरू होकर पूरे ऐक्टिंग एरिया तक फैल सकता था। अभिनेताओं के ऐंटरी-ऐगज़िट के लिए भी हम ने कोई स्टरिक्ट रूल नहीं बरते। इस सादगी ने नाटक को एक नवीनता तो दी ही, साथ में इसकी एकरसता को तोड़ा।

डॉ. अचल द्वारा प्रकाश योजना के प्रयोगों का मक़सद था नाटक की टैंनशन को बढ़ाना। चूँकि लाईट्स डिम्मर्ज़ श्रीराम सेंटर में मिल गए थे, इसी करके हमने इस तकनीक को इस्तेमाल किया। हाँ, जब प्रकाश के बग़ैर, दिन की रौशनी में ही नाटक खेलना पड़ा, वहाँ हमने बिना सीन को काटे भी पूरा प्ले खेला।

संगीत की विशेषता यह थी कि सिर्फ ढोलकी बाजे के साथ नाटक की पात्र वीणा सिद्धू तनेजा और नूपुर सिद्धू ने इसके गीतों को अपने मधुर स्वरों में संजोया। नाटक के आरंभ के तीनों गीतों को हमने अलग-अलग तरह प्रस्तुत किया। पहली 'आरती' संपूर्ण कास्ट द्वारा घेरा बनाकर तमाम दर्शकों को संबोधित करके गाई गई। दूसरे गीत को मुख्य गायिका वीणा ने दर्शकों के बीच में घूम घूम कर गाया। तीसरे गीत (**'बोली' लोक गीत की शैली**) को हम ने डम्म-शो या मूक-खेल की सहायता से, हाकिम सिंह के परिवार की दर्शकों से जान-पहचान कराई। उसके दोनों दुश्मनों ने हाकिम सिंह के सिर पर आरा चलाने का अभिनय किया। शादी के दृश्य में सुहाग के गीत के साथ-साथ गिद्धा और नाच चलता रहा।

हमारे कुछ दर्शक तीन-तीन चार-चार बार नाटक देखने आए। यह हमारी अद्भुत उपलब्धि थी।

नक़्लों की एक ख़ूबी होती है कि इसके दर्शक कलाकारों के काम से प्रसन्न होकर

रुपयों की 'बेल' कराते हैं। यह हमारे लिए अनोखा सुख था कि हमारे चार दर्शकों ने, नाटक ख़त्म होने पर, हमें चार सौ रुपए इनाम के दिए। दिल्ली जैसे शहर में और एअर कंडीशंड हॉल में उन्होंने देहाती अखाड़े का माहौल बना दिया। हमारे लिए हमारी नक़्ल- नुमा पेशकारी की कामयाबी का इससे बढ़िया दूसरा कोई सबूत नहीं था हो सकता।

मुझे यक़ीन है—'भाइया हाकिम सिंह' खेलकर, नानक और भगत सिंह के संदेश दर्शकों तक पहुँचाने के चाह्वान, भविष्य के कलाकार भी हमारे जितना आनन्द प्राप्त करेंगे।

प्रमिला सिद्धू

पहला मंचन

'भाइया हाकिम सिंह', पहली बार 14 से 17 जुलाई, 1986 को कॉलेजिएट ड्रामा सोसाइटी, दिल्ली द्वारा श्रीराम सेंटर बेसमेंट, नई दिल्ली, में खेला गया। निर्देशन प्रमिला सिद्धू ने किया। कलाकार थे—

हाकिम सिंह : राजेश खट्टर / रबिंदर नारायण माथुर
संता सिंह : सतीश भल्ला / विनोद तनेजा
दलेल सिंह : राजकुमार साहनी / देविंदर सचदेव
सीतल सिंह : तरुण गेरा / योगेश खट्टर
अच्छर सिंह : शैलेंद्र जैन / तरुण गेरा
बिल्ला : हरविंदर सिंह सिद्धू /रवि तनेजा
जीण दास : हरजिंदर सिंह / शैलेंद्र जैन
सिपाही : रवि तनेजा / राजकुमार साहनी
रामो : वीणा सिद्धू तनेजा
किषनी : सिम्मी सचदेव
जुगिंदरो : हरविंदर कौर / पंकजा सिद्धू
बंती : ज्ञान कौर सिद्धू
पुच्छी : आशा सिद्धू / नूपुर सिद्धू
संगीत : वीणा सिद्धू तनेजा (**हारमोनियम**), नूपुर सिद्धू (**ढोलकी, हारमोनियम**), आशा सिद्धू (**तबला**) और दूसरे कलाकार

अखाड़े के बाहर

सैट्ट, रौशनी : डॉ. अचल भगत
वस्त्र : वीणा, ज्ञान कौर
हार शृंगार : राजकुमार साहनी
स्टेज मैनेजर : रवि तनेजा, रबिंदर माथुर
आवाज़ें : राज, रवि, विनोद
संगीत निर्देशक : वीणा सिद्धू तनेजा
निर्देशिका : प्रमिला सिद्धू

पात्र

भाइया हाकिम सिंह	:	उम्र 52 साल
रामो	:	उसकी घरवाली, 50
सीतल सिंह	:	उसका पुत्र, 15
संता सिंह	:	उसका बड़ा भाई, 53
दलेल सिंह	:	उसका छोटा भाई, 46
किषनी	:	उसकी भावज, 40
जुगिंदरो	:	उसकी भतीजी, 16
अच्छर सिंह	:	उसका भतीजा, 15
बंती	:	उसकी पड़ोसिन, 40
जीणदास	:	बंती का पुत्र, 16
पुच्छी	:	बंती की बेटी, 15
बिल्ला	:	नंबरदार, 25
सिपाही	:	

* * *

स्थान	:	पंजाब का एक गाँव, जिला होशियारपुर
समय	:	आजकल

* * *

(अगर आप गाँव के इर्द गिर्द घूमती हुई सड़क पर खड़े हो और सामने देखो, बायें हाथ आपको दिखेगा बढ़ई का—लोहार का, कारख़ाना, कोठा, पेड़ के नीचे तख़्त। आपके दायें, कुछ पीछे हटकर, तीन घर। आगे दलेल सिंह का घर और आँगन। उसके पीछे, भाइया का घर, और संता सिंह के घर की दीवार का कोना)

गीत 1 : आरती

(क) पहले ध्याऊँ बाबा नानक
जिस प्यार का सबक सिखाया।
पत्थरों और पुजारियों से हम
हिन्दियों को छुड़ाया।
धर्म के ठेकेदारों वाले
पाखंडों को फोड़ा।
हिंदू, मुस्लिम सिख सभी को
प्यार गाँठ से जोड़ा।
पहले ध्याऊँ बाबा नानक···
धर्म के नाम जो नफरत डाले
वह नानक का बैरी।
आ नानक फिर प्रीत जगादे
गा कर अपनी शायरी।
पहले ध्याऊँ बाबा नानक···

(ख) दूजे ध्याऊँ भगत सिंह को
(जो) ज़ालिम को ललकारे।
किरती कामे मज़दूरों को,
नई नई सूझ चितारे।
राज संभालें जाबिर ज़ालिम
लोगों को भरमाते।
आज शेर कल लोमड़ बनकर
कामगार फुसलाते।
दूजे ध्याऊँ भगत सिंह को···

ताज तख़्त के लोभी गुंडे
चालें कई चलाते।
इन्क़लाब का सबक सीख
हम भगत सिंह को ध्याते।
दूजे ध्याऊँ भगत सिंह को

(ग) धर्म के अंधे, राज के लोभी,
दुश्मन आज हमारे।
नानक बाबा, भगत सिंह हैं
रहबर आज हमारे।
पहले ध्याऊँ बाबा नानक, जिस प्यार का सबक सिखाया।
पत्थरों और पुजारियों से हम, हिंदियों को छुड़ाया।।
दूजे ध्याऊँ भगत सिंह को, जो ज़ालिम को ललकारे।
किरती कामे मज़दूरों को, नई नई सूझ चितारे।।
जिस प्यार का सबक सिखाया।
जो ज़ालिम को ललकारे।।

गीत 2 : विषय-धुन

बंदे, तेरे दो दुश्मन
इक राजा, इक पुजारी।
भैया, तेरे दो दुश्मन,
इक अफसर, इक पुजारी।

(क) वोट की ख़ातिर, कुरसी ख़ातिर
राजे तेरी मति मारी।
पुलिस इन्हीं की, जेब में पैसा,
बाघ फिरें सरकारी।
देखना भैया, रजवाड़ा है
कुत्ते सम दुत्कारी।
बंदे तेरे दो दुश्मन···

(ख) पंडा, पूजक, मुल्ला, ग्रंथी
तेरा दुश्मन दूजा।

धर्म अफीम खिलाकर तुझको
जुल्म की करते पूजा।
भैया, तेरे दो दुश्मन...

(ग) मारना काटना जो सिखलाये
लेकर रब्ब का नाम।
वो है तेरा दुश्मन, किरती,
घुस मत उसके गाम।
वीरा, तेरे दो दुश्मन...

(घ) कुरसी वाले, पोथी वाले,
लूटी दुनिया सारी।
वोट की ख़ातिर, कुरसी ख़ातिर
राजे तेरी मति मारी।
पुलिस इन्हीं की, जेब में पैसा,
बाघ फिरें सरकारी।
देखना, भैया, रजवाड़ा है
कुत्ते सम दुत्कारी।
बंदे, तेरे दो दुश्मन, इक राजा, इक पुजारी।
भैया, तेरे दो दुश्मन, इक अफसर, इक पुजारी।
इक राजा, इक पुजारी। इक अफसर, इक पुजारी।

गीत 3 : जान पहचान

(गिद्धे और 'बोली' गीत के साथ-साथ पात्र अखाड़े में आते हैं। पहले हाकिम सिंह आकर तेसे से मोटी लकड़ी समतल काटता है। फिर उसके परिवार के लोग पीछे आकर कुछ बैठते हैं, कुछ खड़े होते हैं। फिर धर्मांध बिल्ला आकर एक तरफ खड़ा होकर, मूँछों को ताव देता है। सिपाही आकर दूसरी तरफ खड़ा होता है। आख़िर में बिल्ला और सिपाही हाकिम सिंह के सिर पर आरा चलाने का स्वाँग करते रहते हैं)

गामों में से गाम सुना है,
गाम सुना है भाम।
भाम का एक राज मिस्त्री,
हाकिम सिंह था नाम।

(क) कर्म कमाता दस नाख़ुन से
कुनबा रहा था पाल।
न जाने वह भली बुरी,
न सरकारी चाल।
बेलिया, न सरकारी चाल–3

(ख) सीखा बाबा नानक से वह,
प्यार संग जग रहना।
मंदी क़िस्मत हाकिम सिंह की,
दुखड़ा पड़ गया सहना।
धर्मांधों कलपाया कुनबा,
पुत्र भतीजे गहना।
बेलिया, पुत्र भतीजे गहना–3

(ग) दूजा दुश्मन था सरकारी
पुलिस मिलटरी बंदे।
हाकिम सिंह भोला बेचारा,
फँसा हाल में मंदे।
उग्रवादी सरकार बन गए
ज्यों आरे के दंदे।
बेलिया, ज्यों आरे के दंदे।
बेलिया, ज्यों आरे के दंदे।।

झाँकी 1

बिल्ला : मुख़बिरों को तो हम पहले लेंगे।

हाकिम सिंह : मैं ने मुख़बिरी नहीं की। नंबरदार, मान जा मेरी बात। थाने के नज़दीक तो मेरा बाप दादा नहीं गया कभी।

बिल्ला : तू ने मुख़बिरी नहीं की, तो पुलिस साली कैसे चढ़कर आ गई? शहतीर जैसा जवान मेरा भाई, जिसे छलनी की तरह बींध गिराया, बहन के यारों ने। और उसका दोस्त, ताजेवाल का लड़का, सुच्चा सिंह। चौदहवीं में पढ़ता था। वो बेचारा यों ही फँस गया। मिलने आया था गुरदेव को। किताब लेने। पुलिस ने क़त्ल कर दिया। यह दोनों ख़ून, हाकिम सिंह, तेरे सिर।

हाकिम : मिन्नत मान मेरी, बिल्ला। मैं तेरा दुश्मन क्यों बनूँगा? गुरदेव के मरने का अफसोस है, हमें तीनों भाइयों को। तेरी और हमारी सदियों की साँझ है। तेरे बड़े बडेरे, हमेशा हमारे बुजुर्गों से प्यार रहा। सच्ची बात है, हम बेज़मीनों का है क्या? आप का दिया खाते है, सरदार साहिब। मज़दूर आदमी। हम आप जैसों के साथ वैर क्यों कमाएँगे?

बिल्ला : वैर तो तू ने कमा लिया। भाई तो मेरा गया। शहीद हो गया, ख़ालसा पंथ के लिए। पर हाकिम सिंह, अब तेरी ख़ैर नहीं। और तेरे परिवार की ख़ैर नहीं। तू भी क्या याद रखेगा, पुलिस को बता कर, नंबरदारों का लड़का मरवाया था।

हाकिम : पुलिस को मैंने नहीं बताया। **(रोने को)** ओए देखो यारो, जुल्म साईं का। मैंने पुलिसिये संग बात नहीं करी कभी।

बिल्ला : चतुर तो मुझे बनकर बता न। पता मुझे सब कुछ है। अगर तू पुलिस का जासूस है, कम हम भी नहीं। हमारे बंदे भी पुलिस के हर महकमें के अंदर हैं। मिंट मिंट की ख़बर रहती है हमें। वो तो क़िस्मत बुरी थी इन लड़कों की। पुलिस को गन्ने के खेत में टकर गए। गोले बनाते हुए। दो चार मिनट का फर्क पड़ता तो इधर- उधर हो जाते।

हमारा सूचक बाद में पहुँचा।

हाकिम : सूचना मैं किस को दूँगा? मेरे तो फरिश्तों को भी ख़बर नहीं, कब पुलिस आकर तेरे भाई को मार गई।

बिल्ला : (**धक्का देकर नीचे गिराता**) चित्त तो किया था, गोली मारकर तुझे अभी उड़ा दूँ। तुझे और साथ में तेरे पुत्र को। और भतीजे को। पता लगता तुम्हें भी, जवान लड़का मर जाए कुनबे का, तो कितनी दर्द होती है। तीनों भाइयों का एक ही बंब से ख़ात्मा कर देता मैं।

हाकिम : नंबरदार, गुरु ग्रंथ साहिब की क़सम है मुझे। गुरुद्वारे ले चल। जो मरज़ी कसम दिला दे। भला इतना पाप मैं गाँव के लड़कों के खिलाफ कर सकता हूँ? किसी ने झूठ कहा तुम्हें, मेरे बारे में।

बिल्ला : बकवास मत किए जा। मैं ने अभी तरस किया। नहीं तो रात को जब बंदा बता कर गया, हाकिम सिंह बढ़ई की करतूत है यह, मैं ने रातों रात तीनों भाई मार गिराने थे।

हाकिम : हे सच्चे पातशाह, हे बाबा नानक! मैं कैसे यक़ीन दिलाऊँ नंबरदार को? मेरा कोई कसूर नहीं।

बिल्ला : भौंके मत जा, ओए। महाराज का नाम अपनी गंदी ज़बान पर मत ला। हम पल क्षण की ख़बर रखते हैं।

हाकिम : (**खड़ा**) मेरे सामने कर तू बंदा, जिसने तुझे बताया, मेरे बारे में। चल।

बिल्ला : परसों, ठेके पर बैठा था तू? कोट फतूही?

हाकिम : हाँ। यों ही चित्त कर आया। पऊआ लिया मैं ने। रेशा सी थी। घुटने जुड़े हुए थे। क्यों, क्या बात?

बिल्ला : तेरे पास कौन बैठा था? जिसके साथ बातें की तू ने?

हाकिम : कोई भी नहीं। बातें मैं ने क्या करनी थीं? पाँच मिनट नहीं लगाए मैं ने। पऊआ क्या बहुत होता है? झट उठकर गाँव के रास्ते पड़ गया मैं।

बिल्ला : झूठ बोलने की कोशिश मत कर। ठेके बैठे हुए, तू ने किसी बंदे को बताया, गुरदेव के बारे में।—कि हमारे गाँव के लड़के गरनेड बनाते हैं। बंब बनाते हैं। गन्ने के खेत में। तू ने आँखों से देखे हैं। बताया कि नहीं? कौन आदमी था वो?

हाकिम : बंदा? कौन?··· अच्छा, अच्छा··· वो तो, मेरे ख़्याल में, बिहाले का था वो। गठड़ी उठाए कपड़े बेचता है। फेरी वाला। गुरदेव का नाम मैं ने नहीं लिया।

बिल्ला : (**टाँग मारकर**) वो बजाजी वाला, तेरी बेटी का ख़सम, पुलिस का बंदा था। भाई मरवाया तूने मेरा, कंजर।

हाकिम : नंबरदार, सच मान। मैं ने गुरदेव का नाम नहीं बताया।

बिल्ला : थानेदार को सपना आया था? जो वह बंदूकें लेकर चढ़ आया, हवेली हमारी।

हाकिम : वो बंदा तो मैंने कहीं अनजाने में बात मुँह से निकल गई। हम साधारण ही, आपस में, गड़बड़ के बारे में बातें कर रहे थे। और भी थे तीन चार बंदे बैठे। निकट के गाँव के। हम ने कहा, सारे सूबे में फसाद शुरू हो गए हैं। एक तरफ ये लड़के क़त्ल किए जा रहे हैं। बंब चला रहे हैं। निर्दोष लोग, बसों से उतार उतार कर, भूने जा रहे हैं। दूसरी तरफ, लीडरों की पुलिस है। सरकार की मिलटरी है। वो भी, भोले भाले लोगों को पकड़-पकड़ कर, गोलियाँ मारे जा रहे हैं। कह देते हैं—मुक़ाबले में मारे गए।—ग़रीब जनता दोनों पक्षों के बीच में फँसी हुई है। काम धन्धे भी बंद हो गए हैं। बस, यही बात करी हम ने, ठेके बैठे हुए। अधिक तो बोला ही नहीं मैं।

बिल्ला : तुझे अधिक कैसे लगेगा? तेरा बेटा मरे, भतीजा मरे, तो पता लगेगा तुम्हें। भाई मरे तो पता लगे।

हाकिम : सुख बोल, नंबरदार। वाहे गुरु करे, बेटा किसी माँ-बाप का न मरे। भाई किसी का न मरे।

बिल्ला : मुख़बिरी और किसे कहते हैं? सीधा गया वो ठेके से उठकर। थाना ले आया।

हाकिम : माफी दो, सरदार जी, मुझे। जानकर मैंने कुछ नहीं किया।

बिल्ला : तू जान, न जान। मेरा परिवार तो तबाह हो गया। देख, चलकर, हालत मेरी माँ की। और बहन की। कल की गश खा रही हैं। तेरा ख़्याल है, मैं तुझे, और तेरे भाइयों को, सूखा छोड़ दूँगा?

हाकिम : मुझे अगर पता होता, पुलिस का आदमी है, मैं क्यों बोलता? बेकसूर हूँ। क्षमा कर।

बिल्ला : क्षमा करके तुझे, मेरा भाई ज़िंदा हो जाएगा?

हाकिम : हाथ जोड़ता हूँ तेरे आगे। नंबरदार, ग़लत बताया तुम्हें मेरे बारे में।

बिल्ला : हाको बढ़ई भाम वाला तू ही है न? कहा नहीं तू ने? गोले बनाते हैं हमारे गाँव के लड़के? बरसाती नाले में चला चला कर देखते हैं।

हाकिम : नशे में कहा भी गया होगा। पुत्र की क़सम लगे। सीतल सिंह की। गुरदेव सिंह नाम मेरी ज़बान से नहीं निकला।

बिल्ला : लोभ में आ गया तू?

हाकिम : किस चीज़ का लोभ?

बिल्ला : इनामों के इश्तिहार जो लगाए हुए हैं, पुलिस ने। गाँव-गाँव।

हाकिम : झूठ है, बिल्ला। मैंने किसी इनाम शनाम की नहीं सोची।

बिल्ला : लोगों की ज़रूरत है हमें भी। ख़ामख़ा अपने बंदे हम भी क़त्ल नहीं करना चाहते। क़ौम को आज़ाद कराना है तो शहीदी देनी पड़ेगी। गुरु महाराज ने गुरदेव को अपने चरणों में बुला लिया। खरा हुआ। पर अगर तू भली चाहता है, तुझे मुख़बिरी का बदला चुकाना पड़ेगा।

हाकिम : कैसे?

बिल्ला : जो हुक्म आएगा ऊपर से।

हाकिम : तो भी?

बिल्ला : तेरे भाइयों को, बेटे को, भतीजे को, मदद करनी पड़ेगी।

हाकिम : कैसी?

बिल्ला : मौक़ा आएगा तो बताएँगे। गुरदेव की जगह अब सीतल सिंह लेगा। अच्छर सिंह लेगा।

हाकिम : **(हाथ जोड़कर)** मेरे पुत्र भतीजे बख़्श दे, नंबरदार। पुलिस पीछे मत लगा हमारे। **(रोता)** मेरा तो इकलौता लाल है। बुढ़ापे का। तीन लड़कियों के बाद में जन्मा। सीतल को इस काम में मत लगाना। अच्छर को इस काम में मत लगाना। रहम कर हम पर। **(पाँव छूता है)**

बिल्ला : **(पैर से ठोकर मार कर)** तो कह दूँ साथियों को? मुख़बिरी का मज़ा चखाएँ तुझे?

हाकिम : वाहे गुरु! कहाँ फँस गया मैं?

बिल्ला : मैं ने फँसाया? फँसा तो आप तू। अपनी मूर्खता से। **(जाता है, मुड़ कर)** अच्छा, और सोच ले। अगर गुरदेव सिंह के ख़ून के दाग़ धोने हैं, तो सबूत दे। हमारे साथ काम कर।

हाकिम : **(निकट जाकर)** दया कर, नंबरदार।

बिल्ला : ज़्यादा मग़्ज़ मत खा मेरा! आख़िरी बार बता रहा हूँ तुझे। मैं चला हूँ सब हवेलियों में कहने। तुम तीनों भाइयों को गाँव में काम नहीं मिलने देंगे। मरो भूखे। निकट के गाँव में भी, तुम्हें काम नहीं लेने देंगे। देखते हैं हम। पुलिस के टट्टुओं को कौन अपने घर काम पर लगाएगा। जितनी देर तक हमारे साथ मिलकर, लड़कों के क़त्ल का बदला नहीं चुकाते, उतनी देर तक बाईकाट! तीनों भाइयों का!

हाकिम : बेकसूरों को सज़ा मत दो, नंबरदार जी।

बिल्ला : एक बात याद रखना। अगर तेरे बचने का इलाज है, तो हमारे पास है; पुलिस को रिपोट करने की मत सोचना। पुलिस तुम्हें बिल्ले नंबरदार से नहीं छुड़ा सकती। पुलस को बुलाया, तो समझ, मौत को

बुलाया। मुख़बिर, मामा बना कर छोडूँगा मैं। **(जाता है)**

हाकिम : **(आँसू पोंछता)** एक तरफ, पुलिस! दूसरी तरफ, आतंकवादी! हे बाबा नानक, किधर सिर छिपाऊँ मैं? रक्षा कर, बाबा। मेरे परिवार पर रहम कर।

(अँधेरा)

झाँकी 2

(हाकिम सिंह आम बीजने की तैयारी में। फावड़ा हाथ में)

हाकिम : **(ऊपर देखकर)** वहाँ आम पर कौन है? बेटा?

सीतल : हाँ।

हाकिम : तू क्या कर रहा है वहाँ?

सीतल : किताब पढ़ रहा हूँ।

हाकिम : क्यों, नीचे बैठे को अक्षर नहीं दिखते? जो आसमान में टँगा हुआ है तू?

सीतल : छिपना था मैं ने।

हाकिम : छिपन छिपाई खेल रहा है तू? लड़के तो उधर खेल रहे हैं। वधावा सिंह के पेड़ों के नीचे। तू इतनी दूर क्यों छिपा बैठा है? उतर नीचे। अपने ताऊ को बुलाकर ला। साथ में दलेल सिंह को। ज़रूरी बात करनी है।

सीतल : साले मुझे धींगोज़ोरी खेलने लगा लेते हैं।

हाकिम : बुरा है, अगर कसरत हो जाए? खेला कर तू भी। जब मैं होता था तेरी उम्र का, वो कबड्डी खेलता था! आँखों से आग निकला करती थी। और तू? किताबों में गड़ा रहता है। चुँधियाई आँखें। पंसेरी वज़न नहीं उठा सकता।

सीतल : वज़न नहीं मैं उठाऊँगा। पढ़ाई करनी है मैंने। दसवीं की परीक्षा एम. ए. जितनी मुश्किल होती है।

हाकिम : अच्छर सिंह को देख तो। तेरी उम्र का है। कबड्डी में गाँव का कोई लड़का मुक़ाबला नहीं कर सकता। अँधे का जफ्फा है, अच्छर का। मजाल क्या छूट जाए बंदा जिसको कैंची-दाँव में जकड़ ले।

सीतल : **(नीचे छलाँग मारकर)** हर वक़्त अच्छर! अच्छर! कभी पढ़ाई के बारे में भी पूछा है उसको?

हाकिम : क्या हो गया उसकी पढ़ाई को? जाता नहीं स्कूल? फिर आना कानी

करने लग पड़ा?

सीतल : कल आटे की मशीन पर बैठा रहा। तेजू के साथ इंजन ठीक करा रहा था। स्कूल पहुँचा ही नहीं।

हाकिम : अब क्या बात हुई? उस दिन तो मैं हैडमास्टर को कह कर आया हूँ—हौसला बढ़ाए लड़के का।

सीतल : परसों हैडमास्टर साब ने बैंतों से पीटा। सारे स्कूल के सामने। सो, कल फिर नहीं घुसा क्लास में।

हाकिम : उस साले ने बैंतें क्यों मारीं? उसको मैं पूछता हूँ चलकर।

सीतल : बैंत न मारे तो और क्या उसको हलवा दें? एलजबरा जुमैटरी अच्छर का बाप करेगा?

हाकिम : तू बता देता, झट लगाकर। तेरा भाई लगता है।

सीतल : न जी। मैं अपना टैम क्यों ख़राब करूँ? उस जैसे भाई बहुतेरे घूमते फिरते हैं।

हाकिम : ढंग से बोल, ओए। माँ की तरह, उलटी मत सोचा कर। चाचे का बेटा भाई नहीं बनेगा तेरा, तो और कौन बनेगा?

सीतल : मुझे नहीं ज़रूरत। न चाचा की, न ताऊ की। मैं अपने लिए आप ही काफी हूँ।

हाकिम : यह कौन सा नया ग्रंथ पढ़ने लग गया, ओए, तू? माँ के पीछे लग कर?

सीतल : ठीक कहती है माँ। तुम्हें पुत्र से बिलकुल प्यार नहीं। न ही तीनों बेटियों से। तेरे तो सब कुछ हैं भतीजा और भतीजी। मैं तो कुछ लगता ही नहीं। **(रोता है)**

हाकिम : देखो तो! ख़ामख़ा रोने लगा। तू कोई कम प्यारा है मुझे? आ इधर। तुम्हें आम बीजना सिखाऊँ।

सीतल : तेरे से मैं कुछ नहीं सीखूँगा। बढ़ई-लोहार का काम नहीं करूँगा मैं तेरी तरह।

हाकिम : क्यों, ओए? अपने हाथों पैरों से कमा कर खाना बुरा है?

सीतल : मैं पढ़कर, परफैसर लगूँगा। मामा की तरह। माँ कहती है।

हाकिम : लग जाना, भई, तू परफैसर ही लग जाना। चढ़ जाना, तू और तेरी माँ, बाबा अटल पर।

सीतल : बढ़ई का बंधुआ काम तो बेगार है। कोई इज़्ज़त नहीं करता तुम्हारी।

हाकिम : बेगार कैसी, बेटा? अपना काम करते हैं। मज़दूरी लेते हैं लोगों से। मुफ्त हम कुछ नहीं लेते किसी से।

सीतल : जाट ज़मींदार सब तुम्हें कामगार समझते हैं। बाईकाट करने लगे हैं

तुम्हारा।

हाकिम : कर दें साले बाईकाट। हम क्या गाँव का दिया हुआ खाते हैं?

सीतल : माँ कहती है, सारा गाँव तुम तीनों भाइयों को टिच्च समझता है?

हाकिम : हम तीनों भाई सारे गाँव को टिच्च समझते हैं।

(अच्छर सिंह आता है)

अच्छर : ताऊ! ताऊ! सोढ़ी ने मोटर साइकल बेच लिया।

हाकिम : ईंधन निरा। किसने ख़रीदा?

अच्छर : बिल्ले नंबरदार के दोस्त ने। रहीमपुर वाले मास्टर ने।

सीतल : धोखा किया सोढ़ी ने। डरैंग मास्टर के साथ।

अच्छर : धोखा नहीं। मैं ने खुलवाया कल इंजन सोढ़ी के साथ। हम ने इकट्ठे मरम्मत किया। मैं ने आप चलाकर देखा, बाहर की सड़क से लेकर, नंबरदारों के टूबल तक। जहाँ गुरदेव और सुच्चा सिंह की लाशें पड़ी थीं। गरारी मैं ने ठीक की, चेन की।

हाकिम : तू ने मरम्मत किया?

अच्छर : हाँ। बिल्ला कहने लगा, हमारे साथ मिल जा। अमृत छक ले।

हाकिम : न, पुत्र मेरा। बिल्ले से दूर रहना। तू भी सुन, सीतल। पढ़ाई करो, दिल लगाकर। किसी की भली बुरी नहीं सुननी।

अच्छर : इंजनों का काम सीखना बुरा है क्या?

हाकिम : वो तो खरा है। लो भई, तू पुश्तैनी काम चलाएगा।

सीतल : जिसने स्कूल का काम नहीं करना हो, उसे आप ही आ जाती है ठोकाठाकी। इसमें कौन सा दिमाग़ लगता है? रोज़ जाकर आटे वाली मशीन पर बैठा रहता है। रूई धुनने लगा रहता है। कभी बिजली वालों की दुकान पर टिक-टिक-टिक-टिक करते हुए देखता रहता है। स्कूल में डंडे पड़ते हैं।

हाकिम : हाँ, बेटा। तू स्कूल क्यों नहीं गया? सवाल क्यों नहीं निकाले?

अच्छर : किसके ऊपर निकालूँ सवाल? कापियाँ तो लेकर नहीं दी मुझे। अभी तक। किसी ने।

हाकिम : कापी क्यों नहीं ख़रीदी?

सीतल : झूठ बकता है। साफ कह, अलजबरा नहीं घुसता तेरी खोपड़ी के अंदर।

अच्छर : सौगंध गुरु की, ताऊ। कापी नहीं है मेरे पास।

हाकिम : तू माँगता तो दलेल सिंह से। पैसे दे देता तुम्हें।

अच्छर : सौ बार तो माँग चुका हूँ। नहीं देता।

हाकिम : वजह भी हो।

अच्छर : भापा कहता है, अभी पैसे मिले नहीं। करतार सिंह बोला, छत पड़ने के बाद दूँगा।

हाकिम : साला छतों का! छत पड़कर बल्कि चबारा भी चढ़ गया। पैसे क्यों नहीं माँगे दलेल सिंह ने?

सीतल : माँ मुझे कहती है : न तू चाचे वाली राजगीरी करेगा, न भाइये और ताऊ वाला बढ़ई—लोहार का धंधा। मामा की तरह—

हाकिम : ले पकड़। दो रुपए। कापी ख़रीद। और बैठ कर सवाल निकाल। और बिल्ले नंबरदार से बात नहीं करनी।

अच्छर : रहने दे तू, ताऊ। मैं आप ही ले लूँगा भापा से, जब करतार सिंह देगा।

हाकिम : पढ़ाई का हर्जा क्यों कर रहा है तू? जा, भजने की हट्टी से कापी ख़रीद। और अपने भापा को भेज यहाँ। संता सिंह को भी।

सीतल : भाइया, मुझे भी पैसे दे दे।

हाकिम : मेरे पास तो सिर्फ दो रुपए थे।

सीतल : भतीजे को देने के लिए हैं। बेटे की बारी आई तो ख़त्म हो गए।

हाकिम : उलटी क्यों पढ़ रहा है, ओए, तू? क्या करेगा तू पैसे?

सीतल : कापी लेनी है।

हाकिम : तुझे अभी रीस सूझनी थी?

सीतल : रीस इसमें कैसी? मुझे भी जुमैटरी के लिए कापी चाहिए।

हाकिम : कल ले देंगे।

सीतल : अच्छरु की बारी झट निकल आए रुपए। **(रोता है)**
(रामो आती है)

रामो : पुत्र, क्या हुआ? रो क्यों रहा तू?—मारा तूने लड़के को?

अच्छर : नहीं, ताई। मारा तो किसी ने नहीं।

रामो : झिड़का होगा मेरे लाल को। पहले बहुत जान है उसमें? ख़ून सुखा दिया।

हाकिम : मैं क्यों झिड़कूँगा? आते ही बोलने लग पड़ी तू।

रामो : बोलना नहीं। देख तो, लड़के की हड्डियाँ निकल आईं। हर वक़्त मारूँ-पीटूँ, मारूँ-पीटूँ। **(सीतल ऊँचा रोता है)**

हाकिम : ख़ामख़ा! चुप कर, ओए। ढीं ढीं मत कर।

रामो : बेटा, मुझे बता तू।

सीतल : भाइये ने अच्छरु को झट दो रुपए पकड़ा दिए। कापी के लिए। जब मैं ने माँगे, खाने को दौड़ा।

रामो : अच्छरु को जमाने वाले मर गए? जिन्होंने जमाया था, वो कंजर दें

पैसे। हम ने ठेका ले रखा है, अच्छरु की कापियों किताबों का? और जुगिंदरो की कलमों दवातों का? देख तो, इसने क्या चलन पकड़ा है। अपनों को देख कर राज़ी नहीं। बेटियों के जाना नहीं। जो रास्ता देख रही हैं नित्य। लोगों के बच्चे पालने लगा है।

हाकिम : क्यों भौंके जा रही है तू, फिजूल? अच्छर और जुगिंदरो पराए हो गए?

रामो : भतीजे और भतीजी जूते की जगह नहीं समझा करते। घर मत खिला। मेरे भैया के साथ, देखा न, कैसे हुई। कॉलेज में पढ़ाया, ताऊ के बेटे को। तरसेम को। घर से रोटियाँ खिलाईं। टूटी जूती की जगह नहीं समझता अब तरसेम। आतंकवादियों के साथ मिल गया। तीन चार बंदे क़त्ल कर दिए। ऐसे ही तेरे करेंगे। जिन की तू हिमायत करता फिरे।

हाकिम : जो बंदा परिवार की हिमायत न करे, वो कोई इन्सान होता है?

सीतल : माँ, भाइये के लिए तो अच्छरु पुत्र है इसका। सीतल सिंह तो कुछ लगता ही नहीं। **(रोता है)**

रामो : चल, बेटा, चुप कर। तेरा मामा पढ़ाएगा तुझे कॉलेज में। तू ने क्या लेना है इससे? यह खिलाए भाइयों को। और भौजाइयों को। और खसमखानी खतराणियों को। बाहमणियों को। घर उजाड़ू।

हाकिम : ओए, किसे घर खिलाता हूँ मैं? क्यों तू मेरे पीछे पड़ी रहती है? ब्याई हुई गीदड़ी की तरह?

रामो : मैं कहती हूँ, रब्ब भी इन्साफ नहीं करता। उस भले मानस ने घड़ी पल नहीं लगाया। दो दिन बुखार चढ़ा और चलता हुआ।

सीतल : कौन?

अच्छर : पुष्पा का भापा। गुरदास खत्री।

रामो : इस रांड बंती को नहीं होता कुछ। चिपकी है मेरे से, मेरी सौत। घर उजाड़ रही है मेरा।

हाकिम : क्यों बात को बढ़ाए जा रही है तू? बच्चों के सामने? शरम हया कर कुछ। मैं बेचारी बंती को क्या खिलाऊँगा? क़िस्मत मारी को। बेटी-बेटा यतीम छोड़ कर मर गया, गुरदास। मेरा लँगोटिया यार था। अब अगर गाँव वाले विधवा को दुख-सुख न पूछें, तो और कौन पूछेगा? बंती के तो मायके में भी कोई नहीं, जो बेटी बेटे के पालने में सहाई होगा। दिल में कुछ तरस किया कर। भगवान का ख़ौफ खाया कर। ज़हर मत घोला कर, हर वक़्त। पहले ही मुझे ज़िंदगी मौत की फिक्र पड़ गई। न जाने कुनबे के साथ कैसी होगी।

रामो : तरस करे बंती कंजरी पर मेरी जूती। मेरा बस चले तो जटा उखाड़ कर हाथ में पकड़ा दूँ। खड़ी को आग लगा दूँ, सातों कपड़ों समेत। बहाने बना बना कर रंडी तेरे पाद सूँघती रहती है।

हाकिम : फिर वही बात। चरखा मरम्मत कराने आई थी कल।

अच्छर : ताई, सचमुच, पुष्पा से मुन्ना टूट गया था। हम तीनों जने खेल रहे थे। जीणदास ने मुझे धक्का दिया। मैं जाकर पुच्छी में लगा। पुच्छी चरखे पर गिरी। मुन्ना टूटा गया।

रामो : जो मुन्ने चरमखें बंती के तू ठोकता है, मैं सब जानती हूँ।

हाकिम : अच्छा, जानती हो तो चंगा। अब सिर मत खा मेरा। जा घर। अच्छर, संता सिंह को बुला। दलेल सिंह को भी।

रामो : हे वाहे गुरु, कौन से मंदे कर्म किए थे मैंने? जो ऐसा बेगुरा ख़सम लड़ लग गया मेरे।—आ जा, पुत्र घर को।—देख लेना तू भी। पराए तेरे जूते तक नहीं मारेंगे। **(जाती है। हाकिम सिंह आम बीजने लगता है)**

अच्छर : बड़ा ताऊ कहता है, साबुत आम दबाने का कोई फायदा नहीं। गुठली काफी होती है।

हाकिम : संता सिंह को ऐसी बातों का क्या पता? कारख़ाने में जितने बूटे हैं, सब बापू ने बीजे थे या मैं ने।

अच्छर : अगर साबुत आम बीजो, तो क्या सचमुच फल ज़्यादा मीठे लगते हैं? अकेली गुठली बीजने से ज़्यादा?

हाकिम : सियाने तो यही कहते हैं।

सीतल : एक आम चूस लूँ मैं?

हाकिम : अगर तेरा ज़्यादा जी करता है, तो चूस लो। आधा अच्छर को दे दे।

सीतल : नांह, मैं नहीं देता। **(दौड़ता है)**

हाकिम : यह छोकरा भी बस! माँ पर गया।

अच्छर : माँ पर कि मामा पर?

हाकिम : बहन भाई एक-दूसरे से बढ़कर हैं। मैं ने सोच-सोच कर नाम रखा, सीतल। माँ से भी चिंगाड़ी बढ़ कर निकला।—मिट्टी डाल ऊपर, थोड़ी।

(बंती आती है)

बंती : कौन सा ख़ज़ाना खोदने लगे हो? ताऊ भतीजा?

हाकिम : आ, बंती, बैठ जा।—बेटा, तू दौड़। भेज संते और दलेल को।

अच्छर : चाची, पुष्पा घर में ही है?

बंती : हट्टी पर बैठा के आई हूँ, अगर न इधर-उधर दौड़ी हो। इस लड़की के पैर घर में नहीं टिकते।

अच्छर : मैं ने पुच्छी से स्कूल का काम पूछना है। **(जाता है)**

हाकिम : लड़की को हट्टी क्यों बैठाना? लड़का जो है।

बंती : लड़का खूंटे पर ही अस्सी का है। न पढ़ाई में दिल लगाता है, न हट्टी में। बता, कहाँ से खायें अब? आज तो जो कमाई करते हैं, उनका गुज़ारा नहीं होता। महँगाई के ज़माने में। हमारा क्या बनेगा?

हाकिम : रात आई नहीं तू? मेरा पऊआ पिया बेकार किया।

बंती : तू ने आना था कि मैं ने आना था?

हाकिम : तू तो कह रही थी, मैं आ जाऊँगी, कारख़ाने। मैं ने बल्कि खाट भी वो परे ले जाकर बिछाई। शहतूत के नीचे।

बंती : देख, है। मुझे झूठी बना रहा है। मैं नीचे आँगन में तड़पती रही। गर्मी में। बेटी को छत पर सुला कर।

हाकिम : ग़लती लगी हम दोनों को। मैं तो यही समझता रहा, तू आएगी, यहाँ हवा हारे।

बंती : आधी रात तक अंगड़ाइयाँ लेती रही मैं।

हाकिम : आज निकाल लेना कसर, यहाँ।

बंती : मैं ने क्या सुना है?

हाकिम : क्या?

बंती : बिल्ला नंबरदार क्या कहता घूम रहा है? भाई उसका तूने मरवाया?

हाकिम : झूठ है सब।

बंती : बाईकाट करने चले हैं, तुम्हें—कोई जाट ज़मींदार काम न कराए तीनों भाइयों से। क्या करोगे अब?

हाकिम : बैठे बैठाए फँस गए। कसूर मेरा कोई नहीं। बड़ी मिन्नत की बिल्ले की। नहीं माना। पीछे पड़ गया। बोला, बदला लूँगा, गुरदेव की मौत का।

बंती : पुलिस के रिपोट लिखा दे।

हाकिम : गाँव से वैर छेड़कर, जी सकता है कोई? ख़ाक बचाएगी पुलिस हमें? पुलिस के जासूसों ने तो बिल्ला लगाया हमारे पीछे।

बंती : बुरी हुई यह तो।

हाकिम : संता सिंह और दलेल सिंह से सलाह करके देखते हैं। अगर जुगत मिले कोई, बिल्ले के शिकंजे से निकलने की।—रात को आना ज़रूर।

बंती : चुप। जुगिंदरों आ रही।

हाकिम : जुगिंदरो!

जुगिंदरो : (**दूर से**) हाँ, ताऊ।

हाकिम : कहाँ चली हो, बेटा?

जुगिंदरो : (**पास आकर**) बाहर अंदर जा रही हूँ।

हाकिम : लौट कर आई, तो घर में कहना, अपनी ताई को। चाय रोटी मुझे यहाँ दे जाए।

जुगिंदरो : अच्छा। चाची, पुच्छी ने मेज़पोश कर लिया पूरा?

बंती : अभी कहाँ। कोने वाला गुलाब निकाला है अभी तो।

जुगिंदरो : बेल?

बंती : हरा धागा ख़त्म हो गया। सौदा लेने जाना है फगवाड़े। तो लायेंगे।

जुगिंदरो : उठाव तो बड़ा इस नमूने का।

(जीणदास आता है)

बंती : क्या कहा बिल्ले ने?

हाकिम : दिए नहीं नंबरदार ने पैसे?

जीणा : कद्दू देगा नंबरदार। रोज़ कह देता है, कल आना।

बंती : ऐसे होती है, अगर बेली वारिस न हो।

जीणा : दो साल हुए उधार को। साल भर तो भाइये मरे को भी हो गया। उलटा पड़ता है बिल्ला। बोला—तुम खत्रियों ने, बनियों ने, लूट कर खा लिया हम सिखों को।

हाकिम : थोड़े न बहुत। साढ़े तीन सौ! कूद कूद कर लगा था पकौड़े खिलाने। शराब पिलाने। गुरदेव की सगाई पर। ग़रीब हट्टी वाले के ख़र्च पर।

जुगिंदरो : (**जीणे की तरफ देखती हुई**) अच्छा ताऊ, बाहर से मुड़कर भेजती हूँ मैं, चाय।

(जाती है। जीणा पीछे चलता है)

बंती : तू किधर को चल पड़ा। हट्टी बैठ। पुष्पा, न जाने, सूनी हट्टी छोड़कर कहाँ-कहाँ दुड़ंगे मारे रही है।

जीणा : बाहर अंदर जाकर मुड़ता हूँ मैं। (**जाता है**)

बंती : झटपट मुड़ना।—तेरी भतीजी भी—मैं क्या कहूँ? घड़ी भर नहीं मेरे बेटे को हट्टी बैठने देती। गली नीची कर दी, घूम-घूम के।

हाकिम : इस उम्र में बस नहीं चलता। मगर मंदी क़िस्मत। क्या करेंगे ये लड़का और लड़की? एक ही गाँव के। ज़ात बिरादरी अलग। भाई का भाई आज दुश्मन बन गया। मंदिर के पीछे, गुरुद्वारे के पीछे। बदनामी कमाने के सिवा, सब पक्षों से, और क्या पल्ले पड़ेगा, जीणे और जुगिंदरो के?

बंती : पढ़ाई छुटवा दी, तेरी भतीजी ने, मेरे पुत्र की।

हाकिम : गोली मार पढ़ाई को। लेखा-जोखा करने लायक हो गया। थोड़ा है? पढ़कर भी कौन सी नौकरी मिलती है जल्दी। पुश्तैनी काम है दुकान का। बादशाही है।

बंती : काम चले तो बात है। गाँव से कौड़ी-कौड़ी इकट्‌ठी करनी पड़ती है, उधार की। शहर जाकर सौदा, रक़में की रक़में, नकद देनीं पड़ती हैं।

हाकिम : हमारे परिवार की देख ले हालत।—अच्छा, ज़्यादा फिक्र किए क्या बनता है। ऊपर वाला सब की सुनता है।

बंती : ऊपर वाला सुन रहा होता, तो यह हाल क्यों होता? चारों तरफ मार धाड़। गोलियाँ, बंदूकें। बनिज व्योपार ख़त्म हो गए। परचून की हाट भी कोई हाट होती है?

हाकिम : हाँ, भई। तेरा परचून से कुछ नहीं बनेगा। तेरा सौदा तो थोक में ही लेना चाहिए। **(हाथ लगाने को)**

बंती : शरम कर। रास्ता चलता है।

हाकिम : अच्छा, रात को सही। अलग से।

बंती : जोरू तेरी को भनक पड़ गई जो? टोने हारन को? बिच्छू की तरह लड़ जाएगी, दोनों को।

हाकिम : अगर राम कौर हर वक़्त बिच्छू बन कर, मुझे डंक न मारती, तो मैं तेरे जैसी शहद की शीशी की तरफ क्यों भागता?

बंती : अपनी ज़रूरत हो जब, तो मैं शहद की शीशी।—सारी रात नहीं आँख लगी, अकेली की।

हाकिम : आज पूरी कर लेना कसर।

बंती : चौकीदार की पहली आवाज़ के साथ।

हाकिम : मुर्ग़े की पहली बांग तक।

बंती : अच्छा।

(अँधेरा)

झाँकी 3

(संता सिंह खुरपा तेज़ कर रहा है। द्रांती के दाँत तीखे करता है। सीतल खाट पर बैठा पढ़ रहा है। टाँगें लटका कर हिला रहा है)

संता : टाँगें क्यों हिला रहा है, ओए, तू? आराम से नहीं बैठ सकता?

सीतल : ताऊ, तू कितनी दूर बैठा है, मैं कितनी दूर। मेरे टाँगें हिलाने से, क्या तुझे हिलने की बीमारी लगती है?

संता : है कमज़ात, आगे बोलता है। बाप की तरह, तार देगा तू भी कुनबे को। अक्ल की बात बुरी है? बंदरों की तरह अंग हिलाते जाना। ढंग से बैठ तो, सियानों की तरह।

सीतल : मुझे लकवा हुआ है क्या? दीने बाहमण की तरह? या गठिया? नाथो पाधे की तरह?

(हाकिम सिंह आता है)

संता : परड़-परड़ ज़बान चलती है। सिर चढ़ा रखा है बापू को। माता-पिता हों, चपेड़ें मार-मार कर थूथना सीधा कर दें।

हाकिम : संता सिंह, लड़के को क्यों डाँट रहा है?

संता : डाँट रहा हूँ मैं तेरे लौंडे को! मेरा क्या लगे तेरा लौंडा? मेरी तरफ से, गिरे कुएँ खाई में।

हाकिम : फिर भी, बात क्या हुई? क्यों, बेटा?

सीतल : मैं बैठा स्कूल का काम कर रहा हूँ। **(नक़ल उतार कर)** बोला, टाँगें क्यों हिला रहा है?—भला बता, टाँगें मैं अपनी हिला रहा हूँ कि ताऊ की?

संता : यही मति सिखाते हैं तुझे, स्कूल में? यही लिखा है तेरी किताबों में? सियानों की बेअदबी करना?

सीतल : ताऊ, तू तो हर वक़्त, पुष्पा की ऊसर बहड़की की तरह, चारों खुर उठा कर पीछे पड़ा रहता है।

संता : ले सुन ले। फिर कहेगा तू, और तेरी जोरू कहेगी, झिड़कता है हमारे

लाडले को।

हाकिम : चल, ओए, चुप कर। जा, एक मिंट घर को। दलेल सिंह को भेज यहाँ।

सीतल : मैं स्कूल जा रहा हूँ।

हाकिम : आवाज़ देता जा। कहना, ज़रूरी सलाह करनी है। साइकल लेकर, इधर से निकल जाए।

सीतल : भाइया, मुझे भी साइकल ले दो।

संता : तू ने साइकल पर कहाँ जाना है, ओए? दर पे स्कूल है।

सीतल : मैं ने तुझे कहा है? फिजूल बीच में बोलता रहता है।

हाकिम : अच्छा, जा। पैसे आएँगे कहीं से तो देखेंगे।

सीतल : मेरी बारी को, तेरे पास पैसे ख़त्म हो जाते हैं। अच्छरु को बेशक जो मरज़ी ले देता है। मैं लुधियाना जाकर, मामा से ले आऊँगा, साइकल। माँ कहती है।

हाकिम : नहीं, बेटा। तेरे मामा से नहीं लेंगे कुछ भी हम।

सीतल : **(रोता)** आप लेकर नहीं देना। मामा से लेने नहीं देना। अच्छी ज़ोरावरी है तेरी। **(बस्ता उठाकर जाता है)**

संता : बहुत न, ओए, लाड प्यार किया कर। सिर चढ़ाएगा, तो तेरे भी जूते मारेगा, तेरी जोरू के भी। हमें तो पहले ही टूटी जूती की जगह नहीं जानता। वो दूसरा है, छोटे का, अच्छरु मच्छरु। चौबीस घंटे खत्रियों की लड़की क़ी परछाईं बना रहता है। क्या ससुरों ने गंद डाला हुआ है। कुनबे की जड़ें खोदने लगे हैं।

हाकिम : किशोर हैं। आप ही संभल जाएँगे, बड़े होकर।

संता : और कुत्तों ने बड़े कब होना है?

हाकिम : मैं कहूँ, संता सिंह, ठण्डा होकर बात सुन।—मैंने फिर दलेल सिंह के साथ छेड़ी थी, शाम को। उसकी सलाह तो है। तू बता, कैसे करनी है?

संता : काहे की?

हाकिम : आरा लगाने के बारे में।

संता : न, ओए, भैया। तू लगाता रह अड़े आरे। तू ने मुसीबत में डाला है कुनबे को। पी रहा था तू शराब। जासूसों के साथ बैठकर। पूरे गाँव के साथ वैर बना लिया। तेरे बदले मैं क्यों लड़ूँ? मेरे में हिम्मत नहीं है, बिल्ले के साथ टक्कर लेने की।

हाकिम : अकेले बंदे में कहाँ की हिम्मत? हिम्मतें भाइयों के साथ मिलकर होती हैं। मैं अकेला आरा लगा सकता, तो रोना क्या था?

(दलेल सिंह साइकल पकड़े आता है। अच्छर और सीतल बस्ते उठाए जाते हैं)

दलेल : सीधा स्कूल को चला जा। अड़ी मत कर। नहीं तो सारी उम्र, मेरी तरह, गारे सीमिंट से लथपथ रहेगा।

हाकिम : फिर जी उचट गया अच्छर सिंह का, पढ़ाई से?

दलेल : हर वक़्त खत्रियों की हट्टी बैठा, मक्खियाँ मारता रहे। या आटे की मशीन के इर्द गिर्द लगा रहे। कल बिल्ले नंबरदार का मोटर साइकल मरम्मत करता रहा। घर का तिनका तोड़कर दोहरा नहीं करता।

संता : ऐसी निकम्मी औलाद से अऊत बुरा है? मेरे जैसा?

हाकिम : कैसे, दलेल सिंह? करी घर में सलाह तुम ने? क्या कह रही है किषनी?

दलेल : किषनी तो बड़ी ख़ुश हुई सुन कर। पर, भाई, हमें रामकौर से डर लगता है। ऐसा साझा कम ही सिरे चढ़ता है। किषनी बोली, अगर आरा साझे में लग गया, रामो युद्ध छेड़े रखेगी, रोज़।

संता : सच कह रही है किषनी।

हाकिम : पैसों के बारे में क्या कहती है? तुम अपना हिस्सा देने लायक हो कि नहीं?

दलेल : हिस्सा हम कहाँ से देंगे?

हाकिम : फिर?

दलेल : तू हिम्मत करके, लगा सकता है आरा तो लगा दे। चला हम लेंगे। अच्छर सिंह का दिल भी पढ़ाई में नहीं है। हम बाप बेटा काम कराएँगे। तेरे साथ। बराबर का।

हाकिम : काम को, आरे का क्या अटका है? चलाना तो बिजली ने है, या तेल ने। क्यों, संता सिंह? काम के लिए तो बेशक बंदा रख लो, दिहाड़ी पर।

संता : लोग नहीं काम करते, ओए। यों ही साले तन्ख़ाहें लेने को हैं। या रोटियाँ फाड़ने को। काम तो बंदा आप ही करे तो होता है।

दलेल : पैसे तो हमारे पास नहीं हैं। जुगिंदरों का दाख़िला मुश्किल से दिया। अभी अच्छर सिंह का दाख़िला सिर पर खड़ा है। और तू कर रहा है हज़ारों की बातें।

हाकिम : किषनी क्या कह रही है?

दलेल : गहना तो हम गिरवी नहीं रखेंगे। बोली, यों हमारे हिस्से की रक़म भाइया पकड़ दे, कहीं से। ज़ामिन बन कर।

संता : रक़म इतनी बड़ी कौन लिए बैठा है तेरे वास्ते? स्कीमें बनावे!

शहतीरों को जफ्फे डाल रहा है। आसान है कोई आरा लगाना? वो भी शहर में?

दलेल : चारा और है क्या अब? तुम दोनों को गाँव में काम नहीं मिलेगा। मेरा तो चलो सुख लेखा। राजगीरी के काम का घाटा नहीं। बड़ी हद, चार पैडल ज़्यादा मारने पड़ेंगे। तुम दोनों कैसे गुज़ारा करोगे?

संता : करे कोई, भरे कोई। तू ने ही, साले, बिल्ला पीछे लगाया मेरे। ठेके बैठकर।

हाकिम : बार-बार वही बात पकड़ कर बैठ जाता है। तुझे बताया, मैं ने नंबरदार कंजर का भाई क्यों मरवाना था? ज़बरदस्ती मढ़े जा रहा कसूर मेरे सिर। मान जाओ मेरी सलाह। आरा लगाओ, शहर में, कष्ट उठा कर भी। पुलिस तो है वहाँ हर वक़्त। मिलटरी है। बिल्ले जैसों से बचने का यही तरीका है। निकलो गाँव के कीचड़ से।

दलेल : आरा लग जाए एक बार, तो पीढ़ी तर जाएगी।

संता : न उलटी सीधी हाँको, ओए। दोनों जने। खनौड़े वाले हजूर सिंह ने लगाया आरा। ढेरू के समधी ने। बीस पच्चीस हज़ार लग गया। और तुम लगे हुए हो थूक से पकौड़े तलने।

दलेल : बैंक भी तो दे सकती है क़र्ज़ा, इस काम के लिए। सरकारी ऐलान हुआ था।

हाकिम : संता सिंह, तू बता। तू तो अपना हिस्सा देगा? नक़द?

संता : मेरे पास ज़हर खाने के लिए पैसा नहीं।

हाकिम : इतनी कमाई की तूने। तमा का मारा। घड़ी भर खाली नहीं बैठा कभी। मैं ने तो चलो तीन लड़कियाँ ब्याहीं, वरीं। तू ने कौन से ब्याहों गौनों पर लगा छोड़ा?

दलेल : तुझे छड़े छड़ाँट को क्या परवाह? बहुतेरा धन है तेरे पास। गाँव में बसने का समय नहीं है अब। लगा दे हमें आरा, शहर में।

हाकिम : कुनबे का गंद उठ जाएगा। बंधुआ काम से छूट जाएँगे। जाटों ज़मींदारों की गुलामी से। सोच ले, संता सिंह।

संता : मैं ने बहुतेरा सोच लिया, ओए। चपड़-चपड़ बातें न बनाओ, मेरे सामने। जोरू तुम्हारी, कुत्ते की जगह नहीं जानती मुझे। बीस बरस हो गए, आप चूल्हा फूँकते को। जिस दिन की पीतो मरी है, अकेला हाड घिसटता हूँ अपने। कभी पूछा भी है, क्या हाल होता है अकेले बंदे का? अब अपनी ग़र्ज़ के लिए लगे हैं मेरे आगे गिड़गिड़ाने। मैं सब चालाकियाँ समझता हूँ।

हाकिम : चालाकी इसमें कैसी? बेशक तीनों भाई लिख लिखा कर लेते हैं।

संता : कैसा?

दलेल : कि आरे में, सारे बनिज व्यापार में, तीनों का हिस्सा बराबर बराबर।

हाकिम : और क्या? लागत में हिस्सा एक जैसा। नफा बाँटो एक जैसा।

संता : तुम दोनों करो, जी सदके। मेरा पल्ला छोड़ो। मेरे कौन से नन्हे मुन्ने रोते हैं। बड़ी हद, दूर निकट के देहात में फेरी लगानी पड़ेगी। दाता आप ही देगा, खाने लायक।

हाकिम : खुरपे, द्राँतियाँ तेज़ करने में बहुत कमाई धरी है? रीं-रीं, वाँ-वाँ, टिक-टिक। देख तो, फेरी लगाता है, बुढ़ापे में।

दलेल : सलाह तो है हाकिम सिंह की लाख की। आरा लग जाए एक बार। कमाई तीनों परिवारों के लिए हो जाएगी। बैठे बिठाए। रक़म जोड़ने की बात है।

संता : मेरे पल्ले कानी कौड़ी नहीं।—तू कह तो, ओए, अपनी ज़नानी को। अगर इतना ही चाव चढ़ा है तुझे। भाई से ले आए। परफैसर से।

हाकिम : परफैसर के पास रखी हैं जूएँ। उसकी सिग्रेट शराब नहीं चलती।

संता : रामो बहुतेरे गहने दबाए बैठी है। माँ का कंठहार भी झपट लिया था; तोले तोले का तावीज़ होगा। बेच ले। एक के भी चाहे दो आरे लगा ले।

हाकिम : दो तोले में क्या आरा लग जाएगा?

दलेल : मर जाएगी रामो पर कंठहार नहीं देगी।

हाकिम : रामो को तो, ख़ैर, मैं मना लूँगा किसी तरह। तुम दोनों अपने हिस्से की सोचो।

संता : रक़म तुम लगाओ। मुझे काम पर रख लेना।

हाकिम : कुनबा इकट्ठा रखने का तो यत्न है सारा। शहर में बाल नहीं बाँका कर सकता कोई।

दलेल : किषनी के पास तो गहना भी नहीं ढंग का।

संता : छोड़, ओए, हाकिम। बावलों वाली मत हाँक। खलबली क्या हमेशा रहेगी? महीने दो महीने बाद अमन अमान हो जाएगा। कल चल मेरे साथ। शहर में खाट-पीढ़ी का काम मिल जाता है। फेरी लगाते हैं। मरम्मती का काम काफी होता है। क्या पता, कहीं मकान बन रहा हो। वहाँ मिल जाए मज़दूरी। दरवाज़े खिड़कियाँ बनाएँगे।

हाकिम : और सोच लो, भई।

संता : सोचने से क्या हज़ारों रुपए आसमान से गिर पड़ेंगे?

हाकिम : आरा तो मैं लगा कर हटूँगा। बाईकाट कुछ नहीं बिगाड़ सकता मेरा।

(बिल्ला नंबरदार आता है)

बिल्ला : सत श्री अकाल।

तीनों : सस्सरी काल।

बिल्ला : तीनों भाई इकट्ठे मिल गए। अच्छा हुआ। भई, काम था एक तुम्हारे साथ।

दलेल : कैसा?

बिल्ला : दिहाड़ियाँ दो लगेंगी। गुरु महाराज के नाम पर सेवा कर दो।

दलेल : **(कड़वा)** कैसी सेवा?

बिल्ला : काम है संता सिंह और हाकिम सिंह के करने का। तू जहाँ चला है, राजगीरी पर, जा।

दलेल : काम का पता भी चले।

बिल्ला : हाकिम सिंह, लोहे की चादरें पड़ी हैं मेरी हवेली। भूसे वाले कोठे में। दोनों भाई मिलकर, गोले बना दो। उठाओ औज़ार।

दलेल : गरनेड बनाने हैं?

संता : नंबरदार जी, आपके भाई का बहुत अफसोस है हमें। छोड़ो, अगर हाकिम सिंह से गलती में बताया गया, ठेके पर बैठे हुए। माफी दो अब। हमारे परिवार को बख़्श दो।

हाकिम : मैं ने जान कर नहीं किया, सरदार साहिब। भूल क्षमा करो मेरी।

दलेल : यह बंब बनाने का काम, हमारे ज़िम्मे क्यों डालता है? दो दिन में पुलिस ने आकर छापा मार देना है। गोलियों से उड़ा देंगे हमें, सब को। ज़नानियाँ हमारी ख़्वार करेंगे।

संता : **(हाथ जोड़ कर)** मिन्नत है तेरे आगे, सरदार। जाने दे गुस्से को।

हाकिम : हम तो पहले ही गाँव छोड़ने की सोच रहे हैं।

बिल्ला : गुरदेव की याद आती है जब, अँधा हो जाता हूँ मैं। दिल करता है, अभी आग लगाकर, जला दूँ कोठे तुम्हारे। बीच में तुम्हें, पूरे कुनबे को। ज़िंदों को। मुख़बिरी की हाको बढ़ई ने! हमारे ख़िलाफ! सिंघों के ख़िलाफ!

हाकिम : मैं ने मुखबिरी नहीं की।

दलेल : तुम आप जो मरज़ी करो। हमें मत फँसाओ। हम सरकार से क्यों जंग छेड़ें?

बिल्ला : डूब कर मर जा, दलेल सिंह। बंग चूड़ियाँ पहन कर, घर बैठ जा। किषनी की सूथनी पहनकर। देखो तो, बंदा बनता है! गुरु का सिख कहलाता है। सरकार? किस सरकार की बात कर रहा है तू? कुत्ते साले! कुरसी के बदले, वज़ीरियों के बदले, राज करने की ख़ातिर, फूट डाल रहे हैं पंथ में। बेअदबी कर रहे हैं हमारे पवित्र गुरु धामों

की।—तुम्हें पता है, किसकी सरकार है आज? अमीरों की। सरमायेदारों की। हिंदुओं की। इस मुल्क में हिंदू साम्राज्य है। हिंदी बोली वालों का साम्राज्य है। दूसरी क़ौमों को पैर पैर पर बेइंज़्ज़त किया जाता है। ऐसी सरकार को हम जड़ से उखाड़ फेंकेंगे। क़ौम की ख़ुद्दारी के लिए शहीदियाँ देंगे। जिस बंदे की अपने ही मुल्क में इज़्ज़त न हो, धिक्कार है उसके जीने पर। भुलावे में मत रहना। इस कुत्ती सरकार का कोई भरोसा नहीं। यह बीज-नाश करना चाहती है हमारा। यह नित्य 'घल्लूघारे' करना चाहती है हमारे ख़िलाफ़। ग़द्दार क़ौम यह। पाँचवें पातशाह को किसने शहीद करवाया था? ग़द्दार हिंदू ने। चंदू खत्री ने। छोटे साहिबज़ादों के ख़िलाफ किसने धोखा किया था? ग़द्दार गंगू ने। दग़ाबाज़ बाहमण ने। सारा मुल्क इन ग़द्दारों ने संभाल रखा है। हम अपने हक़्क़ों के वास्ते लड़ रहे हैं। अपने आत्मसम्मान के लिए शहीदियाँ दे रहे हैं। यह है भी कोई नई बात नहीं हमारे वास्ते। सिंघों ने हमेशा, हँसकर, मौत को क़बूला है। क़ौमें ज़िंदा रहती हैं, शहीदों के ख़ून से।

हाकिम : भैया, हमारी समझ में कुछ नहीं आता। किसको दुश्मन समझें हम? हिंदू भी हमारे ही भाई हैं। मुसलमान भी हमारे जैसे हैं। हम निर्दोषों को क्यो मारें? सरबत्त का भला चाहते हैं हम तो।

दलेल : यह शहीदी है या ख़ुदकुशी?

संता : हमें तो न तुम्हारी बात समझ में आती है, न सरकार की। तुम भोले भाले लोगों पर गोलियाँ बरसाते हो। उधर पुलिस है, जिसको देखती है, बंदूकों से उड़ा फेंकती है।

दलेल : वोटों में हार गए। वज़ीरियाँ मिली नहीं। और अब हक़ सूझ गए इनको। ग़रीब माँओं के पुत्र मरवाने लगे हुए हैं। गुरु महाराज के नाम पर। भेड़िया! गरज रहा है हमारे वाड़े में।

बिल्ला : तो दलेल सिंह, सीधी तरह नहीं मानोगे तुम लोग। अच्छा, दूसरा तरीका सही।

हाकिम : नंबरदार, मान जा मिन्नत हमारी। हमें पुलिस की बंदूकों के आगे मत झोंक।

(अच्छर सिंह और सीतल सिंह आते हैं)

दलेल : तुम क्यों लौट आए स्कूल से?

सीतल : छुट्‌टी हो गई।

अच्छर : डरैंग मास्टर मर गया।

बिल्ला : मास्टर शहीद हो गया? कैसे? कहाँ?

अच्छर : नहर का पुल पार करने लगा था। पुलिस ने कहा, मोटर साइकल रोक। तलाशी लेनी है। उसने मोटर साइकल तेज़ कर लिया। सिपाहियों ने गोली मारी।

सीतल : थैले में, बताते हैं, गरनेड थे। दो।

अच्छर : हडमासाब ने अरदास पढ़ी। स्कूल की छुट्टी कर दी।

दलेल : बेटा, तू ने किसी का इंजन नहीं मरम्मत करना।

हाकिम : घर बैठ कर पढ़ाई करो।

संता : किसी बुरे भले बंदे की सुहबत नहीं करनी।

बिल्ला : हे सच्चे पातशाह, अपने चरणों में स्थान देना, अमर शहीद को!— यह कुत्ती सरकार, यह दिल्ली बैठा मन्नूं, कितने बंदे क़त्ल कर लेगा हमारे? ख़ालसा सदा चढ़ती कला में रहेगा :—

"मन्नूं हमारी दात्री, हम मन्नूं के सोये।
ज्यों ज्यों मन्नूं काटता, हम दूण सवाये होये।।"

(अँधेरा)

झाँकी 4

(घर। हाकिम सिंह चाय पी रहा है। घूंघट निकाले किषनी आती है)

किषनी : भाइया, अकेला लगा है, सुड़के लगाकर, पीने। किसी और को भी पूछ लिया कर।

भाइया : आ जा, किषनी। ओए बेटा, अपनी चाची को गिलास दे लाकर।

किषनी : हमें क्यों पिलाएगा तू। तेरे दूर ठिकाने।

हाकिम : चाय की तो बालटियाँ वार दूँ तेरे पर।

किषनी : बंती पर वार तू।

हाकिम : मैं ने बंती से क्या लेना है?

किषनी : क्या लिया करते हैं?

हाकिम : बंती को छोड़। यह बता, मनाया नहीं दलेल सिंह को तू ने?

किषनी : आरे के लिए?

हाकिम : हाँ। जाएँ तो किधर जाएँ? हम ने तो तीनों भाइयों ने काट ली। लड़कों को तो बचाएँ।

किषनी : मेरी तरफ से तो, भाइया, जैसे मरज़ी कर। दोनों बेटे, भाइयों की तरह, इकट्ठे काम करें। जैसे कैसे, मशीनें लगा लें। रूई की, आटे की। जैसे करतारपुर वालों ने किया।

हाकिम : लाख की एक ही सुना दी तूने। बंधुआ काम का बनता कुछ नहीं। बड़े को देख ले। पहले इसकी बनाई द्राँतियाँ बंढ़ाली की रौशनी में बिका करती थीं। लोग साल-साल भर इंतज़ार करते थे। कहें, द्राँती ख़रीदनी है, मेले में, तो संता सिंह भामिये की। और आज कोई पूछता नहीं। हाथों के बने सामान को।

किषनी : ख़राद की मशीन जो लग गईं, जगह-जगह।

हाकिम : बड़ी-बड़ी मशीनें आ गईं, जी। बीजने की भी। काटने की भी। कंबाइनें आ गईं। हाथों का काम नहीं रह गया। अब तो कारख़ानों का ज़माना है। बिजली का आरा लग जाए एक बार। पूरा परिवार

स्वर्ग में बसेगा।

किषनी : मैं ने तो इसको कहा, करो हिम्मत। ब्याज पर ले लो। कमा-कमा कर साल भर में उतार देना।

हाकिम : चलता रहे काम अगर, साल भर में हम अपनी लागत निकाल लेंगे। मराये ऐही तेही की बिल्ला नंबरदार। जैसे कहें : कुबड़े के मारी लात, कुबड़े का कुबड़ निकल गया।—निकालें गाँव से। शहर में जा बसें। करते रहें ससुरे बाईकाट।

किषनी : इसकी राजगीरी से तो, भाइया, तू जानता है, न बेटे की पढ़ाई निकलेगी, न बेटी की। ब्याह और गौना भी आगे खड़ा है। जवान जहान लड़की है। बता, कैसे करूँ मैं? जब भी मैं बात चलाती हूँ, मसख़री में डाल देता है। कहे—जुगिंदरों की शादी पर तो मैं ने पंजी नहीं ख़र्चनी। पढ़कर कहीं मास्टरनी लग जाएगी। और ढूँढ़ लेगी लड़का। अपनी कमाई का बना ले दाज-दहेज।

हाकिम : ऐसे करे जुगिंदरो तो बुरी नहीं। तेरे सामने ही है। तीन बेटियाँ ब्याहीं मैं ने। झाड़ू फिर गया घर में। यह पुराने तरीके नहीं चलते आजकल। लड़कों के बराबर खड़ी हों लड़कियाँ। पढ़ लिख कर। पर जुगिंदरो ससुरी का दिमाग़ इधर-उधर रहता है। पास हो जाती दसवीं बारहवीं में तो बेशक, तकलीफ उठाकर भी, बेसिक करवा देते। सिद्धवाँ से। मगर यह बात तो मुश्किल बनती दिखती है।

किषनी : लड़का भी तो यही कहता है। देख लो गुरदेव को। बिल्ले नंबरदार के भाई को। तीन साल हुए। सोलह पढ़कर गलियों में बेकार घूम रहा था। हार कर, आतंकवादियों के साथ मिल गया। मर गया। बींध डाला पुलिस ने। अच्छर सिंह इसीलिए कहता है। पढ़ाई से बेहतर है मैं इंजनों का काम सीख लूँ।

(रामो आती है)

हाकिम : इंजनों का काम है तो अच्छा। पर अपने घर का हो तो न।—हाँ, डाँट के रख अच्छर को। बिल्ले के निकट न जाए। ख़तरा है।

किषनी : छोकरे मानते हैं कहीं।

हाकिम : आरा लग जाए तो दोनों लड़के शहर ले जाऊँ।

रामो : तू फिर वही राग छेड़े बैठा है?

हाकिम : कौन सा?

रामो : आरे का।

हाकिम : कुनबे की ग़रीबी उठ जाएगी।

रामो : आग लगा तू, ऐसे कुनबे को। हमारे नहीं लगते कुछ भी।—देखो तो!

बेटियों के जाना नहीं। बेटा कुरता पायजामा माँगे तो काटने को दौड़ता है। और परायों को अपने बना रहा है।

हाकिम : पराये?—चल, तेरे न सही। मेरे तो हैं।

(सीतल आता है)

रामो : अगले कटी उंगली पर मूत नहीं करते।

हाकिम : खाएँगे कहाँ से?

रामो : लुधियाना चला जा। मेरे बीर के पास। आप ही ले देगा काम।

हाकिम : साले की गुलामी नहीं करूँगा मैं।

रामो : किषनी की गुलामी कर।

सीतल : कल भाइये ने जुगिंदरो को सिलाइयाँ लेकर दीं। पुच्छी की हट्टी से।

रामो : जुगिंदरो के अपने मर गए?

किषनी : देख ले, भाइया। फिर तू कहेगा, लड़ती है। ऐसे बकती है नित्य।

हाकिम : राम कौर, क्यों तेरे हर वक़्त काँटे चुभते रहें? क्यों बेटी कन्या का बुरा चाहवे तू?

रामो : जितनी करे, तू ही करे। कलह की जड़। इस कुत्ती के पीछे। शरम तो नहीं आती? बुढ़े खूसट को। खिला रहा है मेरी सौत के रेवड़ को।

किषनी : हाय री कमज़ात! गाली निकाली मुझे?

रामो : कंजरी! खाये कमाई मेरे मर्द की।

किषनी : मेरी जूती खाती है कमाई तेरी। कुत्ती भौंके जा रही।

रामो : रंडी, तुझे मैं बताऊँ।

(दोनों एक दूसरी की चूंडी पकड़ती हैं। जुगिंदरो और अच्छर भागे आते हैं। हाकिम सिंह छुड़ाता है)

हाकिम : रामो! छोड़ उसकी चुटिया! देख, है हटी।

रामो : लुच्ची, मैं तो ख़ून पी जाऊँ।

जुगिंदरो : माँ, तू आ, चल उधर।

अच्छर : तू क्यों फँस पड़ी?

जुगिंदरो : टोने हार चुड़ैल से।

अच्छर : घर चल, माँ।

रामो : वेश्या! खा गई मेरा ख़सम।

किषनी : रामो बंदी, तुझे घड़ी लगती पल न लगे। हे वाहे गुरु, श्मशान वाले साध की रखैल को, तू लंबे हाथों ले। टोने उलटे कर दे बदमाश के।

रामो : टोने करती होगी तू, गाँव की रखैल। मेरे ख़सम के सिर पर न जाने क्या डाल दिया तूने। मसान खिला दिया होगा। मेरे जन्मे छोड़ कर, तेरा झुंड पाल रहा है।

जुगिंदरो : ताई, फिजूल मत बोला कर।

अच्छर : कौन खाता है तेरा?

सीतल : कल सिलाइयें नहीं लेकर दीं, पुच्छी से?

किषनी : ला दे री, सिलाइयाँ। घुसेड़ गर्म करके, कुत्ती के दीदों में।

जुगिंदरो : जा वीरा, ला दे। ऊपर रखी हैं, भांडों वाली परछत्ती पर। मार माथे कलहनी के।

(संता सिंह आता है)

संता : गाँव वालों ने कम की है हमारे साथ? जो तुम ने अति उठा रखी है?

रामो : कलहनी किसको कहा, री?

(जुगिंदरो को मारने लगती है। किषनी छुड़ाती है)

किषनी : मेरी बेटी मार डाली! लोगो, चुड़ैल ने मार डाला हमें!

हाकिम : रामो! टलेगी नहीं तू?

रामो : करवा ले! कंजर, मेरे साथ। सौत से पिटवा ले। **(बैठकर विलाप करती है)** मेरे वीरा! पहुँच रे कहीं से! छुड़ा बहन को चांडालों से! लुधियाने वाले कान्हा, बचा इज़्ज़त द्रौपदी की!

संता : रामो, मत छेड़ा कर, रोज़, एक ही रामायण।

रामो : कंठहार छीनती मेरे से, बेचने के लिए। देखो तो! लगा के दे रहा है आरे, सौत के रेवड़ को।

किषनी : मुझ अकेली के लिए लगा रहा आरे? साँझ है। बराबर काम करेगा मेरा मालिक। और मेरा बेटा। मेरी तरफ से, बेशक न लगाओ। मेरा क्या थुड़ा है? पैंतीस रुपए दिहाड़ी लेता है। तेरे दर पर माँगने तो नहीं आते।

रामो : माँगती नहीं। और तो तू लखपतियों की बेटी है। घास छीलती के बाल सिर पर नहीं दिखते थे। जिस दिन गौने आई। एक चौतही और एक खेस। वो भी तार-तार। बुसी हुई। डूब कर नहीं मर गई। दहेज लाती।

किषनी : अच्छा, बाबा। मेरे मायके ग़रीब सही। जो तेरा भाई करोड़पति है, हमें क्या? हम उसका दिया नहीं खाते।

हाकिम : किषनी, तू ही चुप कर। चलो, बच्चो, स्कूल जाओ।

रामो : हे काली कलकत्ते वाली, मेरी सौतन किषनी के पीछे भैरव लगा दे। राहू केतू लगा दे। मैं काला बकरा काटूँगी, तेरे मंदिर पर। **(जाती है)**

अच्छर : माँ, तू मत बोलना अब।

संता : लगा ले, भई, साँझ में आरा। रोज़ यही जूतम पैजार होगा। क्यों किषनी, सच कहा था न मैंने? दलेल सिंह को? रात को? यह जितना मरज़ी चतुर बनता फिरे। इसकी ज़नानी नहीं बोलने देगी किसी को।

किषनी : करती रहे जैसे करती है। मेरी टूटी जूती के याद नहीं, यह कंजरी। **(जाती है)**

हाकिम : ले, भई रब्ब! और तो तू ने सब कुछ ठीक बनाया होगा। अगर भला एक रामो न बनाता, तो तेरा क्या घिस चला था?

(बिल्ला नंबरदार आता है)

संता : आओ, सरदार जी।

बिल्ला : अच्छर सिंह, गुरुद्वारे इकट्ठे होना है आज। तू भी आना, सीतल सिंह।

हाकिम : क्या बात?

बिल्ला : गुरदेव सिंह के नमित्त अखण्ड पाठ रखा था। भोग है आज। और कहारपुर वाले संत आ रहे हैं। अमृत छकायेंगे। रागी ढाडी जत्था दीवान सजाएगा।

अच्छर : पढ़ने चले हैं हम तो।

बिल्ला : **(धक्का देकर)** क़ौम पर संकट आ पड़ा है। पढ़ाइयाँ सूझ रहीं हैं तुम्हें? ढक्कन में पानी डाल कर, डूब मरो। ज़नानियाँ हो तुम तो। औरतें।—आना ज़रूर जलसे पर। **(जाता है)**

हाकिम : न, सरदार जी, बच्चों को जाने दो स्कूल।

संता : नंबरदार जी, माफी दो अब।

(दोनों भाई बिल्ले के पीछे हाथ जोड़े जाते हैं। अच्छर सिंह और जुगिंदरो घर की तरफ जाते हैं। रामो आती है। हाथ में लाल कपड़े में नारियल। पत्ते पर फूल, आटे का चौमुखी चिराग़।)

सीतल : माँ! पता भाइया क्या कह कर गया?

रामो : क्या?

सीतल : तू न जन्मती तो अच्छा होता।

रामो : कहता है तो कहता रहे। घूमे लुच्चियों गुंडियों के पीछे।—तू यों कर। यह नारियल, और फूल और चौमुखिया, चौरस्ते में रख कर आ।

सीतल : साईं की क़ब्र के पास?

रामो : हाँ।

सीतल : किस चीज़ का टोना है यह, माँ?

रामो : तेरे बाप कंजर के सिर पर डाल दिया, कुछ। उलटा जादू चलाया श्मशान वाले साध ने।

सीतल : अब किसने डाला भाइये के सिर?

रामो : किषनी कमज़ात ने।

सीतल : चाची ने भी डाल दिया? उस दिन तो तू कह रही थी, पुष्पा की माँ बंती ने डाला है।

रामो : ख़सम ऊखल हो तो क्या करे औरत? बेशक कोई ज़नानी पिल्ले की तरह, कूरकूर कूरकूर, पीछे-पीछे लगाए फिरे।—ध्यान से। बुझे न चिराग़। चौरस्ते के बीच में रखना। (**सीतल धीरे-धीरे चलता है**) हे बाबा श्मशान वाला! किषनी और बंती का तिनका न रहे। सूर्य डूबने तक, चिता जल पड़े। एक बार तो हाकिम सिंह को, मेरे आगे, नाक से लकीरें निकलवा दे!

(अँधेरा)

झाँकी 5

अच्छर : पुच्छी, डर डर के काम नहीं बनेगा। अगर प्यार है सच्चा तो साबित कर।

पुच्छी : जान वार दूँगी मैं। एक बार कह सही तू। सस्सी की तरह मरुस्थल में खोई हुई, मर जाऊँगी। सोहनी की तरह, कच्चे घड़े पर तैर जाऊँगी। सौगंध तेरी, सारी सारी रात नींद नहीं आती, तेरे बारे में सोचती को।

अच्छर : हाल मेरा भी इतना बुरा है। तेरे कारण। किताब खोलकर बैठता हूँ, झट तेरी शक्ल सामने आ खड़ी होती है।

पुच्छी : मेरा भी बिलकुल मन नहीं लगता, पढ़ाई में।

अच्छर : मेरा तो जी करता है, इम्तिहान छोड़ दूँ। मक़ैनकी सीख लूँ। किसी शहर में वर्कशाप खोलूँ।

पुच्छी : तू लड़का है। जो मरज़ी कर। हमारी लड़कियों की तो और भी मुसीबत है।

अच्छर : तेरी माँ, बंती, कह रही थी, तू नर्स का कोर्स कर ले।

पुच्छी : दसवीं पास हुई तो न। ऐसे कौन देगा दाख़िला।

अच्छर : बड़ी नर्स बनने के लिए तो, मैं ने सुना है, कॉलेज की पढ़ाई चाहिए।

पुच्छी : दाईपने के काम का पता किया है। उसके लिए स्कूल की पढ़ाई काफी है—पर अगर मैं पास हो जाऊँ।—क्या बनेगी हम दोनों की कहानी? सोच कुछ? कभी-कभी मुझे डर लगता है। तेरे मेरे सपने अधूरे न रह जाएँ।

अच्छर : वाहे गुरु के आगे अरदास कर। कैसे रहेंगे अधूरे?

पुच्छी : गाँव की जोड़ी गाँव में। लोग जीने देंगे हमें?

अच्छर : हम गाँव में रहेंगे क्यों? फिर जब तू और मैं राज़ी हैं, तो गाँव वालों के पेट दर्द होती है?

पुच्छी : तेरे घर वाले मान भी जाएँगे, हमारी शादी के लिए?

अच्छर : घर वालों को छोड़ तू। मना लेंगे। मेरी शर्त सुन एक।

पुच्छी : शर्त?

अच्छर : गुस्सा मत करना, पुष्पा। सबूत दे, तेरा प्यार सच्चा है।

पुच्छी : सबूत? किस तरह का?·· चुप क्यों तू? यारी लगी है तो अंत तक निभाऊँगी। बेशक मेरी हड्डियाँ बिक जाएँ।

अच्छर : धर्म बदलना पड़ेगा तुझे।

पुच्छी : अब तेरा धर्म अलग है मेरे से?

अच्छर : पिछली बातें नहीं रहीं अब। मैं कई देर से तुम्हें बताने का मौक़ा ढूँढ़ रहा था। मैं ने कीर्तन सुने। प्रचार सुने। हमारे ऊपर हुए जुल्म सुन कर ख़ून खौलता है मेरा। मैं ने संतों का हुक्म मान लिया। मैं लगा हूँ अमृत छकने। पूरा सिंघ सजूँगा। और क़ौम की सेवा करूँगा। बेशक मुझे शहीदी देनी पड़े। सिंघ सज कर, मैं हिन्दू लड़की से शादी नही कर सकता। बिल्ले नंबरदार ने भी यही कहा है। संत जी ने भी। तू धर्म बदलने को तैयार है?

पुच्छी : हाँ, तैयार हूँ?

अच्छर : तुर्त फुर्त?

पुच्छी : अच्छर, मुझे इन धर्मों में कोई फर्क नहीं दिखता। मेरा धर्म है, तेरा प्यार। जहाँ तू, वहाँ प्यार।

अच्छर : अमृत छकोगी मेरे साथ?

पुच्छी : हाँ।

अच्छर : पुच्छी, तू ने तो मेरे दिल का बोझ एकदम हलका कर दिया। मैं सोच रहा था, इन्कार न कर दे तू।

पुच्छी : तू कब से अपने धर्मों को अलग समझने लग पड़ा?

अच्छर : हाथ पकड़ा। **(लोहे का कड़ा पहना कर)** यह है मेरे नए प्यार का बंधन। कड़ा। हमारी सगाई की निशानी।

पुच्छी : मैं जान से बढ़कर रखूँगी, इस कड़े को।

अच्छर : बाहर के मुल्कों को जाने का मौक़ा भी मिल सकता है, हम दोनों को।

पुच्छी : वो कैसे?

अच्छर : संत कहते हैं, उधर भी सेवकों की ज़रूरत है। बिल्ले नंबरदार ने कहा, सलाह कर ले पुष्पा के साथ। दोनों अमृत छक कर, विदेश जाओ।

पुच्छी : नहीं, अच्छर। परदेस नहीं जाएँगे हम। खाने लायक हम अपने मुल्क में ही कमा लेंगे। मैं चैन से घर बसाना चाहती हूँ। रुखी सूखी, दोनों जने, यहीं खा लेंगे।

(जुगिंदरो आती है)

अच्छर : चुप! जुगिंदरो आ रही।

जुगिंदरो : भाइया बुला रहा है तुम्हें।

अच्छर : क्या काम है?

जुगिंदरो : कोऑपरेटिव बैंक का फार्म भरना है।

अच्छर : किसलिए?

जुगिंदरो : क़र्ज़ा लेने की अरज़ी देनी है।

पुच्छी : आरा लगाने के लिए?

जुगिंदरो : हाँ।

अच्छर : बड़ा पक्का इरादा है भाइये का। लगता है, आरा ज़रूर लगा लेगा।

जुगिंदरो : जल्दी आ। **(जाती है)**

अच्छर : मकैनकी सीख कर, मैं वर्कशाप खोलूँगा। तुम्हें शहर में रखूँगा, परियों की तरह।

पुच्छी : भगवान पूरा करे तेरा वाक्य!

अच्छर : भगवान नहीं। वाहे गुरु बोल।—कल, शाम को कीर्तन है गुरुद्वारे।

पुच्छी : मैं पहुँचूँगी, गुरुद्वारे।

(अँधेरा)

झाँकी 6

(रात। हाकिम सिंह और बंती खाट से उठकर)

हाकिम : बड़ा तड़का लगता है। (ऊपर देखकर) तारों की बहँगी वो चली गई।

बंती : आरे का क्या बना? क़र्ज़ा मिल गया?

हाकिम : कहाँ दिया सालों ने क़र्ज़ा। बैंकों वाले कौन से मामा लगते हैं मेरे। नहीं माने।

बंती : क्या कहते हैं?

हाकिम : बोले, गहना गट्टा गिरवी रखो। ज़ामिन लाओ। तीनों भाई इकट्ठे दस्तख़त करो। एक कंजरख़ाना है क्या? काग़ज़ पर काग़ज़। कहते हैं, दस्तख़त कराओ आधे गाँव के।

बंती : कितना कम पड़ रहा है?

हाकिम : सारा ही कम है, तू समझ। बिजली का कनैक्शन लेना पड़ता है। पावर का। ज़मीन के पैसे देने हैं। बीस पच्चीस हज़ार लगता है।

बंती : इतना?

हाकिम : अब बात गई आई। छोड़ दिया ख़्याल मैं ने। क्या करना है, बंतीये। ज़ोर बहुतेरा लगाता है बंदा। कुनबे ने नहीं दिया साथ। कोशिश बहुत की मैंने। दलेल सिंह और किषनी साथ हैं मेरे। पर उनके पल्ले कुछ है नहीं। संता सिंह के पास बीस हज़ार होगा, दबाया हुआ। ससुरा बेशक अकेला ही आरा लगा दे। पर इतना शोहदा है, अपना हिस्सा भी नहीं देने को तैयार। मजाल क्या पैसा जेब से निकल जाए।

बंती : उसने छाती पर रख कर ले जाना है? अऊत प्रेत ने?

हाकिम : और मेरी ज़नानी है। रब्ब की मार ऐसी पड़ी है। अगर हमारी माँ वाला कंठहार ही दे दे, आधा ख़र्च निकल आएगा। मिलकर सब ने दिल तोड़ दिया।

बंती : आहें क्यों भर रहा है? मैं कुछ नहीं लगती तेरी?

हाकिम : तेरे सहारे, बंतीये, सुख का साँस ले लेता हूँ, कभी-कभी। भला बता

तो। आरा लग जाता अगर, क्या मुझे अकेले को फायदा होना था? मैं तो सब की सोच रहा था। अब सारी उम्र वही टिकटिक टैटैं, टिकटिक टैटैं।

बंती : तेरा मेरा धर्म रहा। एक बात मान मेरी।

हाकिम : कौन सी?

बंती : मेरे पास है पाँच गिनीयाँ। सोने की। मलिका के ज़माने की। मेरी माँ ने दी थीं मुझे, आड़े वक़्त के लिए।

हाकिम : मलिका की मोहरें?

बंती : न बेटे को पता है, न पुष्पा को। तेरे साथी को पता था। हम ने नहीं बरतीं। बैंक में गिरवी रख दे। क़र्ज़ा ले ले। आधी पौनी रकम तो हो।

हाकिम : दो चार साल बाद, सूद देकर, वापस ले लेंगे।

बंती : इतने बरसों की मेरे पास पड़ी कौन सी अंडे दे रही हैं? तेरा दिल तो न टूटे।

हाकिम : शाबाश तेरे, बंती। तेरे जैसी दूसरी नहीं जन्मेगी कोई।—अच्छा, देखी जाएगी। रामो घुसे भांडे में। मैं माँ का कंठहार भी गिरवी रख दूँगा। चोरी तो चोरी सही।

बंती : तेरी चीज़ है। चोरी कैसी? तू कौन से जुए खेलेगा। रक़म से। सँवारना ही है परिवार का।

हाकिम : ऐसे ही सही।—अगर भला मैं तेरा सोना लेकर मुकर गया?

बंती : मैं तेरी। मेरा सब कुछ तेरा। मुकरना तू ने किस से है? लड़का लड़की मेरे, सुख से, जवान हो गए। कमाएँगे, खाएँगे। एक तेरी मेरी बनी रहे। जितनी देर तक स्वास हैं। और मैं ने क्या लेना है भगवान से?

हाकिम : देख ले, क़िस्मत मेरी। एक के साथ फेरे लिए। वो जी का जंजाल बनकर चिमटी है मुझे। एक तू है। धन्य जिगरा तेरा। क्षत्राणी बेटी, ख़ज़ाने दबाए बैठी हो। कभी अपने आप कौड़ी नहीं निकालती।

बंती : क्षत्राणी का कंजूसपना ही सुना है लोगों ने। क्षत्राणी की यारी नहीं न देखी।

हाकिम : आफरीन तेरे, बंतीये।

बंती : **(गाती है)** "जब मर गई हौलदारा बंती, गलियों के तृण रोएँगे।"

(ताड़ ताड़ गोलियाँ चलने की आवाज़)

हाकिम : यह क्या हुआ?

(बंती उठकर पीछे छिपती है। पिस्तौल पकड़े बिल्ला आता है)

बंती : हाय मैं मर गई!

हाकिम : कौन? नंबरदार?

बिल्ला : चुप! पुलिस लगी है हमारे पीछे। अच्छर सिंह को कह, खेतों की तरफ दौड़ जाए। गन्ने में छिप जाए। देखना, फिर मुख़बिरी मत कर बैठना।

(भागता है)

बंती : अच्छर सिंह भी मिल गया इसके साथ?

हाकिम : वाहे गुरु, बचा ले!

बंती : इसी लिए किरपान पहन ली, शायद।

(सिपाही आता है, बंदूक हाथ में। बंती पीछे हटती है)

सिपाही : यहाँ बंदा तो नहीं छिपा?

हाकिम : नहीं।

सिपाही : देखा तो होगां तूने? इधर आता?

हाकिम : मैं तो अभी सोया उठा हूँ।

सिपाही : झूठ बोले तू। बता, कहाँ छिपा है?

हाकिम : क़सम गुरु की। मैं ने नहीं देखा।

सिपाही : केशों से बाँध कर, जब दरख़्त पर लटकाया, आप ही सच बक उतरेगा। चल आगे। **(बंदूक के आगे धकेल कर ले जाता है)**

बंती : **(रोती)** इस प्रलय से बचा, भगवान! ज़ालिमों से छुड़ा, निहत्थों को। मुझे दूसरी बार विधवा मत बनाना। रब्बा, रहम कर! रहम कर!

(रोती, बिलखती है)

(अँधेरा)

—मध्यान्तर—

झाँकी 7

(गवैये विषय-धुन, गीत 2, का कुछ भाग गाते हैं)

हाकिम : मूसा भागा मौत से, मौत आगे खड़ी। गाँव से दुखी होकर शहर को दौड़ रहे थे। अब शहर में भी फसादा हो गए। कर्फियू लग गया।

दलेल : कहें, पचास दुकानें जला दीं।

हाकिम : हाँ। मैं ने आँखों से देखीं। हड़ताल हुई है। जिन मज़दूरों ने रोज़ कमाना है, रोज़ खाना है, वो क्या करें बेचारे? पल्लेदार, रिक्शे वाले, रेढ़ी वाले। दुखी बैठे सब।

दलेल : पता नहीं क्या मिलता है कंजरों को, दंगे करके। ग़रीबों को क्या समझ सियासत की? और धर्म की? लीडर बुद्धू बना रहे हैं सब को। अपनी लीडरी क़ायम रखने के लिए। उल्लू बना रहे हैं मज़दूरों को, कामगारों को। आप सालों का कुछ नहीं बिगड़ता।

हाकिम : पुलिस के क़ाबू भी नहीं आ रहे ससुरे।

दलेल : पुलिस आप साथ मिली हुई है, दंगाबाज़ों के।

हाकिम : मिन्नत करके, बड़ी मुश्किल से छुटे। पर लड़कों का क्या करें? अच्छर सिंह हटा नहीं अभी बिल्ले का साथ करने से?

दलेल : समझाया बड़ा मैंने। बोला, नहीं मिलूँगा बिल्ले से। वर्कशाप को जाता है रोज़।

हाकिम : बिल्ला भी, मुझे लगता है, कोई दिन का मेहमान है। थानेदार बता रहा था मुझे। कितने दिन जंगल में काटेगा? घर बार छोड़ कर? — झपट लेंगे वो आज कल में।

दलेल : झपटें साले जल्दी। हमारी जान तो छुटे।

हाकिम : महामारी फैल गई। सारे छोकरों के अंदर। आरा लग लेने दे। दोनों लड़कों को हर वक़्त पास रखेंगे हम, शहर में।

दलेल : कब तक हो जाएगा चालू?

हाकिम : आ रही संक्रांति को ज़रूर चल पड़ेगा। हड़ताल हटते ही, बिजली का

कनैक्शन मिल जाएगा।

दलेल : तेरा उद्यम हुआ। नहीं तो खेल मुश्किल लगती थी।

हाकिम : जैसे तैसे हो ही गया। वाहे गुरु की कृपा से।

(रामो आती है)

रामो : कंठहार तू ने निकाला?

हाकिम : हाँ।

रामो : हाय रे तू उजड़ जाए! हाकिम सिंह, तुझे रब्ब उठाए!

दलेल : ढंग से बोल, भाभी। कोई सुन ले तो क्या कहेगा?

रामो : लूट लिया मुझे। खिला दिया लोगों को।

दलेल : हम दोनों भाइयों का भी हिस्सा था, कंठहार में।

रामो : मामा लगे तू, हिस्सों का?

हाकिम : दलेल सिंह, तू मत बोलना आगे। कहने दे जो कहती है।

रामो : मैं कुएँ में छलाँग मार दूँगी। चोरियाँ करे तू। लोगों की ज़नानियों के पीछे। तेरे सिर चढ़कर मरूँगी मैं।

हाकिम : कंठहार तेरा मिल जाएगा। साल दो साल सब्र कर।

रामो : लगा तू आरे। मेरे गहने बेच कर। अगर न आग लगाई तेरे आरों को, मेरा नाम भी राम कौर नहीं।

हाकिम : तुझसे मैं आग लगवाऊँ? **(पीटने को तैयार)**

रामो : आ, आ मार। अपने बाप का नहीं तू, हाकिम, अगर तू न मारे।

दलेल : हट जा, हाकिम सिंह। बैठ आराम से।

(बिल्ला आता है)

बिल्ला : क्या बात हुई?

दलेल : कुछ नहीं, यों ही। घर की बात है।

बिल्ला : रामो, हाकिम सिंह, अपने पुत्र को समझा लो। नहीं तो छाती में से गोली आर-पार कर दूँगा मैं।

दलेल : जला भुना क्यों है, भई तू, इतना? वजह तो बता।

हाकिम : सहज से बताओ, सरदार जी। लड़के ने किया क्या है?

बिल्ला : किया साले ने।

दलेल : गाली निकालने का कोई काम नही तेरा।

बिल्ला : अच्छा! पहले तुझे देख लूँ। गामे पहलवान को। आ तो ज़रा।

हाकिम : न, ओए, दलेल सिंह। ठंडा रह।

रामो : नांह, पता तो चले, क्या किया है मेरे पुत्र ने। ज़बरदस्ती उबाले खाए जा रहा है।

बिल्ला : तुम्हारे भी जन्मी हुई हैं। बच के रहना।

हाकिम : तुम्हारी जीतो को कहा कुछ, सीतल ने?

रामो : मेरा पुत्र तो किताब से आँख नहीं उठाता।

बिल्ला : लड़की ने बताया, उसके पीछे-पीछे रहता है हर वक़्त। कूड़ा फेंकने जाए वो। पशुओं को पानी पिलाए। बाहर अंदर जाए। तुम्हारा छोकरा पीछा नहीं छोड़ता।

रामो : कोरा तूफान तोल रही है जीतो।

बिल्ला : और जब वो हवेली जाती है, पशुओं को चारा डालने, या भैंस दोहने, लाडला तुम्हारा, सामने खुशिया सिंह की कुबड़ी अंबिया पर चढ़ कर, बैठा रहता है। बहाना बनाता है साला पढ़ने का। हाथ में किताब होती है। पर देखता रहता है, मेरी बहन की तरफ। यह मत समझना, मैं भगौड़ा हो गया हूँ। पुलिस तिनका नहीं बिगाड़ सकती मेरा। मैली आँख से देखे सही मेरी बहन को, ज़िंदा बचकर नहीं जाएगा।

रामो : अगले कांच के बने हैं आगे से? मैं अभी देती हूँ तार परफैसर को, लुधियाना।

हाकिम : अच्छा, नंबरदार जी, लड़के को माफी दो। मैं समझा दूँगा। बहू बेटियाँ गाँव की बराबर हैं।

दलेल : तू मत कहना लड़के को कुछ भी। हम आप ही समझा लेंगे।

बिल्ला : कालेजियेट बनता है साला। शौक़ीनियाँ करता है। नई जवानी चढ़ी है बढ़ई कमीन को।

(जुगिंदरो आती है)

जुगिंदरो : भाइया, वीरे को पकड़ लिया। जीप में बैठा लिया।

(तीनों इकट्ठे बोलते हैं)

हाकिम : किसने?

दलेल : अच्छर को?

बिल्ला : पुलिस आ गई?

जुगिंदरो : तलाशी ले रहे हैं हमारे घर की। बंदूकें तानीं हैं।

बिल्ला : दलेल सिंह, अच्छर को संदेश दे देना। पुलिस को जगह न बताए। बेशक कितनी मार पीट करे पुलिस। बोले कुछ न। कहना, अगर मुँह से बका, सारे कुनबे को बंबों से उड़ा देंगे। मुख़बिर पहले, पुलिस बाद में।

(दौड़ता है)

जुगिंदरो : हाय मेरे भाई को छुड़ाओ किसी तरह।

हाकिम : कैसे होगी, अब, दलेल सिंह?

रामो : ख़ामख़ा मेरे पुत्र को बदनाम कर रहा है।

दलेल : पुलिस से बिल्ला ज़्यादा ख़तरनाक है। इसका काँटा निकलवाते हैं पहले। डरने की बात नहीं। चल, दे दिलाकर पुलिस को, लड़का छुड़वाते हैं। मैं बताऊँगा बिल्ले के ठिकाने के बारे में। गोली मारें साले के। मेरे बेटे को मुजरिम बना डाला। बिल्ले को मरवा कर हटूँगा मैं।

हाकिम : नांह, दलेल सिंह। मुख़बिरी नहीं करनी। बिल्ले से वैर मत बढ़ा। घूस देकर अच्छर सिंह को छुड़ा लेते हैं। बिल्ले के बारे में, हम कहेंगे, हमें कुछ नहीं पता।

दलेल : डर डर कर, कितना वक़्त निकालेगा? तू मत बताना। मैं आप बताऊँगा। बिल्ले का ख़ात्मा मैं ज़रूर करवाऊँगा। पुत्र दाग़ी कर दिया मेरा, लुच्चे ने। मैं ज़िंदा नहीं छोड़ूँगा।

(अँधेरा)

झाँकी 8

संता : बेटे, हज़ारों देकर छुड़ाया तुझे। अब तू यह चलन छोड़ दे।

हाकिम : आरे पर रह, मेरे साथ। आठों पहर।

दलेल : बिल्ले बूचड़ के निकट नहीं जाना।

किषनी : पुत्र, सरकार के साथ मुकाबले नहीं होते। फौजों से। टैंकों से।

संता : मौत को चुनौती देना है।

दलेल : बिल्ले को झटकाया समझ। दो दिनों में। बीज-नाश कर देगी पुलिस।

अच्छर : तू मुझे तो छुड़ाता। बाकियों के ठिकानों के बारे में क्यों बताया?

हाकिम : मैं मना भी करता रहा।

दलेल : तेरा मामा लगता है बिल्ला? बचा रहा है बापू को।

अच्छर : तुम करो जैसे मरज़ी। मेरा बिल्ले से कोई ताल्लुक नहीं। मैंने आप क़सम खाई, संत जी के सामने। कौम की सेवा करूँगा। तुम मुझे नहीं रोक सकते।

संता : क्यों खाई तू ने क़सम?

हाकिम : बेटा, जान बचा अपनी किसी तरह।

किषनी : जाने दे, मेरा लाल। चल, आरे पर न सही। वर्कशाप को ही जा। पर अब ख़तरे का काम नहीं करना।

दलेल : कैसी क़समें खाई हैं तूने?

अच्छर : तेरी समझ में नहीं आएगी यह बात।

दलेल : देखा? शहीद बनता है साला। क्यों छुड़ाया था? फिजूल हज़ारों गाले।

अच्छर : न छुड़ाता तू।

हाकिम : छुड़ाता क्यों न? हट, चुप कर, दलेल सिंह।—बेटा, मेरे पास रह, शहर।

संता : मैं भी वहीं रहूँगा। हमारी आँखों से ओझल नहीं होना। दोनों जने।

दलेल : कहीं सीतल को तो नहीं मिला लिया साथ तुम ने? बड़े धर्म के रक्षकों ने?

अच्छर : मैं क्या मिलाऊँगा? अपने आप अमृत छका उसने? हरियाँ बेलां वाले संतों से।

हाकिम : सीतल ने भी अमृत छक लिया?

संता : क्या ज़रूरत थी उसे?

दलेल : डरा धमका लिया। भोले भाले लड़के। गोली के डर से साथ जुड़ रहे हैं, क़ातिलों के।

अच्छर : कौन डरता है गोली से? मुझे डराकर दिखाए, कोई माई का लाल।

दलेल : चुप कर, ओए। छुड़ा लिया तो बक रहा है अब। नहीं तो, पुलिस ने दो मारनी थीं, अम्मा याद करा देनी थी।

किषनी : ख़ामख़ा झगड़ रहा है लड़के से।

हाकिम : या रब्ब! कैसे बचाएँ परिवार को?

संता : कैसी आँधी चल पड़ी चारों तरफ।

दलेल : पुलिस चुन चुनकर मारेगी। खेल है कोई, फौजों संग टक्कर लेनी?
(मुँह ढक कर, बिल्ला पीछे से आता है। दलेल सिंह के दो तीन गोलिया। मारता है)

दलेल : हाय माँ!

किषनी : हाय मैं मर गई। **(जफ्फा डालती है)**

हाकिम : दलेल सिंह!

संता : बस! हो गई बस!
(अच्छर सिंह दौड़ता है)

किषनी : हाय, ओए मैं लुट गई! लोगो, मैं लुट गई!

हाकिम : बिल्ला होगा। यह करनी है ही बिल्ले की। हे वाहे गुरु, दया कर ग़रीबों पर! मेहर कर! **(रोता है)**

(अँधेरा)

झाँकी 9

(बिल्ला मूँछों को ताव दे रहा है और गा रहा है)

बिल्ला : चाँद गोरी गोरी जाँघें देखे,
सूरज तप करता।
मैं यार का उलाहना उतारूँ
छिप जा, ओए, चाँद बैरी।

(जुगिंदरी आती है)

बिल्ला : जुगिंदरो!" हाय हाय तेरे नख़रे। **(बाजू पकड़ कर)** सोहनी, कभी हमारे साथ भी आँख मिला लिया करो।

जुगिंदरो : नंबरदार, छोड़ दे मेरा बाजू।

बिल्ला : मुख़बिर की बेटी, हिंदू की माशूका, यों ही जाने दूँ? खत्री के लड्डू खा खा कर, गर्मी पड़ गई। कभी संतों को हुकम दे। ठंड डालें तेरे अंदर।

जुगिंदरो : जाने दे मुझे।

बिल्ला : **(गाता है)** तेरी छाती पर मलाई आई, कच्चा दूध पीने वालिये!

जुगिंदरो : **(रोती)** बाजू छोड़ मेरा।

बिल्ला : जीणे संग यारी लगाती को शरम नहीं आई? ग़द्दार कौम के साथ? हमारे गुरुओं ने शीश कटाये, इनकी चुटिया और जनेऊ बचाने के लिए। और इन्होंने साहिबज़ादों को पकड़वा दिया। मुख़बिरी करके। तुझे अपने धर्म का मर्द नहीं मिला?—यारी लगाने के लिए?

जुगिंदरो : जाने दे मुझे। मिन्नत है मेरी।

बिल्ला : अच्छा। पहले ही काफी हो गई तुम्हारे कुटुंब के साथ।—एक संदेशा दे देना हमारे घर। रात को रोटी लेने आऊँगा मैं।

जुगिंदरो : संदेशा किस को देना है? जीतो को तो पुलिस ले गई थाने। तेरी माँ को भी। घर को और हवेली को ताले लगा गए।

बिल्ला : थाने ले गए? दोनों को?

जुगिंदरो : पशु भी ले गए।

(चुप)

बिल्ला : **(आँसू रोकता)** हे दसवें पातशाह! बल बख़्शो मुझे! जिगरा बख़्शो! —अच्छा, सुन। तू रोटी पहुँचा हमें। तीन चार बंदों के लिए। यहाँ। और बताना मत किसी को। अगर आवाज़ निकाली—परिवार का अकेला अकेला जीव कच्चा चबा जाऊँगा। समझ गई? लाएगी रोटी?

जुगिंदरो : अच्छा! **(जाती है)**

(बिल्ला आँखों से आँसू पोंछता है)

(अँधेरा)

झाँकी 10

किषनी : चुप कर।

हाकिम : बेटा, सहज से बात बता।

अच्छर : कहा क्या कुत्ते के पूत ने तुझे?

किषनी : देख फिर। रोए जा रही यों ही।

हाकिम : बिल्ला कहाँ टकर गया तुझे?

जुगिंदरो : मैं बाहर अंदर गई··म्हिंदरो के गन्ने के खेत के पास।··बिल्ला मुझे खेत के अंदर को घसीट रहा था।

अच्छर : है साला कुत्ता।

जुगिंदरो : मैं ने मुश्किल से बाँह छुड़ाई और भागी।

किषनी : अब ऐसी करेंगे हमारे साथ, गाँव के गुंडे। बिन बाप के बच्चे का कौन रक्षक?

हाकिम : दलेल सिंह चला गया, तो हम मर गए?

जुगिंदरो : बोला, रोटियाँ पहुँचा हमें रात को।

अच्छर : इसे मैं खिलाता हूँ पराँठे। बदमाश को। सेवक बनता है क़ौम का। लुच्चा साला। सरकार के साथ जंग बाद में सही। पहले बिल्ले को लेता हूँ।

हाकिम : तू मत करना कुछ, मेरा लाल। ठंडा रह। आज मार गिराया या कल मार गिराया बिल्ला, पुलिस ने।

(जीणदास आता है)

जीण : मैं ने क्या सुना? हट्टियों में बातें करें लोग। क्या हुआ चाची? जुगिंदरो रो क्यों रही है?

अच्छर : बिल्ला नंबरदार, कंजर। इसको मज़ा मैं चखाता हूँ, बहनें बेटियाँ छेड़ने का।

(संता सिंह आता है)

किषनी : अगर आज मेरा मालिक ज़िंदा होता, ऐसे ही होती मेरी बेटी के साथ?

अच्छर : जंगल में रहते हैं, ईंटों के भट्टे के निकट। बंब बनाते हैं। अभी चलकर पूछता हूँ मैं।

संता : ठहर, ओए। ख़ून ख़राबा मत कर। इस लड़की को भी क्या कहें। हर वक़्त हिड़हिड़, हिड़हिड़। फैशन करके घूमती है गाँव की गली गली। दुड़ंगे मारती हुई।

(रामो आती है)

जुगिंदरो : कहाँ घूमती हूँ मैं?

किषनी : उलटी बोल रहा है। बदनाम करे मेरी बेटी को। इज़्ज़त कोई रही नहीं परिवार की बाकी? डूब कर मर जाओ ऐसे ताऊ चाचे।

हाकिम : अच्छर, बेटा, तू चुप रह। मैं आप पूछूँगा बिल्ले से।

रामो : तू क्यों पूछेगा? तेरी क्या लगती है यह? पहले कम करी है बिल्ले ने तेरे साथ? जो लड़की बदमाश हो, उसकी हिमायत क्यों करनी?

संता : सही कह रही है रामो। जब अपना पैसा खोटा है, बनिये को कैसा दोष?

किषनी : **(विलाप करती)** ओए मरने वाले, हमें भी ले चल अपने पास!

हाकिम : किषनी, चुप कर। न हमारा भी जी हलका कर।—तुम दोनों बदशगुनी बोलोगे हर वक़्त। बच्चे की मदद नहीं करनी। उलटा उस पर ज़हर उगलना।

रामो : **(रोती)** अपने पुत्र का भी ख़्याल है? दो दिन हुए घर नहीं पहुँचा। गड़बड़ के दिन हैं। न जाने चूज़ा मेरा, ज़िंदा भी है कि नहीं।

संता : है तो फ़िक्र की बात। कॉलेज से सीधा घर आना चाहिए था।

हाकिम : मामा के पास न चला गया हो? लुधियाना?

रामो : मामा के पास जाना होता, तो बता कर न जाता? जा, दौड़कर पता करके आ।

हाकिम : आरे पर जाना है मैंने, शहर।

रामो : लोगों का फ़िक्र है तुम्हें। अपना ज़हर दिखाई देता है। तीन बेटियों के बाद एक लाल मिला। पूजा पाठों के बाद। जादू टोनों के सहारे। कौन जाने, वो ज़िंदा है भी कि नहीं।

संता : जवान लड़के पगलाए जा रहे हैं। विष कोई ऐसा चढ़ गया है मुल्क को।

रामो : वो तुम्हें पता ही है। चौदहवीं में पढ़ता था। बोहण पट्टी का लड़का। हरनाम कौर का भानजा। कॉलेज से पढ़कर आया। गाँव के बाहर पुलिस ने घेर लिया। ताड़ ताड़ गोली मारी। लड़का मार गिराया। बेकसूर। फिक्र से लहू सूख गया मेरा। और यह लोगों की बिगड़ी

हुई छोकरियाँ बचाता फिरता है।

हाकिम : अच्छा, धीरज रख। पता करते हैं। मुझे कम प्यारा नहीं है सीतल। —बिल्ले के साथ बात करते हुए तो नहीं देखा तूने उसको?

रामो : उसने बिल्ले से क्या लेना है? करेला?

जीणा : कलह बढ़ानी है तो बुरी। भाइया, नंबरदार ने अति उठा रखी है। पंचायत में अर्ज़ी दे दो।

संता : मर खप गई पंचायत। इन दंगे फसादों में। नहीं तो हमारे कुटुंब का बाईकाट क्यों होने देती? नाहक़?

अच्छर : मैं रात को जा पड़ूँगा बूचड़ को।

हाकिम : अच्छर सिंह, बेटा, मेरी मान। इस लड़ाई को मत बढ़ा। इस में सियानापन नहीं। तू तो पढ़ा लिखा है। जिस दिन की मुझे होश है, मैं वड़ी बार सोचता हूँ, इसी छेड़छाड़ के कारण, हमारे देहात में, कई ख़ून होते हैं। लड़ाई झगड़ों में सिर फटते हैं। पर लड़ाइयाँ करने से ये वारदात कम तो नहीं हुईं। उलटा, दिन-ब-दिन, बढ़ती जा रही हैं। पहले लड़कियाँ, मायके गाँव में, रंगदार चुनरी नहीं पहनती थीं।

(जुगिंदरो सिर ढकती है)

संता : मजाल किया किसी लड़की की, जटा नंगी करे। मार लिया आज़ादी ने। लड़के बेचारे भी क्या करें? जानबूझ कर छेड़ती हैं चिंगारों को।

हाकिम : पढ़ाई करनी है जिन लड़कियों ने, लड़कों के साथ बैठकर, उन को अब गदेलों में गठरियाँ बाँध कर नहीं रखा जा सकता। हँसना खेलना तो हुआ कन्याओं ने। बेटा अच्छर, यह लड़की-लड़के का मामला है टेढ़ा। तुझे बताया, अनपढ़ झट टकुये कृपानें निकाल लेते हैं। इस में इन्सान थोड़ा सा ठंडा होकर चले तो ही भला है। नहीं तो, उम्र भर, क़ैदें भुगतो।

अच्छर : नामर्द बनकर बैठ जाएँ?

हाकिम : नहीं, बेटा। अपनी खाट के नीचे भी डंडा फेरना चाहिए।

जुगिंदरो : मैं ने क्या किया?

हाकिम : तू नहीं, बेटी। सीतल ने कहीं बिल्ले की बहन की तरफ देखा। उलाहना देकर गया हमें। वो बदला निकालना चाहता था। तुम्हें छेड़ कर।

रामो : झूठ था सब।

संता : कितनी बार कहा है। इस छोकरी को फाँसी लगाओ कहीं। लड़का देख कर।

किषनी : मैंने कब मना किया है? मेरी तरफ से बेशक आज दे दो ब्याह और

गौना। ब्याजू ले दो। माँ बेटा हम आप ही उतार लेंगे।

हाकिम : अच्छी बात है। महीने भर में शादी कर देंगे। लड़का सोच, संता सिंह, रिश्तेदारी में। चलो, बेटा, बैठो घर। अच्छा, बेटा, तुम चलो दोनों, आरे पर। मैं सीतल सिंह का पता लेता हूँ।

अच्छर : नहीं, ताऊ। सीतल के एक दो ठिकाने मुझे पता हैं। उसके कॉलेज के जमाती ले गए होंगे साथ। मैं ढूँढ़ता हूँ उसे। आप दोनों जाओ आरे पर।

हाकिम : अच्छा। ऐसे ही सही।

(सारे जाते हैं। जुगिंदरो इशारे से जीणदास को रोकती है)

जीणा : बात बिगड़ गई। अब कैसे होगी?

जुगिंदरो : कितनी बार कहा तुझे, कर कुछ।

जीणा : क्या करूँ? समझ नहीं आती।

जुगिंदरो : लगा था इश्क़ माशूकियाँ करने। शरम तो नहीं आती?

जीणा : गुस्सा मत कर, जुगिंदरो। मैं ब्याह करूँगा तो तेरे साथ। नहीं तो सारी उम्र क्वाँरा रहूँगा। कसम लगे मुझे गऊ माता की।

जुगिंदरो : बिल्ला पता क्या कहता है?

जीणा : उसको पता है हमारा?

जुगिंदरो : जगत की हज़ार आँखें। तू कहाँ भूला फिरता है?

जीणा : क्या बोला?

जुगिंदरो : कहने लगा, बाल-कटे बनिये से प्यार न कर। क़ौम के दुश्मन से।

जीणा : ज़ात तो हमारी अलग-अलग है। पर धर्म तो एक ही है।

जुगिंदरो : हमारे लिए हिंदू सिख एक ही बात है। ठीक है?

जीणा : और क्या? पर शादी की जुगत कैसे बनायें? गाँव में बसेंगे कैसे?

जुगिंदरो : यह पहले सोचना था। अब मुझे बदनाम करके, चारों तरफ, तू हट्टी बैठ। माँ की पापड़ बड़ियाँ बेच। तर गई मैं, प्यार करके, गीदड़ से।

जीणा : बेइज़्ज़ती मत कर मेरी। तरीका बता। मैं करूँगा।

जुगिंदरो : बताऊँ? मानेगा?

जीणा : हाथ जोड़कर मानूंगा मगर गाँव से निकलने की बात मुश्किल है। दर-दर की ठोकरें खाते फिरेंगे। फिर दोनों परिवारों की मानहानि होगी।

जुगिंदरो : भागने के लिए नहीं कह रही मैं।

जीणा : फिर?

जुगिंदरो : मेरा छोटा ताऊ बड़ा दिलेर है। यों तो अनपढ़ है। पर सौ पढ़े लिखों का मुक़ाबला करता है। चल उसको बता दें। आप ही ढँग ढूँढ़ेगा।

जीणा : जूते मारेगा, दोनों के।

जुगिंदरो : यह गारंटी रही मेरी। ताऊ को मैं मना लूँगी। अपनी माँ को तू मना।

जीणा : जैसे भाइया हाकिम सिंह कह देगा, माँ मान जाएगी। एक बार फिर सोच ले। उलटी न कर दे भाइया।

जुगिंदरो : प्रगतिशील है ताऊ। मेरे रांझे को मुझ से अलग नहीं करेगा।

जीणा : माँ कहेगी, पुच्छी का पत्ता काटना चाहिए था पहले।

जुगिंदरो : पुष्पा का फिक्र करेगा मेरा वीर।

जीणा : अच्छर सिंह? वो कैसे?

जुगिंदरो : पहले हम दोनों अपना काम बना लें। फिर मैं अपनी ननद सहती का आशिक़ भी मिलवा दूँगी। चल, भाइये के पास।

जीणा : अभी?

जुगिंदरो : काँप क्यों रहा है तू? भाइया पीटेगा नहीं।

जीणा : **(छाती तानकर)** डरता नहीं मैं · तू चल आगे।

(अँधेरा)

झाँकी 11

(सीतल सिंह ने केसरी पगड़ी बाँधी है। छोटी कृपाण पहनी है)

हाकिम : रहा कहाँ तू तीन दिन?

रामो : हमारी साँस सूखी है, फिक्र से।

हाकिम : तुझे केसरी पगड़ी किसने बँधवा दी?

रामो : कृपान भी डाली है।

हाकिम : किया क्या है तूने। अमृत छक लिया?

रामो : हाय रे! आतंकवादियों से मिल गया?

हाकिम : बुरी भली तो नहीं कर बैठा? कहाँ रहा इतने दिन?

रामो : मुँह से तो फूट।

हाकिम : वारदात कर बैठा? घर से तो तू पढ़ने गया था, कॉलेज।

सीतल : **(रोता हुआ)** मेरा बस नहीं चला। ज़बरदस्ती ले गए मुझे।

रामो : हाय मैं मर गई। कौन ले गया? चोट तो नहीं लगी?

हाकिम : चुप कर। धीरज से बता। पुलिस ने पकड़ लिया था तुझे? मारा पीटा?

रामो : अमृत कब छका?

सीतल : मेरी कलास के लड़के। दोस्त मेरे। कहने लगे, साथ चल हमारे। नहीं तो हम तुम्हें जीवित नहीं छोड़ेंगे। धमकी से डर गया मैं। बोले, कुछ नहीं बिगड़ता। पुलिस कभी नहीं पकड़ सकती।

हाकिम : किया क्या तुम ने?

सीतल : मैं ने कुछ नहीं किया। यों पिस्तौल उन्होंने मुझे भी पकड़ा दिया, कहीं से लाकर।

हाकिम : आदमी मारा तू ने?

रामो : रे बेटा, क़िस्मत मंदी मेरी! कहाँ फँस गया तू?

सीतल : फिलौर थानेदार मारा कल।

हाकिम : वो तुम ने मारा?

सीतल : गोलियाँ तो दूसरे लड़कों ने चलाईं। मैं चुप करके खड़ा रहा। स्कूटर लेकर।

हाकिम : बस! हो गया परिवार का नाश! जिस बात से डरते थे, वहीं हुई।

रामो : रे बेटा, सौ सौ मन्नत मनाई तो एक तू मिला। तीन बेटियों के बाद। मैं मर गई, लोगो, मैं लुट गई।

हाकिम : पुलिस पीछे लगी है तुम्हारे?

सीतल : होगी।

हाकिम : दूसरे पकड़े गए?

सीतल : मेहटीआणे, अलग हो गए हम। मुझे नहीं पता कहाँ हैं बाकी के।

हाकिम : अच्छर को बचाया था, मुश्किल से। अब तू करतूत कर आया।

सीतल : मैं आप गया? धींगोधींगी ले गए मुझे।

हाकिम : तुझे किस ने कहा था, रीस कर?

रामो : वो मरते थे तो मर जाते। तुम्हें क्या ज़रूरत थी, क़ातिल बनने की?

सीतल : कॉलेज के कई लड़के पिस्तौलें लिए घूमते हैं। शरमिंदा करते थे हर वक़्त मुझे। फिर, क्या पता, मुझे गोली मार देते। अगर मैं न साथ देता उन का।

हाकिम : हे सच्चे पातशाह! कौन से पाप किए थे मैंने? कुल तबाह कर दिया मेरा।

रामो : लाख बार चलाते गोलियाँ, बाकी के। तुम्हें क्या ज़रूरत थी? पुलिस आई कि आई। बिल्ला भी भगौड़ा हो गया। माँ उसकी और बहन, उस दिन की हवालात में बंद हैं। न जाने कैसी होगी हमारे साथ।

हाकिम : जुल्म की आँधी चल रही है। कुनबे के कुनबे बरबाद हो गए।

रामो : बेटा, मैं ज़िंदा ही मर गई।

हाकिम : अच्छा, कॉलेज जाना बंद। बिलकुल। कल से हमारे साथ रहना। शहर। आरे पर।

रामो : पुलिस का क्या पता, कब आ जाए। जान त्राहि त्राहि कर रही है मेरी।

हाकिम : बात मत करना किसी से। थानेदार के क़त्ल के बारे में। बख़्श ले, वाहे गुरु, बख़्श ले! एक तरफ बेदर्दी धर्म के अँधे। दूसरी तरफ बेदर्दी पुलिस। जाएँ तो किधर जाएँ?

(अँधेरा)

झाँकी 12

(औरतें ढोलकी के साथ नाचती हैं और सुहाग गीत गाती हैं)

गीत 4

कुएँ पे नीर भर रही, कोई मल मल एड़ियाँ धो।
बाग में चंबा खिल रहा, कोई बैठी हार पिरो।।

(क) सुन री दादी मेरिये, मेरे दादा को समझा।
पोतियाँ हुईं लटबावरी, किसी नौकर गले लगा।।
सुन री पोती मेरिये, ऐसे बोल न बोल।
जहाँ गुज़ारे बारह बरस, वहाँ छः महीने और।
बारह बरस मैं यों रही, मेरा दादा संग प्यार।
अब न रहूँगी एक घड़ी, मेरा अन्न जल हुआ तैयार।।
कुएँ पे नीर भर रही···

(ख) सुन री माँए मेरिये, मेरे बाबुल को समझा।
बेटी हुईं लटबावरी, किसी नौकर गले लगा।।
सुन री बेटी मेरिये, ऐसे बोल न बोल।
जहाँ गुज़ारे बारह बरस, वहाँ छः महीने और।।
बारह बरस मैं यों रही, मेरा बाबुल संग प्यार।
अब न रहूँगी एक घड़ी, मेरा अन्न जल हुआ तैयार।।
कुएँ पे नीर भर रही···

(हाकिम सिंह आता है)

हाकिम : 'सुहाग' भी गाओ। 'घोड़ियाँ' भी गाओ। लड़की भी हमारी। लड़का भी हमारा। है न, बंती?

बंती : तेरी मेहर हुई है, भाइया।

किषनी : गाँव वाले कहीं मानने लगे थे। मसख़री कर रहे हैं।

पुच्छी : दौला सिंह कहता है : देखो हाकिम सिंह की करनी। जाति भी अलग। धर्म भी अलग। फिर, गाँव का लड़का, गाँव की लड़की। बहन भाई लगते हैं।

हाकिम : बेमतलब की बातें हैं ये। धर्म एक ही है हमारा। जाति कुजाति कैसी? गुरदास मेरा यार था। और फिर, एक परिवार के तो नहीं जुगिंदरो और जीणदास। गाँव एक हुआ तो क्या है? गोत्र तो जुदा जुदा हैं।

पुच्छी : भाइया, फिर भी गाँव में बसना भैया जी का है मुश्किल। बाईकाट करेंगे सब हमारे परिवारों का।

बंती : करते रहें बाईकाट। हमारा कुछ नहीं बिगड़ता।

हाकिम : बेटा, इसी कारण तो मैं ने जीणदास को दुकान शहर में लेकर दी। है भी बड़े मौके की। गाहक अच्छा पड़ेगा। आरे के बिलकुल सामने। अपनी आँखों के सामने रहेंगे हर वक़्त, लड़का और लड़की। गाँव वालों के साथ हमारा कौन सा वास्ता पड़ेगा?—अच्छर सिंह लौटा नहीं गुरुद्वारे से? मैं ने भेजा था, भाई को बुलाने। पढ़ दे चार 'लांवें', झटपट।

पुच्छी : अभी तक तो लौटा नहीं। मैं देखकर आती हूँ। **(जाती है)**

किषनी : भाइया, बंती अब क्या लगी तेरी? समधिन वाला रिश्ता रखना है कि और कुछ?

हाकिम : किषनी, रिश्ता बनना होता है जहाँ आप ही बन जाता है। बाहुल मीन मेष निकालने से रिश्ते नहीं बना करते।

बंती : मेरा कुछ बाँटवाँ है, भाइये से। सब इसी का प्रताप है।
(संता सिंह आता है)

किषनी : और क्या, बहना। इसी का है। नहीं तो हमारा कोई आसरा था? मालिक मर जाए, तो ज़नानी को कौन पूछता है?

बंती : बेटा भी यही कहता है। भाइये ने बड़ा साथ दिया। हमेशा दिलावरी दी। बाप से बढ़कर समझता है जीण दास।

संता : नहलाओ लड़की को जल्दी। निपटाओ काम।

किषनी : गया अच्छर सिंह ग्रंथी को बुलाने।

हाकिम : मैं तो कहता हूँ, किषनी, एक और काम भी निपटा लें। ध्यान से सुन। उम्रें अकेलों की मुश्किल गुज़रती हैं। **(बंती के कोहनी मार कर)** तू संता सिंह की रोटी तुम रोटी इकट्ठे पका लिया करो। एक ही जगह। क्यों, संता सिंह?

संता : मरज़ी है किषनी की। अगर मेहर करे मेरे पर।

बंती : धन्य भाग्य! आज ही सही। माँ-बेटी का एक ही दिन ब्याह। और गौना। मिसाल क़ायम हो जाएगी यह भी एक।

किषनी : रोटी पका दिया करूँगी मैं, भाइया। रोटी से इन्कारी नहीं। बाकी बात जाने दे। अब उम्र है हमारी?

संता : बुड्ढा बना रही है मुझे। बहड़के जैसा जवान हूँ मैं।

किषनी : तू तो होगा। मेरे पर किधर की जवानी चढ़ी है?

हाकिम : जवानी और क्या होती है? रामो से पंदरह बरस छोटी होगी तू।

बंती : चौधरियों की किरपालो देखी? तेरे से भी पाँच साल बड़ी होगी।

संता : हाँ, हाँ। परसों चादर डाली, जागर ने।

हाकिम : करें फिर यह शगुन भी?

संता : मुझे पूछ रहा है! अँधे को क्या चाहिए? दो आँखें?

हाकिम : पहले यही सही। आ लेने दे भाई को। तुम दोनों होवो तैयार।

बंती : भाई, कोट पतलून कस ले, लड़कों से माँग कर।

हाकिम : किषनी, तूने भी दातुन दंदासा मलना हो, तो मल ले।

संता : ऐसा दिन तो रोज़ रोज़ चढ़े। देर कर दी ग्रंथी ने। मैं देखता हूँ चलकर।

(चलता है)

हाकिम : छोटा कदम उठा, ओए। किषनी भागी नहीं जा रही।

(अच्छर, सीतल, पुष्पा आते हैं। संता सिंह लौटता है। पीछे रामो है)

अच्छर : भाई कहता है, मैं नहीं आऊँगा।

हाकिम : क्यों? मुझे तो कहा था, आऊँगा। एक दम कैसे बदल गया।

बंती : धमकी दी कइयों ने उसे—कि ब्याह में मत जाना।

सीतल : दूसरी बात है।

हाकिम : कौन सी?

अच्छर : बिल्ला ख़त्म!!!

हाकिम : पुलिस ने पकड़ लिया?

बंती : **(शुक्र मनाती)** बिल्ला मर गया?

किषनी : अच्छा हुआ।

संता : बंब फट गया?

सीतल : पुलिस बड़ी कुत्ती है। सोये हुओं को जा दबोचा। तीनों को। जंगल बीच के कुएँ के निकट।

हाकिम : हवालात में हैं?

अच्छर : हवालात में किस साले ने रखना था। दरख़्त से बाँध कर, तीनों को, गोली मार दी। कह दिया, मुकाबले में मारे गए।

पुच्छी : झूठी रिपोट लिख दी?

अच्छर : और क्या।

पुच्छी : मुक़द्दमा चलाना चाहिए था। कचहरी में। सबूत पेश करने चाहिए, जुर्म के।

अच्छर : कचहरी को कौन पूछता है?

हाकिम : क़ानून कौन देखता है? जब ख़ून की वर्षा बरस रही हो।

रामो : बिल्ले की बहन के साथ तो, कहते हैं, बुरा किया। कई दिन। थानेदारों और सिपाहियों ने मिल कर।

सीतल : मर गई जीतो भी।

बंती : जीतो भी मर गई? हे भगवान!

अच्छर : मार दी कसाइयों ने।

किषनी : बुड्ढी माँ बेचारी। धर्म नहीं जीने का अब। दोनों बेटे गए। बेटी गई। घर घाट कुर्क हो गए।

अच्छर : ट्राली पर रख कर जीतो की लाश लाए हैं थाने से। भाई कहता है, उसने अंतिम अरदास पढ़नी है। दाग़ देने हैं जीतो को।

हाकिम : हे वाहे गुरु! बचा ले देश को।

संता : यह तो बुरी हुई। लड़का लड़की नहा कर बैठे हैं।

हाकिम : जा, संता सिंह। नाथो पाधे को बुला। वो पढ़ देगा चार मंत्र।

संता : खरा। भाई नहीं तो बाहमण सही।

अच्छर : ताऊ, मैं ने भी एक बात करनी थी।

हाकिम : कैसी?

अच्छर : मुझे दो हज़ार रुपया चाहिए।

हाकिम : दो हज़ार?

संता : किस वास्ते?

अच्छर : मुझे हुक्म हुआ है, बाहर के मुल्क को जाने का। ख़तरा है यहाँ। पुलिस का कोई भरोसा नहीं। साल दो साल बाहर काट कर लौटूँगा मैं।

पुच्छी : परदेस जाना है? पासपोर्ट कब बनवाया? बात ही नहीं की तूने।

किषनी : न, मेरा लाल। मैं नहीं जाने दूँगी, विदेशों में।

हाकिम : एक दम! कैसी ख़बरें दे रहा है तू? क्यों जाएगा तू? घर बार छोड़कर?

संता : नहीं, बेटा। अब कोई ख़तरा नहीं। शहर में रह तू हमारे साथ। आरे

पर। दोनों लड़के। दोबारा किसी उग्रवादी से बात नहीं करनी। परदेसों में जाने की ज़रूरत नहीं।

अच्छर : जाना तो मैं ने ज़रूर है। रुपया चाहिए कहीं से।

सीतल : पासपोर्ट बन गया?

अच्छर : जो भेजेंगे उन्होंने बनवा ही लिया होगा।

पुच्छी : पासपोर्ट के बग़ैर अपने मुल्क से तू निकल ही नहीं सकता।

अच्छर : बहुतेरे रास्ते हैं निकलने के।

पुच्छी : क़ानून के ख़िलाफ़?

सीतल : कौन से मुल्क को जाना है?

अच्छर : यह भी अभी मुझे नहीं बताया।

हाकिम : न, मेरा बेटा। शादी में मातम न डाल। हमारे पास रह।

अच्छर : क़सम खा रखी है मैं ने। जाना ज़रूर है। पैसे हैं तो बात करो।

हाकिम : इतनी रक़म मेरे पास तो है नहीं। जीण दास के लिए दुकान लेकर दी। पगड़ी दे कर।

संता : पैसे तो मैं देता हूँ। चल डाकख़ाने, मेरे साथ। पर, बेटा, तू परदेस न जा।

सीतल : सोच ले, ताऊ। दो हज़ार देते हुए, दम निकल जाएगा तेरा।

संता : पुत्र है मेरा, अच्छर। पैसा धेला सब इसी का है।

हाकिम : बेटा, बुड्ढे खूसट हैं हम। उजाड़ न डालो हमारे लिए। अच्छा, चलो। ब्याह पूरे करो पहले। बंती, तेरे आँगन में सही। नाथो को कहो, वेदी गाड़े। और चौक पूरे।

(सब जाते हैं। पुष्पा रोती है)

अच्छर : रो क्यों रही है तू?

पुच्छी : धोखा किया तू ने मेरे साथ।

अच्छर : धोखा कैसा?

पुच्छी : मैं अमृत छकने को तैयार हूँ। शादी कर ले। परदेस न जा। मत तबाह कर मेरा जीवन।

अच्छर : प्यार और शादी बाद में। पहले धर्म। और क़ौम का आत्म सम्मान।

पुच्छी : जो अपनों की ज़िंदगियाँ बरबाद कर दे, वो क़ौम का क्या बनाएगा? देश का क्या बनाएगा?

अच्छर : जोगा सिंह की साखी सुनी है तूने कभी? गुरु महाराज का बुलावा आए, तो मैं आधे भाँवरे बीच में छोड़कर, चले जाऊँगा। धर्म यही कहता है।

पुच्छी : मेरा धर्म है प्यार। तेरे वास्ते प्यार। सरबत्त के लिए प्यार। इस प्यार

को जान से मार कर चले जाना, यह कैसा धर्म हुआ?

अच्छर : "इत मार्ग पैर धरीजे, सिर दीजे काण न कीजे।"

पुच्छी : न जा मुझे छोड़ कर। मिन्नत कर रही हूँ मैं तेरी।

अच्छर : शहीदों की ज़िंदगी में कमज़ोर दिल ज़नानी का कोई स्थान नहीं।

पुच्छी : प्यार करने वाले कमज़ोर नहीं होते। बहुत जिगरा चाहिए प्यार करने के लिए।

अच्छर : हाँ, क़ौम को प्यार करने के लिए, धर्म की रक्षा के लिए, जिगरा चाहिए। फ़िज़ूल में दिल हल्का न कर। मेरे पर कोई असर नहीं होगा। साल दो साल बाद, अगर मैं जीवित लौट आया, तू मेरी, मैं तेरा।

पुच्छी : जीवित लौट आया? आतंकवादियों के साथ मिलकर जा रहा है?

अच्छर : पुच्छी, ज़्यादा सवाल नहीं पूछते। पुलिस का पता नहीं। कब छापा मार दे, हमारे घर पर। सीतल को पकड़ने के लिए। और मुझे पकड़ने के लिए। शाम तक गाँव से बाहर निकलना है मैं ने।

पुच्छी : कभी मेल मिलाप भी होगा हमारा?

अच्छर : गुरु महाराज ने चाहा, तो ज़रूर होगा। चुप कर। जुगिंदरो का सियापा तो निपटाता जाऊँ।

(अँधेरा)

झाँकी 13

(अच्छर सिंह थैला कँधे से लटकाए जाने को तैयार। पुच्छी, किषनी और जुगिंदरो रो रही हैं। जुगिंदरो दुलहनों वाले कपड़े पहने है। गले लगकर रोती है)

हाकिम : **(रोता)** मत जा, बेटा, परदेसों को।

जुगिंदरो : रे वीरना, मत दे बिछोड़ा।

संता : न जाने कैसे होगी।

बंती : परदेसों का क्या पता होता है?

पुच्छी : सबब से मेले होंगे।

अच्छर : सीतल, मुझे पांछटे तक छोड़ आएगा?

जीणा : मैं छोड़ आता हूँ, साइकल पर।

सीतल : नहीं, तू रहने दे। मैं जाऊँगा। साइकल दे दे।

किषनी : चिट्ठी की सुस्ती नहीं करना।

रामो : माथा टेक कर जाना, गुरुओं को। पूछ रहे थे। नज़र उतार देंगे, भली बुरी। श्मशान में से होते जाना, बेटा।

हाकिम : तुम दोनों ही हो, बेटा। हमारा सारी उम्र का सरमाया। भूल मत जाना हमें। बुढ़ापे में कोई राखा नहीं हमारा। इस दुनियाँ में।

संता : पुत्रों के बग़ैर किस लायक है बंदा?

हाकिम : तुम्हारे बग़ैर, हमारा जीने का धर्म नहीं है।

(जीप की आवाज़। सीतल भागकर देखता है। मुड़कर)

सीतल : पुलिस है। अच्छर, दौड़। मैं मिलता हूँ, तेरे साथ।

पुच्छी : हाय मैं मर गई!

सीतल : भाइया, पकड़। छिपा दे कहीं। **(पिस्तौल देता है)**

सिपाही : **(दूर से)** हिलना मत कोई। नहीं तो गोली मार दूँगा।

हाकिम : बेटा, भागना नहीं। चुपचाप खड़ा रह।

सिपाही : सीतल सिंह तू ही है?

रामो : **(रोती)** रे वीरा, मेरे पुत्र ने कुछ नहीं किया। मेरे पुत्र को न लेकर जाना।

सिपाही : माई, हट जा आगे से। नहीं तो बट्ट मारकर, खोपड़ी फाड़ दूँगा।

हाकिम : तू बैठ जा, उधर होकर। हमारे बेटे ने कोई जुर्म नहीं किया।

सीतल : क़ानून कुछ नहीं बिगाड़ सकता मेरा।

सिपाही : क़ानून? तुझे क़ानून सिखाते हैं हम।

हाकिम : रामकौर, रोना बंद कर। यहाँ नहीं तो कचहरी जाकर छूट जाएगा लड़का।

संता : हौलदार जी, पुत्र हमारा बेकसूर है। न डालो हमें कचहरियों के चक्करों में।

हाकिम : लड़के ने किया भी कुछ नहीं। सबूत के बग़ैर, जज सज़ा दे ही नहीं सकता।

सिपाही : कचहरियाँ! और सबूत! और जज! एही तेही की मरायें।—क्यों, ओए, फिलौर, थानेदार, तूने क़त्ल किया?

सीतल : मुझे कुछ नहीं पता।

सिपाही : दो चूतड़ों पर पड़ीं, तो सब कुछ बक उतरेगा। जैसे तेरे साथी बक पड़े। चल, आगे। **(बंदूक से धकेलता है)**

रामो : न लेकर जा, वीरा, मेरे लाल को।

सिपाही : **(लात मार कर)** हिल! नख़रे कर रहा है, माँ का ख़सम।

हाकिम : मार मत लड़के को, भई।

सिपाही : **(ऊँचे)** ज़नानियाँ भी घेर के ले आऊँ?

आवाज़ : धकेल ले, सारे।

सिपाही : चलो, ओए! सारा रेवड़।

हाकिम : हम ने कौन सा जुर्म किया है? क़ानून के मुताबिक, तुम बेकसूर बंदे नहीं पकड़ सकते।

सिपाही : क़ानून के मुताबिक चल कर दिखाएँ तुम्हें? **(ऊँचे)** यह बुड्ढा क़ानूनी कार्यवाही चाहता है। बाप की कचहरी चढ़ाओ इसको।— चल, ओए! **(सीतल को बाहर धकेलता है)** जुर्म के सबूत तो अभी इकट्ठे कर देते हैं तुम्हें!

(ताड़ ताड़ गोलियाँ चलने की आवाज़। औरतों के मुँह से चीखें। बाकी शांत खड़े हैं। बाहर मरे हुए सीतल को देखते हैं। हाकिम सिंह आगे आता है। पिस्तौल को आराम से देखता है। गोली सिपाही की पीठ पर मारता है। सिपाही गिरता है। सब बिना हिले खड़े हैं। धीरे-धीरे अँधेरा बढ़ता है। गीत उभरता है)

गवैये : बंदे, तेरे दो दुश्मन, इक राजा, इक पुजारी।
कामगार, तेरे दो दुश्मन, मज़दूर, तेरे दो दुश्मन।
यह कुरसी वाले, यह पोथी वाले
बचकर रहना, भैया—(3)
वीरा, तेरे दो दुश्मन, इक अफसर, इक पुजारी।

—ख़त्म—

(पहला प्रालेख : मार्च, 1983)

12

श्री पद-रेखा ग्रंथ

डॉ. अचल भगत

को

जिसने मेरी कई रेखायें सीधी कीं

लेखक की ओर से

'श्री पद-रेखा ग्रंथ' लिखने से पहले मैंने एक तजरबा किया। हाथ देखने वाले पंडे का भेस धारण करके, मैं गंगा किनारे हरि की पौड़ी के पास बैठ गया। ज्योतिष का मुझे अलिफ से बे नहीं आता। फिर भी मैं रोटी लस्सी के लिए पैसे आसानी से कमा लेता था। (दक्षिणा केवल एक रुपया, वह भी हर व्यक्ति से नहीं) मैंने चार पाँच दिन यह डरामेबाज़ी की। मेरा कोई गाहक मेरी असलियत नहीं बूझ सका। भेस, दिखावा, ऐक्टिंग, —तगड़ा छलावा हो सकते हैं।

ज्योतिषी ऐसी ही ठगी करते हैं। ओझा, टोने टोटके के माहिर, यही पाखंड रचते हैं। गुरु, पीर पैग़म्बर, डेरों के महाराज, यही तरीके इस्तेमाल करते हैं। ख़ुदाई ताकत किसी के पल्ले नहीं। करामात कोई गुरु नहीं दिखा सकता। मुर्दे कोई ज़िंदा नहीं कर सकता। चमत्कार सिर्फ ढोंग है। भविष्य कोई नहीं बाँच सकता। सब कमज़ोर मनुष्य की कमज़ोरी का फायदा उठाते हैं। डूबते हुए बंदे को तिनका पकड़ा कर भगवान कहलवाना चाहते हैं। हारे हुए दिमाग़ को गुलामी में जकड़ कर सच्चे बादशाह होने का आडंबर घड़ते हैं।

परन्तु मेरे नाटक का मूल मुद्दा ज्योतिष नहीं। इसका विषय है : मज़हब, यानि, समाज को कुरास्ते डालने का क़ानूनी तरीका। जितना जुल्म कट्टरपंथियों ने धर्म के नाम पर ढाया है, उतना दूसरे किसी चालबाज़ ने नहीं ढाया। जितने कत्ल इस धरती पर ग्रंथों पोथियों ने किए हैं, गुरुओं पैग़म्बरों ने किए हैं, उतने कत्ल किसी दूसरे पाखंड ने नहीं किए। हर अक्ल का अंधा अपनी किताब को सच्ची समझता है, पड़ोसियों के पन्नों को झूठे। अपनी मूर्खता को मज़हब कहता है, दूसरों के विश्वासों को वहम भ्रम।

एक चेतावनी। पैर रेखा विज्ञान मेरा आविष्कार है। अगर कोई बनारसी या टीहटू इस ईजाद से व्यापार चलाना चाहे, वह मुझे या मेरे वारिसों को हिस्सा पत्ती लाज़िमी देवे। वरना! मैं राहु और केतु की ज़ंजीरें खोल दूँगा। ठगों की पुश्तें पछताएँगी।

चरणदास सिद्धू

इला अपार्टमैंट्स (104-ए)
बी-7, वसुंधरा ऐन्कलेव,
नई दिल्ली-110096

निर्देशक की ओर से

इस आलेख के किस पहलू ने मुझे आकर्षित किया जो मैंने इसे मंच पर पेश करने के लिए चुना?

चालबाज़ बनारसी और चूनी के षड्यंत्र ने? शायद। आरंभिक हास्यजनक परिस्थिति सशक्त है। और इसने, हमारी आशा अनुसार, दर्शकों को जकड़े रखा।

भारत के करोड़ों अंधविश्वासियों पर व्यंग्यात्मक आक्रमण? शायद। दर्शकों का आनन्द उनकी अपनी हो रही खिंचाई ने ख़ूब बढ़ाया।

परन्तु मेरे वास्ते इस नाटक का मुख्य आकर्षण इसकी हँसी नहीं, बल्कि इसकी गंभीरता है। एक व्यक्ति के, या परिवार के, अंधविश्वास हानिकारक नहीं—जब तक वे लोग विश्वास न करने वालों को मार मिटाने की नहीं सोचते। बनारसी—चूनी—टीहटू त्रितंत्र एक मज़ाक है जो दुःस्वपन में बदल जाता है। "संसार को चेतावनी : धर्म के भेस में हिटलरी आतंकवाद से सावधान!" यह है, मेरे विचार में, डॉ. सिद्धू के नाटक की रीढ़ की हड्डी। इसी कारण, अपनी प्रस्तुति में, मैंने पूरी कोशिश की कि असलम और छोटू को—सलीब पर चढ़ाए गए विवेक और बुद्धि के पैग़म्बरों को—रौशनी के दायरे में रखूँ।

अचल भगत

आइफेक्स बिल्डिंग,
रफी मार्ग,
नई दिल्ली-110001

पहला मंचन

'श्री पद-रेखा ग्रंथ' कालेजिएट ड्रामा सोसाइटी, दिल्ली ने पहली बार, डॉ. अचल भगत के निर्देशन में, अक्तूबर, 27, 28, 29, 1986 को फाइन आर्ट्स हॉल में खेला। दूसरी बार, इपटा के सहयोग से, डॉ. सिद्धू के निर्देशन में, जून 10, 11, 1988 को श्रीराम सेंटर (बेसमेंट) में खेला। कलाकार थे :

बनारसी दास : संदीप महता
चूनी लाल : रवि तनेजा / डॉ. सिद्धू
कस्तूरी लाल कक्कड़ : शैलेंद्र जैन
देवकी कक्कड़ : प्रमिला सिद्धू / अर्पणा राओ
टीहटू कक्कड़ : रबिंदर माथुर / जैसपर एबराहम
रेणु कक्कड़ : आशा सिद्धू / नूपुर सिद्धू
छोटू भामिया : योगेश खट्टर / नितिन तनेजा / ललित ढींगरा
विमला विशिष्ठ : सिमी सचदेव / ज्ञान कौर सिद्धू
डौली विशिष्ठ : पंकजा सिद्धू
नीरू ढींगरा : डॉ. अलका राय/ मौनिका भसीन / रचना जैन
प्रोफैसर मधोक : मकरंद / संजय बंसल
असलम अन्सारी : वामिक अब्बासी / एम.के. तनेजा
प्रधान मंत्री : राजकुमार साहनी

परदे के पीछे

प्रकाश : डॉ. अचल, प्रमिला, राजकुमार साहनी
ध्वनि : नूपुर सिद्धू
रूप सज्जा : रवि तनेजा, राजकुमार साहनी
वस्त्र : आशा सिद्धू, ज्ञान कौर सिद्धू
सैट्ट : अचल, राजकुमार
वस्तुएँ : प्रमिला सिद्धू

पात्र

बनारसी दास भृगु शास्त्री	:	उम्र 22 वर्ष
चूनी लाल भृगु शास्त्री	:	उसका मामा, 47
कस्तूरीलाल कक्कड़	:	टरैवल एजंट, 50
देवकी कक्कड़	:	पत्नी, 45
टीहटू कक्कड़	:	पुत्र 24
रेणु कक्कड़	:	बेटी, 21
छोटू भामिया	:	नौकर, 16
विमला विशिष्ठ	:	ब्रह्मकुमारी, 45
डौली विशिष्ठ	:	विमला की बेटी, 21
नीरू ढींगरा	:	टीहटू की दोस्त, 25
प्रोफेसर मधोक	:	कक्कड़ का किरायेदार, 30
असलम अन्सारी	:	जासूस, 30

* * *

स्थान : दिल्ली
समय : आजकल

* * *

दृश्य 1

(दिल्ली का बड़ा बस अड्डा। रात के दस बजे। बनारसी और चूनी आते हैं। सोने की तैयारी करते हैं। एक बड़ी गठड़ी। मोटा बिस्तरा। चूनी बैंच पर)

बनारसी : मामा, नन्हा चूज़ा मत बन। बंदों की तरह सो जा, चुप करके। मिलेगा ज़रूर एक दिन, तरसेम लाल का घर।

चूनी : मैं सवेरे पहली मोटर मुड़के चला हूँ, होशियारपुर। तू गिर कुएँ के अंदर।

बनारसी : इतनी मेहनत की। छः महीने बैठकर, पत्रे लिखते रहे। रक्म खर्च के दिल्ली पहुँचे। ख़्वार हुए इतने दिन। अब कैसे मुड़ जाएँ गाँव? ज़िन्दगी भर की हार। मुझे नहीं जा़ना अभी गाँव। ईंट जैसी पक्की, एक ही सुना दी, मैं ने तुझे।

चूनी : तू मर यहाँ दिल्ली में। मैं चला, तड़के।

बनारसी : मेरे अंदर की आवाज़ कहती है। मेरा फुरना बड़ा कीमती है। सचमुच की ईजाद है यह। फिजूल में सदियों से दुनिया सौदाई बनी घूमती रही। हाथ की रेखाएँ ज़रूर कुछ बताती होंगी। पर इतना पक्का नहीं। हाथ देखने वाले ज्योतिषी अटकलपच्चू लगावें। असली रेखा तो हैं पैरों की। पादतल रेखाः भविष्यत् सत्यम् सूच्यंति।—शीशे के आगे पाँव रख-रख के, मैंने अपने तलवों की लकीरें, कितनी बार, कागज़ पर खींची है। जन्म कुंडली के ग्रहों संग मिलाई है। तेरे पैरों की लाइनें भी इसी तरह मिला-मिला कर परखी हैं। तेरे सामने पड़ी गठड़ी। मैंने अपने मन से तो कुछ गढ़ा नहीं। तू ने ख़ुद सब कुछ जाँचा, परखा। अपने टेवे को देखा तू ने। तेरे लग्न का स्वामी, शनिश्चर, बैठा कि नहीं? तेरे तलवों की रेखाओं का राजा बनकर? जिसने तांत्रिक बनाया तुम्हें? काला जादू सिखाया?

चूनी : मेरा शनिश्चर तो तू निकला। दिल्ली के नरक में ला गिराया।

बनारसी : मामा, मुझे हैगा पूरा यकीन। मेरी यह ईजाद दुनिया को झकझोर देगी। जो कार्य बड़े-बड़े साइंसदान नहीं कर सके, वह मैंने कर दिखाया। कच्ची उम्र में। चुटिया तेरी गवाह है। देख लेना तुम। यह खोज करोड़पति बनाएगी। मुझे भी, तुझे भी। सब्र रख, दो दिन और। सींग-चलाऊ गाय मत बन। खोंटी मत उखाड़।

चूनी : ओए कंजर की औलाद, मेरे पैरों में छाले पड़ गए। देख, कितने बड़े-बड़े। हाय माँ!—हट ओए। उंगली मत चुभा।—कुम्हार के चक्के की तरह, घूम घूम कर, पगला गए। तेरे दोस्त कुत्ते का घर नहीं मिला। अब बता, मैं किस माँ को मौसी कहूँ? सरनामा तक तो तुझे याद नहीं। घुमाने लगा है बेफायदा।

बनारसी : गिर पड़ा कागज़ कहीं। जेब से। मेरा क्या कसूर?

चूनी : तेरा कसूर नहीं तो और किस भड़ुए का?—पता टोह लगे इस शहर का? जिधर आँख रखो, भीड़ ही भीड़। पों-पों, टैं-टैं, पीं-पीं। कान फट गए। इस टिड्डियों के समुंदर में, तरसेम जैसा मक्खी मच्छर कहाँ मिलेगा तुझे? मुड़ चल।—बड़ी हद, होशियारपुर दुकान खोल लेंगे। इसी ज्योतिष की। चैन से ज़िंदगी भर टुकड़ा मिलता रहेगा। —बहकाया हुआ तू दिल्लियों का।

बनारसी : भला, मामा, तू उबल क्यों रहा है इतना? तेरे साथ जकड़ा हूँ मैं भी। छाले मेरे कम पड़े? उड़नखटोला तो मैं हाँकें नहीं फिरता। जिस गधी-गेड़ के अंदर तू फँसा है, उसी के अंदर मैं।

चूनी : शहर बनावें ससुरे। कोसों तक मकान एक ही शक्ल कै। है पहचान रहती? भूल भुलैया। जिसको खड़ा हो के रास्ता पूछो, बोले, मुझे नहीं मालूम!—दिल्ली दिल्ली रटते फिरें! चल, ओए, वापस देहात को। मैं नहीं बसूँगा इस नगरिस्तान में।

बनारसी : मैंने बनाया दिल्ली शहर? चढ़ा रहे तू मेरे ऊपर!

चूनी : ओए ढीठ! कल की रोटी जितने पैसे बचे नहीं। किस करोड़पति का जँवाई बनाएगा तू मुझे?

बनारसी : अच्छा, जँवाई बनने का सपना छोड़ा नहीं अभी, चूनी चांडाल ने। —तू न सही। मैं तो बन ही सकता हूँ, करोड़पतियों का जँवाई।

चूनी : करोड़पति नहीं। मैं तो कहूँ, दिल्लीवासी, तुझे राष्ट्रपति बनाने लगे।

बनारसी : बूझ, मैं तुझे लौटाकर अड्डे पर क्यों लाया?

चूनी : अड्डे पर कौन सा तेरे बाप का जजमान बैठा? बिड़ला टाटा? जो तुम्हें, दान दच्छिणा में, इंडिया गेट उठवा देगा?

बनारसी : धीरज रख, मामा। मुझे फुरना फुरा।

चूनी : पास रख, ओए, फुरने अपने। तेरे एक फुरने ने ये दिन दिखा दिए। चला आविष्कार करने। थापे नए ग्रंथ साहिब!—कहे, पदरेखा शास्त्र प्रचलित करूँगा।—घुसेड़ ले ग्रंथ, और पन्ने। किस भँवर में डुबो दिया, बैठे सोये को। छः महीने बीत गए। काग़ज़ बनाए, हाथों से। मिट्टी रंगे किये। पुराने किये। ऊपर पाँव के तलवे बनाए। रेखाएँ खेंचीं। बड़ा जनमा भृगु का बछेरा। ख़ाक खिलाई मुझे, गाँव से खदेड़ के।

बनारसी : क्या पता, पुराने ग्रंथों के लिखने वाले भी धोखेबाज़ हों। हमारी तरह। भृगु, तेरे जैसा, फ्राड होगा। उसे भी, मेरी तरह, एक दिन फुरना सूझा होगा। बेकारी से, भूखा मरता होगा। पहाड़ों में। ब्यास या सतलुज किनारे, कुटिया डाले। नई-नई कुंडलियाँ बनाकर, उनके ग्रहों के फलादेश लिखा करता होगा। रोटी ख़ातिर। जो फँस गया, उसकी जेबें साफ।

चूनी : बऊँ-बऊँ बंद कर, ओए। झपकी लेने दे।

बनारसी : तू आप ही तो बताया करे—हमारे शहर होशियारपुर के तीनों भृगु-शास्त्री झूठी कुंडलियाँ बनावें। पुराने कागज़ों के बंडलों में छुपा देवें। फिर आप ही ढूँढ़कर, गाहक को कहें, "यह टेवा सैकड़ों बरस पहले, भृगु महाराज ने, पने पुत्र शुक्र को लिखवाया था।"

चूनी : धंधा चलने की बात है। उनका व्यापार चल पड़ा। झूठ का सच बन गया। एक तू है। जूते घिसाता, परदेस में। भिखारियों की तरह।

बनारसी : वक्त तो लगा ही करे। कौन-सा बिज़नस है जो शुरू करते ही, धड़ा-धड़ मुनाफा बरसाये? इंतज़ार कर थोड़ा।

चूनी : हद होती है साले इंतज़र की भी।

बनारसी : जो पेशा लोग कर सकें, युग युगांतर, वह हम मामा भानजा नहीं कर सकते?

चूनी : उल्लू के पट्ठे, दूसरे ज्योतिषी हाथ की रेखाएँ पढ़ें। कुंडली के ग्रह देखें। हमारी तरह, बिना सिर पैर की नहीं उड़ाते। कोई भला पुरुष पूछे, तो जूते मारे। मेरे भी, तेरी भी।

बनारसी : घुटने मत टेक, मामा। मेरी ईजाद में जान है। यह स्कीम ज़रूर कामयाब होगी। फिर, साथ में तेरा ज्योतिष का तजरबा। दोनों ने मिलकर, यह गठड़ी लिखी। पद रेखाओं की। आधा-आधा हिस्सा। —और मैंने तेरे साथ कौनसी बेईमानी की है? बराबर कंधा जोते रख, कुछ दिन और।

चूनी : अच्छा, देख। यह आधा-आधा नहीं चलेगा। कुंडली देखते का, ग्रहों

का लेखा-जोखा करते का, भविष्य लिखाते का, दिमाग तो मेरा खोखला हो गया। आधे का मालिक तू बने!

बनारसी : ओए मामा, तू तो बुड़-बुड़ बुड़-बुड़ करता गया। रज़ाई में बैठा। लिखा तो एक-एक पन्ना मैंने ही था। तेरे जितनी संस्कृत अगर मैं न जानता, तो कैसे घड़ता तू, ये पैरों के टेवे? मेरे बगैर?

चूनी : दफा हो। दमड़ी का छोकरा। ज़बान लड़ावे मेरे संग। वाह! मैं न होती तो ब्याह किस से कराता!

बनारसी : पहले सारी उम्र देखा ही है तूने। टेवे बाँचते को, एक से दूजी धोती नहीं जुड़ी। श्राद्धों को छोड़कर, कभी पेट भर के खाया नहीं तू ने। लड़की किसी ने तुझे दी नहीं। अब मेरी स्कीम में आधे से ज़्यादा माँगे? मैंने सोचा, चलो, छोड़ो। सयाना है। काम का श्रीगणेशा तो हो।

चूनी : तू करता रह श्रीगणेश। मैं चला सवेरे गाँव। होशियारपुर वाली बस।

बनारसी : किराया कहाँ से भरोगे? सुबह की चाय के पैसे मुश्किल से बचे हैं।

चूनी : परदेसों में सताया, कुत्ते के पूत ने। बड़ा आया पैरों की लकीरें पढ़ने वाला। बाप न मारी पिद्दी, बेटा तीर अंदाज़।

बनारसी : फुरना सुन मेरा।—मैंने सोचा, मुड़के अड्डे चलो। होशियारपुर जाने वाली सवारी टकरेगी। हमारी वाक़िफ। अपने इलाक़े के बंदे मिल जाएँगे। उनसे पूछेंगे, तरसेम लाल का सरनामा।

चूनी : वाक़िफ़ लगे तुझे टकरने! इस भीड़ भड़क्के में।

बनारसी : अकेला यही अड्डा है जहाँ से हमारी तरफ की सारी गाड़ियाँ आती जाती हैं। ज़रूर मिलेगा अपनी जान पहचान वाला। पैसे भी माँग लेंगे उधारे।

चूनी : प्रधान मंत्री पहुँचेगा यहाँ, तुझे दो करोड़ देने। तेरी बुआ का क़र्ज़ा चुकाना है उसने।

बनारसी : देखना तुम पदरेखा ग्रंथ का चमत्कार। जब तक दुनिया आबाद रहेगी, मेरा नाम ज़िंदा रहेगा। "पंडित बनारसीदास जी, भृगुशास्त्री, होशियारपुरी, श्रीपदरेखा ग्रंथ के रचयिता।"

चूनी : सौ जूते नहीं पड़ेंगे? तेरे चार सौ बीस के?

बनारसी : सौ? तेरा आधा? पचास जूते तेरे हिस्से।

चूनी : मैं मिन्नत करूँगा, कंडक्टर की—मुझे गाँव ले चल। या, किसी सवारी को मनाऊँगा। तू राख चाट दिल्ली की। यह गठड़ी भी मैं उठा ले जाऊँगा।

बनारसी : क्यों उठा ले जाएगा तू गठड़ी? मैं लीद ढोऊँगा यहाँ? पद कुंडलियों

के बगैर?

चूनी : तू फूफा लगे, पद कुंडलियों का? पन्ने तो सारे मैंने बनवाए।

बनारसी : बखेड़ा मत बढ़ा, मामा। गाँव जाना है, तो नौती बार जा। अव्वल तो यों कर। बस का पीछा छोड़। मुश्किल से दो ढ़ाई सौ कोस है, होशियारपुर। पैदल जा। रोटी माँग-माँग कर खाते जाना। ब्राह्मण पूत हो। माँगने में काहे की शर्म? मार टपूसी।—पर गठड़ी छोड़ जा, मेरे पास।

(डरा सहमा टीहटू कक्कड़ आता है। हाथ में ब्रीफकेस)

टीहटू : भाई साहब, एक मिनट मेरा बैग रखना। मैं अभी लौटा।

बनारसी : भई, सुनो तो।

चूनी : इसमें है क्या?

टीहटू : कागज़ हैं सिर्फ। बाथरूम होकर आया मैं। कोई पूछे तो कह देना, बैग पड़ा मिला तुम्हें। **(दौड़ जाता है)**

चूनी : परे फैंक। क्या पता, अंदर बंब हो।

बनारसी : **(खोलकर)** खाली लगे। **(कागज़ पढ़ता है)** कक्कड़ टूरिस्ट थ्रिल्ज़, 1986, लाजपत राय मार्किट, चाँदनी चौक, दिल्ली।

चूनी : यह मनुष्य ज़रूर कोई जुर्म करके भागा है। फैंक उधर, संदूकची। नहीं तो हम काबू आ जाएँगे।

बनारसी : डरपोक कौऐ रोटी नहीं कमा सकते, मामा। परदेस में तो शेर जितना जिगर हो, तो ही गुज़ारा चले। मुड़के आ लेने दो इसे। मदद माँगेंगे।

चूनी : जो खुद चोरों की तरह पाद रहा, वह तेरी मदद कद्दू करेगा?

बनारसी : कल के अन्न पानी के पैसे तो माँगें। कह देंगे, दोनों की जेबें कट गईं।

चूनी : उधर देख। वही नहीं?

बनारसी : यह क्या? पेशाबख़ाने से निकाल कर झोला लाया। प्लास्टिक का। चिट्टी, खांड जैसी।

चूनी : इशारे किसको करे?

बनारसी : अँग्रेज़ लड़की? गोरी है।

चूनी : झोला पकड़ा दिया।

बनारसी : गई छोकरी।

चूनी : अंदर करारा माल होगा।

बनारसी : बस चढ़ गई। क्या हुस्न है!

चूनी : यह फिर पेशाबख़ाने क्यों घुसड़ गया?—क्या शहर है ससुरा। कैसे-कैसे चोर डाकू घूमें। सामने बैठे हों चाहे, पहचान नहीं सकता बंदा।

बनारसी : मैं अभी आया। **(जाता है)**

चूनी : ···दूर मत जा, ओए। आ जा। उठ यहाँ से। किसी और जगह सोयें। ख़तरा यहाँ।

(टीहटू आता है)

टीहटू : मैं ब्रीफकेस ले जा रहा हूँ, बाबा। मेहरबानी। **(चलता है)**

चूनी : इसमें है क्या?

टीहटू : कुतुब मीनार। उठाएगा?

बनारसी : भाई साहिब, सहायता कर दो हमारी। **(आता है। टीहटू जा चुका है)** पुण्य होगा आपका··· यह कागज़! बैग में से गिर गया··· टिड्डा सा! उड़ गया। बगैर सुने।

चूनी : पकड़ ले ख़ज़ाना।

बनारसी : स्मगलर लगे। अँग्रेज़ लड़की को कुछ पकड़ाया, थैली में। उसने घाघरे के अंदर टाँग लिया।—निरा गुलाब का फूल! नैनीताल वाली मोटर बैठी। **(पढ़कर)** कक्कड़ टूरिस्ट थ्रिल्ज़।

(असलम अन्सारी पीछे से आता है। कागज़ छीन कर पढ़ता है)

असलम : उस बैग में से क्या निकाला तुम ने?

चूनी : कुछ नहीं, साहिब।

असलम : क्या देकर गई वो तुम्हें?

बनारसी : खाली था।

असलम : कब से कर रहे हो धंधा?

बनारसी : ठौर ठिकाना नहीं मिला।

चूनी : सरनामा खो दिया इसने।

असलम : **(गठड़ी की टोह लेता)** किसका सरनामा?

बनारसी : तरसेम लाल, मेरा जमाती, मुग्गोवालिया।

असलम : यह बाबू कक्कड़ टूरिस्ट थ्रिल्ज़ का था?

बनारसी : हमें क्या पता, जी?

चूनी : हम तो मुसाफिर हैं। तड़के होशियारपुर चले जाएँगे।

असलम : अच्छा! होशियापुर से होकर माल पहुँाता है यहाँ? बताओ, सरहद पार कराके, वो तुम्हारे पास कैसे पहुँचाते हैं? कौटैक्टस के नाम बको। अभी।

बनारसी : पहेलियाँ मत पूछो, जनाब। हम तो ज्योतिषी हैं। रिज़क कमाने निकले थे।

चूनी : दिल्ली का धुआँ फाँक कर, लौट चले हैं। खाली हाथ।

असलम : इसमें है क्या? अफीम, गांजा, चरस, स्मैक, ऐल ऐस डी?

बनारसी : आपको ग़लती लगी, चौधरी जी।

चूनी : मियां जी, हम तो ग़रीब ब्राह्मण हैं।

बनारसी : यह तो पन्ने हैं, ग्रंथ के। प्राचीन। ऋषि भृगु रचित। भविष्य बताते हैं हम इनकी मदद से।

असलम : इतने से बेवकूफ बनने वाला नहीं मैं।

चूनी : सारा कुछ बता दे, बनारसी। लड़की बाबत।

असलम : थाने चलकर उगल देना। तुम जैसों को बुलवाने के तरीके हैं हमारे पास।

बनारसी : माई बाप, आप हमें बहुत ग़लत समझ रहे हैं। हम तो बेसहारा हैं। मुसीबत के मारे। हमें दिल्ली के अंदर तरसेम लाल को छोड़कर दूसरा आदमी नहीं जानता।

चूनी : और तरसेम लाल हमें मिला नहीं।

असलम : वो स्मगलर तुम्हारे पास खड़ा था। मैं ने खुद देखा। अभी बुलाता हूँ पुलिस।

चूनी : **(रोता)** भगवान, विपदा से छुड़ा।—हम बेकुसूर हैं।

बनारसी : यकीन मानो, सरकार। वह लड़का हमारे पास रुका ज़रूर था। हम उसे नहीं जानते। भागकर वहाँ मूत करने गया। अंदर से थैला लाया। गोरी को पकड़ा कर, दोबारा अंदर घुस गया।

चूनी : सच यही है।

असलम : कहाँ गई वो अँग्रेज़?

बनारसी : नैनीताल वाली मोटर में उड़ गई।

असलम : उड़ गई? **(डिबिया से सिग्रेट थोड़ी बाहर निकाल कर वॉकी टॉकी की तरह इस्तेमाल करता)** आपरेशन व्हाईट स्टार... ग़ालिब हीयर... नाईट सर्विस टु नैनीताल... गोरी... अमेरीकन या योरोपीयन... यैस, कैंडी... फ्लाईट जानकर मिस की होगी... नेपाल के थरु... बस रोको... नैब हर... उवर!—जन्नत थी हमारी दिल्ली। जहन्नुम बना रहे हैं इसे, तुम्हारे जैसे शैतान।

बनारसी : हम नहीं, जी।

असलम : बच गए तुम लोग। जेहल में होते।

चूनी : सिया राम!

असलम : ग़ालिब फरमाते हैं—

काम उससे आ पड़ा है कि जिस का जहान में,
लेवे नां कोई नाम सितमगर कहे बग़ैर।

(आदाब करके जाता है)

चूनी : क्या गोरख धंधा!

बनारसी : गोरख धंधे न करते दिल्ली वाले, तो मामा, इतनी ऊँची-ऊँची बिल्डिंगें कैसे खड़ी करते?

चूनी : ग़ालिब के ख़ानदान का होगा।

बनारसी : ग़ालिब आप होगा। चाल ढाल तो देख। जैसे अभी कब्रिस्तान से उठकर आया हो। अपराधी गिरफ्तार करने। दिल्ली को जला रहे हैं जो। यही कह रहा था न? भूत बन के पीछे लगा है। ख़ूबसूरत लड़कियों की पीठ लगवायेगा।

चूनी : यह गोरी मेम ज़रूर हाड़ रगड़वाएगी।

बनारसी : मामा, कुछ नहीं कह सकता तू। अगर पुलिस चालाक है, तो स्मगलर उनके भी बाप हैं। सुना नहीं तू ने? ये हवाई अड्डे उसे दबोचने के लिए बैठे थे। गोरी मोटर चढ़के खिसक गई, नेपाल को।

चूनी : अब तो मैं एक पल नहीं रुक सकता। उठा। रात वाली बस पूछ। करनाल कुरखेतर की। कलींडर को कहेंगे—यह मेरी अँगूठी रख ले। घर पहुँचा किसी हीले।

बनारसी : ख़ौफ खा गया? चुटकी में?

चूनी : कहा नहीं तेरी बुआ के यार ने? हवालाट अंदर होते हम।

बनारसी : उनके बारे में सोच तू, जो यह धंधा करते हैं। स्मगलिंग का। डकैत। उठाईगीर।—मोती ढूँढ़ने निकला है, तो गहरे पानी में घुसना पड़ेगा। डूबने का रिसक लेना पड़ेगा।—तू तो चाहवे, समुंदर में से हीरे मोती भी निकाल ले, और खुर भी गीले न हों।

चूनी : किस नीच ग्रह की वेला तेरी मान बैठा मैं। अनिष्ट हो रहा है तब से।

बनारसी : यह क्या था छोकरा? मेरी उम्र का होगा। और वह अँग्रेज़नी? कितनी बहादुरी दिखा रहे हैं। एक तू है! दिल्ली के दंगल से पूँछ हिलाता भाग रहा है। नहीं, मामा। अब मैं नहीं लौटूँगा। मेरा जोश बढ़ गया है। मैं भी अपनी किस्मत अज़माऊँगा। जो होगा, देखा जाएगा। बड़ी हद, कुछ बरस जेहल काटनी पड़ जाएगी। धोखा- धड़ी करके। तो क्या हुआ? रोटी तो जेहल के अंदर भी मिल जावे।

चूनी : तू जा जेहल। मेरे वास्ते होशियारपुर काफी है।

बनारसी : **(उठाकर, उड़ान भरता)** मैं यह चाल हाथ से नहीं जाने दूँगा। जय श्री पद-रेखा ग्रंथ। जय भृगु स्वामी। मेरा आइडिया नया है। उरिजीनल है। इसके क़द्रदान होशियारपुर जैसे कस्बे में कहाँ?

माहिलपुर, गढ़शंकर जैसे छोटे देहात में कहाँ? यह महायुद्ध तो मैं जीतूँगा दिल्ली के विजय चौक में। देखना तुम, मैं दिल्ली के तख़्त को हिला दूँगा। मामा, यह ज़माना है पब्लिसिटी का। इश्तिहारबज़ी का। देख, साइन बोर्ड। चबारों जितने ऊँचे। जगह-जगह।–क्रांतिकारी खोज है मेरी। लाइनें लगाए लोग आएँगे मेरे पास। पैरों की लकीरें पढ़वाने। एक बार काम शुरू हो लेने दे। अड्डा मिल जाने दे। दिल्ली के अंदर अंधविश्वास अफवाहें बनके उड़ते फिरें। प्लेग से तेज़ फैलें। यहाँ सब देसों के राजदूत रहें। सैलानी आवें। गोरियाँ आवें। सब मुझे पैर दिखाने आएँगे। टणन टणन रुपया बरसेगा। सालभर में लखपति। दो सालों में, करोड़पति। एक ब्राँच विलायत में। दूसरी, अमरीका में। तू यहाँ की ब्राँच संभालना। मैं कनेडा अमरीका संभालूँगा। उधर के लोग तो, बतावें, हमारे से ज़्यादा वहमी हैं। हिंदुस्तानी संत योगी करोड़ों में खेलते हैं। योगासन सिखाते हैं। हज़ारों मोहिनियाँ आगे पीछे घूमती हैं। बगलगीर होती है। चूमती हैं।—बस, तू दस एक दिन, दिल तगड़ा रख। मेरा साथ दे। सब गिले शिकवे दूर कर दूँगा।

चूनी : तेरे जैसे शेख़चिल्ली को एक ही शै मिला करे।

बनारसी : कौन सी?

चूनी : टोटर के ऊपर जूते।

बनारसी : तू ने वे देखे थे, हाथ पढ़ने वाले? लाल किला के सामने? पटड़ी पर? सवेरे हम भी वहाँ दुकान सजाएँगे।

चूनी : बंद कर, ओए, सपने देखना। सो लेने दे।

बनारसी : पैरों की लकीरों का फोटो बनाकर, आगे रख लेंगे। गाहक भागे आएँगे। नया माल जो है हमारे पास।

चूनी : ज़रूर! इतनी भागादौड़ी में, लोग, पटड़ी के ऊपर चूतड़ रखकर, टाँगें उठाके, तेरे से पाँव पढ़वायेंगे। जैसे कुत्ता पेशाब करता हो। शर्म नहीं आती। बुना करे जाल फंदे।

बनारसी : एक तरह कहना तेरा है तो सच्चा। खुल्लम खुल्ला, सब के सामने, पटड़ी के ऊपर, शायद लोग टाँगें न उठायें। परदे के पीछे और मामला है। अकेला हो तो बंदा सब कुछ दिखाने के लिए तैयार हो जाता है। भविष्य जानने की लालसा कई मनुष्यों के अंदर बहुत तेज़ होती है। ख़ासकर ज़नानियों के अंदर। वे तो एड़ियाँ उठा-उठाकर पैरों की रेखाएँ दिखाएँगी। है न, मामा?

चूनी : हाँ, लाल किले पर चढ़के। प्रधान मंत्री की तरह।

बनारसी : यों जगह तो चाहिए, डॉक्टर की दुकान जैसी। बाहर, इंतज़ार करने वाले बैठें। अंदर, हम पैर रेखा देखें। एक एक ज़नानी को अंदर बुलायें। परदे पीछे, डॉक्टर बेशक मरीज़ के कहीं हाथ फेर ले। कोई कुछ कह थोड़ी सके। ऐसी ही हम करेंगे।

चूनी : **(उबासी लेकर)** चुप भी कर अब। आँखें बंद कर ले **(सोच कर)** माहिलपुर, अड्डे पर, हमारे गाँव का विष्णु भल्ले पकौड़ियों की रेड़ी लगाता है।

बनारसी : विष्णु काना?

चूनी : कंडक्टर को कहेंगे, दो मिनट गाड़ी रोक। विष्णु से पैसे लेकर, कराया चुकता करेंगे। पीछा छूटे इस नामुराद नगर से।

बनारसी : अच्छा, मान ली तेरी सलाह। पर ऐसे कर। तू अकेला चला जा। पद रेखा कुंडलियों की गठड़ी छोड़ जा। मैं दस पंदरह दिनों के बाद पहुँचा गाँव, तेरे पास।

चूनी : नांह। यह बात झूठी। पत्रा इन में से मैं एक नहीं दूँगा। बेशक जान चली जाए मेरी।

बनारसी : पूर्णमाशी तक लाया मैं।

चूनी : **(सिर के नीचे गठड़ी दबा कर लेटता)** चाहे जला डालूँ। तुझे नहीं दूँगा।

बनारसी : **(हँसता)** भला, अगर मैं गठड़ी छीन कर भाग जाऊँ? क्या बिगाड़ लेगा तू मेरा?

चूनी : **(खड़ा)** मैं? क्या बिगाड़ूँगा तेरा? यह मत समझना, तू भानजा है मेरा। विधवा बहन का बेटा। मैं लिहाज़ नहीं करूँगा।—तुझे पता है न? लंगड़े नंबरदार संग क्या किया था मैं ने? एक ही गाली निकाली थी उसने। तीसरे दिन बैलों की जोड़ी खेत में ढेरी हो गई।—भरोमज़ारे वाले गुरुदित्ते का सुना तू ने? उलटे हाथों पैरों वाली एक ही बार दिखाई थी। ऊँचे दाँतों वाली। सौदाई हुआ घूमे, गाँव-गाँव।—सिर्फ बाहमनपना ही नहीं किया। तेरे जैसे राहु केतु के मेरे पास बीसियों इलाज हैं।

बनारसी : यों ही थोड़ी लोग तुम्हें चूनी चांडाल बुलावें।

चूनी : चालीसे काटे थे। कलमा पढ़ा, इक्कीस जुम्मा। मुग़लाणे वाले सैयद के मज़ार पर। तेरे जैसे ठगों को तो मैं, एक ही नज़र में अधरंग लगा दूँ।—सो जा चुप करके, जो भली चाहे।

बनारसी : गुस्सा मत कर, मामा। चंगा, मैं भी चलता हूँ तेरे साथ सवेरे। पर एक भेद बता। ज्योतिष तो तू ने मुझे ईमानदारी से सिखा दिया। **(पैर**

दबाता, उबासी मार के) तू मेरा गुरु है। ग्रेट है। लेकिन काला जादू टोना क्यों नहीं सिखाया मुझे? तांत्रिक विद्या क्यों छुपा के रखी मुझ से?

चूनी : **(सोने जा रहा)** बिल्ली और शेर की कहानी सुनी है न? शेर को सारी चालें सिखा दीं। शेर झपटा—बिल्ली को खाने। बिल्ली ने टपूसी मारी—दरख़्त के ऊपर! शेर ने पूछा, "मौसी, यह दाँव क्यों छुपा के रखा मुझ से?"—उस्ताद आखिर उस्ताद होता है, बनारसी बच्चा। कभी करके देखना धोखा मेरे साथ। सात जन्मों तक कोढ़ भोगेगा। ·· पत्थर नर्म हों, तो गीदड़ न निगल जाएँ।

(खर्राटे मारता है)

बनारसी : **(लंबी खामोशी के बाद)** मामा? सो गया? **(गठड़ी उठाकर)** श्री पद-रेखा ग्रंथ की—जय! **(भागता है। चूनी के खर्राटे)**

(अँधेरा)

दृश्य 2

(कस्तूरी लाल कक्कड़ का घर। सामने बोर्ड लगा है : ''कक्कड़ टूरिस्ट थरिल्ज़। रैज़िडैंस : 4/20 माडल टाऊन, दिल्ली। दफ्तर : 1986, लाजपतराय मारकिट''—दिल पर हाथ रखे, धीरे-धीरे चलकर, कस्तूरी फोन के पास आता है। बात न होने पर चिढ़ता है)

कस्तूरी : टीहटू... हैलो...

देवकी : **(भागी आती, घबराई)** उठे क्यों आप?... उठना मना है आपको।

कस्तूरी : घंटी बजे जा रही है। अभी तक टीहटू दफ्तर क्यों नहीं पहुँचा?

देवकी : यह धंधा आपकी जान ले लेगा। आपको कौन सा ख़ौफ खा रहा है? जवान बेटा। दूजे चौथे दिन टूरिस्ट पारटीज़ के साथ आगरे, जयपुर, जाता रहे। फिक्र काहे का? कल शाम वहीं चला गया होगा। अचानक।

कस्तूरी : टैलीफोन तो कर सकता था।

देवकी : आप अंदर आराम से लेटो। मैं अभी छोटू को भेजती हूँ दफ्तर। वहाँ चपड़ासी पहुँचने वाला होगा। पता लग जाएगा कहाँ सोया टीहटू रात को।

कस्तूरी : तू बैठ अंदर। मुझे कुछ नहीं हुआ। छोटू को पढ़ लेने दे। दसवीं का इम्तिहान है उसका। नौकर है तो क्या हुआ। अपनों से ज़्यादा प्यार करता है। मेरे पिता इस जैसे होशियार बच्चों को घर से रोटी खिला कर पढ़ाया करते थे।

देवकी : चिंता आपको कुछ है ज़रूर। डॉक्टर भी कल यही कहता था। आप मुझे बताते क्यों नहीं?

कस्तूरी : ठीक-ठाक निबट गई तो बता देंगे। अब चुप कर। आराम करने दे। **(टैलीफोन की घंटी बजती है)**

देवकी : टीहटू?... कहाँ से बोल रहे हो?... ये फिक्र के मारे सारी रात सो नहीं सके।

कस्तूरी : मुझे पकड़ा। नैनीताल? नेपाल? उतर गई? कहाँ? यू पी बॉर्डर? किसी और को पकड़ने के लिए खड़ी होगी पुलिस कैंडी का गैस ग़लत भी हो सकता है कहाँ है अब? कैंडी तू उसके साथ ज़्यादा देर मत बैठ उठ दोनों को इकट्ठे नहीं दिखना चाहिए तू बस अड्डे पर क्या कर रहा था? तू आप क्यों गया? वो रिक्शे वाला?—बदरू कहाँ मर गया था? चंगा, सुन। कैंडी को साथ लेकर, तू लाल किले अंदर मत जाना मैक्सिको कनैक्शन को नम्बर टू पासवर्ड पता है कैंडी को जल्दी से जल्दी ट्रेन या बस से नेपाल भेज टीहटू, गैट मी आऊट ऑफ इट तेरे पीछे लग के, हम पहला बिज़नस भी चौपट कर लेंगे।

देवकी : इसे कहो, बाज़ार की चीज़ न खावे। छोटू के हाथ में खाना भेज रही हूँ।

कस्तूरी : फोन करना कैंडी को कह, बग़ैर रक्म वसूले, मैक्सिको को माल मत पकड़ाए। बिलकुल नहीं जो भी हो, पंद्रह मिनट के अंदर फोन कर।

देवकी : आप को मेरी कसम। बताओ, यह क्या कर रहे हो, आप और टीहटू मिलकर? ख़तरे ने ख़ून सुखा दिया आपका। दिल का दौरा पड़ चुका है। कहो, क्या मामला है?

कस्तूरी : इस बार बच गए, तो दोबारा इस झमेले में नहीं पड़ेंगे। तेरे लाडले का दिमाग ख़राब हो गया था।

देवकी : किया क्या टीहटू ने?

कस्तूरी : टूरिस्ट ट्रेड के अंदर, हर क़िस्म के लुच्चे लफँगे से वास्ता पड़ता है। छः महीनों से, टीहटू सोना और ड्रग्ज़ इधर-उधर कर रहा है। मेरे मना करते-करते फँस गया। **(छोटू गोली और पानी लेकर आता है)** दवा का वक्त हो गया?

छोटू : **(बाजुओं से कोण बनाकर)** कलॉक की सूइयें पूरा राईट ऐंग्ल बना रही हैं। देयर फोर, पूरे नौं खड़क गए। दस्तख़त, छोटू भाभिया, दिमागी पहलवान।

देवकी : तू पढ़ाई करे कि टेढ़ी-मेढ़ी लकीरें खेंचा करे?

छोटू : बीबी जी, लकीरें खेंचना पढ़ाई है। दिमागी कसरत। है न, बाबू जी?

कस्तूरी : बिलकुल। दिमाग तीखा करना हो, तो ज्योमेटरी जैसा मज़मून और कोई नहीं।

छोटू : मगर लकीरें सीधी हों। **(बाजुओं से सीधी रेखा बनाकर)** उनको एक सौ अस्सी डिगरी का ऐंग्ल बनाना चाहिए। फस्ट परॉपोज़ीशन। क्यू.

ई.डी. **(जाता है)**

देवकी : मैं भी सोचती थी, दो मारुति कारों के लिए रक्में कहाँ से आ गईं।

कस्तूरी : तीन बसें भी तो ख़रीदी हैं।

देवकी : आप दोनों कहते थे, बैंक से कर्ज़ा लिया?

कस्तूरी : लालच! लोभ में फँस गया मैं।

देवकी : पुलिस पीछे लगी हमारे? बताओ। **(रोती)** इसीलिए दिल का दौरा पड़ा आपको?

कस्तूरी : अच्छा हुआ, तुम्हें बता दिया। मन का भार हलका हुआ।

देवकी : मैं पैर पकड़ती हूँ आपके। छोड़ो यह पेशा। बेटा-बेटी, सब जेल जाएँगे। क्या फायदा इस अमीरी का?

कस्तूरी : कानों को हाथ लगाया। मेरे बस का नहीं, काला धंधा। आज से बंद।

देवकी : मैं माता का अखाड़ा कराने की मन्नत मनाती हूँ। मेहर करे शेरों वाली मेरे परिवार पर। अभी जाती हूँ मंदिर। भगतजी को जागरण के लिए साई देकर आती हूँ। आप अंदर लेटो। रेणु! छोटू को कह, बाबू जी के हाथ पैर दबाए।

कस्तूरी : नहीं, बेटा। तुम दोनों पढ़ाई करो।

(विमला विशिष्ठ आती है। सफेद साड़ी ब्लाऊज़)

देवकी : राख पढ़ती है। हर वेला फिल्मी मैगज़ीन खोले बैठी रहती है।

विमला : नमस्कार, भाई साहिब। चलो, बहन जी।

कस्तूरी : आओ, विमला जी, बैठो।

विमला : कक्कड़ साहिब, आप भी हमारे विश्वविद्यालय चलो। सिर्फ सात दिन लगेंगे।

देवकी : इनकी तबीयत ख़राब हो गई रात को। मेरा जाना भी मुश्किल दिखे आज।

विमला : संसारी कामों में तो, बहन जी दुःख ही दुःख हैं। सुख है तो सिर्फ ईश्वर भक्ति के अंदर। इसी कारण मैंने कहा था, आप सात दिनों का कोर्स कर लो।

कस्तूरी : कौन सा कोर्स करवा रहे हो मेरी बीवी से? जो थोड़ा बहुत रसोई का काम करती है, कहीं वो भी बंद न करवा देना।

विमला : नहीं, जी। यह तो इन की मरज़ी है। हमारी संस्था में तो गृहस्थी भी आते हैं। यों हज़ारों सेविकाएँ हैं जिन्होंने पूरी ज़िंदगी क्वाँरी रहने की कसम खाई है। जीवन सुधारने की सौगंध उठाई है। पर मुझे देखो तो। मैं अभी तक गृहस्थिन हूँ। जब तक डौली की शादी नहीं होती।

देवकी : विशिष्ठ साहिब के मरने के बाद ही शुरू किया आपने आश्रम जाना?

विमला : हाँ जी। वे जब तक ज़िंदा थे, मैं काम की आग में जलती रही। बेटी का ब्याह होने तक, मोह से छुटकारा नहीं मिलेगा।—मेरी सलाह मानो, कक्कड़ साहिब। इस दुनिया में यही तो ख़राबी है। साइंस आ गई। मशीनें आ गईं। पर इन्सान सुखी तो नहीं। टैन्शन तो हर व्यक्ति की और भी बढ़ गई है। अपने आप को देख लो। जिस दिन से आप ने नौकरी छोड़ कर अपना बिज़नस खोला है, तबीयत का झमेला लगा ही रहता है। झूठ कहा मैं ने?

कस्तूरी : है तो आप का कहना सच्चा। पर बंदा करे क्या? रोटी वास्ते सब कुछ करना पड़ता है। सुख कहाँ धरा है इस संसार के अंदर?

देवकी : दिल की कसर तो इनके पिता को भी थी।

विमला : विषय विकारों में फँसा बंदा कभी सुख प्राप्त नहीं कर सकता। धन का लोभ है आपको। काम, क्रोध, लोभ, मोह, अहंकार—जला रहे हैं आपको। जीवन को कमल जैसा पवित्र बनाओ। कीचड़ से ऊपर उठाओ।

कस्तूरी : कैसे?

विमला : मेरी तरह। इस जीवन का धन त्याग दो। लोभ त्याग दो। अगली दुनिया में सोने के अंबार मिलेंगे। मोतियों के हार मिलेंगे। स्वर्ग के अंदर परम पिता ब्रह्मा अपनी गोद में बिठाएँगे। शिव बाबा आपको गले लगाएँगे। कक्कड़ साहिब, इस लोक की लक्ष्मी तो दुःख ही देगी। उस लोक की लक्ष्मी के प्रेम में रंग जावो।

देवकी : कहने की बातें हैं सब। कौन छोड़ सकता है काम क्रोध। धन किसको बुरा लगे?

विमला : यह मत कहो, बहन जी। आप खुद चलकर देख लो। हमारी सतरह सौ शाखाएँ हैं। कुल दुनिया में। पंद्रह सौ तो हिंदोस्तान में ही हैं। तीन लाख श्रद्धालु हैं। कभी मेरे साथ माऊँट आबू चलो। परम पिता के पास। स्वर्ग प्राप्त होगा। बैकुंठ।

कस्तूरी : मौत के बाद मिलने वाले धन को सिर मारूँगा मैं? मन की शांति तो मुझे अब चाहिए।

विमला : मैं दिलाऊँगी शांति आपको। चरित्र ऊँचा उठाऊँगी। कैरेक्टर सुधारूँगी। आप मानोगे मेरा कहा? विद्यार्थी बनोगे हमारे विश्वविद्यालय के?

कस्तूरी : चंगा। यह नुस्खा भी बरत कर देख लेते हैं।

विमला : तो जिस दिन आपकी सेहत ठीक हुई, आपको मेरे संग चलना पड़ेगा। कम से कम सात दिन। बहन जी, आप भी चलना। नमस्ते।

देवकी : चलेंगे।

कस्तूरी : ज़रूर। नमस्ते। **(विमला जाती है)**

देवकी : एक नंबर की पाखंडी है। क्या ढोंग रचा रखा है? छुड़ावे हमें विषय विकारों से।

कस्तूरी : पाखंड हो चाहे सचाई। लाखों लोग तो पीछे लगा रखे हैं। कितने सौ आश्रम बताए?

देवकी : मैं माता का जगराता पक्का कर ही आऊँ जाऊँ? माता जितना दयालु देवी देवता और कोई नहीं। सब से ज़्यादा फल दुर्गा पूजा देती है।

कस्तूरी : कौन जाने, किस देवता ने कितना मुनाफा देना है। विश्वास का खेल है। पत्थर पर विश्वास करके, उसे भगवान बुलाने लगो। लाखों लोग तुम्हारे चरण चूमेंगे। हमारा मुल्क ही ऐसा है।

देवकी : फिर भी, वैष्णों माँ का मुकाबला कोई देवता नहीं कर सकता। अकबर भी झुक गया था लाटां वाली के आगे। पाँचों पांडव भी।

कस्तूरी : इस निकम्मे टूरिज़्म से तो अच्छा था, स्मगलिंग से तो बेहतर था, हम भी आश्रम खोल लेते। नया मज़हब चला लेते। मैं तो हूँ भी मास्टर का बेटा। भाषण झाड़ना जानता हूँ।—हरदम खुश रहते थे डैडी। बड़ा स्वाद आता था बच्चों को पढ़ाकर। काश! मैं बिजली के महकमें के अंदर इतने साल न बरबाद करता। टीचर बन जाता। प्रचारक बन जाता।

देवकी : बग़ैर भगवान की शक्ति के आपके पीछे कौन लगता?

कस्तूरी : भगवान की शक्ति है राख और मिट्टी। निरा प्रॉपेगंडा। जिसकी पब्लिसिटी कामयाब हो गई, उसका मज़हब फैल गया। देख ले, सतरह सौ ब्राँचें हैं, एक ही बिज़नस की।

देवकी : **(सहमी)** बिज़नस! नास्तिकों वाले बोल मत निकालो। अनिष्ट हो जाता है।

कस्तूरी : टीहटू ने फोन नहीं किया। पुलिस के शिकंजे में न फँस गया हो।

देवकी : देवी माता, रक्षा कर।

कस्तूरी : मुझे चिंता तो कई महीनों से कुतर रही है। आज बच जाएँ। दोबारा टीहटू को में स्मगलिंग नहीं करने दूँगा।

देवकी : मैं देख आऊँ दफ्तर?

कस्तूरी : नांह! अगर पुलिस ने छापा मार रखा है, वो तुम्हें भी बाँध लेंगे।

देवकी : हाय! अब क्या करें?

कस्तूरी : दोपहर तक अगर टीहटू अच्छी ख़बर न लाया, हम, कुछ हफ्ते, अंदर

ग्राऊँड चले जाएँगे।

देवकी : अंडर ग्राऊँड? कहाँ?

कस्तूरी : छोटू के गाँव। भाम, ज़िला होशियारपुर। बताना मत किसी को।

देवकी : **(रोती)** हे भामवाली माता, सहायता कर भक्तों की। छुपा ले अपने भवनों के अंदर।

(अँधेरा)

दृश्य 3

(लाल किले के सामने। बनारसी बैठा है। सिर पर पगड़ी, माथे पर तिलक। पास गठड़ी और पैरों की लकीरों का बड़ा नक्शा। असलम अन्सारी जाते हुए, पहचान कर, रुकता है)

असलम : शेर सुनियेगा--

बनारसी : जी?

असलम : जल्लाद से डरते हैं, न वाइज़ से झगड़ते,
हम समझे हुए हैं उसे, जिस भेस में जो आए।

बनारसी : जनाब, मैं ने तो भेस नहीं बदला।

असलम : बुढ़ा कहाँ गया?

बनारसी : यमुना जी। नहाने।

असलम : सचमुच ज्योतिषी हो?

बनारसी : हाँ, जी।

असलम : उलटे नजूमी हो। हाथ नहीं, तलवे पढ़ते हो।

बनारसी : होशियारपुर का भृगु शास्त्री हूँ।

असलम : दिल्ली का हर चालबाज़, दग़ाबाज़, अपने को होशियारपुर का जना समझता है। दो दिन में निकल जाएगी होशियारी। हम समझे हुए हैं तुझे, जिस भेस में तुम आए। **(जाता है)**

(बनारसी भूख का सताया, जेबें टटोलता है। लोगों को बुलाता है)

बनारसी : आओ, भक्त जी, पैरों की रेखाएँ पढ़कर भविष्य बताऊँगा। भाग्य का पता करो। होशियारपुर के भृगु शास्त्र के मुताबिक शुभ अशुभ ग्रह सुनो। अपनी किस्मत बदलो। आओ, मैडम। आओ, साहिब। इंडियन ऐसट्रॉलोजर। यूअर फ्यूचर।

टीहटू : **(दूर से)** कैंडी! वेअट ए मिनट। डोंट मूव फ्रॉम हीयर। स्टेअ राइट हीयर।

बनारसी : पुरातन ग्रंथ। अभी-अभी मिला है। युग पलटाऊ ज्योतिषी। **(टीहटू**

आता है) आओ, जनाब। आज़मा के देखो। बैठो। सिर्फ दस रुपए।

टीहटू : अजीब पंडे हो। पाँव पड़ते हो।

बनारसी : पड़ता नहीं, बाबू जी। पैर पढ़ता हूँ।

टीहटू : झूठी निकली, तो पैसा एक नहीं दूँगा।

बनारसी : अगर सारी सच्ची बता दूँ तो?

टीहटू : दस की जगह बीस दूँगा।

बनारसी : **(पैर पढ़ता है। गठड़ी से पत्र निकाल कर मिलाता)** नाम क्या है साहिब का?

टीहटू : टीहटू कक्कड़।

बनारसी : यात्रियों की सहायता का धंधा है?

टीहटू : हाँ ··**(समझकर, हँसता)** यह तो मेरे ब्रीफकेस पे लिखा है। कक्कड़ टूरिस्ट थरिल्ज़।

बनारसी : जन्म तिथि?

टीहटू : तेरह अप्रैल। बैसाखी, 1963। पर इसका पैरों की लकीरों से क्या संबंध?

बनारसी : कुंडली के ग्रह और तलवे की रेखाएँ मेल खाते हैं। यह देखो। ऋषि भृगु जी ने अपने पुत्र शुक्र को आपका भविष्य सैकड़ों बरस पहले लिखा दिया था। तसल्ली करो। हैं एक जैसी लकीरें कि नहीं? बैसाख तिथि एक।

टीहटू : माई गॉड! करैक्ट! हू ब हू! झटपट बताओ, संस्कृत में क्या लिखा है?

बनारसी : पहले दक्षिणा। शास्त्र में कुंडली मिल जाए तो एक सौ एक रुपए।

टीहटू : इतने? लूटो मत, पंडित जी।

बनारसी : तेरे जन्म से तीन हज़ार साल पहले लिखा था ग्रंथ। इकोतर सौ तो कुछ भी नहीं। हेमामालिनी पाँच हज़ार दे कर गई थी।

टीहटू : पकड़ो इकावन।

बनारसी : चलो, इकावन सही। बोहनी का वक्त है।—संस्कृत नहीं समझता?

टीहटू : नहीं, जी। ट्रांसलेशन कर दो।

बनारसी : **(बुड़बुड़ाता)** इस वेला तेरे साथ कोई सुंदरी है?

टीहटू : हाँ।

बनारसी : कल रात उसके पूर्व दिशा जाने का योग था। वाहन द्वारा गई थी?

टीहटू : कमाल है! यह मेरे पैरों पे लिखा है?

बनारसी : और क्या? साथ जो है तेरे।

टीहटू : पर वह लौट आई, अचानक।

बनारसी : उतावला मत हो, जजमान। भृगु जी सब जानते हैं। श्री पद-रेखा ग्रंथ में पूर्व हवाला दर्ज किया रखा है।—अक्ल की, जो वाहन से उतर आई। अभी भी, सुनो। **(संस्कृत बुड़बुड़ाता)** उसके घाघरे के नीचे जो कुछ भी टाँगा है, उसको लेकर लाल किले के अंदर न घुसे। नहीं तो, तुम दोनों, कई बरस जेहल में सड़ोगे।

टीहटू : हद कर दी आपने, पंडित जी। आप जैसे महापुरुष के दर्शन मुझे पहले कभी नहीं हुए। मुझे बचाओ, ऋषि जी। अशुभ ग्रहों का इलाज करो। ज़िंदगी भर शुक्रिया करूँगा। लीजिए, एक सौ एक हो गए।

बनारसी : इस छोकरी संग दोबारा मुलाकात मत करना। यह धंधा छोड़ दो। जो अब तू यात्रियों की सहायता का कार्य करता है, उसके ज़रिए भी करोड़पति बन सकता है। ईमानदारी बरत। यों ग्रह तो बोलते हैं, नया व्यापार शुरू कर। सोने के महल में सोएगा।

टीहटू : कौन सा बिज़नस, महाराज?

बनारसी : किसी धर्म ग्रंथ की पूजा का योग बनता है। किसी महापुरुष की सेवा का। विज्ञान का, नई ईजाद का, आविष्कार का, इस्तेमाल करके, नया धंधा चला।

टीहटू : पंडित जी, मुझ पर कृपा करो। मैं चुटकी अंदर लौटा। इस गोरी को होटल छोड़ना है। आप हमारे घर चलो। मेरे पिता जी को मिलो। वे भी मुझे बड़ी देर से यही सलाह दे रहे हैं। चलेंगे आप?

बनारसी : इच्छा है, भक्त जी, आपकी। हमारे पास तो ज्ञान है। विज्ञान है। श्री पदरेखा ग्रंथ है। हम तो चाहते हैं, इस महान खोज द्वारा जन-कल्याण करें।

टीहटू : झटपट लौटा मैं। यहीं बैठे रहिये। **(जाता है)**

बनारसी : ओम् श्री परदेखाय नमः। **(रुपए गिनकर उछलता)** ऋषि बनारसी दास भृगु जी महाराज की जय! **(दूर दुकानदार को)** ओए छोकरे! छः पूरियाँ। आधा किलो दही की लस्सी।·· आओ बहन जी, भाग्य बताऊँ। पैरों के तलवों से भविष्य बूझूँ। ज्योतिष साइंस में इन्कलाब। आज़मा कर देखो। एक बार नज़र डलवा कर देखो। दक्षिणा केवल दो सौ एक रुपए!

(टीहटू आता है)

टीहटू : चलो, भृगु जी। यह मैं उठाता हूँ। घबराइये मत। मैं गारंटी देता हूँ। जितनी कमाई आपकी एक दिन में यहाँ होती है, वो हमारे घर मुहल्ले हो जाएगी।

बनारसी : वह म्लेच्छ सुंदरी तो नहीं तुम्हारे साथ?

टीहटू : नहीं, जी। उसे भगा दिया।

बनारसी : देखना, भक्त। हम बाल ब्रह्मचारी हैं। अगर ज़नानी ज़्यादा नज़दीक बैठ जाए, हमारा मन बिगड़ सकता है। ग्रह आगे पीछे भटक सकता है।

टीहटू : फिक्र मत करो, पंडित जी। लड़की आप के पास नहीं आने दूँगा।

बनारसी : क्यों? पैर तो मैं देवियों के भी पढ़ सकता हूँ। भृगु जी ने उनको विशेष अध्ययन कर रखा है। परन्तु शर्त एक है। स्त्री का चरित्र उच्च हो। इस छोकरी के पीछे तो पुलिस पड़ी है।

टीहटू : वह गई हमेशा वास्ते।—अब आप हमारी कोठी में मेहमान बनकर रहिये। हमारे गुरु बनकर।

बनारसी : ऋषि भृगु कल्याण करें। ओम् श्री पद-रेखाय नमः। **(जाते हैं)**
(चुप। असलम आता है)

असलम : उड़ गए? निकल गए हाथ से? बच्चू, मैं भी ग़ालिब हूँ। **(सिग्रेट की डिबिया के फोन पर)** ऑपरेशन व्हाईट स्टार। ग़ालिब हीयर··· नहीं ··· फिर बच निकली··· किले के अंदर नहीं गई··· हाँ··· मैक्सिको वहीं खड़ा है··· मोती मस्जिद के अंदर··· फायदा नहीं?··· सब्र नहीं रख सकते तुम लोग?··· मेरी टरेल हंडरड परसैंट करैक्ट है··· कक्कड़ टूरिस्ट थ्रूरिल्ज़··· ये लगते तो अनपढ़ पंडे हैं··· होशियारपुर के बुद्धू··· नो!··· डैम इट! लिसन!··· इस केस को मैं नहीं छोड़ूगा ··· बदली?··· कर दो बदली··· अगर मैं पराईवेट कपैसिटी में इनका पीछा करता रहूँ, तो तुम मेरा क्या बिगाड़ लोगे?··· बॉस?··· मुझे परवाह नहीं··· एक दिन ये ज़रूर पकड़े जाएँगे। हर हद को पार करेगा असलम अन्सारी—

सितारों के आगे, जहाँ और भी हैं,
अभी इश्क़ के, इम्तिहां और भी हैं!

(अँधेरा)

दृश्य 4

(कक्कड़ का घर। रेणु हस्तरेखा की किताब पढ़ रही है और अपना हाथ देख रही है। मधोक आता है, किताबें उठाए)

मधोक : हैलो, रेणु। डैडी कैसे हैं?

रेणु : कुछ ठीक हैं।

मधोक : सो रहे हैं?

रेणु : हाँ। अभी दवा ली थी। बैठो।

मधोक : तेरी मम्मी?

रेणु : शायद मंदिर गई हैं। डैडी की हैल्थ के वास्ते जगराता कराना चाहती हैं।

मधोक : व्हट्ट नॉनसेंस! आजकल के ज़माने में हार्ट का इलाज डॉक्टर करेगा या वैष्णो माता?

रेणु : आई डोंट नो। इफ मम्मी एंड डैडी हैव फेथ इन रिलिजन—

मधोक : ओ रेणु! तुम तो पढ़ी लिखी लड़की हो। फिर यह भी नहीं, हिन्दी, संस्कृत जैसे दक़ियानूसी सब्जैक्ट पढ़ती हो। इंग्लिश ऑनर्ज़ कर रही हो। दिल्ली यूनिवरसिटी के फोरमोस्ट कॉलेज से। तुम्हें तो ऐसे अंधविश्वासों में नहीं फँसना चाहिए।

रेणु : मैं ने कब कहा, मैं देवी देवताओं को मानती हूँ?

मधोक : तुम जवान हो। ख़ूबसूरत हो। इंटैलिजैंट हो। तेरे जैसे लड़के लड़कियाँ ही हमारे मुलक को तरक्की की राह पर ले जा सकते हैं। यू नोअ, यू आर होल्डिंग दी फ्यूचर ऑफ दिस कंटरी इन यूअर हैंड्ज़।

रेणु : नो, आइम नॉट। मेरे हाथ में तो यह पामिस्टरी की बुक है।

मधोक : लो, और सुनो। आई वॉज़ राइट। अजीब लड़की हो तुम। चार साल से मैं तुम्हारे घर में रह रहा हूँ। जब तुम स्कूल में थी। तब से मैं तुम्हारी तरफ बहुत अटरैक्टिड हूँ। यू आर सचमुच वैरी ब्यूटिफुल। लेकिन मैं आज तक तुम्हें समझ नहीं सका।

रेणु : क्यों? मेरे अंदर पहेली है कौनसी?

मधोक : आई मीन, एक हाथ, मिरांडा हाऊस में इंग्लिश ऑनर्ज़ पढ़ना। दूसरे हाथ, पामिस्टरी जैसी सुपरस्टीशन्ज़ पर यकीन रखना। डिपलोरेबल! रीयली

रेणु : शायद कुछ बातें सच्ची भी हों। कल मैं ने डौली का हाथ देखा। इस किताब से लाइनें मिलाईं। उसे मकान मिलेगा, पिता का। पैतृक सम्पत्ति की रेखा है उसकी तली पर।

मधोक : माँ के मरने के बाद, उसकी इकलौती बेटी को ही मकान जाएगा। इस में ज्योतिष की क्या ज़रूरत? यह तो मेरे जैसा नास्तिक भी बता सकता है।

डौली : (**दूर से**) कम ऑन, रेणु।

रेणु : यहाँ आ ज़रा। बड़ी उम्र तेरी। प्रोफेसर मधोक अभी तेरी बात कर रहे थे।

डौली : आज किधर से सूरज निकला, प्रोफेसर साहिब? रेणु को छोड़कर, मेरे बारे में सोचने लगे।

मधोक : तुम यूनिवरसिटी जा रही हो? मुझे राइड दे सकती हो? देहली स्कूल ऑफ ईकोनामिक्स तक?

रेणु : बैठ दो मिनट। इतनी जल्दी क्यों? पहली क्लास तो ग्यारह बजे हैं।

डौली : लाईब्रेरी में काम है, यार। ट्यूटोरियल लिखना है। मिस मेल-हेटिंग-सड़ियल ने दिया था।

मधोक : मिस मेल-हेटिंग-सड़ियल? मधु सानियाल का यह निकनेम रखा है तुम ने?

रेणु : बता इनको। मैं ने दिखाई थी न लाइन इस किताब में, जो तेरे हाथ पर है? तुम्हें पेयरैंटल प्रॉपर्टी मिलेगी।

डौली : आइम नॉट शोअर।

मधोक : क्यों? यू आर दा ओनली चाइल्ड।

डौली : मेरी माँ आजकल धर्म के चक्रों में गेड़े खा रही। कहती है, स्वर्ग में सोने के महल लेने का एक ही तरीका है।

मधोक : कौनसा?

डौली : इस लोक का ईंट सीमिंट का मकान दान कर दो। उस में शाख़ा खोलो।—पागलपन सिर पर सवार है। बट नो मैटर। मुझे परवाह नहीं। मैं नौकरी करूँगी। अपनी कमाई से बना लूँगी मकान।

मधोक : या हस्बंड की कमाई से?

डौली : नो! मैं किसी पर डिपैंड नहीं करना चाहती। न पति पर, न माँ पर।

मधोक : न झूटे देवी-देवताओं पर।

डौली : यैस। ना धर्म पर, न वहमों पर।

मधोक : शाबाश! रेणु, यह रही ग्रेट ऐग्ज़ांपल। तेरे घर के ऐन सामने। साइंटिफिक थिंकिंग इसे कहते हैं।

रेणु : क्या पता, पामिस्टरी का भी साइंटिफिक आधार हो। जो आप या मैं अभी नहीं जानते।

मधोक : वहम छोड़ो। अपने पर विश्वास करो। अपनी मेहनत। अपना दिमाग।··· अरे, मैं ने तुम्हें बताया नहीं?

रेणु : क्या?

मधोक : मुझे पीएच.डी. टॉपिक समझो मिल गया। बस, एक रिसर्च पेपर लिखने की देर है। ज़िंदगी बन जाएगी।

डौली : पेपर या थीसिज़?

मधोक : पीएच.डी. थीसिज़ तो मैं केमब्रिज जाकर लिखूँगा। या हारवर्ड। एक पेपर छप जाए। **(चुटकी बजाकर)** यो स्कॉलरशिप मिलेगा। इंग्लैंड का भी। अमैरिका का भी।

रेणु : **(हाथ देखकर)** वाकई। सन लाइन इज़ परफैक्ट। देख, डौली। लाइन आफ सैचरन।

डौली : परमानैंट लैक्चरशिप भी मिलेगी जल्दी? बेचारे ऐडहॉक जॉब करते दुःखी हैं। इतने सालों से।

मधोक : दरअसल मैं आप ही नहीं चाहता, पक्की नौकरी। किसी निकम्मे कॉलेज में। योरुप या अमैरिका जाऊँगा रिसर्च वास्ते। कुछ साल नौकरी भी उधर ही करूँगा। हमारे इंडिया में जीनियस की कदर नहीं। दी वैस्ट इज़ मोर साइंटिफ़िक। वहाँ आप कमाते हैं दस गुना। मज़े भी लूटते हैं दस गुना।

डौली : जिस को कमाई करनी आती है, उन का धंधा यहाँ भी बहुतेरा चले। इनको देख लो। रेणु के डैडी और ब्रदर को। थोड़े सालों में इतना बिज़नस खड़ा कर लिया।

मधोक : सो व्हट्ट? सोचने का ढंग तो वही है। सिंधु घाटी सभ्यता वाला। लुक ऐट मी। जम्मू तवी किनारे जनम लेकर, खेल कर, बड़ा हुआ। पर वैष्णो माता को नहीं मानता। रेणु के परिवार की तरह ज्योतिषियों, पंडों को नहीं पूजता।

रेणु : कामयाब सोच वही है जिस के ज़रिए घर में पैसा आए। हम हिंदोस्तान छोड़कर बाहर भागने की तो नहीं सोचते।

मधोक : सौरी, रेणु। मैं ने रिकुऐस्ट करनी थी।

रेणु : कैसी?

मधोक : डैडी को कहना, इस महीने मैं रैंट नहीं दे सकूँगा। माँ को पैसे भेजने पड़े, जम्मू। बहन का बी.ए. का दाखिला देना था। कहना, दो तीन महीने बाद टोटल किराया चुका दूँगा।

डौली : इंग्लैंड या अमरीका, पहुँच कर भेज देना रैंट।—उठ, रेणु।

मधोक : बस पे जाओगी?

रेणु : कार गैराज गई।

मधोक : तो मैं ज़रा ठहर के आता हूँ।

रेणु : आ जाओ, प्रोफेसर साहिब। आप का बस का टिकट हम खरीद देंगी।

डौली : यार, अब वो हमारी यूनिवर्सिटी थोड़ी जाएँगे। फलाई करके सीधा पहुँचेंगे—

रेणु : केम्ब्रिज!

डौली : या हार्वर्ड। **(हँसती हैं)**

मधोक : मज़ाक उड़ा रही हो मेरा?

रेणु : ओह नो। **(किताब पकड़ा के)** मैं तो पामिस्ट्री की साइंस के बेसिज़ पर कहती हूँ। गैट युअर पासपोर्ट टु अमैरिका। **(जाती है)**

मधोक : वहम है पामिस्ट्री। **(हाथ की लकीर देख कर खुश। किताब में देखकर)** हो सकता है! हो सकता है, मेरी रेखा सच्ची हो!

(अँधेरा)

दृश्य 5

(भूखा प्यासा चूनी लाल सड़क पर चला जा रहा है। पहचान कर असलम रुकता है)

असलम : रुको, पंडित। तुम रात को बस अड्डे सोए थे?

चूनी : हाँ। भानजा मेरा साथ था। आप आए थे? किसी का पीछा करते? मिला वह?

असलम : एक न एक दिन तो मिलेगा ही। तुम्हारा भाजना कहाँ गया? सुबह तो लाल किले के सामने बैठा था। पाँव की लकीरें देखता। जब तुम यमुना में नहाने गए थे।

चूनी : मैं नहाने गया था? किसने कहा?

असलम : उसी ने।

चूनी : हरामी! मैं गर्दन मरोड़ दूँगा। है कहाँ उचक्का?

असलम : मैं ग़लत नहीं कहता। वो चोरों डाकुओं से मिला हुआ है। किस चीज़ का धंधा करता है?

चूनी : धंधा करेगा, निकम्मा। खाली बैठा था बरसों से। फेल होकर दसवीं में। मेरी विधवा बहन दुःखी थी। छोकरियों को छेड़ने लगा रहता था। मैं अपने गाँव ले आया। बहन की मिन्नत मान ली। शागिर्द बनाया। ज्योतिष सिखाया। संस्कृत में निपुण किया। पद कुंडलियाँ लिखवाईं। उनको लेकर यहाँ पहुँचे, नरक के अंदर। रात को, मुझे चकमा देकर, भाग गया। सब कुछ उठा कर ले गया।

असलम : वो गठड़ी तुम्हारी थी?

चूनी : मेरी थी, साहिब। नमक हराम। गंदा ख़ून। बाप भी ऐसा ही था इसका। बुआ भी। कहते कुछ थे, करते कुछ थे।—अब मैं न इस तरफ का रहा, न उस तरफ का। पैर गल गए, घूमते-घूमते।

असलम : खाया पिया भी है कुछ?

चूनी : हो जाएगा खाना भी। भाग्य में लिखा होगा जो। **(रोता)** हे हनुमान,

यह हालत मत करना किसी की। पराए शहर में। घर से कोसों दूर।

असलम : पंडित जी, हौसला रखो। यह तो दस्तूरे ज़माना है। ग़ालिब फरमाते हैं—

की वफ़ा हम से तो ग़ैर उसको जफा कहते हैं,
होती आई है कि अच्छों को बुरा कहते हैं।

चूनी : बख़्शूँगा मैं भी नहीं। पाताल से भी ढूँढ़ लाऊँगा। बेशक मेरी हड्डी हड्डी बिखर जाए। देव दानव पीछे लगाऊँगा। सैयद को कहूँगा, चांडाल को कोहकाफ ले जा। तेल के कड़ाहे में फैंक।

असलम : ठोर ठिकाना है तेरा, बाबा?

चूनी : धर्मशला बता दो। या मंदिर। संध्या का मुँह में कुछ नहीं डाला।

असलम : हमारे घर तुम खाओगे नहीं।—अच्छा सुनो। मेरे साथ चलो, शक्तिनगर। मेरे घर के पास एक आश्रम है। वहाँ सेविकाएँ हैं। एक विमला विशिष्ठ है। उसे मैं जानता हूँ। वहाँ तुम जितने दिन चाहो रह सकते हो।

चूनी : किसी तरह बनारसी ठग मुझे मिल जाए।

असलम : तुम मेरी मदद करो। मैं तुम्हारी मदद करूँगा।

चूनी : मैं आपकी क्या मदद कर सकता हूँ?

असलम : मुझे भी तलाश है किसी चीज़ की। बताऊँगा तुम्हें। मैं पूरी कोशिश करूँगा, तुम्हारा भानजा तुम्हें मिल जाए।

चूनी : बनारसी बंदर भी याद रखेगा, चूनीलाल तांत्रिक संग वैर कमाया था!

(अँधेरा)

दृश्य 6

(कक्कड़ का घर। कस्तूरी लाल अख़बार पढ़ रहा है। छोटू दवाई और चाय लेकर आता है। अपनी किताब, कापी और पेन्सिल भी)

छोटू : बाबू जी, आपकी दवाई।

कस्तूरी : बारह बज गए?

छोटू : हाँ, जी। यह लो चाय।

कस्तूरी : तुम्हें कैसे पता था मेरा चाय पीने का मन है?

छोटू : अख़बार पढ़ते समय आप बार-बार चाय जो माँगते रहते हो।

कस्तूरी : वो वो क्या पूछना था मैं ने?

छोटू : बीबी जी मंदिर गए। वैष्णो माता का जगराता कराना चाहते हैं।

कस्तूरी : और वो वो क्या है?

छोटू : रेणु जी की क्लास आज सवा बारह बजे तक है। साढ़े बारह पहुँच जाएँगी।

कस्तूरी : वो तो ठीक है मेरा मतलब था

छोटू : टीहटू साहिब का फोन आया था। आपकी आँख लगी थी। किसी को साथ लेकर आ रहे हैं।

कस्तूरी : **(सहमा)** अँग्रेज़ लड़की को?

छोटू : नहीं, जी। यह ऐंग्ल नहीं।

कस्तूरी : तुम्हें तो जैसे हर ऐंगल पहले पता है! बड़ा ज्योतिषी।

छोटू : ज्योतिष नहीं, जी। सिम्पल कलकुलेशन बाई छोटू भामिया।

कस्तूरी : कैसे?

छोटू : छोटे बाबू जी ने मुझे कई बार ताड़ा है : "दफ्तर दुकान के भेद घर नहीं बताने।"—वे किस लड़की संग पिक्चर देखते हैं, होटल जाते हैं, मम्मी डैडी को बिलकुल पता न लगे।—आपने भी मुझे हमेशा, समझाया। आपकी सारी टरैंगलें बीबी जी को न बताऊँ। सो, मेरा गैस है, टीहटू जी लड़की नहीं ला रहे। और चक्कर होगा। क्यू.ई.डी.।

कस्तूरी : अच्छा, देवकी के सामने ज़बान का टेप रिकार्डर ऐसे मत चला देना।

छोटू : (**कापी पैन्सिल से सिर उठाकर**) बाबू जी, आपकी दसवीं जमात में भी जुमैटरी होती थी?

कस्तूरी : ज़रूर थी। बड़ा आनन्द आता था। दिखा। कौन सी प्रॉपोज़ीशन कर रहे हो?

छोटू : इक्कीसवीं। प्रॉपोज़ीशन तो समझ आ गई। यह ऐक्सरसाईज़ टेढ़ी है।

कस्तूरी : रुक, ज़रा। परपैंडीकुलर। टू ईकुअल ऐंग्लज़ गधे, यह देख। इस साइड को बाइसैक्ट करती हुई, लाइन डरॉ कर। दो त्रिकोण बन गईं।

छोटू : आ गई समझ। लाइये।

कस्तूरी : इतना पुआइंट नहीं पल्ले पड़ा तेरे! देखा, चालीस साल के बाद भी याद है मुझे। दिमाग इसे कहते हैं।

छोटू : हमारे गाँव भाम का चरणदास भी आप जैसा था। कहते हैं, जुमैटरी में हमेशा सौ बटा सौ मारता था।

कस्तूरी : मज़ा आता था। पिता जी हिसाब के टीचर थे। जुमैटरी अल्जबरे की किताब उन्हें ज़बानी याद थीं। मजाल क्या, मैं सवाल ग़लत निकाल जाऊँ। बस! ग़लती कर गया, तो प्रोफैश्न चुनने में। आधी ज़िंदगी सरकारी नौकरी ने बरबाद कर दी। अब यह बिज़नस ख़ून चूस रहा है। अगर कहीं मैं पिता जी की तरह टीचर बन गया होता!—कितने बजे कहा था टीहटू ने पहुँचने को?

छोटू : आते होंगे। खाना मैं बना चुका।—जुमैटरी तो सचमुच दिमाग का खेल है।

कस्तूरी : प्लेन लॉजिक। आर्गूमैंट्स। वाहवा ख़री चीज़। कब है तेरा इम्तिहान?

छोटू : चौदह मार्च।

कस्तूरी : चंगा किया हमारे संग आ गया। दसवीं कर जाएगा। बी.ए. भी। गाँव बैठा रहता, होशियारपुर, तो अनपढ़ का अनपढ़ रहता। वहमों का शिकार। साँपों की, भूतों-प्रेतों की, पूजा किया करता।

छोटू : बाबू जी, शहर वाले कौन से कम बहमी हैं। डौली की मम्मी को देखो। पगलाई हुई घूमे। दिन-रात घर से बाहर रहती है। मुझे कहती, मेरे साथ चला कर। पूरी ज़िंदगी क्वाँरा रहने की कसम खा।—मैं ने कहा, इतना भौंदू बनना था, तो मैं अपने गाँव न टपूसियाँ मारता रहता? बावली लड़की को दुर्गा समझ के न पूजता रहता?

कस्तूरी : बावली? ओए, हम दिल्ली से गए महाराज के दर्शनों को। तू गंद बोले देवी बाबत?

छोटू : बाबू जी, सच्ची बात बताऊँ आपको?

कस्तूरी : क्या?

छोटू : न मेरा बापू मानता था देवी को, न मैं मानता हूँ। माँ ने कहा भी, हालत ख़राब हो गई जब बापू की, "महाराज को बुला लाऊँ? माथे पर हाथ रख दें।"—बापू बोला, "नहीं। रब्ब नहीं भजनो। लड़कियों जैसी लड़की है। बिषने किसान की बेटी। मुर्दे ज़िंदा नहीं कर सकती।"

कस्तूरी : हमें तो तू मंदिर पर ही टकरा था?

छोटू : बताशे फुल्लियाँ खाने के लिए जाता था मैं तो मंदिर। यों भी हम तो वहाँ बरगद के नीचे कौड़ियाँ रीठे खेला करते थे। मेरा जोटीदार कोई नहीं देवी समझता था तरसेम की बहन को।

(देवकी आती है)

कस्तूरी : देवी जी आ गए। चुप। जुमैटरी बंद। नहीं तो कान खींचेगी तेरे। —तू रिक्शा स्कूटर कर लेती।

देवकी : माने नहीं। गरीब कहें इनको। नज़दीक की सवारी हो तो हरामी चलते नहीं।—छोटू, सब्ज़ी बनाई?

छोटू : सब्ज़ी बन गई। चावल बन गए। रोटियाँ सेंके देता हूँ। गोलाकार। सैंटर कच्चा नहीं रखूँगा।

देवकी : शनिश्चर को जगराता पक्का किया है। छोटू, अपने गाँव वाले महाराज को भी तार देकर आ। ज़रूर दर्शन देवें।

(कार की आवाज़)

कस्तूरी : टीहटू आ गया।

देवकी : साथ कौन है?

छोटू : मैं उठाता हूँ, जी। **(गठड़ी पकड़कर लाता है। टीहटू और बनारसी आते हैं)**

टीहटू : संभल कर, छोटू। आओ पंडित जी। मेरे डैडी, मम्मी।—डैडी, हियर्ज़ ए मिरेकल। ए पॉज़िटिव मार्वल। आप यकीन नहीं करो। इन पंडित जी ने अजीब आविष्कार किया है।

देवकी : इस गठड़ी के अंदर?

कस्तूरी : क्या है?

बनारसी : महान ऋषि भृगु रचित ज्योतिष शास्त्र। श्री पद-रेखा ग्रंथ।

टीहटू : पत्रों पर पैरों की लकीरें। जैसे हाथों की लाइने फ्यूचर बताती हैं। ये पंडित बनारसी दास जी पंजाब से आए हैं। होशियारपुर से। हज़ारों साल पहले लिखी कुंडलियाँ हैं।

बनारसी : उनका फलादेश लिखा है। संस्कृत में। ऋषि भृगु जी हमारे पूर्वज थे। वे हिमालय पर, शतदरू के किनारे, अपने सुपुत्र शुक्र को बोल बोल कर लिखाते रहे।

छोटू : पेरों की लकीरें? आप ने नई ज़ुमैटरी घड़ी? यह न्यू मैथ्स है?

बनारस : बालक, सतयुग की उच्च विद्या को तेरे जैसे कलियुग के अल्पबुद्धि छोकरे नहीं समझ सकते।

छोटू : अच्छा, पंडित जी, यह आपका पेट पुराण है!

देवकी : तू जा, छोटू। खाना लगा, पंडित जी के लिए।

(छोटू जाता है)

टीहटू : डैडी, पैर उठाओ।

बनारसी : कुंडली ग्रंथ में से मिलनी चाहिए। ढूँडनी पड़ेगी। चलो, पहले ख़ाका बनाकर रख लेते हैं। फिर मिला-मिलाकर, गठड़ी का एक-एक पन्ना चैक करते हैं। अगर ऐन इस जैसी मिल गई, पूरा विवरण मिल जाएगा। लाइये पैर।

कस्तूरी : लुक्स रिडिकुलस।—टीहटू, कौन सा खेल खेल रहे हो? पहले बता, उसका क्या हुआ?

टीहटू : खेल नहीं, डैडी। करामात है। हैव पेशंस।

बनारसी : चिंता छोड़ो, कक्कड़ साहिब। भारी संकट था। लेकिन आपकी पद रेखाएँ कहती हैं, आप बच गए। अब धर्म कर्म में जुट जाइए। बिपदा नहीं आएगी। **(कापी पर लकीरें खेंचता है। गठड़ी में कुंडली ढूँडता है)**

कस्तूरी : **(एक तरफ खड़े, काना फूसी)** भेजी नेपाल?

टीहटू : यैस। कैंडी इज़ सेफली आऊट।

कस्तूरी : मैक्सिको मैन?

टीहटू : आई डोंट नोअ। आई होप दी डैमफूल इज़ नॉट टराइंग टु लोकेट अवर ऑफिस और रैज़िडैंस।

कस्तूरी : ख़तरे पर ख़तरा ख़रीद रहा है तू। टीहटू, हियर्ज़ माई अलटीमेटम। आज से नो ब्लडी शेडी बिज़नस फ्रॉम माई हाऊस और ऑफिस।

टीहटू : यैस, डैडी। ओनली क्लीन बिज़नस। बट माई ग्रेवैस्ट वरी इज़, इतना आसान नहीं इस गंदगी से निकलना। वी हैव यूज़्ड लैक्स बीलौंगिंग टु दीज़ स्मगलर्ज़। वी मस्ट रिटर्न दैम सम हाउ। नहीं तो वो हमें ज़िंदा नहीं छोड़ेंगे।

कस्तूरी : जो उनका बनता है, किसी तरीके, साल छः महीने के अंदर चुकता कर। फिर स्टार्ट विद ए क्लीन सलेट।

बनारसी : आप पैर पकड़ाओ।

देवकी : मैं? नहीं।

बनारसी : धर्म विद्या है यह, ऋषियों की सिखाई हुई। लज्जा काहे की?

(देवकी शरमाती हुई पैर पकड़ाती है। विमला आती है। देवकी घबरा जाती है)

विमला : नमस्ते, भाई साहिब। काँटा चुभ गया, बहन जी?

कस्तूरी : आप भी होइए आगे। पैर दिखा लो।

विमला : क्या?

टीहटू : आंटी, डरो मत। पंडित जी भविष्य बताते हैं। पैर पढ़ के। खोलो चप्पल।

(बनारसी जल्दी-जल्दी हाथ चलाता है। पाँव के ख़ाके बनाता है। रेणु, डौली और मधोक आते हैं)

देवकी : नज़दीक होइये, बहन जी। मैं भी तो दिखा रही हूँ।

डौली : क्या हो रहा है, भई?

रेणु : मोची है? मम्मी, मेरे माप की भी एक चप्पल बनवा दो।

टीहटू : सुन लो। यू ईडियट्स, यह नई साइंस है।

बनारसी : सब से पुरानी भी।

कस्तूरी : आओ, प्रोफैसर मधोक।

टीहटू : आप भी अपने पैरों की रेखाओं से किस्मत पढ़वा लो।

मधोक : रब्बिश! रेणु, डौली! आर यू मैड? तुम तो हर वहम के पीछे सौदाई हो जाती हो।

(छोटू आता है)

छोटू : प्रोफैसर साहिब, अख़बार वाला पैसे लेने आया था। कहता, तीन महीने हो गए। गालियाँ निकाल रहा था।

कस्तूरी : किराया भी नहीं दिया। तीन महीने से।

बनारसी : **(रेणु को)** दूसरा पैर भी पकड़ाओ।

डौली : मेरा एक ही पैर देखा।

बनारसी : पंडित जी क्या देखें, क्या न देखें, यह पंडित जी को पता है कि तुझे?

विमला : डौली! बड़ों को अदब से बोलते हैं। कितनी बार कहा तुम्हें? उस दिन सेवक मोहन कुमार जी ने भी शिकायत की थी तेरी।

रेणु : अभी बताएँगे फ्यूचर?

छोटू : ज्योमैटरी से फ्यूचर कैसे पता लग सकता है?

देवकी : तुम्हें ज़्यादा पता है? चुप रहा कर।

बनारसी : पहले मेरी शर्त सुनो।

टीहटू : शर्त? मतलब, एक सौ एक रुपए फी आदमी?

मधोक : एक सौ एक? बैंक को डाका मार लो।

टीहटू : इन सब की तरफ से, मैं वादा करता हूँ। कम से कम, अपनी फैमली की तरफ से। हम पूरे पैसे देंगे। लेकिन प्रीडिक्शन्ज़ सारी सच्ची हों।

रेणु : डीटेल्ड हों।

बनारसी : पैसों की बात अलग रही। मेरे तांत्रिक गुरु थे स्वर्गवासी पंडित चूनीलाल जी। उन्हों ने मेरे से कसम उठवाई थी। शर्त नंबर एक : भविष्य केवल पुरातन भृगु संहिता से कुंडली ढूँढ़ कर बताना, ताकि ग़लती न लगे। सो, पहले मैं अपनी गठड़ी में से पत्रे तलाश करूँगा। जिसके पाँव का नक्शा मिल गया, उसका भाग्य बता दूँगा। नहीं तो, मैं असमर्थ हूँ।

टीहटू : मन्जूर।

मधोक : यह ग्रंथ है कि कूड़ा कबाड़?

रेणु : ओ गॉड, मेरी कुंडली ज़रूर मिलाना।

डौली : माइन टू।

बनारसी : और सब से बड़ी शर्त।

कस्तूरी : क्या?

बनारसी : मैं हर व्यक्ति का भाग्य उसको अकेले में बताऊँगा। दूसरा बंदा पास नहीं होना चाहिए। बैकुंठवासी चूनी लाल जी कहा करते थे—जो जजमान ज्योतिषी का कहा न माने, जो कोई स्त्री-पुरुष दूजे बंदे को भेद बता दे, भृगु ऋषि घर घाट तबाह कर देगा। शनि फुलबहरी का रोग लगा देगा। मैं जो बताऊँ, अपने तक रखना। अगर मन्जूर हो तो मैं खोलूँ ग्रंथ। नहीं तो, राह पकड़ूँ।

टीहटू : क्यों, भई, मन्जूर है?

आवाज़ें : हाँ, हाँ। नहीं, बताते।

बनारसी : अच्छा। मैं अपनी तपस्या के सहारे, भृगु ऋषि की विद्या द्वारा, आपकी किस्मत बताने की कोशिश करूँगा।

छोटू : लेकिन लंगर छकने के बाद।

बनारसी : ओम् श्री पदरेखाय नमः।

छोटू : (**सीधी बाहों से साढ़े बारह बनाता**) क्लॉक की दोनों सूइयें एक सौ अस्सी डिगरी का ऐंग्ल बना रही हैं। देयरफोर, पहले, पेट पुराण का पाठ।

बनारसी : पेट पुराण?

छोटू : हमारे गाँव का बिरजू बाह्मण जपा करता था, "पहले पेट पूजा, पीछे

काम दूजा। पहले पेट पूजा, पीछे काम दूजा।" **(गठड़ी उठाता)** सो यह पद रेखा ग्रंथ नहीं। यह है आपका पेट पुराण। क्यू.ई. डी.

(अँधेरा)

दृश्य 7

विमला : पर, भाई साहिब, दिल के अंदर का भेद कैसे जान जाते हैं पंडित जी?

कस्तूरी : विद्या इसी को तो कहते हैं।

विमला : कितनी कसमें खाए इन्सान, काम क्रोध से छुटकारा नहीं ले सकता। इन्द्रियों पर वश नहीं चलता।

कस्तूरी : आप जैसी ख़ूबसूरत, जवान, ज़नानी को, अभी से क्वाँरियों के आश्रम की क्या ज़रूरत? पंडित जी ने सही सलाह दी।

विमला : विधवा हुई मैं जब, यह विचार आया तो मेरे मन में भी था—दोबारा शादी कर लूँ। फिर सोचा, रे मन, काम की आग में मत जल। संयम रख। स्वर्गों की तरफ चल। पुण्य कर्म ही असली धन है। ब्रह्मचर्य का मोह कर, लोभ कर।—पर अब पद-रेखाएँ अगर दूसरा मशवरा देती हैं, मानना पड़ेगा।

कस्तूरी : आप का दिल भी तो यही कहता है?

विमला : दिल तो हर औरत का यही कहता है लेकिन धर्मशास्त्र ब्रह्मचर्य का हुक्म देते हैं।

कस्तूरी : छोड़ो, विमला जी। बुढ़ापे में ब्रह्मचर्य ही होगा। इस उम्र में, न आप खुद दुःखी होइये, न मर्दों को दुःखी करिये।

विमला : मैं ने किस मर्द को दुःखी किया?

कस्तूरी : **(आगे पीछे देखकर)** टीहटू की मम्मी आप से बहुत जलन करती है।

विमला : किस लिए?

कस्तूरी : हर ज़नानी सुंदर ज़नानी से जलती है। मुझे छेड़ती रहे। कहती, तुम हर वक्त विमला विशिष्ठ के बारे में सोचते रहते हो।

विमला : बढ़ा चढ़ा के कह रहे हो आप। उतनी सुंदर शायद अब मैं नहीं रही। डौली जितनी थी जब, तब देखते।

कस्तूरी : अब तो बनारसी दास जी का ग्रंथ भी वाक्य सुना रहा है। मैं अकेला तो नहीं आपके चाहने वालों में।

विमला : यों जितनी बातें पंडित जी ने बताई, हैं सच्ची। डौली, रेणु, देवकी बहन, सब दंग हैं। यह ग्रंथ सचमुच महान है।

(टेलीफोन की घंटी)

कस्तूरी : यैस?··टीहटू, तेरा फोन··कौन?··मैं किसी को··नहीं··यहाँ कोई टीहटू नहीं रहता··नो टीहटू हीयर··

टीहटू : **(भागा आता)** डैडी, बंद मत करना··मुझे दो··हैलो?··

विमला : चलो, आपको भी ले चलूँ।

कस्तूरी : कहाँ?

विमला : हमारे ईश्वरीय विश्वविद्यालय।

कस्तूरी : ज़रूर दाख़िल होऊँगा मैं एक दिन आपकी युनिवर्सिटी। हमारे दोनों की पद-कुंडलियाँ मेल खाती हैं।

(देखकर, मुस्कराती जाती है)

टीहटू : टैन्न लैक्स!!··दैट्सय राँग··ऐबसोल्यूटली··इट्स मच लैस्स··

कस्तूरी : बंद कर। पीछा छुड़ा किसी तरह।

टीहटू : बी विल पेय ऐवरी पैन्नी··ऐज़ सून ऐज़··**(टेलीफोन रख के)** बास्टर्ड!

कस्तूरी : बेटा, किसी तरह इन कुत्तों को पीछे से हटा।

टीहटू : बोला, स्मगलिंग में मदद नहीं करोगे, तो हमारा दस लाख लौटाओ। वरना दूसरा तरीका बरतेंगे।

कस्तूरी : मर्डरज़ के गैंग में फँस गया तू। इन के कारण पुलिस हमारी दुश्मन बनी रहेगी। अब क्या करें? मैं तो ख़ौफ से मर ही जाऊँगा।

टीहटू : सुनो, डैडी। आई हैव ऐन आइडिया।

कस्तूरी : स्मगलिंग भी तेरा 'आइडिया' था।

टीहटू : यह आइडिया सेफ है। हार्मलैस्स। वी विल स्टॉप दिस ब्लैक बिज़नस। टोटल्ली। ऐग्रीड।—आप इस पद-रेखा के बारे में क्या सोचते हैं? सच सच बताओ।

कस्तूरी : मैं तेरी तरह श्योर तो नहीं। बट देयर्ज़ नो हार्म इन ट्राइंग। ख़ासकर, जब इस में इन्वैस्टमैंट ज़्यादा नहीं। दफ्तर हमारे पास है ही। एक हिस्से में शुरू करके देखते हैं। मधोक ने कई महीने से किराया नहीं दिया। उसका कमरा खाली करा ले। अभी पंडित जी की खटिया बरसाती में बिछा दे।

टीहटू : दैट्स फाइन। सो, यू ऐग्री, इसकी प्रीडिक्शन्ज़ में दम है। लोग यक़ीन

कर लेंगे।

कस्तूरी : यह आदमी, ज्योतिष बेशक कम जानता हो। साइकॉलोजिस्ट पक्का है। विमला को वही बताया जो वो तह दिल से सुनना चाहती है। मुझे भी मेरी नेचर के बारे में, मेरे कैरेक्टर की बाबत, जो कुछ कहा, काफी सही लगता है। ऐस्ट्रॉलोजर नहीं, तो ऐज़ ए साइकायट्रिस्ट सही। यह बंदा लोगों की हैल्प कर सकता है। पैसे ख़र्च करके लोग इसे मिलने आएँगे।

टीहटू : रेणु और डौली फ्रीक्ड आउट! ऑन बनारसीज़ डिस्कवरी! डौली कहती, मुझे दस परसैंट कमिशन दे दो। मैं दिल्ली यूनिवर्सिटी के नब्बे फीसदी स्टूडैंट और नाइनटी नाइन परसैंट टीचर, हाँक लाऊँगा, पैर पढ़ाने।

कस्तूरी : टर्मज़ ऐंड कंडीशन्ज़ तय कर लीं, बनारसी से?

टीहटू : टर्मज़! वाह! बुद्धू होशियारपुरी से? भूखा मर रहा था?—रोटी कपड़े के अलावा, पच्चीस तीस रुपए रोज़ पकड़ा दिया करेंगे।

कस्तूरी : बनारसी छोटू नहीं।

टीहटू : **(फोन डायल करता)** फ़र्क क्या है? जो बनारसी आज है, छोटू वही कल होगा।—नीरू? हाअए!··टी.वी. सैंटर जाते वक़्त, हमारे घर से गुज़रती जाना।··प्लीज़!

कस्तूरी : नीरू ढींगरा थी?

टीहटू : यैस्स!

कस्तूरी : उसकी भी पद कुंडली निकलवायेगा?

टीहटू : नो!··थिंक बिग, डैडी। माई इमैजीनेशन इज़ फायर्ड बाई दा बिज़नस पॉसिबिलिटीज़ ऑफ दिस साइंस ऑफ सॉलिस्टरी। आई विल शूट डाऊन दा सन्ज़ ऐंड स्टार्ज़! कम्प्यूटर लगाएँगे। उस पर एक मिनट में फ्यूचर बताने की सरविस होगी। क्विक, क्विक, क्विक! मैच मेकिंग! यानि, लड़के लड़कियों की रेखाएँ मिलाकर ब्याह करवाना। दस लाख बनाकर, फटाफट, इन स्मगलरों को मोड़ देंगे। फिर चैन से जियेंगे। करोड़ों कमायेंगे।

कस्तूरी : नीरू इस में क्या करेगी?

टीहटू : नीरू बड़े काम की लड़की है, डैडी। मैं आप जैसा ओल्ड फोगी नहीं। आई नोअ आऊ टु यूज़ गर्ल्ज़। आई नोअ हाऊ टु ऐक्सप्लायट माई सैक्स अपील।—छोटू, पंडित जी को भेज।

कस्तूरी : एक बार पहले तेरे सिर पर 'आइडिया' सवार हुआ था। पता नहीं

कब जेल जाना पड़े। या क्रिमनल की गोली खानी पड़े। अब तू फिर 'आईडिये' लड़ा रहा है। डुबोएगा सब को। सोच ले। किसी लफड़े के अंदर फँसना आसान है, निकलना मुश्किल है।

(नीरू ढींगरा आती है)

टीहटू : हाअए, नीरू।

नीरू : हाअए! हैलो, अंकल।

(बनारसी आता है)

टीहटू : आओ, पंडित जी। नीरू, आई वांट यू टु इंटरव्यू ए जीनियस ऑन दा टी.वी.। इन्होंने पुरातन शास्त्र खोज करके निकाला है। पैरों की लाइनें पढ़कर फ्यूचर बताते हैं।

नीरू : हाऊ ऐक्साइटिंग! लोग प्रोगरैम देख कर, बहुत ख़ुश होंगे।

टीहटू : नैशनल हुक-अप पर। कर सकती हो मैनेज?

नीरू : ऑफ कोर्स। अगर पंडित जी मुझे पहले कुछ बता दें, मैं अपने डी. जी. से प्राइम टाइम ले लूँगी।

बनारसी : आओ, प्रमाण दूँ आपको। अपने विज्ञान का। अकेले बैठकर।

कस्तूरी : इंटरव्यू की जगह, पैनल डिस्कशन रखो तो बेहतर है।

नीरू : टरू। डिस्कशन ज़्यादा दिलचस्प होगी। ख़ासकर अगर कोई उलटी राय रखने वाला बंदा पैनल पर हो।

(मधोक, रेणु, डौली और देवकी अंदर से आते हैं)

मधोक : रेणु और डौली का दिमाग ख़राब कर दिया, पंडित के कूड़े कचरे ने।

टीहटू : मधोक साहिब को रख लें, डैडी? दिल्ली यूनिवर्सिटी का लैक्चरर है। उलटा बोलेगा।

कस्तूरी : अगर पंडित जी इनके सवालों के जवाब दे सकें।

बनारसी : मैं ज़रूर जवाब दूँगा। इस नास्तिक को आस्तिक बनाना तो हमारे ग्रंथ का और भी बड़ा चमत्कार होगा।

टीहटू : ओ के, दैन्न। पंडित जी, हम पूरी पब्लिसिटी कैंपेन शुरू कर रहे हैं। नीरू, तेरी टी.वी. डिबेट से।

नीरू : कल ही लो, अगर वक्त ख़ाली मिल गया।

(चूनी लाल और असलम अन्सारी आते हैं। चूनी जूता उतार कर बनारसी के पीछे भागता है। अंदर से छोटू आता है)

बनारसी : मामा, तू यहाँ कैसे पहुँच गया? ग़ालिब साहिब ने सरनामा बताया?

चूनी : मेरे साथ ठग्गी! बच्चू, मामा तो अब तुझे मैं बनाऊँगा। **(दोनों दौड़ते हैं)**

असलम : ग़ालिब हाज़िर है—

छोटू : इरशाद।

असलम : लो हम मरीज़े इश्क़ के तीमारदार हैं,
अच्छा अगर न हो तो मसीहा का क्या इलाज?

छोटू : **(हाथ मिलाकर)** वाह वाह!—बाकी रेखाएँ दस मिनट के बाद!

(अँधेरा)

(आधी छुट्टी)

दृश्य 8

(टी.वी स्टूडियो। नीरू ढींगरा के दायें हाथ असलम और मधोक। बायें, बनारसी और चूनी)

नीरू : नमस्कार! आज हम आपकी जानकारी उस विद्या से करवा रहे हैं, जिस मैं इन्सान को हमेशा गहरी दिलचस्पी रही है।—मेरे साथ आने वाले सालों में क्या होगा? मैं अमीर बनूँगा कि नहीं? मुझे नौकरी कब मिलेगी? मेरा विवाह कब होगा? मेरा जीवन संगी कैसा होगा? मैं मुकद्दमा जीतूँगा कि हारूँगा?—ऐसे अनेकों सवाल हमें चुभते रहते हैं। कुछ विद्वान कहते हैं, प्लैनेट्स या ग्रहों का प्रभाव हमारी पृथ्वी पर पड़ता है। जन्म के समय जिस स्थान पर ग्रह होंगे, उसके मुताबिक भविष्य और चरित्र निश्चित करते हैं। इसी तरह कुछ ज्योतिषी हाथ की लकीरें पढ़ते हैं। पामिस्टरी के भी कीरो जैसे मशहूर विद्वान हुए हैं। पर आज हमारे पास बिराजे हैं पंडित चूनी लाल जी भृगु शास्त्री। इनका दावा है, पैरों की रेखाएँ ही सही भविष्य बताती हैं। हम इन दो होशियारपुरियों की भिड़ंत दो दिल्लीवासी बुद्धिजीवियों से करा रहे हैं। प्रोफैसर मधोक विश्वविद्यालय में अर्थशास्त्र के प्राध्यापक हैं। डेहली स्कूल ऑफ इकोनॉमिक्स से पी-एच.डी. कर रहे हैं।

मधोक : ऑन ''पान सुपारी सैलर्ज़ ऑफ सदर बाज़ार।''

नीरू : दूसरे हैं जनाब असलम अनसारी ग़ालिब। ये रैशनैलिस्ट सोसाइटी ऑफ दरियागंज के सदर हैं। क्या आप दोनों को पद-रेखा ज्ञान पर विश्वास है?

मधोक : बिलकुल नहीं।

असलम : क़तई नहीं।

नीरू : तो आइये, इस विज्ञान के बारे में इनकी बहस सुनें। पहले पंडित जी आप अपने ग्रंथ के बारे में कुछ कहना चाहेंगे?

बनारसी : जी, ये सवाल पूछें। हम जवाब देंगे।

मधोक : ज्योतिष सिर्फ धोखा है।

बनारसी : यह सवाल है? या तुम्हारे अज्ञान का सबूत?

असलम : आपके ज्योतिष की बुनियाद क्या है?

नीरू : साइंटिफिक बेसिज़ क्या है?

चूनी : सयाने हकीम नब्ज़ देखकर बीमारी बूझ लेते हैं। उसकी क्या बुनियाद होती है?

मधोक : नब्ज़ शरीर का ख़ास हिस्सा है। जिस हालत में शरीर होगा, नब्ज़ वैसे ही चलेगी।

बनारसी : पैर शरीर का हिस्सा नहीं?—जो कुछ बंदे का दिमाग सोचता है, उसका शरीर के हर अंग पर असर पड़ता है। मेरा हाथ, मेरा घुटना, दिमाग का हुक्म मानते हैं, कि नहीं?

असलम : मानते हैं।

चूनी : जिस तरह दिल और दिमाग की हालत के मुताबिक, हाथ की लकीरें बनती हैं, अलग-अलग—उसी तरह, पैरों के ऊपर लकीरें बनती हैं। जिनको बंदा पढ़ सकता है।

बनारसी : नब्ज़ की तरह।

मधोक : तब आप क्यों कहते हो : पद-रेखायें सच्ची हैं, हस्त-रेखायें झूठी हैं।

बनारसी : पहली बात। हम नहीं कहते। हमारे बुजुर्ग थे भृगु ऋषि। उन्होंने सैंकड़ों वर्ष पूर्व, शतदरू के किनारे बैठकर, यह महान ग्रंथ रचा। उन्होंने लिखा : पादतलस्य रेखा भविष्यत् सत्यं सूच्यंति।—पैरों पर बंदा हर वक्त खड़ा होता है। पैरों पर पूरा बोझ पड़ता है।—पशुओं में और आप में क्या फर्क है? आप दो पाँव पर चलते हो। इन दो तलवों पर सारा चाल चलन और समूचा भविष्य अंकित हो जाता है।—हमारे दादा-पड़दादा की यह खोज शिवालिक परबत की गुफा के अंदर, मेरे गाँव भाम के नज़दीक, संभाली रही। हम ने निकाली और इस का पाठ आरंभ किया। तो पता चला, कितने महान वैज्ञानिक थे हमारे पूर्वज।

मधोक : पैर क्यों? बाकी अंग क्यों नहीं? मेरा सिर क्यों नहीं?

चूनी : तुम सिर के बल चलना शुरू कर दो। एक साल के अंदर पैरों जैसी लकीरें तेरी खोपड़ी पर खुद जाएँगी।

बनारसी : और पैरों पर बल उग आएँगे।

असलम : इतने बड़े आलम फाज़िल कब से बन गए होशियारपुर वाले? वाह! जो बात कुल दुनिया सदियों से नहीं ढूँढ़ पाई, आप ने ढूँढ़ निकाली?

बनारसी : यह रेडियो, टैलीवियन, ग्रहों तक की उड़ान, इसी सदी में इजाद हुए। सारा जगत मिलकर, पहले क्यों नहीं बना सका ये यंत्र?

मधोक : मैं दावे से कहता हूँ, साइंटिस्ट होने के नाते। पदरेखा ज्योतिष पाखंड है। कोरा वहम!

चूनी : **(खड़ा, गुस्से से काँपता)** रावण! अहंकारी!

नीरू : नहीं, जी। पर्सनल अटैक नहीं।

बनारसी : अहंकार और वैज्ञानिक दृष्टिकोण इकट्ठे नहीं चलते। तुम्हारे जैसे घमंडी देश की तरक्की के दुश्मन हैं। एक ज़माना था, तुम्हारे जैसे अक्ल के अंधे, पृथ्वी को गोल समझने वालों को, ज़िंदा जला देते थे। कोई यकीन कर सकता था, एक किलो धातु के ऐटम, अलग-अलग होकर, हीरोशीमा, नागासाकी, जैसे महानगरों को मलियामेट कर सकते हैं?—अणु शक्ति हो, या विज्ञान के आगे आने वाले आविष्कार, सब का एक ही आधार है : नम्रता, हलीमी। तुम नम्र होकर कहो : अभी तक मुझे पद-रेखा विज्ञान का आधार पूरी तरह समझ नहीं आया। लेकिन मैं इसका विरोध नहीं करूँगा। हो सकता है, अगली पीढ़ी इस की बुनियाद समझ सके।—प्रोफैसर साहिब, जो विद्या आपके दिमाग के अंदर नहीं घुसती, उसे टैस्ट करने का चांस तो दो।

नीरू : साइंस का बेसिक उसूल है, टैस्टिंग। ऐक्सपैरिमेंटेशन। पंडित जी का ख़याल जायज़ है। बहुत लोग बिना सोचे, बग़ैर परखे, राय दे देते हैं।

असलम : माना कि प्रैजुडिस की साइंस में जगह नहीं। लेकिन मुझे यकीन नहीं होता, पैर की लकीरें मेरे अगले बीस साल के बारे में कैसे बता सकती हैं?

चूनी : लकीरें तुम्हारा चरित्र तो बता सकती हैं। यह मानते हो?

असलम : मसलन?

चूनी : तू पेटू है। जितना खाता है, पचा नहीं पाता। तेरे चटोरेपन ने रक्त गंधला कर रखा है। पैर की रेखा काली है। बता देगी, दस साल के बाद, तू दिल का मरीज़ बनेगा। शक्कर की बीमारी होगी। अधरंग होगा।

असलम : शायद।

बनारसी : शायद नहीं। यकीनन।—अगर तुम ने भी ज़िंदगी भर हमारी विद्या सीखी हो।

चूनी : और हम तो केवल ग्रंथ साहिब से बताते हैं : पादः शरीरस्य आधारः।

मधोक : यह बात भृगु को ही क्यों सूझी? सिर्फ तुम्हें क्यों सूझी? दूसरे लोग

बेवकूफ हैं?

बनारसी : तुम्हें नहीं सूझी। तुम बेवकूफ हो?

असलम : किसी और विद्वान ने, या किताब ने, इस का ज़िक्र किया है?
(चूनी और बनारसी जैसे टांट पर लट्ठ पड़ने से चकरा गए हों। इकट्ठे बोलते)

चूनी : बहुतों ने

बनारसी : कइयों ने **(पसीना पोंछता)** आप बताइए, मामा जी।

मधोक : **(फतह की हँसी)** अथॉरिटीज़ साइट करो। सोर्सिज़ कोट करो।

चूनी : **(कानाफूसी)** युगों वाला तर्क दो।—पृथ्वी को प्रभु पाँव से नापते हैं।

मधोक : माई फुट!

बनारसी : तेरा फुट नहीं। भगवान का फुट।

चूनी : विष्णु का वामन अवतार—सुना आपने? बौने के अढ़ाई पैर के बराबर हुई थी धरती। आज भी किसान खेतों को इसी तरीके से मापते हैं। पैरों पर चलकर। करम, सरसाही, मरला। पर तुम शहर वाले क्या जानो, खेत किस खजूर से लटकते हैं?

बनारसी : अगर तुम नास्तिक नहीं, भारत की संस्कृति के शत्रु नहीं, हिंदुओं के दुश्मन नहीं, तो असलम साहिब, तुम्हें हमारे इतिहास के अंदर, मिथिहास के अंदर, पैर-पैर पर, मनुष्य के पैरों की महानता मिलेगी।

चूनी : अवश्य।

बनारसी : एक युग पैरों के ऊपर खड़ा होता है। सतयुग चार पैरों पर खड़ा था। पाप बढ़ गया। सतयुग की एक टाँग टूट गई। तीन पैरों वाला युग त्रेता आया। और पाप बढ़ा। दूसरा पाँव टूट गया। युग मात्र दो पैरों पर खड़ा हुआ। सो नाम पड़ा, द्वापर। यानि, दो पैरों वाला। कलियुग जिसमें पापी बसते हैं—

चूनी : तुम्हारे जैसे।

बनारसी : कलियुग सिर्फ एक पैर पर खड़ा है।

मधोक : **(नक्ल उतारता)** द्वापड़! तड़ेटा! ख़ाक साबित करते हैं?

चूनी : भरत ने सिंहासन पर किसे बैठाया था?

असलम : खड़ाऊँ को, तो?

बनारसी : भगवान के पैर ही भगवान का सब से पवित्र अंग हैं। उन को छू कर, लकड़ी की जूती भी बादशाह बन बैठती है।

चूनी : अहल्या कौन थी?

मधोक : **(सिर खुजलाता)** अहल्या?

नीरू : अडल्टैरेस्स? जिसे पति के शाप ने पत्थर बना दिया था?

चूनी : राम ने पैर छुआया नहीं, फड़क्क, हिल पड़ी।

बनारसी : भारतवर्ष में हम सारे कहते हैं : मैं आपके पाँव पड़ता हूँ।

चूनी : अहम् तब पादयोः पतामि।

बनारसी : बूझो, क्यों कहते हैं?

असलम : सलाम कहने का तरीक़ा है।

बनारसी : हर कदम पर हमारे बुजुर्ग साइंटिफिक नज़रिया दिखा गए। हम, मूर्ख! आधी बिसमिल्ला उठाए भाग खड़े हुए। अद्ध-पढ़। मधोक जैसे।

मधोक : व्हाट! गाली निकाली?

नीरू : पंडित जी, यह जायज़ नहीं।

मधोक : वापस लो अपने लफ्ज़।

नीरू : इट्स ऑल राइट। बैठो।

मधोक : नो! माफी माँगे।

असलम : पंडित जी का इशारा आप अकेले की तरफ नहीं था।

मधोक : आई वांट ऐन ओरल अपॉलोजी।

नीरू : बनारसी जी, प्लीज़।

बनारसी : अच्छा, मैं माफी माँगता हूँ। मधोक जी आधे-पढ़े नहीं।

चूनी : पाँव पड़ने का अर्थ बताओ।

बनारसी : हाँ। पैर छूने का मतलब होता है—आपको नहीं, मैं आपके चरित्र के आधार को, आपके भाग्य की नींव को, प्रणाम करता हूँ।

चूनी : ऋषि मुनि लकड़ी की खड़ाऊँ क्यों पहनते थे?

मधोक : सस्ती होंगी।

बनारसी : ऋषि कंगाल नहीं थे। तेरे जैसे।

(मधोक गुस्से में उठता है। असलम कंधे पर हाथ रखकर बिठाता है)

असलम : बराहे करम!

बनारसी : खड़ाऊँ के अंदर एक शक्ति थी। राज़ था।

असलम : कौन सा?

चूनी : हठयोग द्वारा ऋषि मुनि अपना भाग्य बदलते थे। तपस्या की ताकत बरत कर, पैरों की रेखाएँ बदलते थे।—योगियों के तलवों पर विशेष लीक होती हैं। ऋषि लोग ये ख़ास लकीरें अंकित करने वाली खड़ाऊँ बनवाते थे। वे शक्तिशाली खड़ाऊँ, कुछ अरसे के अंदर, पुरानी लीक घिसा देती थीं। विषय विकार की लाइनें मिटा देती थीं। नई रेखाएँ, योग की, विद्या की, लकीरें बना देती थीं।

मधोक : **(खड़ा, सोचता)** इट मीन्ज़ क्या बंदा अपनी कोशिश सदक़ा, अपने पैरों की लाइनें बदल सकता है?

बनारसी : हाँ।

मधोक : अपनी तकदीर बदल सकता है?

चूनी : ज़रूर।

असलम : यह तो नया मुद्दा है।

(मधोक बैठता है। नीरू खड़ी)

नीरू : तो आप फेटैलिस्ट नहीं? आई मीन : किस्मत को इन्सान बदल सकता है—यह आप मानते हो? **(बैठती है)**

चूनी : हम नहीं। हमारा ग्रंथ मानता है : नरो निज प्रयासेन आत्मनो रेखाः परिवर्तयितुं शक्तः।

मधोक : यह तो एकदम नई रौशनी फैंकी आपने धर्म पर। मैं तो मज़हब के खिलाफ इसी कारण रहा हूँ। ज्योतिष का दुश्मन रहा हूँ। मैं किस्मत का गुलाम नहीं बनना चाहता।

असलम : **(खड़ा)** मतलब, आपके भृगु कर्मकांड पर यक़ीन नहीं रखते?

(बनारसी और चूनी हारे हुए, पसीना पोंछते। असलम बैठता है)

चूनी : **(चीखता)** कर्मकांड इतना सरल नहीं। म्लेच्छ नहीं समझ सकता।

बनारसी : हमारा विश्वास है, जैसे महात्मा बुद्ध के पैरों की पूजा होती थी। भगवान महावीर के पैरों की पूजा होती थी : साधु सन्तों के लोग पैर धो-धो कर पीते रहे। उसी तरह पाँव रेखा शास्त्र आशा बँधाता है : **(दृढ़ता से)** पैर जीवन का आधार है। चरित्र का शीशा हैं, भाग्य का दर्पण हैं। अपने यत्न से आदमी लकीरें बदल कर, ग़रीब से अमीर बन सकता है। बेवकूफ से अक्लमंद बन सकता है।

मधोक : आप मेरे पैरों की लकीरें बदल दोगे?

बनारसी : हाँ। यदि तुम भी पुरुषार्थ करो।

मधोक : सबसे ज़्यादा लक्की साइन कौन सी होती है?

बनारसी : गुरु जी, आप उचरो।

चूनी : सब से उत्तम चिह्न होता है पद्म चक्र। भगवान कृष्ण के चरणों पर था।

मधोक : मैं भी पद्म चक्र बनवाऊँगा।

चूनी : शिकारी ने पद्म चक्र को हिरणी की आँख समझा। तीर छोड़ा।

बनारसी : कृष्ण मर गए।

असलम : बचकर, उस्ताद जी। नमाज़ बख़्शाने आए थे। रोज़े गले मत डलवा लेना।

चूनी : भारत की जवान लड़कियों का पतन तो किया है ऊँची एड़ी वाले सैंडलों ने।

नीरू : (**पैर छुपाती**) वो कैसे?

बनारसी : सैंडल काम वासना की रेखाएँ गहरी करते हैं। सो, सरकार को चाहिए, सब ऊँची एड़ियाँ, एक झटके में, फ्लैट कर दें।

मधोक : इट्स ए फैसीनेटिंग फील्ड फॉर रिसर्च।

बनारसी : ज़रूर है। एक विश्वविद्यालय विशेष श्री पद-रेखा संहिता पर अनुसंधान के लिए स्थापित करना चाहिए।

मधोक : आई सी। आई सी।

बनारसी : चीनी लोग हमारे से अधिक बुद्धिमान थे।

असलम : थे नहीं हैं। लेकिन, कैसे?

बनारसी : चीनी अपनी ज़नानियों को लोहे की जूतियाँ फिट किया करते थे। क्यों?

मधोक : उन पर मनमर्ज़ी की लकीरें खेंचने की खातिर। राईट?

असलम : पुराने ज़माने में हर मुल्क में बेवकूफियाँ हुई हैं।

बनारसी : ह्यून सांग ने पद विज्ञान हम से सीखकर चीन पहुँचाया था।

मधोक : गांधी जी ने 'पद' यात्रा की थी। दण्डी मार्च। क्या वह भी?

चूनी : अवश्य। बापू जी पद विद्या के प्रकांड पंडित थे। इसी कारण उनकी खड़ाऊँ राजघाट पर संभाल के रखी है।

मधोक : एक नन्हा सा आखिरी सवाल।

नीरू : श्योर।

मधोक : मर्द और औरत के फुट परिंट्स में क्या फर्क होता है?

बनारसी : जो फर्क मर्द और औरत के शरीरों में होता है।

नीरू : यानि, पैर शास्त्र के मुताबिक, स्त्री पुरुष के बराबर हुई।

बनारसी : नहीं।

नीरू : क्यों?

बनारसी : स्त्री का पैर भारी हो सकता है। मर्द का नहीं।

नीरू : (**दर्शकों को**) आपने पदरेखा ग्रंथ पर डिस्कशन सुनी। लगता है, प्रोफैसर मधोक तो इनके श्रद्धालु बन गए। (**मधोक हाँ में सिर हिलाता है**) अंत में मैं जनाब ग़ालिब को दरख़ास्त करूँगी, अपना फैसला सुनायें।

असलम : डूबता हुआ इन्सान तिनके का सहारा ढूँढ़ता है। पीर फक़ीर का दामन पकड़ता है। पत्थर हो या मज़ार, सहमा हुआ शख़्स, उसके आगे सिर झुकाता है। नजूम ज्योतिष भी ऐसा ही अक़ीदा है। मैं नहीं जानता, यह सही है या ग़लत। ज्योतिषी राहबर हैं या राहज़न। एक बात पक्की है। ऐसी तेज़ रफ्तार आँधियों में कमज़ोर बशर उड़ा

जाता रहेगा। हमेशा। बक़ौले ग़ालिब :

चलता हूँ थोड़ी दूर, हर इक तेज़ रौके साथ,
पहचानता नहीं हूँ, अभी राहबर को मैं।

(अँधेरा)

दृश्य 9

(कक्कड़ का घर। बनारसी पाठ कर रहा है। चूनी चौरी झुला रहा है। ग्रंथ के ऊपर बड़े पैर वाला रुमाल। धूप, शंख। सब पाठ सुन रहे हैं। छोटू दूर बैठा ज्योमैटरी के चक्र बना रहा है)

बनारसी : तो उत्तर में पिता भृगु जी उचरे : "हे शुक्र! तू सपूत है। तुम्हें विश्वास है अपने पित्र पितामहों के धर्म ग्रंथ पर। तू मेरी वाणी भोजपत्रों पर लिख रहा है। संसार का कल्याण कर रहा है। वाणी के प्रताप से, मनुष्य अपना दुर्भाग्य जान सकता है। पैरों की रेखाएँ बदल सकता है। अच्छा भाग्य बना सकता है। हे सुत, जो स्त्री- पुरुष इस ग्रंथ का पाठ करेगा, अथवा श्रवण करेगा, बैकुंठ को प्राप्त होगा। इस लोक अंदर भी, उस लोक अंदर भी, लक्ष्मी उसकी टाँगों से लिपटेगी। अस्तु। ओम् श्री पदरेखाय नमः।

सब : ओम् श्री पद रेखाय नमः।

बनारसी : **(ऊँचा जयकारा)** जो बोले—सो निर्भय!

सब : श्री पद-रेखा ग्रंथ की—जय!

(शंख, घंटी। सब माथा टेकते हैं। प्रसाद लेते हैं। बनारसी ग्रंथ बाँधता है। टीहटू और नीरू एक तरफ खड़े)

टीहटू : फुल पब्लिसिटी कैंपेन। टी वी पर। रेडियो पर। न्यूज़ पेपर्ज़, वीकलीज फैशन मैगज़ीन्ज़।

नीरू : इस जॉब से रिज़ाइन कर दूँ?

टीहटू : यैस, डारलिंग। तू यहाँ संभाल सब कुछ।

नीरू : ओ के। सी यू।**(जाती है)**

देवकी : **(कस्तूरी को)** छोटू को देखा? उठा ही नहीं।

कस्तूरी : पढ़ लेने दे उसे। छोटे, प्रसाद ले ले, पुत्र।

मधोक : रेणु, तेरी आवाज़ बड़ी स्वीट है। क्यों, पंडित जी?

बनारसी : हाँ, जी। कैसा सुंदर भजन गाया।

विमला : हमारी डौली भी गा लेती है। पर आपके सामने शर्माती है।

चूनी : हमारे से कैसी लज्जा शर्म? वो भी प्रार्थना के समय?

देवकी : चलिए, लंगर छक लीजिये। ओए छोटू, उठ भी अब। ख़त्म नहीं हुआ तेरा लीकें खींचना?

छोटू : ज्योमैटरी नहीं मैं छोड़ूँगा। सारी उम्र। मज़ा आता है। बाबू जी बताते हैं, ज्योमैटरी दिमाग बढ़ाती है।

कस्तूरी : बिलकुल। जिसे ज्योमैटरी आती है, वो समझो, दिमाग का पहलवान होता है।

देवकी : हमारे तो न टीहटू को हसाब आया, न रेणु को। मुश्किल से ट्यूश्नें रखकर पास कराते थे।

छोटू : पहली जमात से इंग्लिश पढ़ाओगे तो दिमाग कमज़ोर ही होगा।

विमला : हमारी डौली भी घबराती थी गणित से। तभी तो दोनों सहेलियों ने इंग्लिश आनर्ज़ ली।

मधोक : मैथ्स ऐंड स्टेटिस्टिक्स ऐंड ईकोनॉमिक्स आर फॉर जीनियसिज़।

रेणु : लाइक यू? **(हँसी)**

बनारसी : आओ, कक्कड़ साहिब। जो बोले—सो निर्भय!

सारे : श्री पद-रेखा ग्रंथ की—जय!

(पीढ़ी पर बँधे, ग्रंथ को कस्तूरी श्रद्धा से सिर पर उठाता है। बनारसी आगे पानी के छींटे फैंकता है। चूनी चौरी करता है। शंख, घंटी। सब ग्रंथ की सवारी के पीछे जाते हैं। डौली रोती हुई मुड़ती है)

डौली : मम्मी, प्लीज़। मैं और नहीं बरदाश्त कर सकती। मेरी हैल्प करो। आइम मैडली इन लव विद बनारसी।

विमला : तो मैं क्या करूँ?

डौली : मैं इकलौती बेटी हूँ तेरी। तू नहीं चाहती मैं ज़िंदा रहूँ?

विमला : चाहती क्यों नहीं—मधोक के बारे में ख़याल बदल लिया?

डौली : मधोक? छीः! पूर्णमासी के चंद्रमा के सम्मुख मोमबत्ती की क्या गिनती?

विमला : आप ही कह रही थी तू, पिछले साल : मैं रेणु से मधोक छीन लूँगी।

डौली : मैं बच्ची नहीं अब। आईम ए वुमन इन लव। मैं ने फैसला कर लिया।

विमला : क्या?

डौली : अगर मुझे बनारसी का प्यार नहीं मिला, मैं रेलगाड़ी के नीचे सिर दे दूँगी।

विमला : अक्ल ठिकाने है तेरी? मैं बनारसी को कैसे मनाऊँ?

डौली : रेणु में क्या है, जो मेरे में नहीं? बता मुझे। दो बार सो चुकी है उसके साथ। कहती है, ब्याह करूँगी।

विमला : हया नहीं आती तुझे? और कुलटा रेणु को? क्वाँरियाँ होकर?

डौली : ओ यू स्टूपिड ओल्ड फैशंड वुमन! बनारसी इज़ सो ऐक्साइटिंग। सो अनयूयुयल। आई टू वाँट हिम ऐज़ ए हस्बंड।

विमला : डौली, थप्पड़ मारूँगी मैं तेरे। घर चल एक बार। सीधी करूँ तुझे।

डौली : बनारसी को इन्वाइट कर। रेणु मेरे से ज़्यादा ख़ूबसूरत नहीं। फँसने का सिर्फ एक ही कारण है। वो रेणु के घर रहता है। खाली कमरा तो हमारे भी है। अभी बुला मेरे बन्ने को। नहीं तो—मैं सुइसाईड कर लूँगी।

विमला : मैं तो बड़े पंडित को बुलाने लगी थी। वे ठहरें खाली कमरे में। दूर थोड़े है? आमने-सामने रहेंगे मामा भानजा।

डौली : ओहहह?···आई अंडरस्टैंड!···गो अहैड्ड। इस बहाने बनारसी हमारे आया तो करेगा।—फिर, डैडी मरे को भी इतने बरस हो गए। बुलाऊँ बड़े पंडित को?

विमला : क्या बक रही है तू?···अगर रेणु से सच में शादी करने लगा है बनारसी, तू बीच में क्या करेगी?

डौली : मम्मी, तू तो प्राचीन बुढ़ी खूसट बनी रहेगी। दुनियाँ चाँद पर पहुँच गई। तुम हिंदुस्तानी औरतें? रामायण की सीता और अहल्या बनी रहोगी। तू ने सुना, लेटैस्ट टरैंड मैरिज का?

विमला : कौनसा?

डौली : मैं वही करूँगी जो हर हिट हीरोइन करती है।

विमला : क्या?

डौली : जो स्मिता पाटिल ने किया था। शबाना आज़मी ने किया था।

विमला : मतलब?

डौली : मैं और रेणु एक बन्ने की दो बीवियाँ बनेंगी। नो सिंगल वुमन शुड मनॉपोलाइज़ हिज़ रेयर ऑकल्ट पावरज़। आई मस्ट गैट माई शेयर ऑफ थरिल्ज़। तेरे और बन्ने के मामे की तरह। **(अंदर जाती है)**

विमला : डौली!···सुन!···मैं घर चली···**(अंदर से चूनी आता है)** पंडित जी, आप?

चूनी : मैं डौली का भेजा ही नहीं आया।

विमला : आप खुद भी मुझे बुलाना चाहते थे?

चूनी : जिस रात बनारसी ने बताया, आप भी अकेली हैं।···

विमला : हमारा एक कमरा ख़ाली है।

चूनी : तकलीफ तो नहीं होगी तुम्हें?

विमला : आप जैसे महापुरुष का संग तकलीफ कैसी? वहीं आराम करो। मेरे से जो दाल फुलका जुड़ेगा, भोग लगाओ।

चूनी : भाग्य बंदे का ज़रूर बदल सकता है। अब तो मुझे भी यकीन होने लग पड़ा।—आप चलो। मैं बनारसी को बता कर आया। बनारसी! पुत्र, यहाँ आना।

विमला : भगवान ने मेरी सुन ली।

(पीछे बनारसी आता है)

चूनी : देर करे, सवेर करे। टाँका वह सब का लड़ाता है।

विमला : वैसे, मैं ने कसम खाई थी—ज़िंदगी भर क्वाँरी रहूँगी।

चूनी : मेरी विम्मो, न तेरा बस! न मेरा बस! विधाता ने हमारे पैरों की रेखाएँ जो मिला दीं।

विमला : सच्ची? **(चूनी घूमने लगता है)**

बनारसी : **(खाँसकर)** मामा!

विमला : उई माँ! **(जाती है)**

बनारसी : धीरे नहीं बोल सकते? सारी दिल्ली देख रही है तुम्हारे कल्लोल।

चूनी : हम तेरे और उस छोकरी जैसे निर्लज्ज नहीं।—उबला हुआ मत चाट, ओए। अगर रेणु के माँ-बाप को पता चल गया, जूते मार-मार के, हम दोनों के सिरों पर रेखाएँ बना देंगे।

बनारसी : मामा, तू तो दिल्ली पहुँचकर भी, होशियारपुर का गीदड़ ही रहा। ज़माना देख, ज़माने की धार देख। वो गोरी कैंडी और यह टीहटू, तेरे से आधी उम्र के होंगे। लाखों इधर-उधर कर देते हैं मिंटों स्किंटों में। शेर बन। गाड़ी चली है, तो चलने दे। डरा, सो मरा।

चूनी : अच्छा, किया सौदा इन से? हिस्से पत्ती का?

(पीछे छोटू आकर खड़ा होता है)

बनारसी : जो ये हमें देंगे, वो आधा तेरा, आधा मेरा। यह तो तेरा मेरा धर्म हुआ। बाकी रही, इनके साथ लिख लिखाई। जहाँ तुम ने मेरी इतनी मानी हैं, एक छोटी-सी और मान ले।

चूनी : कौनसी?

बनारसी : कुछ दिन सब्र कर। जब ये पैसा लगा चुकें, बिज़नस चंगा चल पड़े, इश्तिहारबाज़ी हो जाए, तब झगड़ा उठायेंगे हिस्से पत्ती का। उस वक्त हमें ज़्यादा मिल जाएगा।

चूनी : सोच ले, भई। तू अपनी चिंता कर। मेरा तो छत्त का, दाल रोटी का, इंतज़ाम हो गया।

बनारसी : विमला के घर?

चूनी : हाँ। उबल रही है! कढ़ी की तरह।

बनारसी : मामा, तू तो सचमुच तांत्रिक शैतान निकला। झट फँसा ली।

चूनी : मोहिनी मंत्र सीखा था, सैय्यद से।

बनारसी : आख़िर मामा किसका है? चलो अच्छा हुआ। तू रंडुआ, वो विधवा। भूसा था सड़ा, झोटा था भूखा। दोनों के पौ बारह।

चूनी : भूसा? मेरी विमला भूसा नहीं। खीर है, मीठी-मीठी।—नरक के अंदर सड़ता हुआ, तेरा बापू समझता होगा, चूनी लाल का ब्याह कभी होगा ही नहीं। जैसे, तेरी बुआ को छोड़कर, दुनियाँ के अंदर, दूसरी कोई ज़नानी जन्मी ही नहीं।

बनारसी : बुढ़ा हो गया, मजनू मामा। मेरी बुआ को नहीं भूला।

चूनी : वादा मेरे से किया। मुहूर्त भी निकाल लिया। ब्याह दी महँगरवाल। खरैती कुबड़े को।

छोटू : पंडित जी, अगर आप की जीभों पर भूख की रेखा खिंची हो, तो रोटी खा लो। पहले सीधे चलो। **(चलता, मुड़ता)** फिर नब्बे का कोण बनाकर, मुड़ो। फिर आयताकार टेबल के चक्र में फँस जाओ। पर माफ करना। भूसा खाना हो तो आपको मेरे गाँव चलना होगा।

चूनी : कौनसा गाँव?

छोटू : भाम, ज़िला होशियारपुर।

बनारसी : ओए, तू मेरे गाँव का है? मामा मैली का, पहाड़ के पास। मैं भाम का। बिरजू का भतीजा।

छोटू : हर होशियारपुरी तुम दोनों जैसा नहीं होता। कुछ होशियारपुरी अक्लमंद और ईमानदार भी होते हैं।

(अँधेरा)

दृश्य 10

(बीच में पीछे टीहटू की मेज़, कुर्सी। उसके दायें, थोड़ी आगे, बनारसी की कुर्सी। उस से थोड़ी आगे कोने से लगी रिसैपश्निस्ट डौली की मेज़, टैलीफोन। टीहटू के बायें नीरू और मधोक। टी. वी. , रेडियो पर इश्तिहार आ रहे हैं)

(1)

विवाह का संगीत।

औरत 1 : इतना सुंदर दामाद कैसे मिला आपको?

मर्द 1 : इतनी ख़ूबसूरत बहू कहाँ से मिली आपको?

मर्द 2 : श्री पद-रेखा ग्रंथ का कमाल है।

औरत 2 : दोनों के पैरों की लकीरें हम ने कम्प्यूटर से मिलाईं।

औरत 1 : रिश्ते ही रिश्ते!

मर्द 1 : आज ही मिलो।

औरत 2 : कक्कड़ भृगु सोलिस्टरी सैंटर।

मर्द 2 : लाजपत राय मार्किट, दिल्ली।

(2)

पत्नी : मैं ने कहा, इन की नन्ही सी हट्टी होती थी। इतना कारोबार कैसे बढ़ा लिया? करोड़पति बन गए।

पति : मैं ने इन का भेद पता कर लिया।

पत्नी : वो क्या है?

पति : यह प्लास्टिक की जूती। जिस के ऊपर अच्छे भाग्य की रेखा बनी है। छः महीने पहनूँगा। किस्मत बदल जाएगी।

लड़की : आप भी अपनी भाग्य रेखाएँ बदलें।

लड़का : इश्क़ में कामयाब होइये।

लड़की : ग़रीब से अमीर बनो।

लड़का : कुरूप से सुंदर बनो।

लड़की : इम्तिहान में फस्ट निकलो।

लड़का : मुकद्दमा जीतो।

मर्द : अपने पैरों की लाइनें बदलो।

औरत : नई लकीरें खुदवाओ।

लड़की : कक्कड़ भृगु सोलिस्टरी सेंटर के भाग्योदय जूते पहनो।

लड़का : याद रखो—

इकट्ठे : भाग्योदय पद रेखा जूते!

(3)

(छात्रा की कमीज़ पर ''आई ऐम ए सोलिस्ट'' लिखा है)

लड़का : लैट्ट मी रीड यूयर पाम।

लड़की : आह नो! आई ऐम ए सोलिस्ट!

दोनों : यू टू! जॉयन दी प्रॉगरैसिव पीपल। बिलीव इन दा एनश्यंट साइँस ऑफ सोलिस्टरी।

लड़की : ऑर्डर टुडेअ, फ्रॉम—

लड़का : कक्कड़ भृगु सोलिस्टरी सैंटर—

लड़की : पेपर बैक ऐंड हार्ड कवर बुक्स।

लड़का : रिमैम्बर!

लड़की : विद अस्स—

लड़का : सोलिस्टरी इज़ ए वेअ ऑफ लाईफ।

इकट्ठे : सोलिस्टरी इज़ अवर रिलिजन!

*　　　　　　*

(छोटू अख़बारों रसालों का गट्ठा लाकर टीहटू को पकड़ाता है। टीहटू देखकर, जोश में, सब को बुलाता है। सब बेहद खुश। सुर्ख़ियाँ पढ़ते हैं। छोटू को छोड़कर, सब ने पैरों के निशान वाले बिल्ले, बटन, माला वग़ैरा पहनी हैं)

टीहटू : बी डी बी! यह देखो! नीरू! मधोक! आओ तुम्हें तमाशा दिखाऊँ!

बनारसी : भूकम्प आ गया?

टीहटू : भूकम्प तो मामूली चीज़ होती है। तेरे आर्टीकल ने तो पूरी ग्लोब घुमा दी। हिंदुस्तान के कुल पॉलिटीश्यन, लगता है, सिर्फ तुम्हारी वाणी का पाठ कर रहे हैं।

नीरू : पद-रेखा ग्रंथ के ज्योतिषी की भविष्यवाणी : सत्ताधारी दल चुनाव हार जाएगा।—नवभारत टाइम्स, दिल्ली।

डौली : जिस राजनैतिक दल का निशान हाथ होगा, उसकी हार यकीनी।—ज्योतिषाचार्य भृगु जी।—दैनिक हिंदोस्तान, दिल्ली।

मधोक : क्रशिंग डिफीट प्रीडिक्टिड फॉर दा रूलिंग पार्टी।—दी टाइम्स ऑफ इंडिया।

टीहटू : प्राइम मिनिस्टर अडवाइज़्ड टु चेंज इलैक्शन सिंबल इन कीपिंग विद दी टवैंटी फस्ट सैंचुरी।—अमृत बाज़ार पत्रिका, कैलकटा।

नीरू : सोलिस्टरी कांकर्ज़ दी रूलिंग पार्टी।—दा स्टेट्समैन।

डौली : शंकराचार्य ऑफ द्वारका हेल्ज़ दी रीवाइवल ऑफ दा एनश्यंट साइंस ऑफ सोलिस्टरी।—दी इंडियन ऐक्सप्रेस।

टीहटू : यह रही इल्लसटरेटिड वीकली। और धर्मयुग, और फिल्म फेयर, और ईब्ज़ जरनल। सब ने ऐडीटोरियल लिखे हैं। हमारी सप्पोर्ट में।

बनारसी : जो बोले!—सो निर्भय!

सारे : श्री पद-रेखा ग्रंथ की—जय!

मधोक : धमाका कर दिया पंडित जी ने।

टीहटू : ऐटम बम फैंका पूरे इडिया पर।

छोटू : जो अमरीका ने हीरोशिमा और नागासाकी पर फैंका था?

टीहटू : ओए भामिया, तू नाम का ही छोटू नहीं। अक्ल का भी छोटू है।—अच्छा, चलो सब। अपने अपने काम पर। **(जाते हैं)**

* * *

डौली : छोटू, फस्ट निकलने की मिठाई नहीं खिलाएगा?

छोटू : ज्योमेटरी की लाइनें सीखने से तो सिर्फ सरटीफिकेट मिलता है। तुम्हें पैरों की गंदी लीकों ने कितनी बड़ी नौकरी दे दी।

डौली : तू फिर गंदी कहे?—तुझे भी तो चपड़ासी की तनख़ाह मिलने लगेगी।

छोटू : कौन कहता है?

डौली : दा बिग बॉस!

छोटू : छोटे बाबू? नांह! मैं इस कालिख़ से नहीं पुतूँगा। मैं तो गाँव लौट कर, स्कूल में मास्टर लगूँगा।

डौली : पंजाब वापस जाएगा?

छोटू : हाँ। बच्चों को ज्योमेंटरी सिखाऊँगा। ताकि वो वहमों में फँसकर बुद्धू न बनें।

डौली : तू घर का बंदा होकर इसे वहम समझ रहा है?

छोटू : घर का हूँ, तभी तो मुझे पता है। रोज़ झगड़ा होता है। पंडितों का। छोटे बाबू का। बड़े बाबू जी का।

डौली : किस लिए?

छोटू : हिस्सा पत्ती को लेकर। धर्म कर्म जला मुनाफे की भट्टी में। छोटे बाबू पहले स्मगलिंग करते थे, अब धोखाधड़ी।

डौली : क्या बकते हो! सुन ले अगर कोई?

छोटू : सुन ले फिर। मेरे बाजू फड़क रहे हैं।

डौली : क्यों?

छोटू : छोटे बाह्मण ने—पता न?—रेणु संग क्या किया? बाबू जी इजाज़त दे दें तो मैं, कुश्ती लड़ के, साले की पस्सलियाँ तोड़ दूँ। बाज़ीगरों के किषने संग पहलवानी किया करता था मैं।

डौली : ओह दैट! यू मीन, रेणु का प्रेगनैंट होना। शादी से पहले?

छोटू : शर्म ने मार लिया बाबू जी को। कहते हैं, ज़हर खा लूँगा। आख़िर, टीचर के सुपुत्र हैं। वो तो बीबी जी ने रोका। बोलीं, रेणु तो बच्ची है। विमला को भी तो बच्चा होने वाला है।

डौली : मम्मी प्रेगनैंट है?

छोटू : अब तू मिठाई खिला।

* * *

टीहटू : छोटू, मधोक को भेज। नीरू, खट्टर शर्ट्स और जांघिये कितने आर्डर किए थे?

नीरू : सोलिस्टरी के स्लोगन वाली शर्ट्स?

टीहटू : हाँ।

नीरू : पचास हज़ार की पेयमैंट तो कर चुके हम। इतने ही जांघिये।

टीहटू : एक लाख और आर्डर कर दे।

नीरू : ओ के।

टीहटू : राजकुमार साहनी को फोन कर। धनरेखा बूट, एक लाख। मर्दाना। प्रेमरेखा चप्पलें, दो लाख। ज़नाना।

(छोटू काग़ज़ पकड़ा कर जाता है)

छोटू : फैक्स मैसिज।

टीहटू : **(पढ़कर)** पेपरबैक सोलिसटरी हैंडबुक कितनी छपी थी?

नीरू : दो लाख।

टीहटू : पचास हज़ार तो अकेला अमेरिका मँगवा रहा। तीन लाख और छापो।

नीरू : फ्रेंच टरांसलेशन, जर्मन, रश्यन—अगली पहली को मारकिट हिट कर रहे हैं। कंटरैक्ट साइन हो चुके।

टीहटू : गुड! कीप इट अप।

मधोक : यैस, सर?

टीहटू : **(नीरू को)** लुक ऐट दा बेस फस्ट, नीरू। हिंदी पेपरबैक और खादी जिल्द वाला धर्म ग्रंथ, बोल्ड टाईप, दोनों कितने बिके?

नीरू : पेपर बैक पाँच लाख। गीता की सेल से चार गुना। हार्ड कवर, चालीस हज़ार। रामायण और भागवत की कम्बाइंड सेल्ज़ से तीन गुना।

टीहटू : नॉट बैड।

मधोक : मुझे बुलाया, साहिब?

टीहटू : यार, मधोक। अगर तू यह कम्प्यूटर का काम नहीं था संभाल सकता, तू हमारे दफ्तर क्यों घुसड़ा? कॉलेज के लौंडे लौंडियों को बोर करता रहता।

मधोक : ग़लती हो गई मुझ से?

टीहटू : तीन तीन असिस्टैंट दे रखे हैं तुम्हें। अभी तेरे से काम के एरियर्ज़ ख़त्म नहीं होते। गाहक टैलीफोन तोड़ रहे हैं। रीमाइंडर दे देकर।

मधोक : सर, क़ाम वाकई ज़्यादा है। बम्बई और कलकत्ता और बनारस—अलग सैंटर खोलिए।

नीरू : यैस। शादी ब्याह तो इस मुल्क में बग़ैर कुंडली मिलाए हो नहीं सकते।

मधोक : बिलकुल। एक कम्प्यूटर और खरीदिए।

टीहटू : कम से कम, फौरन कस्टमर्ज़ को तो पहले निपटाया करो।

मधोक : हाँ, सर। अगर आप इंग्लैंड या अमैरिका ब्राँच खोलें, मैं अकेला चला सकता हूँ। प्लीज़, सर। आई विल बी ऑनैस्ट ऐंड ऐफीश्यंट। — नीरू जी, आप ने बताया इन को?

टीहटू : व्हट?

नीरू : यह रेणु से शादी करना चाहता है।

टीहटू : डज़्ज़ ही नोअ, रेणु इज़—?

नीरू : पता है इसे।

मधोक : सर, बनारसी जी के बच्चे को मैं अपना बच्चा समझ कर पालूँगा।

टीहटू : रेणु क्या कहती है?

मधोक : उनको मैं ने रीसैंटली तो पूछा नहीं। लेकिन हमारी पद रेखाएँ मिलती हैं।

टीहटू : पद रेखाएँ गईं जहन्नुम में! फक्क ऑफ!!

(रेणु, देवकी, कस्तूरी और छोटू आते हैं)

कस्तूरी : बेटा सलाह करनी है एक तेरे से।

रेणु : **(रोती)** भैया जी, आप क्यों नहीं मानते?

देवकी : पुत्र, मेरी बेटी का दिल मत तोड़।

रेणु : ब्याह के बाद बन्ने का हिस्सा भी हमारी फैमली में रहेगा।

देवकी : कान्ह कन्हैया वर मिला है।

रेणु : जिस दिन आप ने बिज़नस पार्टनरशिप का फैसला किया, संडे फिल्म से पहले—डैडी, याद है आपको? उसी ईवनिंग तो बन्ने संग मुझे प्यार हुआ था।

देवकी : सब कुछ उन दोनों का दिया हुआ है। टीहटू, जो माँगते हैं, दे दे।

कस्तूरी : वो ग़लत थोड़ी माँग रहे हैं।

रेणु : आधा हिस्सा बनता है मेरा और बन्ने का।

नीरू : बिज़नस सारा हम चला रहे हैं—आई मीन, टीहटू जी रन्न कर रहे हैं।

कस्तूरी : बिजनस चला रही है पंडितों को विद्या!

रेणु : आधा लूँगी। मेरी भी ज़िद है।

* * *

(डौली बनारसी के घुटने पर बैठी। चूनी के आने पर उठती है)

बनारसी : आओ, मामा। मैं हूँ, या तेरी धर्म पुत्री।

चूनी : रुक, डौली। तेरे सामने कहनी है मैं ने एक बात।

बनारसी : **(गुस्से में)** डौली की माँ सम्भाल ली। डौली का मकान सम्भाल लिया। अब डौली को घुंघरू सुनायेगा?

(विमला आती है)

चूनी : लो, आ गई। विम्मो, तू कह।

विमला : सुन, बेटा। ये कक्कड़ मक्कार हैं। स्मगलर। लिख लिखा करो। पचास परसैंट मुनाफा तुम्हारा, मामे भानजे का। चौथा हिस्सा हो गया हम दोनों का।

चूनी : रुपये में से चवन्नी। एक दमड़ी कम नहीं।

बनारसी : दमड़ी! मामा, अब तू कंगाल होशियारपुरी नहीं रहा। दमड़ी धेले की बात मत किया कर। मेरे साथ रहना है तो नई वुकैबुलरी सीख।

डौली : पच्चीस परसेंट मेरा और आपका, है न?

बनारसी : अगर वो न माने?

विमला : नरक में झुलसें कक्कड़ और कक्कड़ी। हम आप शुरू कर लेंगे कारोबार। हमारी शक्ति नगर वाली शाखा खाली पड़ी है।

चूनी : विद्या तो सारी हमारी है।

विमला : और क्या? इसी बात पर अड़े रहना।

डौली : आधा आधा प्रॉफिट। रिटन कंटरैक्ट। जिस में मैं और मम्मी पारटनर।

* * *

कस्तूरी : अगर बनारसी रेणु से शादी करने के लिए राज़ी हो जाए, उसका हिस्सा भी एक तरह से हमारा ही रहेगा।

रेणु : सौत डौली की मुझे परवाह नहीं। हमें आपस में कतई सैक्सुयल जैलसी नहीं।

नीरू : हनी, आधे पे नहीं मानेंगे।

टीहटू : एडमिनिस्ट्रेटिव जीनियस मैं लगाऊँ। कैपिटल मैं लगाऊँ। और वो दो दमड़ी के बदमाश! फिफ्टी फिफ्टी माँगें!

देवकी : मान जा, बेटा।

टीहटू : नो!

छोटू : लाइन को बाइसेक्ट कर लो।

नीरू : शट अप्प!

कस्तूरी : तू नहीं, तो मैं बाँटूँगा। अभी तक मैं मालिक हूँ। छोटू, बुला पंडों को। ये रहे काग़ज़। मैं करूँगा दस्तख़त।

टीहटू : **(धौल धप्पड़ मारकर)** बुढ़ा कंजर! आग लगा रहा।

नीरू : करोड़ों को!

देवकी : टीहटू!

रेणु : भैया!

छोटू : बाबू जी! **(गिरते को पकड़ता है)**

रेणु : डैडी!

देवकी : दिल में दर्द है?

छोटू : **(कुश्ती के लिए तैयार)** टीहटू! निकल बाहर!

देवकी : छोटू, डॉक्टर को बुला।

(बनारसी, चूनी, विमला और डौली आते हैं)

कस्तूरी : नहीं! मैं ठीक हूँ। आज से यहाँ यह बिज़नस नहीं चलेगा। यह जगह मेरे नाम है। छोटू, लगा ताले।

छोटू : ज्योमैटरी पढ़ाने का कॉलेज खोलो यहाँ। अपने पिता जी की तरह। सही शिक्षा दो। अंधविश्वास का नाश करो।

देवकी : माफी माँग, बेटा।

बनारसी : क्या हुआ, टीहटू?

चूनी : चित्त राज़ी है, कक्कड़ जी?

कस्तूरी : ताले ठोक, छोटे। टीहटू बदमाश से मैं निबटूँगा।

(छोटू जाता है)

नीरू : डारलिंग कंपरोमाइज़ कर ले।

(ख़ामोशी)

टीहटू : (पाँव पड़कर) आइम सौरी, डैडी। पकड़ाओ काग़ज़। पंडित जी, आप रेणु से शादी करेंगे?

बनारसी : हम ने कब नहीं की शादी? रेणु, बता भैया जी को।
(टैलीफोन की घंटी। डौली सुनती है)

टीहटू : तो ठीक है। फिफ्टी फिफ्टी प्रॉफिट
(दस्तख़त करता है)

डौली : आपका फोन। (खिड़की के बाहर देखती है)

टीहटू : कौन?...मैक्सीको?...डैम यू...फिफटीन लैक्स!...वी काँट पेअ। वी वोंट पेअ...(ठाह नीचे रखता है) फक्क यू!

कस्तूरी : कौन था?

टीहटू : ब्लैक मेलर। लौंडिया। कहती है, शाम तक अड्डे के लेडीज़ बाथरूम में पंद्रह लाख रख जाओ। वरना गोली मारेंगे।

कस्तूरी : भली करे तो थोड़े बहुत रखवा दे।

टीहटू : ग़ालिब की करतूत दिखे।

बनारसी : वही होगा। म्लेच्छ।

चूनी : मेरी तो सहायता की थी ग़ालिब ने।

टीहटू : उसकी सहेली साथिन होगी। हमारे पीछे पड़ी है।

नीरू : इट्स ब्लैक मेल।

चूनी : यह दिल्ली ससुरी नहीं समझ आई हमें। कुछ दिल्ली वाली तो हैं खुले दिल वाली, द्रौपदियाँ। मेरी विमला जैसी। तो कुछ हैं चंचल चित्त ठगनियाँ।
(डौली आती है)

टीहटू : पंडित जी, हम दिल्ली वाले ग़ालिब जैसे बहुरूपिये से भुगतना जानते हैं।

डौली : बाहर तो पुलिस ही पुलिस!

टीहटू : व्हट?
(सब दहल खाये, बुड़बुड़ाते)

कस्तूरी : पकड़े गए न आख़िर। टीहटू, मैं ने तुझे हज़ार बार मना किया था।
(दिल पकड़ कर बैठता है)

देवकी : स्मगलिंग स्वास ले लेगी आपके।
(छोटू आता है)

छोटू : बाबू जी, पंडितों को तुरंत बुलाया है।

रेणु : किसने?

छोटू : अर्जुन दास ने। प्रधान मंत्री ज्योतिषियों की इंतज़ार में परपैंडीकुलर

हैं।

टीहटू : प्राइम मिनिस्टर!!

नीरू : हुर्रे!

आवाजें : वाह वाह! गरेट! हद हो गई!

नीरू : लैट्स डांस! **(टीहटू और नीरू नाचते हैं। तालियाँ)**

कस्तूरी : अर्जुनदास जो पार्टी का प्रेज़ीडैंट है?

टीहटू : यैस। पी.एम. का दायां हाथ है।

चूनी : हत्त! दायां पैर है।

टीहटू : सौरी! राइट फुट्‌ट है।—बी डी बी, तू अडवाइज़ करना : हाथ काटो। पैरों को चुनाव चिह्न बनाओ। पक्की जीत होगी।

कस्तूरी : बेटा, लाख डेढ़ लाख निकाल दे। मैं रखवा देता हूँ।

टीहटू : बिलकुल नहीं। प्रधान मंत्री टिकिट ज़रूर दे देगा। पार्लियामेंट के वास्ते। इलैक्शन आलुओं से लड़ेगा?

कस्तूरी : मुसीबत मोल ले रहा है तू।

बनारसी : फिक्र फूँको, ससुर जी।

रेणु : जो बोले!—सो निर्भय!

सारे : श्री पद-रेखा ग्रंथ की—जय!!!

(अँधेरा)

दृश्य 11

(कस्तूरी लाल कक्कड़ का जलसा। चूनी लाल प्रधान। पास विमला खड़ी है। आगे लोग बैठे हैं। चूनी के सिर पर पैरों की कलगी वाली पगड़ी। विमला और कस्तूरी के गले में पाँव के पैंडल, बटन, माला, बड़ा पैर चुनाव चिह्न)

नारे : जीतेगा भई जीतेगा—पैरों वाला जीतेगा।
गली गली से आई आवाज़—पद-रेखा का होगा राज।
भृगु ऋषि जी—ज़िंदाबाद।
संदेशा पहुँचा गाँव-गाँव—मोहर लगेगी पाँव-पाँव।

कस्तूरी : पूज्य ऋषि चूनी लाल भृगु जी और हाज़िर सज्जनो और देवियो! हमारे अच्छे भाग्य हैं कि हमें अपने प्रधान मंत्री जी की अगुवाई मिल रही है। वे भारत माता के लाडले हैं। हमारे पुरातन इतिहास को, मिथिहास को, रौशन करना चाहते हैं। उन्होंने फटाफट भृगु जी का हुक्म माना। यह ऋषियों का देश है। आर्य जाति का गौरव है। प्रधान मंत्री जी ने वचन दिया है। वे पद-रेखा ग्रंथ का धर्म पूरी तरह लागू करेंगे। संविधान में तबदीलियाँ लायेंगे। आपको सुनकर खुशी होगी–प्रधान मंत्री जी ने आदेश दिया है : ग़रीबों को पद रेखा धर्म के निशान मुफ्त बाँटो। करोड़ो ग़रीबों का कल्याण करो। —क्या हैं हमारे धर्म के चिह्न? पैरों के निशन वाले कंगन या कड़े, माला, पैंडल, टोपा, स्टिक्कर, बटन और जनेऊ।—मैं आपको यकीन दिलाता हूँ। मैं ग़रीबों का सेवादार हूँ। मेरे पिता गणित के मास्टर थे। आज़ादी के बाद, कई बरस, होशियारपुर ज़िले के देहाती बच्चों को पढ़ाते रहे। घर से रोटी खिला कर, ग़रीबों को शिक्षा देते रहे।—आप हमारी पार्टी को अपना कीमती वोट डालिए। सरकार बनते ही, हम अपने दुश्मनों को या तो सुधार लेंगे या निकाल देंगे। दुश्मनों से मेरा मतलब है—स्मगलर, टैक्स चोर। तस्करों को गोली से उड़ा

देंगे। स्मगलर हमारे बैरी हैं।

(गोली की आवाज़। कस्तूरी गिरता है। अफरा तफरी)

छोटू : **(पकड़ता)** बाबू जी!

(अँधेरा)

दृश्य 12

(रेडियो या टी वी पर)

नीरू : कृपा करके, प्रधान मंत्री जी का राष्ट्र के नाम विशेष संदेश सुनिये।

प्रधान मंत्री : प्यारे देशवासियो! हम देख रहे हैं कि आतंकवादी हमारे इलैक्शन्ज़ को डिसटर्ब करना चाहते हैं। हमने देखा, शहर-शहर में, दँगे फसाद जारी हैं। यह बड़ी शर्म की बात है। इस हिंसा को बर्दाश्त नहीं किया जाएगा। हम ने देखना है कि आतंकवाद को कैसे ख़त्म किया जाए। हम ने पद रेखा कमांडोज़ को हुक्म दिया है : मुल्क में हर कीमत पर शांति बनाए रखो।—अगर हमारे विरोधी ऐसे घिनौने तरीके बरतेंगे तो—तो, मम्मी कसम! हम नानी याद करा देंगे। हम देख रहे हैं, पैर रेखा झण्डे के नीचे पूरा देश एकमुठ हो रहा है। यह देखकर, विरोधी दलों के पैर उखड़ गए हैं—मेरे साथ गर्ज कर बोलो : श्री पद-रेखा ग्रंथ की—जय!

*　　　*　　　*

(पायजामा, कुरता, शाल, टोपी पहने टीहटू भाषण दे रहा है। चूनी प्रधान है। श्रोताओं में खड़े छोटू और असलम हाथ मिलाते हैं और बैठते हैं)

छोटू : आदाब, असलम साहिब।

असलम : आदाब, बड़े मियां।

छोटू : बड़ा कैसे?

असलम : उम्र भूलो, भामिया जी। अक़्ल से तो बड़े हो।

टीहटू : आप ने अपने प्यारे लीडर का संदेश सुना। हम ख़बरदार करते हैं अपने दुश्मनों को। नाजायज़ हथियार सिर्फ उन्हीं के पास नहीं।—हमारा दल असली धर्म का रक्षक है। स्वयं ऋषि चूनीलाल जी ने अपने कर कमलों द्वारा हजारों नास्तिकों को पद-रेखा जनेऊ पहनाये हैं। इस धर्म युद्ध में, मेरे लहू का एक-एक क़तरा, मेरे मुल्क की रक्षा

करेगा। सरकार हमारी बनेगी। हम एक-एक से निबटेंगे। भारतीय सभ्यता के शत्रु, सनातन संस्कृति के दुश्मन, इस देश के अंदर ज़्यादा देर नहीं टिक सकते। विदेशी डिक्टेटरों के टट्टुओं को चेतावनी है मेरी। पवित्र पद-रेखा ग्रंथ के गुरुमुख राज करेंगे। बेमुख ज़िंदा नहीं रहेगा कोई!

असलम : तुम धोखेबाज़ हो। दक़ियानूसी हो। मुल्क को वहम लगा रहे हो। अंधकार में फैंक रहे हो। हज़ारों साल पहले, जादू टोना करने वाले राजा, ऐसा किया करते थे। अपने क़बीले के लोगों को गुलाम बनाए रखने की चाल थी।—ओए लोगो, इन अंधों के पीछे मत लगो। भेड़-बकरी मत बनो। दिमाग का इस्तेमाल करो। मज़हब के नाम पर ज़हर खिला रहे हैं ये तुम्हें। तुम पर राज करने के लिए, ढोंग रच रहे हैं। लूट रहे हैं। तुम्हें बुद्धू बना रहे हैं। दो हथियार हैं इनके पास। टैलीवियन और बंदूकें! बंदूकें और टैलीवियन!—जागो। अक़्ल करो। यह अक़ीदा नहीं। यह मज़हब नहीं। ज़हर है! उठो! अभी भी वक़्त है। **(आँसू दबाता)** वरना हमारा मुल्क तबाह हो जाएगा। यह जन्नत सा हिंदोस्तां, भेड़िये निगल जाएँगे :—

यूँ ही गर रोता रहा ग़ालिब, तो ऐ अहले जहाँ,
देखना इन बस्तियों को तुम, कि वीरां हो गईं।

(काड़ काड़ गोलियाँ। असलम ढेर हो जाता है। रोता हुआ छोटू संभालता है)

छोटू : असलम साहिब!

(अँधेरा)

दृश्य 13

(हवाई अड्डा। बनारसी, रेणु, डौली, जाने को तैयार। सिरों पर तीन पैरों के बने त्रिशूल जैसे ताज। एक तरफ थड़े पर चूनी और विमला के बुत। चूनी के हाथ में बड़ा लकीरों वाला पैर। तीनों जुलूस के आगे आते हैं। बनारसी बुतों को फूल चढ़ाता है। छोटू के हाथ में गठड़ी)

रेणु : छोटू, तू चलेगा विलायत?

छोटू : नहीं, जी।

डौली : वापस गाँव जा रहा है?

छोटू : हाँ।

रेणु : वहाँ क्या करेगा?

छोटू : बच्चों को सही रेखाएँ सिखाऊँगा।

डौली : भौंदू रहा तू।

रेणु : उलटा होशियारपुरी।

(तीनों ऊँचे स्थान पर खड़े होते हैं। टीहटू और नीरू आते हैं)

बनारसी : संचार मंत्री ने आप कष्ट किया? हमें विदा करने आए?

टीहटू : यह तो फर्ज़ है हमारा।

बनारसी : आ हा! टी वी की डायरैक्टर जनरल भी।

नीरू : **(पाँव पड़कर)** कृपा है आप की।

बनारसी : जवानी भोगो। भारतीय संस्कृति को चौदह चाँद लगाओ।

नीरू : आपके विदेशों में दिए गए व्याख्यान पूरे देश को दिखाऊँगी।

टीहटू : प्रधानमंत्री जी ने ये विशेष पत्र भेजे हैं। आप खुद इंग्लैंड की महारानी को दीजिए। दूसरा, अमैरिकन राष्ट्रपति के लिए।

बनारसी : हमारे प्रधान मंत्री जी भोले हैं। ये पश्चिम के देश दानव राज्य हैं। रावण बातों से थोड़ी मानेंगे? ब्रह्म अस्त्र चाहिए इनको पद पूजक बनाने के लिए। एक और महाभारत।

टीहटू : फिर भी, हमारे देश की तरफ से, प्राचीन धर्म की ओर से, यू.एन.

ओ. के अंदर, आप जो बचन उचरेंगे, पूरी वर्ल्ड में पब्लिसिटी मिलेगी। असर ज़रूर होगा।

बनारसी : अस्तु। प्रधान मंत्री जी को कहिए। संसद सदस्यों से अनुरोध कीजिए। हमारा विश्वास है, इस जगत का कल्याण यदि हो सकता है तो केवल महान ग्रंथ के दर्शनों द्वारा। इन नेताओं का कर्तव्य है, जान पर खेलकर, पावन धर्म फैलाएँ। पद-रेखा ध्वजा चारों दिशाओं में लहराए। हमें बहुत दुःख होता है। यह देखकर हमारा मन मरता है कि अभी तक लाखों लोग ऐसे हैं, करोड़ों इन्सान ऐसे हैं जो हम से अलग बैठकर प्रार्थना करते हैं। अलग पोथियों का पाठ करते हैं। अलग देवी-देवता पूजते हैं। हमें बहुत दुःख लगता है। काश! विश्व के अंदर एक ही साम्राज्य होता। श्री पद-रेखा ग्रंथ सामराज्य!

टीहटू : **(जोशीला)** भृगु ऋषि जी!

सब : अमर रहें!

बनारसी : आप की शुभ कामनाओं के लिए धन्यवाद। हम भारत का संदेश पूरे संसार को सुनाने जा रहे हैं। हम ऋषि नहीं। परमेश्वर नहीं। केवल भारत माता के दूत हैं। हम विदेशों में भी पानी भारत माँ का ही पियेंगे। गंगा जल के कनस्तर हम अपने साथ ले जा रहे हैं। **(तालियाँ। बनारसी जैसे दूर आकाश में से बोल रहा हो)** मेरा आदेश है तुम्हें, कुल जगत को ग्रंथ पूजक बनाओ! मेरे मरने के बाद, श्री पद-रेखा ग्रंथ को ही गुरु मानो! **(बाहें खोलकर आशीर्वाद देता है)**

रेणु-डौली : जो बोले—सो निर्भय!

सब : श्री पद-रेखा ग्रंथ की—जय!

(रोता हुआ छोटू आगे आता है)

छोटू : यों ही गर रोता रहा ग़ालिब, तो ऐ अहले जहाँ,
देखना इन बस्तियों को तुम, कि वीरां हो गईं।

(परदा)

(समाप्त)

(पहला प्रालेख : नवम्बर, 1984)

13

शेक्सपीयर की बेटी

आर्शी सिद्धू
को
जिसकी 'अलका' के बोल
कमानी हाल में अभी तक
गूँज रहे हैं

लेखक की तरफ से

कमला की मुसीबतें हर हिंदोस्तानी बहू की मुसीबतें हैं।—पर कमला की कामयाबी हर लड़की की कामयाबी नहीं है।

क्या कमला की कामयाबी एक चमत्कार है?—जिस पर यक़ीन करना मुश्किल है?

मुझे कमला की सफलता अनोखी नहीं लगती। यह परी-कथा नहीं। असलियत हो सकती है। साहित्य के इतिहास में, कला की तारीख में, सैंकड़ों कमला मिल जाएँगी। जवान लड़के-लड़कियों द्वारा ऐसी प्राप्ति हैरानी की धटना नहीं।

अपनी ख़ामियों को ख़ूबियों में बदलना! सफल जीवन की और कौन-सी कुँजी होती है?

कमला सुखी जीवन की जुगत सीख कर उस पर अमल करती है। अपनी सृजन शक्ति को पहचानती है। और इस लग्न के कारण हर लड़के और लड़की के लिए आदर्श बन जाती है।

एक कमज़ोर लड़की इतनी ताक़तवर कैसे बन गई? बेकार बैठी, ग़रीब गृहस्थिन, इतनी अमीर कैसे बन गई? क्या दो घंटे के नाटक में पेश होने वाली यह घटना जादूमई नहीं?

पात्र के विकास को विश्वास योग्य बनाना नाटककार के सामने कठिन समस्या होती है। निर्बल से सबल, डरपोक से बहादुर, बनने का सफर, पात्र इतनी जल्दी कैसे तय कर सकता है? दर्शकों को, पाठकों को, इस शख़सियती इनक़लाब का अहसास कैसे कराया जाए?

बारह साल की सहारा ढूँढ़ती बच्ची को आत्म निर्भर औरत दिखाना इस नाटक का मुख्य उद्देश्य है। मैं ने कोशिश की है कि कमला के खिलने के, बढ़ने फूलने के, अवसर चुनूँ। उसकी शिक्षा के सही दृश्य पेश करूँ। संबंधों की कमला को देन उकेरूँ। हर झाँकी में अलग कमला दिखनी चाहिए। कमला का यह विकास चित्रित करना मेरे लिए चुनौती थी। कमला को मंच पर जीवित करने वाले कलाकारों के लिए भी यह मुख्य चुनौती होगी।

कुछ बुद्धि-विहीन आलोचकों ने मेरे नाटक को शेक्सपीयर की बेइज़्ज़ती बताया।

उन मूर्खों को दो घंटे के अंदर, या इन दो पंक्तियों द्वारा, दूसरा लेखक तो क्या, सिद्धू भी इतनी अक़्ल नहीं सिखा सकता। नाटक के सिरताज शेक्सपीयर को इस से बड़ा सम्मान मैं दूसरे किसी तरीके से नहीं दे सकता था।

क्या मेरे नाटक का शेक्सपीयर ऐतिहासिक शेक्सपीयर से भिन्न है? होगा। तो क्या हुआ? असली शेक्सपीयर कैसा था? कोई जीवनी-लेखक दावे से नहीं कह सकता। अंदाज़े के मुताबिक जैसे दूसरे लेखकों ने शेक्सपीयर की तस्वीर खींची है, वैसे ही मैंने भी खींच दी। आप मेरी भी उतनी इज़्ज़त करो।

अगर भला मेरा शेक्सपीयर ऐतिहासिक शेक्सपीयर से सचमुच उलट है? तो भी शेक्सपीयर के उपासकों को गुस्सा गिला नहीं करना चाहिए। नाटककार होने के नाते मेरा अधिकार है, मैं पात्र को कहानी के मुताबिक, विषय के अनुसार, गढ़ूँ, तराशूँ। मेरा शेक्सपीयर मेरी रचना है। मेरी कमला का साहित्यक पिता—उसके शिक्षक, माशूक़ और इष्ट का मूर्त रूप—ऐसा ही चाहिए था। ऐतिहासिक शेक्सपीयर के रक्षक आलोचक खाएँ ख़समों को।

इला अपार्टमेंट्स (104 ए) चरणदास सिद्धू
बी-7, वसुंधरा ऐनक्लेव,
दिल्ली-110096

निर्देशिका की ओर से

'शेक्सपीयर की बेटी' नाटक कमला नाम की एक ऐसी लड़की के विकास की कहानी है जो तमाम सामाजिक, आर्थिक, मानसिक और शारीरिक कष्ट सहती हुई, अंत में एक स्वतंत्र जागरूक लेखिका के रूप में उभर कर हमारे सामने आती है। दहेज कम लाने के कसूर में, कमला अपने पति द्वारकादास, सास चाँदरानी और ननद सविता के उलाहनों का शिकार है। कमला न कलर्की की परीक्षा पास कर सकी है और न अभी तक माँ बन सकी है। घर के इस घुटन भरे वातावरण में कमला की लेखन प्रतिभा दब कर रह गई है।

घर की कलह के चक्रव्यूह में फँसी कमला के पास, अपने बीते हुए समय की कुछ मीठी यादें हैं। अपनी सहेली रिचा के पिता प्रोफेसर संधू की यादें और अपने पड़ोसी जवान टोनी के साथ बिताए कुछ स्वादिष्ट क्षणों की कल्पना का सुखद संसार, कमला को कहानी और नॉवल लिखती रहने की प्रेरणा भी देते हैं। पति द्वारकादास पीट-पीट कर इस 'शेक्सपीयर की बेटी' को सबक सिखाना चाहता है। लेकिन कमला सख़्त मिट्टी की बनी है। उसका आत्मविश्वास कहीं कमज़ोर नहीं होता। न ही वह अपने निर्धन पिता और बहन पर बोझ बनना चाहती है।

नाटक में भूत और वर्तमान के दृश्य साथ-साथ चलते हैं। इन मुसीबतों में घिरी कमला के सपनों में शेक्सपीयर आता है। टोनी, डॉ. संधू और शेक्सपीयर की शक्लें कमला अलग-अलग नहीं कर सकती। उसकी अवचेतना में कहीं इन तीनों पात्रों के विचार मेल खाते हैं।

पति की मार पीट, सास के जादू टोने और ननद के लगाए लांछनों से जूझती कमला, एक उपन्यास लिखती है—'शेक्सपीयर की बेटी'। यह उपन्यास डॉ. संधू और टोनी को बेहद पसंद आता है। नाटक के अंत में, कमला तमाम बंधनों को तोड़कर, तलाकनामा पर हस्ताक्षर करके, टोनी के साथ उज्ज्वल भविष्य की ओर बढ़ती हुई, ससुराल के घर से निकल जाती है।

हमारे इस पुरुष प्रधान समाज के अंदर पता नहीं कितनी प्रतिभाशाली कमलाएँ टक्करें मार रही हैं। यह नाटक उनको शक्तिशाली बनने की प्रेरणा देता है। अपने

परिश्रम और बल पर, लग्न द्वारा, किसी अध्यापक, सपने के राजकुमार या किसी शेक्सपीयर की सहायता से, हर कमज़ोर कमला अपने आप को ताक़तवर इन्सान और सफल लेखिका बना सकती है।

अपने यथार्थवादी मंचन में हमारी चेष्टा थी कि सफलता की यह रोमांटिक कॉमेडी घर-घर की कहानी बन जाए और विश्वसनीय तथा शिक्षाप्रद साबित हो।

प्रमिला सिद्धू

पहला मंचन

'शेक्सपीयर की बेटी' साहित्य कला परिषद, दिल्ली, ने निर्देशिका प्रमिला सिद्धू को वित्तीय सहायता देकर, अपने 'युवा कला महोत्सव, 1986' में, पहली बार 15 दिसम्बर, 1986 को सप्रू हाऊस, मे मंचित करवाया। कालेजियेट ड्रामा सोसाइटी, दिल्ली के कलाकार थे :

कमला : सिमी सचदेव / पंकजा सिद्धू
द्वारका दास : संजीव बंसल
चाँद रानी : ज्ञान कौर सिद्धू
सविता : पंकजा सिद्धू / प्रमिला सिद्धू
अलका : आशा सिद्धू
रिचा संधू : हरिवंद्र कौर / वीणा सिद्धू तनेजा
डॉ. जी.एस. संधू
टोनी : रबिंद्र नारायण माथुर
शेक्सपीयर

परदे के पीछे

संगीत : नूपुर सिद्धू
वस्तुविन्यास : ज्ञान कौर सिद्धू
प्रकाश : डॉ. अचल भगत, रवि तनेजा
शृंगार, मंच सज्जा : राजकुमार साहनी
वस्त्र : वीणा सिद्धू तनेजा

पात्र

कमला शर्मा	:	उम्र 24 साल
द्वारकादास शर्मा बी.ए.	:	उसका पति, 26 साल
चाँदरानी	:	उसकी सास, 50
सविता	:	उसकी ननद, 21
अलका	:	उसकी बहन, 20
रिचा संधू	:	उसकी सहेली, 24
डॉ. ज्ञानसिंह संधू	:	उसका टीचर, 48
टोनी	:	उसका पड़ोसी, 32
शेक्सपीयर	:	45

× × ×

ज़माना : आजकल

जगह : दिल्ली। दो कमरे के सादा फ्लैट का यह कमरा बैठने-उठने, खाने-पीने के काम आता है। द्वारकादास और कमला सोते भी यही हैं। एक दरवाज़ा रसोई को, दूसरा पिछले कमरे को, तीसरा बाहर सीढ़ियों को। आगे एक तरफ कमला के लिखने-पढ़ने का मेज़ और कुरसी।

झाँकी 1

(सवेरा। द्वारका चाय पी रहा है। अख़बार पढ़ रहा है। दरवाज़े पर खट खट।)

द्वारका : कमला। देख, बाहर कौन है? **(रसोई से कमला आती है)** अगर दूध वाला हुआ, कहो, बिल हम कुछ दिन ठहर के चुकाएँगे। **(कमला चिट्ठी लेकर मुड़ती है)** चिट्ठी? आठ बजे? इतनी जल्दी डाक कैसे आ गई?

कमला : नीचे वालों के पास थी। कहती, कल देना भूल गई। **(खोलकर पढ़ती है। रुआँसी।)**

द्वारका : कहाँ से आई?...भद्दा मुँह क्यों बना लिया?...दिखा तो। यों ही होंट सिसकने लग पड़ी...यू.पी.ऐस.सी. की है? फेल हो गई दोबारा?

(अंदर से मन्दिर की घंटी की आवाज़)

कमला : मेरा क्या बस? मेहनत मैं ने बहुतेरी की थी।

द्वारका : तेरा बस नहीं तो और तेरे बाप का बस है? खाओ अब। जहाँ से मरज़ी। मेरे में हिम्मत नहीं, तुझे घर निठल्ली बैठी को ऐश कराऊँ।

कमला : नौकरी न मिले तो मैं क्या करूँ? कोशिश तो काफी करती हूँ।

द्वारका : तार दिया हमें तेरी कोशिशों ने। उम्मीदें लगाए बैठे थे महीनों से। इंतज़ार करते तेरी तन्ख़ाह की। सारी दिल्ली का कर्ज़ा देना है। **(थप्पड़ मार कर) जा! दफा हो यहाँ से!**

कमला : **(ऊँचा रोती)** कहाँ चली जाऊँ मैं?

(अंदर से चांदरानी आती है। हाथ में माला और घंटी)

चांदरानी : बेटा, क्या हुआ?...अरी, रोती क्यों तू?

द्वारका : साली ने दुखी कर मारा।

चांदरानी : हे बंसीवाले, किसी तरीके कलह हटा मेरे घर की। मेरे पुत्र को छुड़वा इस चुड़ैल से।

द्वारका : तू ही कूदती थी। **(नक़ल उतार कर)** "लड़की बी.ए. पढ़ी है। तन्ख़ाह पाएगी।" पकड़ ले तनख़ाहें। रोकड़।

चांदरानी : कलर्की की नौकरी का नतीजा आ गया?—वो डी ब्लौक वाली सुदेश तो साँझ को बता रही थी, मैं पास हो गई। लग गई सरकारी नौकरी।

द्वारका : यह हो चुकी पास।—दौलत राम कॉलेज भी कोई कॉलेज है? पता नहीं बी.ए. में किस कंजर ने पास कर दी।

कमला : पेपर तो अच्छे किए थे मैंने। क्या पता ऐगज़ामीनर का।

द्वारका : ऐगज़ामीनर नहीं देखते थे पेपर। तेरा बापू कम्पियूटर मार्क करता है।

चांद : टैप सीखने पर, कितने पैसे ख़राब कर चुकी है। फीस भरते हुए थक गए हैं हम।

द्वारका : अब मैं फीस का एक पैसा नहीं दूँगा। ला जाकर बाप से।

कमला : बाप से कितनी देर तक लाती जाऊँ? दो साल हो गए। सब कपड़े उन्हीं के घिसाती हूँ। ब्याह के क़र्ज़े तो अभी उतार नहीं सके, पापा जी। और किस मुँह से माँगूँ?

चांदरानी : उछल उछल कर शेख़ी क्यों बघारता था? "मेरी कमला ने डिगरी पास की है। ऊँचा रुतबा लेगी।"

द्वारका : इसी धोखे में तो मैं आ गया। अगर मुझे पता होता, नालायक है, मैं सिर पर सौ जूता न मारता।

चांद : अवस्थी की भतीजी, रोहिणी, पंद्रह सौ कमा रही है। मिन्नत कर हटे हमारी, रिश्ता करा लो।

कमला : तुम अब ले आओ, रोहिणी मोहिणी।

द्वारका : तू लिवाने लायक छोड़ती, तो ले ही आते।

कमला : ले आओ फिर। मैंने कभी रोका?

द्वारका : **(थप्पड़ मारकर)** ज़बान देखो कैसे भागने लग पड़ी, कुतिया की। टाईप की स्पीड, एक साल में, पंद्रह लफ्ज़ नहीं बनी। ज़बान की स्पीड शार्टहैंड से बढ़कर है।

चांद : अभी लोग कहें, ससुराल वाले बुरे होते हैं। भला हम ने तुम्हें दाज दहेज के बारे में टोका है कभी? जो तेरे जननेवाले ने माथे मारा, ख़ुशी ख़ुशी क़बूल किया।

द्वारका : दिया होगा मुनीम कंजूस ने, अपनी बेटी को दिया। मुझे दिया?

चांद : धोखा देने की क्या ज़रूरत थी?

कमला : कौन सा धोखा दिया?

चांद : नौकरी का। और कौन सा?

द्वारका : कूद कूद कर ऐनक-धारी कहे : "दोनों सरकारी मुलाज़िम, मौज करेंगे, मेरे बेटी जमाईं"—कराती मौजें। दो साल में कौड़ी नहीं कमाई।

कमला : कर लेने दो प्राईवेट नौकरी। बहुतेरी मिलती हैं प्राईवेट।

चांद : प्राईवेट को सिर पर मारना है?—आँख लड़ाती फिरेगी, जने खने से। जैसे यह गुप्तों की नीना करती है। बेटा, आधी-आधी रात तक घर नहीं घुसती। पता नहीं, कारख़ाने का मालिक, कौन से काम करवा कर तन्ख़ाह देता है उसे।

द्वारका : यह भी दिल से तो वैसे ही धंधे चाहती है। प्राईवेट! अगर करवा भी लेता प्राईवेट जॉब इससे, पता कैसे होती? चार सौ रुपया घर लाती और यू.पी.एस.सी. ऐगज़ाम में फेल होने का बहाना मिल जाता। कसूर मेरे सिर मढ़ती। अब, न इस तरफ रहे, न उस तरफ।

चांद : हमने बल्कि सोचा, तंगी काट लें पाँच सात महीने। तुझे किसी भली जगह पहुँचाएँ।

द्वारका : गौरमैंट की नौकरी जैसी मौज है कोई? डॉक्टरी है। क्वार्टर है। पैनशन हुई। राज करते हैं मुलाज़िम। पर क्या करें? नालायक के साथ बंध गए, पूरी उम्र के लिए।

चांद : तू ही चिट्टी चमड़ी पर मोहित हो गया था। कहता, अवस्थी की भतीजी पक्के रंग की है।—ले लो अब, गोरी के नज़ारे।

द्वारका : जिंदगी गला दी पलेग ने।—मेरा तो चित्त करे, उस काली मंदिर वाले पंडित का जूतों से सिर मूंड दूँ। टेवे देखता था, पाखंडी। कहे, "लच्छमी है। घर भर देगी रुपयों से। मान, इज़्ज़त, मशूरी। कमला ने तो जी कुबेर पर वशीकरण मंत्र चलाया दिखे।"

चांद : इसके जनने वाले ने ज्योतिषी को पैसे खिला दिए होंगे। झूठा टेवा बनवा लिया। लड़का काबू करने के लिए।

कमला : माँ जी, मिल जाएगी नौकरी। न दुखी करो मुझे। थोड़ी देर की तंगी है। मैं वादा करती हूँ, अगली बार मैं अच्छी तैयारी करके इम्तिहान दूँगी।

द्वारका : नांह। मेरे घर में रह कर अब तुम इम्तिहान नहीं दोगी। हम से नहीं पाली जाती, निठल्ली भैंस।

कमला : मिन्नत करती हूँ मैं आपकी। कुछ महीने तंगी झेल लो। मेरे पिता जी के सिर पर पहले ही भार ज़्यादा हे। अलका के बी.ए. का एक

साल रहता है। भाई मेरा अभी दसवीं में पढ़ता है। माँ हमारी है नहीं। मुझे मायके जाने पर मजबूर मत करो। दुखी बाप को और न दुखाओ। सब्र रखो, कुछ देर।

द्वारका : हद्द होती है बंदे के सब्र की। निकल जा तू।

कमला : तंगी तुर्शी में भी, दाखिला भेज देते। मैं एम.ए. कर लेती। कॉरसपाडैंस कोरसिज़ से।

चांद : इतना चाव था पढ़ाई का, तो बाप की गोद में बैठ कर पढ़ लेती। न कराती ब्याह।

द्वारका : दाखिले दूँ तुझे, चतुर को। वो दिया था न अडमिशन टैसट? बी. ऐड. का?—कहे, "बी.ऐड. करके, ऐम.ए. कर लूँगी। पी.जी.टी. स्केल मिल जाएगा। राज करेंगे।" चांद चढ़ा दिया।

कमला : पढ़ाई तो मैं ने कम नहीं की। कम्पीटीशन इतना टप्फ होता है। ऐम.ऐ. वाली कई लड़कियाँ पास नहीं हुईं। इसमें मेरा क्या कसूर?

द्वारका : तेरा कसूर नहीं है तो क्या मेरा कसूर है?

कमला : तुम ने आप भी तो कलर्कस ग्रेड दूसरी अटैम्पट में पास किया था।

द्वारका : **(झांपड़ मार कर)** तेरा क्या महीना पहले बाप मर गया था?

चांद : महीना पूरा हस्पताल दाख़िल रहे। पढ़ाई कैसे करता?

द्वारका : दूसरी बार फटक्क पास हो गया कि नहीं?—अगलों ने पोसटिंग भी होम मिनिस्टरी की दी। तेरे जैसा नहीं मैं। खोपड़ी में मिट्टी नहीं भरी।

चांद : यह भी नहीं, दूसरी तरफ से हरी हो। पर मैं रौनक हो जाती। पड़ोसिन बोल चुभाती है : "अरी, दो बरस बीत गए, बहू को बच्चा नहीं ठहरा?"—क्या जवाब दूँ? दूसरी सास होती, बाँझ को, चोंडी से घसीट कर, बाहर फेंकती—बेटा, तेरी ताई ने यही किया। बहू के साथ। देहली नहीं लाँघने दी मुड़के।

(सविता तौलिया पकड़े, खुले बाल, आती है)

कमला : बाँझ? मैं किधर से बाँझ बन गई?

सविता : शोर शोर शोर! किसी दिन तो शांति रखा करो। इस घर में तो दो घण्टे काटने मुश्किल हो जाते हैं।

चांद : इकलौता लाल मेरा। चलो, तन्ख़ाह नहीं, दाज दहेज नहीं, गहना गद्दा नहीं। कोख तो सूखी न रहती। वंश तो आगे बढ़ता।

द्वारका : माँ, यह टॉपिक जाने दे।

कमला : वंश आगे बढ़ाना है, तो मुझे दोष मत दे। पुत्र का इलाज करा।

सविता : भैया जी, आप कैसे सहते हो, इस ज़नानी की मिर्चों जैसी ज़बान?

हमारा माँ बेटी का जीना हराम किया हुआ है।

कमला : सविता, मैं ने तुझे कभी कुछ कहा?

सविता : तू कह कर तो देख। तू लगती क्या है मेरी? होती कौन है तू?

कमला : मैंने तुझे कभी मना किया, लड़कों संग घूमने से? तू जाने, तेरी माँ जाने। तेरा भाई जाने।

सविता : **(बिलखती)** हाय रब्बा! झूठी तोहमत लगा रही है। मैंने कभी किसी लड़के को हैलो तक नहीं कहा।

द्वारका : बदनाम करती है मेरी बहन को? कुतिया! मैं ज़िंदा नहीं छोड़ूँगा।

चांद : ये भावजों के काम हैं? कल को रिश्ता करना है कन्या का। यह चुग़लखोर बसने देगी मेरी बिटिया को?

कमला : रोज़ नए लड़के के मोटर साईकल से उतरती है। या स्कूटर से।

सविता : बकवास बंद करती है कि नहीं तू?

कमला : आप देखा मैंने आँखों से। कई बार। गली के मोड़ पर उतार कर जाते हैं क़िस्म-क़िस्म के। इस खिड़की में से सब कुछ दिखता है।

चांद : चुप कर जा। नही तो मैं ज़िंदा को आग लगा दूँगी।

सविता : लगवा के रहेगी यह आग। किसी दिन। मैं आप डालूँगी मिट्टी का तेल ऊपर।

चांद : दियासिलाई तुझे मैं लगाऊँगी।

कमला : मुझे मारके, तुम बचे रहोगे? फाँसी लगेगी तीनों को।

द्वारका : तू टलेगी कि नहीं? भौंकने से हटेगी कि नहीं? तोहमत क्यों लगाई तू ने, मेरी क्वांरी बहन पर?

कमला : मैं क्यों लगाऊँगी तोहमतें? जाओ, गुरमीत से पूछ लो। क्लासमेट है इसकी। जिसे सहेली समझती है यह। मुझे सब कुछ अपने आप बताया उसने। कहती, हर वक्त फॉरन सटूडैंट्स के कमरों के अंदर बंद रहती है। हंसराज कॉलेज हॉसटल के आधे कमरे गंदे कर चुकी है।

सविता : **(पीटती)** वेश्या! तुझे मैं बताती हूँ। तू कम है? बदमाश!

द्वारका : सबी, तू परे हट। इसे मैं पूछता हूँ।

चांद : हे कृष्ण मुरारी! ज़बान देखो कमज़ात की। तूफान तोले मेरी बेटी के बारे में।

सविता : **(मेज़ से कागज़ ला कर)** भैया, पढ़। तू आप पढ़। क्या लिखती रहती है बैठी। तुझे पहले नहीं बताया मैंने।

द्वारका : **(कागज़ पकड़ कर)** क्या है यह?

सविता : प्रेम पत्र। छिपा कर रखे हैं। मैं ने पढ़े हैं। बदमाश औरत दूसरों को

भी बदमाश समझेगी।

द्वारका : सच कहती है सविता? बोल, कौन है वो?

कमला : कोई भी नहीं।

चांद : कलम घसीटती तो रहे चोरी छिपे।

द्वारका : बक दे। किस आशिक़ को लिखती हो?

कमला : मुझे घर से निकालना है, तो सीधी तरह निकाल दो। बहाने मत ढूँढ़ो।

द्वारका : गुंडी, लव लैटर्ज़ कौन से ख़सम को लिख लिख कर भेजती हो?

कमला : लव लैटर्ज़ किधर से आ गए?

सविता : और क्या यों ही रखती हो छिपा-छिपा कर हमसे? दस्ते कागज़ों के?

कमला : अलग चीज़ है यह।

द्वारका : और कौन सा तू ने अपनी माँ का—महाकाव्य रचा है?

कमला : कहानी लिखने की कोशिश कर रही थी।

चांद : कहानी? कैसी?

द्वारका : कहानियाँ गढ़कर मत सुना मुझे। आशिक़ों को चिट्ठियाँ लिखती है मुझ से चोरी से। मैं आज ही कचहरी दूँगा दरख़ास्त। बदकार बीवी से झट डाइवोर्स मिल जाता हे।

कमला : आपकी क़सम है मुझे। विद्या की सौगंध। कहानी लिखी है। धर्मयुग के लिए।

सविता : जो प्रेमी और प्रेमिका के बीच में बातचीत लिखी है, वो कहानी है? —भैया जी, याद कराती है लड़की अपने लवर को, जवानी का इंसीडेंट।

द्वारका : एकसपीरीऐंस आशिक़ी माशूक़ी का ले कर आई है। यों ही थोड़े फेल हुई जा रही है कंपीटीशन में।

कमला : गलत मत समझो, प्लीज़। मैंने वार्तालाप लिखा है। ड्रामे के डायलॉग की तरह।

द्वारका : डायलाग लिखे! ड्रामा खेले!—बड़ी जन्मी शेकसपीयर की बेटी!

सविता : चोर भी, चतुर भी। कितनी जल्दी बहाना गढ़ लिया।

चांद : हमें क्या पता था, मायके में यारियाँ लगाती रही।

सविता : माँ मरी हुई। बाप घर से बाहर रहता था, सवेरे से संध्या तक। बहन और भाई दोनों छोटे हैं। कोई रोकने-टोकने वाला था नहीं। यार बनाती रही, खुलकर।

द्वारका : **(चप्पल पकड़ कर)** निकल मेरे घर से। व्यभिचारिणी! गैट आऊट।

(धकेलता है)

कमला : कहानी का डायलॉग है। यक़ीन करो।

द्वारका : गई नहीं तू? रोमियो की रांड। जा, कह शेक्सपीयर बाप को : कमा कर खिला मुझे बेकार वेश्या को। **(बाहर निकाल कर)** आदमी की बेटी है अगर, मुड़कर मेरे घर में पैर मत रखना।

चांद : जाना कहाँ है कुलच्छनी ने। गू खाती आ जाएगी वापस। कैंसर कुनबे को चिमट गया। जैसे तेरे पिता को चिमटा था। छुटकारा कैसे लें इससे?

सविता : झूठ बका मेरे बारे में। निरा खोट।

द्वारका : मैं दफ्तर से मुड़ते वक़्त, वकील के पास जाऊँगा। कल ही देता हूँ ऐपलीकेशन। डाइवोर्स के लिए।

चांद : न, पुत्र। कचहरियों का स्यापा जाने दे। साल लग जाएँगे।

सविता : ख़र्च भी देना पड़ता है। गुरमीत की बड़ी बहन को, उसका हसबंड, दो सौ भेजता है, हर महीने। जज ने यही फैसला किया था।

द्वारका : **(रोने को)** कोढ़ लग गया मुझे। ज़िंदगी भर का।

चांद : दिल मत हलका कर, मेरे कान्ह। **(बाहों में लेकर)** मैं जो हूँ।

सविता : **(बगलगीर होकर)** मेरे होते, च्यूँटी नहीं काट सकती तुम्हें। मैं तो जान वार दूँ अपने वीर जी पर।

चांद : मेरे पास इलाज है एक।

द्वारका : कौन सा?

चांद : जो तेरी ताई ने किया।

सविता : सौ मील। करनाल पूछने जाएगी?

चांद : करनाल क्यों जाएँ? यहीं है एक साईं।

द्वारका : कौन?

चांद : नीचे वालों के बरतन माँजने आती है भाई। कहती, पीर है। ताबीज़ देता है, कलमा पढ़ के। पत्थर फाड़ देवे। बोलती, रुपए तो लेता है टनका के। पर लड़के का पल्ला छुड़ा देगा। मैं आज ही जाऊँगी मुल्ला के पास। फैज़ रोड़ वाले कबरिस्तान में।

सविता : **(किताबें उठाकर)** माँ जी, तुम लोगों ने फिर लेट करा दिया। रोज़ झगड़ा। रोज़ रगड़ा। तभी तो मैं लाईब्रेरी में बैठ के पढ़ती हूँ। शाम तक।

द्वारका : कमीज़ के बटन भी नहीं लगा सकती, हरामज़ादी।

चांद : दूसरी पहन ले, पुत्र। मैं सारी कमीज़ों के बटन सिलूँगी, तेरे मुड़ने तक।

द्वारका : अगर वापस आई, कुत्ती को अंदर मत घुसने देना।

सविता : भैया जी, मैंने बस पास बनवाना है आज।

द्वारका : तेरे रोज़ पास ही बनते रहते हैं।

सविता : रोज़? महीने में एक बार बनाती हूँ। पंद्रह रुपए चाहिए, कुल।

द्वारका : पकड़। बताओ, महीना कैसे काटेंगे? तीन तारीख है आज। जेब अभी से खाली हो गई। किधर निकल कर भागे बंदा? **(रोटी का डिब्बा लेकर जाता है)**

(वक्फा)

सविता : **(आँसू रोकती)** अब मेरे बस पास के पैसे भी नहीं।

चांद : न, बिटिया। चुपकर। क्या करे, मेरा बेटा बेचारा? एक तन्खाह में गुज़ारा चलता है कुनबे का?

सविता : हटा लो पढ़ने से। मैंने कहा, पढ़ाओ मुझे? अभी तो मैं ने कुंजियाँ खरीदनी हैं। क्वैस्चन अनसर की।

चांद : दूसरे स्यापे मत शुरू कर। **(परद से)** स्वेटर बुने मेंने, दो तीन। उनके पैसे आने बाकी हैं। भैया को मत बताना। ख़र्च लेना किताबों के लिए।

सविता : हफ्ता हफ्ता एक ही कपड़े पहनो। वही धोओ, वही पहनो। चाय के कप के पैसे नहीं जुड़े कभी, जेब में। **(रोती हुई)** शरमिंदा होना पड़ता है, लड़के-लड़कियों के सामने। यही चार दिन खाने पहनने के होते हैं।

चांद : जी छोटा न कर, मेरा पुत्र। हमारा भाग्य। **(रोती है)**

सविता : आधी लड़कियाँ मेरी क्लास की—घर वाले आप कारों में छोड़कर जाते हैं। और मैं? बस पास के लिए भीख माँगनी पड़ती है हर महीने।

चांद : तेरे डैडी ज़िंदा होते, तो फूलों की तरह रखते। कभी फर्क नहीं था समझा, तेरे में और बेटे में।

सविता : भगवान ग़रीब न बनाए किसी को। **(आँसू पोंछती है)**

चांद : छोड़, पुत्र। और साल भर तंगी है। बी.ए. पढ़के नौकरी कर लेना। खाना, ख़र्चना जैसे जी चाहे। एक तू ही तो बची है अब, घर के अन्दर।

सविता : देर से आऊँगी मैं।

चांद : रोज़ देर?

सविता : तेरे घर में जगह बहुत है न पढ़ने के लिए। लाईब्रेरी में भी न बैठूँ?

चांद : मैं भी पीर के पैर छू आऊँ। अलग करूँ कलमुँही को।

(सविता जाती है। वक़्फा। चांदरानी चादर लपेट कर, जूता पहन कर, ताला उठाती है। कमला आती है)

चांद : मुड़के क्यों आ गई? डूब कर मर जाती कहीं।

कमला : मैं क्यों डूबूँ?

चांद : ग़ैरत शरम है तेरे दीदों में? **(हाथ बाँध कर)** न सता मेरे लाल को। अपने आप छोड़कर चली जा।

कमला : मेरा घर है यह। क्यों छोड़ूँ?

चांद : तू मामी लगे घर की?

कमला : डोली आई थी, इस दरवाज़े से। अर्थी निकल कर जाएगी।

चांद : **(छाती ठोककर, एड़ियाँ उठाकर)** कमला छोरी, चांदरानी भी बाप की बेटी नहीं, जो महीने के अंदर-अंदर, तुझे इस घर से बाहर न फेंका।

कमला : लगा ले ज़ोर। एड़ियों तक। मैं यहीं रहूँगी।

चांद : जिन्न भूत उठा के ले जाएँगे, मसान तक।

कमला : तेरे जैसी भूतनियाँ ले जाती हैं, मसान तक, तो ले जाएँ। अपने आप मैं घर से बाहर क़दम नहीं रखूँगी।

चांद : मेरे पुत्र संग फेरे लेकर, यारों को चिट्ठियाँ लिखो? जो चोडी काट कर, किवाड़ों के बाहर न पटकी, तो चांदरानी के मुँह पर थूकना! **(तेज़ी से बाहर जाती है। कमला खड़ी सोच रही है। आँसू पोंछती है)**

(अँधेरा)

झाँकी 2

(कमला लिख रही है। रुक कर, सोचती है। संगीत और रौशनी के चमत्कार से चार साल छोटी हो जाती है। हाथों में किताबें पकड़े, रिचा और कमला)

रिचा : डैडी तुझे खा नहीं जाएँगे। चल न।

कमला : नहीं, रिचा। मुझे शरम लगे।

रिचा : पगली है कमला तू। मेरे डैडी से शरम कैसी? एक मिनट में पैसे लेकर मुड़ आएँगे हम।

कमला : तू जाके ले आ, झटपट। नहीं तो इंग्लिश के पीरियड के लिए लेट हो जाएँगे।

रिचा : नहीं लेट होती तू। साल में एक पीरियड मिस भी हो गया, तो कौन सी आफत आ जाएगी?

कमला : नहीं, यार। जूलियस सीज़र की कलास मिस नहीं करूँगी मैं। प्लीज़, रिचा, तू अकेली जा के आ। मैं यहीं खड़ी हूँ।

रिचा : मेरे डैडी तेरे डैडी जैसे नहीं? लाज कैसी?

कमला : अन्दर लड़के भी तो हैं।

रिचा : लड़के दाँतों से काटते हैं तुझे? वो तो स्टेज पर होंगे। रीहर्सल करते। **(चुटकी बजा कर)** हम डैडी से बात करके, यों बाहर।

कमला : नांह। घर थोड़ी है यह। कॉलेज हाल के अंदर घुसने का हौसला नहीं पड़ता मेरा।

रिचा : ईडियट है सचमुच तू। अब लड़कों से डर कर रहेगी, तो शादी के बाद, ख़सम को नकेल कैसे डालेगी?... लो, डैडी यहीं आ गए। डैडी, मेरी क्लासमेट, कमला।

संधू : हैलो, कमला। अंदर आ जातीं।

रिचा : कमला शरमाती है बड़ा।

संधू : शरमाना क्यों? दूसरे बच्चे भी तो हैं हाल में। फिर अब तो टी ब्रेक

है। तुम चाय पिओगी?

कमला : नहीं, अंकल। मैं चाय नहीं पीती।

रिचा : हम तो कोल्ड ड्रिंक पिएँगे।

संधू : अच्छा, उस वेटर से मँगवा लो।

रिचा : डैडी, कमला कविता और कहानियाँ लिखती है। **(जाती है)**

संधू : रियली? ग्रेट गर्ल।

कमला : नहीं, जी। रिचा झूठ बोलती है। मैं ने कभी कुछ नहीं लिखा।

संधू : लिखना तो बहुत बड़ी कला है। इसमें छिपाना क्या? छपी भी है कोई कविता, कहानी?

कमला : जी, एक छपी है।

संधू : किस जगह?

कमला : कॉलेज मैगज़ीन में। छोटी सी घटना थी। मामूली सी। मैं राईटर वाईटर कुछ नहीं। यों ही बस, आप बीती थोड़ी सी कागज़ पर घसीट दी।

संधू : अच्छी जुगत है। हर बढ़िया लेखक, एक तरह अपनी ज़िंदगी के इन्सीडैंट ही लिखता है।

कमला : पर, अंकल, हर कहानी आप बीती कैसे हो सकती है? अगर मैंने क़त्ल के बारे में लिखना हो, तो क्या मुझे पहले क़त्ल करना पड़ेगा?

संधू : नहीं, क़त्ल करके देखने की ज़रूरत नहीं।

कमला : अगर निजी तजरबा लाज़िमी हो, तो बंदा बढ़िया कहानी लिख ही न सके।

संधू : वो कैसे?

कमला : हर अच्छी कहानी में मर्द होगा। औरत होगी। इसका मतलब हुआ—जितनी देर मैं मर्द नहीं बनती, उतनी देर, मैं मर्द पात्र के बारे में कहानी नहीं लिख सकती।—और आप लड़की के बारे में नहीं लिख सकते।

संधू : क्यों? मैं लड़की के बारे में क्यों नहीं लिख सकता?

कमला : क्योंकि आप लड़की नहीं बन सकते।

संधू : स्मार्ट गर्ल! यू आर करैक्ट, कमला। निरी पर्सनल ज़िंदगी को लेकर कला नहीं रची जाती। कल्पना की ज़रूरत भी पड़ती है। लेकिन कल्पना इतनी ज़्यादा न हो कि पढ़ने वाले को कहानी मनघड़न्त लगे। असली ज़िंदगी की झलक पड़नी चाहिए। और यह तभी पॉसीबल है, अगर पात्र और घटनाएँ जाने पहचाने जीवन से लिए

हों।

कमला : वैसे के वैसे? या थोड़े बदल कर?

संधू : ज़रूरत के मुताबिक अदल बदल कर।

कमला : कल्पना का सहारा लेकर?

संधू : दैट्स राईट। **(रिचा बोतल पकड़ाती है)**

कमला : मैं नहीं पिऊँगी।

रिचा : पियेगी क्यों नहीं, पकड़ न।

कमला : अंकल के लिए?

रिचा : डैडी चाय के शौक़ीन हैं।

कमला : सर, आप ड्रामें लिखते हैं?

संधू : न, बाबा। मैं शेक्सपीयर नहीं हूँ।

रिचा : सिर्फ डायरेक्ट करते हैं।

संधू : कमला, तू ऐक्ट करना चाहेगी? हम शेक्सपीयर का ट्वेल्थ नाईट स्टेज कर रहे हैं। एक लड़की बीमार पड़ गई है। तू चाहे तो रोल कर सकती है।

रिचा : कौन सा रोल? कौन बीमार हो गई?

संधू : ओलिविया का रोल खाली है।

रिचा : ओलिविया लड़की को मर्द समझ कर उस पर आशिक़ हो जाती है। लड़की वाओला ख़ुद ड्यूक आरसीनो के इश्क़ में फँसी पड़ी है। मर्द का लिबास पहन कर उसकी अरदली लगी है।—कर ले, कमला, मज़ा आएगा।

कमला : नहीं, अंकल। मैं कभी स्टेज पर नहीं चढ़ी। मेरी तो स्टेज का नाम सुनते ही टाँगें काँपने लगती हैं। साँस सूख जाता है।

संधू : डोंट वरी, माई चाईल्ड। पहले इतनी प्रेकटिस हो जाती है, शो वाले दिन तक, सब स्टेज फीयर उड़न्तर।

रिचा : कम ऑन, कमला। इट्स ए गुड अप्परचुनिटी।

संधू : हिंदी में है।

कमला : तुम कर लो।

संधू : रिचा तो कई रोल खेल चुकी है। यह ओलिविया के फिट भी नहीं। माँ की तरह, हर वक़्त, दुगना खाती है। यू आर ब्यूटीफुल। व्हाई नाट यू?

कमला : नहीं, सर। मेरे पापा जी पुराने ख़्यालों के हैं।

रिचा : तेरे डैडी को मैं मना लूँगी।

संधू : हो सकता है, तुम अपना प्रोफैशन इसी में ढूँढ़ लो। ऐक्टिंग में।

कमला : जी, मुझे तो सिर्फ लिखने का शौक है—अगर उसमें कामयाबी मिल जाए।

संधू : ज़रूर मिलेगी कामयाबी—अगर तुम कोशिश जारी रखो। बीच में हौसला न छोड़ दो।

रिचा : डू ट्राई ऐक्टिंग, कमला। इट मेअ रीयली सूट यू।

संधू : तू भी मेरे वाली गलती तो नहीं कर बैठी?

कमला : कैसी गलती?

संधू : मैंने अपना बाप ध्यान से नहीं चुना।

कमला : व्हट?

रिचा : ओह डैडी! **(हँसी)**

संधू : मेरा बाप ग़रीब था। छोटा दुकानदार। परचूनी। उसने ग़रीबी का ख़ौफ मेरे दिमाग के अंदर ठोक-ठोक कर भर दिया। सो, मैंने अपना प्रोफैशन चुना, ईकोनामिक सीक्योरिटी करके। बड़ी तन्ख़ाह के लिए।

कमला : और कैसे चुनना चाहिए?

संधू : तन्खाह करके नहीं। स्वाद करके धंधा चुनो। मज़े के लिए।—किसी बुरे वक़्त, मैं डीसाईड कर बैठा, साईंस पढ़ाऊँगा। आईनस्टाईन बनूँगा। फिज़िक्स आनर्ज़ की। ऐम.ऐस.सी., पीऐच.डी. की। यहाँ हँसराज कॉलेज में टीचर लग गया। बस। फिजिक्स के लिए मेरा सारा चाव उतर गया। आईनस्टाईन बनते बनते, दस सालों के बाद, फटीचर बन गया। और बीस बरस के बाद, फरनीचर। जस्ट ऐनदर डैस्क इन द क्लास रूम।

रिचा : तो आप मेरा मग्ज़ क्यों खा रहे थे? मैडीकल अडमिशन टैस्ट एक बार अटैंपट तो करूँ।

संधू : मैं नहीं था खा रहा। तेरी माँ दुलत्ती मार रही थी मुझे।—ज़िंदगी का पहला आधा हिस्सा मैं ने अपने ग़लत बाप से डरकर ख़राब कर लिया। और दूसरा आधा हिस्सा, गलत पत्नी से डर कर।

कमला : हाय! आंटी के बारे में यों बोल रहे हैं?

संधू : **(कान पकड़ कर)** नहीं, कमला। घर में, इसकी मम्मी के सामने, मैं मुँह नहीं खोलता। लेकिन कॉलेज पहुँच कर, रीहर्सल के वक़्त, जबरन, हौसला बढ़ जाता है। अपने आप सच बोला जाता है।

रिचा : घर में भी आप को कौन चुप करा सकता है? ड्रामा कर रह हैं, कमला। मम्मी को इसी तरह मख़ौल करते रहते हैं।

कमला : यह हौसला आपको ऐकटिंग ने दिया?

संधू : परहैप्स। पर आजकल मैं ऐक्ट नहीं करता। सिर्फ डायरैक्ट करता हूँ। बड़ा स्वाद आता है थियेटर में। मेरी हॉबी ही मेरा असली पेशा बन गई। लाईफ इज़ ए मिस्टरी। यू कैन नॉट प्रीडिक्ट व्हट माईट हैपन टू यू नेक्सट।

कमला : आपको खुद ड्रामे लिखने का शौक नहीं जागा?

रिचा : एक वन ऐक्ट प्ले मुझे लिखकर दिया था। स्कूल में खेला था हमने। अंग्रेज़ी में। टाईटल था—तेरी चुटिया जितना लम्बा। डैडी, आपको याद है?

संधू : नहीं। क्या था?

रिचा : गॉड सैड, लैट न्यूटन बी। ऐंड देयर वॉज़ लाईट!

कमला : फिज़िक्स और नाटक का सुमेल।

संधू : टरू।

कमला : आपने और नाटक नहीं लिखे?

रिचा : नोप।

कमला : बीच में हौसला छोड़ दिया?

संधू : हौसला नहीं। कमल, बंदे को अपनी टैलंट पहचाननी चाहिए। राईटिंग रीक्वायर्ज़ ए डिफरंट टैलंट।

कमला : हमारी मल्होतरा मैडम ने बताया, शेकसपीयर ऐक्ट भी करता था। डायरैक्ट भी करता था। शायर भी था।

संधू : तभी तो वो शेक्सपीयर था। और मैं? फटीचर।

रिचा : जब डैडी रीहर्सल में फँसे, धर वक़्त पर नहीं पहुँचते, मम्मी इनको शेक्सपीयर कह कर चिढ़ाती हैं।

कमला : तब तू कौन हुई?

संधू : शेक्सपीयर की बेटी।

रिचा : नांह, जी। मैं न ऐक्टरैस बनूँगी, न नाटककार। आई लव बीइंग रिचा।

संधू : कमल, तू चाहे, तो तू बन सकती है।

कमला : शेक्सपीयर?

संधू : शेक्सपीयर की बेटी।

कमला : मैं? मज़ाक उड़ाते हैं आप मेरा।

संधू : ओह नो। आइम सीरीयस।

कमला : एक कहानी में डायलाग लिखना था थोड़ा सा। छः दिनों में तीन सफे नहीं भर सकी।

संधू : डायलॉग लिखना तो आसान होना चाहिए।

रिचा : ख़ासकर माँ बोली में।

संधू : अगर सीचुएशन क्लीयर हो, यह पता हो, किस क़िस्म के बंदे बातचीत कर रहे हैं, और किस बारे में बातें कर रहे हैं, डायलॉग शुड बी ईज़ी टु राईट।

कमला : मेरे लिए आसान नहीं है, जी।—पता नहीं शेक्सपीयर इतने डरामे कैसे लिख गया। वार्तालाप भी इतने बढ़िया हैं।

रिचा : जूलियस सीज़र की क्लास कभी मिस नहीं करती कमला।

कमला : अंग्रेज़ी तो मुझे पूरी समझ नहीं आती। पहले मैंने हिंदी में पढ़ा। रांगेय राघव का अनुवाद। कमाल का नाटक है।

संधू : मेरा नसीहत देना, है तो हँसी के क़ाबिल। क्योंकि मैं खुद दो पेज नहीं लिख सकता। लेकिन टीचर को नसीहतबाज़ी का हर पाप माफ होता है।

कमला : बताइए आप। मुझे बहुत ज़रूरत है सुझाव की।

संधू : कमल बेटा, एक फैक्ट ध्यान में रखना। शेक्सपीयर भी बंदा था आख़िर। तेरे मेरे जैसा। उसने भी धीरे-धीरे ड्रामे लिखने सीखे। शुरू के नाटक उसके भी ज़्यादा अच्छे नहीं।

कमला : मैं क्या बनूँगी लेखक। रिचा ने मेरी हँसी उड़ाने के लिए कह दिया। दुःखी सुखी बी.ए. कर लूँ। रोटी कमाने के लायक बनूँ।

संधू : लिखना जारी रखना, अभ्याास के तौर पर। यूज़ यूयर स्टेअ इन द कॉलेज ऐज़ ए टरेनिंग पीरीयड फॉर राईटिंग। अड़चन थोड़ी है पढ़ाई, तेरे लेखक बनने के राह में?

कमला : ख़ामख़ाह क्यों हवाई किले खड़े करूँ?

संधू : कौन जाने, कभी हवाई किले भी सचमुच के महल बन जाएँ। असलीयत में कनवर्ट हो जाएँ।

कमला : लेखक और मैं? सोच कर हँसी आती है।

संधू : रिमैम्बर। ए राईटर इज़ आफटर आल ए मैन। और कहते हैं— व्हट ए मैन 'हैज़' डन्न, ए मैन 'कैन' डू।

रिचा : सौ केन कमला!

कमला : शेक्सपीयर की बेटी! मैं?

(अँधेरा)

झाँकी 3

(कमला टेबल पर बैठी है। आँसू पोंछती है। लिखती है। किताबें पकड़े अलका आती है)

अलका : दीदी।

कमला : अलका। **(बगलगीर होकर रोती है)**

अलका : मारा पीटा तुम्हें, जीजा जी ने? घर तो कोई दिखता नहीं। कहाँ गई तेरी सास?... सविता तो कॉलेज होगी... रोना बंद भी कर... स्वीटी कहती, फोन पर भी दीदी रो रही थी। मैंने तो डैडी को भी नहीं बताया। न इंतज़ार की, उनके दुकान से लौटने की। कॉलेज से मुड़ी, तो स्वीटी ने संदेशा दिया। बोली, कमला किसी मुसीबत में फँसी लगती है। मैं घर भी नहीं गई। बँटी भी स्कूल से नहीं आया था। सीधी इधर आ गई। प्लीज़, दीदी। रोना बस कर। क्या हुआ?

कमला : क्या बताऊँ? मेरी क़िस्मत।

अलका : फिर भी। वजह तो होगी कोई। पीटा तुम्हें?

कमला : पीटना क्या नया है। रोज़ ऐसे करता है।

अलका : तुम क्यों सहती हो यह जुल्म? उठ, घर चल। इस जैसे क़साई ख़सम के घर क्यों बसो?

कमला : और करूँ क्या? पापा जी पहले थोड़े दुखी हैं? जो मैं मुसीबत बन कर घर बैठ जाऊँ? वो भी हज़ारों क़र्ज़ सिर चढ़ा कर? शादी का ख़र्च।

अलका : फिर वही कहे जाते हैं, दहेज कम दिया?

कमला : असल वजह तो यही है—बहाना बेशक कोई हो।

अलका : आज क्या हुआ?

कमला : क्लर्क्स ग्रेड का रिज़ल्ट निकल गया।

अलका : पास नहीं हुई?

कमला : इसी से तो जलभुन गए। क्या करती मैं? इंग्लिश में नंबर कम रह गए।

अलका : दो चार महीने सब्र नहीं रख सकते? लग ही जाएगी कहीं नौकरी।

कमला : हर वक़्त यही सुनाता है। "एक तन्खाह में कुनबा कैसे पालूँ? तू घर छोड़कर चली जा।"—किधर से लूँ मैं नौकरी? प्राईवेट करने नहीं देता।

अलका : जितनी देर सरकारी नहीं मिलती, प्राईवेट करने में क्या हर्ज़ है?

कमला : कहता है, एक बार प्राईवेट लग गई, तो कंपिटीशन से गई। बाप की तरह, पूरी ज़िंदगी, व्यापारियों की बहियाँ उलटने पलटने लायक रह जाओगी।

अलका : अगर सिर्फ नौकरी की आग है, तो क्या नौकरी मिलते ही, सब कुछ ठीक ठाक हो जाएगा?

कमला : क्या पता? सास तो दूसरे भी ताने देती है।

अलका : कैसे?

कमला : बाँझ है। बच्चा नहीं हुआ।

अलका : इसमें तेरा कसूर है? बताया नहीं तू ने? कैसे बरदाश्त कर जाती है तू? तेरी जगह मैं होऊँ, थोबड़ा तोड़ दूँ। सास हो चाहे ननद।

कमला : अच्छा, सुन। मेंने इस करके बुलाया तुझे। एक भेद बताना है।

अलका : जान से मारने की स्कीमें बना रहे हैं ये कुत्ते? दीदी, अभी चल। यहाँ नहीं ठहरना। एक मिनट नहीं। मैं आप बताऊँगी डैडी को। थाने रिपोर्ट लिखाएँगे। जेल भिजवाएँगे कंजरों को।—पढ़ी लिखी लड़की होकर, तू किस तरह झेल सकती है जुल्म? इसी तरह हुई थी न, नीलम के साथ? तेल डाल के, आग लगा के, जला दी। दहेज के बदले। अभी भी तू नहीं समझती? किस मिट्टी की बनी हो?

कमला : नहीं, अलका। इतना हौसला नहीं इनमें। कायर हैं।—फिर इन से निपटने लायक मैं हूँ। अपने ऊपर तेल छिड़कवाने से पहले, मैं सास की चिता जला दूँगी।

अलका : फिर क्या बताना है?

कमला : जादू टोना चला रही है बुढ़ी मेरे पर। कलमा पढ़वा रही है।

अलका : नानसैंस।

कमला : पिछले शुक्रवार यही किया। बोली, पीर ने जुमा का प्रसाद दिया

है। कोख हरी होने के वासते।—लड्डू लाई। कहती, सब इल बला टल जाएगी। मेरे सामने खा।—खाते ही, ख़बर नहीं, मुझे क्या हो गया। सिर चकराए। बेहोश हो गई। धूनी देती रहीं मुझे, माँ बेटी।

अलका : वहम में मत पड़, दीदी। जादू टोने तेरा तिनका नहीं बिगाड़ सकते।

कमला : नहीं, अलका। सीधा तो मुझे मारने की हिम्मत नहीं है। टोने टोटके बरत के, घर से निकालना चाहती है।—एक काम करेगी?

अलका : पीछा करूँ मैं बुढ़ी का? कितने बजे जाती है?

कमला : तू नहीं। मैं आप जाऊँगी।

अलका : तुझे तो झट पहचान लेगी। तरीका ढूँढ़ती हूँ। नहीं तो सहेली को कहूँगी।

कमला : मैंने ढंग सोच लिया। पड़ताल मैं ज़रूर करूँगी बुढ़िया की बदमाशी के बारे में।

अलका : कैसे?

कमला : सईदाबानो याद है तुझे? हमारे स्कूल में पढ़ती थी?

अलका : जो अजमेरी गेट रहती है? ग़ज़ल लिखती है?

कमला : वही। बुरका माँग के ला उसका। एक दिन के लिए। मैं पीछा करूँगी।

अलका : इतनी हिम्मत है तेरे में?

कमला : खुरा खोज निकाल कर हटूँगी, डायन का।

अलका : गुड। जासूसी नॉवल इतने पढ़ा करती थी तू। कुछ तो असर हुआ। एक सलाह मैं भी दूँ?

कमला : क्या?

अलका : टेप रिकार्डर ला दूँगी मैं, छोटा। स्वीटी से। छिपाके ले जाना। जो भी बातचीत करेगी चुड़ैल मुल्ला से, रिकार्ड कर लेना।

कमला : वंडरफुल! यही तरीका है, घोंचू बेटे के आगे साबित करने का—बदचलन माँ कैसी-कैसी करतूतें करती फिरे।

अलका : सब को सुनाएँगे। पुलिस को भी। कल ही लाई मैं, बुरका और टेप रिकार्डर।

कमला : एक छोटी सी तकलीफ और उठाएगी? मेरी ख़ातिर?

अलका : बता।

कमला : मेरे पास डाक टिकटों के लिए भी पैसे नहीं। कहानी लिखी है मैंने। तेरा बस पास तो है। कॉलेज जाते वक़्त साप्ताहिक हिन्दोस्तान के

दफ्तर दे जाना। शायद छाप दें।

अलका : दीदी, एक मिन्नत मानेगी?

कमला : क्या?

अलका : जितनी देर नौकरी नहीं लगती, लिखना लिखाना बंद रख। उतना टाईम ऐगज़ाम पर लगा।

कमला : एक ही तो इलाज है मेरे पल्ले, इस ज़िंदगी को झेलने का। कल्पना का संसार भी अगर न बसा सकूँ, तो ज़िंदा किसके सहारे रहूँ?

अलका : दे तो मैं ज़रूर आऊँगी। लेकिन मेरी नज़र में ग़लती कर रही हो।

कमला : अगर छप गई, पैसे भी तो मिलेंगे। मैं सिर्फ इसी कारण मैगज़ीनज़ को भेजती हूँ। इनकम बनाऊँ कुछ। वरना मुझे, साहित्य लिख कर अमर हो जाने की इच्छा नहीं। क़तई उम्मीद नहीं।

अलका : अड़ियल है तू। पकड़ा।

(द्वारकादास आता है। रोटी का डिब्बा पकड़ाता है)

द्वारका : वाह जी। आज तो हमारे घर चांद चढ़ा है।

अलका : हैलो, शर्मा जी।

कमला : अलका, चाय पीकर जाना। **(रसोई में जाती है)**

अलका : बड़ी जल्दी आ गए, दफ्तर से?

द्वारका : मौजें सरकारी जॉब की। लंच के वक्त वालीबाल का मैच शुरू हो गया। फिर किसी का जी नहीं किया काम करने को। सो जल्दी आ गए।–अलका, यू आर रीयली ब्यूटिफुल। लाइक दा मून! **(गाल को हाथ लगाने लगता है)**

अलका : **(हाथ झटक कर)** तुम ने एक चाँद को बहुत ख़ुश रखा है। जो दूसरे को ग्रहण लगाने की जुगत बना रहे हो।

द्वारका : इच्छा। कमला रानी शिकायतें लगा रही थी थानेदारनी के पास।

अलका : सच बताने में कैसी शिकायत?

द्वारका : क्या रिपोर्ट लिखाई तेरी दीदी महारानी ने? अपने फेल होने का फरमाया कि नहीं?

अलका : फेल भी इन्सान ही हुआ करते हैं। अगली बार हो जाएगी पास।

द्वारका : शेखी बघारते थे। रौब जमाते थे। "बी.ए. पढ़ी है।" क्लर्कस ग्रेड पास नहीं कर सकी। हाई स्कूल वाले पास कर लेते हैं जिसे।

अलका : जिसको घर वाले मारते-पीटते रहें, वो पास ख़ाक होगी? **(मोटरसाईकल की आवाज़)**

द्वारका : कभी कभार फेरा डालती है तू। यह नहीं कि जीजा संग प्यार की

बात करूँ। उलटे उलाहने देने जुट गई।

अलका : प्यार की बात दीदी से करो—जिसके साथ भाँवरे लिए थे।

द्वारका : तू ने प्रेम जालंधरी का ड्रामा नहीं देखा? सपरू हाऊस? ''साली, आधी घर वाली।''

अलका : नहीं, जी, माफ करो, आप भी और आपका जलंधड़ी भी।

द्वारका : चल, दिखा लाऊँ ड्रामा। आज दूसरा है। सुरेन्द्र माथुर का डायरैक्ट किया हुआ। ''पानी जझरी का, रिश्ता घग्गरी का''। **(कमला चाय के कप पकड़े, खिड़की से बाहर देखती है)**

कमला : फिर मत कहना, ताड़ा नहीं। बहन, आपकी लाडली। वो देखो। आज नए लड़के के स्कूटर से उतरी है।

द्वारका : बका मत कर। बे सिर पैर की।

कमला : मुझे क्या? आप ही पछताओगे।

(चाय पकड़ाती है। वक़्फ़ा। तीनों दरवाज़े से आती सविता को देखते हैं)

सविता : अल्का! हाउ स्वीट। गुड टु सी यू।

अलका : हाऊ आर यू?

सविता : यार, तू हंसराज कॉलेज के फैस्टीवल में नहीं पहुँची। फैंटास्टिक रॉक शो। वी मिस्ड यू।

अलका : टैस्ट था मेरा।

द्वारका : सवी, तुझे स्कूटर पर कौन छोड़ के गया है?

सविता : कहाँ? वो मैं हिसटरी वाले सर। मैं यू स्पेशल की इंतज़ार कर रही थी। पास से गुज़रे। बोले, मैं तुझे घर छोड़ दूँगा।

द्वारका : किस ब्लाक में रहता है?

सविता : रहते तो हैं ग्रेटर कैलाश। इधर अपनी आंटी को मिलना था।

द्वारका : तुझे कितनी बार मना किया? अनजाने बंदे से लिफ्ट नहीं लेनी। बस पास नहीं तेरा?

सविता : मेरे टीचर हैं। अनजाने कैसे हुए? हद हो गई।—सुना तू ने, अलका। जीना मुश्किल कर रखा है। दीज़ मिडल क्लास फैमलीज़।

(चांदरानी बाहर से आती है)

चांद : अरी, अलका। सुना, बेटी। तगड़ी है? तेरा भाई और भापा राज़ी हैं?

अलका : ठीक हैं।

चांद : लो प्रसाद। हनुमान मन्दिर से लाई हूँ। यमुना बाज़ार से। **(सविता**

एक लड्डू उठाती है) नांह, तू यह रहने दे। यह तेरी भाभी के लिए है। पकड़, छोरी। महाराज बोले, हवा आई है, तेरे सिर। इसी कारण फैल हो गई।

कमला : नांह, मैं नहीं खाऊँगी। पिछले शुक्रवार खाया था। कई दिन चक्कर आते रहे।

द्वारका : ज़हर तो नहीं डाली अंदर? लड्डू है। नखरे कर रही है। लाओ, हम खाएँ।

चांद : इकोतर सौ मन्त्र पढ़ाकर प्रसाद लाई।—तेरी बहन यह करे हमारे साथ। फेल तो होगी ही।

अलका : अगर प्रसाद के लड्डू खाकर नंबर बढ़ने लगें, तो कुल दुनिया हमेशा, हर इम्तिहान में, फस्ट डिवीयन ही न ले।

चांद : नास्तिकों वाले बोल मत बक, लड़की हमें तो पहले ही, पता नहीं, किसकी नज़र मार गई।

अलका : ओ के, दीदी। मैं चलूँ। सईदा बानो के घर जाऊँगी। तेरी दोनों चीज़ें ला दूँगी। पड़ताल करके हटेंगे।

द्वारका : चीज़ें कौन सी? पड़ताल कैसी?

अलका : मेरा और दीदी का सीक्रिट है। कहानी पकड़ा।

कमला : रहने दे, फिर कभी।

अलका : डरती क्यों तू? ला। सवेरे दे आऊँगी।

द्वारका : क्या है? दिखा तो।

अलका : आप जाने दो।

द्वारका : **(छीन कर)** "एक और अग्नि परीक्षा"। वाह! मेरी सीता सावित्री। —"कमलेश ने सोचा, ससुराल छोड़कर नहीं जाएगी। मरेगी तो यहीं मरेगी। पति चाहे जितना भी मारे-पीटे। सास और ननद चाहे काट खाएँ।"—

सविता : यू बिच्च! यू आर इनसल्टिंग अस्स।

चांद : कुनबे की मिट्टी उछाल रही है कि नहीं? कुल दुनिया के सम्मुख।

द्वारका : इस जैसी दग़ाबाज़ को नौकरी कोई राख देगा?

चांद : उलटे काम करे जो, रात-दिन, पास कैसे होगी?

द्वारका : **(काग़ज़ फाड़कर)** अलका, आगे के लिए अपनी दीदड़ी घड़ीदड़ी को कुत्ते काम में ऐनकरेज नहीं करना।—दिस इज़ माई वार्निंग। रिटन वार्निंग।

अलका : दिस इज़ दा लिमिट—दीदी, चल मेरे साथ। इस शिट्ट मर्द के मुँह

पर थूक कर, अभी चल।

कमला : नहीं, मैं अपना घर नहीं छोड़ूँगी।

अलका : अगर आग लगा कर जला दिया तुझे?

कमला : देख लूँगी, जो होगा। अपने आप बाहर नहीं निकलूँगी।

अलका : मरना है तो मर परे। **(दरवाज़े से मुड़कर)** दोबारा हमें टेलीफोन नहीं करना। **(जाती है)**

कमला : अलका!

(द्वारका कागज़ के टुकड़े कमला के सिर पर मारता है)

(अँधेरा)

झाँकी 4

(रात। द्वारका सोया पड़ा है। पास से उठकर, कमला उसकी तरफ देखती है। उदास हो जाती है। संगीत। दूसरी तरफ जाती है। बारह साल छोटी। हाथ में कापी और पेन्सिल। टोनी बैट पकड़े गुज़रता है। टोनी डॉ. संधू का जवान रूप लगता है। कमला प्यार से देखती है। हाथ हिलाती है। बिना ध्यान दिए टोनी चलता रहता है। कमला मायूस होकर बैठ जाती है। सवाल निकालती है। टोनी दोबारा गुज़रता है। कमला उठकर हाथ हिलाती है। टोनी नहीं देखता। कमला हिम्मत हार कर बैठ जाती है। कापी पेन्सिल पकड़े इंतज़ार में खड़ी है। टोनी किताबें पकड़े आता है।)

कमला : टोनी जी।··टोनी जी।

टोनी : कौन?··तू ने बुलाया मुझे?

कमला : एक सवाल समझा दो। नन्हा सा।

टोनी : आल राईट। कौन सा?

कमला : पाँचवाँ। **(टोनी के चेहरे पर आँखें गाड़े रखती है)**

टोनी : सातवीं में पढ़ती हो?

कमला : आप बारहवीं में बोर्ड के अंदर फस्ट निकले थे?

टोनी : दस से गुणा करनी थी। भाग नहीं। पकड़।

कमला : मुझे अपने जैसी होशियार बना दो।

टोनी : पढ़ती रह। हर वक़्त। काम की जुटी रह। हर वक़्त। परसीवीयर। फस्ट निकलोगी।

कमला : आप हर वेला पढ़ते लिखते हो?

टोनी : इस मकान में रहती हो? पहले तो कभी देखी नहीं।

कमला : डॉक्टरी पढ़ते हो? इलाज किया करोगे?

टोनी : लवली गर्ल। **(गालों को हाथ लगाकर जाता है)**

कमला : लवली गर्ल। **(प्यार से गाल मलती है, जाते हुए टोनी को देखती है)**

(अँधेरा)

झाँकी 5

अलका : यह संभाल टेपरिकार्डर। छुपा के ले जाना। सैल ठीक हैं। मैंने टैस्ट कर लिए।

कमला : सईदा पूछती तो नहीं थी, क्या करना है बुरका?

अलका : मैंने कहा, हम कॉलेज में ड्रामा खेल रहे हैं।

कमला : बड़ी सूझें तुझे।

अलका : गई बुड्ढी?

कमला : तैयार हो रही है अंदर। सुरमा डालकर। दंदासा मलकर। जैसे मुल्ला के संग मुकलावे जाना हो।

अलका : एक बुरी ख़बर, दीदी। आईम सॉरी। मुझ से रहा नहीं गया। मैं ने चिठी फाड़ ली। तू ने आप ही तो पापा जी के केयर ऑफ ऐडरेस लिखा था।

कमला : नहीं माने छापने को?

अलका : आई ऐम रीयली सारी।

कमला : **(पढ़कर)** "हमें खेद है—ऐडीटर"—हर ऐडीटर हरामी को खेद के सिवा कुछ नहीं होता। अगर छाप दें तो भला क्या नुक़सान हो जाएगा इनका? और भी तो इतना कूड़ा छापते हैं सिफारिशी टट्टूओं का।

कमला : दीदी, तंग नहीं आती तुम? अभी तक तो किसी मैगज़ीन ने तेरी कहानी मनजूर नहीं की।—फिर भी नहीं हटी।

कमला : करूँ क्या फिर?

अलका : कलर्की के कंपीटीशन की तैयारी कर। टाईप सीख।

कमला : वक़्त अभी भी काफी बचता है। मेरा कौन सा ज़ोर लगता है। बैठी लिखूँ न, तो क्या सास का स्यापा करूँ?

अलका : डिसकरेज नहीं होती?

कमला : डिसकरेज होना और किसे कहते हैं?—पर अगर कहानी लिखनी

छोड़ दूँ, तो खाली ज़िंदगी को कैसे भरूँ? दिन रात, सोती जागती, सोचूँ किसके बारे में? कभी तो मैं सीख ही लूँगी कहानी लिखनी। कभी तो कंजर के पुत्र छापेंगे।

(चांदरानी आती है)

चांद : मैं कीर्तन सुनने जा रही हूँ। पीपल वाले मन्दिर। हरिद्वार से आए हैं महात्मा जी। ऋषिकेश से—बेटे का कच्छा धोया नहीं तू ने?—घर पर ही रहना। किवाड़ खुले छोड़ के, पड़ोसिनों संग चुगली करने मत जा बैठना। (जाती है)

अलका : फफेकुटनी! पाखंडी।—लगा ताला।

कमला : **(बुरका पहनती)** रुक ज़रा। थोड़ा आगे जाने दे, चुड़ैल को। **(शीशा देखती है)**

अलका : सुंदर लग रहा है। कोई पहचान नहीं सकता। टेप रिकार्डर अंदर कंधे से लटका ले।

कमला : कहानी जो वापस आई थी, कहाँ है?

अलका : लो। दूसरा डराफ्ट बनाओगी?

कमला : एक आईडिया सूझा। तुझे मेरी क्लासफैलो रिचा याद है?

अलका : डॉक्टर संधू की बेटी? जो ऐल.ऐस.आर. कॉलेज में पढ़ाती है?

कमला : लेकचरर लग गई?

अलका : एक दिन मिली थी, लाईबरेरी के पास। कार से उतरी। मैंने पूछा, डराईवर छोड़कर जाता है यूनिवर्सिटी?—हँस पड़ी, बोली, मेरा हसबंड है।

कमला : ब्याह भी कर लिया? वही लड़का होगा जो सालों से पीछे-पीछे घूमता था। दिनेश वर्मा।

अलका : तेरे बारे में पूछा। कहती, बीए के बाद मिली नहीं।

कमला : कहानी मैं संधू सर को दिखाऊँगी।

अलका : वो क्या करेंगे इसका? ड्रामा गढ़वाएगी?

कमला : सुझाव तो देंगे। पढ़वाने में हर्ज क्या है?

अलका : टक्करें क्यों मारती हो, फिजूल? पहले नौकरी का इंतज़ाम कर। ससुराल में बसना तो हो संभव।

कमला : जिनी देर, सास डायन चिमटी है मुझे, यमदूत बनके, उतनी देर मेरा बसना मुश्किल है।

अलका : चल। कामुकी बुड्ढी की ढिंबरी टैअट करें। **(हाथ मिलाती हैं)**

(अँधेरा)

झाँकी 6

सविता : **(खिड़की में से नीचे को)** हैअ राजू। कम ऑन इन। नो बॉडी होम कम ऑन। नोबडी ओके बाई।

(बैठकर बाल संवारती है। मेकअप चैक करती है। वक़्फा। चांदरानी बाहर से आती है)

सविता : मम्मी, वो कहाँ गई।

चांद : मैं तो यहाँ छोड़कर गई थी, घर।

सविता : तब वही थी।

चांद : कहाँ?

सविता : अभी बताती हूँ। मुँह धो लूँ।

चांद : बहन भी साथ थी।

सविता : अलका आई थी?

चांद : कहाँ देखा तू ने कमला को?

सविता : मेरा शक्क पक्का लगता है।

चांद : बता तो सही।

सविता : मेरी फ्रेंड ने बताया मुझे।

चांद : क्या?

सविता : हंसराज कॉलेज में डॉ. संधू है एक। ड्रामे खेलता है। हर वक़्त लड़कियाँ लेकर बैठा रहता है। कामुक बुड्ढा हीरोइन बनाने का लालच देकर, लड़कियाँ फँसाता है। उसके पास बैठी थी भाभी।

चांद : सच?

सविता : मेरी कोई सहेली कभी झूठ नहीं बोलती।

चांद : तो यही बात होगी। उजाड़ दिया मेरे पुत्र को। लुच्ची बदमाश ने। आ लेने दे आज लड़के को। चोंडी काट के हाथ पकड़ाऊँगी।— आँखों देखी तू ने परफैसर के पास बैठी?

सविता : मेरी फ्रेंड ने देखी थी।

चांद : नाम क्या तेरी सहेली का?

सविता : पूनम। वो हमारे घर कभी नहीं आई। तू नहीं जानती। पर पूनम कमला को अच्छी तरह पहचानती है। ज्ञानसिंह संधू पक्का लफँगा है। यूनिवर्सिटी के किसी बंदे को पूछ लो चाहे।

चांद : अगर सबूत मिल जाए इसकी बदकारी का, कचहरी झट ब्याह तोड़ देगी। कईयों ने यही बताया है मुझे।

सविता : सबूतों का क्या है? मैं इकट्ठे कर दूँगी। फोटो खिंचवा दूँ, कहो तो। कमला और संधू की। इकट्ठों की।

चांद : तू फोटो कैसे खिंचवा देगी?

सविता : मेरा एक फ्रेंड—मेरी एक सहेली का भाई जासूस है। प्राईवेट डिटैकटिव एजेंसी रन करता है। मामूली बात है उसके लिए। दोनों का पीछा करेगा। मुफ्त में बना देगा काम।

चांद : **(ध्यान से बिस्तर देखकर)** शायद यह लुच्चा परफेसर यहाँ भी आता हो। हम जब घर से बाहर होते हैं।

सविता : ज़रूर आता होगा। कह सही तू एक बार। मैं पूरी तफतीस करा दूँगी।

(द्वारका आता है)

चांद : तेरा वीर आ गया। चाय बना।

द्वारका : वो आप मेहंदी लगा के बैठी है? वो नहीं चाय बना सकती?

चांद : वो क्या यहाँ है?

सविता : ताला तो मैं ने आके खोला। खिड़की में से चाबी उठाके।

द्वारका : बाप के घर तो नहीं चली गई?

चांद : बाप कंजर के काहे गई। ख़बर नहीं कहाँ-कहाँ ख़ाक खाती फिरती है।

द्वारका : लाईब्रेरी गई है?

सविता : ओ माई डियर ब्रदर। यू आर इंडीड इन्नोसेंट। लाईबरेरी तो सिर्फ बहाना होता है बाहर जाने का। बॉय फ्रेंड को मिलने का।—मैं चाय बना के बताऊँगी।

चांद : मुल्ला सही कहता है।

द्वारका : क्या?

चांद : बोला, माई, बहू तेरी बदचलन है। बातचीत है उसकी किसी आदमी संग। क्वांरी होती थी जब से उस मर्द ने टोना चला के बस में कर रखी है। नन्हीं थी। यह ज़नानी तेरे भोले पुत्र के घर कभी नहीं बसेगी।

द्वारका : बकवास करता है।

चांद : नहीं, बेटा। काज़ी सच बोलता है। सविता से पूछ ले। आँखों से देखी इसने आज। उस परफेसर के पास गई, मिलने।

द्वारका : सबी, इधर आ। कहाँ देखी तू ने कमला?

सविता : भैया जी, डॉ. संधू छटा हुआ फ्लर्ट है। हंसराज कॉलेज का ड्रामेबाज़। उसने सिडियूस कर रखी है कमला। छिप-छिप के मिलती है।

चांद : मुझे तो पहले ही ठनकती थी। किताब खोल के बैठी रहना। सोचती कुछ और रहना। फेल तो आप ही होगी। कमा कमा के खिलाने के लिए मेरा पुत्र जो हैगा।

द्वारका : लौट लेने दो आज। मैं ज़िंदा नहीं छोड़ूँगा।

चांद : या उस पार, या इस पार।

सविता : चुप, वीरा आ गई शायद पहले चाय पी लो।

(कमला आती है)

द्वारका : किस यार को मिलने गई थी?

कमला : **(तीनों की तरफ देखकर)** अपने नहीं। तेरी माँ के यार को मिलने गई थी।

द्वारका : **(ताड़ ताड़ मारता)** दोबारा बकना ऐसे।

कमला : सही बोली मैं। टेप किया हुआ सब कुछ। सुनाऊँ? कौन से कीर्तन सुनती है नित्य तेरी अम्मा। अभी सुना देती हूँ।

चांद : क्या भौंके तू? मैं मंदिर से चली आ रही हूँ सीधी। देखा, पुत्र, कितनी लंबी जीभ काढ़ ली, दुमुँही ने।

सविता : हंसराज कॉलेज क्या करने गई थी?

कमला : पहले, अपनी माँ से पूछ। मेरे ख़िलाफ कौन से जादू चलावे? कैसे कलमें पढ़ावे? ख़सम से?

द्वारका : टलेगी नहीं तू? ठहर ज़रा। ज़बान काटता हूँ तेरी।

सविता : प्रोफेसर संधू संग सोने गई थी? सच बता। तेरा कॉलज के वक़्त का अफेयर चल रहा है उसके साथ?

कमला : बकवास न कर, सविता। तेरा बीच में बोलने का काम नहीं।—तेरा भी एक दिन ब्याह होगा। तू भी बसेगी पराए घर। माँ तेरी ने मर जाना है, तब तक। मेरे बग़ैर कोई नहीं होगा तेरा इस घर में। लड़की है तू भी। मेरे जैसी। पाहुनी, चार दिन की। तू तो हमदर्दी रख मेरे संग। तेरा मेरा क्या बँटा हुआ है? माँ सरीखी अनपढ़ क्यों बनती हो? ज़ालिम क्यों बनती हो?

चांद : चतुराइयाँ देखो इस रांड की। दरारें डाल रही है माँ बेटी में।

द्वारका : बता, संधू साले को लिने गई थी? क्या लगता है वो तेरा?

कमला : मेरा संधू चाहे जो मरज़ी लगे। पहले, चुप चाप बैठ के, माँ से पूछ। कहाँ जाती है हर शुक्रवार? आज क्या बातें करके आई है? तेरे ख़िलाफ और मेरे ख़िलाफ? यह क्यों नहीं चाहती, हम दोनों सुखी बसें? आदमी औरत बनकर? पूछ इसे बैठा के।

चांद : तू मामी लगे बीच में?—मेरे गबरू को भड़कावे? कोख का दुश्मन बनावे? झूठ बोल के।

कमला : बैठ फिर आराम से। आप भी बैठो। टेप सुनो। बुरका पहन के, मैं ने इसका पीछा किया। कब्रिस्तान जाती है। फैज़ रोड पर। टोने करने वाले मुल्ला के पास।

चांद : **(चीखती चिल्लाती, विलाप करती)** कुत्ती टऊँ टऊँ करे! ख़ामख़ा। पीछे पड़ गई मेरे। हाये ओए रब्बा! बदचलन ने कहानी गढ़ ली। अपनी बदमाशी छिपाने के लिए। नित्य कहानियाँ गढ़ती है, झूठी। हम माँ बेटी के ख़िलाफ।

सविता : हाय! चिमट गई हमें! इल बला! **(रोती है)**

चांद : मेरे लाल, जान ले ले मेरी। ज़नानी का कहा मान के, छुरा घोंप दे मेरी छाती के अंदर। कलेजा काढ़ ले। **(बिलखती है)**

द्वारका : चुप करो, दोनों। चिल्ला रही हैं, यों ही।

सविता : संधू को हर हफ्ते मिलती है यह। उसके कमरे के अंदर। क्वांरी को फँसा रखा है। संधू लड़कियों को ड्रामे में रोल देने का झाँसा देता है। यह भी इसीलिए फँसी हुई है उससे। मैं ने आँखों देखी है।

द्वारका : सच सच बोल दे। नहीं तो, मैं, आज, या मर जाऊँगा, या मार लूँगा। अभी खिड़की में से धक्का दे दूँगा। सड़क पर गिरती का भड़था बन जाएगा। बता, क्या लगता है तेरा संधू साँढ?

कमला : मेरी सहेली रिचा के डैडी हैं।

द्वारका : रिचा? रिचा कौन बन गई तेरी नई सहेली?

चांद : हमारे कानों में तो आज तक नहीं था पड़ा रिचा का नाम।

सविता : गढ़ लिया नाम, चुटकी में।

चांद : सहेली होती तो दो सालों में यहाँ मिलने न आती।

द्वारका : रिचा की माँ का संधू ख़सम होगा। तेरी माँ का क्या लगे? जमाई?

कमला : बेवजह गुस्से मत हो। जो मरज़ी क़सम खिला लो मुझे। तहकीकात कर लो, ख़ुद जाकर। गई मैं ज़रूर थी, डॉक्टर संधू को मिलने। अलका मेरे साथ थी। झूठ नहीं बोलती मैं।

द्वारका : क्या लेना था तूने, उस ड्रामेबाज़ से?

कमला : अपनी एक कहानी दिखाने गई थी।

द्वारका : संधू किधर का शेक्सपीयर है, जो तुझे लिखना सिखा देगा?

कमला : मैंने कहानी में डायलॉग लिखा है। वो ड्रामे खेलते हैं। सलाह लेनी थी। अलका को पूछ आओ जाकर।

द्वारका : बाज़ नहीं आएगी तू? करतूतों से?

चांद : भला जोरू यों हुकम अदूली किया करें? ख़समों की? दूसरों की पत्नियाँ नित्य ब्रत रखें। पैर धो-धो पियें। हमारी बहू? चोरी छिपे यारों को छाती से लगाने जाती है।

द्वारका : **(रोने को)** कमला। प्लीज़। सुलह सफाई से मेरा साथ छोड़ जा। डाईवोर्स ले ले। न जला मुझे। बस जा संधू संग जाकर। हमारा पिंड छोड़। जिस कीचड़ में तू जन्मी पली थी, मुड़ के उसमें लोट, लुढ़क। मिन्नत मान मेरी।

कमला : डाइवोर्स क्या यों ही ले लूँगी। केस फाईल कर कोर्ट में। मैं टेप सुनाऊँगी तेरी अम्मा की—कैसे मुझे जान से मरवाने की स्कीमें बनाती है रोज़। हिम्मत है तो कर केस। दूसरे कामों में तो मर्द नहीं तू। इसी में मुझे मर्दानगी दिखा। ऐसे नहीं मैं जाती घर छोड़ कर। इतनी कोमल मत समझो। यह न कहो, "मुनीम की बेटी है। ग़रीब है। डर जाएगी जल्दी।"—चांदरानी, एक बार तो कचहरी चढ़ाऊँगी तुझे। साथ में तेरे ख़सम मुल्लाने को। तू भी याद करेगी, बहू टकरी थी मुझे।

सविता : माई गॉड! व्हट ए बिच्च! आई विल टेयर यू टू शैरडज़। **(पकड़ती है)**

द्वारका : सबी! तू हट जा। डंडा पकड़ा।

चांद : मूसल पकड़ा। मिर्चें कूटने वाला। रसोई से। मूसल।

कमला : आ। मार मूसल। अगर एक भी ज़ख़्म हुआ, मैं सीधी थाना जाऊँगी। डॉक्टर की परची कटवाऊँगी। जेल भिजवाऊँगी, तीनों को।

द्वारका : जेलों के स्वाद दूँ मैं तुझे। **(मुक्के मारता है)**

कमला : पीटना पीछे। पहले माँ कुत्ती के कारनामे सुन। टेप चला लेने दे मुझे। एक बार।

(सविता से पकड़कर, द्वारका मूसल मारने लगता है। दरवाज़ा खटकता है)

सविता : वीरा। रुक।

चांद : बाहर कोई आया।

(वक़्फ़ा। सविता मूसल छिपा कर, किवाड़ खोलती है। डॉ. संधू और रिचा दहलीज़ पर)

रिचा : मैं, रिचा, कमला की क्लासमेट। मेरे डैडी।

कमला : रिचा। **(बाहों में लेकर रोती है)**

द्वारका : आओ, जी।

संधू : मिस्टर शर्मा? ग्लैड टु सी यू।

रिचा : अरे। चुप कर। पगली मत बन।

संधू : ब्याह हो गए। लड़कियाँ एक दूसरे का मुँह देखने से भी गई। जब कॉलेज में पड़ते हैं लड़के-लड़कियाँ, सोचते हैं, कभी बिछड़ेंगे नहीं।

द्वारका : बैठो, जी।

रिचा : डैडी ने बताया, कमला अभी गई है। आधा घंटा पहले।—कहानी लिखना नहीं छोड़ा?—डैडी मुझे लिफ्ट देकर घर छोड़ने जा रहे थे। हसबैंड को मैं ने कार देकर गराज़ भेजा है। तुझे मिलने को बड़ा दिल किया। डैडी बोले, "चल। रास्ते में मिलते चलें। मैंने कमला की कहानी पढ़ ली है। कमैंट्स देते चलें और कहानी लौटा दें।"

चांद : चाय बना, बेटी। **(सविता जाती है)**

संधू : यह गुड्डी तेरी बहन है?

द्वारका : हाँ, जी।

संधू : रामजस कॉलेज में पढ़ती है?

द्वारका : आप कैसे जानते हैं सविता को?

संधू : बताता हूँ अभी। अच्छा हुआ हम आए। ए लक्की चांस।

कमला : रिचा, तू ने तो भुला ही छोड़ा। लैक्चरर लग गई हो, अलका बता रही थी।

रिचा : इसी जुलाई जॉइन किया है, ऐल ऐस आर कॉलेज। ऐडहाक। तू कौन सा जॉब कर रही है?

कमला : मिला ही नहीं अभी।

संधू : इस मुल्क का मुक़ाबला नहीं। इतनी टेलैंटिड लड़की। अनअंपलाइड बैठी है। तुझे तो किसी मैगज़ीन की ऐडीटर बनना चाहिए।

द्वारका : ऐडीटर? क्लर्क्स ग्रेड में फेल हो गई, दो बार।

रिचा : सॉरी, कमला। तू कहे, तो मैं अंकल के ऑफिस में दिलवा सकती हूँ। टाइपिस्ट का जॉब। यू नो टाइपिंग?

कमला : हाँ। पर स्पीड कम है।

रिचा : वो कोई नहीं—डैडी, जोगी अंकल ने कहा था, कोई नीडी स्टूडैंट भेज।

संधू : ठीक है—अगर कमला माने तो।

द्वारका : नहीं जी। प्राईवेट नौकरी नहीं करनी। अल्टीमेटली सरकारी नौकरी जैसी ऐश नहीं। मेरा जॉब आई ए ऐस का मुक़ाबला करता है। सिर्फ तन्ख़ाह का फर्क है। हम छोटे क्लर्क। आई ए ऐस वाले बड़े क्लर्क।

चांद : मुनीमी तो नहीं व्यापारियों की।

द्वारका : ओर छः महीने, दुखी सुखी, गुज़ार लेंगे। पर सरकारी ऐग्ज़ाम ज़रूर पास करवाऊँगा।

कमला : सर, मेरी कहानी अच्छी लगी?

संधू : अच्छी तो है। काफी अच्छी है। **(शैल्फ से शेक्सपीयर के पूरे नाटक उठाकर देखता है)**

रिचा : मैंने भी पढ़ ली।

कमला : इतनी जल्दी?

रिचा : कार में बैठे। फटाफट। हमारी बी ए की हिंदी टैक्सट में वो कहानी थी न? "उसने कहा था"—

द्वारका : चंद्रधर शर्मा गुलेरी की?

रिचा : उससे मिलती जुलती है।

संधू : मुझे भी यही कहना है। कमला, देख, पुत्र। मैं आप तो कभी कुछ लिख नहीं सका। मगर जैसे बर्नर्ड शॉ कह गया—ही हू कैन, डज़्ज़। ही हू कैननॉट, टीचिज़।—मैं लेखक नहीं। पर लिखने पर लैक्चर ज़रूर दे सकता हूँ।

रिचा : हर जगह लैक्चर। घर हो या क्लास या रीहर्सल। डैडी लैक्चर देने से नहीं हट सकते।

संधू : मेरा पेशा ही ऐसा है। मेरा औज़ार है, ज़बान। मैं ज़बान चलाकर रोटी कमाता हूँ।

रिचा : जैसे कमला क़लम चला के रोज़ी कमाना चाहती है?

संधू : ऐग्ज़ैक्टली। क्या कह रहा था मैं? रिचा, तू ने फिर भुला दिया—आधी अनर्जी तो मेरी ज़िंदगी की रिचा की मम्मी ने, और उसके बच्चों ने, मुझे टोक टोक कर तबाह कर दी। इनकी माँ ने मेरे दिमाग़ को कभी एक तरफ नहीं चलने दिया। जब मैं, सोचने के लिए सैर को निकलूँ, नया करीएटिव आईडिया तलाशने, चलते हुए को पीछे से आवाज़ मारेगी; **(नक़ल उतार कर)** "मैं ने कहा, मुड़ते वक़्त दो किलो बैंगन ले आना"।—आईडियाज़ गए गंदे नाले में। पूरी सैर के वक़्त वो ब्लासटिड बैंगन खोपड़ी के अंदर कूदते रहते

हैं।

रिचा : जाने दो, डैडी। बदनाम करते हो मम्मी को और 'उसके' बच्चों को। आपको कद्दू में और बैंगन में फर्क नहीं पता होगा।

कमला : रिचा बताया करती थी, घर का, मारकिट का, समूचा काम आंटी करते हैं।

संधू : ज़रूर। लेकिन जिस काम को करने पर आंटी पाँच मिनट ख़र्चती है, उसके बारे में मुझे कहानी सुनाकर, मेरे पाँच घंटे बरबाद कर देती है।

रिचा : झूठ। कोरा कुफ्र। आपकी अपनी कहानियाँ तो कभी ख़त्म होने को नहीं आतीं। (**नक़ल उतार कर**) हर पाँच मिनट के बाद, "जब मैं चौथी में पढ़ा करता था।"

संधू : ओके, ओके। लैटस कम टु कमलाज़ स्टोरी।—बेटा, किताबें पढ़-पढ़ कर, मैं इतना तो ज़रूर जान गया हूँ—अच्छी कहानी क्या होती है? ··बुरा न मनाओ, तो साफ-साफ सलाह दूँ एक?

कमला : बुरा क्यों मनाऊँगी मैं? आप सच्ची-सच्ची कहो। मेरा ही फायदा होगा। आप के सिवा, मैंने किसी बंदे को कहानी नहीं पढ़ाई। तभी शायद ऐडीटर रिजैक्ट कर देते हैं।

(सविता चाय पकड़ाती है)

सविता : खाने के लिए बनाऊँ कुछ?

संधू : नहीं, नहीं, बेटा। चाय की भी आप ने ख़ामख़ा तकलीफ की।

रिचा : जीजा जी नहीं पढ़ते तेरी कहानियाँ?

कमला : अंकल पहले बंदे हैं जिनसे लिखने के बारे में सलाह माँगी मैंने। वो भी इस कारण कि मैं निराश हो चुकी हूँ। साल गुज़र गए। मेरी कहानियों से निकम्मी-निकम्मी कहानियाँ छप जाती हैं। मेरी बारी सम्पादकों को भूत चिपक जाते हैं।

संधू : बावली, कला में जल्दी नहीं चलती। अगर तू चाहती है, लेखक बनूँ, पता तुझे, तेरे अंदर सब से बड़ी कौन सी ख़ूबी चाहिए?

कमला : कौन सी, सर?

संधू : परसीवीयरेंस। दृढ़ता। लगन। हठ। डॉगडनैस्स। लगी रह। लिखती रह। लिखती रह। दूसरा ड्राफ्ट बना। तीसरी बार लिख। सुधार। संवार। दोबारा लिख। मुश्किल पेशा है, लिखना। हौसला बड़ा रख हमेशा।

कमला : कितना ही बड़ा हौसला हो, पस्त हो जाता है। ख़ासकर उस वक़्त, जब इर्द गिर्द के सारे बंदे, दिल तोड़ने पर तुले हुए हों।

संधू : टेलंट तो तेरे अंदर है। अगर मेरा कहा माने, एक काम कर।

कमला : बताईये, अंकल।

संधू : अभी तुम बड़े लेखकों से डरती हो। उनकी हद से ज़्यादा इज़्ज़त करती हो।

चांद : बड़ों का मान रखना बुरा है?

द्वारका : बड़ों से डरना भी पड़ता है।

संधू : इज़्ज़त करनी, अच्छी है। नक़ल करनी, बुरी है। रिचा ने सही कहा है। रिचा की शक्ल अपनी मम्मी पर गई है। पर अक़्ल मेरे पर है।

रिचा : आप फिर पॉइंट से भटक जाएँगे और दोष मुझे देंगे।

संधू : तेरी कहानी कमला शर्मा की नहीं लगती। दूसरे लेखकों की खिचड़ी सी लगती है—अपने बारे में लिख। अपने जीवन के बारे में लिख। जिस जीवन को तू ने जिया है, जी रही है। ईमानदारी से उसके बारे में लिख। तू ने एक भरत नाट्यम की डांसर को हीरोइन चुना—जो गंदगी के बीच में रहती है। पर खिलना चाहती है। मगर तुम्हें भरत नाट्यम का कुछ भी ज्ञान नहीं।

कमला : मैंने सोचा, ऐडीटर इस जैसे कलाकारों के बारे में कहानियाँ पसंद करते होंगे।

संधू : ग़लत। ऐडीटर सच्च के पारखी हैं। सच्ची बात ईमानदारी से लिख दे। वही साहित्य है।

कमला : पर मेरे जीवन में अहम घटनाएँ नहीं घटी। नाटकीय वाक़यात नहीं पेश आए।

संधू : झूठ। हम सब की ज़िंदगी में दिलचस्प घटनाएँ घटती हैं। ओनली यू नीड टु नैरेट दैम ईफैकटिवली। कैच दैम इन यूयर ओन वर्डज़।

कमला : भाषा कैसी लगी आप को? क्या वार्तालाप उपयुक्त लिखे हैं मैंने?—जिस कहानी में बातचीत थोड़ी हो, मुझे बोर कर देती है। पढ़ने से जी उचट जाता है।

संधू : बोली के बारे में भी यही कहना है मुझे। तुम ख़ामख़्रा बनावटी बोली लिखने की कोशिश करती हो। क्विंटल क्विंटल के लफज़, डिक्शनरी से ढूंढ़-ढूँढ़ कर, वाक्यों में ठोकती हो—ताकि तू विद्वान लगे। महापंडित कहलाए। नो वंडर, तेरी कहानियाँ रिजैक्ट हो जाती हैं।

कमला : और कैसे करूँ?

संधू : बोलचाल की भाषा बरत। सादा, छोटे-छोटे फ़िक़रे। जैसे आम लोग बोलते हैं।—आँखें बंद करके, लोगों को सुन। आपस में बहसते, लड़ते, झगड़ते। तुम्हें अपने आप पता चल जाएगा।—तेरी

इस कहानी के डायलॉग असली ज़िंदगी में कभी किसी आदमी या औरत ने नहीं बोले।

कमला : मैं समझती थी, मुश्किल लफ़्ज़ों से पाठक इंपरैस होते हैं।

संधू : नहीं, बेटा। पाठक को इंपरैस करने की जद्दोजेहद मत कर। उस तक भावना पहुँचा। ईमोशन पहुँचा। विचार पहुँचा। यू हैव ऐकसैपश्नल टेलंट। कीप इट अप। यू आर डैसटिंड टु सकसीड। माई बैंसट विशिज़।—अच्छा जी, चाय का शुक्रिया।

रिचा : तू भी आना अब मेरे घर। ऐ टैन, ग्रेटर कैलाश—अव्वल तो मैं अपने हसबैंड को भेजूँगी, तुझे पिक अप करने।

कमला : ठहर लेते, अंकल।

चांद : रोटी बन जाती अभी।

संधू : नहीं, जी। चाय पी ली—रिचा का दिल कर आया। बिछुड़ी सहेली से मिलने का। सबब से मैं ने भी दर्शन कर लिए, शर्मा साहिब के— बेटा, आप उतरो।–शर्मा जी, एक मिनट।

(सविता, रिचा, कमला बाहर जाती हैं। चांदरानी रसोई को प्याले ले जाती है।)

द्वारका : कमला आपके कॉलेज तो नहीं पढ़ती थी?

संधू : नहीं, बेटा। रिचा की क्लासमेट थी। मुझे तो भूल भुला गया। कमला ने बताया, एक बार मुझे हंसराज कालज मिलने आई थी। चार एक साल पहले··खैर··मुआफ करना, बेटा, जवानी में बच्चे ग़लत कदम भी उठा लेते हैं। डाँटना डपटना मत लड़की को।

द्वारका : किसे? मैं समझा नहीं।

संधू : अपनी बहन को।

द्वारका : सविता? क्या हुआ, जी?

संधू : ओहो। अभी घर बताया नहीं बेचारी ने?

द्वारका : क्या?

संधू : स्ट्रेंज··

द्वारका : बताइए तो सही।

संधू : अब बात शुरू हो ही गई तो··पता तो तुम्हें लग ही जाएगा। और घंटे बाद पहुँच जाएगा चपड़ासी। मैं ही क्यों न बता दूँ।

द्वारका : इतनी बुरी बात है?

संधू : अपनी बहन पर निगाह रख, बेटा।—हमारे हॉसटल के लड़के—अब क्या कहूँ? पैसे बहुत हैं कई लौंडों के पास। ससुरे उलटे धंधे करते हैं। चौकीदार तो समझता था, कॉल गर्ल है। पता चला,

स्टूडैंट है। रामजस कालज की। हमारे प्रिंसीपल ने हॉसटल कमेटी की मीटिंग बुलाई। रो रही थी सविता। तुझे कॉलेज बुलाने के लिए चिट्ठी भेजी हम ने। व्हट ए ड्रामैटिक कुइंसीडेंस। तुम मिल गए। रामजस कॉलेज के प्रिंसीपल ने अटैंडेंस रिकार्ड चैक्क किया। काफी शॉर्ट है।

द्वारका : घर से रोज़ पढ़ने जाती है।

संधू : मारना पीटना मत। समझा देना प्यार से। **(जाता है। वक़्फ़ा, सविता आती है)**

द्वारका : सविता! कैसे उलटे काम करती है तू कॉलेज में? अटैंडेंस क्यों शॉर्ट है तेरी?

सविता : कहाँ शार्ट हैं? चल के देख लो कल।

द्वारका : **(थप्पड़ मारकर)** तुझे मैं सीधी करूँ।

सविता : अम्मा! **(अंदर से चांद रानी भागी आती है)**

चांद : क्या हुआ, री?

सविता : अपनी रांड का गुस्सा मेरे पर निकाल रहा है।

चांद : क्यों?

सविता : संधू बदमाश इसकी जोरू फँसाए बैठा है। उलटा, मेरे बारे में झूठमूठ बक गया लगता है।

(हाथ में चिट्ठी पकड़े कमला आती है)

कमला : हंसराज कॉलेज का चपड़ासी यह चिट्ठी पकड़ा कर गया है। आपके नाम। क्या हुआ?

द्वारका : दोनों को दुरुसत करता हूँ। मिलाता हूँ तुम्हें यारों से। कॉलेजों के अंदर।

कमला : अब भी यक़ीन नहीं करते आप? मुझे बदचलन कहने से पहले, अम्मां की करतूत सुन। चलाऊँ टेप?

द्वारका : जान निकाल लूँगा, तेरी। साथ में इन दोनों की। **(रोने को तैयार, अंधा हुआ)** कुत्तियाँ साली। ऐसे घर से तो बेहतर है, बंदा ख़ुदकुशी कर ले। **(बाहर जाता है)**

कमला : कहाँ चले? **(पीछे जाने लगती है)**

चांद : बेटा!

सविता : **(पीछे से चोटी खींचकर)** चुग़ली कराती हूँ तुझे मैं!

चांद : **(दोनों हाथों से पीटती)** कमज़ात। मेरे पुत्र को घर से भगा रही है?

सविता : हमें घर से उजाड़ रही है, लुच्ची!

(मूसल मारने को तैयार)

चांद : ख़बर नहीं, मेरा दुःखी लाल क्या कर बैठे।

कमला : हाय! मैं मर गई! बचाओ! मुझे छुड़ावो! मार डाला! लुच्चियों ने!

(अँधेरा)

(आधी छुट्टी)

झाँकी 7

(कमला अकेली सोई है। संगीत। उठकर गली में टोनी को जाते हुए देखती है। टोनी स्मार्ट टी शर्ट में। कमला कॉलेज की लड़की। चार साल पहले)

कमला : टोनी जी।

टोनी : **(बग़ैर पहचाने)** मुझे बुलाया?

कमला : एक पोइम समझा दीजिए।

टोनी : पोइम? **(हुस्न से बींधा।)** माई गॉड।··तुम··कौन?··

कमला : भूल गए?··मैंने सवाल समझा था आप से। कई साल पहले।

टोनी : मेरे से?··याद नहीं आ रहा।

कमला : आपकी याददाश्त इतनी कमज़ोर तो हो नहीं सकती। आई.ए.एस. में फस्ट निकले हैं। मैंने फोटो देखी आपकी अख़बार में।

टोनी : अच्छा। यू आर मुनीम जीज़ डॉटर?

कमला : हाँ।

टोनी : ब्यूटीफुल गर्ल।

कमला : पहले आपने लवली कहा था।

टोनी : मैंने?··कब?

कमला : जब मैं सातवीं में थी।

टोनी : इतनी देर की बात याद है तुझे? **(किताब से)** दी रोड नॉट टेकन। रौबर्ट फ्रॉस्ट। यही पोइम समझोगी?

कमला : एक बात पूछूँ? गुस्सा तो नहीं करोगे?

टोनी : पूछ।

कमला : आप तो डॉक्टरी पढ़ रहे थे।

टोनी : हाँ।

कमला : फिर लाईन कैसे बदल ली? आई.ए.एस. तो अलग राह है। आर्ट्स पढ़ने वाले ही आई.ए.एस. पास कर सकते हैं।

टोनी : इसका जवाब तो आसान ही है। मैंने डाक्टरी पढ़ी—क्योंकि मेरे मम्मी डैडी मेरे पीछे पड़े हुए थे। उनके लिए दुनियां में पैसा ही है सब कुछ। दोनों खा-खा कर मोटे हुए हैं। देखे तू ने?

कमला : हाँ।

टोनी : देखा, केसे चलते हैं। टैंकों की तरह। **(नक़ल उतार कर)** हिज़ हैवीनैस्स। ऐंड हर हैवीनैस्स। पले हुए गैंडा और गैंडी।

कमला : हाय! मम्मी डैडी के बारे में ऐसे बोलते हैं? पाप लगेगा आपको।

टोनी : डाक्टर बनने के बाद मुझे अक़्ल आई। भला कितना पैसा खा सकता है बंदा? बल्कि ज़्यादा खाकर बीमार होगा, दुःखी होगा। जल्दी मरेगा।—दुनिया में दूसरे ढेर सारे मज़े हैं। स्वाद हैं। जो पैसा नहीं ख़रीद सकता। क्या मैं सिर्फ पैसे गढ़ने की मशीन हूँ?—तमाम उम्र डाक्टर बने रहने को मेरा जी नहीं माना। सोचा, कहीं ग़लती तो नहीं कर बैठा? सिर्फ एक ज़िंदगी मिली है। वो ग़लत प्रोफेशन चुनकर तबाह कर लूँ। सो, मैंने रोड बदल डाली। अफसर बन गया।

कमला : इतना आसान होता है लाईन बदलना?

टोनी : मेहनत करो तो सब कुछ आसान होता है।

कमला : **(आँखों की गहराई में झाँकती)** मेहनत करो तो सब कुछ मिल जाता है?

टोनी : सब कुछ तो शायद नहीं—पर कई कुछ। मेहनत से, पहले, मैं डाक्टर बन गया। अब, अफसर।

कमला : मेरी ज़िंदगी का लक्ष्य मुझे प्राप्त हो सकता है?

टोनी : तू ने अपनी जिंदगी का कौन सा निशाना तय किया है?

कमला : **(सोचकर)** अभी नहीं मुझे पता। मैं आपके घर आ के समझ लूँ यह पोइम?

टोनी : फाईन। शाम को आ जाना।

कमला : अब तो नहीं भूलोगे मुझे?

टोनी : अब नहीं भूलूँगा। कभी नहीं। ख़ूबसूरत लड़की को कोई मर्द नहीं भूला करता।

(अँधेरा)

झाँकी 8

(द्वारका चादर लेकर सोया पड़ा है। कमला टेबल के पास बैठी लिख रही है। उठकर बुलाती है)

कमला : सुनिए।···बोलते नहीं? **(हाथ से छू कर)** बुखार तो तेज़ है··· डाक्टर बुलाऊँ?

(लौटकर टेबल को आती है। लिखती है। अलका आती है)

अलका : दीदी।

कमला : **(मुँह पर उंगली)** धीरे।

अलका : टेप सुनाई···क्या बोला सुनकर?

कमला : कल, हम तीनों से लड़के, घर से निकल गए। आधी रात को मुड़े। सरीर तप रहा है। उठे ही नहीं।

अलका : डाक्टर को दिखाया?

कमला : पैसे नहीं हैं मेरे पास।

अलका : सास तेरी?

कमला : पता नहीं अब किस मुल्ला को मिलने गई है। बहन भी सुर्खी पाऊडर थोप कर कॉलेज दौड़ गई।

अलका : सुनाई नहीं इसे माँ की करतूत?

कमला : ऐसी बीमारी में टेप सुनाना अच्छा थोड़ी होगा?

अलका : दीदी, तुझे तरस भी जल्दी आ जाता है।

कमला : यह भी इन्सान है आख़िर। मेरे जैसा। दुःखों का तोड़ा हुआ।

अलका : झट बदल जाती हो तुम। गिरगिट की तरह। कभी गुस्से से ज्वालामुखी। कभी बर्फ का पहाड़।

कमला : इसके अंदर बैठ के देख। तुझे भी हमदर्दी हो जाएगी।—सविता पर भी बहुत नाराज़ दिखता है। उसके भी थप्पड़ मारा कल।

अलका : सविता की असलीयत जान गया होगा। तू मत मान। इसके कॉलेज की लड़कियाँ बताती हैं। टैक्सी है। गश्ती। जो मोटी रकम

पकड़ा दे, उसी के साथ उठ चलती है।

कमला : मुझे भी शक्क था। फैशन इतने करे। भांति-भांति का कपड़ा पहने। कहाँ से आता है? इनकी तन्ख़ाह से तो रोटी और किराए का जुटाना कठिन हैं

अलका : शॉक लगा होगा बेचारे को। अगर माँ की टेप भी सुन लेता, तो पता नहीं, क्या करता?

कमला : अलका, डैडी को कहना किसी से पकड़ के सौ एक रुपए भेज दें। डाक्टर तो बुलाऊँ।

अलका : शाम को दे जाऊँगी मैं। और कुछ?

कमला : नहीं · · हाँ, सच। दो दस्ते काग़ज़ दे जाना।

अलका : कहानियों के लिए?

कमला : बेकार बैठी क्या करूँ?

अलका : ज़िद मत छोड़ना।

कमला : नॉवल शुरू किया है।

अलका : फिजूल टक्करें मार रही हो। · · तेरी तू जाने। **(पास जाकर)** जीजा जी?

कमला : होश ही नहीं।

अलका : ओ के। शाम को पैसे दे जाऊँगी। **(जाती है)**

कमला : काग़ज़ मत भूलना!

(अँधेरा)

झाँकी 9

(कमला लिखते-लिखते रुक जाती है। सोचती है। संगीत। कहीं से चुपचाप शेक्सपीयर दाख़िल होता है। टोनी और डॉ. संधू से शक्ल मिलती है। द्वारका चादर तान कर सोया पड़ा है)

शेक्सपीयर : कमला।

कमला : आप?⋯डॉ. संधू? या टोनी? यों शक्ल से हूबहू शेक्सपीयर दिखते हो।

शेक्स : हाँ। तेरा पिता, शेक्सपीयर।

कमला : आपने इतने ड्रामे कैसे लिख डाले?

शेक्स : ज़रूरत थी।

कमला : ज़रूरत? क्या मतलब?

शेक्स : न लिखता, तो रोटी कहाँ से खाता? पेशा था मेरा। पैसे की ज़रूरत हो, तो आप ही काम हो जाता है।

कमला : पैसे के लिए लिखते थे आप? मैं तो समझती थी, आप महान कलाकार हैं। सच्चे सिरजनहार—जो भाड़े पर नहीं लिखते।

शेक्स : महान कलाकार? वो क्या हुआ?

कमला : कमाल करते हैं आप। अगर कला को आप ऊँची, स्वच्छ, नहीं समझते थे, तो ऐसे बढ़िया नाटक कैसे लिख लिए? इतने ज़्यादा ड्रामे?

शेक्स : जैसे बढ़ई खाट पीढ़ियाँ बनाता है। कुरसियाँ मेज़ बनाता हे। ऐसे ही मैंने ड्रामे गढ़ लिए।

कमला : कुदरत का वरदान नहीं होती लिखने की शक्ति? बड़ा दिमाग़ खुदा की बख़शिश नहीं था आपको? जैसे आईनसटाईन को था?

शेक्स : बड़ा दिमाग़? मेरा? **(हँसता हुआ)** मेरी जोरू को पूछ के देखती तू। ऐन हैथवे रोज़ झाड़ती फटकारती थी मुझे। **(ज़नानी बनकर)** "तेरे से ज़्यादा तरखान लोहार कमा लेता है। जूते गाँठने वाला मोची

कमा लेता है। कहाँ मेरे माँ-बाप ने मुझे कंगाल कवि संग गाँठ दिया। तुक-बंदर संग गौने भेज दिया।"

कमला : पर असल में तो आपका दिमाग़ चोखा तीखा चलता होगा?

शेक्स : नहीं, कमला। दिमाग़ सब बन्दों के बराबर होते हैं।

कमला : मैं नहीं मानती। वो देखो, जयपाल। परचूनिया। पैसे-पैसे बदले लड़ रहा है, हर गाहक से। इसका दिमाग़ आप जितना कैसे हुआ? आप और आईनसटाईन हुए जीनियस। जयपाल और आईनसटाईन बराबर किस तरह हो गए? आईनसटाईन, आईनसटाईन है। जयपाल, जयपाल।

शेक्स : पगली, लाखों करोड़ों बेवकूफों की तरह मत सोच। दोनों का फर्क पहचान। फर्क किसी दूसरी बात में है। साईज़ दिमाग़ों के एक से होते हैं। दिमाग़ जयपाल का भी आईनसटाइन के साईज़ का है।

कमला : **(हँसती)** जयपाल और शेक्सपीयर बराबर! दमड़ी पुत्र और आईनसटाईन बराबर!—आप बुद्धू बना रहे हो मुझे।

शेक्स : नो। आईम डैड सीरीयस। ऑल ब्रेनज़ आर ईक्वल।

कमला : तो फिर, आज तक, आप जैसा दूसरा नाटककार, क्यों नहीं जन्म सका।

शेक्स : नहीं, यह ग़लत है। मेरे ड्रामों से बेहतर ड्रामे औरों ने भी लिखे हैं। मेरे से पहले भी लिखे हैं। मेरे बाद में भी। अगर मेरा साथी करिसटोफर मारलो 'टैंबरलेन' न लिखता, 'डॉक्टर फौसटस', 'ऐडवर्ड दूजा' मेरे से पहले न लिखता, शायद मैं ड्रामा लिखना सीख ही न सकता।—बैनजॉनसन था एक, रकीब मेरा। लोगों को हँसा-हँसा के मार सकता था। मैंने हसद करके, जलन करके, अपनी ताक़त ज़ाया नहीं की। विनम्रता बरती। बैनजॉनसन की शागिरदी की। उसके ड्रामों में ऐक्ट किया। हँसाने वाले पात्र बनाने सीखे।

कमला : एक आध नाटक होगा किसी लेखक का जो आपकी कृति का मुक़ाबला कर सके। अगर टोटल रचना देखें, संसार का कोई नाटककार आपका मुक़ाबला नहीं कर सकता।

शेक्स : कमला, कल जन्मी है तू। अभी से तूने बुढे, अनपढ़, आलोचकों जैसी बेतुकी हाँकनी शुरू कर दीं।—लिखने में मुक़ाबला कैसा? कला का सृजन करना कुश्ती लड़ना थोड़े ही है?—कि मैंने फलाँ की पीठ लगा दी? निकम्मे से निकम्मे लेखक से भी तुम कुछ सीख सकती हो। मैंने आप, कितना कुछ, दूसरे लेखकों से चुराया।

कमला : चुराया?

शेक्स : हर लेखक एक तरह चोर भी होता है। अपने साथी लेखकों से सीखता है। घटनाएँ चुराता है। पात्र चुराता है। विचार उधार लेता है।

कमला : आपके बारे में सुना तो मैंने भी यही है। हमारी मैडम स्वर्ण मलहोत्रा ने बताया था। 'जूलियस सीज़र' पढ़ाते वक़्त। पर यकीन नहीं था आता—क्या आप सचमुच इतिहास की किताब टेबल पर रखकर बैठ जाते थे? और उसे अलग-अलग झाँकियों में बाँटकर, पंक्तियों में तुकबंदी फँसा कर, ड्रामा बना लेते थे?

शेक्स : बिलकुल। 'जूलियस सीज़र' ऐसे ही लिखा था मैंने। हिस्टरी के नौ दस ड्रामे मैंने इसी तरीके से बनाए थे। अपने दूसरे नाटकों की कहानियाँ भी मैंने, लोगों के नावलों से, ड्रामों से, चोरी कीं।

कमला : जब आपने कहानियाँ दूसरों से ले लीं, फिर आपके अंदर ख़ाक ख़ूबी हुई?

शेक्स : कमल बेटा, नई कहानियाँ दुनिया में बहुत थोड़ी हैं। तू कितना यत्न कर ले, विशुद्ध नई कथा नही गढ़ सकती। किसी न किसी पहली किताब से मिलती-जुलती होगी।

कमला : उरिजिनैलिटी तो आपकी कुछ न हुई फिर। नयापन क्या हुआ?

शेक्स : दो चीज़ें।

कमला : कौन सी?

शेक्स : पहली, मेरी ताज़ा बोली। मेरे लफ़्ज़। मेरी कविता। मेरा शब्द संगीत।

कमला : नए लफ़्ज़ कैसे जन्म सकता है कोई लेखक? आप तो, मैंन सुना है, विद्वान भी मामूली थे। विदेशी बोलियाँ थोड़ी जानते थे। मेरी तरह।

शेक्स : हाँ-हाँ। मेरे ज़माने में, मेरे से कहीं ज़्यादा पढ़े-लिखे नाटककार थे। महापंडित थे। यूनिवर्सिटी से डिगरी ले चुके थे।—यही उनकी बदक़िस्मती थी।

कमला : बदक़िस्मती?

शेक्स : क्योंकि वो लैटिन पढ़े थे। गरीक से भिड़े थे। वो क्विंटल-क्विंटल के लफ़्ज़ इस्तेमाल करके, नाम कमाना चाहते थे। मैंने सोचा, मैं इन महापंडितों की नक़्ल नहीं करूँगा। मुश्किल लफ़्ज़ नहीं बरतूँगा। आम बोली लिखूँगा—मैंने लोगों की बातें सुनीं। आँखें बंद करके, कान खोल के, मैं इर्द-गिर्द की बातें सुना करता था। लुक छिप के सुनने की मुझे आदत सी पड़ गई। मैंने अपने गाँव के मसख़रों की

नक़्ल करने की सोची। हमारे देहात के घुमन्तु ड्रामे वाले एक ही नाटक के अंदर हँसाने के सीन और रुलाने के सीन मिलाकर दिखाते थे। मैंने भी यही किया। टरैजडी में भी हँसोड़ पात्र ठोंस दिए।

कमला : इस काव्य दोष के कारण विद्वान आलोचकों ने आपका खंडन किया था। किया था न?

शेक्स : बहुत लानतें भेजीं। लेकिन मैंने मन की मौज की। अनपढ़ों के टोटके, रजवाड़ों के भाषण, भिखारियों के कल्लोल, मैंने सब, ज्यों के त्यों, नाटकों में पिरो दिए। मैंने ज़िंदगी की नक़ल की। पंडितों की पोथियों की नहीं। बूझ, इसका क्या नतीजा निकला।

कमला : क्या?

शेक्स : मुझे आप सोचकर हँसी आती है। मेरे घमण्डी समकाली मुझे गँवार, कांय कांय करता हुआ कौआ, पुकारते थे। "प्राईमरी पास भौंदू", कहकर दुत्कारते थे। मगर आज? आज मेरी किताबें पढ़ने वाले महा पंडित कहलाते हैं। यूनिवर्सिटियों से पीएच.डी. की डिगरियाँ लेते हैं।

कमला : आपका दिमाग़ वाकई मेरे जितना था?

शेक्स : शायद तेरे से भी छोटा।

कमला : फिर राज़ क्या था आपकी प्राप्ति का? सीक्रट ऑफ सक्सैस्स क्या है?

शेक्स : मैं बहुत धंधे हाथ में नहीं था लेता। एक ही मसले पर ज़्यादा देर तक, ज़्यादा गहरा, सोचने का अभ्यास करता था। फर्क सुन, पुत्र, जयपाल परचूनिए और आईनसटाईन जीनियस के बीच।—जयपाल अपने दिमाग़ की ताक़त, बीस घण्टों में, बीस धंधों पर ख़र्च करता है। आईनसटाईन एक ही काम पर बीस घण्टे दिमाग़ी शक्ति केंद्रित कर देता है। फर्क है एकाग्रता में। सोच की लंबाई में, गहराई में। सो, आईनसटाईन जयपाल से बीस गुना ज़्यादा ज़हीन लगता है। बीस गुना ज़्यादा नए विचार सोच सकता है। तू भी, कमला, एक ही काम पर बीस घण्टे ख़र्चने की ताक़त पैदा कर। नदी का फैलाव जितना तंग होगा, नदी उतनी गहरी बनकर चलेगी। अपने 'हैमलट' को मैंने इसी तरीके मास्टर पीस बनाया था।

कमला : 'हैमलट'? हाँ, हाँ, 'हैमलट' के बारे में बताइए। कैसे लिखा था?

शेक्स : दिन-रात, सोते-जागते, चलते-फिरते, खाते-पीते, मैं हैमलट के बारे

में सोचता रहा। काग़ज़ पर उतारने से पहले, मेंने हर डायलॉग के सैकड़ों डराफ्ट, ज़बानी-ज़बानी, दिमाग के अंदर, बनाए।

कमला : 'हैमलट' का एक भेद बताएँगे?

शेक्स : पूछ।

कमला : आलोचक कहते हैं, 'हैमलट' मौलिक नहीं है। आपने दूसरों के लेखन को सुधारा था। सच है?

शेक्स : हाँ, दो तीन नाटककार इन्हीं पात्रों को लेकर, इसी कहानी को इस्तेमाल करके, ड्रामा खेल चुके थे।

कमला : उन लेखकों में कौन सी कमी थी, जो आपने पूरी की?

शेक्स : मेरा भेद था, मेरी एक खोज—और यह है मेरी दूसरी उरिजीनेलिटी—मैंने देखा, ध्यान से झाँको तो, किसी के दिल के अंदर बैठ के झाँको तो··तो दुनिया का हर इन्सान अलग हे। नया है। अनोखा है। इंडीविजूयल है।·मैं जीते जागते पात्र तराशने चाहता था। अपने मित्रों की, यारों-दोस्तों की, मेरे संग भली करने वालों की, प्यार करने वाले बंदों की, मैं शब्दों के ज़रिए ख़ूबसूरत तस्वीर खींचना चाहता था। उनको मैंने अपने हीरो और हीरोइन बना लिया।

कमला : और जो आपके बैरी थे? आपसे ईर्ष्या करते थे?

शेक्स : उनको मैं काला मुँह करके, लफ्ज़ों के फरेम में जड़के, रहती दुनिया तक, जूते मरवाना चाहता था। सो, हसद करने वाले शैतानों को मैंने अपने विलेन बना दिया।

कमला : आप अपनी कला के ज़रिए, निजी वैर विरोध निकालते थे?

शेक्स : ज़रूर। मैं हाड़-माँस का बंदा हूँ। किताबी संत महात्मा नहीं।

कमला : छीः। मैं ऐसा कमीना काम कभी नहीं करूँगी।

शेक्स : **(गुस्सा खाकर)** तू मत कर। तेरे लिए लाज़िमी थोड़ी है कि तू अमर किताबें लिखे। सदा जीने वाले मर्द औरतें गढ़े। तू बनी रह निकम्मी। तुच्छ। निगुणी। मीडियॉकर—जिसको मरने के दूसरे दिन दुनिया भुला देगी।

द्वारका : पानी!··माँ··पानी!

(कमला का सपना टूटता है। शेक्सपीयर जाता है। चांदरानी पानी लाती है)

चांद : लो, मेरा लाल।—तेरे कानों में किस यार की बाँसुरी बज रही है? घण्टे भर से लड़का पानी को तड़प रहा है।

द्वारका : कागज़ काले करती है। बदकार।

चांद : हे कृष्ण मुरारी! इस पूतना से छुड़ा मेरा ललना।

द्वारका : उठ लेने दे मुझे खाट से। आग लगाऊँगा, तेरे काग़ज़ों को। साथ में तुझे।

(चांदरानी जाती है। द्वारका लेटता है। संगीत। आँसू पोंछती कमला के पास शेक्सपीयर आता है)

शेक्स : हौसला हार गई? लेखक बनने की पहली पैड़ी भी नहीं चढ़ी तू अभी।—हार कभी मत मानो। नफरत मिले चाहे मुहब्बत, लिखते जाओ। गुस्से को बोलकर मत गंवा। काग़ज़ पर निकाल।

कमला : अपनी नफरत और मुहब्बत द्वारा जान डालते थे आप पात्रों में?

शेक्स : मैं तो ऐसे ही करता था। **(मक्कार हँसी)** एक कोलीग मेरा, सड़ा रहता था। जला रहता था। मेरे नाटकों में दर्शक बहुत आते थे। मेरी कमाई ज़्यादा थी। मेरा काम, मेरी किताबें, उससे बेहतर थीं। वो जलता था। हर वक़्त मुझे काटने दौड़ता था। उसे मैंने सीज़र की पीठ में छुरा घोंपने वाला कैश्यस बना दिया।

कमला : कोरा झूठ। कैश्यस तो ऐतिहासिक पात्र था। आपने प्लूटार्क से लिया था। मैंने बी.ए. नक़ल मार के पास नहीं किया। मुझे अपने जैसी मत समझो—प्राईमरी पास।

शेक्स : कुमारी बी.ए. पास जी, तुझे मेरे कैश्यस के बारे में, किसी मक्खी पे मक्खी मार टीचर ने बताया होगा।

कमला : मैं अपने गुरुओं का अपमान नहीं सहन कर सकती।

शेक्स : तब बनी रह कीचड़ में धंसे गुरुओं की गुलाम। मत सोच तरक्की की।··· कमल बेटा, अक्ल के अंधे आलोचकों की हद से ज़्यादा नहीं सुनते। बावली, कैश्यस का नाम, कार्य, रोमन थे। ऐतिहासिक थे। लेकिन उसकी रूह, उसकी जान, मेरा दुश्मन, शैतान का जना, सड़ीयल रक़ीब, फटीचर नाटककार था।—अपने ड्रामों के बीच के बंदे बेशक मैं देस परदेस से मँगवा लेता था। घटनाएँ बेशक मैं दूसरे लेखकों से चुरा लेता था। उनके भीतर जान मैं अपने निजी जीवन से डालता था। एक तरह से मेरे सभी नाटक समकालीन हैं। पर्सनल हैं। मेरी आत्मकथा के चैपटर हैं।

कमला : तो मैं ठीक ही सोचती थी।

शेक्स : किस बारे में?

कमला : बरुटस की पत्नी पोरश्या के बार में। आपकी पत्नी ने इतना लाड प्यार दिया होगा, जितना पोरश्या ने बरुटस को दिया। तभी आप महान लेखक बन गए। और मेरा पति? मुझे—

शेक्स : सच पूछना चाहती हो?

कमला : और क्या?

शेक्स : दरअसल मेरी बीवी थी सिरसड़ी, कानखानी। हरदम हौसला ढहाती थी मेरा। हूबहू सीज़र की बीवी कलपूरनिया जैसी थी।—मगर पोरश्या गढ़ते वक़्त, मैंने सपना रचा। काश मेरी पत्नी ऐसे प्यार करती मुझे!

कमला : इसका मतलब, विवाहित जीवन में आप भी सुखी नहीं थे?

शेक्स : सुखी? विवाहित आदमी, औरतें, कभी सुखी देखे हैं तूने?—जब मेरी लुगाई ने बहुला दुःखी किया मुझे, दिमाग का फितूर निकालने के लिए पता है, मैंने कौन सा ढंग अपनाया?

कमला : कौन सा?

शेक्स : **(हँसता)** मैंने अपनी ऐन हैथवे को चार चुड़ैलों जितनी बड़ी चुड़ैल लेडी मैकबैथ बना छोड़ा।

कमला : अगर वो 'मैकबथ' पढ़ लेती? घर घुसने देती आपको?

शेक्स : ऐसे बैरी की एक और ख़ूबी होती है। ईर्ष्या का शिकार, ऐसा बंदा तुम्हारी कृति पढ़ने से नफरत करता है।

कमला : **(हँसती)** और आपकी किताब में खिंचा अपना कारटून नहीं देखता।

शेक्स : यैस्स। मेरी पत्नी मेरी किताब के कभी नज़दीक नहीं गई। सिर्फ पैसे से मतलब था उसे। यही हाल मेरे खुंदकी कोलीग का था। जब उसने, विट ऐंड जोक के बहाने, मेरे कानों में ज़्यादा ही ज़हर उंडेला, मैंने उसे ओथैलो का क़ातिल इयागो बना दिया। पर वो मेरा 'ओथैलो' देखने कभी नहीं आया।

कमला : क्या महान लेखक बनने के लिए मक्कार होना पड़ता है?

शेक्स : हाँ, जी। अब आई तू सीधे राह पर।—घटनाएँ तेरी मौलिक हों या न हों। पात्र जीते जागते होने चाहिए। अपने इर्द गिर्द के जाने पहचाने आदमी, औरतें, चित्रित कर। सादी बोली में उनकी तस्वीर खींच। खुदा जितनी ताक़त आ जाएगी तेरे अंदर।

कमला : ख़ुदा! ख़ुदा समझते थे अपने आप को?

शेक्स : हाँ। हर कलाकार, सिरजनहार, ख़ुदा होता है।

कमला : घमंड महापाप है।

शेक्स : घमंड बिना तू सच्ची कलाकार नहीं बन सकती। मुझे अपने आप पर चोखा घमंड था। मैं हर किताब को अच्छी से अच्छी बनाना चाहता था।—ताकि मेरा नाम रहती दुनिया तक चमकता रहे। इस

पक्ष से मैं पक्का पापी हूँ। ऐसा पापी होने पर भी मुझे तगड़ा नाज़ है।—लेकिन तुझे मेरे जैसे घमंडी पापी से ज़्यादा बातचीत नहीं करनी चाहिए। अपने पाप तू आप ढूँढ़। आप कर। अलविदा।

(संगीत। जाता है)

कमला : चले गए? कहाँ गए? जाने पहचाने बंदे। सादी बोली। **(चुटकी बजाकर)** मेरी अपनी कहानी! कमला, मुनीम की बेटी!

(अँधेरा)

झाँकी 10

रिचा : बुखार ही था?

अलका : हफ्ता हो गया। कल टूटा।

कमला : तुम्हारे आने से पहले, नींद की गोली देकर गया डाक्टर।

रिचा : मुझे भी कुदरती अलका मिल गई, यूनिवर्सिटी लाईबरेरी में। किसी मदद की जरूरत है तो बता।

कमला : थैंक यू, रिचा। अब तो राज़ी हो गए समझ।

अलका : आराम चाहिए। पाँच सात दिन। डॉक्टर ने कहा है।

रिचा : तेरे बारे अलका ने और भी डिसटरबिंग बातें बताई हैं। तेरी सास और ननद—

कमला : फिर कभी बैठेंगे मिलकर।—अलका, वो टेप ले जा। घर रखो, संभाल के। अभी इनके हाथ न आए तो अच्छा है। **(किताबों कागज़ों में से टेप निकाल कर देती है)**

अलका : दीदी, पचास रुपए और भेजे हैं डैडी ने।

रिचा : मैं दूँ पैसे? झिझक मत, कमला। मैं शाम को भेज दूँगी अपने हसबैंड हाथों।

कमला : मेहरबानी तेरी। अब मौका संभल गया।

रिचा : दुःख सुख में बंदा काम न आए, एक दूसरे के, फिर कब आएगा?

कमला : सर से एक काम करा दे मेरा।

रिचा : बोल।

कमला : **(पांडुलिपि पकड़ा कर)** मेरा यह नॉवल पढ़ दें। ख़ामियाँ हों तो सुझाव दें।

रिचा : ''शैकसपीयर की बेटी''।

अलका : कमाल किया, दीदी। पूरा लिख लिया? एक हफ्ते के अंदर?

कमला : पात्र जाने पहचाने हों। घटनाएँ निजी ज़िंदगी से ली हों। बोलचाल की भाषा हो। तुम दहलीज़ के बाहर पैर न रख सको।—तो हफ्ते

के अंदर बहुतेरा लिख लोगे।

रिचा : मेरा हसबैंड अभी जाके दे आएगा डैडी को। कहूँगी, डैडी आप आके शर्मा जी को देख जाएँ और नॉवल के बारे में अपीनीयन् बता जाएँ।

अलका : **(हँसती)** तेरा हसबैंड है कि ड्राईवर?

रिचा : फर्क होता है क्या, शोफर और शौहर में?

अलका : **(हाथ मिलाकर)** माई कंपलीमेंटस। तुम हो सच्ची पतिबरता।

रिचा : कैसे?

कमला : पतिबरता यानि पति को बरतने वाली।

अलका : मैं कल शाम को आऊँगी।

कमला : चलो, मैं छोड़ आती हूँ बस स्टाप तक। हफ्ता हुआ ठीक से सोई नहीं। घर से निकली नहीं।

रिचा : नींद नहीं ख़राब करते पतियों की ख़ातिर।

कमला : इनके कारण नहीं।

रिचा : और किसने नींद हराम कर रखी है तेरी? टोनी ने?

अलका : वो कौन है?

रिचा : अवर सीक्रट।

कमला : मरे मिटे लतीफे अभी तक याद हैं तुझे?

रिचा : तू भूल गई?

कमला : देर हुई।—नींद तो मेरी उलट-पलट की इस मुए नॉवल ने। पूरा होने के क़रीब आया जब, ऐकसाईटमैंट बेक़ाबू हो गई।

रिचा : ऐकसाईटमैंट! वाओ!

कमला : माँ जी, ख़्याल रखना इनका। रिचा को बस चढ़ा के आई मैं। **(जाती हैं। अंदर से चांदरानी और सविता आती हैं)**

चांद : शुक्र है। चुड़ैल घर से निकली। सविता, काग़ज़ कहाँ हैं? झटपट कर। बेटा! द्वारकादास! **(उठकर बैठता है)**

सविता : **(काग़ज़ पकड़े)** वकील बोला, कमला के दस्तख़त ज़रूरी हैं। अगर म्यूचुयल ऐगरीमैंट से मैरिज ख़त्म करनी चाहें तो थोड़ा टाईम लगता है।

चांद : किसी तरह कंजरी से पल्ला छुड़ा। नहीं तो ओझा कहता है, यह मेरा पुत्र मरवा देगी। ख़बर नहीं, क्या खिला दिया मेरे लाल को। दस दिन हो गए आज। आँख नहीं खुली।

सविता : इसका एक भी दिन यहाँ रहना, हम तीनों के लिए ख़तरनाक है।

चांद : इसको रोटी नहीं पकाने देनी। सब्ज़ी भी आप बनाना।

सविता : मैंने रसोई के अंदर क़दम नहीं रखने दिया।

चांद : फुरती कर। देखती रहना, मुड़कर तो नहीं आती··· द्वारका!··· बेटा!

द्वारका : हूँ।

चांद : होश कर, पुत्र। बुख़ार तो हट गया।

द्वारका : भूख लगी है।

चांद : बांसीवाले, तेरा लाख लाख शुक्र है। मेरे ललना को भूख तो लगी। पका री रोटी, फटाफट।··· बेटा, यह पकड़ काग़ज़। वकील कहता है, इस वेश्या से भी दसख़त करा। घर से निकालो इसे। सयाने ने बताया, इसने शै खिला दी तुम्हें। पल्ला छुड़ा इससे।

सविता : डरा धमका कर, यहाँ सिगनेचर करा।—अगर न मानी, केस सालों तक लटक जाएगा।

चांद : न जाने ज़हर खिलाकर मार दे, हम तीनों को।

सविता : बदमाश रांड ऐसे ही करती हैं। यार से शादी रचाने के लिए, ख़सम को क़त्ल कर डालती हैं। सवेरे अख़बार में पढ़ा मैंने।

चांद : नीचे पटक कर दो अक्षर डलवा।

सविता : तुम तो करो पहले। पकड़ पैन। यहाँ, दो जगह।

चांद : **(हाथ जोड़कर)** हे मुरली वाले, हे राधे, पूरा करो कार्य।

सविता : धोखे से करा। ज़बरदस्ती करा।

चांद : दसख़त ज़रूर करा।

द्वारका : दो एक दिन रुक जाओ। मैं आप करा लूँगा। नहीं करेगी तो मेरे होते हुए इस घर के अंदर कैसे रह सकेगी?

चांद : शाबाश, मेरा कान्ह। भूतनी से मुक्ति दिला।

(कमला आती है। तीनों को देखती है। द्वारके की नज़र कभी काग़ज़ पर कभी कमला पर। दस्तख़त करता है)

द्वारका : मिल गई मुक्ति, समझो।

(अँधेरा)

झाँकी 11

(कमला बैठी रो रही है। द्वारका दफ्तर के लिए तैयार। सविता किताबें पकड़े कॉलेज को तैयार। चांदरानी रोटी का डिब्बा पकड़ाती है)

चांद : ले, बेटा। गर्म करवा लेना, कंटीन से। पनीर की सब्ज़ी है। ताक़त मिलेगी।

सविता : भैया जी, वकील से दोबारा पूछ के आऊँ आज?

चांद : कमला, तूने रसोई में नहीं घुसना। हमें विश्वास नहीं रहा तेरा।

द्वारका : सीधी तरह दस्तख़त कर दे। न तेरी बेइज़्ज़ती हो, न हमारी। टाईम भी थोड़ा लगेगा। फिर रहना जिस यार संग दिल चाहे। तलाक़शुदा ज़नानी जो मरज़ी करे। गिला थोड़ी करते हैं लोग।

चांद : और हम लड़का दूसरी जगह ब्याहें।

द्वारका : पकड़। चुपचाप, साईन मार दे।

सविता : हफ्ता हुआ। रोज़ अड़ कर बैठ जाती है।

कमला : मैंने बड़ा सब्र किया। अब मेरे बस की बात नहीं रही। धिक्कार है जीना मेरा। क्या फायदा तेरे घर में रह कर भी? रोज़ जूते क्यों खाऊँ?—फफेकुटनियो, तुम कामयाब हो गईं। बेक़सूर हूँ मैं। निकाल दी तुमने।—देख लेना, द्वारकादास। सारी उम्र पछताओगे। तेरी बदमाश माँ ने टोने टोटके करके, हमारी शादी तबाह कर दी। तेरी वेश्या बहन ने, दोनों का जिंदगी भर का सुख नष्ट कर दिया।

सविता : नित्य एक ही बकवास।

द्वारका : आज फिर मैं हड्डियाँ सेंक दूँगा।

कमला : मेरा भाग्य। छुट्टड़ औरत की जून ख़राब जाती है। बहुत कोशिश कर चुकी मैं। **(रुक कर, आँसू पोंछती)** सविता, मेरे कपड़े सूटकेस में डाल दे।

सविता : तैयार है सूटकेस तेरा।

कमला : किताबें?

चांद : फूँक ले किताबें। हमें सिर मारनी हैं?

कमला : शेक्सपीयर के 'कंपलीट वर्क्स' तो इन में है ही नहीं। कहाँ गई?

चांद : हमें क्या पता?

कमला : सविता, तू बेचकर तो नहीं खा गई?

सविता : सुन लो, वीर जी। जाती जाती भी चोर बना रही है मुझे।

कमला : **(थैले में किताबें डालती)** किसी यार को दे दी होगी।

द्वारका : पैन पकड़। कर सिगनेचर, दो जगह।

कमला : **(दस्तख़त करके)** अच्छा भई, सुखी रहो। आबाद रहो।—द्वारकादास, मैं पापिन हूँ। शेक्सपीयर लिख गया है : "अगर इज़्ज़त की ज़िंदगी की लालसा करना पाप है, अगर सम्मान चाहना, बड़ाई चाहना, पाप है, तो इस धरती पर, मेरे बराबर पापी कोई नहीं। मैं यह पाप पूरी ज़िंदगी कमाऊँगी। अलविदा।"

(थैला बांह में लटका कर, सूटकेस उठाकर चलती है। दरवाज़े पर टोनी को देख कर रुक जाती है)

कमला : टोनी?

टोनी : हाँ, मैं, टोनी। पहचान लिया आप ने? इतने बरसों बाद?

कमला : तुझे किधर से याद आ गई मेरी?

टोनी : डॉक्टर संधू ने बताया मुझे आपका ऐडरस।

कमला : काम है कोई?

टोनी : बहुत बड़ा। अगर आप मान जाएँ।

कमला : बोल।

टोनी : मैं ने भी दफतर पहुँचना है। संक्षेप प्रार्थना है। संधू साहिब ने आपका नॉवल पढ़ा, 'शेक्सपीयर की बेटी'। उन्होंने मेरे पास भेजा। कमाल कर दी आप ने। यू आर ए जीनियस।

कमला : अच्छा लगा तुम्हें?

टोनी : अनोखा है। दिलचस्प है। अनयूयुअल। ओरिजीनल। इटस ए लवेबल स्टोरी।

कमला : लवेबल! पागल तो नहीं हो गया तू?

टोनी : आपका नॉवल है ही पागल करने वाला। अच्छा, सुनो। मैं पिछले हफ्ते टी.वी. स्टेशन का डायरैक्टर बना हूँ। मेरी अटैंपट है, टी.वी. पर बढ़िया सीरियल दिखाऊँ। संधू सर मेरे भी टीचर रहे हैं। आई. ए.एस. पेपरों में मुझे गाईड किया।—उन्होंने आपके नॉवल की प्रशंसा की। मैं कांटरैक्ट लेकर हाज़िर हो गया हूँ। पहले सीरियल

पर हम ज़्यादा नहीं दे सकते। सिर्फ एक लाख! मन्जूर है?

कमला : दिमाग़ ठिकाने है तेरा?

टोनी : नाराज़ न हों। मैं आपका नुक़सान नहीं करूँगा। ओ.के.। सवा लाख सही। मुझे याद आ गया। यह तो वही लड़की है। हमारे महल्ले की। मुनीम की बेटी। मेरा कहा ज़रूर मान जाएगी। पैन पकड़ो। करो सिगनेचर। दो जगह।

कमला : **(तीनों को देखकर)** एक ही दिन में दो दस्तख़त। लाओ।

टोनी : थैंक यू। आप ने मेरीइज़्ज़त रख ली।—यह पकड़िए चैंक। पच्चीस हज़ार अडवांस। अगर मेरे साथ चलें, टी.वी. सेंटर, अगले नॉवल का कांटरैक्ट भी अभी साइन कर लें। उसका हम डेढ़ लाख दे देंगे। निकाल सकती हैं वक़्त? मैं आप कार में वापस छोड़ जाऊँगा?

कमला : चल।

द्वारका : कमल, रुक। मैं भी चलता हूँ। **(कागज़ फाड़ता है)**

चांद : सूटकेस उठाकर अंदर रख, छोरी।

कमला : सूटकेस को हाथ मत लगाना, सविता।

टोनी : **(कमला के हाथ से छीनकर)** मैं उठाता हूँ, मैडम। **(बाहर ले जाता है)**

द्वारका : कमल, आई लव यू!

कमला : अब बैठ माँ की गोद में चढ़कर। और बहन को रख छाती से लगा कर। **(जाती है)**

द्वारका : कमला!

चांद : बेटी!

सविता : जाने दे, माँ।

(द्वारका सविता के थप्पड़ मारता है। वह पीछे को मुँह घुमा लेती है। वह सिर पर कागज़ के टुकड़े फेंकता है)

(परदा)

(ख़त्म)

(पहला प्रालेख : दिसंबर, 1985)

14

अमानत की लाठी

रहीम यार ख़ाँ (बहावलपुर, सिंध) के बाशिंदे
चौधरी अमानत अली जी
और
उनके कुनबे क़बीले को
जिन्होंने
ज़िंदगी भर मेरे पिता जी के साथ याराना निभाया
और
मेरे लिए हज़रत मुहम्मद साहिब का ज़िंदगीनामा भेजा
और
लाला जी को अगस्त, 1947 से मार्च, 1948 तक
क़ातिलों से बचाए रखा

नाटककार की तरफ से

1. मैं गाँव जाते वक़्त एक बात से बड़ा घबराता हूँ। मेरे लिए भाम की गलियाँ सूनी हैं। साथी चल दिए। कुछ दूर-दूर के शहरों को। कुछ विदेशों को। और कुछ को मौत ले गई उठा कर। पीछे रह गए उनके माँ-बाप, ताऊ-चाचा। लाठी के सहारे घिसटते उम्मीदों के खंडहर। चिट्ठियों की इंतज़ार करते। पैसों की इंतज़ार करते। और मेरे पास उनको देने लायक सुख संदेश नहीं होता। मेरे गाँव की हर गली में अमानत अली खड़ा है। दीवार की छाया में अनवर बैठा हाँफ रहा है, खाँस रहा है। कोने से चिपकी फत्तो सिसक रही है।

और मैं उनके वास्ते कुछ नहीं कर सकता। जावेद की तरह, पत्थर-दिल दिल्ली को लौट आता हूँ।

2. रवेल सिंह को सिख आतंकवादियों ने 5 मार्च, 1987 को क़त्ल किया था। अब मेरा गाँव में कोई जिगरी नहीं, जमाती नहीं। आख़िरी बार रवेल सिंह मरने से दो महीने पहले दिल्ली आया था। उसने मुझे पूछा, "कभी असग़र भी याद आता है?" मैं ने कहा, "रवेल सिंह, बिछुड़े हुओं को भूलना इतना आसान नहीं होता।" रवेल ने हमारी कक्षा का पुराना दावा दोहराया : "अगर तेलियों का असग़र चौथी में पाकिस्तान न जाता, रिफ्यूजी कैंप में न मरता, चरण दास दसवीं में अव्वल न निकल सकता।"

ज़हूर सिद्दीक़ी में शायद मुझे उसी असग़र की तलाश है।

ज़हूर को जिलाते वक़्त, मैं रवेल को बताने की सोच रहा था : "रवेल, मैं ने असग़र को ज़िंदा कर लिया।"

और आज मुझे मरे हुए रवेल सिंह की तलाश है।

3. शुक्रिया मेरे एक साथी टीचर के किसान पिता का। वह अपने दमा-मारे छोटे बेटे को लेकर दिल्ली आया था। **(मैं उनके गाँव एक रात काट चुका था)** बुज़ुर्ग परेशान था। नाराज़ था। मैं ने उन्हें स्टाफ रूम में बैठाया और इंतज़ार करने को कहा। पिता के बोल थे : "मन्ने दो बेट्टों को अनपढ़ रखा, ताकि इस एक को अफसर बना सकूँ। यह

मिलने से भी गया।''

शुक्रिया उस फटेहाल पशु चराने वाले का, जो मुझे कुछ बरस पहले हरियाणा के खेतों में टकरा था। मैं गाँव-गाँव अँगूठियाँ-मालायें बेचता हुआ, प्यास का सताया, ट्यूबवैल के निकट गया। हौज़ में भी पानी नहीं था। डांगरी ने माफी माँगी, ''भैया, डांगर पी गए पानी। गाम वो रहा, डेढ़ कोस पर।'' और उसने सिर के ऊपर से जाती हुई मोटी बिजली की तारों की तरफ लाठी उछाली, ''ससुरे हमारे सिरों के ऊपर से, बिजली दिल्ली को भेजे हैं। हम यहाँ पानी को तड़फें।''

काश मेरे मुल्क का हर अमानत अली लाठी उछाल सकता!

इला अपार्टमेंट्स (104 ए)
बी-7, वसुंधरा ऐनक्लेव
दिल्ली-110096

चरणदास सिद्धू

हिदायतकार की तरफ से

अगर मैं हज़रत मुहम्मद साहिब की जीवनी न पढ़ती, तो शायद मुझे 'अमानत की लाठी' का विषय-पक्ष पूरी तरह समझ न आता। इसलाम के बारे में दूसरी पुस्तकें पढ़कर भी मुझे इस नाटक के कई पहलू बेहतर नज़र आए।

पर हमारी पेशकारी की कामयाबी का राज़ सिर्फ इसलाम नहीं था। हमने 'अमानत' को गर्मियों की छुट्टियों में 'वर्कशॉप' ढंग से तैयार किया। कुछ रोल दो-दो तीन-तीन लड़के-लड़कियों ने खेले। हम किसी एक फिरके या मादरी ज़बान की नाटक टोली नहीं हैं। अमानत के कलाकारों में मुसलमान, हिंदू, सिख, जैन और विशुद्ध इन्सान थे। कुछ उत्तर प्रदेश में पैदा हुए थे, तो कुछ पंजाब में। पर ज़्यादा बंदे दिल्ली के जन्मे-पले थे—जिनको न इसलाम का ज्ञान था, न देहाती ज़िंदगी का तजरबा। शायद यह बात अच्छी थी। 'अमानत' को किसी एक संप्रदाय या इलाक़े के साथ जोड़कर खेलना/पढ़ना, इसके साथ बेइन्साफी होगी। हमें यह कहानी हर परिवार की व्यथा दिखाई दी। कौन सा कुटुंब है जिस में जावेद और सलीम और अनवर जैसे भाई नहीं? सुहेल और ज़हूर जैसे लड़के नहीं? कौन से माँ-बाप हैं जिनको बेटे-बेटियों के ख़िलाफ अमानत अली वाली शिकायत नहीं? यह कहानी एक इन्सान की दूसरे इन्सान की तरफ ज़िम्मेदारी की कहानी है। यह कथा हर युग में, हर जगह, उपयुक्त होगी।

अमीर को लालच है कि वह और बड़ा अमीर बने। इसीलिए, शहरों के बाशिंदे अमीर होते जा रह हैं। और देहातियों का शोषण किए जा रह हैं। 'अमानत' का यह आर्थिक- सामाजिक विषय दर्शकों के दिमाग पर बोझ बिलकुल नहीं बनता। इसकी वजह हैं अमानत और सलीम के किरदार। 'अमानत की लाठी' भावना प्रधान नाटक है। ह्यूमन डॉकूमेंट है। रूखा पोलिटिकल ट्रेक्ट नहीं।

एक डर हमें हर शो में बना रहा। सलीम दर्शकों को हमदर्दी की बाढ़ में बहा ले जाता है। अमानत अली से ड्रामें का अंत छीन लेता है। एक दो शो में ऐसा हुआ। ज़रूरत थी कि अमानत अली के आख़िरी वार्तालाप ज़्यादा असरदार बनाए जाएँ। अमानत अली दोबारा नाटक को खींच कर अपनी जगह ला सके।

शायद लेखक की यह सलाह भी सही हो। सलीम और अमानत अली मिल कर,

जावेद से टक्कर लेते हैं। बाप-बेटा दोनों शोषण का शिकार हैं। आख़िर में, इस नाटक की बागडोर दोनों के हाथ में रहनी चाहिए—बेशक, अमानत अली की सरपरस्ती के नीचे। सलीम की छीना झपटी से इतना डरने की ज़रूरत नहीं है। सलीम अपने अब्बा का जवान रूप है। दोनों एक जुड़वां मुख्य-पात्र बनते हैं।

हमारे कुछ दर्शकों-दोस्तों ने सलाह दी : ''सलीम रेहाना संबंध मत दिखाओ। सलीम के मुँह पर यह कालिख मत मलो।''—इसलिए नहीं कि यह रिश्ता मज़हब के ख़िलाफ है। ग़रीब कुनबों में, पिछड़े हुए देहात में, चाचा- भतीजी के निकाह की मिसालें मिल जाती हैं—मगर मुझे सलीम इस पक्ष से बदमाश नहीं लगा। हाड़-मांस के मर्द में यह कमज़ोरी कुदरती है। सलीम जानबूझ कर रेहाना पर जुल्म नहीं ढाता। उसकी यह मजबूरी ग़रीबी की लानतों में से एक लानत है। उसके अकेलेपन का नतीजा है। अपनी ख़ुदग़र्ज़ी को समझ कर, बेअक़ली को मान कर, छोड़ कर, सलीम सीधे रास्ते पर आ सकता है। सलीम ने जावेद से शैतानी तालीम इतनी नहीं सीखी। सलीम को हराम से हलाल की तरफ लाया जा सकता है। अमानत अली की यह बड़ी जीत है।

रेहाना और फातिमा के ज़रिए नाटक में हमारी बहनों-बेटियों पर सदियों से हो रहे जुल्म को दिखाया गया है। औरतों की मंदी हालत रेखांकित करने के लिए भी सलीम-रेहाना और जावेद-इशरत के रिश्ते सहायक होते हैं।

'अमानत की लाठी' बहु-आयामी संपूर्ण नाटक-2 है। इसकी पेशकारी पर, कामयाबी पर, हमारी टोली को, और ख़ासकर मुझे, बेहद ख़ुशी है। फ़ख्र है।

प्रमिला सिद्धू

पहली पेशकारी

'अमानत की लाठी', पहली बार, 20 से 23 जुलाई, 1987 तक, कालेजिएट डरामा सोसाइटी, दिल्ली ने, श्रीराम सेंटर बेसमेंट, नई दिल्ली, में पेश किया। हिदायत प्रमिला सिद्धू ने दी। कलाकार थे :

अमानत अली सिद्दीक़ी	:	वामिक़ अब्बासी
सलीम	:	राजकुमार साहनी
जावेद	:	रबिंदर नारायण माथुर
अनवर	:	शैलेंद्र जैन/विनोद तनेजा
ज़हूर	:	सलीम अब्बासी/तरुण गेरा/संजीव नैयर
सुहेल	:	संजीव नैयर/तरुण गेरा
आनंद कुमार	:	राजेश खट्टर/शैलेंद्र जैन/विनोद तनेजा
रज़िया	:	सिमी सचदेव/चारुश्री
फातिमा	:	पंकजा सिद्धू/सिमी सचदेव
यासमीन	:	आशा सिद्धू/नूपुर सिद्धू
रेहाना	:	नूपुर सिद्धू/आशा सिद्धू
इशरत	:	ज्ञान कौर सिद्धू

परदे के पीछे

सैट्ट	:	राज कुमार साहनी
वस्त्र	:	वीणा सिद्धू तनेजा
हार श्रृंगार	:	राज कुमार साहनी
रौशनी	:	प्रमिला सिद्धू, रवि तनेजा

नोट : साहित्य कला परिषद, दिल्ली, द्वारा आयोजित 'सर्वभारत नाट्य लेखन प्रतियोगिता, 1986' में 'अमानत की लाठी' ने दूसरा पुरस्कार जीता।

किरदार

अमानत अली सिद्दीक़ी : किसान, उम्र 75 साल
सलीम : उसका बेटा, किसान, 50
जावेद : उसका बेटा, हाई स्कूल का मास्टर, 45
अनवर : उसका बेटा, किसान, 35
फातिमा : उसकी बेटी, बेवा, 24
रज़िया : जावेद की बीवी, 40
इशरत : अनवर की बीवी, 32
ज़हूर : सलीम का बेटा, 19
सुहेल : जावेद का बेटा, 17
यासमीन : जावेद की बेटी, 14
रेहाना : अनवर की बेटी, 13
आनंद कुमार : जावेद का दोस्त, 44

× × ×

मुक़ाम : सहारनपुर ज़िले का एक गाँव और मॉडल टाउन, दिल्ली।

× × ×

स्टेज : बायीं तरफ : रसूलपुर गाँव के किसान का बाड़ा। कोठा, पशुओं का चारा, खाट, हुक़्क़ा, वग़ैरा।

दायीं तरफ : मॉडल टाउन, दिल्ली। एक सजा हुआ कमरा। सोफा, मेज़, किताबों का शैल्फ, टी.वी. वग़ैरा।

× × ×

पहला मँज़र

(रसूलपुर, अमानत अली का बाड़ा। सुबह। दूर से अज़ान। पास से मवेशियों की आवाज़ें। अमानत अली नमाज़ पढ़ रहा है। ज़हूर हुक्के की चिलम उठाकर ले जाता है। अमानत अली उठकर चारपाई पर बैठता है। कमर झुकी है, लाठी के सहारे चलता है। ज़हूर चिलम लाता है। हाथ में किताब है। पीछे सलीम आता है। दरांती उठाता है।)

अमानत अली : जीते रहो, बेटा। ख़ुदा रिज़्क़ बख़्शे। कुल आलम को रिज़्क़ बख़्शे!

सलीम : आज तू इस्कूल से छुट्टी नहीं कर सकता?

ज़हूर : अब्बू, मेरा इम्तिहान बहुत नज़दीक आ रहा है। फिर इंटर की पढ़ाई है। दिल्ली यूनिवर्सिटी में दाख़िला मुश्किल है। अस्सी फ़ीसदी नम्बर चाहिए।

सलीम : एक दिन में कौन सी आफत टूट पड़ेगी तेरी पढ़ाई पर? अख़्तर भी तो छुट्टी कर रहा है। अभी चल मेरे साथ। हमीदा चाय रोटी वहीं पहुँचा देगी, खेत में।

अमानत : नहीं, सलीम। बच्चे की पढ़ाई का हर्ज मत कर। ज़हूर बेटा, तू जा इस्कूल। मैं कटवा देता हूँ गन्ने साथ में। आज मेरे घुटनों का दर्द ज़्यादा नहीं महसूस हो रहा। फिर अनवर भी तो है तुम्हारे साथ। अगर थोड़ी देर इशरत भी हाथ बटा दे, तो शाम तक कट जाएगा आधा खेत। गाड़ी भर जाएगी। सुबह जलदी उठकर ले जाना, बैल जोतकर।

सलीम : बैलगाड़ी नहीं ले जाऊँगा मैं।

अमानत : टराली ले जाएगा? भाड़े पर?

सलीम : मैं जा रहा हूँ चौधरी से पूछने। अगर कल उसकी टराली मिल सके, तो दे देंगे भाड़ा।

अमानत : ट्रैक्टर टराली का भाड़ा भरेगा, तो बचेगा क्या?

सलीम : बैलगाड़ी का वक़्त नहीं रह गया अब। धूप तेज़ हो रही है, दिन बदिन। सूख कर गन्ने का वज़न आधा नहीं रह गया। अब मैं बैल नहीं घसीटूँगा।—जा, ज़हूर, अनवर को भेज। और उसकी जोरू को भी। **(ज़हूर जाता है)**

अमानत : सोच लो, बेटा। रक़म टूट जाएगी। इतनी आलो औलाद है। और अब तो क़िस्मत की मारी, फ़ातिमा भी यहीं रहेगी। चार बच्चे हैं। इतने बड़े कुनबे का पेट यही खेत तो भरेंगे। जो पैसा भाड़े किराए का बचेगा, तुम लोगों के ही काम आएगा।

सलीम : सारा बोझ ख़ुदा मुझ पर डाले जा रहा है। ख़ुदा भी और तुम भी। न जाने कौन सी बददुआ लगी है किसी की।

अमानत : हौसले से काम लिया कर, बेटा। तू बड़ा भाई है। आज मेरी आँखें बंद हों, तू ही तो है जो सब की सोचेगा।

सलीम : हाँ, अब मैं ही हूँ, बेवकूफ। वो तेरा दिल्ली वाला हाथ से जो निकल गया।

अमानत : ख़ुदा की ख़ैर तुझ को। क्यों सुबह-सुबह बुरा मना रहा है। जावेद मेरा बेटा है। तेरा भाई है। फ़त्तो का भाई है। वो हमारा नहीं बनेगा तो और किसका बनेगा?

सलीम : तू नहीं समझता उस चालाक लोमड़ को। पढ़ा दिया। ख़ुद फ़ाक़े काटे। होस्टल में रखा। एम.ए. किया। मास्टरी का कोर्स किया। अठारह बीस साल हो गए। उम्मीदें लगाए बैठे रहे। ज़िंदगी भर। क्या दिया है तेरे जावेद ने?

अमानत : बेटा, यह झगड़ा रोज़ मत छेड़ा कर। मैं भी समझता हूँ कुनबे की ज़रूरतें। जावेद ज़िम्मेदार इन्सान है। हम सब ने उसकी पढ़ाई में दिलो जान से मदद की है। जावेद अहसान फ़रामोश नहीं। सब का बदला चुकाएगा। मेरी लाठी है, टेक है।

सलीम : बीस साल से भेज ही रहा है, लाख दो लाख, हर महीने! देखना, चोर गठड़ी भर के न ले जाएँ, रुपयों की, तेरी हवेली से!

अमानत : अच्छा, सब्र रख, दो चार दिन। मैं आज ही ख़त लिखवाता हूँ उसे, ज़हूर से। अव्वल तो मैं ख़ुद हो आता हूँ दिल्ली। इतने सालों में हम ने उस से कुछ लिया थोड़े है। पचास साठ हज़ार तो मामूली बात है। जावेद ने ज़रूर बैंक में जमा कर रखे होंगे। किफ़ायत शियार रहा है, बचपन से। टरैक्टर हमें ज़रूर ख़रीद देगा।

सलीम : क्या जाने, हम दिल्ली पहुँचें तो वो पहचानेगा भी कि नहीं। हमारी

ग़रीबी से, गँवारपन से शर्म आती हो, लौंडे को। पड़ोसियों को कह देगा, यह बुड्ढा, मेरे बाप का ख़ादिम है!—मेरी मानो, मत जाओ उसके पास।

अमानत : बहस में मत पड़ ख़्वाह मख़्वाह। भाई भाई होता है। ख़ून पराया नहीं होता। ट्यूबवैल पर तो ख़र्च कम आएगा। चार पाँच हज़ार तो उसकी एक माह की आमदन होगी, और बच्चत से टरैक्टर टराली ख़रीद देगा।

सलीम : जो बहन के बेवा होने पर अफ़सोस के लिए नहीं पहुँचा, हमशीरा को ढाढस देने नहीं आया, वो तेरा मेरा क्या बनाएगा?

(ज़हूर आता है)

अमानत : मुलाज़िम है आख़िर, सरकारी। मसरूफ़ियत हो सकती है। फ़ातिमा पर तो हमेशा जान देता रहा है जावेद।

ज़हूर : अब्बू, अनवर चाचा की तबीयत बहुत ख़राब है। चाची कहती हैं, सारी रात सांस के मारे सो नहीं पाया। खाँसी और बलग़म रुकने का नाम नहीं लेते।

अमानत : या अल्लाह, रहम कर मेरे बच्चे पर। क्या उम्र है! अभी से नामुराद बीमारी लगा बैठा।

ज़हूर : इशरत चाची तो कहती है, मैं आज ही अनवर चाचा को लेकर दिल्ली जाऊँगी। और बड़े चाचा को कहूँगी, मेरे शौहर को हौस्पीटल में दाख़िल करा दो। इलाज कराओ अच्छा सा।

सलीम : बहन रांड हुई तो उसने, ख़बर नहीं ली। अब भाई को ज़रूर वो दाख़िल कराएगा अस्पताल! देखो, क्या उम्मीदें लगाए बैठे हैं चालबाज़ पर।

ज़हूर : दादा जान, मैं जा जाऊँ दिल्ली? अभी अनवर चाचा को साथ नहीं ले जाता। जावेद चचा को घर की सारी हालत से आगाह कर दूँगा।

सलीम : खेत में काम को कहो, तो इसे इस्कूल जाना है! इम्तिहान की तैयारी करनी है! अब दिल्ली जाने के लिए उछल रहा है।

ज़हूर : दिल्ली यूनिवर्सिटी में दाख़िले का भी पता करना है। मौज मस्ती के लिए तो नहीं जा रहा हूँ मैं दिल्ली। उधर छोटे चाचा की हालत देखे नहीं बनती। फेफड़े फटे जा रहे हैं, सांस के मारे।

सलीम : मुझे बनाओ सब कुर्बानी का बकरा। वो नहीं तो उसकी बीवी को कह। अपने हिस्से का काम करवाए। रेहाना भी कोई बच्ची नहीं है अब। घर गृहस्ती संभाल सकती है। उसे कह, दरांती उठाए और

खेत कटवाए। मेरे साथ मिलकर। मैं चौधरी की हवेली से होकर, खेत को जा रहा हूँ। रेहाना और हमीदा ले आएँ मेरी चाय रोटी। **(जाता है)**

अमानत : झूट तो नहीं कहता सलीम। इतना बड़ा कुनबा। बच्चों की पढ़ाई लिखाई। थोड़ी ज़मीन से क्या बनता है? ऊपर से कभी बीमारी, कभी मौत। करे तो बंदा क्या करे?

ज़हूर : चचा अनवर को वाक़ई नाक़ाबिले बर्दाश्त तकलीफ़ है।

अमानत : शहर में अपने ख़र्च पर अस्पताल में रखना भी कौन सा खेल है?

ज़हूर : और फिर हमारा गाँव? न इधर का, न उधर का। सहारनपुर जितना दूर है, उतनी दूर जमनानगर।

अमानत : तम्हारी अम्मा, आमीना, ख़ुदा जन्नत नसीब करे उसे, नेक दिल औरत थी। किसी अस्पताल के नज़दीक होते तो ज़रूर मौत से बचा लेते। बच्चे को भी मरने न देते।

ज़हूर : अम्मी जान फ़ौत हुईं थीं अब्बा की काहिली और बेरहमी की वजह से।

अमानत : ग़रीब के पास रक़म हो तो, ज़हूर बेटा, वो क्यों बेरहम बने? कौन चाहता है, उसकी बीवी और बच्चे मर जाएँ? रक़म होती जेब में, आधी रात के वक़्त, अपना टरैक्टर टराली होता, तो ज़रूर पहुँचा देते आमीना को अस्पताल।

ज़हूर : अब्बू कहा करते हैं, उनकी अम्मी जान भी इसी तरह फ़ौत हुई थीं, लाइलाज।

अमानत : सही कहता है सलीम। तुम्हारी पहली दादी भी, आमीना की तरह, देखते देखते, दो घंटे में रुख़सत हो गई।

ज़हूर : तो मैं ले जाऊँ अनवर चचा को दिल्ली?

अमानत : नहीं। कौन जाने जावेद और रज़िया इधर आ रहे हों। आख़िर बहनोई का फ़ौत होना, जावेद समझता है सब कुछ। तू यों कर। इस्कूल जा। तफ़रीह के वक़्त, डाकख़ाने से कार्ड ख़रीद कर जावेद को लिख। जल्द यहाँ पहुँचे। अपने भाई अनवर की जान बचाए। और लिखना, फ़ातिमा ने रो रो कर, हम सब को भी निढ़ाल कर रखा है।

ज़हूर : मेरे साथ तो जावेद चचा ने वाइदा कर रखा है। कहा करते हैं, मुझे मेरे अब्बा जान ने, बड़े भाई ने, तक़लीफ़ें झेलकर लखनऊ यूनिवर्सिटी से एम.ए., बी.एड. करवाया। मेरा भी फ़र्ज़ बनता है, मैं अपने भतीजे को अपने पास दिल्ली रखकर, एम.ए. पास कराऊँ।

अमानत : ज़रूर पढ़ाएगा तुम्हें। तू बेटा है उसका। सुहेल और यास्मीन को अगर वो दिल्ली के अच्छे अंग्रेज़ी इस्कूल में पढ़ा सकता है, तो तुझे क्यों नहीं ख़र्च देगा?

ज़हूर : अब्बू जो ट्यूब्वैल और टरैक्टर के बारे में कहते हैं, वो भी लिख दूँ चचा जावेद को?

अमानत : नहीं, बेटा। ये बातें मैं उसे यहाँ समझा दूँगा। अभी तू सिर्फ अनवर की बीमारी का लिख। फ़ातिमा का लिख। कहना, ख़त को तार समझना। कार्ड मिलते ही, बस लेकर पहुँचो, गाँव। और दूर करो अपने भाइयों की, बहन की, ग़रीबी। कुनबे की मुसीबतों का वाहद हल अब है, पढ़ा लिखा, दिल्ली जैसे शहर का बाशिंदा, जावेद।

ज़हूर : जनाब जावेद अली सिद्दीक़ी, एम.ए., बी.ऐड.।—जनाब ज़हूर अली सिद्दीक़ी एम.ए., पीएच.डी. के चचा-ए-आज़म!

(अँधेरा)

दूसरा मँज़र

(दिल्ली। जावेद अख़बार पढ़ रहा है। गुसलख़ाने से यासमीन की आवाज़ सुनकर फ़िक्र में है। रज़िया बावर्चीख़ाने से बोलती है।)

यासमीन : मम्मी! पानी बंद हो गया!

रज़िया : तो मैं क्या करूँ?

यासमीन : मेरी आँखों में साबुन जलन कर रहा है।

रज़िया : अपने पापा से कह, नीचे वालों की टूटियाँ बंद करवाएँ।

जावेद : रोज़ सुबह यही बक बक। तुम पानी भर कर क्यों नहीं रखतीं?

यासमीन : मम्मी, जल्दी करो।

रज़िया : दो बालटियाँ भरीं थीं। सुहेल ने ख़त्म कर दिया नहाने में। यह नहीं कि दूसरों की भी सोचे। बनने सँवरने में लगा रहता है हर वक़्त।

यासमीन : ममा!!!

जावेद : किचन से दे दो उसे लोटा भर के। आँखें तो धोये।

(स्कूल के लिए तैयार होकर, सुहेल अन्दर आता है)

सुहेल : पापा, तीन सौ रुपए चाहिएं। फॉर जोधपुर टूअर।

जावेद : तुम थोड़े पानी से नहीं नहा सकते?

सुहेल : न नहाओ तो, तुम काहिल हो, जाहिल हो। नहाओ तो, तुम पानी क्यों इस्तेमाल करते हो? पापा, यू ऐंड मम्मी आर इँपॉसीबल! इनकुरिज्जीबल!

जावेद : इस घर में तू अकेला नहीं रहता। इस कुनबे के पास जो कुछ भी है, उस पर दूसरों का भी हक़ है। डांट यू ऐवर रीयलाईज़ दैट? अपने हिस्से से ज़्यादा छीना झपटी करना इनसानीयत नहीं। हैवान किया करते हैं ऐसा। या ख़ुदग़र्ज़ बूर्यवा क्लास। यू आर नॉट दी क्राऊनप्रिंस ऑफ ए कैपिटैलिस्ट।

सुहेल : पापा, यह लैक्चर आप अपनी मारकिसिस्ट रैली के लिए संभाल कर रख लें। इस वक़्त मुझे तीन सौ रुपए चाहिए। **(रज़िआ अंदर**

आती है)

रज़िया : भई, हमें इस जहन्नुम से निकालो किसी तरह। मैं इस मकान में एक दिन भी नहीं गुज़ार सकती।

जावेद : मत गुज़ारो। चले जाओ उस बँगले में जो तेरे अब्बा ने नाम लगा रखा है मेरे।

सुहेल : पापा, मेरी स्कूल बस पूरे सात बजे आती है। गिव मी द मनी क्विक!

रज़िया : जान कर अपनी सारी टूटियाँ खोल लेती है इस वक़्त। मालिक मकान की बीवी को तुम ख़ुद नहीं डाँट सकते? पौधों को पानी वो थोड़ी देर बाद नहीं दे सकती?

सुहेल : पापा, प्लीज़। और हाँ, मुझे नया बैट भी ख़रीदना है।

रज़िया : ख़ुदा किसी को इन जैसा लापरवाह शौहर न दे।

जावेद : तुम ज़रा अपनी पों पों बँद करोगी या नहीं? **(यासमीन आती है)**

यासमीन : दो सौ रुपया माहवार माँग रहे हैं मैथ्स वाले सर। पापा, हाँ कह दूँ मैं उनको?

सुहेल : **(बरामद में से नीचे को आवाज़ लगाकर)** हरविंद्र, आईम जस्ट कमिंग। प्लीज़! बस को जाने मत देना।—पापा, जल्दी कीजिए।

जावेद : ज़रूरी है तुम्हारा इस टूअर पर जाना? बारहवीं का इम्तिहान सिर पर है। डोंट वेस्ट यूअर टाईम।

रज़िया : ऊपर से क्रिकिट है। कितना कुछ करेगा तू?

सुहेल : मम्मी, विल यू प्लीज़ लैट मी अलोन?

रज़िया : आधा वक़्त तो रोज़ तेरा यह पिछवाड़े वाली लौंडिया ले जाती है। बहाना बना कर उसी के घर बैठे रहते हैं भाई बहन।

यासमीन : तो ले दो न कलर टीवी हमें। अपने घर में रंगीन प्रोगराम हों तो मैं तो कभी पाँव न रखूँ हरविंद्र के घर। एक नंबर की कमीनी है।

सुहेल : मेरी बस मिस हो जाएगी!

यासमीन : मुझ पर क्यों चीख़ रहे हो?

सुहेल : शट अप, यासमीन! आगे से मेरे फ्रैंड्ज़ के बारे में बकवास नहीं करना।—पापा, मैं इस टूअर पर ज़रूर जाऊँगा। जोधपुर का प्रोपोज़ल मेरा था। मैंने सारी क्लास को मनाया। प्रिंसीपल को मनाया। आई मस्ट गो। आख़िरी ट्रिप है क्लास का। कल तीन सौ रुपए तैयार रखिए। **(भाग कर जाता है)**

यासमीन : कह दूँ गुप्ता सर को?

रज़िया : वो यहाँ आकर पढ़ाएँगे न? तुम अकेली को?

यासमीन : क्या बात करती हो, मम्मी? अकेली को पढ़ाने के तो वो हज़ार रुपए लेते हैं। हम पाँच लड़कियों का ग्रुप है। मिलकर एक हज़ार देंगे।

रज़िया : नहीं। मैं तुम्हें किसी मर्द के घर में नहीं जाने दूँगी। उसे कहो, यहाँ आकर पढ़ाए। मेरी नज़र के सामने। अब बच्ची नहीं है तू।

जावेद : फेल कराएगी उसे हिसाब में?—अच्छा, बेटा, जा। आज से शुरू कर दो ट्यूशन। और लड़कियाँ साथ हैं न?

यासमीन : चार क्लास मेट्स हैं मेरी।

जावेद : टैगोर पार्क में रहता है न गुप्ता? मिल्क बूथ के सामने?

यासमीन : हाँ। सिर्फ पाँच मिनट का रास्ता है। पापा, प्रिंसीपल कह रही थी, तीन महीने की फ़ीस इकट्ठी देनी पड़ेगी अगले हफ़्ते।

रज़िया : साल भर की क्यों नहीं माँग ली! लूट मचा रखी है कौनवैंट वालों ने।

जावेद : अच्छा, मिल जाएगी।

यासमीन : मिस तो कह रही थी, जुलाई में रश होता है। एक यूनिफ़ॉर्म अभी बनवा लो।

लावेद : यूनिफ़ॉर्म अभी रहने दो।

यासमीन : ओ.के.। बाई बाई! **(जाती है)**

रज़िया : स्कूल से सीधी घर आना। न जाने इस मुये मैथ्स के सर ने क्या डाल रखा है इसके सर पर। अब कोई उम्र है इसकी पराए मर्द के साथ इतना वक़्त गुज़ारने की?

जावेद : तुम अख़बार के दा लफ़्ज़ पढ़ने दोगी कि नहीं?

रज़िया : प्रॉविडेंट फँड का पता किया? कितना निकलवा सकते हो?

जावेद : निकालने को, मकान के वासते, अपना शेअर सारा निकाल सकता हूँ।

रज़िया : पलॉट ख़रीदकर उसमें दो कमरे बनाए जा सकते हैं इस रक़म से?

जावेद : दो कमरे? दिमाग़ ख़राब है तेरा? यह दिल्ली है बेगम साहिबा। तेरे बाप का सहारनपुर ज़िले का गाँव नहीं। यहाँ ज़मीन का एक एक ज़र्रा सोने के मोल मिलता है।

रज़िया : मेरा बाप बड़ी जल्दी याद आ जाता है तुम्हें? बात बात पर?

जावेद : अच्छा जा। काम कर अपना। पटाया मेरे अब्बू को। "अजी, हमारी रज़िया हाई स्कूल पास है। कॉलेज की डिगरी पास करेगी। कमाएगी, लड़के के बराबर। ज़हीन है।"—ख़ूब ज़हीन है! जो जहाँ पाँच ख़र्चने हों, पचास ख़र्च करती है।

रज़िया : तुम आज लड़ाई पर तुले हो?

जावेद : ऐ दफा हो। लड़ाई करूँगा मैं तेरे से। पता है वकील क्या कहता है?

रज़िया : क्या कहता है?

जावेद : अगली पेशी तक फैसला हो जाएगा।

रज़िया : मालिक मकान के हक़ में?

जावेद : और नहीं तो क्या मेरे हक़ में? रिश्वत देने के लिए रक़म जो बहुत कमाई है तूने!

रज़िया : कब तक छोड़ना पड़ेगा हमें मकान?

जावेद : छः माह के अन्दर।

रज़िया : ख़ुदा का शुक्र है।

जावेद : शुक्र मनाती है। शिफ्ट करके किस कोठे पे जाओगी?

रज़िया : कहीं भी हो। बेशक एक कमरा और किचन हों। इस काफ़िर कुतिया से तो निजात मिले।

जावेद : इतना आसान होता मकान मिलना तो मैं कचहरी में हज़ारों क्यों फूँकता?

रज़िया : तुम तो बाहर रहते हो सारा दिन। भुगतना तो मुझे पड़ता है। पता है कल क्या कह रही थी राँड? मुझे सुनाकर, सामने वाली पंजाबन को कह रही थी, कचहरी कुछ भी फैसला दे। हम तो इनकी लड़की उठवा देंगे। मैं ख़ून के आँसू पी कर रह गई।

(दरवाज़े पर दसतक)

जावेद : अच्छा, देख जाकर कौन है।

रज़िया : अख़बार वाला होगा। क्या कहूँ?

जावेद : **(नई शर्ट पहन कर अपना बेग तैयार करता है। उसमें कापियाँ डालता है)** कहना, कुछ दिन इन्तज़ार करे। इस सुहेल के चोंचलों ने तबाह कर दिया। जोधपुर जाएगा! थोड़े न बहुत। पूरे तीन सौ रुपए। आई.ए.एस. अफ़सर बनकर भी ख़ूब ग़रीबी दूर करेगा इस मुलक की! **(रज़िया जाती है। उसकी आवाज़ सुनाई देती है)**

रज़िया : बिल दे जाओ। पैसे अगले हफ़्ते ले जाना।

जावेद : कितने हैं?

रज़िया : **(अंदर आकर)** चुरासी रुपए।

जावेद : चौरासी? एक महीने के?

रज़िया : पैंतीस तो अकेले तुम्हारे अख़बार के हैं।

जावेद : बाक़ी के?

रज़िया : ख़ुद ही कहते रहते हो बच्चों को, अंग्रेज़ी के मैगज़ीन पढ़ा करो। दोनों अपने अपने अलग रसाले ख़रीदते हैं।

जावेद : वो लायेब्रेरी से नहीं पढ़ सकते?

रज़िया : तुम जानो, तुम्हारे बच्चे जानें। मैं ख़ुद तो सिर्फ़ 'शमा' लेती हूँ या 'जासूसी दुनिया'। कहो, बंद कर दूँ? वो रक़म बचा कर, एक लाल किला तुम भी तामीर कर लेना।

जावेद : मैट्रिक पास! बीवी भी ख़ूब लेकर दी अब्बा ने मुझे। न अनपढ़ों में है, जो कपड़े बर्तन ख़ुद साफ़ कर सकती। न पढ़ों में, जो नौकरी कर सकती। जासूसी दुनिया! सदक़े जाऊँ मैं ऐसी शरीक-ए-हयात पर! **(चलता है)**

रज़िया : आधी रात से पहले घर पहुँच जाओगे कि नहीं?

जावेद : मीटिंग है आज हमारी यूनियन की ऐग्ज़ैक्टिव की। थोड़ी देर हो जाएगी।

रज़िया : हर रोज़ दोस्तों के साथ आधी-आधी रात तक शराब न चढ़ाओ। ताशबाज़ी न करो। तो क्यों लड़ो मेरे साथ पैसों के लिए? क्यों करो बच्चों को परेशान?

जावेद : तुम लोगों ने कम परेशान कर रखा है मुझ को?

रज़िया : तनख़्वाह शराब और लौंडियों पर न उड़ाते तो आज न में ज़लील होती इस निचली कुतिया के हाथों, न मेरे बच्चे।

जावेद : शराब और लौंडियाँ! घर बैठी को तुझे यही लगता है। तनख़्वाह कमानी पड़े तुझे मक्कार भेड़ियों के बीच रहकर, तो अम्मा याद आ जाए।

रज़िया : तुझे भी अगर घर रहकर निचली चुड़ैल की बकवास सुननी पड़े, तो अब्बा याद आ जाएँ।

जावेद : ओह शट अप!

रज़िया : आज प्रोवीडैंट फँड निकालने की अर्ज़ी ज़रूर दे देना। जैसे भी हो छोटा सा पलॉट ख़रीद कर दो कमरे बनाएँ।

जावेद : बच्चों का खेल है न मकान बनाना! पूरा फँड लगाकर, आनंद कुमार से पाँच हज़ार उधार लेकर, 150 गज़ का पलॉट ले रहा हूँ।

रज़िया : सच? तुम्हारे मुँह में कबाब और विसकी!

जावेद : पलॉट को सर पर उठाएगी?

रज़िया : बैंक वग़ैरह से क़र्ज़ा ले लेंगे।

जावेद : तुम्हें बेच दूँ, तो भी अपने हिस्से का आधा नहीं इकट्ठा कर पाऊँगा।

रज़िया : कितना?

जावेद : एक लाख!

रज़िया : दो लाख लगेगा? दो मँज़िला बना रहे हो? ग्रेट! हम नीचे रहेंगे। पानी तो मिलता रहेगा दिन रात। ऊपर की मंज़िल किराए पर उठा देंगे।

जावेद : अरी शेख़चिल्ली की औलाद, एक लाख कहाँ से लाएगी तू? बाक़ी तो ख़ैर क़र्ज़ा सही।

रज़िया : अपने अब्बू से माँग लो। मैं आज ही जाती हूँ गाँव।

जावेद : उनके पास फूटी कौड़ी नहीं होगी। और अब तो फ़ातिमा के बच्चे भी उन्हीं के ख़र्च पर पलेंगे।

रज़िया : इतने सालों से ज़मीन की पैदावार खा रहे हैं। हमारे हिस्से की भी। न दें तो अलग बात है। करें हमारे साथ बेईमानी। होगा ज़रूर उनके पास रुपया जमा किया हुआ।

जावेद : मुझ से अपने कुनबे का क्या छुपा है? किसान के पास इतनी रक़म कहाँ से होगी?

रज़िया : तो क्या करोगे? पलॉट से क्या बनेगा?

जावेद : हमारी सब मुसीबतों का वाहद हल है, 'अपने हिस्से के खेत बेचना।'

रज़िया : अरे, यह तो ख़ूब रही। ज़रूर बेचो। तीसरा हिस्सा हमारा बनता है। हम बेचकर यहाँ मकान बना लें, तो उनको एतराज़ नहीं होना चाहिए।

जावेद : अब्बा तो नाराज़ होंगे, लेकिन अब और चारा भी क्या है? यह हड़ताल का झमेला ख़त्म होते ही मैं गाँव जाऊँगा। अपने हिस्से की ज़मीन बेचकर, रक़म ले आऊँगा। **(जाता है)**

रज़िया : आज मैं मुर्ग़ मुसल्लम पकाऊँगी तुम्हारे लिए। ज़्यादा ही चढ़ा रखी हो तो टैक्सी पकड़ कर जल्दी घर पहुँच जाना।—मेरा अपना मकान! ख़ुदाया, तेरा लाख लाख शुक्र है। इस पिछल पैरी मालकिन की ज़बान में कीड़े पड़ें! **(इबादत के लिए हाथ उठाती है)**

(अँधेरा)

तीसरा मँज़र

(रसूलपुर। अनवर लेटा हुआ है। अमानत अली हुक़्क़ा पी रहा है। ज़हूर आता है।)

ज़हूर : दादा जान, आपने उठाया नहीं छोटे चचा को?

अमानत : सारी रात बेचैन रहा। खाँसी रुकती ही नहीं थी। मुर्ग़ ने बाँग दी तड़के। तब कहीं जाकर आँख लगी। रहने दे अभी। सात की नहीं तो आठ बजे की गाड़ी पकड़ लेंगे। दोपहर तक पहुँच जाएँगे दिल्ली।

ज़हूर : रेहाना कहती है, मैं भी चलूँगी साथ। मैं ने कहा, दादा जी से पूछ लो।

अमानत : नहीं, बेटा। कौन सा ख़ुशी का मौक़ा है। बीमारी की वजह से तो जा रहे हैं। ख़्वाह मख़्वाह क्यो बोझ बनें उन पर। आख़िर शहर का मुआमला है।

ज़हूर : रेहाना का यासमीन को मिलने का बहुत मन था। इन दोनों की बहुत बनती है आपस में।

अमानत : यासमीन और सुहेल के इम्तिहान भी ख़त्म हो चुके होंगे।

ज़हूर : हाँ। उनकी भी छुट्टियाँ होंगी। हमारी तरह।

अमानत : तो ठीक है। कुछ दिन बाद उन सबको लेकर यहाँ आ जाएँगे। खेलें कूदेंगे बच्चे। आपस में मिलकर। आम पकने शुरू हो जाएँगे तब तक।

ज़हूर : लेकिन दादा जान, कौन जाने कितने दिन रहना पड़े छोटे चर्चा को दिल्ली? दाख़िल करवा दिया अगर जावेद चचा ने हस्पताल में, तो डॉक्टर जैसा कहेंगे करना पड़ेगा। पुरानी बीमारी लगती है। सहारनपुर वाला डॉक्टर कह रहा था, महीनों ठहरना पड़ सकता है हस्पताल में।

अमानत : अल्लाह रहम करे। यूँ मुझे सहारनपुर वाले डॉक्टर की बात पर

यक़ीन नहीं। ऐसा पैसे का लालच है बेईमान को, सच नहीं बताता कभी मरीज़ को। अभी देख लो। दो महीने से दवाई खा रहा है अनवर। न कुछ आराम हुआ, न ही डॉक्टर ने कहीं दूसरी जगह ले जाने की सलाह दी।

ज़हूर : पहले ख़त आ जाता अगर जावेद चचा का (**रेहाना आती है**)

अमानत : सर ढक कर रखा कर, बेटा, अब तू।

रेहाना : दादा जी, अम्मा कहती हैं, अब्बू को घर ले आओ। नए कपड़े पहन ले। (**अनवर खाँसता है**) अब्बू!

अमानत : उठ गया? अनवर, चल बेटा, तैयार हो। धूप तेज़ हो जाएगी फिर।

अनवर : अब्बा जान, दिल नहीं हैं मेरा, दिल्ली जाने का। सलीम ठीक कह रहा था रात। जावेद भाई को अगर ज़रा भी मुहब्बत होती हम से, तो क्या ख़ुद न आते? जाने दो। मैं यहीं ठीक हूँ।

अमानत : बेटा, अब बहस का वक़्त नहीं। रज़िया ने लिखा तो है वो मसरुफ़ है इस्कूल के काम में।

रेहाना : मैंने पोस्टकार्ड पढ़ा है। चची जान के अपने हाथ का लिखा है। अब्बा, उनको बहुत फ़िक्र है आपका।

ज़हूर : जावेद चचा टीचर्ज़ यूनियन के सदर हैं। सरकार से बात चल रही है उनकी। हड़ताल का नोटिस दे रखा है उन्होंने। मैंने ख़ुद पढ़ा है अख़बार में।

अनवर : दो महीने में एक ख़त! ले जाना ही है मुझे, तो मेरठ ले चलो। वहाँ का अस्पताल भी काफ़ी बड़ा है। फिर रेहाना का मामू है वहाँ। उसके यहाँ रह लेंगे।

रेहाना : लेकिन, अब्बा, अम्मी कहती हैं, दिल्ली ही ठीक है। जावेद चचा बेहद मुहब्बत करते हैं हम सबसे। रज़िया चची भी अब तो लगता है बदल गई है। ख़त से तो यही नज़र आता है।

अमानत : उठ अनवर। घर चल। जल्दी चाय पानी पी।

रेहाना : आपको खाना यहाँ ला दूँ?

अमानत : चलो, मैं भी अनवर के साथ घर पर ही खा लेता हूँ।

ज़हूर : सँभल कर, चचा।

अमानत : हिम्मत कर, बेटा।

अनवर : छोड़ दो। पकड़ो मत। मैं ख़ुद चल कर जाऊँगा।

अमानत : शाबाश! ज़हूर, तुम ठहरो यहाँ। मैं हूँ साथ। (**दोनों जाते हैं**)

रेहाना : की बात दादा जी से? मान गए?

ज़हूर : सौरी, रेहाना। दादा जी कहते हैं, यासमीन यहाँ आ जाएगी। सुहेल

भी। उनकी भी हमारी तरह छुट्टियाँ होंगी।

रेहाना : वो तो आते ही हैं यहाँ हर साल छुट्टियाँ काटने। कभी हम भी तो दिल्ली देखें।

ज़हूर : तुम्हें मैं दिखाऊँगा दिल्ली।

रेहाना : कब?

ज़हूर : मैं दिल्ली के किसी कॉलेज में दाख़िला लूँगा। जावेद चचा ने वायदा किया है मुझ से। फिर मैं तुम्हें साथ ले जाऊँगा। पूरी दिल्ली घुमाऊँगा।

रेहाना : जामा मस्जिद, लाल क़िला, कुतब मीनार, सब दिखाओगे?

ज़हूर : और बताऊँ, खिलाऊँगा क्या?

रेहाना : क्वालिटी आइसक्रीम?

ज़हूर : ऊँहू।

रेहाना : और क्या?

ज़हूर : जामा मस्जिद के सामने, मीना बाज़ार में, सीख़ कबाब।

रेहाना : आहा। उसके बाद कहाँ ले जाओगे?

ज़हूर : उसके बाअद मैं तुम्हें ले जाऊँगा बाज़ार चूड़ी वालान।

रेहाना : वो क्यों?

ज़हूर : इन गोरी गोरी कलाइयों में लाल लाल चूड़ियाँ पहनाऊँगा।

रेहाना : धत्त! ऐसा कहते हैं? अम्मी ने सुन लिया तो कान से पकड़ लेंगी हम दोनों को।

ज़हूर : एक न एक दिन तो तेरी अम्मी ख़ुद पहनाएँगी तुम्हें चूड़ियाँ।

रेहाना : न जी, मुझे तो पढ़ना है। यासमीन की तरह। सुहेल की तरह। जावेद चचा ने मेरी अम्मी से भी वादा किया है।

ज़हूर : क्या?

रेहाना : हाई स्कूल के बाद, वो मुझे अपने पास दिल्ली रखेंगे। कॉलेज में पढ़ाएँगे। जैसे दादा जान और ताऊ ने उन्हें पढ़ाया था। लखनऊ रहने का ख़र्च भेजते रहे। कई बरस। **(फ़ातिमा आती है। मुश्किल से आँसू रोक पाती है।)**

ज़हूर : जब तक हाई स्कूल पास करके तुम पहुँचोगी दिल्ली बी.ए. करने, तब तक तो मैं भी तुम्हारा ख़र्च उठाने के क़ाबिल बन चुका हूँगा।—अरे फत्तो बुआ, तुम ने फिर रोना शुरू कर दिया?

फ़ातिमा : मेरी क़िस्मत में ख़ुदा ने आँसुओं के सिवा और कुछ लिखा ही नहीं। क्या करूँ ज़हूर? चार नन्हे मुन्ने मेरे गले डालकर, ख़ुद चल दिया। कैसे काटूँगी पहाड़ सी ज़िंदगी? दूसरों के सहारे?

रेहाना : फूफी, इतना तो प्यार करते हैं हम सब तुम्हारे बच्चों को। अजमल तो मेरी गोद छोड़ता ही नहीं। स्कूल का काम भी मैं उसे गोद में बिठाए करती हूँ।

ज़हूर : और मजीद है कि हमारी हमीदा को ही माँ समझता है। सोता भी उसके साथ है।

फ़ातिमा : प्यार मुहब्बत तो ख़ूब देते हो बच्चों को तुम सब। लेकिन उनके वालिद की जगह तो कोई नहीं ले सकता।

ज़हूर : फ़ातिमा बुआ, जवान हो अभी तुम। ख़ूबसूरत हो। मैं कहूँगा दादा जान से। तुम्हारा निकाह ब्याह कर दें कहीं।

फ़ातिमा : बेशरम बनता है। चार बच्चों की माँ बन गई। हमीदा से कुल सात साल बड़ी हूँ।

ज़हूर : और सिरफ पाँच साल मेरे से।

रेहाना : और सिरफ ग्यारह साल मेरे से।

फ़ातिमा : मेरी अम्मी को डर था कि वो जल्दी फ़ौत हो जाएँगी। कहती थी, खुद फ़ातिमा की शादी रचाऊँगी। भाई और भावज के मुँह की तरफ न देखना पड़े मेरी बेटी को।

रेहाना : फ़त्तो फूफी, सचमुच आईशा दादी बहुत ख़ूबसूरत थी? अम्मी बताती हैं हमें। मैं तो दो साल की भी नहीं थी जब वो मर गई।

ज़हूर : मुझे याद है कुछ-कुछ। दादा जान की तीसरी बीवी। हमारी अम्मा से भी कम उम्र की होंगी।

फ़ातिमा : लेकिन बीमारी के आगे क्या चारा है?—ज़हूर, जावेद भैया को मेरा एक पैग़ाम दे देना।

ज़हूर : हम उनको साथ लेकर आ रहे हैं यहाँ।

फ़ातिमा : फिर भी, क्या पता होता है हस्तपाल का। ज़्यादा दिन भी लग सकते हैं अनवर भाई को। रज़िया भाभी को मत बताना। अकेले में जावेद भाई को कहना, मुझे ख़र्च के लिए रुपए भेज दें।

रेहाना : दादा जी से माँग लो। तुम्हें इन्कार नहीं करते कभी।

फ़ातिमा : वो तो देते ही हैं। ज़हूर, तुम कहना, परदे से, अजमल को पूरा दूध नहीं मिल पाता। मुझ में अब ख़ून नहीं रह गया। अज्जू को मैं दो एक महीने डिब्बे का दूध पिलाना चाहती हूँ। सेंटर की नर्स ने सलाह दी है मुझे। तुम भैया से ज़रूर ताकीद करना। और कहना, जब से वो मरे हैं, तुमने गाँव में पैर नहीं डाला। बहुत नाराज़ है फ़त्तो बुआ। तड़प रही है तुम्हें देखने को।

(सलीम आता है)

सलीम : रेहाना, चलो ज़रा मेरे साथ। खेत में मेंढ बनानी हैं।

रेहाना : मैं तो कपड़े धोने जा रही थी। अम्मी ने सोडा उबाल कर भिगो रखे हैं।

सलीम : ऐ हर वक़्त तुम्हारी माँ तुम्हें सफाई धुलाई पर ही लगा रखेगी? खेती का काम नहीं होगा तो खाएगी कहाँ से?

रेहाना : मैं अकेली चलूँ तुम्हारे साथ?

सलीम : अकेली को कौन सा तुम्हें भेड़िया खाने जा रहा है? मैं जो हूँ साथ।

फ़ातिमा : छोटी उम्र अभी इसकी। खेत का काम मर्दों के करने का है।

सलीम : मेंढ बनानी है। हल थोड़े पकड़ाने चला हूँ इसके हाथ में।—मैं फावड़ा पकडूँगा। तू सामने खड़ी रस्सी खेंचती जाना।

रेहाना : हमीदा को सथ लेकर आती हूँ।

सलीम : उसे रोटी सालन का भी तो देखना है। मवेशियों के चारे का तुम देखना, फ़त्तो। बछड़ी को भूखी मत रहने देना। बयाने को आई है। अगले साल दूध मिलेगा बच्चों को।

रेहाना : मैं अख़तर को कहती हूँ साथ चलने को। इनको बस चढ़ जाने दो। अब्बू और ज़हूर और दादा जान को। **(अनवर, अमानत अली और इशरत आते हैं)**

इशरत : पहुँचते ही मुझे ख़त डालना। अगर दाख़िल होना पड़ा अस्पताल, तो मैं रहूँगी तुमहारे साथ। रज़िया बहन किधर किधर जाएगी?

अमानत : ख़ैर मनाओ, अल्लाह जल्दी आराम पहुँचाए।

अनवर : अब्बू, मुझे बिलकुल अच्छा नहीं लग रहा। मुझे शहरों के नाम से ही कपकपी आती है। मोदी नगर में तीन साल रहा तो यह हाल हो गया।

ज़हूर : चचा, तुम अभी धागा मिल में मज़दूरी करने तो नहीं जा रहे? जो धूल तुम्हारे फेफड़ों में जम जाएगी दोबारा? इलाज कराने जा रहे हैं अब तो।

अमानत : हौसला रख, बेटा। अपने ही घर जा रहे हैं हम। वो हमारा ही कुनबा है। दूसरा घर है। जावेद मेरे बुढ़ापे की लाठी है।

सलीम : दो महीने में एक ख़त! वो भी जोरू ने चार लफ़्ज़ घसीट दिए। ख़ुद मास्टर मियाँ को फुरसत कहाँ कि बेवा बहन की ख़बर ले। बीमार भाई की जान बचाए! करो, अब्बू, तुम अपनी मरज़ी। भाई हो या चचा, मैं तो जावेद जैसे निर्मोही की देहलीज़ पर पाँव न रखूँ।

अमानत : अरे तू बंद भी कर अब। कड़वी कहता है जब बोलता है। चलो अनवर। **(अमानत, अनवर और ज़हूर चलते हैं)**

फ़ातिमा : मैं भी चलूँ अड्डे तक?

इशरत : ऐ तू बच्चे संभाल अपने पहले। तेरे इन्शा ने छत फाड़ दी हमारी चिल्ला चिल्ला कर।

फ़ातिमा : उठ गया वो सो कर?

इशरत : कब का उठकर, गला फाड़ कर, भोंपू बजा रहा है। रोटी पकड़ाई, ज़मीन पर फेंक दी। चाय दी, दूध डालकर। हाथ मारकर, वो दे मारी। फ़त्तो बी, हमसे नहीं सँभलती तुम्हारी फ़ौज। खुद ही बाँधो उनको किसी खूँटी पर। (जाती है)

फ़ातिमा : मेरी क़िस्मत! खुदाया, रहम कर! **(रोती हुई घर जाती है)**

सलीम : **(हुक्क़ा छोड़ कर, नज़दीक जाकर)** रेहाना, देखो। मैं तुम्हें कोई तकलीफ नहीं देना चाहता। वैसा मत समझना। तुम बच्ची नहीं रही। पढ़ाई वग़ैरा छोड़ो अब। घर सँभालो।

रेहाना : लेकिन, ताऊ, घर सँभालने के लिए अम्मी जो है? मुझे तो जावेद चचा ने कॉलेज में पढ़ाने का वायदा किया है। दिल्ली में अपने पास रखेंगे।

सलीम : उसके धोखे में मत आ तू भी। ज़हूर तो पागल है। आ जाएगी अक़्ल उसे। जब जावेद और उसकी जोरू की असलीयत जान जाएगा।

रेहाना : कौन सी असलीयत?

सलीम : ज़िंदगी को समझना शुरू करो अब, रेहाना। तेरह साल से ज़्यादा की हो गई हो। और याद रखना, तेरे अब्बा अरसे से बीमार हैं। अम्मा तेरी खेत का काम कराती नहीं। साँझे की खेती है। अकेला मैं पूरे कुनबे का बोझ उठा रहा हूँ, बरसों से। तुम अपने माँ-बाप की सबसे बड़ी लड़की हो। भाई तुम्हारा कोई है नहीं। अनवर के हिस्से का काम अब तुम्हें कराना होगा। तुम कर भी सकती हो। जवान हो गई हो। अब्बू और अनवर को दिल्ली से लौट आने दो। मैं बात चलाऊँगा। दरअसल मैं नहीं चाहता तुम्हें रत्ती भर तकलीफ़ दूँ। सिर्फ़ साथ रहा कर तू मेरे। खेत में। चल···अरे! तू रो क्यों रही है?··· रेहाना, पगली हो गई है?··· अच्छा, जा। मेंढ मैं खुद बना लूँगा। तुम हमीदा को मना कर देना। मेरी रोटी तुम ख्वुद पहुँचाना मुझे। लौटकर कपड़े धो लेना। रोकूँगा नहीं मैं वहाँ। **(रेहाना जाती है)** आएगी न?

(अँधेरा)

चौथा मँज़र

(दिल्ली। जावेद का घर। इतवार की सुबह, दस बजे)

जावेद : हिन्दोस्तान की हर स्टेट से कम से कम एक हज़ार डैलिगेट आने चाहिए।

आनंद : नज़दीक की स्टेट से तो सभी को आना चाहिए। हरियाणा, यू.पी, पंजाब, राजस्थान, हिमाचल, मध्य प्रदेश। इन रियास्तों का हर प्राइमरी स्कूल टीचर और हाई स्कूल टीचर उस दिन दिल्ली में होना चाहिए।

जावेद : होगा भी, आनंद भाई, ज़रूर होगा। पार्लियामैंट पर चढ़ाई करेंगे। वो दिन गुज़र गए जब सरमायादार सरकार मुल्क के मेमारों का ख़ून चूसती थी। हिंदोस्तान का बुद्धिजीवी जाग उठा है। यह ग्रेड तो हम लेकर रहेंगे। बेशक कुल तालीमी इदारे पूरे साल बंद रखने पड़ें।

आनंद : वाक़ई रिसपाँस बढ़िया है। तुम ने बंगाली दादा का बयान पढ़ा?

जावेद : कहाँ?

आनंद : 'नया ज़माना' के फ्रंट पेज पर। उसने तो मार्क्सदादा को भी मात कर दिया।

जावेद : **(अख़बार से)** 'ऐजूकेशन मिनिस्टर अस्तीफ़ा दे। बंगाल टीचर्ज़ यूनियन के सदर की दहाड़।...बूर्यवा सरकार के शोषण के शिकार उस्तादो, एक हो जाओ!' अरे वाह! चाय हो जाए इस ख़ुशी में। बेगम, अगर जल्दी से मकान के लिए रक़म चाहती हो, तो चाय पिला दो हमारे सेक्रेटरी साहिब को। **(रज़िया आती है)**

आनंद : दो मंज़िलें मकान का क़र्ज़ मँजूर करवाके रहेंगे अब तो।

रज़िया : दो कप चाय से दो मंज़िले घर की मालकिन बना दो अगर तुम मुझे, तो आनंद भाई, मैं अभी गर्म गर्म चाय से नहला देती हूँ, तुम दोनों को।

जावेद : नहलाने की बाद में। फ़िलहाल तुम पिलाने की कर दो तो मेहरबानी हो।

आनंद : नहाने पर एक नज़्म सुनिए, भाभी।

रज़िया : इरशाद, हरियाणवी साहिब।

आनंद : देहात के जोहड़ में, नहा रहा था इक झोटा।

रज़िया : ख़ूब!

आनंद : देहात के जोहड़ में नहा रहा था इक झोटा।
बोझा ढोने में शेर, लेकिन था अक्ल का मोटा।
जोहड़ की मेंडकी ने, किया दिमाग़ रौशन।
यह ज़मींदार तो, तेरा कर रहा है शोषण।

जावेद : झोटे में सोश्यल कॉनश्यसनैंस्स जाग रही है।

रज़िया : यह लैंडलॉर्ड तो, तेरा कर रहा है शोषण।

जावेद : हाँ, झोटा कम्यूनिस्ट बन गया। हमारी यूनियन का मैंबर।

आनंद : जोहड़ की मेंडकी ने, किया दिमाग रौशन।

रज़िया : वाह वाह! मेंडकी!

आनंद : यह ज़मींदार तो, तेरा कर रहा है शोषण।
झोटे को जोहड़ में, बड़े दूर की सूझी।
मार्क्स और लैनिन, हुज़ूर की सूझी।
झोटे ने दिया, ज़मींदार को डाँट।
फ़ालतू की ज़मीन, किसानों में बाँट।

जावेद : फ़ालतू की ज़मीन···

आनंद : किसानों में बाँट।
सरमाया तेरा, बराबर हिस्सों में, बँटवाऊँगा।
काम करूँगा थोड़ा, भरपेट भूसा खाऊँगा।

रज़िया : हरियाणवी झोटा, ज़िंदाबाद!

जावेद : कॉनफ्रँस में सुनाना तुम।

आनंद : उसी के लिए तो लिखी है। भरो भाभी, अब पेट मेरा चाय से।

रज़िया : यासमीन, चाय का पानी चढ़ाना। तीन कप।

जावेद : और शुक्रिया अदा करो इनका। जनाब अपने पी.ऐफ. से दस हज़ार निकाल कर न देते तो प्लॉट का भी भुगतान न हो पाता।

रज़िया : भाई साहिब, किसी तरह दो कमरे खड़े करवा दीजिए। अपनी छत तो हो सर पर। कल फिर निचली कलमुँही से तू-तू मैं-मैं हो गई।

जावेद : तुझे सिर्फ़ अपनी छत की पड़ी है। हम दोनों हिंदोस्तान के सब टीचरों को अपने मकान बनवा कर देने पर आमादा हैं।

रज़िया : यह तो तुम अगली सदी तक नहीं कर पाओगे। हमें मकान छोड़ना है पाँच माह के अंदर। पानी के मारे बुरा हाल है।

आनंद : पाँच माह? अगले महीने की कॉनफ्रैंस होने दीजिए। अगर सरकार ने डेढ़ लाख क़र्ज़ नहीं मँजूर किया, मकान तामीर करने के लिए, हर टीचर को, तो मैं? मैं?·· नहाना छोड़ दूँगा।

रज़िया : आपको मालिक मकान से मुक़द्दमा नहीं लड़ना पड़ा। इसीलिए लतीफ़े सूझते हैं।

जावेद : इसे क्यों हमारी तरह जहन्नुम में डालती हो? अच्छी भली कोठी है, साले साहिब की। यह क्यों ख़्वार हों तेरी तरह?

आनंद : भाई जान, मुफ़्त में कुछ नहीं मिलता, इस पैसे की दुनिया में। हमारे साले साहिब, खुद तो कभी कश्मीर, कभी देहरादून। ब्रिगेडीयर साहिब ने अपनी इकलौती बहन को, और ज़हीन बहनोई को, गुलाम बना रखा है। उसकी जगह हम किरायेदारों से झगड़े मोल लेते हैं, आए दिन। इनकमटैक्स चुराने के तरीक़े ढूँढ़ते हैं। मैनेजर बना रखा है साले ने मुझे। यह नहीं कि इन्सान कभी चैन से दो लफ़्ज़ पढ़ लिख सके। हिंदी का टीचर हूँ न। बुद्धिजीवी। शोषण करना आसान है मेरा। **(यासमीन चाय लाती है)**

रज़िया : बहन अपने हिस्से की खुद देखभाल करती है। इनकी तरह नहीं कि सब कुछ रिश्तेदारों को लुटा दो।

आनंद : थैंक्यू, यास डियर।—न जी, इतना बड़ा गधा मैं नहीं। शोषण तो आपके नज़दीकी भी कर सकते हैं।

रज़िया : इन से पूछो। हातिमताई की दुम हैं। बीस साल से भाई ज़मीन का खा रहे हैं। इतनी हिम्मत नहीं कि मर्द बनकर अपना हिस्सा माँग सको।

यासमीन : डैडी, अभी नीना आई थी मुझे मिलने।

जावेद : नीना कौन?

रज़िया : इसके गुप्ता सर की बेटी।

यासमीन : वो लोग दस दिन के लिए कश्मीर जा रहे हैं। मैं भी जाऊँ उनके साथ?

रज़िया : बिलकुल नहीं। वो क्या लगते हैं तेरे?

यासमीन : मम्मी, तुम बात नहीं करने दोगी डैडी से?

जावेद : कोई फ़ायदा नहीं बात करने का। तुम तीनों कल जा रहे हो गाँव। पूरी छुट्टियाँ मौज मारो। आम चूसो।

आनंद : जोहड़ में नहाओ। खुली हवा खाओ। भैंस चराओ। यू हैव नथिंग

टू लूज़ बट यूयर ब्रेन्ज़।

यासमीन : हम बोर हो चुके हैं इनके गाँव से। अंकल, गंदगी के ढेर चारों तरफ। वही अनपढ़ फिल्थी लोग।

रज़िया : दूध के, अख़बार के, और बनिए के बिल चुकाए नहीं जाते, तीन-तीन महीने। साहिबज़ादी कश्मीर जाएँगी।

यासमीन : सुहेल भी तो जा रहा है शिमले। उसको कहाँ से दे देती हो निकाल कर? मेरी बारी आए तो बिल सूझ जाते हैं तुम्हें।—गुप्ता सर कहते हैं, मेरा किराया वो खुद ख़र्च देंगे।

जावेद : सुहेल मियाँ कौन सी गोल मेज़ कॉनफ्रँस अटेंड करने जा रहे हैं शिमले? कुछ हमें भी तो पता चले।

रज़िया : है कहाँ वो?

यासमीन : अंदर बैठा सूटकेस तैयार कर रहा है। नई जीन्ज़ ट्राई करके देख रहा है। कहता है, मॉडलिंग करके ऐक्स्ट्रा जेब ख़र्च निकालूँगा।

जावेद : सुहेल! इधर आना ज़रा।

यासमीन : मैं भी ख़रीदूँगी नई जीन्ज़। और जैकिट भी। कश्मीर जाने से पहले।

आनंद : मेरे साथ चलो। मैं डिस्काऊँट दिलवा देता हूँ। मिल्टरी कैंटीन से।

(सुहेल आता है)

रज़िया : यह मुआ शिमला कहाँ से आ गया, भई? महीना गुज़ारने तक के तो पैसे नहीं बचे तनख़ाह से।

जावेद : ये कपड़े कहाँ से ख़रीदे?

सुहेल : मेरे फ्रेंड रिंकू का गार्मेंट्स का बिज़नस है। कहता है, जब पैसे होंगे दे देना।

रज़िया : चुकाना तो पड़ेगा उधार एक दिन?

सुहेल : रिंकू ने मोबाइक ख़रीदा है। ग्यारह हज़ार का। जुलाई तक मिल जाना चाहिए मुझे मोबाईक। मैं बसों में धक्के खाता हुआ नहीं जाऊँगा यूनिवर्सिटी।

जावेद : लगाम लगाओ, मियां, ज़रा ज़बान को। पहले बताओ, यह शिमला का क्या झमेला है?

सुहेल : कोई झमेला नहीं। हम चार क्लास्मेट जा रहे हैं। दो हफ्ते के लिए। रिंकू ने सीट बुक करा रखी हैं।

आनंद : ठहरोगे कहाँ? होटल तो कपड़े उतरवा लेंगे।

सुहेल : वी वोंट पेय फॉर दी होटल, अंकल। हरविंद्र की मौसी गवर्नमैंट कॉलज के हॉस्टल की वार्डन है। शी विल पुट अस अप। सिर्फ

पाँच सौ रुपए निकालिए, डैडी, फटाफट।

यासमीन : मेरे लिए तीन सौ काफ़ी होंगे। जीन्ज़ के चार सौ अलग।

रज़िया : मुझे सिर्फ ग्यारह सौ देना है अग्रवाल प्रोविज़न सटोर का। डेढ़ सौ दूध का और चौरासी रुपए अख़बार के।

जावेद : सब को मिल जाएँगे। एक काम करो।

तीनो : क्या?

जावेद : आज इतवार है। जमना बाज़ार चलो। और मुझे फ़रोख़त कर दो।

सुहेल : ओह शट अप डैडी!

यासमीन : डोंट बि सिल्ली!

रज़िया : तुम्हारे इतने रुपए कौन देगा?... ट्यूशन तो एक देता नहीं कोई तुम्हें। क्या नामुराद मज़मून है। पोलिटिकल साइंस! बदकार गुप्ता ने तीन मकान खड़े कर लिए ट्यूशन से।

जावेद : नो बॉडी इज़ गोइंग ऐनीवेयर। कल सब गाँव चलेंगे। छुट्टियाँ वहाँ काटेंगे।

सुहेल : नो! नॉट मी। आई मस्ट गो विद् माई फ्रेंड्ज़। सीट्स रिज़र्वड हैं।

यासमीन : हर साल गाँव। मैं बोर हो चुकी हूँ। आई वाँट ऐक्साइटमंट।

जावेद : गाँव से अपने हिस्से का गेहूँ लाएँगे। गुड़ लाएँगे। माश की दाल लाएँगे।

आनंद : मुफ्त की खाएँगे।

रज़िया : मकान के लिए रक़म बचाएँगे।

जावेद : और सबसे बड़ी बात। हम अपने हिस्से की ज़मीन बेचेंगे। मकान तामीर करेंगे।

रज़िया : मालिक मकान से निजात पाएँगे।

जावेद : पैसे बचे तो बिटिया को जीन्ज़ ख़रीद कर देंगे। जैकिट और पैंट्स।

आनंद : और बेटे को मेरे साले के थरू, मिल्टरी कैंटीन से, मोटर साइकल।

जावेद : यैस्स, मोबाइक भी। अगर खेत इतने पैसों में बिक गए तो।

सुहेल : यू गो टू हैल्ल! और सहारनपुर! आई मस्ट रीच शिमला।

यासमीन : ऐन्ड आई, कश्मीर।

रज़िया : और मुझे इस चुड़ैल का मकान छोड़ने से पहले, मॉडल टाऊन के सब दुकानदारों के बिल चुकाने हैं।

जावेद : इन सबका एक ही इलाज है—

तीनों : अपने हिस्से की गाँव की ज़मीन बेचना! **(दरवाज़े पर दस्तक)**

रज़िया : देखो तो, कौन है? **(यासमीन जाती है। अमानत अली आगे हैं। ज़हूर अनवर को पकड़ कर ला रहा है)**

जावेद : अब्बा जान, आप?

रज़िया : या खुदा!

आनंद : झोटे को जोहड़ में, बड़े दूर की सूझी!

(अँधेरा)

पाँचवाँ मँज़र

(अमानत अली नमाज़ पढ़ रहा है। रज़िया आकर थोड़ा इंतज़ार करके, नाश्ते वगैरा के बर्तन उठाती है)

रज़िया : अब्बा हुज़ूर, पानी भरा रखा है। नहाना हो तो नहा लीजिए। नाश्ता तैयार है। भूख लगी होगी आपको।

अमानत : मैं तो नहा आया।

रज़िया : कहाँ?

अमानत : दूर निकल गया था मैं। तीन चार मील। देहात की तरफ। वहाँ ट्यूबवैल चल रहा था।

रज़िया : खुदाया! दिल्ली रहते बीस बरस हो गए। मैं तो कभी किसी पड़ोस के गाँव में नहीं गई। आपको किधर से मिल गया रास्ता खेतों का?

अमानत : हफ़्ता भर से दम घुटा जा रहा था। जिधर देखो ढक ढक, टीं टीं, पों पों। और फिर अस्पताल। टी बी से पिंजर बने इन्सान। दम तोड़ते मरीज़। बिलखते रिश्तेदार। जी तड़प उठा खुली हवा के लिए।

रज़िया : यह इंतज़ार करते रहे आपकी।

अमानत : मैं अकेला चला जाऊँगा। ज़हूर ने पक्का याद करा दिया है मुझे, टी बी अस्पताल का रास्ता।

रज़िया : आप नाश्ता कर लें। आज मैं भी देखने जाऊँगी, अनवर भाई को। पाँच बजे।

अमानत : इशरत फ़िक्र में होगी। कहती थी, मैं पहुँच जाऊँगी। अनवर के पास अस्पताल में ठहरूँगी। शायद आज आ जाए।

रज़िया : नहीं, अब्बा जान। उसे मैं न ख़त लिख दिया था। मत आना।

अमानत : कब?

रज़िया : डॉक्टरों से मिलकर पहले दिन ही, यह कहने लगे, इशरत को मना कर दो। अस्पताल में पूरा इंतज़ाम है। और फिर मैं हूँ यहाँ। अभी

तो आप भी हैं। सुहेल और यासमीन भी दो तीन दिन में पहाड़ से लौट आएँगे।

अमानत : रज़िया बेटा, तुम्हारी तकलीफ को ही कम करने के लिए कह रही थी इशरत। जावेद तो कॉनफ्रेंस के काम में लगा है।

रज़िया : ज़हूर भी तो है अभी यहाँ।

अमानत : इंतज़ाम तो मरीज़ों का इतना बुरा नहीं। बीवी का अपने शौहर के साथ होना अलग बात है।

रज़िया : मैं नाश्ता लगा दूँ आपके लिए?

अमानत : चारों तरफ मौत का मँज़र। अस्पताल ने तो भूख ग़ायब कर दी मेरी। सबसे छोटा है अनवर। क्या उम्र है? खाने पीने के दिन हैं। और क्या हालत बन गई बच्चे की। **(टैक्सी की आवाज़)**

रज़िया : **(बरामदे में से नीचे देख कर)** अरे, यह लोग तो वापस आ गए। अनवर को लेकर।

अमानत : **(उठकर देखता है)** अल्लाह! क्या बात हुई? मैं देखता हूँ। **(जल्दी से बाहर जाता है)**

(वक़्फ़ा। अनवर को सहारा देकर अमानत लाता है। रज़िया जावेद से बिस्तरा और बरतनों की टोकरी वग़ैरा पकड़ती है)

अमानत : सँभलकर, मेरा बच्चा। **(अनवर को सोफ़े पर बिठाता है)** लेटोगे?

अनवर : मैं ठीक हूँ, अब्बा। भाभी, पानी दो।

जावेद : शरबत बना दो। अब्बा जान के लिए भी। **(रज़िया जाती है)**

अमानत : क्या बात हुई, जावेद? डॉक्टर तो कहता था कई महीने ठहरना पड़ेगा। ज़हूर ने मेरे सामने पूछा डाक्टर भगत से।

जावेद : फ़िक्र की कोई बात नहीं, अनवर। डॉक्टरों न दवाइयाँ लिख दी हैं। महीने भर की दवा मैं ख़रीद लाया हूँ। तुम इहतियात से दवा खाते रहना। तुम्हें साफ़ हवा की सख़्त ज़रूरत है। खुराक चाहिए। ख़ूब ख़ाओ। दूध, मक्खन, अंडे, गोश्त। इस बीमारी में अच्छी ग़ज़ा और खुली हवा लाज़िमी है।—अब्बू, आजकल टी बी को डॉक्टर मर्ज़ नहीं समझते। दवाइयाँ इतनी ज़बरदस्त ईजाद हो चुकी हैं। यह बीमारी कम और बदन की कमज़ोरी ज़्यादा है। गाँव की खुराक दो महीने में भला चँगा कर देगी तुम्हें।

अमानत : कैसा महसूस कर रहे हो, अनवर बेटा?

अनवर : ठीक हूँ मैं। भाई जान सही फ़रमाते हैं। घर चलूँगा मैं। आज ही। ज़हूर! अब्बू, ज़हूर को बुलाओ।

जावेद : कॉलेज में दाख़िला के फ़ॉर्म लाने भेजा है मैं ने। आता ही होगा।

अमानत : ज़हीन लड़का है। तुम्हारी तरह हर वक़्त किताब में आँखें गाड़े रखता है।

जावेद : नंबर अच्छे हैं। मैं ने ख़ुद भेजा है। दिल्ली यूनिवर्सिटी के कॉलज देखे घूम घूमकर। सीखेगा कुछ।

अमानत : ज़रायत की नुमाइश देखने न चला गया हो, दोबारा। बहुत मुतासर था।

(रज़िया शरबत लाती है। अनवर खड़ा होकर गिलास झट से ख़त्म करना चाहता है। लड़खड़ाता है, खाँसता है)

अमानत : आहिस्ता, बेटा, आहिसता पी।

जावेद : बैठ जा। कल चले जाना। आज यहाँ आराम करो। शाम को टीवी देखो। दिल हो तो फ़िल्म देख लो। बढ़िया सी। मैं ले चलूँगा।

अमानत : ऐसी हालत में क्या फिल्म देखेगा? गर्मी के मारे तंदुरुस्त आदमी बेहोश हो जाए इस दिल्ली में।

रज़िया : बिस्तर बिछा रखा है मैंने। अनवर भाई, उस कमरे में आराम करो।

जावेद : अब्बू, यहाँ के सिनेमा घरों में ठंडक होती है। बिजली की मोटर से ठंडा करके रखते हैं हॉल को। चलो अनवर, उस कमरे में। पाँच बजे चलेंगे पिक्चर।

अनवर : **(चलता हुआ)** नहीं। ज़हूर को बुला दो। अब्बू, मुझे आज ही घर पहुँचाओ।

अमानत : चलते हैं, बेटा। ज़हूर को आने दो। **(बाहर जाते हैं)**

जावेद : उछलने कूदने लगोगे अब जल्दी ही। डॉक्टर कहते हैं। **(वक़्फ़ा)**

रज़िया : इतनी जल्दी क्यों ले आए इसे?

जावेद : नाश्ता किया अब्बा ने?

रज़िया : लगाने जा रही थी।

जावेद : अनवर के बरतन और कपड़े अलग रखना।

रज़िया : सचमुच डॉक्टरों ने सलाह दी है?

जावेद : और क्या मैं ख़ुद डॉक्टर हूँ?

रज़िया : चिल्लाते क्यों हो?

अमानत : **(अंदर आकर)** क्या बात हुई, जावेद बेटा? अनवर की हालत तो पहले से बदतर है।

जावेद : नाश्ता लाओ इनका। अनवर को भी पूछो, क्या खाएगा। गोश्त पकाओ।

अमानत : नहीं। मैं कुछ भी नहीं खा पाऊँगा अभी। बिटिया, जा आराम कर तू।

रज़िया : ज़हूर भी आ गया।

जावेद : इतनी जल्दी? (**वक़्फ़ा। ज़हूर फ़ॉर्म पकड़े दाख़िल होता है**)

ज़हूर : क्या बात हुई, चचा जान? छोटे चचा को डिसचार्ज क्यों करवा लाए आप?

जावेद : किस किस कॉलज के फॉर्म लाए हो?

अमानत : अस्पताल गया था तू?

ज़हूर : नरस कहती, अनवर चचा को तो घर ले गए तुम्हारे बड़े चचा। मैं हक्का बक्का! भागा आ रहा हूँ।

जावेद : अब्बा हजूर, बैठिये। आप से बात करना चाहता हूँ। ज़हूर, तुम भी बैठो, बेटा। शरबत ला दो ज़हूर को। आप पीजिए। (**रज़िया जाती है**)

अमानत : रहम कर मेरे आक़ा!

अनवर : (**दरवाज़े पर**) ज़हूर, आ गया तू? चलो, अब्बू।

जावेद : रुक जाओ, अनवर।

ज़हूर : संभल कर, चचा। (**दोनों अनवर को ले जाते हैं**)

जावेद : थोड़ी देर सुसता लो, अब्बू। जल्दबाज़ी मत करो।

ज़हूर : (**लौट कर**) नरस तो कह रही थी—

जावेद : कितने कॉलेजों के दाख़िला फॉर्म लाए हो?

ज़हूर : हँसराज कॉलज, हिंदू कॉलज और सेंट स्टीवन्ज़...

जावेद : सिरफ तीन के?

ज़हूर : दस पंद्रह लोगों ने मुझे बताया। एटी परसंट मार्क्स वालों को कैंपस के बाहर भटकने की ज़रूरत नहीं। ये तीनों कॉलज ख़ुश होकर मुझे दाख़िल कर लेंगे। अंग्रेज़ी ऑनर्ज़ में।

जावेद : सिट डाऊन, ज़हूर। आई वाँट टू टॉक टू यू।

ज़हूर : अबाऊट अनवर अंकल?

जावेद : नो। फस्ट अबाऊट यू। अबाऊट यूयर अड्मिशन टु डेहली युनिवर्सिटी।

ज़हूर : कहिए, जी।

जावेद : बेटा, जो मैं तुम्हें कहने वाला हूँ, हो सकता है, तुम्हें अच्छा न लगे। सलीम भाई और अब्बा जान भी शायद मुझे संगदिल कहें। ख़ुदग़र्ज़ समझें।

ज़हूर : ऐसी कौन सी संगीन बात कर दी मैंने, बड़े चचा?

जावेद : नहीं नहीं, माई सन। तुम ने कुछ नहीं किया।.. मेरे लिए.. मेरा ईमान जानता है.. सुहेल में और तुझ में कोई फ़र्क़ नही। हमीदा में

और रेहाना में और यासमीन में कोई डिफ़्रैंस नहीं। खुदा तो मैं हूँ नहीं। यह मत समझना कि मैं ··क्योंकि मैं कम्यूनिस्ट हूँ, देहली टीचर्ज़ यूनियन का प्रेज़ीडेंट हूँ,··मैं काफ़िर नहीं। अगर मैं दक़ियानूसी मुसलमान नहीं रहा, तो मैं बे-ईमान भी नहीं बना। हम लोग जिनका अकीदा साइँटिफिक सोश्यलिज़्म में है, हम कुल दुनियाँ के मज़दूरों को, मेहनतकशों को, एक कुनबे के अफ़राद मानते हैं।

ज़हूर : देहली यूनिवर्सिटी में दाख़िल होने के लिए इसलाम छोड़कर मार्क्सिज़्म कबूल करना कंपल्सरी है?

जावेद : अरे नहीं, नहीं। मैं तो कह रहा था··व्हट वॉज़ आई सेइंग?··हाँ। मैं सुहेल समझकर तुम्हें सलाह दूँगा, तुम वहीं सहारनपुर गवर्नमैंट कॉलज में दाख़िल हो जाओ। दिल्ली का ख़्याल छोड़ दो। रोज़ बस पकड़ कर··

ज़हूर : तो क्या आप सुहेल को भी मेरे साथ सहारनपुर दाख़िल करवा रहे हैं?

जावेद : नहीं। वो तो दिल्ली का आदी हो गया है। उसी को ले लो। सच तो यह है, यहाँ अंग्रेज़ी स्कूलों में पढ़कर, बिगड़ गया है। ख़र्च करते वक़्त करोड़पति का बेटा समझता है अपने आपको। बे-लगाम हो गया है अभी से। बहन से मोह नहीं। माँ को बदतमीज़ी से पेश आता है। पिछवाड़े वाली लड़की को मिले थे न तुम उस दिन? बंदर नाच नचा रही है सुहेल को। है भी पंजाबन। मैं कुछ कहता नहीं। आख़िर तड़का है। तुम्हारी तरह। दिल न टूट जाए। कहीं कुछ कर न ले। यही बात समझ लो यासमीन की है। करूँ तो क्या करूँ? ऊपर से ऑल इंडिया टीचर्ज़ कॉनफ्रैंस की सिदारत।

ज़हूर : लेकिन आप तो मेरे कॉलेज में दाख़िल होने के बारे में कह रहे थे।

जावेद : बेटा, मेरा वक़्त और था। अब्बा हुज़ूर ने, तुमहारे बाप ने, कुर्बानी करके, मुझे लखनऊ हॉस्टल में रखा। मैं अहसान फ़रामोश नहीं। लेकिन, जनाब, तब बैलगाड़ी पर हमारे गाँव रसूलपुर से सहारनपुर तक तीन घंटे लगते थे। नज़दीक से नज़दीक अगर अच्छा डिपार्टमैंट था, पोलिटिकल साइँस का, तो लखनऊ मे। आज ज़माना बदल चुका है। रोज़ाना तीन टाईम हैं लारी के हमारे गाँव से सहारनपुर तक। महीने का पास बनवाओ। आधे घण्टे में घर से कॉलेज। घर का ताज़ा खाना खाओ। दूध मक्खन उड़ाओ। ताज़ी हवा।—बेटा, मेरी दिली ख़्वाहिश है, तुम दिल्ली के जहन्नुम में मत गिरो, अभी से। न जाने कब अपने दो कमरे खड़े कर पाएँगे हम। चार साल

के मुकद्दमें के बाद भी यह मकान छूट गया। नया मकान इतना अच्छा दस मील से कम दूर नहीं मिलेगा। अगर तुम्हें दिल्ली की बसों में हर रोज़ कॉलेज आने-जाने पर चार घण्टे ज़ाया करने पड़ें, रसूलपुर के अस्सी परसैंट मार्क्स, दिल्ली में, चाली फ़ी सदी रह जाएँगे। बचो, ज़हूर, बेटा। वक़्त रहते संभल जाओ। कैरियर बनाओ। मैं भी तो रसूलपुर से उठकर टीचर्ज़ यूनियन का सदर बन गया हूँ। तुम अच्छे नंबर लो, सहारनपुर से। मैं दिल्ली यूनिवर्सिटी में लैक्चरर लगवा दूँगा। रसूख़ है अब मेरा। उनकी यूनियन का प्रेज़िडैंट भी साइंटिफिक सोश्यलिज़्म में अक़ीदा रखता है। हमारे सेक्रटरी आनंद कुमार का हमजुल्फ़ लगता है। तू मिल चुका है न उनको?

ज़हूर : हरियाणवी साहिब को?

जावेद : हाँ। मेरा हमनवाला है। हम प्याला है। उसका साला ब्रिगेडियर है। अच्छे नंबर ले लो एक बार। लेक्चरर ज़रूर लगवा देगा आनंद तुम्हें। तालिब इल्म क्या बनना है यहाँ। आधे स्टूडेंट यूनिवर्सिटी के होस्टलों में नशे के शिकार हैं। जुर्म करते हैं। लड़के-लड़कियाँ सब शरम व हया छोड़ बैठे हैं। हम सीधा अपने चहेते भतीजे को प्रोफेसर लगाएँगे दिल्ली में।

(वक़्फ़ा)

ज़हूर : तो कल न भरूँ फॉर्म मैं?

जावेद : मेरी तो यही अड्वाईस है। वैसे मैं दिल नहीं तोड़ना चाहता अपने बच्चों का। आख़िर बच्चों के लिए ही तो कमाता है इनसान। मैं, सलीम भाई, अब्बू, हम सब कुनबे के तमाम बच्चों के लिए ही तो इतनी मेहनत करते हैं दिन-रात। **(अमानत आता है)**

अमानत : बड़ी मुश्किल से आँख लगी है।—ऐ रसूल अल्लाह, रहमोकरम की नज़र डाल मेरे लाल पर।·· अब बताओ, जावेद, डॉक्टरों ने क्या सलाह दी है?

ज़हूर : नरस तो कह रही थी··

जावेद : उस अनपढ़ नरस को क्या पता? तीन डॉक्टरों न मुझे पास बिठाकर बुरी तरह डाँटा। फटकारा। अंदर ले जाकर।

अमानत : डाँटा? वो क्यों?

जावेद : हद करते हो, अब्बू, तुम।·· क्या कहूँ अब मैं? भाई मेरा मरवा दिया तुम लोगों ने।

अमानत : क्या हुआ हे अनवर को?

ज़हूर : डॉक्टर तो कह रहे थे, चचा ठीक हो जाएँगे, चंद महीनों में।

जावेद : बकवास करता था वो डॉक्टर भगत। मुझे जो बड़े डॉक्टर ने बताया ··अमरीका से डिगरी लेकर आया है वो

अमानत : राज़ी नहीं होगा मेरा बेटा?

जावेद : राज़ी? अब? नब्बे फ़ीसदी फेफड़े टीबी के कीड़े खा चुके हैं। दस परसैंट बचे हैं। महीने भर में ख़त्म!

अमानत : अल्लाह! करिश्मा दिखा, मेरे मौला!

जावेद : अब तुम्हारा अल्लाह भी कुछ नहीं कर सकता। मोदी की मिल में मज़दूरी करने का मतलब था क़ब्र में दफ़न होना। धागा जम गया छाती में। सरमायादार कुत्ते! मुनाफा ख़ुद खा रहे हैं। मेरे मज़दूर भाई लाइलाज मर रहे हैं। कुछ परवाह नहीं सालों को। एक मरा तो लाखों और ग़रीब हैं उसकी जगह लेने को।

ज़हूर : कुछ भी नहीं हो सकता अब? अनवर चचा की जान किसी तरह भी नहीं बचा सकते हम?

जावेद : यह सवाल, बेटा, मुझ से नहीं, अब्बा हुज़ूर से पूछ। सलीम भाई से पूछ। जिन्होंने तीन साल से मेरे भाई को किसी अच्छे डॉक्टर को नहीं दिखाया। हस्पताल में दाख़िल नहीं करवाया। छः महीने पहले भी पहुँच जाता अगर मेरे पास, तो डॉक्टर भसीन कहता है, हम राज़ी कर सकते थे। अब अन्नू को दिल्ली में रखकर और दिक़ न करो। जो दिल चाहता है, दो उसे खाने को। अपने बच्चों के साथ हँस खेल ले। इशरत भाभी ख़िदमत कर ले। बुरा मत मनाओ, अब्बू। डॉक्टर के लफ़्ज़ थे, इस नौजवान के माँ-बाप, भाई-बहन, क़ातिल हैं।

अमानत : क़ातिल? बेटा, मैं भला कैस कर सकता हूँ अपने लख़्ते ज़िगर का क़त्ल?

जावेद : ज़्यादा मत बुलवाओ मुझ से, अब्बा। बड़े हज़रत इब्राहीम बनते हो। उन्होंने अपने बेटे हज़रत इसमाईल की कुर्बानी दी, ख़ुदा की रज़ा के लिए। तुम ने ज़बह किया मेरे भाई अनवर को, जहालत व काहली के शैतान की ख़ुशी के लिए। **(रज़िया आती है)**

रज़िया : खाना तैयार है। लगाऊँ?

अमानत : चलो, ज़हूर बेटा। उठाओ अनवर को। मैं क़ातिल सही। बुतपरस्त सही। जिसके बेटे तीन-तीन महीने ख़त का जवाब न दें, बहन का ख़ाविंद मर जाए तो ख़बर न लें, वो ज़रूर क़ातिल है। जो बाप दो बेटों को अनपढ़ रखे, खेतों में जोते रखे, बैलों की तरह, ताकि एक

भाई शहर में रह कर पढ़ सके, वो बाप ज़रूर क़ातिल है। ख़ुदा बचाए जावेद को ऐसे क़ातिल बाप से। आ, ज़हूर। उतार अनवर को।

जावेद : अब्बा हुज़ूर, आप दिमाग़ी तवाज़न खो बैठे हैं। सदमा तो लगता ही आप को। मैं सुनाता खरी-खोटी या डॉक्टर। **(रज़िया को)** आनंद नहीं पहुँचा अभी?

रज़िया : नहीं। लाऊँ खाना? **(सामान ठीक करती है। प्लेट लगाती है)**

अमानत : रसूलपुर में भी मिल जाता है खाना। ख़ुदा हाफ़िज़! **(अमानत और ज़हूर निकलते हैं। पीछे जावेद जाता है)**

जावेद : खाना खाए बग़ैर नहीं जाने दूँगा मैं। अव्वल तो कल सुबह जाना।

अमानत : **(आवाज़)** अनवर, उठ बेटा। अभी चलेंगे।

जावेद : अब्बू, रुक जाओ। ज़हूर बेटा, अब्बू को समझाओ। ही इज़ अपसैट। आई कांट हैल्प इट। दैट्स व्हट डाक्टर भसीन टोल्ड मी। प्लीज़! रुक जाओ।

रज़िया : खाना खाए बगैर मैं किसी को नहीं जाने दूँगी।

आनंद : **(अंदर आ कर)** मैं जाऊँगा ही नहीं खाना खाए बगैर। गोश्त की ख़ुशबू ने तो गली के मोड़ पर ही खुश आमदीद कहा था मुझे।

रज़िया : हज़रत ख़िज़र जितनी उम्र पाई है आपने। अभी पूछा था इन्होंने।

जावेद : **(अंदर)** क्या करें अब? ये लोग तो मानते ही नहीं।

रज़िया : आपने नाराज़ कर दिया लगता है अब्बू को। इतना गुस्सा तो उन्होंने जिंदगी भर में नहीं दिखाया होगा।

आनंद : यह रहा। हर बशर का गुस्सा ठंडा करने का शर्तिया नुसख़ा।

जावेद : कितने हैं?

रज़िया : अरे, ये लोग तो सीढ़ियाँ उतर गए। भागो। रोको।

आनंद : दो सौ।

जावेद : **(नीचे को ऊँची आवाज़ से)** रुकिए, अब्बा हुज़ूर। किराया तो लेते जाइए।

अमानत : **(आवाज़)** किराया है हमारे पास। शुक्रिया।

जावेद : मैं छोड़ आता हूँ बस अड्डे तक।

रज़िया : रुके ही नहीं।

जावेद : ऐसे ज़िद्दी हैं ये लोग। जाहिलों को कौन समझाए?

आनंद : कबीर हरियाणवी समझाएँगे। शायरी का नया दौर शुरू किया है मैं ने। खुरदुरी शायरी। जिसका हीरो है, हरियाणवी झोटा।

रज़िया : कबीर हरियाणा के थे?

आनंद : जो भी शायर ज़िहन से हरियाणा का लगे, उसे मैं हरियाणवी मानता हूँ। क्या ख़ूब कही है कबीर साहिब ने। मुँहफट्ट। खुरदुरी। खरी-खरी। जज़बाती मत बनो। कॉमन सैंस का इस्तेमाल करो। झोटा बनो।

रज़िया : कहिए भी अब। उधर गोश्त न जल जाए।

आनंद : जावेद भाई, आपकी हालत समझ सकता हूँ मैं इस वक़्त। आपके रिश्तेदार आप से नाराज़ होकर चले गए। आप क़सूरवार महसूस कर रहे हैं अपने आपको। डोंट डू दैट। मेरे तजरबे से सीखो। भाभी, आप मेरे भाई को जानती हैं न? ओम प्रकाश को?

रज़िया : फ़रीदाबाद रहता है जो?

आनंद : हाँ। जनाब को मेरी बीवी एक आँख नहीं भाती। हमारा क़सूर? मेरी बीवी के घर की कोठी है। अच्छी तगड़ी तन्ख़ाह लेती है स्कूल में। उसका शौहर हिंदोस्तान के दारूलख़िलाफा का बाइज़्ज़त, बारसूख़ शहरी है। मेरा भाई और उसकी जोरू, हसद के मारे, जैलसी के झुलसे, हर रिश्तेदार के पास हमारी चुग़ली करते हैं। हमें कुत्ते, कमीने, कँजूस, खुदगर्ज़ कह कर, हमारी शोहरत बढ़ाते हैं। कोई बात नहीं। जो जी में आए, हमारे बारे में, कहें। लेकिन एक दिन सुनीता ने अक़्ल सिखाई इस अहमक़ को। वो कहती, बुरे तो हम हैं। फिर, हर दूसरे तीसरे माह, ये दोनों भिखारी हमारे दर पर पैसे माँगने क्यों आ जाते हैं? टकसाल लगा रखी है हम ने? मेरा भी भेजा खुजलाया। मैं ने गिना। पाँच बरस में सात आठ हज़ार से ज़्यादा ले चुका था ओम प्रकाश हम से। कई बार तो मैंने सुनीता से भी चोरी दिए थे। भाई है आख़िर। माँ जाया। मगर उस दिन सुनीता ने एक बार जो चौकन्ना किया, मैं ने सोचा : हरियाणवी साहिब! ग़रीब की मदद करना एक बात है। रिश्तेदारों के हाथों उल्लू बनना दूसरी बात। ऐंड हीयर इज़ माई डिसक्वरी ऑफ इंडिया। जावेद भाई, हमें सिर्फ सरमायादार ही नहीं चूसता। अकेला हमारा ऐंपलॉयर ही नहीं हमारा शोषण करता। हमारे दोस्त भी, बहन भाई भी, चचा ताऊ भी, बेटी दामाद भी, हमारा शेषण कर सकते हैं। इसलिए, ख़बरदार! जागते रहो!

रज़िया : आफ़रीन!

जावेद : नेक ख़्याल है।

रज़िया : लेकिन कबीर हरियाणवी कहाँ खो गए?

आनंद : कबीर जी फ़रमाते हैं : शोषण करवाने वाला, कमज़ोर दिल समाज

सुधारक, घर का काम छोड़कर, बेगानों की सिफ़ारिशों पर भागा रहने वाला बेवकूफ़, कोठे की कँजरी होता है।

रज़िया : हाय अल्लाह! कैसी बात करते हैं!

जावेद : कँजरी कैसे, भई?

आनंद : देखिए क्या इमेज इस्तेमाल किया है कबीर ने दोहे में :—

"जन जन का मन राखते, वेश्या रह गई बाँझ।"

जावेद : वाक़ई। खुद बेचारी वही बाँझ की बाँझ। बुढ़ापे में अकेली। **(अलग सोच में खड़ा है)**

आनंद : भाभी, है कि नहीं हरियाणा स्टाइल अक़्लमंदी : "जन जन का मन राखते वेश्या रह गई बाँझ।"

रज़िया : सौ पैसा समझदारी की बात है। इनको समझाओ, हातिमताई की दुम को।

आनंद : अर्ज़ किया है।

रज़िया : इरशाद।

आनंद : "हरियाणवी झोटे ने सिर खुजलाया।
शोषक झोटे से यूँ फरमाया :
नहीं दूँगा मैं अपनी घास का हिस्सा।
हर बहू छीनेगी अपनी सास का हिस्सा।
समझ ले, ओ झोटे, आमो ख़ास का क़िस्सा।
हुआ बंद आज, शोषक क्लास का क़िस्सा।" मेरा इशारा कलास लैस्स सुसाईटी की तरफ है।

जावेद : सुनो फ़ैसला जावेद सिद्दीक़ी का।

आनंद : सबूत आपकी अक़्ल की बारीकी का।

रज़िया : इस मकान को छोड़ने की तारीख़ की नज़दीकी का।

जावेद : मैं जा रहा हूँ रसूलपुर।

रज़िया : अब?

जावेद : ज्यों ही सुहेल और यासमीन पहाड़ से वापस आते हैं, हम सभी चलेंगे। एक तो अब्बू की नाराज़गी दूर हो जाएगी। तब तक वो अनवर की मौत को क़बूल कर चुके होंगे। अब वो ख़ुद भी देख गए हैं, हमारे मकान की तकलीफ़। पानी की तंगी। वो झट मान जाएँगे ज़मीन तीन हिस्सों में बाँटने को। हम अपने खेत फ़रोख़त करके, हफ़्ता भर में लौट आएँगे।

रज़िया : और प्लॉट पर अपना मकान तामीर करना शुरू कर देंगे।

जावेद : बिलकुल। थैंक यू, हरियाणवी साहिब। उन जाहिलों के बदले में

बाँझ क्यों रहूँ?

आनंद : तो कर दो रसूलपुर पर—हमला!

जावेद : लेकिन पहले गोश्त पर हमला।

आनंद : ठहरो। बाक़ी बचा है एक और जुमला।

रज़िया : कौन सा?

आनंद : "अपना हिस्सा मैं ख़ुद खाऊँगा, चाहे हो वो ज़हर।
कोई शोषक झोटा, अब न ढा सकेगा, मुझ पर—

तीनों : क़हर!

(अँधेरा)

(दरम्यानी वक़्फ़ा)

छठा मँज़र

(रसूलपुर। अमानत अली का बाड़ा। अब पेड़ पौधों वाला दूसरा हिस्सा भी नज़र आ रहा है। चारपाई पर अनवर बैठा है। हाथ में गिलास है। रेहाना ज़हूर और अमानत पास खड़े हैं। सलीम अलग हुक्क़ा पी रहा है। अब अमानत लाठी के बग़ैर चलता है।)

अनवर : नहीं, अब्बू। और नहीं पीऊँगा। **(खाँसता है)**

अमानत : मेरे बच्चे, दूध तो तुम्हें पूरे दो गिलास पीने पड़ेंगे। जल्दी मत कर। आहिस्ता-आहिस्ता। पकड़ा बेटा गिलास।

अनवर : तबीयत नहीं मानती अब। जाने दो। ठहर के पी लूँगा।

अमानत : अभी ख़त्म करना है सारा दूध। ठहर कर संगतरे का रस पीना है। शुरू कर। ऐसे नहीं मानूँगा मैं।

अनवर : अब्बा, दिल नहीं चाहता अब।

अमानत : मैं एक नहीं सुनूँगा तेरी। खुराक तो जितनी मेरठ वाले डॉक्टरों ने बताई है, खानी पड़ेगी।

सलीम : नहीं जी मानता उसका तो रहने दो। ज़बरदस्ती काहे की है? न हज़म कर पाए तो?

अमानत : हज़म होगा क्यों नहीं? मेरा लाल बहादुर है। कर गिलास ख़ाली।

रेहाना : दोपहर को पीली गोली और कैपसूल।

ज़हर : और सुबह शाम दोनों के साथ एक सफ़ेद गोली। जो खुले लिफाफे में है।

रेहाना : याद हो गया मुझे। कभी ग़लती नहीं करूँगी। **(अनवर से गिलास पकड़ती है)**

अमानत : रेहाना अगर न हो इस घर में तो बँदा भूखा-प्यासा मर जाए। सुखी रहो मेरी बच्ची। ज़हूर बेटा, पकड़ उधर से चारपाई। नीम के नीचे कर देते हैं। उठ, मेरा बेटा। मैं पकड़ता हूँ।

अनवर : मैं ख़ुद उठ जाऊँगा। पकड़ो मत, अब्बू।

अमानत : संभलकर, अन्नू। ख़ूब! ऐसे! **(ज़हूर और रेहाना खाट बाहर ले जाते हैं। अनवर और अमानत जा चुके हैं। वक़्फ़ा। रेहाना वापस आती है)**

सलीम : रेहाना, सुनो **(जेब से निकाल कर)** कल यों ही मैं पंजाबी की दुकान पर खड़ा था। ये कानों के बुंदे मुझे पसँद आ गए। लाल हैं। तुम्हें जंचेंगे। पहन लो।

रेहाना : ताऊ, हमीदा बहन को दे दो। मुझ से तीन चार साल बड़ी है। पहले उसका हक़ बनता है।

सलीम : उसके पास हैं बहुत से। ये तो मैं ने ख़ास तौर पर तुम्हारे लिए ख़रीदे हैं। गोरे रंग पर सुरख़ काँटे ख़ूबसूरत लगेंगे।

रेहाना : नहीं, ताऊ। स्कूल की लड़कियों को उसतानियाँ डाँटती हैं। गहने पहन कर स्कूल नहीं जा सकती मैं।

सलीम : अरी छोड़ इस्कूल। अब उम्र है कोई तेरी बसता उठाने की? रख ले। घर पर पहन लिया करना। **(ज़हूर आता है)**

रेहाना : मुआफ़ करना, ताऊ। मैं नहीं लूँगी।

सलीम : तो ख़्वाह मख़्वाह पैसे ख़राब किए मैं ने।

रेहाना : लाइये। मैं हमीदा बी को दे दूँगी। दादा जान कह रहे थे, हमीदा बी का ब्याह जल्द कर देना चाहिए।

सलीम : रोटी कौन पकाएगा इतने बड़े कुनबे की?

रेहाना : अम्मी हैं।

सलीम : तेरी अम्मी सेंक चुकी मेरी रोटी। और मेरे बच्चों की।

ज़हूर : फ़ातिमा फूफी भी तो हैं अब यहाँ।

सलीम : उसका रोना धोना बंद हो कभी तब न। और उसकी अपनी फौज है। चार बच्चों की। छः साल में चार बच्चे! वो अपना झुंड सँभाले कि मेरा? **(अमानत आता है)**

अमानत : खुदा ने चाहा तो दो महीने में अनवर भागने लगेगा! खुराक अच्छी हो।

सलीम : दो महीने रहना पड़ेगा मेरठ अस्पताल के अन्दर?

ज़हूर : तीन चार माह कह रहे थे डॉक्टर। हाँ, दिल्ली वाले ज़रूर छः महीने बता रहे थे।

सलीम : छः महीने अपने ख़र्च पर शहर में रखना पड़ा और खुद साथ रहना पड़ा, तो घर उजड़ जाएगा।

अमानत : उजड़े फिर घर। है किसका घर? अनवर का ही है। मेरे बेटे का है। तू उखड़ी उखड़ी बातें मत कर, सलीम। अभी बताए देता हूँ मैं।

कलेजा जला पड़ा है मेरा। ख़ुदाया! कभी इतना ग़ुस्सा मत दिलाना मुझे। दिल तो किया था, तलवार होती अगर, इन्साफ़ करता मैं। शैतान जावेद की गर्दन उड़ा देता। जानते हो कैसा महसूस होता है, अगर बुढे की लाठी, अचानक उसके हाथ में साँप बन जाए?

सलीम : मैं तो पहले ही मना कर रहा था। तुम ने ही सिर पर चढ़ा रखा था बचपन से। ले लो मज़े, बेटे को पढ़ाने के। गुलाम बना रखा मुझे। मुझे और मेरी बीवी को। रेहाना के माँ-बाप को भी! इतने साल। ख़ादिम बना रखा था हमें। फ़ाक़े काटकर, दिन-रात खेतों में मेहनत मज़दूरी करके, ख़र्च भेजते रहे। हम दो को अनपढ़ रखा। उसको मनीआर्डर भेजता रहा हर माह। हमारी क़ुर्बानी देकर। ख़ूब बदला चुकाया भाई ने! तमाम उम्र कुत्ते की तरह हमारी हड्डियों से गोश्त नोचता रहा। और अब, जब हमारी बारी आई, कि हज़ारों जो जमा कर रखे हैं इतनी बड़ी तनख़ाह से, दो महीने भाई की जान बचाने पर ख़र्च करवा सकें, तो बदज़ात ने घर से निकाल दिया।

ज़हूर : मेरे साथ वायदे करते रहे, हर बार जब छुट्टियाँ काटने यहाँ आते थे। अब दाख़िला लेने का वक़्त आया, कहते हैं, वहीं पढ़ सहारनपुर में।

रेहाना : वायदा चचा जान ने मेरे से भी किया था। "यासमीन की तरह तुम्हें मैं दिल्ली के कॉलेज में पढ़ाऊँगा।"

सलीम : पढ़ाएगा तुझे वो, डँठल! चचा कहती है उसे! कभी जावेद जैसा ख़ुदग़र्ज़ भी किसी भाई बहन के काम आया है? नई तालीम! ख़ाक डालो ऐसे पढ़ाई पर। ऐसे अफ़सरों पर। शहरों में रहकर अय्याशियाँ कर रहे हैं। हम ग़रीब किसानों के सर पर।

अमानत : अच्छा, अब बस करो, बेटा। तीन दिन से यही सोचते पागल हो चला हूँ मैं। मेरा अपना ख़ून मेरे साथ दग़ा करेगा! भाई को क़ब्र में धकेलेगा! मेरे फ़रिश्तों को भी ख़बर न थी।

ज़हूर : हमारे सामने कभी किसी डॉक्टर ने नहीं कहा, चचा राज़ी नहीं होंगे। अलबत्ता वक़्त ज़्यादा लग सकता है। एक फेफड़ा तो वाक़ई नाकारा हो चुका है। ऐक्सरे ख़ुद देखा मैंने। लेकिन इलाज कराएँ हम, तो कोई वजह नहीं कि छोटे चर्चा छः महीने में काम करने लायक न हो सकें।

रेहाना : मेरठ वाले डॉक्टरों की दवा है जो मैं दे रही हूँ अब्बू को?

ज़हूर : दादा जान ने ख़ुद ही फैसला किया। ख़ुद ही सहारनपुर की बजाये,

मेरठ का टिकट ले आए।

अमानत : झूठ बोला जावेद ने। यह जानते हुए कि अनवर की जान बचाई जा सकती है।

सलीम : ख़र्च से डर गए मियां ब़ीवी। हम मरें या जियें। क्यों ज़हमत उठाएँ वो? यह तो हम ही बेवकूफ़ हैं जो सारी उम्र उसकी ग़ुलामी करते रहे। छुट्टियों में यहाँ ख़ातिर तवाज़ो करते रहे। जो चीज़ हो, कभी आइशा अम्मी कहे, कभी तुम कहो, गुड़ है? दिल्ली भेज दो थोड़ा, जावेद और रज़िया के लिए। ग़ल्ला हो, घी हो, दिल्ली भेज दो। जावेद के लिए। एक जावेद ही बेटा था तुम्हारा। सलीम साले का क्या है? बुद्धू है। अनपढ़। गँवार। उसकी न कोई ख़्वाहिश है न तमन्ना। कोल्हू के बैल की तरह जुता रहेगा, आँखों पर खोपे बाँध कर। ख़िदमत करे तेरी और तेरे बेटों की। और बेटी की। और उनके लशकर की।

अमानत : ख़ुदा के लिए चुप रह अब, सलीम। जले पर नमक मत छिड़क। जावेद हमारा ख़ुदा नहीं है। मुझ में हौसला है अभी। मैं अनवर का इलाज करूँगा। मरने नहीं दूँगा अपने बच्चे को। चाहे कोई क़ुर्बानी देनी पड़े।

सलीम : ख़र्च कहाँ से निकालोगे? इतना उधार कौन देगा तुझे? और फिर उतारोगे किस बूते पर? मैं अभी बताए देता हूँ तुम्हें। मुझसे कोई उम्मीद मत रखना। मेरे सब्र का प्याला भर चुका है।

अमानत : तू? तू भी बन जा जावेद! कर दग़ा मेरे साथ। अपने भाई के साथ। अल्लाह जानता है, मैं हार नहीं मानूँगा। अभी इन हड्डियों में जान है। अभी मुझ पर रसूले अल्लाह का करम है।

सलीम : रकम कहाँ से लाएगा तू इतनी बड़ी?

ज़हूर : मेरी पढ़ाई भी ख़तरे में पड़ गई।

अमानत : उसकी भी फ़िक्र है मुझे, बेटा। कोई न कोई उपाय ख़ुदा कर ही देगा।

सलीम : मेंह बरसाएगा तेरा ख़ुदा रुपयों का! ट्रैक्टर भी ख़रीद कर दे दिया हमें तेरे ख़ुदा ने! ट्यूबवैल भी लगवा दिया मुझे तेरे जावेद ख़ुदा ने।

रेहाना : फूफी का बेवा हो कर आ जाना भी इस वक़्त ...

सलीम : दो पल नहीं चुप रहती इसकी अम्मी। लगी रहती है फ़ातिमा को जली कटी सुनाने।

अमानत : ऐ नूरे इलाही, रास्ता दिखा मुझे!... सुनो सलीम। एक तरीक़ा है।

सब कुछ सँभाला जा सकता है। तू थोड़ा साथ दे, मेरा बेटा। आख़िर अनवर भाई है तेरा।

सलीम : तरीक़ा बचा कौन सा है अब?

अमानत : मैं अभी लौटता हूँ। चौधरी करनसिंह की हवेली गया और आया। खेत मत जाना। बात करनी है एक तुझ से। **(जाता है)**

सलीम : जिसका दाव लगता है, बुढ़े को लूट कर ले जाता है। एक ससुरा मैं ही रह गया। जिसका यह ख़ून चूस रहा है पचास बरस से। मक्का सूखा जा रहा है। बादल का नामोनिशान नहीं। पेट भरने को पत्ता नहीं पैदा होगा खेतों में। और इसे जोश आ रहा है। हज़ारों ग़रक़ाब करके क़र्ज़ चढ़ाने चला है मेरे सर।—नाई के जा रहा हूँ मैं। रेहाना, कहना, अभी आया। **(जाता है)**

ज़हूर : ऐसी आफ़त में दादा जान ज़िंदगी भर न फँसे होंगे।

रेहाना : बचपन में तो, वो सुनाया करते हैं, बहुत तकलीफें उठाईं थी उन्होंने।

ज़हूर : बचपन में तो ज़रूर बहुत आफ़तें पड़ीं उन पर। उसके बाद शायद एक साथ इतनी प्रॉबलम्ज़ को नहीं झेलना पड़ा।

रेहाना : क्या-क्या देखा दिल्ली में? ख़ूब मज़े किए सुहेल और यासमीन के साथ?

ज़हूर : वो तो दुआ सलाम के बाद हमारे नज़दीक ही नहीं आए। जान बूझकर दादा जान के साथ बैठे दसतरख़्वान पर भी अंग्रेज़ी बोलते रहे। और फिर दूसरे दिन, सुहेल मियाँ तो शिमले चले गए।

रेहाना : शिमला!

ज़हूर : पड़ोसिन पंजाबिन पर फ़िदा हैं। और यासमीन साहिबा अपने गुप्ता सर के साथ कश्मीर चली गई।

रेहाना : उस्ताद के साथ? अकेली?

ज़हूर : होगा कोई उस्ताद का बच्चा भी साथ में।

रेहाना : चचा जान और रज़िया चची ने इजाज़त दे दी?

ज़हूर : वो दिल्ली में रहते हैं, रेहाना। तू क्या गँवारों जैसी दक़ियानूसी बातें कर रही है? इजाज़त की उन्हें ज़रूरत नहीं पड़ती।

रेहाना : कबाब खाया, जामा मसजिद के सामने?

ज़हूर : तेरे बग़ैर क्या मज़ा आता। हाँ, एक चीज़ ज़रूर देखी, दादा जान और मैंने। दादा कहते हैं, यह ख़ुदा का करिशमा है।

रेहाना : क्या देखा?

ज़हूर : नुमाइश! वाक़ई करिशमा था। ख़ुदा का नहीं। इनसान का। साइँस

का। मैं तो तब से और से और सोचने लगा हूँ। ज़िंदगी के बारे में।

रेहाना : ऐसी कौन सी करामात देख ली तुम ने?

ज़हूर : कभी तरबूज़ जितना बड़ा लेमू देखा है तुमने?

रेहाना : नहीं तो।

ज़हूर : कद्दू के साइज़ का प्याज़ देखा है?

रेहाना : नहीं।

ज़हूर : ऐसा पौधा देखा है जिस पर टमालू लगे हों?

रेहाना : टमालू? वो क्या हुआ?

ज़हूर : टमाटर और आलू से मिलकर बनी हुई सब्ज़ी।

रेहाना : बेवकूफ़ बना रहे हो मुझे?

ज़हूर : मैं ने देखे हैं। दिल्ली। महकमा ज़रायत ने नुमाइश लगा रखी थी। पंत अग्रीकल्चरल यूनिवर्सिटी से, लुधियाना से, हिसार से, ज़रायत में हुए तजरबे। रिसर्च। वो सब एक जगह दिखाए जा रहे थे। क्या तरक्क़ी की है इन्सान के दिमाग़ ने। कुदरत को बस में कर रखा है। एक गाय देखी मैं ने। हमारी भैंस से तीस गुना ज़्यादा दूध देती है।

रेहाना : तीस गुना? मैं नहीं मानती।

ज़हूर : आँखों से न देखते मैं और दादा, मशीन से दोहता हुआ दूध, हम भी यक़ीन न करते। कमाल है। अगर ग़रीबी दूर की है मुल्क की, तो इन साइंसदानों ने। बेहतर बीज ईजाद करके। बढ़िया खाद निकाल कर। दादा जान ने सही फ़रमाया।

रेहाना : क्या?

ज़हूर : इन्सान की ख़िदमत ही सच्चा दीन है। ग़रीब की, मज़लूम की, यतीम की, मदद ही इसलाम है। पता है मेरा इरादा क्या बनता जा रहा है?

रेहाना : ज़रायत पढ़ोगे? लोग मख़ौल उड़ाएँगे। खेती तो, ताऊ कहता है, अनपढ़ भी कर लेते हैं।

ज़हूर : मेरा अब्बा क्या जाने उस खेती के बारे में? करामात है यह तो।—एक किसान सिर्फ़ शहद की मक्खियों से दो हज़ार रुपए माहवार कमा रहा है।

रेहाना : अँग्रेज़ी का प्रोफ़ैसर नहीं लगेगा? इक़बाल नहीं बनेगा?

ज़हूर : अभी तक तो यही सोचा करता था। पढ़ूँ और पढ़ाऊँ अंग्रेज़ी अदब। लिखूँ मादरी ज़बान में। फ़िराक़ गोरखपुरी की तरह।

रेहाना : ग़ालिब मियाँ, मँटो की तरह अफ़साना निगार बनने चले थे। मुंशी

प्रेमचंद के पूरे अफ़साने और नॉवल पढ़ डाले।

ज़हूर : किताबें लिखकर, ग़ज़ल कहकर, वाह वाह लेना, अच्छा तो लगता है। शायद सदियों तक तुम्हारा नाम ज़िंदा रहे। लेकिन ख़ुदाई ख़िदमत तो साइंटिफ़िक फ़ारमिंग से मैं ज़्यादा कर सकता हूँ। दाख़िला भी मिल जाएगा मुझे। सहारनपुर में है बी.एससी. अग्रीकल्चर। बोझ भी नहीं बनूँगा कुनबे पर। हूँ भी किसान कबीले का।

रेहाना : रोज़ आया जाया करेगा कॉलेज, लॉरी में?

ज़हूर : सोच तो यही रहा हूँ। आगे देखो, दादा क्या कहते हैं। और तुम्हें क्या मँजूर है।

रेहाना : मुझे? मैं कौन होती हूँ तुझे रोकने वाली? तुम जो मर्ज़ी पढ़ो।

ज़हूर : एक किसान की बीवी बनना पसंद करोगी तुम?

रेहाना : कैसी बात करते हो! लाज नहीं आती?

ज़हूर : इसमें काहे की लाज? सुहेल और यासमीन को देखना तुम।

रेहाना : अभी से ब्याह की बातें करता है!—ताऊ न हो सुनता कहीं।

ज़हूर : फ़ातिमा फूफी है।—बुआ, कितनी उम्र थी तुम्हारी जब शादी हुई? **(फ़ातिमा आती है)**

फ़ातिमा : **(रोती हुई)** मत याद दिला मुझे। छोड़ गया निगोड़ी को। पंद्रह साल की थी जब से पीछे पड़ा था अब्बा के।

ज़हूर : दिलदार फूफा क़साई भले ही थे मगर आशिक़ मिज़ाज थे।

फ़ातिमा : ख़ूब निभाया इश्क़ मेरे से! इशरत भाभी के रहम पर छोड़ गया मेरे नन्हे मुन्नों को।

रेहाना : इसमें दिलदार फूफा का क्या क़सूर? मुये ट्रक ड्राइवर ने चढ़ा दिया ट्रक उसके खोखे पर।

फ़ातिमा : मेरी क़िस्मत!⋯की थी बात जावेद भाई से?

ज़हूर : कौन सी?

फ़ातिमा : भूल गया?⋯रुपयों की।

ज़हूर : भूला तो नहीं। फूफी, तुम रहने दो उनकी बात। फूटी कौड़ी नहीं ख़र्च करने को तैयार थे हम पर। चार दिन में सब कुछ भाँप गया मैं। मालकिन मकान से लड़ाई। हर दुकानदार का क़र्ज़ा सर पर। चचा जान शराब और ताश और अय्याशी करते हैं। रज़िया चची ने बहाने से सब कुछ सुना दिया मुझे। कहीं हम चचा अनवर को उनके ख़र्च पर न छोड़ दें। कहीं मैं दिल्ली दाख़िला न ले लूँ।

फ़ातिमा : बहुत बदल गया है जावेद भैया।

रेहाना : दिल्ली हर एक को बदल देती है।

ज़हूर : हमारी बनिसबत, जावेद चचा जहन्नुम में रहते हैं।

फ़ातिमा : वो कैसे? इतनी तनख़्वाह पाते हैं।

ज़हूर : दादा जान से पूछना, कैसा है दिल्ली के तँग कमरों का हाल।

फ़ातिमा : रज़िया भाभी मेरे शौहर की चचेरी बहन है। मैं सोचती थी कुछ रक़म दे देती तो...

ज़हूर : चील के घोंसले में मास कहाँ, फ़ातिमा बी? **(इशरत आती है)**

इशरत : ऐ तू यहाँ खड़ी किस बकबक में पड़ी है? कुछ शरमोहया बाक़ी है कि नहीं?

रेहाना : अब्बू के पास बैठकर, स्कूल का काम करने जा रही थी।

इशरत : नहीं तू तख़्त पर बिठाने चली हमें पढ़ लिख कर। चारा कुतर कर डाल गाय को। तौंडी समझ रखा है तूने भी मुझे। पेट भरूँ मैं तेरा, मुफ़्त में। **(रेहाना जाती है)**

ज़हूर : चची, क्यों बुरा भला कहती है रेहाना को? हम दोनों ने अनवर चाचा को दूध पिलाया। दवा दी।

फ़ातिमा : अरे सुनाती तो यह मुझे है। रेहाना का तो बहाना है।

इशरत : तुझे क्यों सुनाऊँगी मैं? चुप बैठी रहा कर तू। अपनी बेटी से बात कह रही हूँ मैं। तू जा, जिधर की है तू।

फ़ातिमा : किधर जाऊँ मैं?

ज़हूर : चुप! दादा आ गए।

इशरत : आँख लग गई? या यों ही लेटा है? **(जाती है)**

फ़ातिमा : ज़हर उँडेलती है मुझ पर दिन-रात। (अमानत अली आता है)

अमानत : ज़हूर, अनवर के लिए मुर्ग़ ज़बह कर। दस दिन में तगड़ा कर दूँगा मैं।

ज़हूर : फ़ातिमा बुआ क़साइन हैं। मेरे से बेहतर करेंगी।

फ़ातिमा : यह काम तो मैं जानती हूँ। दिलदार के साथ आधा काम कराती थी। मेरी किस्मत!

अमानत : अच्छा, क़िस्मत को कल कोसना। बच्चे के खाने का इंतज़ाम करो जाकर। **(सलीम को जो आ रहा है)** सलीम, अनवर के लिए एक मुर्ग़ पकेगा आज। और अब किसी को बेचना नहीं। न मुर्ग़, न अंडा।

सलीम : न बेचो। अनवर अकेला तो नहीं जिसके पेट लगा है। इस घर में और लोग भी रहते हैं।

अमानत : फ़ातिमा, जा तू। अख़तर को कहना, मुर्ग पकड़ दे। **(फ़ातिमा जाती है)**

ज़हूर : अनवर चचा के लिए रक़म का इंतज़ाम करने गए थे? मिली?

अमानत : मिल जाएगी। हिम्मते मर्दां, मददे ख़ुदा।

सलीम : खेत सूखे जा रहे हैं। मक्का का एक दाना नसीब नहीं होगा।

ज़हूर : दादा जान, मैं ने फ़ैसला कर लिया। मैं आप लोगों पर बोझ नहीं बनूँगा। कम से कम मुझे आप जावेद चचा मत समझें।

अमानत : पढ़ेगा नहीं आगे?

ज़हूर : पढूँगा, इल्मे ज़रायत। रोज़ घर से जाया करूँगा। खेती में भी हाथ बटाऊँगा। बेहतर बीज, बढ़िया खाद, सब नए तरीक़े इस्तेमाल करूँगा। आप लोगों के साथ मिलकर। अगर छोटे मोटे ट्रैक्टर का इंतज़ाम हो सकता। टराली का। सब्जियाँ उगाएँ। चार गुना कमाई हो। रोज़ मंडी ले जाऊँ मैं, सहारनपुर। या जमुना नगर।

अमानत : शाबाश! तू मेरा ज़हीन बेटा है। मददगार है।

सलीम : पानी के बग़ैर उगा लेना तू कद्दू!

अमानत : पानी का इंतज़ाम हो गया। पुराना टरैक्टर भी ख़रीद लेंगे। अनवर को अस्पताल में रखने का ख़र्च भी दे सकता हूँ मैं। सलीम बेटा, सिर्फ तेरी मदद की ज़रूरत है अब। थोड़ी कुर्बानी और सही। भाई ख़ातिर। कुनबे के लिए।

सलीम : ख़ज़ाना गाड़ रखा था कहीं, बेटों से छिपा कर?

अमानत : बेटों से छिपा कर रखूँ मैं, अपना रुपया पैसा, अल्लाह करे, जिस दिन मैं ऐसा गुनाह कर बैठूँ, मुझे इस दुनिया से उठा ले। दोज़ख़ नसीब करे मुझे। **(इशरत आती है)**

सलीम : इतनी बड़ी रक़म। हम भी तो सुनें, कहाँ से ख़ैरात मिली है तुम्हें।

अमानत : ख़ैरात क्यों माँगूगा मैं? जब ज़मीन है मेरे पास।

सलीम : ज़मीन नहीं मैं बेचने दूँगा। मर जाऊँगा। एक भी खेत नहीं बेचने दूँगा। एक बार कही, जैसी हज़ार बार कही। सुन ले, बुढे। क़तल हो जाऊँगा। क़तल कर दूँगा। मेरी बला से कोई मरे, कोई जिए। मेरी ज़मीन में क़दम नहीं रख सकता ग़ैर आदमी।

अमानत : तेरी ज़मीन?

ज़हूर : अब्बू, क्यों आपे से बाहर हो रहे हो? मुशतरका ज़मीन है।

इशरत : मैं सुन रही हूँ सब। अब्बाजान, आपके होते हुए यह हाल है हमारा। आप आँखें बंद कर लेंगे, जिस दिन, कोई बेली वारिस है हमारा? भाई भाई का मददगार नहीं। बेईमान हो गए हैं सारे।

ज़हूर : कितने की बेचने को सोचा है? कौन सा खेत?

अमानत : अनवर की जान तो मैं बचाऊँगा, बेशक मेरे घर के बरतन भाँडे

बिक जाएँ।

सलीम : अनवर के हिस्से को बेच दे। या आग लगा दे। हमारी रोज़ी रोटी का वसीला मत छीन हम से।

अमानत : तेरी रोज़ी रोटी को नहीं छीनता। ख़ुदा का फ़ज़्ल है। रशीदा को इतनी ज़मीन मिली थी बाप से। ख़ुदा जन्नत नसीब करे उसे। अकेले मक़बरे वाले खेत का, चौधरी का एक रिश्तेदार पचास हज़ार देने को तैयार है। गिरवी का।

सलीम : पचास हज़ार!

ज़हूर : पचास हज़ार तो बहुत होते हैं। वो भी रहन के।

अमानत : बाहर के मुलक़ से आया है। बहुत सा रुपया लेकर। बेटा, आजकल ज़मीन बहुत महँगी हो गई है। ख़ासकर हमारे इलाक़े में। इस जैसी ज़रख़ेज़ ज़मीन को तो चाहे सोने के भाव बेच लो।

सलीम : एक खेत इतने में बिक जाए अगर, और बाकी सब में खेती करें, ट्यूबवैल लगा कर···

ज़हूर : ट्रैक्टर किराए पर चलवा सकते हैं कुछ साल।

सलीम : बैंक क़र्ज़ा दे सकती है, अगर कुछ अपने पास से भी लगाओ।

अमानत : बस, मेरे बच्चो, ख़ुदा भला करेगा। सब मुशकलात हल हो जाएँगी।

इशरत : अच्छा हो जाए। ख़ुदा ज़िंदगी बख़्शे। ज़मीन वापस छुड़ा सकते हैं, जब वो तौफ़ीक़ दे।

अमानत : ज़रूर।

सलीम : एक शर्त पर मानूँगा मैं, अब्बा, ज़मीन गिरवी रखने को।

अमानत : शर्त?

सलीम : इशरत, तेरी लड़कियाँ पल जाएँगी। जैसा कहोगी, करूँगा। अनवर पर बोझ नहीं पड़ने दूँगा।

अमानत : शर्त कैसी?

सलीम : रेहाना की शादी मेरे साथ कर दो।

ज़हूर : रेहाना की?

अमानत : जा, तुझे ख़ुदा की मार! हरामी। शरअ के ख़िलाफ भौंक रहा है?

इशरत : शर्त लगाता है! शरम नहीं आई बात करते हुए।

सलीम : मालूम है शरअ मुझे। अनवर की माँ मेरी माँ नहीं थी। वो मेरा भाई कैसा? और रेहाना मेरी भतीजी कैसी? ग़र्ज़मंद को अमानत क्या, ख़यानत क्या? ग़रीब को, हराम क्या, हलाल क्या?

ज़हूर : दादा जान, रेहाना और मैं तो··· **(आँसू दबाता है)**

अमानत : कमसिन बच्ची! गुनाह करा रहा है मुझ से? दिल्ली वाला बन गया

तू भी? भाई की जान का सौदा करता है?

(जावेद, रज़िया, सुहेल और यासमीन आते हैं)

जावेद : इसलाम अलैकम, अब्बा हुज़ूर!

(सभी उनकी तरफ़ देख रहे हैं। अमानत अली जवाब नहीं देता। गुस्सा क़ाबू में रखने की कोशिश कर रहा है)

(अँधेरा)

सातवाँ मँज़र

(अनवर खाट पर बैठा है। अमानत और सलीम दाएँ-बाएँ बैठे हैं। पीछे जावेद आता है। बाएँ से ज़हूर दाखिल होता है)

जावेद : अब्बू, मुआफी दो मुझे। ग़लती हो गई मुझ से। डॉक्टर ने सचमुच यही कहा था अनवर के बारे में। ख़ुदा क़सम। मैं झूठ नहीं बोलता। अच्छा हुआ आप ने मेरठ भी दिखा लिया। अब ले जाऊँगा मैं अनवर को साथ, दिल्ली। **(अनवर उठ कर एक नज़र उसकी तरफ देखता है और जाता है)** अनवर, मैं ख़र्च दूँगा पूरा। चाहे छः महीने रहना हमारे पास। अब्बा जान, गुनाह हो गया मुझ से। मैं ख़िदमत करूँगा आपकी। चलो आप भी दिल्ली।

अमानत : **(उठकर)** ज़हूर, मैं जुमा की नमाज़ मसजिद में पढ़ूँगा। इस क़ातिल को कहो, मेरे लौटने से पहले पहले, मेरे बाड़े से निकल जाए।

सलीम : ठहर, अब्बू। मैं भी चलता हूँ। क़ाज़ी के साथ बात पक्की कर लें। निकाह के बारे में। शायद मान जाए। फज़लू तेली ने भी अपनी भतीजी से निकाह किया ही था। पिछले साल। यतीम लड़की को ज़िंदगी भर रोटी मिलती रहेगी। आज कल कौन पूछता है, हलाल क्या होता है, हराम क्या होता है?

(अमानत दोनों को आँखों से क़त्ल करके जाता है)

जावेद : **(ऊँचा बोलता)** मैं अपना हक़ लिए बग़ैर नहीं जाऊँगा। अपने हिस्से की ज़मीन बेचूँगा। मकान शुरू कर रखा है मैंने दिल्ली में। **(सलीम उसे नफरत भरी नज़र से देखकर जाता है)** ऐसे करते हैं ये लोग। अनपढ़! जाहिल! बच्चे बन रहे हैं। ज़हूर, आइम सॉरी। तुम्हें भी अगर गुस्सा है, तो भूल जाओ। चलो मेरे साथ तुम भी। मकान अपना होगा तो कोई तकलीफ नहीं। तुम और सुहेल एक रूम शेयर कर लेना। एम.ए. करो। मैं ख़र्च दूँगा।

ज़हूर : नहीं, बड़े चचा। अब मैं यहीं रहूँगा।

जावेद : पढ़ाई मत छोड़, बेटा। इनके झाँसे में मत आओ। ये लोग तरक़्क़ी के दुश्मन हैं। सलीम का बस चलता, तो मैं हाई स्कूल से आगे न पढ़ पाता। अहसान मानता हूँ तेरे अब्बा का मैं। लेकिन असलियत यह है कि अगर मैं वज़ीफा न जीतता, ये गँवार मुझे कभी लखनऊ न भेजते। बहुत तकलीफें उठा कर एम.ए. किया था मैं ने। यहाँ से ये दस रुपए भेजते थे, वहाँ के लिए चाहिए थे पचास। बड़े शहर में पढ़ना आसान नहीं।—मगर अब मैं आ गया हूँ। रज़िया से सलाह कर ली है। तुम दिल्ली में दाख़िला ले लो।

ज़हूर : थैंक यू, चचा जान। अब में सहारनपुर से ज़रायत में बी.एससी. करूँगा।

जावेद : इंग्लिश ऑनर्ज़ नहीं लेगा?

ज़रूर : नहीं।

जावेद : खेती बाड़ी कोई पढ़ाई है? मवेशी बन जाता है इन्सान। हरियाणवी झोटा।

(सुहेल, यासमीन और रेहाना आते हैं)

यासमीन : डैडी, सुनो रेहाना क्या कहती है।

सुहेल : शी सेज़, ज़हूर इज़ गोइंग टु बी ए फारमर!

यासमीन : शहद की मक्खियाँ रखेगा।

सुहेल : ज़हर होती है उन में।

यासमीन : डंक चुभो देंगी तेरे अंदर।

रेहाना : तरीका होता है, उनसे शहद लेने का। चलो, मैं दिखाती हूँ तुम्हें। कैसे निकालते हैं शहद मक्खियों के छत्ते से।

यासमीन : न, बाबा। मुझे काट खाएँगी।

सुहेल : उलटी ऐवोल्यूशन चलाने चले हो, ज़हूर?

ज़हूर : वो कैसे?

सुहेल : आज से तेरह चौदह सौ साल पहले होता था शहद का ज़माना। दी वर्ल्ड हैज़ प्रॉग्रेस्ड, जनाब।

यासमीन : दिस इज़ दी एज ऑफ शूगर।

सुहेल : रेडी मेड डिन्नर। सिंथैटिक फूड।

रेहाना : वो क्या होती है?

यासमीन : माई गॉड! तुम्हें इतना भी नहीं पता? टी वी नहीं देखती?

ज़हूर : पुराने ज़माने के शहद की कुछ ख़ासियतें हैं जो, मिस्टर सुहेल, आपकी मशीनी खांड में कभी नहीं आ सकती।

जावेद : प्योर हनीइज़ होलसम फूड। इट्स मोर नरिशिंग दैन शूगर।

यासमीन : (उलटी करती हुई) मक्खियों भरा शहद! ऐह!

सुहेल : शूगर फॉर मी!

(फातिमा और रज़िया आती हैं)

रेहाना : आओ, ज़हूर। इनको चखाएँ शहद।

यासमीन : न, जी। मुझे डर लगता है।

ज़हूर : आओ तो सही। मैं साथ हूँ। डंक नहीं मारने दूँगा।

जावेद : गो अहैंड, यास। देअर्ज़ नो डेंजर।

(बच्चे जाते हैं)

रज़िया : हुई बात अब्बा जान से?

जावेद : दोनों सख़्त नाराज़ हैं। सलीम भाई भी।

फातिमा : ख़फा होने की वजह तो है। आपने आकर एक बार भी पूछा, मुझ पर क्या गुज़री?

जावेद : हमें बेहद अफसोस है, फ़ातिमा। बार-बार मुआफी माँग चुका हूँ। एक बखेड़ा है दिल्ली का?

रज़िया : हिंदोस्तान भर के उस्तादों की तनख़्वाह बढ़ाने के लिए, जंग छेड़ रखी है इन्होंने। मरकज़ी सरकार के ख़िलाफ। और ये उस लशकर के सिपह सालार हैं।

जावेद : अब कैसी हो तुम?

(इशरत आती है। फातिमा झेंप जाती है)

फातिमा : क्या बताऊँ, भैया। जुल्म हो रहा है मेरे पर।

रज़िया : जुल्म?

जावेद : कौन कर रहा है?

फातिमा : ज़माना मेरी किस्मत! **(रोती है)**

इशरत : हमीदा ने गुसलख़ाने में पानी रख दिया है। रज़िया बी, नहा लो।

जावेद : तू फिर रोने लगी, फातिमा।

फातिमा : अब्बू को आज, न जाने, क्या सूझी। सुबह, अचानक मुझ से कहने लगे **(हिचकी लेती है)**

जावेद : क्या कहने लगे?

फातिमा : अब्बू बोले, "ज़माना बदल गया है, बेटा। अपने पैरों पर खड़ी होने की कोशिश कर। मैं दिलदार वाला खोखा मरम्मत करवा के दे रहा हूँ तुझे। क़साई का पेशा बुरा नहीं। तू चला दुकान।"

रज़िया : यह तो अच्छी सलाह है। दिल्ली में तो हज़ारों लड़कियाँ दुकानें चलाती हैं।

फातिमा : सोच तो रही हूँ। कब तक ग़ैरों का मुँह देखूँगी। भिखारिन बन

कर।

(दोनों जाती हैं)

इशरत : अभी से सब चोंचले भूल गए आपको, जावेद भाई? कल के आए हो। ठीक से बात ही नहीं की। रज़िया बी का ख़ौफ खाए जा रहा है? अकेले आते हो, मेरे चेहरे पर नज़रें गाड़े रखते हो।

जावेद : इतने नाराज़ हो तुम लोग मेरे से? अब्बू और सलीम और अनवर तो मुझे नज़रों से क़त्ल किए जा रहे हैं। सब से बार-बार मुआफी माँग चुका हूँ। अनवर को ले जाने के लिए तैयार हूँ। तुम मदद करो मेरी। तुम तो नाराज़ नहीं हो न? तुम्हें तो मैंने, तेरी क़सम, हमेशा अपनी बेगम का रुतबा दिया है, जब भी गाँव में रहा हूँ। झूठ है कुछ?

इशरत : तुम बदल लो रुख़, तो बदल लो। मुझे उज़्र नहीं। यह अब, ख़ुदा जाने, तनदुरुस्त होगा कि नहीं। रेहाना जवान हो गई है। तीन लड़कियाँ और हैं छोटी-छोटी। किसके सहारे पालूँगी? बड़ा है, हर वक़्त, तेज़ाब छिड़कता है मेरे ज़खमों पर। कैसे कराऊँ मैं बराबर का काम खेतों में? कहता है, मैं कमाकर खिला रहा हूँ सब को।— अब क़ीमत माँग रहा है, मेरे बच्चे पालने की।

जावेद : क़ीमत? कैसी क़ीमत?

इशरत : रेहाना से निकाह पढ़ाना चाहता है! शरअ के ख़िलाफ!

जावेद : क्या??? पचास साल का मरियल झोटा? और वो शीरख़्वार बच्ची! अच्छा! यह पूछने गया है मौलवी से?

इशरत : हमीदा से चार पाँच साल छोटी है।

जावेद : यह ज़ुल्म नहीं होना चाहिए रेहाना पर। अब्बा क्या कहते हैं?

इशरत : नाराज़ तो लगते हैं। अभी पूरी बात हुई नहीं थी कि आप लोग आ गए।

जावेद : सलीम से भी नाराज़ हैं अब्बू?

इशरत : मेरी मिन्नत है, जावेद भाई। रेहाना को इस देव दानव के पंजों से निकालो। दिल्ली ले जाओ। पढ़ती है तो पढ़ा लो। बरतन कपड़ा साफ कर देगी आपका। ख़ादिमा बनाकर रखो बेशक। तुम्हारी और बात है। तुम जो मरज़ी करो। सलीम से नफरत है मुझे।

(आनंद आता है)

आनंद : तो यह है तुम्हारा हरियाणवी रसूलपुर। आमों का दारुल ख़िलाफा।

जावेद : अरे तुम?

आनंद : हरियाली! धुली, खुली हवा! जन्नत है, मियाँ, जन्नत!—इशरत

भाभी?···सही गैस्स किया मैंने?

जावेद : माई गॉड, आनंद! चौंका दिया तूने। ख़ैर तो है?

आनंद : ख़ैरियत तो है। यों ही आ गया मैं। देखूँ, कहाँ मज़े लूटते हो तुम, पूरी गर्मियों की छुट्टियाँ? हमें दिल्ली की भट्टी में छोड़कर।

जावेद : इशरत भाभी, यह मेरा दोस्त आनंद है। मेरे साथ स्कूल में काम करता है।

इशरित : आदाब, भाई साहिब।

आनंद : भई, क्या कहने। इतने सालों से आप का नाम सुनते आ रहे हैं। आज दर्शन हुए। खुशकिस्मत है जावेद। यक़ीन करना, इशरत भाभी। दो घूंट चढ़ा ले, मेरे साथ, अकेले बैठकर। तुम्हारी सिफ्त करते ज़बान नहीं थकती।

इशरत : सुस्ता लो आप। मैं चाय पानी भेजती हूँ, घर से। **(जाती है)**

जावेद : कैसे आ धमके, मियाँ, यक लख़्त?

आनंद : ऐसे ही, मूड आ गया। ज़िंदगी तो तुम जी रहे हो। जिधर जाओ, लुत्फ ही लुत्फ। चार बच्चों की माँ होकर भी इशरत बेगम···

जावेद : यूनियन में गड़बड़ तो नहीं हो गई?

आनंद : सिर्फ मामूली सी।

जावेद : क्या?

आनंद : राष्ट्रीय स्वयमूसेवक संघ ने कॉल दी है—कि कम्यूनिस्ट पार्टी की बुलाई हड़ताल में, उनकी पार्टी के टीचर हिस्सा न लें।

जावेद : बेड़ा ग़रक!

आनंद : कर लो अब, 'ऑल' इंडिया टीचर्ज़ की हड़ताल!

जावेद : दि रिऐक्शनरी पिग्ज़! पूरी मूवमेंट तबाह कर दी।

आनंद : मैं ने सोचा, झट प्रेज़ीडेंट साहिब को इत्तला करूँ। कहीं तुम, यहाँ जन्नत में, हूरों के साथ अटखेलियाँ करते रहो। उधर मुल्क भर के मेहनतकश बुद्धिजीवी डूब जाएँ।

जावेद : अब क्या करें? इधर अब्बा जान और सलीम ज़मीन बेचने के लिए राज़ी नहीं हो रहे।

आनंद : हाँ, यह भी सुनो। दरअसल मैं आया हूँ, तुम्हारे हिस्से की ज़मीन ख़रीदने।

जावेद : तुम क्या करोगे ज़मीन का?

आनंद : तुम अपनी क़ीमत पूरी लो। न मेरा हक़ मारो, न खुद ख़सारा खाओ। मैं यहाँ ज़मीन ज़रूर ख़रीदूँगा। इनकम टैक्स बचाने का यही एक क़ानूनी तरीक़ा रह गया है। और यों ही रसूलपुर में क़दम

रखा, मुझे सबूत मिल गया कि मेरा फैसला बुरा नहीं।

जावेद : ऐसी क्या शै देख ली तुम ने यहाँ? गोबर है। गंदगी है। मक्खी है। मच्छर है। और बीमारी है।

आनंद : ऊँहूँ! आम है! हरियाली है! शहद है! और जोहड़ है।

जावेद : जोहड़? हरियाणवी झोटे के गुसल के लिए?

आनंद : जी जनाब! और बूझो, गली में कौन मिली मुझे?

जावेद : कौन मिली?

आनंद : रज़िया भाभी के साथ तुम्हारी बहन फातिमा। काश! मैं भी दूसरी शादी कर सकता। क़सम खुरदुरी शायरी की! मैं तुम्हारे ख़ानदान का बोझ एकदम हलका कर देता। अभी तुम्हारे अब्बा के क़दमों में गिर कर, फातिमा का हाथ माँग लेता। मुझे चौधरी अमानत अली का दामाद बनने का फ़ख्र हासिल होता। हूँ तो मैं हरियाणवी झोटा। लेकिन, जावेद भाई, सीने में दिल रखता हूँ।

जावेद : अच्छा, सुन। मज़ाक़ मत कर। ज़मीन के बारे में, या फातिमा के बारे में, बकवास नहीं करना। मुआमला बहुत बढ़ चुका है। उजड्ड हैं ये लोग। हाथ चलाना जानते हैं। ख़ून उबल रहा है अब्बा का। और सलीम का, और अनवर का। मेरे ख़िलाफ़!

आनंद : पर, यार, ज़मीन तो तेरी है। ख़ुदग़र्ज़ी के ख़िलाफ लड़ाई कर। पीछे हटना बुज़दिली है।

जावेद : मैं मैदान छोड़कर नहीं जाऊँगा। अपना हक़ लेकर जाऊँगा। मगर तुम चुप रहना। चाहो तो बच्चों को लेकर, बाहर घूम आओ। खेतों में।

आनंद : यह ठीक है। मैं एक नज़र ज़मीन पर डाल आऊँ। अगर तुम्हें मेरी मदद की ज़रूरत हो, तो बता दो।

जावेद : जाओ तुम। इस जंग में फतह हासिल करना, मेरे लिए चुटकी बजाना समझ।

आनंद : बरावो! कार्ल मार्क्स उर्फ लैनिन उर्फ कबीर हरियाणवी, इस धर्म युद्ध में, तेरे साथ हैं। शेर अर्ज़ है—

जावेद : इरशाद!

आनंद : माटी कहे शैतान से, तू क्या रौंदे मोहे।
एक दिन ऐसा आएगा, मैं रौंदूंगी तोहे।।

(अँधेरा)

आठवाँ मँज़र

अमानत : रेहाना पर मैं यह जुल्म नहीं होने दूँगा। अगर कोई मेरे दाहिने हाथ में सूरज और बाएं हाथ में चाँद रख दे, तब भी मैं हक़ के एलान से बाज़ न रहूँगा।

जावेद : उस बच्ची के भी हक़ हैं कुछ।

अमानत : शरअ इसकी इजाज़त नहीं देती। न शरअ, न इन्सानियत। कुरान शरीफ के मुताबिक, भतीजी से शादी मना है।

जावेद : रेहाना की मरज़ी के ख़िलाफ कुछ नहीं किया जा सकता।

अमानत : तेरे जैसे दरिंदे से उस मज़लूम को बचाना, फर्ज़ बनता है मेरा। ख़ुदा क़सम, जब तक मेरी रगों में ख़ून है, तू रेहाना और ज़हूर की ख़ुशियों का ख़ून नहीं कर सकता।

जावेद : सिर्फ इसलिए कि रेहाना का बाप इस वक्त मजबूर है। बीमारी में मुबतला है। नाजाइज़ फायदा उठाना चाहते हो? शरम आनी चाहिए तुम्हें। क्या हंगामा मचा रखा है इसने। गुलाम बना कर रखो औरत को! सदियों से जुल्म की इंतहा कर रखी है तेरे जैसे भेड़ियों ने। बेचारी औरत! मायके में माँ-बाप की चाकरी करे। रूखी सूखी खाकर, भाई की ख़िदमत करे। भौजाई की जली कटी सुने। और फिर, भेड़ बकरी की तरह, किसी ख़ूँख़ार जानवर के हाथ रस्सा पकड़ा दो। ससुराल के जहन्नुम में झोंक दो। ज़र ख़रीद लौंडी बना कर रखो। हवस की शिकार बना कर रखो। सुबह शाम, दिन रात, मज़दूरी कराओ। कुनबे की परवरिश कराओ। और ग़रीब हो, तो कोठे पर बिठा दो। तवाइफ बना दो।—कभी औरत के नज़रिए से भी सोच, सलीम मियाँ। कुदरत ने सिर्फ मर्द को ही नहीं बनाया। सिर्फ तुम्हें ही ज़िंदगी की हर ख़ुशी नहीं चाहिए। रेहाना का भी दिल है। उसकी भी ख़्वाहिशें हैं। ख़्वाब हैं। अपनी हवस के लिए बच्चों की कुर्बानी मत दे।

सलीम : यह नसीहत तू मुझे दे रहा है? जिसने सारी उम्र दूसरों का नाजायज़ फायदा उठाया है। सारी उम्र लहू चूसा है मेरा। मेरे बाप का लहू चूसा है। मेरे छोटे भाई और उसकी बीवी का लहू चूसा है। शैतान की औलाद! तू ने कैसा सलूक किया है इस घराने के साथ? हवस का शिकार बनाया है। हमेशा! पढ़ता था जब, हम बाप बेटे, घर की औरतें, दिन रात खेतों के अंदर, मिट्टी के साथ मिट्टी होकर, बैलों के साथ बैल बनकर, तेरी तालीम का ख़र्च भेजते रहे। अपना पेट काट कर। घर में घी मक्खन है। जावेद को दो। उसका इम्तिहान है। दिमाग़ी काम करता है। नया कपड़ा ख़रीदो। जावेद को पहनाओ। इस्कूल कॉलेज जाता है। जावेद! जावेद!! जावेद!!! और हम? सलीम हो या अनवर या उनकी बीवियाँ। हम तो मिट्टी के लोंदे हैं। बेजान मिट्टी के लोंदे। जो सिर्फ जावेद की तालीम का ख़र्च उठाने के लिए फसल उगा सकते हैं। हमारी कोई ख़्वाहिश नहीं। तमन्ना नहीं। ख़्वाब नहीं।—और हमारी ज़िंदगी भर की गुलामी ने क्या दिया है हमें? क्या मिला है मुझे तेरा भाई बनकर? मुझे तो कहते हो। जो आता है मुझे ही रिश्ते का हक़ अदा करने को कहता है। जावेद को हक़ अदा करूँ। अनवर को हक़ अदा करूँ। रेहाना को हक़ अदा करूँ। मेरा कोई हक़ नहीं बनता किसी के ऊपर? ज़िंदगी भर का ज़रख़रीद गुलाम हूँ मैं तुम सब का? मवेशियों के भी ज़्यादा हक़ हैं मुझ से। गली का कुत्ता भी ज़्यादा लुत्फ उठा लेता है बदन का। —नहीं, एक जावेद ही इन्सान है! सिर्फ उसे पता है, शरअ क्या है। मज़हब क्या है। इन्सानियत क्या है। इन्साफ क्या है!—सलीम कौन है? कोल्हू का बैल। ख़स्सी बैल! ज़िंदगी भर काम कराओ सलीम से। और मर गया जब, लावारिस लाश की तरह, दफना आओ क़ब्रिस्तान में। —भला चाहता है, तो जा। दफा हो दिल्ली को। दोबारा रसूलपुर में क़दम न रखना। वरना मेरे से बुरा कोई नहीं होगा। मेरे हक़ क्या हैं, यह ख़ूब समझ गया हूँ मैं। और अपने हक़ वसूल करना, आता है मुझे।

अमानत : शादी करना चाहते हो, तो ख़ुशी से करो। तेरे वास्ते, मैं ख़ुद तलाश में हूँ। ज़रूरत है तेरे बच्चों को भी। हमीदा की शादी करनी है। घर गरिस्ती चलाने के लिए औरत चाहिए तेरी मददगार। सलीम, मैं अंधा नहीं हूँ। हम-उम्र औरत हो तेरी निगाह में, तो बता। मैं चलाता हूँ बात।

सलीम : ओए बुड्ढे! तू भी सुन ले। सारी दुनिया के फर्ज़ मेरे सिर मत फेंक। कुछ तेरे फर्ज़ भी बनते हैं। बाप के फर्ज़, मेरी तरफ।—खुद कितनी शादियाँ की थीं तूने? क्या उम्र थी आईशा बी की जब उसके साथ निकाह किया तूने?—रेहाना पर रहम आ रहा है तुझे! दिल तो सिर्फ एक तुम्हें ही दिया है ख़ुदा ने। ख़ूब! रेहाना का मसीहा बन रहा है। ज़हूर का मसीहा बन रहा है। अनवर का ख़ुदा बना फिरता है। फातिमा का ख़ुदा बना फिरता है। और जब सलीम की बारी आए? सलीम ज़ालिम है! पत्थर दिल है! बदकार है! कमसिन बच्चियों को हवस का शिकार बना रहा है। कुरान मजीद की बेइज़्ज़ती कर रहा है।

अमानत : कहा न तुझे। तेरी शादी दूसरी जगह मैं ख़ुद कराऊँगा।

सलीम : अब मुझे तेरी मदद की ज़रूरत नहीं। आज से मेरा तेरा कोई रिश्ता नहीं। तू बाप नहीं। मैं बेटा नहीं। जिस आदमी ने तमाम उम्र मेरी मेहनत का फायदा उठाया हो, मुझे सब का ख़ादिम बना कर, इस्तेमाल किया हो, वो मेरा कुछ नहीं लगता।—मेरे हिस्से की ज़मीन मुझे बाँट दो। मैं अलग ज़िंदगी बसर करूँगा। अनवर मरे, फत्तो जिये। मेरी बला जाने। खेत मेरे हिस्से के मेरे हवाले कर। आज ही। अभी!

जावेद : अब्बा जान, हम भी इसीलिए आए हैं यहाँ। कर दीजिए बटवारा ज़मीन का। आज ही। मुझे मकान बनाना है। लाखों लगते हैं। कहाँ से लाऊँ? बीस साल से आप लोग मेरे हिस्से की फसल खा रहे हो। मेरे हिस्से के धर में रहते हो। बाड़े का इस्तेमाल कर रहे हो। अब हमें ज़रूरत है। सख़्त ज़रूरत है। मेरी बीवी और बेटे और बेटी को ज़रूरत है। मुझे अफसोस है। आप लोगों को तकलीफ तो होगी। यकदम तीसरा हिस्सा ज़मीन का छिन जाने से, आपकी आमदन कम तो होगी। लेकिन मैं मजबूर हूँ। मैं ज़मीन बेच रहा हूँ। मेरा दोस्त आनंद हरियाणवी ख़रीददार बनकर आया है। बुलाओ चार आदमी। पंचायत बुलाओ। करो पैमाइश। जौन सा मरज़ी टुकड़ा दे दो। तीसरा हिस्सा।—क्यों, सलीम? यही चाहते हो न तुम भी?

सलीम : बिलकुल।

अमानत : किस ज़मीन की बात कर रह हो तुम दोनों?

सलीम : पहेलियाँ मत बुझा, बुड्ढे।

अमानत : यह ज़मीन? तुम्हारी कब से हो गई? या मेरी कब से हो गई?

जावेद : क़ानून बाक़ी है अभी इस मुल्क में। कचहरियाँ क़ायम हैं। मगर मैं नहीं चाहता, मुक़द्दमेबाज़ी पर उतरना पड़े हम सब को। ख़्वाह मख़्वाह साल बरबाद मत करो, अब्बा। वकीलों के झमेलों में मत फँसाओ, आल औलाद को। सुलह सफाई से, हम दोनों को हक़ पकड़ा दों हमारा।—सलीम भी जो चाहे करे। में अपना हिस्सा लिए बग़ैर नहीं छोड़ूँगा। हक़ीक़त तो यह है, मेरा दिल्ली में क़याम, इस पुश्तैनी जायदाद को बेचे बग़ैर, मुमकिन नहीं। घर की और बाड़े की भी तक़सीम कर दो। मेरे हिस्से की रक़म रखो मेरे हाथ पर। और हम गाड़ी चढ़ें वापस दिल्ली को।

अमानत : कचहरी चढ़ाएगा अब बाप को?

जावेद : मुझे इन्साफ चाहिए। तुम नहीं दोगे, तो मेरे पास कचहरी के सिवा और चारा ही क्या है? सोच लो। ख़्वार तुम भी होगे। हमें भी करोगे।

अमानत : पक्का फैसला है यह तुम दोनों का?

सलीम : मुझे मेरी ज़मीन बाँट दो। मैं खेती करूँगा अब सिर्फ अपने लिए। अपने बच्चों के लिए। मुझे न बाप की ज़रूरत है, न भाई की, न बहन की।

जावेद : मुझे मेरी ज़मीन चाहिए। मैं बीस साल से अपना हिस्सा खिला रहा हूँ, तुम अहसान फरामोशों को।

(वक़्फा)

अमानत : या ख़ुदा, किस इम्तिहान में डाला है आज तूने मुझे! मेरे आक़ा, मुझे रौशनी दिखा!—तू जानता है, मेरे अल्लाह, मैं ने हमेशा तेरी मख़्लूक की ख़िदमत की है। मैं ने तुम पर यक़ीन रखने वाले हर बशर को अपना भाई समझा है।—ऐ रसूले अल्लाह! मैं ख़ाक हूँ आपके क़दमों की। दुआ फरमाइये।—ऐ अल्लाह, मैं ने तेरा पैग़ामे मुहब्बत तेरे बंदों तक पहुँचाने में ज़िंदगी का हर लम्हा गुज़ारा है। आदम का बेटा हूँ। मिट्टी का बना हूँ। हर कमज़ोरी का, हर हवस का, शिकार रहा हूँ। लेकिन मेरे मौला, मैंने अपनी तरफ से कभी कसर नहीं छोड़ी। हमेशा तेरी दुनिया को बेहतर बनाने की कोशिश की है। बचपन से, मैं तेरे बताए रास्ते पर चलता आया हूँ। मेरे पैदा होने से पहले ही, तू ने मेरे अब्बा को मुझ से छीन लिया। दो साल का था, जब तूने मेरे दादा का साया भी मेरे सर से उठा लिया। ख़ुदावंद करीम, तू ने मुझे मेरे चचा की बेहद मुहब्बत बख़्शी। मगर, मेरे मालिक, उतनी ही मेरे दूसरे चचा की नफरत भी

मिली। मैं मज़लूम था। यतीम था। बेरहम चचा ने मेरी जान तक लेने की कोशिश की। मजबूरन, मुझे हिजरत करके, रसूलपुर से बाहर जाना पड़ा। तेरह साल! मैं अपने बुजुर्गों की सर ज़मीन से, मुक़द्दस मज़ारों से और मसजिदे पाक से, महरूम रहा। मेरे ख़ुदाया, आज यह किस दुशवार जगह लाकर खड़ा कर दिया है तू ने।—ऐ नूरे इलाही! रास्ता दिखा मुझे!

जावेद : रास्ता हम बता चुके हैं। मेरी ज़मीन मेरे हवाले कर।

अमानत : शैतान! तुझे इस ज़मीन का एक ज़र्रा नहीं दूँगा। तुम्हारी? कौन होते हो तुम इस ज़मीन के? पुश्तैनी? किसने बताया तुम्हें, ये खेत और घर और बाड़ा मेरे बाप दादा के हैं?

जावेद : और किसके हैं?

अमानत : अमानत हैं। मेरे पास अमानत हैं मेरी पहली बीवी के। रशीदा के। ख़ुदा जन्नत नसीब करे उस नेक दिल औरत को। बेवा थी। इस सारी ज़मीन की मालिक। मेरी ईमानदारी पर, मेरे इख़्लाक़ पर, मेरे दीन पर, ख़ुश होकर, रशीदा ने कहा, मरते वक़्त कहा, "मैं पूरी ज़मीन तुम्हारे नाम लिखवा कर जाऊँगी।"—ताकि रशीदा का कोई रिश्तेदार, तुम्हारे जैसा ख़ुदग़र्ज़ रिश्तेदार, उस के ख़ाविंद को कचहरी में ज़लील न करे। मैं ने सलाह मान ली, अपनी रहम-दिल बीवी की। वकील से काग़ज़ बनवाए। पक्के काग़ज़। मगर मैं ने शर्त रखी एक। मैं ने कहा, "रशीदा, जैसा बुरा बचपन मैं ने गुज़ारा था, ख़ुदा ऐसा बचपन किसी यतीम बच्चे पर न लाए। कोई भी मज़लूम इतनी आफतों का शिकार न हो, जितना मैं हुआ था।" मैं ने इल्तिजा की रशीदा के आगे, "दस्तख़त करो इन काग़ज़ों पर। यह ज़मीन हमेशा तेरे नाम रहेगी। यह बिरसे में किसी को नहीं मिल सकती। न मेरे किसी बेटे को, न बेटी को। अमानत है मेरे पास। इस पर हर मज़लूम का, हर बेवा का, हर बीमार का, ज़रूरत मंद का, हक़ है। उतना ही हक़, जितना मेरे कुनबे के किसी बच्चे का। न मैं इसे बेच सकता हूँ, न कोई दूसरा। मेरे मरने के बाद अमानत जाएगी तो सरकार को। या किसी यतीमख़ाने को। तुम्हारे जैसे शैतानों के हाथों में नहीं जाने दूँगा।

जावेद : झूठ बोल रहे हो तुम। सलीम, बुड्ढा चकमा दे रहा है। मैं अनपढ़ ढोर नहीं। मुझे सलीम मत समझना। मैं तुझे ख़्यानत नहीं करने दूँगा। ला काग़ज़! दिखा कहाँ लिखा है, हम ज़मीन नहीं बेच सकते। इतनी आसानी से तुम मेरा हक़ हज़्म नहीं कर सकते।

निकाल कागज!

आमनत : कागज़ दिखाऊँ मैं तुझे! तू? कौन है तू? मेरा बेटा? तू कब से बन गया मेरा बैटा? जिसने सारे क़बीले का हिस्सा निगल कर भी सब्र नहीं किया। तेरी यह शैतानी तालीम मैं निकालता हूँ। ज़हूर! रेहाना!! लाठी लाओ! मेरी लाठी! **(गुस्से से काँप रहा)** इस भाई के क़ातिल को, क़त्ल करूँगा मैं! लाठी से! क़त्ल!—ऐसा ही होगा वो दिन जब ख़ुदा ने देखा होगा, ग़ासिबों को, हक़-मारों को, सैलाब में डुबोना चाहिए। हज़रत नूह के तूफान को और उस सैलाब की ज़रूरत को आज समझ सका हूँ मैं।

(ज़हूर और रेहाना भागे हुए लाठी लाते हैं)

ज़हूर : साँप है, दादा जान? मैं मारता हूँ।

रेहाना : कहाँ है?

अमानत : एक साँप नहीं। दो दो साँप हैं! **(लाठी जावेद के सिर पर मारने लगता है)** शैतान! कुचलूँ तेरा सिर!

जावेद : अब्बू! **(जावेद भागता है। सलीम डर कर, पीछे खिसक जाता है)**

अमानत : दफा हो! जल दोज़ख की आग में। दोबारा इस बाग़े बहिश्त के अंदर क़दम रखा, तो ख़ून कर दूँगा। **(वक़्फा। मुश्किल से आँसू रोकता है। ज़हूर और रेहाना के सिरों पर हाथ रख कर)** संभालो बेटा, अमानत। मेरी एक कोशिश तो रायेगां गई। बेटों की जगह, मेरे घर में, शैतान पैदा हो गए। तुम बसाओ अब, नई दुनिया। जिसमें बेवा बेसहारा न हो। यतीम को मुहब्बत मिले। बीमार को तीमारदार मिले। जिस दुनिया के अंदर ख़ुदगर्ज़ी का सियाह शैतान घुस न सके। रहमो करम की हुकूमत हो। बंदे को बंदे से मुहब्बत हो। जियो! और ख़ुश रहो, मेरे बच्चो!

(आँसुओं का बाँध टूट जाता है। वक़्फा। सलीम चुप चाप आकर, फावड़ा उठाकर, खेत को जाता हुआ)

सलीम : फातिमा के हाथ मेरी रोटी भेज देना। आमों वाले गोशे में।

(परदा)

—ख़त्म शुद—

(पहला प्रालेख : नवंबर, 1987)

15

जीता फाँसी लगेगा

अपने उस सहपाठी

को

जिस की यह कहानी है

लेखक की तरफ से

एक देश अपने बेटे-बेटियों का लालन-पालन कैसे करता है? बच्चों के अंदर कौन-सी कदरें-कीमतें पैदा करने की कोशिश करता है? उन को किस तरह के इम्तिहानों में से गुज़ारता है—ताकि वे मज़बूत इन्सान बन सकें?

हम जीते जैसे ग़रीब लड़कों को कौन सी यातनाएँ झेलने पर मजबूर करते हैं? करमी जैसी कन्याओं को कौन सी तकलीफों में से गुज़ारते हैं?

एक सभ्यता, एक गणतंत्र, अपने निर्धनों के साथ कैसा बरताव करता है?

इन सवालों को सामने रखकर, मैं ने अपने समाज की सेहत जाननी चाही। मेरी नज़र में, हम बीमार समाज हैं। फूहड़ लोग हैं। हम समृद्ध ज्ञानी सुच्चा सिंह की तरह बेदर्दी हैं। नंतू पाधे की तरह पाखंडी हैं। आदमख़ोर हैं। कमज़ोर परिवारों का ख़ून चूसते हैं।

हमारी विरासत का हर पहलू सुखकर नहीं। पवित्र नहीं। विरासत के गले सड़े हिस्से की लगातार छंटाई करनी चाहिए। हमारे कुछ लोक गीत, कहावतें, कहानियाँ अपने में ज़ुल्म पिरोए बैठे हैं। इन को बदलते चलना हर पीढ़ी का कर्तव्य बनता है।

मेरी ज़िंदगी में बहुत जीते आए हैं। मेरा इर्दगिर्द करमियों से भरा पड़ा है। उनके मनों के अंदर क्या कुछ घटित होता है? दिल व दिमाग़ के अंदर किस तरह की दर्दनाक तस्वीरें घूम रही हैं? 'जीता फाँसी लगेगा' में मैंने उन तस्वीरों का कुछ हिस्सा उकेरने की कोशिश की है।

इला अपार्टमेंट्स (ए 104)
बी-7, वसुंधरा ऐनक्लेव
दिल्ली-110096

चरणदास सिद्धू

निर्देशक की ओर से

'जीता फाँसी लगेगा' पहला पूरा नाटक है जिसे मैंने निर्देशित किया। इसको खेलते वक़्त आई मुश्किलों को हल करके बड़ा स्वाद आया। और इसकी कामयाबी पर मुझे और मित्रों को बेहद ख़ुशी हुई।

पहली बार जब मैं ने 'जीता' पढ़ा, मैं चकरा गया। मेरे लिए यह कई पहलुओं से, डॉ. सिद्धू के मंचित हो चुके चौदह नाटकों से, अलग था। कठिन था। 'जीते' की कहानी के धागों को सीधा करना, पात्रों के आने-जाने को समझना, बीत रहे और बीत चुके समयों को जुदा रखना, काफी मुश्किल लगा।

मुझे घबराहट हुई। डॉ. सिद्धू ने दस एक घंटे में घटित हो रही जीते की ज़िंदगी दिखाई है। लेकिन साथ-साथ जीते के परिवार का पच्चीस बरस का इतिहास भी पेश किया है। ये सब कुछ दो घंटे के अंदर दर्शकों तक कैसे पहुँचाऊँ? क्या मैं और मेरे कलाकार यह मुश्किल काम कर सकेंगे?

अपनी घबराहट कबूलते हुए मुझे कोई शरम नहीं। मैं रंगमंच से बरसों से जुड़ा हूँ। मैं समझता था कि नौ दस साल कॉलेजिएट ड्रामा सोसाइटी चलाकर, उसमें पंद्रह सोलह रोल खेल कर, सैट्ट बनाकर, हार शृंगार करके, चीज़ों वस्तुओं का इंतज़ाम करके, मुझे नाटक के निर्देशन के बारे में चोखा ज्ञान प्राप्त हो गया है। पंद्रह बरस मैं अपने महल्ले की रामलीला का अगुआ रहा हूँ। तीन साल कॉलेज में छोटे नाटक डाइरैक्ट किए। इनाम जीते। मगर 'जीता' पढ़कर मुझे लगा, इसकी मुश्किलें सुलझाने के लिए, मेरा तजरबा काफी नहीं।

पर हौसला हारना हमारी टोली ने नहीं सीखा। मेरा पहला कदम था—नाटक के लगातार चलते हुए कार्य को टुकड़ों या ब्लॉक्स में बाँटना। पहले अंक को सात ब्लॉक्स में तोड़ा। दूसरे अंक के इसी तरह के दस टुकड़े बन जाते हैं। इस तरह कलाकार आसानी से अपना आना जाना याद रख सकते हैं। रिहर्सल का टाइम टेबल बनाया जा सकता है।

लेखक न इस नाटक का कार्य रिवायती दृश्यों में क्यों नहीं बाँटा? इस सवाल का जवाब मुझे तब मिला जब मैं ने देखा—पूरा नाटक, एक तरह से, जीते के दिमाग़ के

अंदर घटित हो रहा है। नाटककार ने सारी घटनाएँ जीते के नज़रिए से पेश की हैं। हम अपने दिमाग़ में अब चल रही और बरसों पहले बीत चुकी ज़िंदगी को अलग नहीं कर सकते। हम एक ही वक़्त मरे हुए और ज़िंदा लोगों से बातें करते हैं। ख़यालों के इस बहाव को बनावटी झाँकियों में बाँटना शायद जायज़ नहीं था। इसीलिए चार जगह जीता मर चुके बिषने, तोषी और शिंगारे के बोलों का जवाब देता है—जबकि उसी वक़्त वह जीवित पात्रों के साथ भी वार्तालाप कर रहा है।

इस नाटक के छः दृश्य पूरे के पूरे भूतकाल के हैं। दो मध्यांतर से पहले, चार बाद में। दर्शकों को वर्तमान और भूतकाल का भुलावा नहीं लगना चाहिए। इसके वास्ते कौन सी जुगत बरतें? हम ने चार तरीके इस्तेमाल किए। (1) मर चुके पात्र हम ने हर बार एक ही चबूतरे पर खड़े किए। बीते समय की छः घटनाएँ उसी स्थान पर खेलीं। (2) इस चबूतरे को हम ने रस्सियाँ लटका कर 'क़ैदख़ाने' का भ्रम पैदा किया। (3) रौशनी रंगदार रखी। (4) संगीत की सहायता ली। बिषना, शिंगारा और तोषी के आने पर अलग-अलग साज़ बजाया। पूर्ण भूतकाल के छः दृश्य झांझ की तीखी टनकार से शुरू किए।

इन जुगतों का सदका था कि हम जीते के कुनबे का लंबा इतिहास आसानी से दर्शकों तक पहुँचा सके। 'फ्लैश बैक' और वर्तमान के बारे में किसी को भुलावा नहीं लगा।

'जीता' की अनोखी शिल्प का एक फायदा मुझे मुफ्त में मिल गया। ''नाटक अजीब है। कठिन है। रिहर्सल ज़्यादा चाहिए।'' नतीजा : हमारी टोली के किसी भी नाटक की इतनी रिहर्सल नहीं हुई जितनी 'जीते' की। इस तरह 'जीता फाँसी लगेगा' की अद्भुत रचना शैली इसकी सफलता का बड़ा राज़ साबित हुई।

मुझे अपनी टोली ने छक कर मदद दी। सुझाव दिए। ख़ासकर, मैं नूपुर सिद्धू, डॉक्टर अचल भगत, वामिक अब्बासी और प्रमिला सिद्धू का क़र्ज़दार हूँ।

राजकुमार साहनी

पहला मंचन

'जीता फाँसी लगेगा', पहली बार 27, 28 नवंबर, 1987 को कॉलेजिएट ड्रामा सोसाइटी, दिल्ली की तरफ से, फाईन आर्ट्स हॉल, नई दिल्ली में खेला गया। निर्देशन राजकुमार साहनी ने किया। कलाकार थे :

जीता : रबिंदर नारायण माथुर
मीना : आशा सिद्धू
नामो : ज्ञानकौर सिद्धू
करमी : पंकजा सिद्धू
बिषना : विनोद तनेजा
शिंगारा : राजकुमार साहनी
ज्ञानी : शैलेंद्र जैन
जीणी : प्रमिला सिद्धू
तोषी : नूपुर सिद्धू
नंतू : डॉ. चरणदास सिद्धू
शकुंतला : चारुता भार्गव
सिपाही : अमिताभ वर्मा
संगीत : नूपुर सिद्धू, वीणा सिद्धू तनेजा

परदे के पीछे

सैट्ट : डॉ. अचत भगत
रौशनी : वामिक अब्बासी
कपड़े : प्रमिला सिद्धू
शृंगार : राजकुमार साहनी
संगीत निर्देशक : नूपुर सिद्धू

पात्र

जीता	: उम्र 20 साल
मीना	: उसकी पत्नी, 19
नामो	: उसकी माँ, 40
करमी	: उसकी बहन, 22
बिषना	: उसका बाप, 33
शिंगारा सिंह	: 26 साल
ज्ञानी सुच्चा सिंह	: शिंगारे का बाप, 48
जीण कौर	: शिंगारे की माँ, 46
तोषी	: 18 साल
नंतू पाधा	: तोषी का बाप, 50
शकुंतला	: तोषी की सौतेली माँ, 25
सिपाही	: 40 साल

× × ×

समय : आजकल

स्थान : गाँव भाम, ज़िला होशियारपुर, पंजाब

× × ×

सैट्ट : जीते का कोठा, आँगन। दूसरी तरफ ज्ञानी के चबारे को जाती हुई सीढ़ी। आँगन के इर्द गिर्द दीवार, फाटक। पीछे गली। दरख़्त, बेलें, बूटे, घड़े, खाट, पीढ़ी, मूढ़े, कुरसी। पीछे नंतू का घर, दायें ज्ञानी का घर। तीन मंज़िले ऊँचे मकान, जीते के परिवार को पैरों के नीचे कुचलते हुए।

पहला अंक

(गाँव के लोग अखाड़ा बनाकर गा रहे हैं, नाच रहे हैं। बीच में बैठे हैं जीता और करमी, बलि के बकरे बनकर। लोक गीत के बोल छुरी का चुभना समझ कर, बिलखते हैं)

(क) राम गऊ छोड़ देंगे, एक बेटी नाइयों की।
(ख) जाट बकरा बोलता जाए, नाइयों की गली में से।
(ग) ऊँचा उठ के कबूतर बोले, देहली नाइयों की।
(घ) टूटी खटिया, बान पुराना, बीच से दिखते तारे,
नाइयों की छोरी रे, तुझे बुला रहे चबारे।
(ङ) छोरी अपनी संभालो, नाइयो, गेहूँ टूट गया।
हर्जा भरो, जजमानो, गेहूँ टूटे का।
(च) धावे! धावे! धावे!
री छोरी नाइयों की, तुझे नाचने के आएँ बुलावे
बाहमणी गिलास जैसी, हाथों से निकलती जावे
आँख सुनारिन की, जो उड़ते पंछी फँसावे
रूप मिरासिन का, जिसे देख के नशा चढ़ जावे
लंबी छोरी महरों की, घड़े ढोती नाग बल खावे
री छोरी नाइयों की, तुझे नाचने के आएँ बुलावे

(अँधेरा)

(दूर से, रहिरास बाणी का पाठ। मंदिर से शंख, घंटियाँ। पूनम का चाँद चढ़ रहा है। जीते को पकड़े, सिपाही आँगन में घुसता है।

करमी फाटक के पास गले लग कर रोती है)

करमी : जीता? मेरे वीर!

जीता : बस!

करमी : मेरे श्रवण वीर! तुझे किस की नज़र खा गई।

जीता : चुप कर। **(नामो बाहर आती है। पाठ बंद)**

नामो : अरी, क्या हुआ? जीता? मेरे बेटे! ओ मेरे लाडले!

करमी : तुम्हें कौन से ग्रहों ने घेरा।

नामो : बेटा, हम तो जीते ही मर गए! जब से सुना।

जीता : ओए, बस करो।

करमी : कुरसी पर बैठो, भैया। **(सिपाही बैठता है)**

सिपाही : हथकड़ी थानेदार के आने पर खोलेंगे।

नामो : हथकड़ी? हाय रे! क्यों लगाई, महाराज?

सिपाही : पानी पिला।

करमी : पक्का पानी बना देती हूँ।

नामो : तेरा पैर आँगन में पड़ा। हम जीवित हुए।

(जीण कौर आती है)

जीणी : जीता है?

करमी : हाँ।

जीणी : **(जफ्फा डालकर रोती)** अरे बेटा!

जीता : ताई, पाँव पड़ता हूँ।

जीणी : शुक्र है वाहे गुरु का। तू बच गया। हम लुट गए।

जीता : जुल्म हुआ तेरे साथ।

करमी : ज़ख़्म ठीक नहीं हुए?

नामो : जांघों पर भी तलवार मारी?

जीणी : गर्दन पर वार किया?

जीता : दोनों को क़त्ल करना चाहते थे। पहले शिंगारा सिंह को क़त्ल किया। फिर मुझे पकड़कर लगे काटने। मैं जाग पड़ा। भागा मैं। वो ट्रक का सामान समेटने लगे। मेरा पीछा छोड़ दिया। मैं दूर कहीं जाकर गिर पड़ा। गड्ढे में। बेहोश हो गया। दूसरे दिन लोगों ने उठाया। हस्पताल ले गए। रतलाम। होश आई तो पता लगा। शिंगारा सिंह मर चुका है।

जीणी : भरी उम्र में मेरा बेटा चला गया। मैं उजड़ गई।

नामो : क़िस्मत! बहमाता ने किधर पकड़ कर बींधा हमारे पुत्रों को। **(नंतू पाधा आता है। करमी पंखे पकड़ाती है। जीता आप पकड़कर**

पंखा डुलाता है। नामो सिपाही को पंखा करती है। करमी पानी में खांड घोलती है)

नंतू : जीता राम!

जीता : पैर पड़ता हूँ, ताऊ।

नंतू : राधा कृष्ण राज़ी रखे। शुभ ग्रह थे। तू ज़िंदा लौट आया। शिंगारे के साथ कैसी बटी?

जीता : ख़त्म कर दिया लुटेरों ने।

नामो : इसकी बढ़ी हुई थी। छूट कर भाग गया।

जीता : क़त्ल करने का यत्न तो डाकुओं ने मुझे भी किया।

जीणी : गहरे ज़ख़्म हैं इसके भी।

नंतू : जवान जहान शिंगारा। सांढ जैसा जोश। दो चार बंदों के तो वो हाथ आने वाला नहीं था। कैसे काबू आ गया?

(ज्ञानी सुच्चा सिंह आता है)

ज्ञानी : मेरे शेर!

जीता : ससरीकाल, ताऊ।

ज्ञानी : बल्ले ओए मेरे सिंह पुत्र। **(बगलकीर होता है)**

जीता : मैं ने तुम्हारा लाल परदेस में खो दिया।

ज्ञानी : बेटा, तुम्हारा क्या कसूर?

जीणी : बाज़ों वाले ने इतनी लिखी थी।

ज्ञानी : "कौल करेंदे हंस को, अचिंते बाज़ पड़े।"—सुना तो सारी व्यथा।

नंतू : हवलदार जी जल पानी पिया?

ज्ञानी : सति श्री अकाल, जी।

सिपाही : ससरी काल। पी लेंगे पानी।

ज्ञानी : दूध ला जाकर, घर से।

करमी : ताऊ, मैं बना रही हूँ पानी।

नामो : पक्का मीठा डाल लेना, री। ख़रीदा था मैं ने, मीना के लिए।

नंतू : जीता राम, हवलदार जी ने कैसे कष्ट किया?

जीणी : सुख है?

नंतू : यों तो जी सदके आएँ।

ज्ञानी : दिलबाग सिंह मास्टर गुज़रा टूवल के निकट से। कहने लगा—जीता मोटर से उतरा है। साथ हैं सिपाही और थानेदार। हाथ में बेड़ी पड़ी हैं।—मैं ने टूवल का बटन दबाया, दौड़ चला। सोचा, रे मन, उलटी कैसे पड़ गई? पुत्र हमारे क़त्ल हो गए। जीते को बेड़ियाँ क्यों बँध गईं।—बताओ, हवलदार जी।

सिपाही : सरदार जी, हमें क्या ख़बर? हम तो जो ऊपर वालों ने हुक्म दिया, वो बजाएँगे।

(**शकुंतला आती है**)

शकुंतला : नामो, बधाई हो। पुत्र जीवित घर आ गया।

जीता : ताई, पाँव पड़ता हूँ।

शकुंतला : जवानी भोग! बंसरी वाला रक्षा करे!

नंतू : कहाँ हुआ यह हादसा, जीता राम?

जीता : रतलाम के नज़दीक।

सिपाही : मध्य प्रदेश में।

नंतू : डाकुओं का इलाका है वो।

सिपाही : पहाड़ी इलाका है। जंगल ही जंगल। कुर्बल कुर्बल करते हैं डाकू। जूयें करती हैं जैसे, कोढ़ी के केशों में।

शकुंतला : पुलिस के हाथ नहीं आते?

नंतू : असला होता है पास। बंदूकें, और क्या नाम है, स्टेन गनें।

जीता : पंडिताइन, जो बंदा मरने मारने को तैयार रहे, हर वक़्त, पुलिस उसका कुछ नहीं बिगाड़ सकती।

शकुंतला : वृंदाबन के पास है इलाका?

जीता : परे है उससे।

ज्ञानी : हुई कैसे?

जीता : मीलों तक जंगल ही जंगल। ग्यारह बजे रात के। पूर्णिमा का चाँद, आज की तरह। छः जून है आज? हाँ, अठाइस दिन हो गए।—हमारा पहिया पंचर हो गया, पिछला। पहिया बदलने लगे। शिंगारा बोला, नींद से आँखें बंद हो रही हैं। पहले दो घड़ी सो लें। उठ कर, पहिया बदल कर, चलेंगे।—मैं ने कहा, अच्छा।—लो जी, तरपाल बिछा कर, सो गए। सड़क के किनारे। मेरा थैला पास पड़ा था। उसमें मेरा उस्तरा था।

करमी : बापू वाला बड़ा उस्तरा? जो मैंने परछत्ती से उतार कर दिया था?

जीता : हाँ।—मैंने ब्लेड से कभी अपनी दाढ़ी नहीं बनाई। गुदगुदी सी होती है।—डाकू देख रहे होंगे। ताड़ लिया। ट्रक ऊपर तक लदा था। महँगा सामान। हाथी दाँत का बना। चंदन की मूर्तियाँ। सौगातें। अमरीका को भेजना था। होशियारपुर के जैन व्यापारियों ने। डब्बी बाज़ार से। पानी के जहाज़ पर। बंबई से।—सिर नीचे लगा, शिंगारा ख़र्राटे मारने लग पड़ा। बेफिक्रे होकर सो गए हम। दोनों भाई।—मेरे थैले से उस्तरा निकाला, डाकुओं ने। शिंगारे का

गला काट डाला। फिर, मेरे पीछे पड़ गए। मैं खलबली में उठा। समझ न आया, हो क्या गया? दो तीन ने मुझे घेर लिया लगे उस्तरा चलाने। जांघों पर। पसली में।

करमी : गर्दन देख, ताऊ।

नंतू : राधा कृष्ण!

शकुंतला : बख़्श ले, बंसरी वाले।

जीता : मैं ने मारी छलाँग, दरख़्तों में से। घने जंगल में से। अँधाधुँध। दौड़ सो दौड़। लहू की धारें बह रहीं थी, ज़ख्मों से। कुरता पायजामा चिपचिप करें। थक कर, बेहोश होकर, गिर पड़ा। गड्ढे में।— दूसरे दिन, धूप चढ़े, पशु चराने वालों ने उठाया। पुलिस आ गई। हस्पताल दाख़िल करा दिया। अठाईस उनत्तीस दिन हो गए।

नंतू : ट्रक का सामान ले गए? लाखों का?

शकुंतला : डाकू छोड़ने लगे थे?

ज्ञानी : सामान के लोभ ने तो लड़का ले लिया हमारा।

जीणी : बेदर्दी। सामान झुलस लेते। मेरा पुत्र तो न छीनते मुझ से।

जीता : पुलिस को मैं ने सरनामा दिया यहाँ का। लाश सड़ रही थी। बदबू मार रही थी। मैं ने बोला—मेरा भाई था शिंगारा। मैं ज़िम्मेदार हूँ। दाग़ दे दो। ताऊ और ताई दौड़े आएँगे। सियानों की बुरी हालत होगी। न इंतज़ार करो। शिंगारे की मिट्‌टी क्यों पलीद करें? सो, लाश जला दी पुलिस ने।

करमी : तार के ऊपर तेरे ज़ख्मों के बारे में तो कुछ नहीं था लिखा। सिर्फ शिंगारा भैया का था कि क़त्ल कर दिया।

जीता : अपना मैं ने जान कर नहीं लिखाया। तुम फिक्र करतीं। चिट्‌ठी डाली मैं ने। मिली?

ज्ञानी : चिट्‌ठी पढ़कर तो पता चला। पर अभी भी पूरी बात साफ नहीं हुई।

जीणी : **(रोती)** इन आँखों से देख लेती। सब्र तो आ जाता।

नामो : बेटे का जाना बुरा। कलेजा निकाल कर ले जाता है माँ का।

मीना : **(अंदर से)** हाय!

शकुंतला : मीना है? हाय हाय कर रही?

नामो : जा, बेटी। देख अंदर। बता भी दे, बेटा आ गया।

शकुंतला : दिन पूरे हो गए?

नामो : हाँ।

जीणी : दर्दें शुरू हैं। संध्या से।

ज्ञानी : हवलदार जी, यह मामला समझ नहीं आया। लड़के को हथकड़ी क्यों बाँधी है?

सिपाही : रतलाम से दो जने लाए हैं इसे। थानेदार सरपंच की हवेली बैठा है। उसे पूछो।

नंतू : यह तुम्हारा चबारा नहीं खाली, जीण कौर?

जीणी : खाली है।

नंतू : थानेदार साहिब को यहाँ सुलाओ।

ज्ञानी : खरा। छोड़ो सरपंच ससुरे की हवेली। ऊपर चढ़ो, जी। हवा में। खाट बिछीं हैं। बेशक बाहर निकाल लो। फिक्र न करो। लड़का हमारा भागेगा नहीं। सो जाओ आप। आनंद से।

सिपाही : गोली ताड़ करती हुई लगेगी खोपड़ी में। करे हिम्मत भागने की। बघौरे वाला, सांहसी, सुना है न, तुम ने? छूट कर मेरे से, भागा। एक ही गोली मारी मैं ने। आर पार!

नंतू : वो आप ने मारा? दस नंबरिया?

सिपाही : दिलावर सिंह से छूट कर कोई मुलज़िम ज़िंदा नहीं जा सकता।

नामो : मेरा बेटा नहीं भागेगा, महाराज।

ज्ञानी : हम ज़िम्मेदार हैं। हमारे चबारे चलो।

नंतू : यहाँ घर में, सौ खाने पीने की मौज है।

शकुंतला : सरपंच तो खाने का कुत्ता है। बेकसूर को फँसा देता है। घूस लेने की ख़ातिर।

ज्ञानी : हमारे कुटुंब से खार खाता है।

जीणी : शिंगारा सिंह से झगड़ पड़ा था। पिछले चुनाओं में।

नंतू : लड़की, तैयार कर, रोटी टूक। नहीं घर में दाल, तो आ। मैं देता हूँ दुकान से। सेवा ख़िदमत करो, अफसरों की।

ज्ञानी : **(जीणी को)** बिस्तरे पहुँचा ऊपर।

करमी : नहीं, ताऊ। मैं बिछा कर आती हूँ बिस्तर। हमारे बहुतेरी हैं चादरें खेसियाँ।

नंतू : सेवा तो हम ज़रूर करेंगे। जो बन पाया हम से। पर, भाई जी, हथकड़ी क्यों लगाई?

शकुंतला : बता, जीते।

जीता : मैं ने क्या बताना है। इनसे पूछो क़ानून बाज़ों से। मैं तो आप मरने से बचा हूँ।

नंतू : आप कुछ तो बोलो, जी।

शकुंतला : फिक्र हो गया।

करमी : सौ मन्नत मनाई तो मेरा एक भाई ज़िंदा मुड़कर आया। उसके भी कड़ियाँ कसी हैं।

सिपाही : शिंगारा सिंह आप का बेटा था?

ज्ञानी : हमारा ही था, जी।

जीणी : खोटे कर्म।

सिपाही : वही नहीं जो तीन साल क़ैद काट चुका था? मक्खनगढ़ के जैमल सिंह को क़त्ल करके? निमोहलियों वाले जग्गे के साथ मिलकर?

नंतू : वही था, जी।

ज्ञानी : निकम्मी औलाद। न जाने कौन सी दोनाली लगी? अच्छा भला शरीफ हुआ करता था।

जीणी : कभी आँख नहीं थी उठाई बाप के सामने।

शकुंतला : उलटी संगत ने बिगाड़ दिया।

ज्ञानी : नित्य नियम, जपुजी साहिब का पाठ करता था। रहिरास का पाठ करता था। जब स्कूल में पढ़ता था।

जीणी : और क्या? यह कहीं चले जाए, पाठ पर, भोग पर। बेटा टेप आप लगाता था। गुरुबाणी की। लाउड स्पीकर पर। संध्या और सवेरे।

करमी : पाठ का नियम नहीं था छोड़ा कभी शिंगारा भैया ने।

नंतू : जग्गे ने कुरास्ते डाल दिया।

शकुंतला : आप थोड़ी पैर थिड़कता है लड़के-लड़की का।

सिपाही : मध्य प्रदेश वालों को शक है। शिंगारा डाकुओं ने नहीं झटकाया।

नामो : और किस ने?

सिपाही : जिस हथियार से शिंगारे का गला चीरा गया, वो था जीते का उस्तरा।

ज्ञानी : उस्तरा? क्यों, जीते?

करमी : यह तो आप बता रहा है। बापू वाला उस्तरा था। थैले में से निकाल कर डाकुओं ने बरत लिया।

नामो : मेरे लाल सिर मढ़ते हैं शिंगारे का ख़ून?

सिपाही : हाँ, जनाब। यह थनेदार मुझे माहिलपुर से साथ लाया है। तफतीश करनी है। घर की तलाशी लेनी है।

शकुंतला : तलाशी कैसी?

नंतू : घर में तो नामो है। या यह लड़की करमी। या, जीते के घर वाली है, अंदर। बच्ची बच्चा होने वाला है।

नामो : हमारे पास क्या है?

सिपाही : लाख रुपए का सानान था। शायद इसने सामान बेचकर, पैसे घर

भेजे हों। किसी के हाथ।

जीता : कूज़े में दबाकर रखना, माँ, जो मैंने लाख के नोट भेजे थे।

नंतू : सौदाई ससुरे मध्य प्रदेश वाले।

करमी : जुल्म है। सरासर झूठ है।

नामो : देख लो, मेरा अंदर बाहर।

करमी : मेरे भाई ने तो कभी गुलेल से चिड़ी नहीं मारी।

नामो : सगे भाइयों की तरह रहे सदा। दोनों। भला मेरा पुत्र शिंगारा सिंह को क़त्ल कर सकता है? बता, बीबी जीण कौर।

जीणी : मैं ने क्या बताना है, बहन। मेरा तो गया। मुड़कर माँ को मिलेगा नहीं। तेरे को मैं क्यों दोष दूँ? होनी बीत गई हम पर। मुझे तेरे पुत्र पर रत्ती भर शक नहीं।

शकुंतला : गऊ पुत्र है जीता। सज्जन पुरुष। यह करनी जीते की नहीं।

नंतू : राम राम करो, जी। क़ातिल बनेगा, जीता? बिषने नाई का बेटा? जो रासते के तिनके से भी हलका था। हर बंदा पैर पोंछ कर गुज़र जाता था, ऊपर से।

शकुंतला : पुण्य कमाता है रोज़। जादू है इसकी तलियों में। मालिश करता है। हड्डियाँ जोड़ता है। दर्दें दूर करता है। 'चुक्क' की बीमारी हो, 'तंग' हो। हड्डियों की अकड़ हो। पट्ठे खिंचे जाएँ। जीते का हाथ लगवा लो। झट आराम आ जाएगा।

नामो : मेरे लाल को छोड़ दो, हवलदार जी।

शकुंतला : मेरे कंधों की दर्द। हकीम डॉक्टर नहीं समझ सके। जीते की मालिश ने दस दिन में भगा दी।

जीणी : सेवक जाति हैं, बेचारे। गाँव वालों के सहारे जीते हैं। जो मिल जाए, बचा खुचा, ब्याहों कार्यों से, खा लिया। हजामतों के, पंसेरी-पंसेरी दाने देते हैं, हिंदू परिवार। फसल पर। बिषने की संतान इतना बड़ा कांड नहीं कर सकती। क़त्ल करना कोई खेल है?

शकुंतला : जीता तो भोला है। देवता स्वरूप।

नंतू : बेटियों जैसा बेटा है। सीता का पार्ट खेलता है। हर साल। राम लीला में।

शकुंतला : सुदामा दोस्त था, शिंगारे कृष्ण का। बचाओ, हवालदार जी, लड़के को।

सिपाही : क्या तुम और हम पास थे, जब क़त्ल हुआ? रास्ते में झगड़ पड़े होंगे। फिर शिंगारा किधर का साधु संत था।

ज्ञानी : जीते, लड़े झगड़े तो नहीं तुम?

जीता : हद करते हो, तऊ। पुलिस की सुनते हो। वो कहें न—जोहड़ का गवाह? मेंडक!—दो जानें अकेलीं। सैंकड़े मीलों का सफर। जंगल के दरम्यान। अनजाना इलाक़ा। हम ने लड़ना था कि मिल बरत कर, राखी करनी थी? एक दूसरे की? टायर हमारा पंचर पड़ा था।

करमी : शिंगारा भैया तो यहाँ भी जान से ज़्यादा रखता था जीते को।

नामो : मेरा लाल निर्दोष है। शुक्र मनाओ, एक जने के प्राण बच गए। उलटी उधर की पुलिस सूली चढ़ा रही है मेरे पुत्र को।

सिपाही : क्या बग़ैर वजह से चढ़ कर आ गए वो तलाशी लेने?

करमी : शरबत लो।

नंतू : बरफ मँगवा लेती। अड्डे वाले दुरगे की दुकान से।

करमी : नए घड़े का पानी ठंडा शीत है। **(जीते को गिलास पकड़ाती है)**

शकुंतला : आज कल प्यास भी तो मिंट मिंट के बाद लगती है।

जीणी : बेशक घड़े पी जाओ। आषाड़ जेठ तप रहा।

सिपाही : वाह, ठंड डालता है। **(करमी गिलास भरती है)** मायका गाँव है तेरा?—बस।

जीणी : बहन है जीते की।

सिपाही : ससुराल किस गँव में?

शकुंतला : नवांशहर के निकट।

सिपाही : नवांशहर? कौन सा गाँव? मैं भी उधर का हूँ।

करमी : सलोह।

नामो : भाई जी, मेरा भोला भाला चूज़ा बचाओ।

ज्ञानी : थानेदार को मनाते हैं।

सिपाही : हाँ, जी। यारों का क्या घिसेगा? जो हुक्म देगा, कर लेंगे।

नंतू : बुलाओ, ग्रंथी जी, थानेदार को। लड़की, बिस्तरे बिछा, चबारे। बैठकर सुलझाते हैं, मामला। झूठा क़त्ल का केस नहीं बनने देंगे, लड़के पर।

नामो : **(रोती)** अभी तो मेरी बहू के चूड़े का रंग नहीं फीका पड़ा।

शकुंतला : साल मुश्किल से पूरा हुआ है गौने को।

जीणी : दसवें पातशाह बेल बढ़ायें बिषने की।

सिपाही : ज्ञानी जी, शिंगारा आप से अलग रहता था?

जीणी : घरों में सौ उन्नीस इक्कीस हो जाती है।

शकुंतला : अपने हिस्से की ज़मीन बँटवा ली थी।

करमी : घरवाली भी छोड़ गई थी।

शकुंतला : जब जेहल गया।

करमी : डराईवर के बैठ गई, भोगपुर।

नामो : पोता भी ले गई साथ, इनका।

नंतू : पिता पुत्र का कैसा झगड़ा? बाल बच्चेदार हो गए। बहू ने अलग चूल्हा चौका कर लिया।

ज्ञानी : वैर विरोध थोड़ी था हमारा। शराबी कबाबी के धोखे में आ गया। उसने क़त्ल में फँसा लिया। एक दिन मैं कह बैठा। गुस्सा खा गया। खेत बाँट लिये। और हमारा क्या रगड़ा था?

सिपाही : ओए, नाई! तू तो बता रहा था, सिर फाड़ दिया था बाप का? शिंगारे ने? क़त्ल करने को फिरता था।

जीता : फाड़ा ही था सिर। मगर मेरा तो यार बेली था। मैं उसका गला क्यों काटता?

ज्ञानी : **(आँसू पोंछता)** भला था, बुरा था। मेरा ख़ून था। कहाँ से ढूँढू अब?

जीणी : बहुतेरे करते हैं बोल कुबोल बेटी-बेटे। जेठा पुत्र जेठा होता है। दूसरे बेशक सौ हों।

नंतू : गुस्सा ख़ोर तो बड़ा था शिंगारा।

शकुंतला : ज़हर चढ़ जाती थी जब, शराबें पी कर, तो कीचक की तरह, रुकता नहीं था। कंस था पूरा। टोक नहीं सकता था कोई बंदा। छोटे तीनों भाइयों के साथ भी रत्ती भर मोह नहीं था। न ही दोनों बहनों से।

करमी : पर जीते से कभी कड़वा नहीं बोला।

सिपाही : तू गवाह थी? जंगलों में?

नंतू : जीते पर इलज़ाम मढ़ना ग़लत है।

करमी : **(रोती)** मेरे वीर को बचाओ, लोगो!

नामो : ज्ञानी जी, मेरा तो यही कुछ है जगत में। हीला करो।

मीना : **(दरवाज़े के साथ खड़ी)** हाय!

करमी : मीना?

नामो : हाय री!

जीणी : देखना, लड़की!

शकुंतला : तू क्यों उठी?

नामो : खाट पर चल।

करमी : वीरा अंदर आ जाता है।

सिपाही : अच्छा, मिल ले। **(कड़ी छोड़ता है। जीता मीना को अंदर ले जाता है)** देखना! ज़नानी के पीछ लग कर, भागने की मत सोचना! कहीं

गोली खाकर मौत से ब्याहे जाओ!

करमी : दो जने हो आप?

सिपाही : हाँ।

करमी : मैं चबारे पर बिस्तर बिछाऊँ?

जीणी : आ। **(दोनों जाती हैं)**

नामो : बड़ियाँ हैं, पाधा जी? आलू उबाल लेते हैं। दाल तो बनी पड़ी है, माश की।

शकुंतला : आ, मैं देती हूँ। **(जाती हैं)**

नंतू : गल्ले वाली खिड़की में पड़ा है कनस्तर, बड़ियों का।

ज्ञानी : क़त्ल सचमुच जीते ने किया है?

सिपाही : अपने को नहीं पता। तुम्हें बताया, थानेदार जो लिख कर ले जाएगा, वही होगा।

नंतू : फिर दूसरे सूबे की सरकार को क्या चट्टी पड़ी है? उन्होंने कौन सा रोज़ रोज़ यहाँ आकर देखना है? जैसे ये लिख कर ले जाएँगे, अगलों ने, फाइलों में दबा कर, रख देना है। केस बंद करके।

सिपाही : मगर इस थानेदार का मानना कठिन है।

नंतू : सुच्चा सिंह, तेरा सगा पुत्र तो गया। था भी वो नंगी तलवारें उठाए घूम रहा, तेरे पीछे। जीणी के पेट से पैदा हुआ तो तेरा फला नहीं। नामो वाले को बचा ले।

सिपाही : शाबाश ज्ञानी के! जीता भी इस की पैदाइश है? नहीं रीस तेरी। नाइन का हुस्न तो इस उम्र में भी कमाल है।

ज्ञानी : गाँव के लड़के-लड़कियाँ बेटे-बेटियों जैसे ही होते हैं।

नंतू : बिषने नाई को मरे, दस बारह बरस हो गए। विधवा बेचारी ने मेहनत मुशक़्क़त करके, बेटा-बेटी पाले हैं। बेगार करके। लड़की कंजरों ने छोड़ दी। बैठी है दर पर, तीन साल हो गए। बेटा ब्याहा पिछले साल। यह देखी आप ने बहू। रहम करो। ग़रीबों पर। छोड़ो लड़का।

ज्ञानी : तरीका ढूंढो, हवालदार जी। बदक़िस्मत हैं। बेज़मीने। इनकी जड़ हरी होती नहीं दिखती। पड़ोसी हैं। तरस करते हैं हम। मेरे बाप ने, दादा ने, पुश्तों से इन्हें घर से खिलाया।—पाधा, मैं आप दो चित्ती में फँस गया हूँ। अगर जीते ने सचमुच शिंगारे को क़त्ल किया है, तो कैसे छुड़ाऊँ मैं?

सिपाही : उस्तरा जीते का था, बता रहे हैं।

नंतू : उसके तो अपने जख़्म हैं इतने।

ज्ञानी : आप ही काट लिया होगा।

सिपाही : रतलाम वाले तो यही समझते हैं।

नंतू : ज्ञानी, न बढ़ा मामला। पैरों की धूल बना कर रखा तेरे कुनबे ने, बिषने की पीढ़ियों को। वही बात मत कर। कहें—"अपना काम कीता, बहन मराये जीता।" नामो की भलाई का बदला चुका। न बेटा फाँसी चढ़ा, ग़रीबनी का।

ज्ञानी : करूँ तो कैसे करूँ?

नंतू : आज जीता जेहल में बंद हो जाए, पीछे तीन बेसहारा औरतें हैं। ख़्वार होंगी। जन्मने वाला बच्चा भी।

ज्ञानी : शिंगारे को बिन-आई मौत मरने दू?

नंतू : जीते को फाँसी हो जाए अगर, तो क्या तेरा शिंगारा सिंह, दोबारा ज़िंदा हो जाएगा? लौट कर ज़िंदा भी घर पहुँच जाता अगर, तो क्या दुर्योद्धन ने, तेरे साथ, या तेरे तीनों बेटों के साथ, महाभारत बंद कर देना था? मत अड़ी कर।

सिपाही : तुम अपनी अड़ी पकड़ कर बैठ गए। ओए, थानेदारों की अड़ी नहीं जानते तुम? ज़िद्दी लगता है माँ का ख़सम।

ज्ञानी : इन माँ बेटी के पास देने दिलाने को भी कुछ नहीं निकलेगा।

सिपाही : **(हँसकर)** औरतों के पल्ले बड़ा कुछ होता है। ज्ञानी, अकेला मत गफ्फे लगा। बाँट खाये, खांड खाये। नाइन की आँख देख तू।

नंतू : उधार सुधार तो मैं कर दूँगा। सौ दो सौ। काग़ज़ लिख दे नामो।

सिपाही : सौ दो सौ? कुल? सौ दो सौ की नसवार लेंगे हम?

ज्ञानी : मज़दूर घूस कहाँ से देंगे?

सिपाही : भाई, हम पुलिस वाले भी तो मज़दूर हैं। हमारी भी सोचो। क्यों, पंडित जी? जीता बता रहा था—ज्ञानी, खेती के साथ-साथ, तू पाठी का धंधा करता है। आनंद कार्य यानि शादी के श्लोक पढ़ता है। अंतिम अरदास करता है। सही है?

नंतू : करता ही है। खेती तो लड़के संभालते हैं।

सिपाही : बस फिर। तू भी चढ़ावा खाता है। मज़दूरी लेता है।

नंतू : सारे गाँव का चढ़ावा इसके घर पहुँचता है। ब्राह्मण को तो विरला ही बुलाता है आजकल।

सिपाही : तो शरम कैसी? हम तीनों मज़दूर हुए, सेवक जाति हुए। अपनी अपनी जगह। हिसाब माँ-बेटी का। भाई, हमारी दक्षिणा दिलवा दो। थानेदार का घर पूरा कर दो। माशूक़ा का छोकरा छुड़ा लो।

नंतू : कैसे मानेगा थानेदार?

सिपाही : रूठी रांड और बौखलाया थानेदार आसानी से मान जाते हैं। रक़म चाहिए।

नंतू : घूस?

सिपाही : दो चीज़ें दिखा दो हम पुलिस वालों को। एक, ज़नानी। दूसरी, बोतल। बेशक, सामने रख कर, बंदा झटका दो। जड़ से बरी करा देंगे।

नंतू : ज़नानी? राधे श्याम।

ज्ञानी : यह इन्साफ है? अगर पुलिस ऐसे करे ग़रीबों संग? वो भी झूठे शक पर।

सिपाही : सुन लो, पाधा जी। आप ग्रंथी नामो संभाले बैठा है।

नंतू : अनर्थ न करो, जी।

सिपाही : छाज तो बोले। छलनी क्यों बोले, जिसके अंदर सौ छेद हैं।

ज्ञानी : मैं तो सब्र कर लूँगा। पुत्र नहीं मिलेगा मुझे। नाइयों का परिवार भी शिकंजे में फँस गया।

सिपाही : यों ही न जूँ का जहाज़ बना। कुछ नहीं घिसने चला लड़की का। थानेदार काम निकाल ले थोड़ा सा। सवेरे, जो दिल में आए, रिपोट लिखा लेना। है भी हज़ार कोस से। लौट कर किस कंजर ने आना है?

ज्ञानी : गाँव की बेटी बहन है। देख कर मक्खी निगली जाती है?

नंतू : तो लड़का बचाएगा कैसे?

ज्ञानी : जीता नहीं मानेगा।

नंतू : तू ने जीते को ख़ामख़ा पूछना है?

ज्ञानी : नामो के साथ तो बात करनी पड़ेगी?

नंतू : नई बात करनी है तूने नामो के साथ?

सिपाही : ब्याही वरी। तजरबेकार। है भी छोड़ी हुई।

ज्ञानी : करमी भी नहीं मानेगी।

नंतू : छिपी थोड़ी है करमी तुझ से? या मुझ से?

ज्ञानी : कहे पर नही कुम्हारी गधे पर चढ़ती।

सिपाही : इकलौता भाई बचा ले। या, फोकी इज़्ज़त बचा ले। संतों का क्या बिगड़ता है? सवेरे दूसरे स्थान पर डेरा।

नंतू : मैं शकुंतला को कहूँ? नामो और करमी को मनाए, तरीके से?

ज्ञानी : सहज से छेड़ेंगे बात।

सिपाही : दो हज़ार अलग।

नंतू : दो हज़ार?

ज्ञानी : मत पहाड़ के नीचे दबाओ कमज़ोरों को।

सिपाही : क़त्ल का केस है। फाँसी के ऊपर झूलता है क़ातिल। इतनी दूर आने का ख़र्चा देना बनता है।

नंतू : अभी जीते ने किया कुछ नहीं। देख लो, भाई जी। इज़्ज़त जाएगी। कोठा जाएगा।

सिपाही : इज़्ज़त? हं! नाइयों की कैसी इज़्ज़त?

नंतू : जिगरा चाहिए। बहन है।

सिपाही : हाँ, पाधा। जीते को ज़रा सा जिगरा चाहिए। फाँसी चढ़ने से बच जाएगा। बोली गाया करते हैं : "धन्य जिगरा नाइयों का, नाइन जाटों संग भेजी।"

ज्ञानी : कहर न कमाओ। रक़म जाने दो। लड़की का—नामो को मनाते हैं किसी तरीके।

सिपाही : मिन्नत किए पर मनाओगे? मत मनाओ। हमारा कौन सा बुआ का बेटा है? चढ़े फाँसी। "कहारों ने मज़दूरी लेनी है, बेशक दुलहन जाते ही विधवा हो जावें"

(जीता आता है)

नंतू : चुप! सुख चैन से है बहू तेरी?

सिपाही : नाई, जान चाहिए कि इज़्ज़त?

जीता : मौक़ा आ जाता है एक, जब इन्सान, इज़्ज़त के बदले, जान वार देता है।

सिपाही : **(हँसकर)** "नाइयों की बारात, तो सभी राजे!"

जीता : नाई क्या आदमी नहीं होते?

सिपाही : अच्छा, परख लेते हैं तुम्हें—तू आदमी है कि नाई।

जीता : लग जाएगा तुझे पता, मौक़ा आएगा तो।

सिपाही : आज की रात है मौक़ा। थानेदार इंतज़ार करेगा चबारे में। ख़िदमत कर ले, जान बचा ले। बरत ले जो उस्तरा कैंची बरतना हो। है हिम्मत?

जीता : **(चोंच लड़ाकर)** "नाई! मेरे बाल कितने बड़े? जजमान! तेरे आगे ही आएँगे!"

(अँधेरा)

(जीता खाट पर सोया पड़ा है। ज्ञानी, सिपाही और नंतू के बीच में घिरी नामो बैठी है)

सिपाही : फाँसी होती है क़ातिल को।

नंतू : इकलौता बेटा है तेरा।

ज्ञानी : उखली में सिर अड़ गया तेरा।

सिपाही : या, सड़ेगा सारी उम्र जेहलों में।

नंतू : फँसी को फटकन क्या?

ज्ञानी : कमाऊ मर्द है घर में दूसरा?

सिपाही : मुक़द्दमा सालों तक चलता है।

नंतू : झूठा हो चाहे सच्चा।

ज्ञानी : बूढ़ी हुई को कौन रोटी देगा तुझे?

सिपाही : बेटी और बहू कूड़े में सड़ेंगी।

नंतू : बेटा ज़िंदा रखने की जुगत बना।

ज्ञानी : सिर्फ आज की रात है।

सिपाही : अड़ियल दिखता है थानेदार। अगर तू ने आनाकानी की, फाँसी लगा कर हटेगा जीते को। अव्वल तो, अगर वो ज़्यादा खीझ में आ गया, गाड़ी में गोली मार देगा।

ज्ञानी : कह देगा, भागने की कोशिश की थी।

नंतू : पुलिस तो सगे बाप की नहीं बनती।

सिपाही : कहीं साला अकेला न बोतल हड़प्प कर जाए।—हमारे रोटी खाने तक, मता पका लो। नहीं छोकरी का इंजन बिगड़ता। दो हज़ार अलग। **(जाता है)**

नंतू : दो हज़ार! सुन ले!

ज्ञानी : जीते की आँख लग गई?

नंतू : थका टूटा।

ज्ञानी : सफर का तोड़ा।

नंतू : बच जाएगा जीता?

ज्ञानी : जैसे नामो की रज़ा।

नंतू : नामो, परदा रहेगा पूरा।

ज्ञानी : हम कौन सा ढिंढोरा पीटेंगे ज़िले में? —एक तरह से, पंडित, बहादुरी होगी बहन की।

नंतू : आपा मार कर, भाई के प्राण बचाने—मामूली कुर्बानी है कोई?

नामो : किस मुँह से कहूँ मैं बेटी को?

ज्ञानी : गुस्सा हमें क्या कम है? जी करता है, गाँव के आदमी इकट्ठे

करके, थानेदार का, और सिपाही का, बंद-बंद काट डालें।

नंतू : न, ज्ञानी। इस चिंगारी को फूँक मत मार। लपटें सारा नगर राख कर देंगी। **(कोहनी मार कर)** सियाने कहा करते हैं—"नाइयों की बहड़की के पीछे, रेवड़ प्यासा मारना है?"

ज्ञानी : दूसरा ख़तरा है। अब तो करमी, चुप चुपीते, घंटा भर में खाली हो जाएगी। झगड़ा किया, तो मामला फैल जाएगा। अख़बारों में छप जाएगा।

नंतू : जड़ से, ससुराल में बसने से जाएगी।

नामो : अगर न मानी?

ज्ञानी : सिर मुंडी है भी तो—क्या निकल रहा है मेरे मुँह से—कुरती में से निकले जा रही है।

नंतू : आँख से कील कर, दिल खींच लेती है मर्द का।

ज्ञानी : माँ पर गई।

नंतू : कसूर तो, सच्ची कहूँ, पुलिस वालों का भी नहीं। आँख रखते ही मोहित हो गए।

ज्ञानी : नामो के हुस्न ने कम मर्दों को डंक मारा था? जवानी में?

नंतू : संभाल सकती है, तो संभाल ले, गबरू बेटा।

ज्ञानी : बिषने नाई की पुश्त का बीज नहीं बचेगा, जगत में।

(करमी गुज़रती है)

नंतू : ऊपर जा रही है?

करमी : प्याज़ माँग रहा है थानेदार। अचार भी। चक्कर पर चक्कर लगवाए जा रहे हैं। कंजर के, अबा तबा बक रहे हैं।

नामो : लालटेन में तेल डाल लिया?

करमी : बोले, नहीं ज़रूरत।

ज्ञानी : पूनम का चाँद है।

नंतू : जा, पकड़ा दे। **(करमी जाती है)**

ज्ञानी : फुसला किसी तरीके।

नामो : हाय, बेटी है मेरी।

सिपाही : **(दूर से, गाता)** "नाइयों की छोरी रे, तुझे बुला रहे चबारे।

नंतू : यह रात दोबारा नहीं मिलेगी।

ज्ञानी : नहीं तो तेरे पुत्र की चिता, शिंगारे की तरह, सैकड़े कोस पर जलेगी।

(दोनों जाते हैं)

नामो : **(आँसू पोंछती)** वाह गुरु! मेहर कर मेरे पर! जीता! बेटा, रोटी

खा कर सोना। **(करमी आती है)** न जाने कब का नहीं सो पाया।

करमी : थानेदार हरामी! ऐसे देखता है जैसे निगल जाना हो।

नामो : दिन ढले का पिये जा रहा है। चढ़ गई होगी।

करमी : ज़बरदस्ती बाँह पकड़ता है। बूढ़ा दानव।

नामो : बेटा, कैसे करें? ये जीते को नहीं लगे छोड़ने।

करमी : झूठा केस है। यों मत तू ख़ून सुखा।

नामो : नांह, री। झूठा होवे, चाहे सच्चा। थानेदार ने जो रिपोट लिख दी, वही चलेगी। आख़िरी कचहरी तक।

करमी : रिश्वत लेने के लिए कुत्ते डरा रहे हैं। तू कहाँ से देगी? हमारे बोझे में है क्या?

नामो : ऊपर से दो हज़ार माँग रहे हैं, अलग।

करमी : दो हज़ार तो तू ठीकर नहीं इकट्ठे कर सकती, गाँव से। एक रात में।

नामो : पाधा कहता है, घूस के लिए मैं दे दूँगा। कोठा लिख दो, गहने।

करमी : कुत्ते का पूत! मुर्दों से कफन उतारता है। हमें किस आफत ने घेर लिया है। यह फनियर, कोठा संभाल कर, हमें गाँव से उजाड़ेगा। अऊत प्रेत। हाथ भर-भर के धन बाँटे तो ख़त्म न हो। जोरू यारों को खिला देगी।

नामो : बेटी, कोई नहीं किसी का। सब अपना फायदा सोचते हैं। मुसीबत में कोई सहाई नहीं होता। मदद को अगर आएगा, तो अपना लहू आएगा।

करमी : दो हज़ार लेकर छोड़ देंगे लड़का?

नामो : बूचड़ क्या आसानी से मानेंगे? एक · एक और शर्त रखी है, सुअरों ने।

करमी : कौन सी?

नामो : बेटा, मुझे दोष न देना। मैं बेबस हूँ। क्या करूँ? **(रोती है)**

करमी : रोने से क्या बनेगा? बोल, और क्या माँगते हैं?

नामो : घड़ी की घड़ी · तू तकलीफ उठा ले। भाई बचा ले।

करमी : तकलीफ? मैं? कैसे?

नामो : थानेदार · सिपाही कहता है · अगर करमी · चबारे · मुट्ठी चापी कर दे। थानेदार साफ क़ातिल को छुड़ा लेता है।

करमी : गले में रस्सा फँसाकर नहीं लटक गई, ऐसी माँ। सलाहें दे रही है!

नामो : री बेटी, मैं तो डूब डूब मरती हूँ। · हे धरती माता! जगह दे मुझे। मैं ग़र्क हो जाऊँ।

करमी : चित्त करता है, सोये हुए रीछ को, द्राँती से चीर कर, दो टोटे कर दूँ।

(जीता जागता है, बैठता है)

नामो : इकलौता लाल हमारा।

करमी : अपनी बहन बेटी नहीं है, लुच्चे की?

नामो : बेइज़्ज़ती बर्दाश्त कर ले बेटा, आज की रात।

करमी : ज्ञानी ताऊ को कहूँ मैं? पंचायत इकट्ठी करे।

नामो : उसी ने तो यह जुगत बताई है। ज्ञानी ने और पाधा ने।

करमी : **(रोती)** ऐसी ज़िंदगी से, फाँसी लगाना बेहतर है।

नामो : दाँतों तले जीभ दबा लो।··मैं पकाती हूँ रोटी। तू थाल में डालकर, पकड़ा आ ऊपर।··हमारा भाग्य!

जीता : माँ, तुम रो क्यों रही हो? घुसर मुसर कैसी कर रही हो?··करमी, बोलती नहीं?

नामो : कुछ नहीं। यों ही··**(करमी भाग कर अंदर जाती है)**

जीता : पता तो चले।··बता।

नामो : बताने वाली हो तो बताएँ।

जीता : अगर मुझे नहीं बतानी, और किस को बतानी है?

नामो : किस तरीके छुड़ाएँ तुझे, पुलिस से?

जीता : नांह। कोई ज़रूरत नहीं मुझे छुड़ाने की। तुम अपना काम करो। तलाशी से क्या निकलेगा? ट्रक से चोरी करके मैं ने कौन सा सामान भेजा है घर को? सामान तो लूटा डाकुओं ने। पुलिस के पास मेरे ख़िलाफ तिनका सबूत नहीं। तू घबरा मत। शिंगारे का ख़ून मेरे सिर नहीं लग सकता।

नामो : ज्ञानी और पाधा कहते हैं, लिये दिये बग़ैर, थानेदार नहीं मानेगा।

जीता : मेरे पास रखी हैं रक़में! दूँ मैं रिश्वत बहन के यारों को।

नामो : दो हज़ार पंडित देने को तैयार है—अगर हम कोठा गिरवी लिख दें।

जीता : कोठा?··गिद्धों की तरह, सब मांस नोचने को चोंच फाड़े खड़े हैं। भगवान प्रलय भी नहीं लाता ऐसी दुनिया पर।

नामो : अकेली रक़म लेकर नहीं मानेगा थानेदार।··कहते हैं··अच्छा, तू भूल जा। मैं संभाल लूँगी।

जीता : माँ, क़सम लगे तुझे। मेरी क़सम। बापू की क़सम। कुछ और बात है। छिपा मत मुझ से।

नामो : रोटी खा ले पहले।

जीता : मीना के जन्मने वाले बच्चे की क़सम। सच बता।

नामो : बेटा घड़ी दो हैं रात की कष्ट झेल ले। ज्ञानी ताऊ तेरा। पंडित भी। यही सलाह दे रहे हैं।

जीता : क्या?

नामो : बकरा है, बदबू भरा, थानेदार। करमों की तरफ देख कर जी ख़राब हो गया। बोला, थोड़ा हाथ पैर दबा दे। चवारे में। परदे से। साफ बरी करा देगा।

(चिमटे का घनकाट। बिषना नन्हे से जीते को डाँट रहा है)

बिषना : नाई का बेटा नाई रहेगा।

जीता : हजामतें नहीं मैं करूँगा।

नामो : हजामतें? किन की?

बिषना : शरम आती है इसे! नवाबज़ादे को!

जीता : स्कूल में लड़के छेड़ते हैं मुझे।

नामो : लड़के छेड़ते हैं? कौन?

बिषना : नाढू ख़ान बनता है, साला।

जीता : शिंगारा किसी की चिलम भरता है?

नामो : शिंगारा?

बिषना : तू शिंगारा बन जाएगा? नाइयों के घर जन्म के?

जीता : लड़के माँ के बारे में गंदी गंदी बातें कहते हैं। तेरे बारे में भी।

नामो : हाय रब्बा! क्या हो गया तुझे?

बिषना : बाप बदल सकता है अब तू? माँ बदल सकता है?

जीता : तेरी तरह, नौकरों वाले काम नहीं करूँगा। मैं सेवक जाति नाई नहीं बनूँगा।

नामो : **(हिलाती)** होश कर, बेटा। बातें किस से कर रहा है? कुछ दिखता है तुम्हें? जिन्न भूत है? शिंगारा है? भाई को कहूँ? पाठ पढ़ कर, धूप दे।

बिषना : **(चपेड़ मार कर)** कीड़ा पतंगा कीड़ा पतंगा ही रहेगा। पंख न उगा। मत उड़ श्मशान की तरफ।

(जीता गाल मलता है, हिचकी लेता है। चिमटे का संगीत बंद। बिषना जाता है)

नामो : बेटा, रूह आती है नज़र किसी की? जिगरा कर, मेरा लाल। तगड़ा बन। **(रोती)** तीन औरतें हम। तेरे बग़ैर कौन बेली वारिस है हमारा?

जीता : कीचक का लहू—धरती पर गिर गया। एक शिंगारा मरा। सौ

शिंगारे पैदा हो गए।

नामो : तुम्हें चिमट क्या गया? संभाल अपने आपको। मेरे पल्ले एक नहीं पड़ी, तू जो बोला। तू रोटी खा के सो जा। बाद में करमी उनको खिला देगी। फिक्र छोड़ कर, सो जा। भगवान भली करेगा।

जीता : उस्तरा भी पड़ा है घर में?

नामो : बहुत पड़े हैं तेरे बापू के।

जीता : ला तो—बड़ा सा, निकाल कर।

नामो : इस वक़्त?

जीता : धार बाँध लूँ। पथरी पर। दाढ़ी सवेरे उठ कर बनाऊँगा।

(नामो अंदर से उस्तरा लाती है। करमी पानी का लोटा पकड़े आती है)

करमी : नहा लेता। इतनी गर्मी है।

जीता : कहाँ चली?

करमी : हवेली। नहीं सच, चबारे। लोटा देने पानी का। थानेदार माँग रहा है।

सिपाही : **(दूर से, गाता)** "राम गऊ छोड़ देंगे, एक बेटी नाइयों की।"

नामो : द्राँत जितना बड़ा है।

जीता : पथरी?

नामो : **(पकड़ा कर)** राजनी माता के मेले से लाया था तेरा बापू।

सिपाही : **(दूर से)** "राम गऊ छोड़ देंगे, एक बेटी नाइयों की।"

(जीता उस्तरे की धार परखता है। पथरी पर घिसाता है।)

(अँधेरा)

(झाँज की चोट। छन कर आती रौशनी। मीना ने गौने आई लड़की के कपड़े पहने हैं। जीता उस्तरा तेज़ कर रहा है। दूर से, शादी का बाजा और सीठने)

मीना : **(डिब्बा पकड़ा कर)** हजामतों का सामान क्या करना है इस वक़्त?

जीता : बारात-घर सोना पड़ेगा।

मीना : हाय रे! मैं घर में अकेली? सारी रात?

जीता : अकेली को तुझे क्या रावण उठा कर ले जा रहा है?

मीना : माँ नहीं लौटेगी?

जीता : माँ का तो सारा काम हुआ। "ब्याह नाइयों का, दंगल भराइयों का।" तड़के भाँवरे होंगे। नाइन बेदी के निकट नहीं होगी तो दक्षिणा थन कमाएगी?

मीना : गुरमीतो के साथ उसके ससुराल भी जाना होगा?

जीता : और क्या? ब्याहता के साथ नामो नाइन नहीं जाएगी तो और क्या लब्भू तेली जाएगा? परसों चौथ खाली होगी अब तो माँ। जब लड़की ने गौने के लिए फेरा डाला।

मीना : बीबी करमी को भेज देना जल्दी। अकेली को डर लगता है।

जीता : अपने आँगन में कैसा डर? इधर चबारे पर जीणी ग्रंथन सोई पड़ी है। ज्ञानी ताऊ भी डर के मारे घर में सोता है। जब से शिंगारे के साथ लट्ठ बाज़ी हुई है। इधर नंतू पाधा है। और पंडिताइन शकुंतला है। डर किस तरफ से आकर तेरी पीठ लगा देगा?

मीना : गुरमीतो ने ताकीद तो मुझे भी बहुत की थी। बोली—भाभी, आना ज़रूर, नाचने गाने।

जीता : मार ताला। लौट आना करमी के साथ। रोटी भी खा आना वहीं। यों ही घर को ढोते फिरेंगे, तेरे वास्ते।

मीना : लोग कहेंगे, गौने आई है। धमच्चड़ नाच रही है।

जीता : शादी में कैसी लाज? हमारा हक बनता है, सेवक जातियों का।

मीना : चित्त तो बड़ा चाहता है।—सवेरे जाऊँगी, भाँवरों पर। कन्यादान डालने।

जीता : **(चलता हुआ)** उस्तरे दिन के वक़्त लगा लेता तो अच्छा होता। दरवाज़ा बंद कर ले।

(जीता पीछे अँधेरे में खड़ा उस्तरा लगाता है। मीना अंदर जाती है। शादी का संगीत बंद। ढोलक पर डगा। शराबी शिंगारा आता है। हाथ में बोतल। जीता देखता है। डगा रुक रुक कर बजता रहता है)

शिंगारा : करमी!...

मीना : **(घूंघट निकाल कर)** वो तो, जो, शादी वाले घर गई।

शिंगारा : दुलहन है? घर में अकेली हो?

मीना : जी, ये हुक़्क़े भरने गए हैं, बारात के। माँ भी उधर ही है।

शिंगारा : बुरी हुई। मैं तो तय करके आया था...

मीना : काम था?

शिंगारा : काम भी था।

मीना : मुझे बताओ। मैं संदेश दे दूँगी।

शिंगारा : मैं तो बल्कि··· अच्छा चलो, फिर सही।

मीना : ज़रूरी काम है तो कहो। मैं बुला लाती हूँ।

शिंगारा : दुलहन, मुझ से मत शरमा। मैं तो घर का बंदा हूँ। यों ही न यह घूंघट सा निकाल। जीता मेरे सगों जैसा है। जिस दिन का तेरा ससुर मरा है, बिषना नाई, तू समझ ले, मैं ने जीते और करमी को, अपना लहू समझा है हमेशा।

मीना : आपका ही आसरा है, जी। माँ जी ने सब बताया मुझे। आपकी माता भी मेरे से स्नेह करती हैं। अपनी समझती हैं।

शिंगारा : मेरे से परदा नहीं रखना। सुना? सीता-जीता मेरी दाईं बांह समझ।

मीना : काम क्या था?

शिंगारा : शुग़ल यार बेली का। मैं ने जीते को कहा, तुझे पिलाऊँगा तेरे गौने की।

मीना : मुझे तो कहा, नहीं पीता।

शिंगारा : झूठ बोलता है साला। ले लेता है घूंट, मेरे से माँग कर।

मीना : गौने के लिए गया जब, मेरे भाई कहते, पीनी है तो मँगवा देते हैं, ठेके से। माना ही नहीं।

शिंगारा : अड्डे पर है तेरे भाइयों का खोखा? सतनौर?

मीना : हाँ, जी। देवत्त हेअर कटिंग सैलून।

शिंगारा : शहरों की मोरनी तू। सुंदर सुनयनी। फैशनों वाली। हमारे पिछड़े गाँव में, दिल भी लग जाएगा तेरा?

मीना : रौनक तो सतनौर में मेले वाली रहती है। कारखाना बन गया है न, लाइन से पार। काग़ज़ बनाने का। पहाड़ से मूँज बगड़ लाकर।

शिंगारा : उदास मत होना। देखना, बता देना। सुरखी पौडर की ज़रूरत हो तो। मेरा रोज़ आना-जाना रहता है होशियारपुर। और मैंने ड्राईवरी सीख ली है। ट्रक की। लाइसैंस मिलने वाला है, आज कल में।

मीना : खेती आपके हिस्से की?

शिंगारा : **(रुआँसा)** अकेले की कैसी खेती? जून ख़राब है। तू और जीता देख भाल कर लेना। करमी है। **(चलता है, मुड़कर)** बुरी हुई। घूंट बैठकर पीते। साथ में जीते को पिलाते। नारियल गौने का ज़्यादा मत खिलाना, हमारी सीता को।··गरी छुहारे पतला कर देते हैं माल मत्ता।

मीना : आपने पीनी है तो बैठ जाओ खाट पर। मैं गिलास देती हूँ अंदर से।

शिंगारा : अच्छा। आज तेरा पाहुना सही। जीते के लिए छोड़ जाऊँगा। तुम दोनों शुग़ल मेला कर लेना।—मीना कुमारी है तेरा नाम?

मीना : हाँ, जी।

शिंगारा : सुंदर है। प्यारा नाम है, मीना कुमारी (**रोने को**) मेरी जोरू, बदशगुनी। सब्र नहीं हुआ, तीन साल। छोड़ गई। औरत के बग़ैर मुश्किल है गुज़ारा। खेती वाले घर का। करमी है, तेरी ननद, उसके सहारे वक्त निकालता हूँ। नहीं तो, अकेले मर्द की मिट्टी पलीद है।

मीना : माँ आपकी तड़प रही है। आप इकट्ठे रहो, भाइयों के साथ।

शिंगारा : माँ की ख़ैर सल्ला। बाप मेरा हरामी है। साफ जगह रख कर, काटना चाहिए। हलाल करना चाहिए। छोटे तीनों भी बाप पर गए हैं। बेईमान का बीज। (**आँसू रोकता**) जेहल हो गई, जेठे पुत्र को। एक खेत बेचकर छुड़ाया नहीं। बगुले भगत ने।

मीना : सचमुच क़त्ल किया था आपने आदमी?

शिंगारा : यार की यारी के बदले सब कुछ करना पड़ जाता है। ज़िंदगी और है किसलिए? (**गिलास चढ़ा कर, गाता**) "सड़क पर ट्रक चलाया, जिस ने यारी नहीं लगाई, उसने जग में क्या कमाया?"—मेरे यार की माशूक़ा को मख़ौल कर बैठा, मक्खनगढ़ का जैमल सिंह। बरसाती नाले में झटकाया हमने, निमोहलियों के निकट। मैंने और जग्गा सिंह ने। महँगा वकील करते, छूट जाते। ज़मीन बचाने के चक्कर में, बेटा खो दिया, बाप लुच्चे ने। जोरू भी डराईवर के बैठ गई, भोगपुर। छूट छुटैया हो गया। दाँव लगा तो मैं छोड़ूँगा नहीं, पाखंडी ज्ञानी ध्यानी को। बेशक माँ विधवा हो जाए।

मीना : परिवार का प्रेम रहे तो, भाइया, अच्छा होता है। प्याज़ पकड़। अचार का टुकड़ा दूँ?

शिंगारा : नमकीन मुँह करा दो, तो मौज लग जाए। —घूँघट उठा परे। पूरा गाँव राग गा रहा है तेरे हुस्न के : "नाई बहू लाए हैं, ऐन सिंदूरी आम!!"—मुँह दिखाई ले ले। मुँह माँगी।

मीना : नांह लाज आती है। जब यह घर होगा, देख लेना मुँह।

शिंगारा : राम लीला में सीता सुंदर बनता है, तेरा दुलहा। लाली मल कर, गालों को, होंटों को।—इस काम में अकेले को स्वाद नहीं आता। सीता-जीता भी घूँट लेता साथ तो—

जीता : (**आगे आकर**) पकड़ा गिलास।

मीना : गया नहीं तू?

शिंगारा : शुग़ल सुन रहा था हमारा, जेठ भाभी का?

जीता : उस्तरों की धारें बाँध रहा था। बाराती मूंडने हैं।

(शिंगारा गिलास भरता है)

मीना : थोड़ी पीना।

जीता : थकावट तो उतारें। सारा दिन खड़ी टाँग रहा। हुक्के भरता।— एक ढाणी बाड़ के पास लगी थी, घर का निकाला ठर्रा छकने। गुरुद्वारे के पीछे। सालों ने गिलास मेरे से मँगाया। मैंने पानी भर कर गंगा सागर दिया। आप ही चढ़ा गए। मैं होंटों पर जीभ फेरता रह गया। कमीने। सेवक जाति के तालू को बूँद नहीं छूने दी। **(गिलास चढ़ाता है)**

शिंगारा : हुक्के किसके भरता था? बारात में तो सिख बड़े हैं। नाइया, पलीद करे तू सिंघों को?

मीना : एक ही घूंट में! साँस तो ले ले।

जीता : प्याज़ पकड़ा तू। स्वाद काम में ढील कैसी? —कुछ नहीं, शिंगारा भाई जी, नाईपना निषिद्ध धंधा है।

मीना : क्यों खा रहा है गाँव में धक्के? जैसे मेरे वीर कहते हैं, कर ले।

शिंगारा : वो क्या कहते हैं?

मीना : खोखा लेकर देंगे, अड्डे पर। सतनौर या सैले। जो बाल कटायेगा, नक़द देकर जाएगा।

जीता : अगर यह बात माननी होती, मैं मामा के साथ न काम कराने लग जाता, इस्लामाबाद। डी.ए.वी. कॉलेज के सामने। कालेजिएट हँसकर पाँच का नोट देकर जाते।

मीना : ऐसे कर ले। शहर में रहना बुरा है?

जीता : माँ नहीं मानती। कहती है, गाँव में काफी काम है। ब्याह शादियाँ, क्रिया कर्म। फिर जिन दिनों में देवी का मेला होता है, नवरात्रों में, बच्चों के सिर मुंडाने वाले, तगड़े पैसे दे जाते हैं।

शिंगारा : गाँव छोड़कर मत जाना, मीना कुमारी। सूना मसान बन जाएगा, मेरा वास्ते। **(रोता)** एक तुम्हारे परिवार का सहारा रह गया। **(ऊँचा रोता)** लड़का भी ले गई। मेरा पुत्र भी ले गई।

मीना : हैं? यह क्या हुआ?

शिंगारा : मैं जैसा जगत में आया, जैसा नहीं आया।

जीता : चुप करो, भाई जी।

शिंगारा : **(ऊँचा रोता)** साधुओं वाला डेरा है। बाप की तरफ से, बेशक मैं आज मर जाऊँ। न भाई, न बहन। कोई नहीं मेरा।

जीता : यार, शिंगारा, यह तेरी बुरी आदत है। शराब पीकर, तुझे दो ही काम आते हैं। या तो तू मारने काटने के लिए तैयार हो जाता है।

या इस तरह, विधवा ज़नानी की तरह, बिलखने लग जाता है।

शिंगारा : मैं अऊत प्रेत!

मीना : सब्र कर, भाइया।

शिंगारा : अकेला!

जीता : और सलाह दे एक। इस बार, मेरा दिल कहता है, रामलीला में, मैं सीता का पार्ट न खेलूँ। मीना से कराऊँ।

मीना : शरम कर कुछ।

शिंगारा : मीना बनेगी सीता?

जीता : नगीना है मेरी मीना।

मीना : शराब चढ़ा कर!

शिंगारा : दस दस कोस से लोग भाम की रामलीला देखने आएँगे। सौ-सौ रुपए की बेल कराएँगे।

जीता : मैं राम बनूँगा। तू, रावण।

शिंगारा : बाकी की इसको पिला दे।

जीता : डाल अंदर, अगर विलायत देखनी है।

मीना : नांह। बू मारती है।

जीता : नाक बंद करके, चढ़ा ले। हिलोरे देगी। **(पिला कर)** ऐसे! दिखा लंडन?

शिंगारा : जीते, संतों को दर्शन करा दे। आशिश देंगे। इस वक़्त सिर्फ दस रुपए हैं बोझे में। पकड़। ओए, रुक ज़रा। दुलत्ती मार रही है।

मीना : मैं नहीं।

शिंगार : मना, जीते। बाकी उधार रहा।

जीता : नहीं तेरा औज़ार कुंद होता। अकेला मुरब्बों का मालिक है। ग़रीब नहीं होने लगा। हमारे जैसा। पकड़ ले जो पकड़ाता है।

शिंगारा : **(घूंघट उतार कर)** अशके! अशके! पूनम का चाँद चढ़ गया, नाइयों के आँगन में।—बोतल कर खाली।

जीता : **(झूलता)** न भाई। हुक़्क़े भरने हैं मैंने। चल। **(चलता है)**

शिंगारा : मेहरबानी तेरी। कई दिन से तड़प लगी थी। सिंदूरी आम।

मीना : देख रहा है वो।

शिंगारा : सब कुछ कुर्बान कर दूँगा।

जीता : खुर उठा भी।

शिंगारा : करमी को हवेली भेजना।··हाँ, सच··तू··अकेली है घर में? आऊँ मुड़कर?

मीना : इतनी चढ़ गई?

शिंगारा : यार की यारी पर जाया करता हूँ मैं।

जीता : निकल बाहर। शामलाट नहीं है मेरी मीना। वही बात मत कर। कहावत है न?—नाई का शीशा, हर किसी के हाथ।

शिंगारा : सोहनी, तेरे नाम लगा दूँगा, घर घाट।

(चलता हुआ ठोकर खाता है)

मीना : सोहनी का महीवाल बनते बनते, मुँह के बल, नाली में मत गिर पड़ना।

(ढोलक बंद)

(अँधेरा)

(जीता खाट पर, पंखा डुला रहा है। हिलता जुलता है। शराब से झूलता हुआ, गाता, सिपाही आता है)

सिपाही : ''खाट तीसरे चबारे पर चीखती, लोग समझें मोर बोलते।''— करमी! बिजली की तरह, चमकारा मार कर उतर आती है तू तो।

नामो : बन गई, जी, रोटी। ला रही है लड़की।

सिपाही : रोटी बाद में छक लेंगे। करमी को कह, मुँह नमकीन कर जाए।

नामो : दाल सब्ज़ी भेजती हूँ मैं।

सिपाही : दे दे, करमी, ऊपर, थानेदार को। मूत करके लगता हूँ मैं भी। **(गेट के निकट से मुड़कर)** जीते, दौड़ने की स्कीमें तो नहीं बना रहा कहीं?

जीता : मैं ने कोई कसूर किया है?

सिपाही : देख लेना। गोली मार कर न ख़त्म करना पड़े। सो जा आराम से। हम भी एक रात मौज मेला कर लें, तुम्हारे सिर पर। **(बाहर जाता है)**

जीता : कुत्ता साला।

नामो : धीमे बोल, बेटा। रतलाम वाला सुन रहा है।

जीता : सुन ले फिर। क्या बिगाड़ लेगा मेरा?

नामो : तुझे कहा, चुप कर। पीछा छुड़ाएँ, यमदूतों से, किसी तरह। दाँत भींच ले। अभी करमी पता नहीं, मानेगी या नहीं। अकेला तू ही तो है हमारा रक्षक।

(मुरली की धुन। तोषी आती है)

तोषी : भाग चल गाँव से।

जीता : भाग कर जाएँगे कहाँ?

नामो : भागना क्यों है? जो प्रलय सिर पर आई है, झेल लें।

तोषी : इतना बड़ा मुल्क है। बड़े बड़े शहर हैं। तुझे और मुझे जगह न मिलेगी सिर छिपाने को?

जीता : तेरा बाप पुलिस में रिपोट लिखा देगा। तेरा तो कुछ नहीं बिगड़ेगा। मुझे क़ैद हो जाएगी।

नामो : मेरा बाप?

तोषी : हम झटपट शादी कर लेंगे। पति पत्नी को पुलिस कैसे अलग कर सकती है?

जीता : तू, ब्राह्मणी। मैं, नाई। जब पता चला, मैं भगा कर लाया हूँ तुम्हें, लोग कच्चा चबा जाएँगे।

नामो : हाय राम! फिर हवा आ गई तेरे सिर पर?

तोषी : हम किसी को क्यों बताएँगे? पराए शहर में। हम कहेंगे, हमारी ज़ात एक ही है।

जीता : डर नहीं लगता तुझे?

नामो : डर? मेरी तो रूह काँपती है डर से। क्या करूँ? ओझे को बुलाऊँ? भूत दिखता है शिंगारे का?

तोषी : मुझे किसी का डर नहीं। जब प्यार किया है मैंने सच्चा, तेरे साथ। डर कैसा? सात जन्मों तक साथ निभाऊँगी। सीता बन कर।

जीता : पीछे मेरी माँ का क्या बनेगा? बहन क्या करेगी?

नामो : यही तो रोना है। तेरे बिना हमारा कौन है?

तोषी : सच्चे आशिक़ किसी की परवाह नहीं करते। कोहकाफ पार करके, मरुस्थलों को चीरकर, सात समुंदरों को कूद कर, एक दूसरे को बाहों में जकड़ तेते हैं, सच्चे प्रेमी।

जीता : मेरे पास तो होशियारपुर तक पहुँचने का किराया नहीं है।

नामो : नंतू बाहमण लगा है देने, दो हज़ार।

तोषी : मैं घर से सब सफ़ाया करके ले चलूँगी। अपना दहेज, वरी, गहने। अपनी माँ के ज़ेवर भी। दांव लगा तो कुत्ती सौतेली माँ के भी। बेशक, बग़ैर काम किए, दस साल खाते रहना। ख़त्म नहीं होगा।

जीता : हौसला नहीं होता मेरा।

नामो : तू ने कैसा हौसला करना है? रोटी खाकर सो जा तू। करमी अपने छोटे वीर को गर्म हवा नहीं लगने देगी।

तोषी : नामर्द! आशिक़ बनता है! शिंगारा बनता है। सूंघता फिरता है

मींढे का पीछा। भेड़ बनकर।

जीता : बदचलनों वाले काम।

नामो : बदचलनी कैसी? बताएँगे थोड़ी हम किसी को।

तोषी : माँ को कह बदचलन! बहन को कह बदचलन! छाती ठोककर बोलता है शिंगारा : करमी मेरी साहिबां, मैं करमी का मिर्ज़ा।— और तू? नामर्द नाई! घुसा रह माँ की सूथनी में। मत छोड़ गाँव। रीसें करे शिंगारे की! जिसने यार के बदले, कड़क्क बंदा क़त्ल कर दिया।

जीता : शिंगारे का और मेरा क्या मुक़ाबला? शिंगारा ज़मीनों का मालिक है। —तू चुपचाप शादी करवा ले। जैसे तेरा बाप कहता है। अधेड़ उम्र दुलहा है तो अधेड़ उम्र सही। संपन्न समृद्ध तो है। मैं नहीं भगाऊँगा।

तोषी : नाई, चला उस्तरा। कर हजामतें। नामर्द! सीता। **(जाती है। मुरली बंद)**

जीता : नामर्द!

नामो : उखड़ी उखड़ी बातें मत कर, बेटा। गर्म सर्द चला ही करती है। दिल नहीं छोड़ते। ओझा को बुलाती हूँ मैं। झाड़ फूँक करवाएँ।

(सिपाही आता है)

सिपाही : मूत मारने की बड़ी दिक़्क़त तुम्हारे गाँव में। बाहर की सड़क तक जाना पड़ा।

नामो : ऊपर गुसल है, जी। गली की तरफ नाली है। नीचे उतरने की ज़रूरत ही नहीं।

सिपाही : करमी थानेदार के साथ है?

नामो : रोटी परोस रही है थालों में। चढ़ो आप। आ रही है लेकर।

सिपाही : मैं ने सोचा, साहिब रोटी से पहले लग पड़ा होगा।

जीता : जा, चुप करके जा ऊपर।

सिपाही : अकड़ता है?

नामो : नहीं, महाराज।

सिपाही : अकड़ तोड़ना तो पेशा है हमारा। आ तो इधर। **(गर्दन पकड़ कर)** एक बार पिटाई कर ही दूँ।

नामो : नांह, जी। मेरे बच्चे को मत पीटना।

सिपाही : **(ठोकर मार कर)** मर्द बनता है। नहेरना सा। हड्डियाँ तोड़ दूँगा मैं तो। **(नीचे गिरा कर)** थापूँ उपले तेरे? तोड़ूँ पसलियाँ?

नामो : मेरा बेटा मार दिया! हाय! लोगो, मेरा जीता मर गया।

(करमी भागी आती है। पीछे दरवाज़े के पास मीना)

करमी : हाय मेरा वीर! **(धक्का देकर)** हट इधर! पीट क्यों रहा है? मुँह से बात कर। मारने से क्या मतलब है तेरा? मेरे से बात कर। देखो, आदमी बनता है। पीट रहा है, बेज़मीनों को। जा तो, गाँव के किसी गबरू को हाथ लगा कर दिखा। जमींदार को। अगर न तुझे रोड़ी की तरह बिछा दें सड़क पर। मिंटों सकिंटों में।

मीना : माँ, क्या हुआ?

करमी : मैं गर्दन चीर कर ख़ून पी जाऊँगी तेरा।

नामो : जाओ, जी, ऊपर। हट, लड़की। मीना, तू क्यों उठी? मिन्नत है मेरी। रोटी भेजती हूँ मैं।

(ज्ञानी और नंतू आते हैं। नंतू के हाथ में बही खाता)

सिपाही : इतना जोश है तेरे अंदर? अभी परख लेता हूँ। लगा लेना जितना ज़ोर लगा सके।

ज्ञानी : क्या हुआ, जी?

नंतू : शोर सुना हम ने।

ज्ञानी : जीते, कुछ कहा था तू ने इन को?

नंतू : करमी?…बोलती नहीं?…नामो, रो क्यों रही हो?

सिपाही : अकड़ कर दिखाता है, नाई। हम तो नादू ख़ानों को उलटा लटका देते हैं। तू किस बाग की मूली है? **(जाता है)**

ज्ञानी : जीते, क्या बोला तू?

नंतू : यह गिनो, दो हज़ार। कागज़ मैं ने तैयार कर लिया है। ज्ञानी ने गवाही डाल दी। नामो, तू अँगूठा लगा। जीता करे दस्तख़त।

जीता : माँ! करमी! कुछ नहीं देंगे हम, बहन के ख़समों को। ले जा ताऊ रक़म। हम कोठा गिरवी नहीं रखेंगे। रिश्वत किस लिए दें हम? मैं ने जुर्म नहीं किया। करमी, कहीं नहीं जाना। सो उधर, मीना के पास। मैं देख लूँगा भेड़ियों को।

नंतू : यह तो बिगड़ गई, ज्ञानी जी।

ज्ञानी : नामो, समझा ले लड़के को। दिमाग़ कर ठंडा इसका। नहीं तो, बहू विधवा हुई, समझ।

सिपाही : **(बेड़ी लगाता)** बैठ, ओए, खाट पर। ताला ठोकें बांह को।

ज्ञानी : नहीं, भागता, सरदार जी। न कसो हथकड़ी।

नंतू : हम जो हैं।

सिपाही : बाद में पछताने से, एहतियात बेहतर है। साहिब का हुकम है। भाग ले अब, जहाँ तक भाग सकता है। गोली टीं करती हुई खेपड़ी

में से आर पार कर दूँगा। **(जाता है)**

नामो : मैं किधर ग़रक जाऊँ? या रब्ब, बचा ले मेरे लाल को।

करमी : मीना, तू चल अंदर। **(दोनों जाती हैं)**

ज्ञानी : जीते, क्या सलाह है फिर तेरी?

जीता : मेरी कोई सलाह नहीं। जाओ तुम।

ज्ञानी : नंत राम, सुना तूने? फिर नाई चुग़ली करेंगे। उलाहने देंगे—मदद नहीं की।

नंतू : नामो, नहीं चाहिए रुपए? ले जाऊँ मोड़कर?

नामो : बेटा, मत कर अड़ी। राक्षसों के साथ कौन टक्कर ले सकता है?

जीता : न मैं ने क़त्ल किया है, न चोरी। क्यों दूँ रिश्वत? घर घाट बेच कर? क्यों मैं बहन अपनी—कुत्ते साले।

ज्ञानी : बहन? हम क्या जानत नहीं बहन तेरी को?

नंतू : ज़िद न कर, जीते। ज़ोरावरों से डर कर रहो। केस बेशक झूठा हो। हथकड़ी तो कस दी कचहरी ने।

ज्ञानी : पंडित, आ चलें। नामो, अगर बेटा चाहिए, जैसे तुम्हें समझाया, वैसे ही कर। हम तेरा भला सोचते हैं। मैं मदद से इनकारी नहीं। बेशक मेरा अपना बेटा मारा हो इसने। मैं पराई नहीं समझता तुझे। **(जाता है)**

नंतू : सवेरे कर देना दस्तख़त, जीता राम। करमी मना लेगी थानेदार को। उसको भेज कर, रक़म मँगवा लेना, शकुंतला से। **(जाता है)**

जीता : माँ, रो क्यों रही है तू? जा, रोटी ला। भूख लगी है।

नामो : ऐसी मुसीबत में राजनी माता किसी को न फँसाए।

जीता : तू आप डाल रोटी इन कसाइयों को। करमी को ऊपर नहीं भेजना। इन रावणों से मैं जूझूँगा।

(अँधेरा)

(झांज की चोट। चिमटे के संगीत के साथ बिषना आता है। रौशनी छन कर आती है। जीते के हाथ में पट्टी बस्ता। बिषना 31-32 साल का)

बिषना : **(ज्ञानी के पैरों में पगड़ी रखता है)** मेरी बेटी बचाओ। मेरी इज़्ज़त रख लो।

नंतू : बुरी हुई, ज्ञानी जी। करो कुछ।

ज्ञानी : बात बढ़ा मत, बिषना। अपने सिर आप ख़ाक मत डाल।

बिषना : नन्हीं बच्ची। तेरहवाँ लगा है, फागुन से।

ज्ञानी : छलाँगे तो ऐसे मारती है जैसे आज गौने भेज दो।

बिषना : गाँव छोड़कर मैं कहाँ निकल जाऊँ?

नंतू : लड़की-लड़के का मामला है। धीमे बोल।

ज्ञानी : सब्र कर। सोचते हैं तरीका।

नंतू : पगड़ी उठा, बिषना।

ज्ञानी : देखता दिखाता क्या कहेगा?

नंतू : शिंगारा ससुरा! यों, ज्ञानी, गुस्सा मत करना। झगड़ालू निकला।

ज्ञानी : ओए, बेटा है आख़िर। घर से निकाल दूँ? मैं तो आप दुखी हूँ। न पढ़ा, न हल पंजाली को हाथ लगाता है। बहुत मारा पीटा।

बिषना : **(पगड़ी उठा कर)** सब आप के कहने की बातें हैं। करने वाले दस नंबरियों को सीधे कर देते हैं।

नंतू : संगत का असर है। वो निमोहली गाँव का लड़का—क्या नाम है?

बिषना : बेटी बहन सब की बराबर होती है।

ज्ञानी : नाई, चतुर बनता है इतना। बेटी को रोक ले। पंचायत चढ़ा कर आ गया, मेरी हवेली।

बिषना : पाधा जी, सुन लो। उलटा उलाहना देते हैं।

नंतू : शांति कर। लड़की लड़के का मामला है।

ज्ञानी : तंग कमीज़ें सलवारें कस कर, मोर-नाच नाचती घूमती है। अंग-अंग इशारे करता है। पीछे पीछे लगाए फिरती है, झुंड सांढों का।

बिषना : बेइन्साफी न कर, ज्ञानी। पंचायत को परचा देना पड़ेगा मुझे।

ज्ञानी : **(थप्पड़ मार कर)** परचा घुसेड़ूँ मैं तेरे? उखाड़ ले पंचायत, जो उखाड़ना है मेरा। कंजर का नाई। मोचना सा। पैरों का जूता, सिर को आता है।

नंतू : धीरज करो, भाई जी। बिषने, जा बेटी को समझा। शिंगारे के अकेले करने का कारज थोड़ी है यह। लड़की लड़के का मामला है।

बिषना : मैं और नामो ने करमी को अंदर बंद करके पीटा। उसने बताया—पिछले साल, बहाना बनाकर, बैसाखी वाले दिन, गेहूँ के खेत में घसीट कर ले गया। फुलाही वाले खेत में। नंगी तलवार निकाल कर पास रख ली। गुरुद्वारे से ले जाकर। दहल खा गई मेरी बेटी।

ज्ञानी : तूफान मत तोल, ओए। डाकू बना रहा है मेरे बेटे को।

बिषना : अनतोले वृक्ष के नीचे खड़ा हूँ मैं। अगर झूठ हो, नानक बाबा आज

ही सीढ़ी उठवा दे मेरी। **(रोता)** पाधा जी, अब क्या छिपाना आप से। नित्य ख़राब करता है लड़की को, तलवार दिखा कर। ज़बरदस्ती। दो तीन बार, हमारे पीछे से, निमोहली गाँव ले गया। यारों के पास। हम डोगर परिवार के ब्याह में रहे।

नंतू : ऊँचा मत बोल। लड़की लड़के का मामला है।

जीता : बापू, लड़की लड़के का मामला क्या होता है?

बिषना : **(चपेड़ मार कर)** फाँसी लगना! स्कूल को दफा हो। आता है मेरे पीछे।

नंतू : मार मत। बच्चे को क्या समझ।

ज्ञानी : जा, ओए। लड़का ढूंढ़ कहीं करमी के लिए। घर से निकाल बदमाश को। शरीफ घरानों के लड़के लगी है उजाड़ने।

नंतू : खरा। अलग कर। जैसे कैसे, कलह ख़त्म कर। पैसे चाहिए, तो मैं कर दूँगा। कम सूद लगाऊँगा।

ज्ञानी : **(हँस कर)** पंडित, करमी की तो वो बात है, लोक गीत है न—
''राम गऊ छोड़ देंगे, एक बेटी नाइयों की।''

बिषना : बेटियाँ हर घर में जन्मती हैं। ज्ञानी, घमंड न कर।

नंतू : ओए, ढकी ढकाई रहने दे। न बढ़ा लड़ाई, लस्सी की तरह।

बिषना : अगर कल को कुछ हो गया, कौन बसाएगा मेरी बेटी?

ज्ञानी : नामर्द नाई बहुतेरे हैं, तेरे जैसे। नामो बसाई कि नहीं तू ने?

नंतू : माँ पर गई है करमी।

ज्ञानी : कितने बंदे मरवाए थे नामो ने? लहली वाला लड़का, गुरमुख का पुत्र, इस जीते से छः सात बरस बड़ा है। हमारे शिंगारे की उम्र का है। नामो ने कम उजाड़े आशिक़? जवानी में? जियाण वाला नारायण सिंह क़त्ल हो गया। गुरमुख सिंह फाँसी चढ़ा। करमी भी नामो की बेटी है।

नंतू : नीम के वृक्ष से आम थोड़ी टपकेंगे? निमोहलियाँ ही गिरेंगी।

बिषना : ग़रीब की कहीं सुनवाई नहीं।—नामों का क्या कसूर था? राजनी माता के मेले से उठा कर ले गए। तलवारों के ज़ोर पर। जाट ज़मींदार। पेश नहीं चली, कमज़ोर बाप की।

ज्ञानी : जा, ओए। नहीं टूटता करमी का झुनझुना। खड़े-खड़े अपरेशन हो जाएँ आजकल।

बिषना : अगर अब शिंगारे ने मेरे आँगन की तरफ आँख की, मैं पंचायत बैठा लूँगा।

ज्ञानी : बैठाऊँ पंचायत? तेरी तो दिया—**(नीचे गिरा कर पीटता है)** हटता

ही नहीं, कुत्ता नाखुन-काट।

जीता : **(बिलखता)** बापू! हाय मेरा बापू! मार दिया! बापू मर गया!

नंतू : हट जाओ, ज्ञानी जी। उठ बिषना, घर जा।

ज्ञानी : भीगा जूता! चौड़ा हुआ जाता है, चौड़ा हुआ जाता है। न जोरू संभाल सकता है, न बेटी। हीजड़ा साला।

जीता : हाय मेरा बापू!

बिषना : **(थप्पड़ मारकर)** चुप कर! हराम के! स्कूल जा। ज्ञानी, याद रखना। ग़रीब की बद-दुआ। भेड़िया पाल रहा है तू। एक दिन तुम्हें चीर कर खा जाएगा। शिंगारा काल बनेगा तेरा।

ज्ञानी : बद-दुआ दिलवाऊँ तुझे मैं?

नंतू : छोड़ो सियापा, ग्रंथी जी।

बिषना : भगवान, मैं क्या करूँ? किसे कहूँ?

ज्ञानी : जान चाहिए, तो निकल जा मेरी हवेली से।

बिषना : तलवारें निकाले घूमता है, शिंगारा। झूठ नहीं कहता मैं।

जीता : बापू, मैं भी तलवार ख़रीदूँगा। दसहरे के मेले में। राम और लक्ष्मण की फौज में भरती होकर लड़ूँगा।

ज्ञानी : तलवार! सुना, पंडित? **(दोनों हँसते हैं)** उस्तरा पकड़, ओए। बाप दादा वाला उस्तरा। सिंघों के पुत्रों की रीस न कर। हज़ामतें बना, उस्तरे से। **(चिमटा बंद।)**

(अँधेरा)

(जीता खाट पर उदास बैठा है। कड़ी लगी बांह पाए से बँधी है। शकुंतला आती है)

शकुंतला : रे जीता, सोया नहीं तू?

जीता : आ, सुंदर ताई।

शकुंतला : ताई? फिर चिड़ाता है? अकेले हों हम, तो मुझे ताई मत बुलाया कर। नाम बुलाया कर मेरा, शकुंतला। बुढ़ी खूसट मत बना मुझे। तोषी से कुल पाँच बरस बड़ी हूँ।

जीता : अभी भी याद है तुम्हें तोषी? न जाने कौन से नरकों में सड़ रही है।

शकुंतला : बच्चा क्या हुआ मीना के?

जीता : अभी नहीं। माँ अंदर रोटी खा रही है। मिल ले मीना को।

शकुंतला : मैंने सोचा, आँख लगने से पहले, पूछ आऊँ। एक तो, आग लगनी, हुमस बड़ी है। कहीं पत्ता नहीं झूल रहा। अरे, यह क्या? तेरा बाज़ू बाँध दिया?

जीता : बहन का ख़सम, सिपाही।

शकुंतला : परदे से आई थी मैं। · यह तो बाहर चबूतरे पर पड़ा है। दुकान के आगे। मैं बादाम रोग़न किटोरी में डाल कर ऊपर रख के आई हूँ।

जीता : हटी नहीं तेरी दर्दें?

शकुंतला : दो महीने आराम रहा। परसों चौथ फिर अकड़ गए, काँधे और पसलियाँ। मैं तो इंतज़ार कर रही थी तेरी।

जीता : माँ से करा लेती मालिश। या करमी से।

शकुंतला : उनसे आराम नहीं आता मुझे। जादू तो तेरे हाथों में है। अगर आज की रात, घड़ी लगा कर, मल दे पीठ मेरी, दो महीने निकल जाएँगे। फिर, क्या जानें, कब आए तू, छूट कर। चुपचाप चढ़ आना सीढ़ी।

जीता : दिखती नहीं तुझे, हथकड़ी कसी?

शकुंतला : शेरू बाज़ीगर, एक दिन तुम्हें बड़ा याद कर रहा था। बाज़ी दिखा रहा था, शरीर अकड़ गया। हड्डियों का दर्द। रोए, कुरलाए। पूरा गाँव कह रहा था, अगर नाइयों का जीता यहाँ होता, वो अकड़ झट निकाल देता।

जीता : शहर चला जाता, हस्पताल।

शकुंतला : डाक्टरों को रो रहे हो। जो संजीवनी बूटी तेरे छूने में हैं, वो नहीं है किसी के पल्ले। तेरा हाथ लगवाने से पहले, शायद बीस डॉक्टरों को दिखाया था मैंने।—हाय रे, अगर तुझे कुछ हो गया तो मैं क्या करूँगी? इर्द गिर्द के गाँव के ग़रीब ग़ुरबी क्या करेंगे? जो नित्य आते हैं, कांटे निकलवाने। हड्डियाँ जुड़वाने।

जीता : पंडिताइन, ऐसे कहने की बातें हैं। मेरे बग़ैर इस जगत का क्या रुका है? आज मरा, कल दूसरा दिन।

शकुंतला : नहीं, जीते। मैं झूठ नहीं बोलती। बंसरी वाला जानता है मेरे दिल की। शरीर तो मेरा ही हे। तेरी उंगलियाँ लगते ही, रोम रोम खिल उठता है। मैं रात दिन प्रभु के आगे हाथ जोड़ती थी—जीता सुख से गाँव लौट आए। यही दुरगादास कहे। मुरारी दरज़ी कहे। बोलें—अगर जीता न लौटा, भाम की रामलीला रंडी हो जाएगी। तेरे जैसी सीता कोई नहीं बन सकता।

(मुरली की धुन में तोषी आती है। प्यार में मदहोश)

तोषी : राम क़सम, जीते, सीता बना, तू इतना सुंदर लगता है। सारी रात तू मेरी आँखों के आगे नाचता रहा। मछली-तड़पन लगी रही मुझे। सभी लड़कियाँ बड़ाई कर रही थीं तेरी। पहचान नहीं सकता बंदा, लड़की है कि लड़का।

जीता : मर्द तो मख़ौल करते हैं मुझे।

शकुंतला : मर्द तो नास्तक हैं। अउत। ज़नानियों को पूछ तू। मेरे से पूछ।

तोषी : चरन छुए मैं ने जब तेरे, आरती की बेला, बिजली दौड़ गई मेरे अंदर। आज कह, संतोष, चौदह साल बनबास काट मेरे साथ, झट चल दूँगी।

जीता : तोषी, चौदह बरस बनवास कौन काटता है साथ?

शकुंतला : तोषी? हाय राम? सपने आ रहे हैं तुझे?

तोषी : सौतेली तो मुझे बुड्ढे के साथ लंका भेजना चाहती है। तू बेशक अभी भगा कर ले चल। कुटि बना कर रह लूँगी अपने राम के साथ।

जीता : राम कि सीता? कौन हूँ मैं?

शकुंतला : तेरे बग़ैर मेकअप कौन करेगा? हार शृंगार कौन करेगा?

तोषी : औरों के लिए तू है, सीता। मेरे लिए, राम। तेरी सीता मैं बनूँगी। उठा धनुष। कर हिम्मत। मैं तैयार खड़ी हूँ, वरमाला पकड़ कर। तेरी संतोष! तेरी सीता!

(मुरली बंद। तोषी जाती है)

शकुंतला : तेरा हाथ लगवाए बग़ैर, मुझे आराम नहीं आएगा।

(जीणी आती है)

जीणी : पंडिताइन है? कैसे है मीना?

शकुंतला : अभी तो टाइम लगेगा। मैं भी यही पूछने आई हूँ।

जीणी : (परदे के इशारे से) करमी अंदर है कि ऊपर?

जीता : रोटी खा रही है।

जीणी : पुलिस वाले छक चुके?

शकुंतला : उनको खिलाकर ही खाली हुई होगी करमी।

जीणी : मैं मीना को देखूँ? (जाती है)

शकुंतला : सच बता तो, जीते। क्या किया था शिंगारे ने? किस ने क़त्ल किया।

जीता : मुझे क्या ख़बर।

शकुंतला : यहाँ तो बड़ी अफवाहें उड़ीं हैं।

जीता : कैसी?

शकुंतला : बाप ने मरवाया। पीछे बंदे भेज कर। कहें—ज़मीन के पीछे रोज़ खड़कती थी। जाते हुए, कह गया था बाप को, शिंगारा : मैं अपने हिस्से की ज़मीन बेचकर, ट्रक ख़रीदूँगा।—बाप और भाई झगड़ पड़े। कहने लगा, "लौट कर आने दो मुझे, बंबई से। मैं ज्ञानी को क़त्ल कर दूँगा। छोटे भाई भी। जैसे मक्खनगढ़ वाला क़त्ल किया था।"—सच बात है यह? बाप ने आप क़त्ल करवाया शिंगारा?

जीता : मुझे क्या पता?

(जीणी आती है)

जीणी : करमी और नामो रो रही हैं।

शकुंतला : क्यों?

जीणी : उसी कारण।—मुझे तो बहू का फ़िक्र हो गया।

शकुंतला : हाय राम! क्यों?

जीणी : मीना का दर्दों से अंदर फटा जा रहा है। बच्चा पेट के अंदर मरा हुआ लगता है। जीते, तू कह, शहर ले जाए सवेरे। दिन चढ़ते ही। मोटर पर बैठा कर। लड़की को बचाओ। बच्चा तो वाहेगुरु फिर भी दे देगा। ज़िंदगी चाहिए।

शकुंतला : बंसरी वाला रक्षा करे। **(अंदर जाती है)**

जीणी : रे बेटा, मुझे बता तो सच। किसने क़त्ल किया?

जीता : डाकुओं ने।

जीणी : लोगों ने तो, कहानियाँ गढ़-गढ़ कर, हमारा साँस लेना मुश्किल कर रखा है।

जीता : क्या कहते हैं?

जीणी : लड़की के पीछे क़त्ल किया किस ने।

(ढोलक पर डगा। शिंगारा आता है)

शिंगारा : मीना साझी हम दोनों की।

जीणी : शहर ट्रक चलाना सीख रहा था। कहते हैं—आढ़तियों की लड़की फँसा ली। जिन जैन दुकानदारों का माल लेकर बंबई को चला था।

शिंगारा : मीना बेटा जमाएगी। मेरा पुत्र।

जीणी : आढ़तयों ने ट्रक के पीछे बंदे लगा दिए। क़त्ल करने के लिए। सच है यह?

शिंगारा : ज़मीन मैं बेटे के नाम लगवा दूँगा।

जीता : करमी को बरबाद करके, अब तू मीना भी··?

जीणी : हाय रे! क्या हुआ तुझे? करमी? मैं ने बरबाद किया?

शिंगारा : मीना रहेगी मेरी बीवी बनकर। तू मुफ्त की खाता रह। रामलीला खेल, मेरी सीता। हजामतें कर। हड्डियाँ जोड़। गाँठें काट। काँटे निकाल। मौज उड़ा। बेफिक्र होकर। मीना और बेटा मेरे।

जीणी : ताये तेरे को और शक है।

शिंगारा : खोटे भाग्य, मेरे और मेरे बेटे के। पुत्र मेरा, कहलाएगा तेरा।

जीणी : मक्खन गढ़ के जैमल सिंह के भाइयों ने मारा।

शिंगारा : बेचारा! ख़ून मेरा। सारी उम्र, कहलाएगा नाई का।

जीणी : मुझे और जंचती है। पुत्र मरवाया मेरा शरन कौर ने। उसकी जोरू ने। मेरा पोता भी ले गई। आएगी अब, खेत बँटवाने।

(ऊपर से सिपाही आता है, अंदर से शकुंतला)

सिपाही : करमी।

शिंगारा : करूँ तो क्या करूँ? कहलाएगा, जीते नाई का।

(जाता है। ढोलक बंद)

शकुंतला : आती है, जी। चढ़ो आप, सीढ़ी। चल, बीबी।

सिपाही : झटपट आ। थानेदार ने झोंका लगा भी लिया।

(जाता है)

(नामो आती है)

जीणी : नामो, आवाज़ मार लेना मुझे। **(जाती है)**

शकुंतला : **(जीते के कान में)** ऊपर पड़ी हूँ मैं। **(जाती है)**

सिपाही : **(दूर से)** करमी!

(करमी आती है)

जीता : मुड़ पीछे। कहीं नहीं जाना।

नामो : छुटेगा कैसे?

करमी : **(रोती)** मैं तो तेरे करके—

(वक़्फ़ा)

जीता : तुम मुझे नहीं बचा सकतीं।

नामो : थानेदार कहता है, रिपोट लिख दूँगा। जैसे कहो।

करमी : अगर तेरा कसूर नहीं भी है, ये ऐसे मानेंगे?

जीता : तुम्हें बताया, तुम्हारे हाथ में, बस में, कुछ नहीं।

नामो : क्यों?

जीता : शिंगारे को मैं ने क़त्ल किया था।

करमी : हाय रे।

नामो : हाय मेरा लाल!

जीता : बापू वाले उस्तरे से गला चीर डाला।

जीता : कैसी?

शकुंतला : बाप ने मरवाया। पीछे बंदे भेज कर। कहें—ज़मीन के पीछे रोज़ खड़कती थी। जाते हुए, कह गया था बाप को, शिंगारा : मैं अपने हिस्से की ज़मीन बेचकर, ट्रक ख़रीदूँगा।—बाप और भाई झगड़ पड़े। कहने लगा, "लौट कर आने दो मुझे, बंबई से। मैं ज्ञानी को क़त्ल कर दूँगा। छोटे भाई भी। जैसे मक्खनगढ़ वाला क़त्ल किया था।"—सच बात है यह? बाप ने आप क़त्ल करवाया शिंगारा?

जीता : मुझे क्या पता?

(जीणी आती है)

जीणी : करमी और नामो रो रही हैं।

शकुंतला : क्यों?

जीणी : उसी कारण।—मुझे तो बहू का फिक्र हो गया।

शकुंतला : हाय राम! क्यों?

जीणी : मीना का दर्दों से अंदर फटा जा रहा है। बच्चा पेट के अंदर मरा हुआ लगता है। जीते, तू कह, शहर ले जाए सवेरे। दिन चढ़ते ही। मोटर पर बैठा कर। लड़की को बचाओ। बच्चा तो वाहेगुरु फिर भी दे देगा। ज़िंदगी चाहिए।

शकुंतला : बंसरी वाला रक्षा करे। **(अंदर जाती है)**

जीणी : रे बेटा, मुझे बता तो सच। किसने क़त्ल किया?

जीता : डाकुओं ने।

जीणी : लोगों ने तो, कहानियाँ गढ़-गढ़ कर, हमारा साँस लेना मुश्किल कर रखा है।

जीता : क्या कहते हैं?

जीणी : लड़की के पीछे क़त्ल किया किस ने।

(ढोलक पर डगा। शिंगारा आता है)

शिंगारा : मीना साझी हम दोनों की।

जीणी : शहर ट्रक चलाना सीख रहा था। कहते हैं—आढ़तियों की लड़की फँसा ली। जिन जैन दुकानदारों का माल लेकर बंबई को चला था।

शिंगारा : मीना बेटा जमाएगी। मेरा पुत्र।

जीणी : आढ़तयों ने ट्रक के पीछे बंदे लगा दिए। क़त्ल करने के लिए। सच है यह?

शिंगारा : ज़मीन मैं बेटे के नाम लगवा दूँगा।

जीता : करमी को बरबाद करके, अब तू मीना भी··?

जीणी : हाय रे! क्या हुआ तुझे? करमी? मैं ने बरबाद किया?

शिंगारा : मीना रहेगी मेरी बीवी बनकर। तू मुफ्त की खाता रह। रामलीला खेल, मेरी सीता। हजामतें कर। हड्डियाँ जोड़। गाँठें काट। काँटे निकाल। मौज उड़ा। बेफिक्र होकर। मीना और बेटा मेरे।

जीणी : ताये तेरे को और शक है।

शिंगारा : खोटे भाग्य, मेरे और मेरे बेटे के। पुत्र मेरा, कहलाएगा तेरा।

जीणी : मक्खन गढ़ के जैमल सिंह के भाइयों ने मारा।

शिंगारा : बेचारा! ख़ून मेरा। सारी उम्र, कहलाएगा नाई का।

जीणी : मुझे और जंचती है। पुत्र मरवाया मेरा शरन कौर ने। उसकी जोरू ने। मेरा पोता भी ले गई। आएगी अब, खेत बँटवाने।

(ऊपर से सिपाही आता है, अंदर से शकुंतला)

सिपाही : करमी।

शिंगारा : करूँ तो क्या करूँ? कहलाएगा, जीते नाई का।

(जाता है। ढोलक बंद)

शकुंतला : आती हैं, जी। चढ़ो आप, सीढ़ी। चल, बीबी।

सिपाही : झटपट आ। थानेदार ने झोंका लगा भी लिया।

(जाता है)

(नामो आती है)

जीणी : नामो, आवाज़ मार लेना मुझे। **(जाती है)**

शकुंतला : **(जीते के कान में)** ऊपर पड़ी हूँ मैं। **(जाती है)**

सिपाही : **(दूर से)** करमी!

(करमी आती है)

जीता : मुड़ पीछे। कहीं नहीं जाना।

नामो : छुटेगा कैसे?

करमी : **(रोती)** मैं तो तेरे करके—

(वक़्फा)

जीता : तुम मुझे नहीं बचा सकतीं।

नामो : थानेदार कहता है, रिपोट लिख दूँगा। जैसे कहो।

करमी : अगर तेरा कसूर नहीं भी है, ये ऐसे मानेंगे?

जीता : तुम्हें बताया, तुम्हारे हाथ में, बस में, कुछ नहीं।

नामो : क्यों?

जीता : शिंगारे को मैं ने क़त्ल किया था।

करमी : हाय रे।

नामो : हाय मेरा लाल!

जीता : बापू वाले उस्तरे से गला चीर डाला।

जीता : माँ।

नामो : बेटा!

जीता : कहाँ चली?

नामो : गया नहीं तू?

जीता : बहुत तकलीफ है मीना को?

नामो : हमारी क़िस्मत! कैसी रात चढ़ी है काली कलूटी। मौत मंडरा रही है कुटुंब के सिर।

जीता : हुआ क्या?

नामो : लगता है, मीना नहीं बचेगी। दर्द अंदर चीर रही है। उछल उछल कर मीना छत की कड़ियाँ छू रही है। बच्चे का, न जाने, कैसा हाल है पेट के अंदर?

जीता : इस वक़्त तू क्या कर सकती है?

नामो : लड़की की जान तो बचाएँ किसी तरह।

जीता : जिसने मरना है, वो मर ही जाएगी। तू कैसे बचा सकती है?

नामो : ज्ञानी की मिन्नत करने जा रही हूँ।

जीता : ज्ञानी कौन सा उड़न-खटोला स्टार्ट करके बैठा है तेरे वास्ते? और मीना के वास्ते? कहाँ लेकर जाएगा, वो?

नामो : उसके बग़ैर दूसरा कौन सहायी है हमारा, इस वक़्त?

जीता : नहीं ज्ञानी संजीवनी बूटी निकाल कर बैठा हुआ, मीना के लिए। सो जा चुप करके। हो जाने दे जो होता है।

नामो : है बावला! यत्न न करें, लड़की को बचाने का।

मीना : हाय रब्बा!

जीता : तेरे यत्नों से कुछ नहीं बनेगा। इस होनी को रोकने वाला कोई नहीं जन्मा।

नामो : बेटा, जो कर सकते हैं, वो तो करें। ज्ञानी को कहने जा रही हूँ। सवेरे की मोटर शहर पहुँचाए, हस्पताल। गुरमीत को भेज दे, जल्लोवाल। टैरक्टर पर मीना को छोड़ आए। अड्डे पर। तड़के। तू अपना फिक्र कर। जान बचा। दौड़ जा। हमारे साथ जैसी होगी, हम झेल लेंगी। हथकड़ी की कुंजी गिराई करमी ने, कि अभी नहीं?

जीता : लाख लानत ऐसे जीने पर। क्यों तुम टक्करें मार रही हो?

नामो : **(आँसू दबाती)** न मेरा लाल। माँग कर खा लेना कहीं से। साधु फकीर बन जाना। सूली क्यों चढ़ना है? निपूती न बना मुझे। जीवित रह, बेशक दूर ही रह आँखों से।

मीना : मैं मर गई, लोगो!!!

नामो : कुँजी करमी ने ज़रूर निकलवा लेनी है। धीरे से, हथकड़ी खोल कर, भाग जाना। मेरी इंतज़ार मत करना। शायद मुझे हवेली जाना पड़े। ज्ञानी के पास। अच्छा।

(अँधेरा)

(झाँझ की चोट। चिमटे की टनकार। बिषना डंडे से नामो को पीट रहा है)

बिषना : तू लहली उतरी ही क्यों? जब मोटर सीधी भाम को आती है? रास्ते में क्यों उतरी। यारों को मिलना था?

नामो : बेटे को मिलने का जी कर आया। घीरे को। उसके दादा ने रात रख लिया मुझे। ज़िद करके।

बिषना : बहुत स्नेह आता है तुझे हरामज़ादे पर तो जा लहली बस जा। संभाल घीरे को। मेरा लड़का लड़की आप ही पल जाएँगे।

नामो : माँ का कलेजा। नहीं रह सकी मैं।

बिषना : बदमाश ज़नानी जैसा कोढ़ भी कोई नहीं है। मर्द हो, चालीस टुकड़े कर दे, इस नाइन के।

(सात आठ बरस का जीता, गेंद उछालता, आता है)

जीता : बापू, देख। घीरे ने मुझे अपनी गेंद भेजी। माँ कहती, घीरा मेरा बड़ा भाई है।

बिषना : **(थप्पड़ मारकर)** फाँसी लगना! तू भी पता नहीं किसकी चोट है। हराम का होगा तू भी। घीरे जैसा। **(जीता रोता जाता है)** मिलती ख़समों को। मेले देखती। तरस किया, मैंने, बसा ली।—बाप पाँव पड़े, गौने के लिए बुलाने आया जब। कहने लगा, "जबरन उठा कर ले गए बदमाश, राजनी माता के मेले से।"—गई होगी बदचलन आप ही। जैसी माँ थी, वैसी बेटी बनेगी। और सुन। अकेली कभी ज्ञानी की हवेली नहीं घुसना। न गुरुद्वारे। पाधा के साथ भी ख़ामख़ा हिड़हिड़ नहीं करना। आज से, अगर मैं ने तुझे पराए मर्द के निकट देख लिया, नहेरने से पेट फाड़ दूँगा।

(चिमटा बंद)

(अँधेरा)

(जीता बैठा पंखा डुला रहा है। किटोरी पकड़े शकुंतला आती है।)

मीना : **(अंदर से)** हाय रब्बा!

शकुंतला : सोया नहीं तू?

जीता : ऐसे में नींद आती है।

शकुंतला : मीना का हाल बुरा लगता है। मुझे तो पहले ही अपनी दर्द के कारण नींद नहीं आ रही। हार कर, सीढ़ी उतरी। बादाम रोगन लेकर। सोचा, तेरा हाथ फेरवा लूँ, पीठ पर। आगे गली में तेरी माँ टकर गई। कहने लगी, "मीना अकेली है अंदर। करमी ऊपर है, चबारे में। थोड़ी देर बैठना मीना के पास। मैं जीणी ग्रंथन को जगा कर आती हूँ। शहर ले जाएँ बहू को।"—मैं ने किटोरी दिखाई। मालिश कर पेट की। फर्क पड़ जाए शायद। बच्चा बच्ची आसानी से जन्म पड़े।

जीता : रख दे अंदर।

शकुंतला : जिगरा मत छोड़, जीते। बंसरी वाला रक्षक है।—अच्छा हुआ, शिंगारे के साथ से छुटा तू। दुर्जन की दोस्ती हमेशा बुरा फल देती है। सुहबत का असर ज़रूर पड़ता है। वेदों में लिखा है, घोड़े को अगर गधों के तबेले के अंदर बाँध दो, गधा तो नहीं बनता, मगर दुलत्ती मारनी सीख जाता है।

मीना : मैं मर गई!

(जीणी आती है)

शकुंतला : लो, ग्रंथन आ गई।

जीणी : पंडिताइन? कैसे हाल है लड़की का?

शकुंतला : मान गई थी। चबारे पर ही है अभी।

जीणी : बहू का पूछ रही हूँ मैं तो। करमी का तो मुझे पता है।

शकुंतला : बादाम रोगन लाई हूँ मैं। मालिश के लिए है। **(दोनों अंदर जाती हैं)**

मीना : हाय माँ!

(वक़्फ़ा। नामो आती है)

नामो : करमी लाई नहीं चाबी? तड़के, ज्ञानी आप जाएगा, मीना को लेकर। बोला, सीधा हस्पताल दाख़िल करा के आऊँगा। यह पकड़।

जीता : क्या?

नामो : सौ रुपए। ज्ञानी ने दिए। जोरू से चोरी।—कहा, जीते के काम आएँगे।

जीता : मैं नहीं लूँगा।

नामो : न, मेरा लाडला। डाल ले जब में। करमी कुंजी ज़रूर ले आएगी। दौड़ जा। पैसे की ज़रूरत पड़ेगी तुम्हें।

मीना : हाय रब्बा!

नामो : गाँठ बाँध ले, कसके। राजनी माता राज़ी रखे!

(अँधेरा)

(झाँझ की चोट। ढोलक पर डगा। रौशनी छन कर आ रही है। जीणी ने नामो की चुटिया पकड़ी है)

जीणी : नायन लुच्ची! टाँगों में से चीर दूँगी, आधी आधी।

नामो : मार दिया!

जीणी : मर्द खानी!

नामो : पगलाई गीदड़ी ने मार खाया!

जीणी : पाँच गाँव के मर्द हड़प गई।

नामो : बाघनी ने खा लिया!

(ज्ञानी भागा आता है)

जीणी : अभी इस रांड का अंदर नहीं भरा।

नामो : साँपनी डस गई।

जीणी : ख़सम मेरा कील कर बैठी है।

ज्ञानी : हया कर, ओए।

नामो : हाय मुझे रीछनी खा गई।

ज्ञानी : क्यों मेरी मिट्टी खोद रही है?

जीणी : खिलाता है वेश्या को!

ज्ञानी : तूफान तोलने से टलेगी नहीं तू?

जीणी : जिस दिन का ख़सम फूँका है, राँड मेरी हवेली में घुसी रहती है।

ज्ञानी : **(जूती मारता)** तोहमत लगवाऊँ तेरे से!

(शिंगारा और जीता आते हैं)

जीणी : मार डाल, बूचड़। सौत के पीछे मार डाल।

ज्ञानी : भौंके जा रही! भौंके जा रही!

शिंगारा : **(गले से पकड़ कर)** मार के दिखा जूता। लगा हाथ मेरी माँ को।

अगर न खंडा पेट के आर पार किया। आ, लगा हाथ। दाढ़ी उखाड़ कर हाथ में पकड़ा दूँगा। हट क्यों गया? रीछ! यह मत समझना, बाप है तो मैं बख़्श दूँगा। तेरे जैसे पाखंडी पाठी के तो मिंटों के अंदर टुकड़े कर दूँगा। चाहे फाँसी चढ़ना पड़े।

जीता : माँ, तू घर चल।

शिंगारा : मर्द की चोट है तू अगर, उठा हाथ दोबारा।

जीता : तुझे पहले नहीं पता, कैसे हैं यह।

शिंगारा : यारियाँ लगाता है झोटा।

जीता : शिंगारे, ढंग से बोल।

शिंगारा : बदकार नाइन के साथ।

जीता : छोड़ ताऊ को।

शिंगारा : तू पीछे रह, ओए, कीड़े! बनता है माँ का दलाल। हाँक कर ले जा, राम गऊ। निकलो मेरी हवेली से। नहीं तो गर्दनें उड़ा दूँगा, माँ बेटे की। **(ढोलक बंद)**

(अँधेरा)

(जीता बैठा, उबासी लेता है, पंखा करता है। नंतू आता है। रात की आवाज़ें)

नंतू : जीते, तू भी नहीं सोया?... मीना की चीखें दूर-दूर सुनती हैं। मेरी नींद भी ऐसी उखड़ी, मुड़कर नहीं आई।... करमी उतरी तो नहीं अभी?... बोलता नहीं? मैं ने पूछा, करमी ऊपर ही है, थानेदार के पास?

जीता : मुझे क्या पता?

नंतू : गुस्सा मत कर, बेटा। मुझे सब पता, जो तेरे दिल पर बीत रही है इस वक़्त। हौसला रख। और घड़ी भर की आफत है।—रुपए मैंने गिन कर रखे हुए हैं। पुलिस वाले और साले क्या चाहते हैं? तुम्हें हम बरी ज़रूर करा लेंगे।—कोठे का भी फिक्र न करना। सूद है दो हज़ार के ऊपर, जैसे कैसे, देते रहना। फसल पर। बसना तो कोठे में तूने ही है। मैं ने कोठा सिर पर उठाना है?—मेरा भी कौन है?—आज सारी रात बल्कि बुरे-बुरे विचार आ रहे हैं। एक साले

कुत्ते रोने से नहीं रुकते। पता नहीं किस की रूह घूम रही है गाँव में। जोहड़ के ऊपर वाले बरगद पर, उल्लू, आज, बरसों के बाद बोला है। पाप बढ़ गया हमारे नगर में। प्रलय की निशानियाँ हैं ये।—दिलेर है करमी तुम्हारी। बड़ा कुछ झेल सकती है।—तेरे सामने ही है। तोषी हमारी। जिगरा नहीं था बावली में। माँ मरी नहीं, बेटी मेरी दिन-ब-दिन खुर गई। बल नहीं रहा, पैरों पर खड़े होने का।—क्या बिगड़ जाता, अगर ब्याह करवा लेती? बारात आ कर बैठी हुई। हज़ारों रुपए मैं ख़र्च चुका था। चबारे चढ़कर, कुंडा लगा लिया। कीड़े मारने वाली दवाई पी ली घोल कर। हट्टी से निकाल कर। **(आँसू दबाता)** मर गई। अउत प्रेत छोड़ गई मुझे।—आज ज़िंदा होती, बच्ची बच्चा होता। नाना बुलाता मुझे। खेलता कूदता मेरे साथ। रौनक होती घर में। अकेले को, अंदर बाहर, खाने को आते हैं।—सोचता हूँ मैं, अगर बिषना होता ज़िंदा, तेरा बाप। सौ चाव करता, तेरे बच्चे का। हमारा साथी था। तुझे सहारा होता। तुझे, और मीना को, और करमी को।—अब देख, माँ बेटी, अकेली! अँधेरे में टक्करें मार रही हैं।

(जीणी अंदर से आती है)

जीणी : वाह गुरु मेहर करे। जीते, पुत्र, अरदास कर, सतगुरु के आगे।

नंतू : कैसे, जीण कौर?

जीणी : रुकी तो है दर्द। शायद, न ले जानी पड़े शहर।

(शकुंतला बाहर आती है)

नंतू : तू भी यहीं है?

शकुंतला : सोया जाता है, लड़की का चिल्लाना सुन कर। बादाम रोग़न दिया मैंने।

जीणी : अब तो आराम से पड़ी है।

शकुंतला : जीते, जिगरा कर। कृष्ण मुरारी सबके कष्ट दूर करता है।

जीणी : चलो। आँखें मूँद लो, घड़ी भर।

शकुंतला : करमी उतरी तो कहना, मीना के पेट की मालिश करे। **(दोनों जाती हैं)**

नंतू : देख ले, बेटा। जवान पुत्र मर गया। बीवी ख़सम को रत्ती भर फर्क नहीं पड़ा। ज्ञानी दिल से खुश है, शिंगारे की मौत पर। दूसरे बेटे जो हैं।—ज़मीन ऐसी चीज़ है। जाट को, बेटे से ज़मीन प्यारी है। दो खेत ज़मीन जिसके पास हो, वो बंदे को बंदा नहीं समझता। अहंकार में धरती पर पाँव नहीं धरता। अच्छे भले को काटने

दौड़ता है। यही हाल सोने चाँदी वाले का है। ज्ञानी तेरे मेरे जैसे को गिनती में नहीं रखता।

जीता : नहीं रखता साला न रखे। मेरी जूती को याद नहीं।

(अँधेरा)

(झाँझ की चोट। मुरली की धुन। रौशनी छन कर आती है)

तोषी : बुड्ढे के साथ फाँसी नहीं लूँगी मैं।

शकुंतला : बुड्ढा दिखता है तुम्हें? दूसरा तेरे वास्ते कृष्ण कन्हैया वर कहाँ से ढूँढ़ कर लाएँ?

नंतू : तोषी, बेटा, गुस्सा छोड़। लड़का तगड़ा है अभी। दो बच्चे हैं तो क्या हुआ? गबरू जवान है। गहने कपड़े देखे तूने वरी के? पचास हज़ार ख़र्च करके आया है। पंद्रह एकड़ ज़मीन है। दुकान है। जजमानी है। सब तेरा है।

शकुंतला : अहंकार नहीं करना चाहिए ज़्यादा। अपनी शक्ल भी देख। रुकमणी मत समझ अपने आपको। ऊषा नहीं तू, जिसे अनिरुद्ध उठा ले जाएगा द्वारका को।

तोषी : सौतेली, कुतिया! तू ने बुरा चाहा मेरा। घर से निकालना चाहती है। बुड्ढे के लड़ बाँध के! करावे मालिशें। लुच्ची! जवान लड़कों से! तू समझती है, तेरा गुंडपना छिपा हुआ है मुझ से? आप जना होता तू ने कोई, तो दर्द होता। मरना तो मैं ने है ही। पर तुझे आग लगा के मरूँगी।

(बाल खींचती है। गला दबाती है)

शकुंतला : मैं मर गई।

नंतू : तोषी! हट परे!

शकुंतला : चुड़ैल चिमट गई!

(जीता भागा आता है)

नंतू : बाल छोड़।

जीता : संतोष!

शकुंतला : गला घुट गया!

जीता : हट जा, तोषी।

नंतू : मेहमान आए बैठे हैं। देखता सुनता होगा कोई।

तोषी : मैं जान से मार दूँगी, सौत को। **(बाप को)** तू भी पीछे हट जा! नामर्द! मैं तेरा भी गला दबा दूँगी।

जीता : पंडिताइन, तू उतर सीढ़ी। जाओ दोनों।

नंतू : बारात आई बैठी है जनेतघर में।

जीता : मैं मनाता हूँ।

तोषी : मर जाऊँगी, या मार लूँगी। इस डायन को मैं अपनी ज़िंदगी तबाह नहीं करने दूँगी। **(मुरली बंद)**

(अँधेरा)

(जीता पसीना पोछता है। पंखा हिलाता है। रात की आवाज़ें। नामों अंदर से आती है)

नामो : आँख लगी तो है, थोड़ी सी। अगर सुख से सूतक कट जाए।— करमी उतरी नहीं? चाबी भी नहीं फेंकी? दाव नहीं लगा होगा।·· सो न गई हो कहीं·· बेटा, तू लालसा मत करना, बच्चे की। हथकड़ी खुलते ही, भाग जाना। **(सुनकर)** उतर तो रही है। **(वक़्फा। करमी, थकी मांदी, अंदर को जा रही है)**

मीना : हाय!

नामो : कुंजी?·· लाई नहीं?

करमी : नहीं।

नामो : क्यों?

करमी : जीता न दौड़े, तो बचने का रास्ता है। एक बार अगर दौड़ गया, फिर कोई नहीं बचा सकता।

नामो : ले, देख। चतुराइयाँ करके बताए मुझे। मन मरज़ी करती है यह लड़की। स्कीमें गढ़ के बता रही है। अगर यही करनी थी, तो ऊपर क्यों चढ़ी? इज़्ज़त क्यों लुटाई अपनी? और परिवार की? ऊपर तो तू गई थी, भाई की जान बचाऊँ। आ गई ऐसे ही, बाहें लटकाती। फायदा क्या हुआ? लड़के के गले की फाँसी तो वहीं रही।

करमी : मग्ज़ मत मार मेरे साथ। इस वक़्त। स्कीमें सुना रही है मुझे।

नामो बंदी, तुझे सब्र न आया। सारी उम्र। तेरे कुटुंब के लिए मैं फाहा फाहा धुन गई। न तुझे संतोष हुआ, न जो मर गया, बिषना नाई, उसको। ज़िंदगी गला दी मैंने तुम्हारे बदले उतारते हुए।—जीते, सुना तूने? फिर कहेगा, कल को तेरी जोरू कहेगी, बोझ समझेगी मुझे। "छोड़ी हुई ननद, निठल्ली बैठी खाती है। दर पर बैठी।"—इस नाइन ने तो मसान चले जाना है। नामर्द बिषने की तरह। तू भूल जाएगा। बहन ने, तेरी जान बचाने के लिए, क्या-क्या जुल्म सहे। देस बिदेस के पुलिस वालों के हाथों।—हे वाहे गुरु! मेरे प्राण निकाल कर ले जा। ऐ धरती, जगह दे दे। हे भवनों वाली, मुझे बुला ले अपने दरबार में। क्या फायदा ऐसे जीने का? **(ऊँचा रोती है)**

नामो : अच्छा, तेरा किया नहीं भुलाता कोई। धीरज से बता। कुंजी क्यों नहीं लाई? क्या कहता है थानेदार? मिली नहीं?

जीता : माँ, क्यों बहस किए जा रही है। जा, करमी। अच्छा किया नहीं लाई चाबी। अगर ले भी आती, मैंने दौड़कर कहीं नहीं जाना था।

करमी : नामो नाइन, तेरी तो वो बात है—बकरी जान से गई। खाने वाले ने स्वाद न पाया।

नामो : बेटी, मैं ने कहा क्या तुझे। आप होती मैं कुछ करने लायक, तो तेरी यह हालत होने देती? पुत्र न बचाऊँ किसी तरह। आप ही तो तूने कहा था, मैं कुंजी निकलवा कर लाती हूँ।

करमी : रब्बा, अगर तू सुन रहा है कहीं, मेरे जैसी जून, किसी और को मत देना। ऐसी माँ के पेट से जन्म दिया। ऐसा बाप दिया। निर्बल। बे ज़मीन। सम्मानहीन। हर किसी के पैरों की जूती।

नामो : भला माँ का क्या कसूर है इसमें?

करमी : तेरा कसूर नहीं, तो और किस कंजरी का कसूर है? शिंगारा जब तलवारें नंगी रखकर निकट, मेरी इज़्ज़त लगा लूटने, पता क्या कह रहा था? "जिसकी माँ नामो हो, छः गाँव के जाटों ने जिसकी कोख से बच्चे जमाए हों, उसकी बेटी नख़रे क्यों करे?"—अगर तू ऐसी न होती, मुझे रेवड़ की बछिया क्यों समझते, गाँव के सांढ? किस पांडव भीमसेन के सिर पर मान करती मैं? किस अर्जुन के सिर पर? गीदड़ बिषने के सिर पर? माँग कर खाने वाले सेवक के सिर पर? या इस भाई पर? कौन रक्षा करता मेरी? तू? कि तेरा यह बिल्लौटा? जो अपनी जोरू नहीं संभाल सका।

नामो : करमी, यह वक़्त लड़ने का है? सीधी तरह बता, बच जाएगा जीता

कि नहीं?

करमी : ससुराल के हीजड़ों ने भी रक्षा नहीं की मेरी। वो भी बिषने निकले। जीते निकले। घर से निकाल दिया। आज यही होना था मेरे साथ। धिक्कार है जीना मेरा। और मेरे जैसी ग़रीब लड़कियों का!

मीना : उई!

जीता : चुप कर, करमी। अच्छा किया, दिल का गुबार निकाल लिया। जा, माँ। देख उसे। रंभा रही है अंदर।

करमी : थानेदार कहता है, तुझे वरी करा देगा—जब तेरा कसूर नहीं है।

नामो : कसूर नहीं? उसे बेटे पर शक नहीं?—तू ने आप तो नहीं बक दिया? बड़ी अक़्लमंद ने?

करमी : देखो तो! पागल समझती है मुझे! मेंने ख़ामख़ा बताना था?—उन को अभी तक पक्का यक़ीन नहीं, कि शिंगारे को तूने क़त्ल किया है।—इसी करके, मैं ने सोचा, जीता अगर न भागे, तो अच्छा है। रिपोट इस के पक्ष की लिख कर ले जाएँगे तो छूट जाएगा। लेकिन अगर भाग गया, सरकार को पक्का सबूत मिल जाएगा। क़त्ल इसके सिर पड़ेगा। भला, बच कर किधर जाएगा यह? कितने बरस छिपता छिपाता रहेगा यह? एक दिन ज़रूर पकड़ा जाएगा। मौत की सज़ा देंगे।

जीता : सही सोचा। दौड़ना किस लिए?

नामो : ज़बरदस्ती मौत के मुँह में घुसता है। तुम पुलिस के बारे में मेरे से ज़्यादा जानते हो? मैं बहुत देख चुकी हूँ ऐसी रिपोटें। और रिश्वतें। और वकील। —लहली वाला सूली चढ़ा ही दिया था। बाप की पूरी ज़मीन वकील निगल गए।—मत कर अड़ी, बेटा। करमी, पुत्र जा, मेरे कहने पर। एक बार जा चबारे को। सोए पड़े होंगे। जेब में होगी चाबी। सिपाही ने पैंट खोल कर कीली पर टाँगी होगी। आवाज़ न करना। चल। कुंजी ला।—ना नुक्कर छोड़। मैं हाथ जोड़ती हूँ तेरे आगे। जहाँ तू ने इतना झेला है, भाई की ख़ातिर, वहाँ इतनी तकलीफ और सही।

करमी : जीते, लाऊँ कुँजी?

नामो : इसे क्या पूछना है? पुलिस वाले तो तत्ते तवे पर चूतड़ रखें तो यक़ीन न करो। मैं जो कहती हूँ। जा।

(करमी जाती है। जीता ऊँचा रोता है)

मीना : हाय मैं मर गई!

(**वक़्फा। करमी हथकड़ी खोलती है**)

करमी : सोए पड़े हैं दोनों। दौड़ जा।

जीता : न मैं जीने के लायक, न मैं मरने के लायक। क्या दुनिया बनाई है रब्ब ने! क्या ज़िंदगी बनाई है! जान बचा भी लूँ अगर, बुज़दिल बन कर, कैसे काटूँगा मैं पहाड़ जितनी ज़िंदगी? ठोकरें खाता फिरूँगा जगह-जगह। भेस बदल कर। त्राहि त्राहि करता। अब पकड़ा पुलिस ने, अब पकड़ा। कहीं टिक कर बसने लायक नहीं रहूँगा। गाँव में घुस न सकूँ। तुम्हारे चेहरे देख न सकूँ। जिऊँ किस चीज़ के वास्ते? सिर्फ साँस लेने को जीना कहते हैं? कुत्ते बिल्ली की तरह पेट भरने को जीना कहते हैं? चिड़ियों पक्षियों की तरह, धनुष से डर-डर कर, डाल डाल से उड़ते फिरने को, जीना कहते हैं? अगर मैं टूकर माँग-माँग कर पेट भरता भी रहा, इस काया का बोझ उठाए भागता भी रहा, धिक्कार है मेरे जीने पर! बहन ने अपने आपको बेच कर भाई बचाया। क्या सोचूँगा मैं, दिन-रात, बरसों तक? बहन ने हथकड़ी खोली मेरी? सारी उम्र का रिसता हुआ कोढ़ उठाए, देसों परदेसों के अंदर घूमूँ मैं?

नामो : सिर आ पड़ी। झेलनी पड़ेगी। पुत्र, भगवान पर भरोसा रख। भगवान ही करता है, जो करता है। भगवान चाहे तो राजा से फक़ीर बना दे। जोगी बना दे। पूरन भगत की तरह। राजा भरतृहरि की तरह। भगवान चाहे तो फक़ीर से राजा बना दे। रूप बसंत की तरह। भगवान हमें अच्छा दिन दिखाएगा ज़रूर। हम तेरे पास आ जाएँगे। संदेशा भेज देना। जहाँ भी भेस बदल कर बसेगा तू। भगवान हमारा मेल मिलाप ज़रूर कराएगा।

जीता : भगवान! इसी भगवान तेरे की मार पड़ी मुझे। रत्ती भर यक़ीन नहीं रहा मुझे तेरे भगवान पर। क्या दिया है मुझे तेरे भगवान ने? आज से बुरा कौन सा नरक देगा भगवान? क़िस्मत बनाई ससुरे ने! भाग्य लिखा! जन्म दिया मुझे नाइयों के घर। बिषने नाई का बेटा! जिसके ऊपर जो मरज़ी थूक जाए! नामो का बेटा! नामो जिसको राजनी माता के मेले से उठा कर ले गए थे जाबिर। जिस दिन का जन्मा हूँ, चारों तरफ से जूते खा रहा हूँ। गेंद हूँ मैं, सब के ठुड्डे खाने वाला। फुटबाल हूँ, लोगों का। जिसको किक मार कर, कभी शिंगारे ने वो फेंका! कभी पुलिस ने उछाला। कुनबा दिया मुझे। बहन दी। माँ दी। पत्नी दी। बलिहारी जाऊँ ऐसे भगवान के!—नांह। यह हिम्मत नहीं मेरे अंदर। मैं कीड़ा पतंगा

बन कर नहीं जी सकता। भिखारी बनकर नहीं घूम सकता। यह चौपट आज मैं उठा कर, फेंक दूँगा। क़िस्मत बहुत चालें चल चुकी है मेरे ख़िलाफ। बेहद परेशान कर लिया। फाँसी तो फाँसी सही। अब मैं अपनी मरज़ी बरतूँगा।

करमी : कैसी मरज़ी?

नामो : करमी के साथ जो होना था, हो चुका। अब तू क्या कर सकता है?

जीता : सिपाही का गला काटूँगा। थानेदार का गला काटूँगा। जैसे मैंने शिंगारे का गला काटा था। क़िस्मत का पांसा पलट दूँगा। भगवान का गुमान तोड़ दूँगा।

नामो : रे बेटा, क़िस्मत के साथ लड़ाई कौन लड़ सकता है। अहंकार मत कर। हाड माँस का मानस क्या कर सकता है? बड़े-बड़े वली पैगंबर कुछ न कर सके। बैटा, च्यूँटी भगवान नहीं बन सकती। इन्सान का क्या ज़ोर है, भगवान के आगे? बहमाता को कौन कहे, मेरे लेख बदल कर लिख दे! मानस की जून ही ऐसी है। धूप छाँव झेलनी पड़ती है। मेंह आँधी झेलने पड़ते हैं। चाँद सूरज पर ज़ोर नहीं चलता। पवन पानी पर ज़ोर नहीं चलता। पाँच तत्त्व के पुतले के बस में कुछ नहीं।—बेटा, मैं अपने आप को सीता सावित्री नहीं कहलवाती। मेरा भी क्या बस? ग़रीब हम। कौन चाहता है, मैं ग़रीब घर में जन्मूँ? लोगों के तलवों की धूल बनूँ?—अब तू कर क्या सकता है? माँ तो नहीं बदल सकता। बाप तो नहीं बदल सकता। होनी को मान। मुझे निपूती न कर। मीना को विधवा न बना। फाँसी से बच सकता है अभी तू। जा, बेटा, चला जा। भाग, मेरा लाल। **(ऊँचा रोती है)**

(वक़्फा। सिपाही एक तरफ आकर खड़ा होता है)

करमी : जा, जीते। हमारा फिक्र मत करना।

मीना : हाय राम!

(वक़्फा)

जीता : मैली, पहाड़ में, बाबा रोटी राम का डेरा है। मैं वहाँ जा रहा हूँ। **(मीना की तरफ क़दम लेकर)** डेरे के पास, हीजड़े रहते हैं। बच्चा देखने आऊँगा मैं, उनके साथ। **(फाटक के पास)** अच्छा।

(सिपाही पैर पर गोली मारता है)

नामो : मैं मर गई!

करमी : हाय मेरा वीर!

सिपाही : दौड़ जा! बहन का ख़सम! इतने फुद्दू समझ बैठा तू हमें?

करमी : बाहर अंदर जाना था।

सिपाही : मेरे कहने पर मत रुकना।

नामो : रे वीरा, पेशाब करने चला था **(दौड़ कर जीते के पास जाती है)**

सिपाही : चल! गोलियाँ छातियों में से टीं करती जाएँगी।

नामो : कहाँ लगी?

करमी : हाय रे!

जीता : कुछ नहीं हुआ।

नामो : लहू बह रहा है।

करमी : पैर पर लगी।

जीता : मैं ठीक हूँ। जाओ बैठो। **(खाट को आता है)**

सिपाही : एक और मारूँ? कानों के बीच में से?

नामो : नहीं, भाई जी। भ्रम हुआ आपको। पेशाब करने उठा था।

करमी : तुझे बताया, टट्टी पेशाब जाना था। मैं आप लाई हूँ कुंजी निकाल कर तेरी जेब से। बहुत गुस्सा है, अगर तुम्हें, मेरे मार दे गोली।

सिपाही : तेरे जैसी नित्य नौती सौ चराता हूँ मैं। साथ में इस जैसे दस नंबरिये। अच्छा, अब रखो चाबी पास में। नहीं लगाता हथकड़ी। देखता हूँ, कहाँ तक दौड़ जाएगा। दिलावर सिंह से बच कर। **(जाता है)**

नामो : हाय मेरा लाल।

करमी : दिखा तो पैर।

नामो : लहू लुहान हुआ है।

करमी : गोली अंदर तो नहीं रह गई?

नामो : कपड़ा ला।

जीता : क्यों गिद्धों की तरह चीख रही हो? मेरे इर्द गिर्द? कुछ नहीं बिगड़ा मेरा। जाओ, सो जाओ।

(अँधेरा)

(झाँझ की चोट। ढोलक पर डगा। रौशनी छन कर आती है। शिंगारा शराबी है)

शिंगारा : पंचर मेरा ससुर भी कहाँ आकर हुआ। जंगल के बीच में।

जीता : रतलाम यहाँ से पच्चीस तीस किलोमीटर होगा।

शिंगारा : नींद उतार कर चलेंगे। अच्छी तरह। पहिया बदल कर।

जीता : पेट भर गया, मुर्गे से।

शिंगारा : पेट भरा है, इसी करके तो पहिया नहीं बदला गया।

जीता : पेट भरा, काम बिसरा।

शिंगारा : सयाने झूठ थोड़ी कह गए हैं।

जीता : क्या?

शिंगारा : "पेट भरा तो काम न आते, नाई, कुत्ते, बाज़।"

जीता : कुत्ते! पगलाए हुए कुत्ते के साथ वास्ता नहीं पड़ा तेरा कभी?

शिंगारा : तू ने क्यों नहीं पी, ओए?⋯यह शराब अंदर चीरती हुई जाती है। एक साली हमारे बिकती है। पंजाब में। निरी मिलावट। गधों का पेशाब होता है जैसे। पूरी बोतल चढ़ा कर भी हिलोरा नहीं आता।

जीता : वन ही बन। चारों तरफ। जानवर का तो डर नहीं?

शिंगारा : सीता को बनों से कैसा डर? बनवास काट ले, मेरे साथ, जनक पुत्री।

जीता : सो जा परे हो कर।

शिंगारा : भाग्य मेरा! देख, किधर आ कर गिरा हूँ। **(रोता)** शरन कौर साली! छोड़ गई। लड़का भी ले गई। बाप मेरा पत्थर है। पुत्र के साथ माशा भर दर्द नहीं। माशा मोह नहीं। इकलौती जान मेरी।

जीता : यार, शिंगारे, तेरी यह आदत बुरी है। शराब चढ़ा कर, तुझे दो ही काम आते हैं। या तो तू कृपाण निकाल कर, मारने काटने को तैयार हो जाता है। या, विधवा ज़नानी की तरह, रोने चिल्लाने लग पड़ता है।

शिंगारा : सगे जो थे, उन्होंने त्याग दिया। तीन साल क़ैद काटी। बाप लुच्चे को मैं ज़िंदा नहीं छोड़ूँगा। छोटे तीनों को पुत्र समझता है। मैं तो कुछ लगता ही नहीं उसका।

जीता : ओए, नींद उतार ले। मुर्ग़ा खाया भी ख़राब कर रहा है।

शिंगारा : अच्छा, सुन। मराए जेही तेही की ज्ञानी सुच्चा सिंह। तू मेरा भाई बन। नाई तो नाई सही। मेरी संगत में रह। बंदा बना दूँगा।

जीता : नाई के आगे ख़ब्बी ख़ानों की गर्दनें झुक जाती हैं।

शिंगारा : कलींडर नहीं लगेगा फिर तू मेरा?

जीता : नहीं। तेरे कहने पर, पहला फेरा निकलवा दिया। बंबई तक का। आपुन गाँव में ही ख़ुश हैं। तू फाँक धूल देस परदेस की। हमारे परिवार के लिए भाम में बहुत कुछ है।

शिंगारा : वो भी सुन। साफ-साफ कर लें। एक दूसरे के साथ।

जीता : चाँद देख! पूनम का। गोरा। चिट्टा।

शिंगारा : सचमुच! जगमगा रहा है। मीना की छातियों की तरह।

जीता : क्या कहा?

शिंगारा : चुप, ओए, उस्तरे बाज़। छिपाना क्या? मैं ज़मीन बेटे के नाम लगवा दूँगा। मीना कुमारी बेटा जन्मेगी। मेरा पुत्र! मेरा ख़ून!— मीना तेरी और मेरी साझी। तू गाँव में रहना। मेरी ज़मीन जोतना, बोना। मैं ट्रक चलाऊँगा। तेरी मौज हो जाएगी, मित्र। सीता बनना। मालिशें करना। हड्डियाँ जोड़ना। भाम रहकर। दोनों मिलकर हम मीना को सुखी रखेंगे। बेटा पालेंगे। फिजूल दिल में रंज मत रखना। जोहड़ के पास वाले डोगर, तीनों भाई। एक ही औरत जोतते हैं, बीजते हैं। मैं ने और तू ने मीना मुशतरका रख ली तो क्या बुरा है?

जीता : रावण का काल आया जब, बेगानी पत्नी उठाकर ले गया।

शिंगारा : रावण? मेरे होते हुए तुम्हें रावण कहाँ से उठाकर ले जाएगा?

जीता : जेहल काटना ज़्यादा मुश्किल तो नहीं?

शिंगारा : जेहल? मुश्किल कैसी? **(उबासी मारकर)** आँखें मुंद रही हैं। मेरे बेटे को नाई नहीं बुलाना। **(रोने को)** पुत्र मेरा, कहलाएगा तेरा। ख़ून मेरा, कहलाएगा—जीते नाई का··

(वक़्फा। जीता शिंगारे की छाती पर बैठकर अँधों की तरह उस्तरा चलाता है)

जीता : अब कह नाई! कुत्ते! अब बुला सीता!··बोल, रीछ! मीना मेरी पर कर कब्ज़ा। पुत्र मेरे पर कर कब्ज़ा। गुंडे, दोबारा कह, जीता नामर्द है। तेरी तो बहन की नाक काटूँ। भौंक, मेरे साले!

(ख़ून से लथपथ हाथों को देखता है)

(अँधेरा)

(जीता उस्तरा लगा रहा है। पसीना पोंछता है)

मीना : उई माँ ले ले!

नामो : **(अंदर से)** पानी गुनगुना कर।

मीना : हाय भगवान! **(जीणी आती है)**

करमी : **(अंदर से)** गर्म है। उंगली डलती नहीं अंदर।

जीणी : मीना का क्या हाल?

जीता : पूछ ले। **(जीणी अंदर जाती है)**

मीना : हाय! **(तोषी आती है। मुरली की धुन)**

नामो : कपड़ा पकड़ा, री। **(शकुंतला आती है)**

तोषी : तू शिंगारा नहीं बन सकता।

जीणी : दाँत भींच ले, मीना।

नामो : थोड़ी कसर है अब।

शकुंतला : बादाम रोगन के अंदर बड़ी शक्ति है। मीना ठीक है अब?

जीता : मुझे नहीं पता।

(बिषना आता है। चिमटे की छनकार। शकुंतला अंदर जाती है)

नामो : बस, पुत्र।

जीणी : तगड़ी हो।

शकुंतला : बंसी वाले, कृपा कर।

बिषना : ज़मींदारों की रीस मत कर।

तोषी : नाई!

बिषना : काले कौए सफेद नहीं होते, बेशक सौ मन साबुन घिसा दो।

तोषी : आत्म सम्मान होता है मर्दों के अंदर।

बिषना : ज़ोरोवरों के आगे क्या उज़र? कहावत है : सेवक जाति का क्या है? कुएँ में फँसा बहड़का, जब मरज़ी ख़स्सी कर लो।

तोषी : शिंगारे का मुक़ाबिला तू करेगा? यार के पीछे, क़ैद काट ली थी।

बिषना : कीड़ा पतंगा कीड़ा पतंगा ही रहेगा। पंख मत उगा।

(गुरुद्वारे से जपुजी साहिब का पाठ। मंदिर से आरती। मसजिद से अज़ान। मुर्ग़ की बांग। चिड़ियों, कौओं, फाख़्ताओं का शोर। जीता उस्तरा पथरी पर घिसाए जा रहा है)

मीना : हाय!!! **(बच्चे के रोने की आवाज़। वक़्फ़ा)**

करमी : **(आकर)** बेटा जन्मा है! बधाई हो! **(जाती है)**

जीणी : **(अंदर से)** वाह गुरु लंबी आयु दे।

शकुंतला : **(अंदर से)** मुरलीधर सुखी रखे।

बिषना : नाई का बेटा नाई रहेगा।

तोषी : है हौसला?

बिषना : तुझे जानता हूँ मैं, बबर शेर को।

तोषी : पैरों का जूता।

बिषना : है हिम्मत?

तोषी : बहन का बदला ले सकता है तू?

बिषना : चढ़ सीढ़ी—अगर बाप का बेटा है।

तोषी : दिखा क़त्ल करके पुलिस वाले।

(नामो और करमी बच्चा पकड़ाती हैं। जीता प्यार से देखता है चूमता है)

नामो : मीना है, हूबहू!

करमी : चौदहवीं का चाँद!

(बच्चा नामो को पकड़ा कर, सीढ़ी की तरफ चलता है। उस्तरा हाथ में है)

नामो : कहाँ चला?

करमी : **(आगे होकर)** क़त्ल न करना।

नामो : क़त्ल! न, बेटा।

करमी : फाँसी लगेगा?

जीता : हट जा, करमी।

करमी : मरना है तूने?

नामो : न, मेरा लाल।

जीता : हट जाओ मेरे आगे से। नहीं तो पहले तुम्हारे गले काटूँगा। **(जाता है)**

(दोनों खड़ी देख रही हैं। वक़्फा। ज्ञानी और नंतू आते हैं)

ज्ञानी : मना लिया थानेदार को, करमी?

नंतू : पकड़ो दो हज़ार। दस्तख़त करो।

ज्ञानी : जीता कहाँ है?

(जीणी और शकुंतला आती हैं)

जीणी : पोता हुआ नामो के।

ज्ञानी : बेटा? हई शाबाश!

नंतू : बधाई हो, नामो।

ज्ञानी : सतगुरु ने मेहर की।

शकुंतला : जीता भी क़बीलादार बन गया।

ज्ञानी : बिषना होता अगर आज जीवित, लड्डू बाँटता।

जीणी : छुड़ाओ तो सही जीते को पहले, पुलिस से।

ज्ञानी : छूट गया समझ।

नंतू : नामो, पकड़ा अँगूठा।

शकुंतला : गया कहाँ, जीता?

(जीता आता है। लहू से लथपथ)

कई : बधाई हो, जीते!

करमी : मार डाले?

जीता : हाँ।

नामो : दोनों? **(बाकी हक्के बक्के खड़े हैं)**

जीता : दोनों दानव! **(बच्चा पकड़ कर, आँसू दबाता)** किसका पुत्र है तू? ··याद रखना, बेटा। नाई के आगे ख़ब्बी ख़ानों की गर्दनें झुक जाती हैं! ··क्या नाम है तेरे भापा का? बड़े हुए को, जब लोग पूछेंगे, बाप कौन था तेरा? क्या जवाब देगा? कहना, जीता नाई। मैं जीते का पुत्र हूँ! जीता, जिसने रावणों को जीता था! **(खुलकर रोता है)** जीता फाँसी लगने वाला! जीता फाँसी लगने वाला! **(अँधेरा)**

(परदा)

—ख़त्म—

(पहला प्रालेख : मार्च, 1985)

16

किरपा बुनकर

ताऊ किरपा राम के लिए
और
गाँव के दूसरे बुनकरों के लिए

नाटककार की तरफ से

4 मार्च, 1978। माँ के क्रिया कर्म से निबट कर, मैं घूमने चला था। लाला जी ने आवाज़ दी : बेटा, ऐसे ही बाहर की सड़क से होकर, उधर के घरों से निकलते जाना। थोड़ी देर किरपा बुनकर के पास बैठ लेना। हुसन लाल का अफसोस करने।

बड़ा कठिन काम था। अनचाहे पैर घिसटता, मैं ताऊ किरपा राम के करघे के निकट पहुँचा। चुपचाप। शब्द न सूझें। मैं खाट पर बैठ गया, आँसू रोकने का यत्न करता हुआ। पिचहत्तर बरस के बूढ़े का इकलौता पुत्र मर गया। पीछे छोड़ गया चार पाँच नन्हे मुन्ने—जो दादा को पालने पड़ेंगे। ताऊ किरपे का दुख बँटवाने वाले शब्द मैं कहाँ से लाऊँ? इस बुजुर्ग के सिर के ऊपर वाला बोझ मैं किस तरीके से कम करूँ?

किरपा बुनता रहा। चुपचाप। मैं खाट पर बैठा रहा। चुप चाप।

कोई दस मिनट के बाद, ताऊ उठा। सूरज की टिक्की की तरफ देखा। अभी आधा गज़ कपड़ा बुनने लायक रौशनी होगी। तानी ख़त्म होने को थी। उसने बढ़ाई। रस्सी को खूँटे पर से घुमाकर लाया। खाट के निकट पहुँचा। मैं ने कहा : उम्र नहीं अब, ताऊ, तेरी, बुनने की।—बोला : "बारी मेरी थी। हुसन लाल बारी ले गया, मेरे से छीन कर। मर गया। आप मर गया, मुझे जवान कर गया।—बिद्दो, पुत्र, धागे की नलियाँ बना।"

इस नाटक के अस्सी फीसदी लफ़्ज़ वही हैं जो मैं ने अपने गाँव में सुने हैं—बुनकरों से, कामगारों से, रास खेलने वाली टोलियों से। पात्र और घटनाएँ भी मैंने ओस पड़ोस से ली हैं। सिर्फ एक फर्क है। समय, स्थान और कार्य की एकता के लिए, मैंने ताऊ किरपा के सिर पर, उसके वाड़े के बाबा पाना राम का भार भी धर दिया है।

मुझे किरपा राम के लिए क्या करना चाहिए?

अफसोस! अपनी ज़िंदगी के किरपा रामों के लिए, मैं, लिखने के सिवा, और कुछ

नहीं कर सका।

—ताऊ, मेरा अहंकार क्षमा करना। मैं निर्बल! तेरे लिए क्या करने योग्य हूँ? तू है अनथक योद्धा! अमर कामगार! सदियों से धरती का भार उठाए चल रहा है। तेरे शब्दों ने, पता नहीं कितनी बार, मुझे, गिरते हुए को, खड़ा किया है। मरते हुए को ज़िंदा किया है!

ताऊ, मुझे शक्ति प्रदान कर!

इला अपार्टमेंट्स (104 ए)
बी-7, वसुंधरा ऐनक्लेव
दिल्ली-110096

चरणदास सिद्धू

निर्देशिका की ओर से

हमारी टोली ने जब पहली बार इकट्ठे बैठकर 'किरपा बुनकर' पढ़ा, तो सब को बेहद अच्छा लगा। हमारी पंकजा पालो पर फिदा हो गई। राजकुमार के अंदर किरपा बनने के लिए चोखा उत्साह दिखा। मैं ख़ुश थी कि 'किरपा' स्टेज पर कामयाब होगा।

और ऐसा हुआ भी। कहते कहलाते नाक-चढ़े आलोचकों ने कहा : 'किरपा बुनकर' डॉ. सिद्धू का सबसे बढ़िया नाटक है।—हमारे कुछ दर्शक इसको दो-दो, तीन-तीन बार देखने आए। दोस्तों रिश्तेदारों को लाए। कोई शक नहीं था कि 'किरपा बुनकर' में सबको ग़रीबों की ज़िंदगी की सच्ची पेशकारी मिली।

डैडी का डर बे-बुनियाद था। 'किरपा' उनका सोलहवाँ ड्रामा है। उन्होंने हमसे पूछा, "क्या 'किरपा' नया है? क्या मैंने पहले पंद्रह नाटकों को दोहराया तो नहीं?" टोली का जवाब था : 'किरपा' नया भी है और दिलचस्प भी।––पंकजा मुँहफट थी : अकेला 'किरपा' आपके पंद्रह नाटकों के बराबर है। नित्य काग़ज़ों पर गारा थोपने से बेहतर है, दस साल के बाद, एक 'किरपा' लिखना।

हम पर केवल नाटक के विषय और पात्रों ने ही प्रभाव नहीं डाला। इसकी फॉर्म, बनावट, तकनीक, भी अनोखे हैं। यह रिवायती लोक-नाट की 'रास' भी है और आजकल की यथार्थिक त्रासदी भी। इन दो शैलियों का सुमेल 'किरपे' की ट्रैजडी का असर और भी गहरा करता है।

'किरपा बुनकर' की सफलता के लिए मैं सब कलाकारों की ऋणी हूँ। दर्शकों की कर्ज़दार हूँ। पर अगर मैंने किसी एक बंदे के सिर पर सेहरा देना हो तो किसके सिर पर दूँ? बारी-बारी तीन के सिर। पहले दिन राजकुमार के सिर, दूसरे दिन पंकजा के सिर और तीसरे दिन नूपुर सरस्वती के सिर।

प्रमिला सिद्धू

पहला मंचन

'किरपा बुनकर', पहली बार, 4 से 7 जुलाई, 1988 को कॉलेजिएट ड्रामा सोसाइटी, दिल्ली द्वारा श्रीराम सेंटर बेसमेंट, नई दिल्ली में खेला गया। कलाकार थे :

किरपा : राजकुमार साहनी
हुसना : संजय बंसल
मींहमल : गुरदीप सेहरा
गरीब सिंह : शैलेंद्र जैन
पालो : पंकजा सिद्धू
शैंकरी : प्रमिला सिद्धू
सीबो : नूपुर सिद्धू
बिद्दो : सारिका सलिल/अदिती ठुकराल
रुक्को : ज्ञान कौर सिद्धू
मास्टर : विनोद तनेजा
विशिष्ट : ऐस.के. तनेजा
विश्वामित्र : गुरदीप सेहरा
संगीत : नूपुर सिद्धू (हारमोनियम), पंकजा सिद्धू (तबला), प्रमिला, सारिका, अदिती, ज्ञान कौर

परदे के पीछे

सैट्ट : डॉ. चरणदास सिद्धू
रौशनी : अशोक जैन
वस्तुएँ : प्रमिला सिद्धू
वस्त्र : ज्ञान कौर सिद्धू
शृंगार : राजकुमार साहनी, गुरदीप सेहरा
संगीत निर्देशिका : नूपुर सिद्धू
निर्देशिका : प्रमिला सिद्धू

पात्र

किरपा : जुलाहा, उम्र 70 साल
हुसना : उसका पुत्र 40
मींहमल : उसका पुत्र, 35
ग़रीब सिंह : उसका पुत्र, 25
पालो : उसकी बेटी, 30
शैंकरी : हुसने की पत्नी, 37
सीबो : ग़रीब सिंह की पत्नी, 20
बिद्‌दो : हुसने की बेटी, 10
रुक्को : पड़ोसिन, 75
मास्टर दिलबाग सिंह : पड़ोसी, 35
विशिष्ट : नेता, 60
विश्वामित्र : नेता, 30

× × ×

समय : आजकल
स्थान : गाँव भाम, ज़िला होशियारपुर

गाँव के इर्दगिर्द घूमने वाली सड़क पर, बस उतर कर, अगर आप बाहर वाले घरों को जाओ, तो दो हाथ-करघे पार करके, किरपा राम की खड्‌डी के पास पहुँच जाओगे। किरपे का करघा रास्ते के साथ है। तानी, रस्सी, खूँटा। इनके साथ-साथ चलकर, आप खेतों की तरफ जाती हुई पगडंडी पकड़ सकते हो। किरपा राम के निकट खाट, पीढ़ी या मूढ़े पर बैठकर, आप आम, डेक, शहतूत की घनी छाया का आनंद ले सकते हो। खड्‌डी के पास सिद्ध बाबा का चबूतरा, चिराग़। किरपे का घर कोई चालीस साल पुराना है, उसके करघे की बल्लियों की उम्र का। बड़े दालान के दो दरवाज़े। पीछे कोठरी। ऊपर दो-खाना चबारा। लकड़ी की सीढ़ी। रोटीटूक के लिए छतड़ा। इसके पास से, रुक्को के घर को रास्ता। दूसरी तरफ, भैंस की नांद, खूँटा। मास्टर दिलबाग सिंह के चबारे को जाना हो, या गाँव की हट्‌टी-भट्‌टी को जाना हो, तो नांद के पीछे से होकर।

× × ×

झाँकी 1

(बूढ़ा किरपाराम हिम्मत जुटा कर अंदर से करघा पीठ पर उठा कर लाता है। तुर, तानी, रच्छ, हत्था, खड्डी पर रखकर, रस्सी खूँटे के इर्दगिर्द घुमा कर, बुनने की तैयारी करता है। संगीत। नाचता हुआ, गुस्से से भरा, विशिष्ट आता है। चेहरे पर मुखौटा। आगे पीछे से टैलिवियन का सैट्ट दिखता है। धोती कुरता खादी के, देवता या ऋषि मुनि जैसे।)

विशिष्ट : ठहर-ठहर, ओए किरपाराम, क्या जुल्म कमाए।
खड्डी बैठते वक़्त न, तू हमें ध्याये।।
धर्म कर्म को छोड़कर, क्यों करे गुज़ारा।
झट उतारो आरती, मिल कुनबा सारा।।
तेरी ज़ात बिरादरी, नाशुक्रे जाए।
सच्चा नेता भूल गए, जब टुकड़े पाए।।
गर कोई दूजी पार्टी का झंडा पकड़े।
दाना पानी बुनकरों का, गाँव से उजड़े।।
सिर पर आ धमका है, साल इलैक्शन।
वोटें डालो हम को, वरना ये जूतम।।
धर्म कर्म को छोड़कर, क्यों करे गुज़ारा।
झट उतारो आरती, मिल कुनबा सारा।।
(किरपे के इशारे पर सब आते हैं। किरपा परिवार को अक़्ल सिखाता है)

किरपा : कबिरा सुख न एस जग, करे जो बहुते मीत।
जो चित्त रखे एक से, तो सुख पावे नीत।।
(विशिष्ट मूढ़े पर खड़ा है, कृष्ण की मूर्ती बनकर। किरपे के पीछे सभी आरती गाते हैं)

सारे : खादीधारी देवता को, कोटि कोटि प्रणाम।

अन्नदाता सरकार को, सिमरे किरपा राम।
सिमरे किरपाराम, वोट का करता वादा।
ज़ात जुलाहा, बादशाह से, नहीं अलहदा।
आज़ादी से आज तक, हम तेरे बंदे।
हक़ बराबर बख़्शता, तू देता धंधे।

विशिष्ट : धन्य धन्य तू सूरमा, हरिचंद्र सत्यवादी।
सिदक न त्यागो, किरपा राम, ठुकरा दो अतिवादी।

(विश्वामित्र, फर्राटे मारता हुआ फनियर, विशिष्ट को नीचे गिराकर, आसन पर खड़ा होता है। मुँह सिर से, आगे पीछे से, रेडियो लगता है। हिरण की खाल की धोती। शरीर नंगा। गले में साँप, माथे पर चाँद)

विश्वामित्र : छोड़ गद्दी, ओए कंजरा, तू ने पब्लिक लूटी।
किरपा जीत के, कपटिया, तेरी कर दूँ छुट्टी।

विशिष्ट : चोट पड़ी नग़ारे, दलों मुक़ाबला।
संभलो बुनकर सारे, दश्मन वो खड़ा।

विश्वामित्र : राज हमारा आएगा, किरपा कर दूँ बाग़ी।
तेरी आज से, क़ाफिरा, ठप्प कर दूँ चालाकी।

विशिष्ट : नानी याद करा दूँगा मैं, लुच्चे।

विश्वामित्र : टाँगें अभी तुड़ा दूँगा मैं, टुच्चे।

किरपा : क्षमा, क्षमा, मेरे राजे, हे ऋषि विशिष्ट।

विश्वामित्र : ओए मूर्ख, मैं हूँ विश्वामित्र।

(किरपा हाथ जोड़कर, झुक कर, माफी माँगता है। विश्वामित्र को धक्का देकर, विशिष्ट उसकी जगह खड़ा हो जाता है)

किरपा : क्षमा क्षमा, मेरे नेता जी, हे विश्वामित्र।

विशिष्ट : ओए उल्लू, मैं हूँ ऋषि विशिष्ट।

(दोनों किरपे के बाजू पकड़ कर अपनी-अपनी तरफ खींचते हैं)

विश्वामित्र : राज हमारा आएगा, तू छोड़ दे किरपा।

विशिष्ट : राज हमारा चलेगा, तू छोड़ दे किरपा।

टोली : चोट पड़ी नगारे, दलों मुक़ाबला।
संभलो बुनकर सारे, दुश्मन वो खड़ा।

(अँधेरा)

झाँकी 2

(पालो मिट्टी खा रही है। लकड़ी के टुकड़े को पुत्र समझ कर लोरी दे रही है)

पालो : लाल को लोरी दूँगी।
सो जा मेरे बेटे।
पिंगूढ़े में लेटे।
दूर-दूर कुत्ता जाए।
जंगल में सोता जाए।
जंगल पड़ी लड़ाई।
जिए लाल की ताई।
नानी के घर जाएँगे।
कुरता चुनरी लाएँगे।
नानी दिया शटापू।
जिये लाल का बापू।
लाल को लोरी दूँगी।

(गुलाबी पगड़ी बाँधे किरपा आता है)

किरपा : पालो! बेटा उठ! तेरी नई भाभज आई है। मिल उसे।

(शैंकरी बाहर आती है। घूँघट निकालती है।)

शैंकरी : जनेत आ गई, बापू?

किरपा : हाँ, बेटा। पहुँच गया ट्रक। चलो, उतार कर लाओ लड़की को।

शैंकरी : पानी कौन वारेगा?

किरपा : पानी वारने वाली तो गई स्वर्गों को।—सपने घड़ती हुई, सांस नहीं लेती थी। कहा करती थी, ग़रीब सिंह के ब्याह पर मैं एक मन गुलगुले बनाऊँगी। बब्बरियाँ पकाऊँगी। लड्डू बाटूँगी, तीनों महल्लों में।—भला क्या था, जो दो महीने इंतज़ार करके चली जाती।

(तेल की शीशी लाती है। लोटे में पानी भरती है)

शैंकरी : तेल तो यह रहा, शगुन के लिए। यह रहा लोटा पानी का। फिर?

किरपा : चल, बेटा, तू ही वार देना। बड़ी भाभी माँ के बराबर होती है।

शंकरी : बापू, मैं क्या अच्छी लगूँगी? माँ न हो, तो चाची ताई सही।

किरपा : सगी चाची ताई भी तो नहीं है।

शैंकरी : न मौसी, न मामी। माँ की जगह, एक भी सियानी नहीं है। मैं सास की जगह कैसे ले सकती हूँ? मेरी तो मौसी की बेटी है सीबो।

पालो : भगते। आजा। अपने लाल को लोरी दो!

किरपा : पालो बावली अगर ठीक होती। बड़ी बहन माँ जैसी होती है।

शैंकरी : न, बापू। इसको मत छेड़ना। दौरा पड़ा लगता है, तगड़ा। सौदाईपने का। शादी का नाच गाना सुनकर। रात से, झट में विलाप करने लग जाती है, झट में हँसने लगती है। रो रही थी अभी, पति को याद करके। बेटे का चेता करके। फिर उठकर नाचने लगी। लोरी देने लगी।

किरपा : किसे कहें, पानी वारो?⋯वाड़े में से बुला सियानी।—पालो! तेरा छोटा भैया ब्याह कर आया है। भाभी आई तेरी। उठ। मिट्टी मत खा।—गरीब सिंह और सीबो को उतार कर लाओ। डोली आई है।

पालो : **(हँसती)** एक विधवा, विधवा। दो विधवा, चार।

शैंकरी : हाय री तुझे! बदशगुने गीत गाती है।

पालो : मैं विधवा। मेरा भाई मींहमल रंडुआ। शैंकरी भी विधवा। सीबो भी विधवा।

किरपा : ओए पगली! उलटी भाषा मत बोल। शगुन के दिन।

पालो : एक रंडी, रंडी। दो रंडी, चार।

शैंकरी : है टली!

किरपा : क्या करें इस लड़की का! भगवान ससुरा भी जुल्म करता है।

शैंकरी : बापू, मैं तो कहूँ, किसी तरह इसे उधर ले जा। डेक पेड़ों के नीचे। या पीपल के नीचे। भाने की खड्डी के निकट। यहाँ इसका डर ही है। दुलहन को गंदे श्लोक न सुना दे। नहीं तो रुक्को के आँगन में बैठा के आ। दुलहे दुलहन के पैर अंदर डलवा कर, ले आएँगे।

किरपा : अच्छा, ऐसे ही करते हैं।—चल, पालो, तुम्हें मिठाई देते हैं। वो कुलफी वाला बैठा है। भाने के करघे के पास। घंटी बजा रहा है। चल।

पालो : कुलफी? कहाँ है?⋯मैं नहीं खाऊँगी। बेटे मेरे को ले दे।

शैंकरी : बाहर बैठा है। पीपल के नीचे।

पालो : आ भगते! अपने लाल को कुलफी ले कर दे।

किरपा : दो कुलफियाँ ले कर देंगे। तेरे वीर को ब्याह कर आए हैं। करनाणे से। तेरे ससुराल के निकट वाले गाँव से। तेरा ससुर भी पहुँचा था बारात पर। पूछ रहा था तेरे बारे में। याद है तुझे खटकड़ कलाँ गाँव?

पालो : एक विधवा, विधवा। दो विधवा, चार।

शैंकरी : बंद कर, उलटे राग गाने। जा, कुलफी वाला बुला रहा है। वो देख।

पालो : एक कुलफी, कुलफी। दो कुलफी, चार।

शैंकरी : रुक्को के घर ले जा, बापू। जैले को कहना, थोड़ी देर इसे वहीं रखे। और छिन्नी को कहना, लड़कियों को बुला कर लाए। डोली लाएँ।

किरपा : रुक्को को कह, बेटा, पानी वार कर पिये। क्या हुआ अगर हमारी सगी नहीं वो। ग़रीबू की माँ की सहेली थी।

शैंकरी : खरा। ऐसे ही आवाज़ मारते जाना। सियानी है बल्कि।

किरपा : अऊत प्रेत बेचारी। मान रखना अच्छा है।—बाहर वाली सड़क पर खड़ा है ट्रक। मोटर खड़ी होती है जहाँ। ले जा लड़की वाली इकट्ठी करके। —आ, पालो।

पालो : एक रंडी, रंडी—

(पालो को लेकर किरपा जाता है। शैंकरी अंदर से चुन्नी बदल कर आती है। बिद्दो उछलती कूदती आती है)

बिद्दो : चाची आ गई! ओ जी चाची आ गई!—बीबी, कहाँ हो तुम?

शैंकरी : आ गई मेरी लाडो? चाचा को ब्याह कर?

बिद्दो : सीबो चाची बहुत सोहनी। बहुत सुंदर।

शैंकरी : कितनी?

बिद्दो : हमारी आशा बहन जी जैसी। गोरी। सतवर्ग का फूल। गालें लाल सूही। रसभरी जैसी।

शैंकरी : सुरखी पौडर लगाया होगा।

बिद्दो : मैं सारी वाट, चाची के जांघों पर बैठी रही। ट्रक में। डरैवर के पास। सिपाही चाचा साथ था। सीबो चाची बहुत अच्छी है।

शैंकरी : और कौन था आगे बैठा?

बिद्दो : कोई भी नहीं। हम तीन जने थे। मैं और चाची और चाचा।

शैंकरी : मायके से साथ नहीं आया कोई? भाभज उसकी कह रही थी, आऊँगी।

बिद्दो : नहीं। चलते वक़्त, वो तैयार खड़ी थी। लड़का उठाए। सीबो चाची के भाई ने झिड़क दिया। वो रूठ गई। बोली, मैं नहीं जाऊँगी।— मेरी मौज बन गई। मैं आगे बैठ गई। चाची की गोद में।

शैंकरी : दहेज-मेहमान एक भी नहीं?

बिद्दो : एक लड़का है शायद। भैंगा सा। काला भूत। वो पीछे बैठा था। पुरुषों के साथ। जहाँ बापू था। भापा और बीच का चाचा था।

शैंकरी : अरी, बारात को खिलाया क्या था? लड्डू जलेबियाँ?

बिद्दो : राख! हलवा था। बनावटी घी का। कद्दू की भाजी। मिर्च भरी। खट्टे के साथ खाई बुरकी।

शैंकरी : हलवा बुरा है? महँगाई में?

बिद्दो : चाची ने मुझे सोढ़े की बोतल पिलाई थी।

शैंकरी : बंगा के बाज़ार में?

बिद्दो : हाँ। खटकड़ कलाँ, भगत सिंह शहीद के गाँव में। सिपाही चाचा बोला, माथा टेक कर चलेंगे, शहीद को। सबब से निकट आए हैं।—बीबी, पालो बुआका ससुराल खटकड़ गाँव में था?

शैंकरी : हाँ। मुश्किल से भेजी है, उधर। बदशगुनी।—जा, छिन्नी को बुला। महल्ले की लड़कियाँ बुला। गीत गाएँ।

बिद्दो : अच्छा। मैं कम्मो को लाती हूँ। मेरी चाची देखे।

शैंकरी : पिछवाड़े वालियों को भी आवाज़ लगा देना।

बिद्दो : **(मुड़कर)** बीबी, चाचा बड़ा ख़राब है। सारे रास्ते, चाची के च्यूंटी काटता रहा। वो डरैवर से शरमाती बोली नहीं। सिपाही चाचा को ऐसे नहीं करना चाहिए न? मैं बापू के पास शिकायत लगाऊँगी। च्यूंटी क्यों काटीं?

शैंकरी : **(हँसती)** नांह! बापू को मत बताना। भाग। बुला लड़कियों को।

(कुब्ड़ी रुक्को आती है)

बिद्दो : दादी! नई चाची आ गई मेरी।

रुक्को : बधाई हो, पुत्र।

बिद्दो : **(नाचती)** नई कमाल, मोरनी की चाल! नई कमाल, मोरनी की चाल! **(दौड़ती है)**

रुक्को : सिद्ध बाबा जोड़ी बनाए रखे। कोख भरे। बेल बढ़ाए धर्मो की। और किरपे की।

शैंकरी : ताई, पानी वार कर तुम पियोगी।

रुक्को : बेटी, मुझे मत कहो। मैं ने किरपे को भी मना किया है। दूसरी सियानी बुढ़िया बुला लो।

शैंकरी : हमारी सियानी तुम ही हो।

रुक्को : पुत्र, शगुन अच्छा नहीं यह। मेरा न बेटा, न बेटी। परिवार वाली को कहो। सुहागिन को। मुझ अउत प्रेत को लड़की के माथे क्यों लगाते हो?

शैंकरी : नहीं, ताई। तू ने करने हैं सब शगुन। हमारी सास अब तू ही है। खड़ी हो, सरदल पर। तेल चू दे। पानी वार।

रुक्को : ज़िद है तुम्हारी। **(रोती, पल्ले से आँखें पोंछती है)** मेरा गुरमुख सिंह, इन्हीं दिनों डोली लाया था। तेरे हुसने का हमउम्र था। अगर कहीं बहू ही मेरे पास बसती रहती।

शैंकरी : ये तीनों भी तेरे ही बेटे हैं।

रुक्को : पानी वारते वक़्त भी, मेरा चाँद ठिठोली से नहीं रुका। दुलहन को बोला : मत पकड़ लोटा। प्यास लगी है अम्मा को। पी लेने दे पानी, छक कर।

शैंकरी : बस, ताई। आज के दिन नहीं।

रुक्को : चेते में आ गया, बच्चा। वो दिहाड़ा मुझे लौट कर कहाँ मिलेगा?
(बाहर से आवाज़ें। किरपा आता है)

शैंकरी : आ गए, ताई। बोतल पकड़।

किरपा : रुक्को, दरवाज़े पर हो।
(लड़कियाँ सीबो और ग़रीब सिंह को लेकर आती हैं। गीत : ''आज ख़ुशी दिन आया, जी मनाया संगतों ने।'' पीछे हुसना, मींहमल, दिलबाग सिंह वग़ैरा आते हैं। हँसी मज़ाक)

किरपा : पहले सिद्ध बाबा के माथा टेको।
(दुलहन और दुलहा सिद्ध के मंच के आगे माथा टेकते हैं। फिर दरवाज़े पर। लड़कियाँ गाती हैं : ''पानी वार बन्ने की अम्मा, बन्ना बाहर खड़ा।'' पालो आती है।)

पालो : एक रंडी, रंडी। दो रंडी, चार!

किरपा : ओए पगली! बदशगुन मत बोल! बदशगुन मत बोल!

(अँधेरा)

झाँकी 3

(किरपा खड्डी पर बैठा बुन रहा है। हुसना साइकल साफ कर रहा है, जाने के लिए तैयार।)

हुसना : मज़दूर की जान को तो समझते ही कुछ नहीं, बहन के ख़सम।

किरपा : कहाँ का था लड़का?

हुसना : ढोलबाहा का। इकलौता बेटा बुढ़े बाप का।

किरपा : इलाज अगर ढंग से होता, तो शायद बच ही जाता।

हुसना : बचना क्या था? सारा मुँह सिर तो झुलस चुका था। बरोज़े के कारखाने को आग भी तो डड़कर लगती है।

किरपा : ऊपर से आषाढ़ जेठ तप रहा है।

हुसना : आज फैसला करके हटेंगे।

किरपा : कैसा?

हुसना : चरने की अर्थी का जुलूस सारे कारखानों के आगे से ले जाएँगे। बरोज़े के, कागज़ के, कपड़े के, सब कारख़ाने। दूर पुर हीरां से लेकर, नाले के पार, सैचां तक। ज़िले के पूरे मज़दूरों को एक जुट करेंगे।

किरपा : नांह, बेटा। यह काम मत करना। भीड़ का क्या भरोसा? क़ाबू में न रहे। लाश लड़के की साथ मत ले जाओ, जुलूस के। उसको दाग़ देकर, फिर निकाल लेना जुलूस। कल परसों।

हुसना : लाश को तो घुमाना है, जैन सेठों के बाज़ार में से।—काम हम करें। जानें हम गँवायें। ये साले सरमायादार, पेट फुलाये जा रहे हैं। आग के सामने मज़दूर खड़ा हो, चौबीस घंटे। मालिक, माँ के यार, एयर कंडीशनर चलाकर, बैठें अंदर।

किरपा : चौधरी की दुकान के आगे से निकालोगे जुलूस?

हुसना : चौधरी चांडाल के घर के आगे तो सियापा करना है। शीश महल बाज़ार, डब्बी बाज़ार, गेहूँ मंडी चौक।

किरपा : गड़बड़ होने का डर है, बेटा। न जाने, पत्थर रोड़ा मार दे कोई मज़दूर। चोट लग जाए, दुकानदार के। सिपाही के। एक को फूँकता, दस पंद्रह मरवा बैठेगा। अक़्ल कर। लीडर बन रहा है! चौधरी के ख़िलाफ हो कर। रख सैकल अंदर। आज न जा।

हुसना : अब तो मैंने बीड़ा उठा लिया है। मैदान एक तरफ करके हटूँगा। सैक्टरी चुना मुझे उन्होंने। सभी गंदे बरोज़े के कारख़ानों में, हड़ताल करायेंगे। जितनी देर तक हमारी जानों को ख़तरा है, उतनी देर काम पर वापस नहीं जाएँगे।

किरपा : बरोज़ा होता ही है ऐसी चीज़। मिंटों सकिंटों में आग पकड़ता है। मालिक क्या करें?

हुसना : मालिक कंजर कारखाने की भट्टियाँ तो खुली जगह बनवा सकता है। रौशनदान, दरवाज़े, खिड़कियाँ तो खुली बनवा सकता है। ख़र्च क्यों करेंगे साले। बिल्डिंग नई क्यों बनवायें। मज़दूर बहुत सस्ते मिलते हैं। एक मरा, उसकी जगह छीनने के लिए सौ खड़ा है।

किरपा : तू कह रहा था, सरकारी बंदे आते हैं, चेक्क करने?

हुसना : सरमायादार क़ानून ख़रीदना जानता है। सौ पचास जेब में डाल दिया। बोतल पिला दी। वो रिपोट ठीक ठाक लिख जाता है। ऐक्सीडेंट उसी तरह होते रहते हैं। चरने जैसे ग़रीब मरते हैं नित्य।

किरपा : बेटा, तू मेरी मान। उलटे पैर मत उठा। यह लीडरी महँगी पड़ा करती है। तू बल्कि कह : लड़के को जलाने के बाद, बैठकर, मालिकों से बात करेंगे। चौधरी साहिब को कहो। वो आप कहे, जैनियों को : जानें लड़कों की ख़तरे में न डालो।—तू कहे तो मैं चलता हूँ साथ। चौधरी को दुआ सलाम कर आऊँगा। पहचानता है मुझे। पिछले दो तीन चुनावों में आया था गाँव। मुझे बुलाया था, नंबरदार की हवेली। बोला : किरपा राम, तू पूरे महल्ले की ज़िम्मेदारी ले। वोट मुझे पड़ें।—कहो तो नंबरदार को ले चलते हैं साथ। सुलाह सफाई से निबट जाए मामला। जुलूसों से तो दंगे फसाद ही होते हैं।

हुसना : दंगे फसादों के बग़ैर ये भेड़िये मानने वाले भी नहीं।

किरपा : चौधरी ने हमारी क़ौम के लिए बड़ा कुछ किया है। उपद्रव मत मचा।

हुसना : तू चौधरी की चालें नहीं समझता। वही तो करोड़पति जैनियों का रखवाला है। सोना स्मगल करते हैं, पाकिस्तान से। चौधरी पुलिस से बचाता हे। बीच से हिस्सा लेता है। चुनाव पर जितना ख़र्च

होता है, व्यापार मंडल देता है। इनकी जुंडली बनी हुई है। बुद्धू बनाते हैं तेरे जैसे को। मूर्ख हम, बेज़मीने। न हमारे पास सरमाया, कि दुकानदारी कर सकें। न ज़मीन, कि जोतकर खेती से पेट भरें। इन मांसख़ोरों की बेगार करने को रह गई हमारी ज़ात तो। सदियों से। जी करता है, जैसे चरना जलकर मरा है, पाँच सात मालिकों को, और चौधरी को, बरोज़े के ड्रम ऊपर उलटा कर, फूँक डालें। जिंदों को।

किरपा : ओए, बेटा, संभल जा अभी भी। शांति रख। हट, रख सैकल अंदर। मैं नहीं जाने दूँगा। तू जुलूस में नहीं शामिल होगा। कह देना, शादी का काम नहीं ख़त्म हुआ था।

हुसना : बहुत समय तक मान चुका हूँ मैं तेरी। नंबरदार की गुलामी की है तूने सारी उम्र। वोट डलवाता रहा, चौधरी बदमाश को। अब मैं तेरी एक नहीं मानूँगा। ज़िला भर के मज़दूरों को झकझोरना है। जत्थेबंद करना है।

(शैंकरी रोटी पकड़ाती है)

शैंकरी : आज लौट आएगा?

हुसना : चिता जला कर, लौट आऊँगा। तू कहाँ चली?

शैंकरी : हवेली। तीन चार दिन हो गए। नंबरदार गुस्सा होते होंगे। गोबर थापने को पड़ा होगा। झाड़ू फेरना है।

हुसना : हमें तो साली यह बेगार मिली है। हवेली वालों के घर बहने बेटियाँ भेजो। कुत्तों का गू उठाने।

किरपा : कर्मों का गेड़ मान, बेटा।

शैंकरी : बापू, सीबो कहती है, मैं बनाऊँगी रोटी आज। मैंने बहुत कहा, अभी मत चढ़ चौके पर। नहीं मानी। कहेगी, आते ही ससुराल वालों ने काम पर लगा दी।

किरपा : चल, बेटी, उसकी मरज़ी। तुम दोनों ही तो हो घर में। मिल बरत कर काम कर लिया करो।—मैं तो कहता हूँ, हुसन लाल, कहीं कह सुन कर, मींहमल का भी रिश्ता कर दें। लड़की सोच रिश्तेदारी के अंदर। मैं बात चलाऊँ।

शैंकरी : और क्या, बापू। साथ में यह भी निबटा ले।

हुसना : उम्र कोई बड़ी है अभी मींहमल की? बहुत मिल जाएँगी लड़कियाँ।—दिख नहीं रहा। कहाँ गया? छुट्टी करूँगा, कह रहा था।

शैंकरी : छुट्टी? अभी पहली बांग दी थी मुर्गे ने, जब साइकल निकाल कर

चल पड़ा।

हुसना : काम पर गया है?

शैंकरी : मैंने कहा, रोटी पका देती हूँ। बोला, बासी है तो दे दे। मैं जल्दी लौट आऊँगा।

किरपा : काम का बड़ा शेर है मींहमल। मेरे जैसा है। अधूरा काम पड़ा हो तो यह लड़का चैन से नहीं बैठ सकता। पूरा करके हटेगा।

हुसना : मेट भी इसीलिए बना दिया, गैंग का। महकमे ने।

(बिद्दो आती है, बस्ता उठाए)

किरपा : छुट्टियाँ नहीं हुईं, बेटा, स्कूल में?

बिद्दो : दस तारीख को होंगी।—बीबी, कापियों के लिए कह दिया?

शैंकरी : आप ही कह ले।

बिद्दो : भापा, मेरी एक दर्जन कापियाँ ज़रूर लाना। रामा नोट बुक की दुकान से। एक दो दस्ते की, जुमैटरी के लिए। और सामाजिक विज्ञान की किताब भी। याद रहेगा तुम्हें?

हुसना : दर्जन कापी क्या करनी हैं? थोड़ी खरीद ले।

बिद्दो : छुट्टियों का काम करना है। पाँच विषयों का। एक बार में ला दो सारी।

शैंकरी : आ।

किरपा : मास्टर तो देखा नहीं स्कूल को जाता?

बिद्दो : वो कहते हैं, शहर जाएँगे, दफ्तर। काम है।—भापा, सीबो चाची कहती है, तू मुझे चाची मत बुलाना। मौसी बुलाना।

किरपा : मौसी लगती है, एक तरह, तेरी।

बिद्दो : सीबो मौसी बहुत सुंदर है।

शैंकरी : जल अब। बच्चे पहुँच भी चुके स्कूल।

बिद्दो : सीबो मौसी कहती है, मैं तेरे से क, ख, ग, पढ़ूँगी। मैं सिखाऊँगी। सिपाही चाचा को वो अपने आप चिट्ठी लिखा करेगी।—सीबो मौसी, बाई बाई। **(दोनों जाती हैं)**

किरपा : सीबो के मामा की बेटी है एक। विधवा हो गई थी।

हुसना : आबादपुर वालों की बेटी? खरड़ अच्छरवाल ब्याही थी?

किरपा : हाँ। कहें सीबो और गरीबू को? रिश्ता लायें? मींहमल के लिए।

(मींहमल आता है)

हुसना : बड़ी उम्र है तेरी। बात कर ही रहे थे।

किरपा : बेटा, इतनी जल्दी लौट आया?

मींहमल : वही हुआ जिसका मुझे डर था।

हुसना : क्या?

मींहमल : सिफारिशबाज़ी ने मार लिया साली ने। ओवरसियर लग गया, माँ का जमाई। चौधरी का रिश्तेदार। काना बैंगन सा।

किरपा : किया क्या उसने?

मींहमल : कुओं की नालियाँ बनवाईं। बाँध के लिए। तीनों हीं टेढ़ी मेढ़ी हैं। अब गिरीं कि अब गिरीं। बोला, उतारो इनको। मैंने कहा, बिलकुल नहीं। मैं अपने गैंग का बंदा एक नहीं कुएँ के अंदर उतरने दूँगा। पहले, टेढ़ी नालियाँ गिराकर, सीधी बनवा। वही न हो, सैदपुर वाले दित्तू की तरह। —सरदारों का पुराना कुआँ उतारने लगा दित्तू। टूवल गहरा करना था। तीनों बेटे नीचे दब गए। दोनों भतीजे भी। सौदाई हुआ, गाँव-गाँव घूम रहा है। पत्थर खाता बच्चों से।

किरपा : मेमारों को नहीं पता था, नाली टेढ़ी हैं?

हुसना : सिफारिशी टट्टू होंगे वो भी।

मींहमल : कैंहडोवाल का मिस्त्री। अंधा सा। कांडी पकड़नी जानता नहीं। दीवार का एक सिरा जालंधर को जाता है, दूसरा चिंतपुरनी को।

किरपा : ऐसे नालायक को डैम बनाने क्यों लगाया? हुआ किसी का ओटा छतड़ा चिन दिया।

मींहमल : यह भी ओवरसियर की करतूत है। रिश्वतें लेता है। शराब चढ़ाता रहता है बैठा हुआ। रेडियो सुनता रहे। चोरी सीमिंट बेच लिया। लोहा बेच लिया। घटिया से घटिया इंटें मँगवा लीं। अव्वल नंबर की इंटों की क़ीमत वसूल कर ली। मरें ग़रीबों के बेटे। हमारे जैसे। जिन के पास मज़दूरी के बग़ैर और धंधा कोई नहीं।

हुसना : अच्छा किया। इन्कार कर दिया तूने।

किरपा : बेटा, झगड़ा बढ़ाना नहीं अच्छा। तुम ज़रा संभल कर काम कर लो। चूंढी भी आसानी से लग जाएगी वहाँ। बरसाती नाला जो हुआ। रेत होगी नीचे तक।

मींहमल : रेत खिसक भी तो जल्दी जाती है। नालियाँ नहीं टिकेंगी।

(हुसना नांद के पीछे जाकर आवाज़ देता है। दूसरी तरफ से गरीब सिंह पानी का डोल, तौलिया, साबुन पकड़े आता है)

हुसना : मास्टर। आ, भई। देर हो रही मुझे।

मींहमल : ठंडा पानी लाये हो? पकड़ा गिलास।

(सीबो घूंघट निकाले बाहर आती है। पानी देती है। ग़रीबू अंगोछा सूखने डालता है)

हुसना : इंतज़ार कर रहे होंगे बंदे मेरी।

मींहमल : तू क्यों मैं आप ही भर लेता।

ग़रीबू : कर लेने दे काम तू। नहीं घिसती मेंहदी। इसने पानी नहीं पकड़ाना तो दूसरी कौन सी बड़ी थानेदारनी आएगी, इसकी जगह, परेड करने?

मींहमल : दो दिन मेहमानदारी तो करने देता।

(सीबो हुसने को पानी पकड़ाती है)

हुसना : पानी? अच्छा। भला।

ग़रीबू : बापू, तेरी फटीग भी घटा दें?

किरपा : कैसी?

ग़रीबू : सीबो बना दिया करेगी तेरियाँ नलियाँ। ताना तन देगी। पाण करा देगी, तेरे साथ।

मींहमल : क्यों? आती हुई से पाट खुदवा रहा है।

किरपा : नहीं। नलियों की ज़रूरत नहीं पड़ेगी अब।

हुसना : इसको कहीं ऐसे धंधे आते होंगे। बाप इसका जूते बनाया करता था। बुनने का काम इनके परिवार में कोई नहीं करता। क्यों, सीबो?

सीबो : नहीं, जी। हमारे महल्ले में कोई नहीं बुनता।

मींहमल : भाई भी इसके बूट बनाते हैं। दोनों।

सीबो : हाँ, जी।

गरीबू : चरखे को गेड़ा देना है। स्टेनगन्न तो नहीं चलानी तुम ने।

सीबो : सिखा दो। सीख लूँगी।

ग़रीबू : निकाल ऊरा और नड़े बाहर। रख चरखा। तानी पूरी हो गई बापू की। जितने दिन मेरी छुट्टी है, मैं सिखाता हूँ तुझे, नड़े बनाना। ताना तनना। गठनी लगाना। बापू भी क्या कहेगा—कि अकेले को लेफ्ट-राइट करनी पड़ती है। जब से अम्मा मरी है, नलियाँ बनाने वाला कोई नहीं।

किरपा : नहीं, सीबो बेटा। यह काम, आज से, मैं छोड़ दूँगा।

हुसना : खड्डी उठाने लगे हो?

मींहमल : बुनना बंद कर दोगे?

ग़रीबू : रिटायर होने लगा है?

हुसना : खरा। बहुत चिर काम किया। आराम कर अब।

मींहमल : हम तीनों काम करते हैं। तेरे लिए दो रोटी नहीं कमा सकते?

हुसन : सत्तर को उम्र छूने लगी है।

ग़रीबू : बल्कि हमें दिल से शरम आया करती थी। लोग कहते थे, बुढ़ापे

में भी बापू को ड्यूटी पर लगा रखते हैं।

किरपा : हो गई तानी पूरी।

(तानी इकट्ठी करता है, बाँधता है। मास्टर आता है)

मास्टर : चल, भई। रेडियो सुनने लग पड़ा मैं। विरोधी पार्टियों का इकट्ठ लगा है होने। इस बार के चुनाव में डट कर मुकाबला होगा। लेकिन मेरा कहा याद रखना। सरकार को हराना इंपॉसिबल है। तरक़्क़ी जो बहुत करी है मुल्क ने।

हुसना : तरक़्क़ी करी होगी सरमायेदारों ने। लीडरों ने। हम मज़दूर कामगार तो रोज़ बेगार करते हुए जानें गँवा रहे हैं।

ग़रीबू : या तरक़्क़ी करी है ज़मींदारों ने। फार्म वालों ने। लो, भई, मास्टर। फार्म देखा एक। चौधरी के भतीजे का। चक्क साधु के सैनियों का। जहान खेहलों से, हम रकरूटों को, दौड़ा कर, सड़को सड़क, चक्क साधु तक ले जाता था, हवलदार। फार्म में तीन टूवल लगे हैं, बड़े बोर के। बताते हैं, तीन लाख सालाना आमदन है।

मींहमल : और क्या। चगरां में भी ऐसे ही है। जहाँ नाले पर डैम बन रहा है। यही कहारपुर वाले सरदारों ने किया। मेलीवाल की खड्ड के ऊपर डैम बनने के बाद, तगड़ा फार्म बनाया। —हमारी मेहनत। डैम हम बनाएँ। नहरें हम खोदें। पुल हम खड़े करें। जानें हम वारें। फार्मों वाले, कमाई खाएँ।

हुसना : मज़दूरों की अपनी ग़लती है। अचंभा तो यही है। चूहा हाथी को खींचे फिर रहा है। च्यूंटी परबत को चट्ट किए जा रही है।

किरपा : **(हाथ जोड़कर)** हे कबीर महाराज, किरपा तेरी। रविदास बाबा, मेहर करना। सिद्ध बाबा, दया करना। बाबाओं, आपका आसरा लेकर, मैं पचपन छप्पन बरसों के बाद, खड्डी उठाने लगा हूँ। बाकी के साँस मैं आपके लेखे लगाऊँगा। मेरे पुत्रों को बड़ी उम्रें बख़्शना। मेरे परिवार को सुखी रखना—

तनना बुनना सब तजियो कबीर।
हरि का नाम लिख लिया सरीर।।

सब : जय हो! जय हो!

किरपा : बऊँ बल्लेयाँ के! **(पीठ पर उठाकर ले जाता है)**

गरीबू : मैं उठाता हूँ।

किरपा : नहीं मैं ले जाऊँगा।

हुसना : तेरा चौदह साल का था मैं, जब बापू ने मुझे अलग खड्डी गाड़ दी।

मास्टर : बड़ी तपस्या करी बुज़ुर्ग ने। पचपन छप्पन बरस।

मींहमल : पर बुनने से बना कुछ नहीं। मुश्किल से रोटी चली। वो भी, अम्मां के बेगार करने से, ज़मींदारों के घरों में।

हुसना : छोड़ गए काम बुनकर सारे। भूखे मर रहे थे।

किरपा : सीबो, पुत्र। संध्या को, रोट पकाना एक। गुड़ डाल कर। सौंफ डाल कर। सिद्ध बाबा के चढ़ाएँगे, धूप देकर।

(रुक्को आती है)

रुक्को : मास्टर का बोल सुना है मैंने।

मास्टर : आ जा, भाई।

मींहमल : बैठ जा, पीढ़ी पर।

किरपा : बटा, मैं ने चित्त में यह धारी हुई थी। तुम्हारी माँ को भी मैंने कई बार कहा था।—जिस दिन हमारी तीसरी बहू ने हमारे घर में चरण रखा, मैं तानी उठा लूँगा। आज मैं ने क़सम पूरी की।

रुक्को : खड्डी बड़ी कर ली, किरपा राम?

किरपा : हाँ। बेटे हैं अब मेरे, कमाई करने को। मैं क्यों बूढ़ी हड्डियाँ घिसीटूँ?

रुक्को : भाग्यवान है तू, किरपा राम! मुझे देख तो! धूल चाट रही हूँ दर-दर। निपूती।

ग़रीबू : ताई, पैनशन जमा करके, तू ने गौने के सूट साड़ी बनवाने हैं?

रुक्को : रे बेटा, पैनशन बंद हुई को तो छः महीने हो गए। पौष महीने आखिरी पैसे मिले थे।

मास्टर : अर्ज़ी लिखी थी जो मैंने, दो महीने हुए? सरपंच ने भेजी नहीं आगे?

रुक्को : भेजी तो थी। दफ्तर वालों ने ध्यान नहीं दिया।

मास्टर : अच्छा, माई, शहर जा रहा हूँ मैं। हुसने के साथ। शाम को लौट कर लिख दूँगा।

रुक्को : अच्छा।

हुसना : टक्करें मार रहा है फिजूल, मास्टर, तू।

मींहमल : हैड क्लर्क को रक़में खिलाए जा रहा है, रिश्वत। वो लुच्चे की बदली करता ही नहीं।

किरपा : गधी गेड़ में फँस गया है तू, मास्टर। मैं तरीका सुझाऊँगा तुझे। लौटकर आ शहर से।

ग़रीबू : डरैंग मास्टर की जूता परेड कर। चार लड़के साथ लेकर। रास्ते में केश पकड़ ले। वैसे नहीं मिलेगी तुम्हें ज़नानी तेरी। और बच्चे।

रुक्को : सोचो! इतना जुल्म! पत्नी संभाले बैठा है। दोनों नन्हे मुन्ने भी।

हुसना : डंडे के यार होते हैं ऐसे बदमाश।

मास्टर : मैं कहता हूँ, क्यों झगड़ा बढ़ाएँ।

मींहमल : तब बसा चुका तू औरत अपने घर में।

हुसना : शांति शांति रटता रहना, तू भी। हमारे बापू की तरह। अहिंसा का अवतार बना रह। रजवाड़े ख़ून चूसते जाएँ।

(पालो आती है, लाल को लोरी देती)

पालो : आ जा, भगते! बेटे को उठा। बेटे को हिलोरा दे। गेहूँ कुतरने की मशीन पर चढ़ा। कन्ना मन्ना कुर्रर!

सीबो : बीबी, रोटी खा ले।

पालो : बेटा, दुलहन देख! नयी नवेली दुलहन देख!

सीबो : अंदर आ जा।

पालो : एक विधवा, विधवा। दो विधवा, चार।

किरपा : ओए, सुख बोल।

रुक्को : सौदाइन जो हुई।

किरपा : ग़रीब सिंह, बेटा, तुम और सीबो, इसको एक बार वडभाग सिंह के देहरे ले जाओ। नहला दो खड्ड में। आराम आ जाएगा। यह मेरी बड़ी देर की इच्छा है। अगली बार छुट्टी आया तो, तीनों जने जाना।

रुक्को : खरी कह रहा है, किरपा। वो नाइयों की बहू, मीना। ऐसे ही पागल हो गई थी। विधवा हुई जब। बडभाग सिंह के देहरे नहलाया नामो ने। भूत निकल गए। अच्छी भली है अब।

ग़रीबू : अच्छा, नहला देंगे।

किरपा : सीबो के साथ मींहमल के रिश्ते की बात भी पक्की करनी है।

मींहमल : मेरा रिश्ता?

हुसना : चल, दिलबाग सिंह।

किरपा : बेटा हुसना, होश मत गँवा। ज़ोरावरों के साथ जंग मत छेड़। लाश को जुलूस के आगे मत घुमा। मालिकों के साथ दुश्मनी नहीं फला करती। चौधरी को नाराज़ करने में क़ौम को घाटा है। जो टुकड़ा मिलता है, सब्र संतोष से छके जाओ। धर्म न तोड़। सिदक न छोड़।

हुसना : आ, साथ चल मेरे। चरने के बूढ़े बाप से पूछ कर देख। क्या होता है इकलौते बेटे का मरना। क्या सोच रहा होगा बूढ़ा, पुत्र की चिता

को आग लगाएगा जब? राजा हरिश्चंद्र और रानी तारामती की तरह? देखनी है यह रासलीला? आ, चल मेरे साथ। बेगाना बेटा मरता हुआ सब देख लेते हैं।

पालो : लाल को लोरी दूँगी! कन्ना मन्ना कुरर!

(अँधेरा)

झाँकी 4

(विशिष्ट ने कलगी वाली, हीरों से जड़ी पगड़ी बाँधी है। चोगा महाराजाओं वाला। तेज़ गुस्से में। किरपे को धमकाता है)

विशिष्ट : तेरे भले वास्ते, मैं तुझे ताड़ रहा।
साथ मत छोड़, आज सरकार का।
बेटों को डाँट, मत करें बक बक।
नेता की बात पर, करें नहीं शक।
वोट देना मुझे, जो तू सुख चाहता।
वरना मेरे हाथ से, है ख़ून बोलता।
उड़ मेरे पीछे, बन पंछी डार का।
साथ मत छोड़, आज सरकार का।

(विश्वामित्र के सिर पर लाल टोपी जिस के ऊपर द्राँती और हथौड़ा बने हैं)

विशिष्ट : जो तू सुख चाहता है, कुनबे क़बीले संग,
झूठी सरकार वाली, सिर से उतार गाँठ।
मेरे दल में मिल जा तू, जबरन जीतें वोट,
लाठी ले के गली-गली फाड़ देंगे पाखंड।।

विशिष्ट : तेरे भले वास्ते, मैं तुझे ताड़ रहा।
साथ मत छोड़, आज सरकार का।

विश्वामित्र : दुश्मन सब तेरे, ठगते हैं मायाधारी,
पुत्रों को कह, झट, थोबड़े पे मारो चाँट।
द्राँती व हथौड़ा अच्छे, हथियार, मज़दूर,
फोड़ इसकी खोपड़ी, तू यारी मेरे साथ गाँठ।

विशिष्ट : तेरे भले वास्ते, मैं तुझे ताड़ रहा।
साथ मत छोड़, आज सरकार का।

विश्वामित्र : झूठी सरकार वाली, सिर से उतार गाँठ।

लाठी लेके गली गली, फाड़ देंगे पाखंड।

(दोनों लड़ने के लिए तैयार)

किरपा : शांति! शांति! ऋषि विशिष्ट!

विश्वामित्र : ओए मूर्ख, मैं हूँ ऋषि विश्वामित्र।

किरपा : शांति! शाति! हे विश्वामित्र।

विशिष्ट : ओए उल्लू, मैं हू ऋषि विशिष्ट।

(दोनों मुक्काबाज़ी करते हैं। किरपा बीच में खड़ा होकर उन्हें छुड़ाने की कोशिश करता है। मुक्के उसके सिर पर पड़ते हैं)

टोली : चोट पड़ी नगारे, दलों मुक़ाबला।
संभलो बुनकर सारे, दुश्मन वो खड़ा।

(अँधेरा)

झाँकी 5

(मींहमल खाट पर बैठा है। शैंकरी रोटी पका रही है)

सीबो : तू आप पकड़ा दे। रोटी मैं पकाती हूँ।

शैंकरी : नख़रे कर रही है, मजाजिन। लजा रही है मेरे देवर से। गुमान करे रूप का।

मींहमल : तुम झगड़े क्यों कर रही हो? कान्ह-गोपियों वाले? मैं आप पकड़ लेता हूँ।

(सीबो रोटी पकड़ाती है)

शैंकरी : मुँह मत देखना, रे। देवरानी मेरी नज़रा न जाए।

मींहमल : है तो नज़र लगने वाली। झूठ नहीं इसमें।

शैंकरी : तूने कहाँ देख ली?

सीबो : हाय रे!

शैंकरी : सीबो, बच के रहना। छड़ा छड़ाँट है। हँसती हुई के दाँत गिनता है।

मींहमल : देखी हुई है यारों ने।

शैंकरी : वेदी में बैठी?

मींहमल : नहीं। खुले दर्शन दिए थे, संतों को।

सीबो : यों ही कहे भाइया।

मींहमल : पिछले साल—तुझे बताया नहीं था, भाभी? नगर से लौट रहे थे जब हम। संत मेलाराम के जोड़ मेले से। इनके गाँव करनाणा रुके हम। पानी पीने के लिए। इसके हाथ से पानी पिया।

सीबो : दूसरी लड़की होगी।

मींहमल : तू ही थी।

शैंकरी : मुश्क लेता फिरे, टूट पड़ना।

मींहमल : चिंतू था मेरे साथ। ठक्करवालिये गुरदास का बेटा।—सीबो, तेरी चाची देबो, चिंतू की बुआ लगती है।—चिंतू ने मेरे कोहनी मारी।

बोला, मींहमल, आँखों का बंबू काट तीखा कर ले। तेरी भौजाई का लिशकारा पठानकोट पहुँच रहा है।

(दातुन करता हुआ, गरीब सिंह आता है)

शैंकरी : है न बकरा? ख़बरदार, जो दुलहन की तरफ को सींग उठाया। कोमल सी हमारी ब्याहता। पहले ही देखो, सिपाही ने चूस डाली है। दो रातों में। पोतड़ों का भूखा हो जैसे।

सीबो : बीबी, बिलकुल तार तार कर दिया तू ने तो।

ग़रीबू : तुम देवरानी जेठानी ने क्या चाँदमारी शुरू कर रखी है?

शैंकरी : सौंफी आम की तरह काट खाई। ज़रा नहीं तरस किया।—कि पाहुनाचारी कर ले, दो दिहाड़ियाँ।

ग़रीबू : मैं ने कौन सा इसे दोनाली चलाने पर लगाया है? जो ड्यूटी होती है ज़नानी की, उसी ड्यूटी पर लगाई थी।

मींहमल : **(हुक्का उठाता है)** तंबाकू कहाँ है?

शैंकरी : पकड़, री, चिलम! आग भरनी सीख। बापू हमारा बूढ़ा हो गया है। सेवा करनी है उसकी।

सीबो : सीखने को मैं ने कौन सा हुक्के का घोड़ा दबाना है।

(शैंकरी के कान में कुछ कहती है। चिलम में आग भरती है)

ग़रीबू : इसका भाई कम चूसता है? हर वक़्त नली होठों में दबाए रखता है।

मींहमल : मौसा भी पीता ही था। तेरा ससुर।

सीबा : ले, भाइया। ज़ोर से सुट्टा मार। कोयला बुझे न।

मींहमल : **(खाँसता)** ओ तेरा भला हो जाए। तंबाकू डाला है कि मिर्चें?

शैंकरी : **(हँसती)** अंदर को खींच।

ग़रीबू : **(छींक मार कर)** मिर्च जल रही है।

मींहमल : **(सुट्टा लगाकर)** ओए होए! पाताल पहुँचा रहा है धुआँ। सीबो, मिर्च डाली है?

सीबो : मैं मिर्च ख़ामखा डालूँगी? तंबाकू तुम्हारे गाँव का ऐसा है। कड़वा आक।

शैंकरी : चल, री। देवर मेरे की ऊठक बैठक मत करवा। साली बनना है, तो सीधी होकर बन। अभी से जीजे की मूँज न कूट।

(किरपा खांस कर आता है। घास की गठरी फेंकता है)

मींहमल : मेरी साली?

ग़रीबू : हाँ। बताते हैं तुम्हें।

(सीबो किरपे को पानी देती है)

किरपा : जीती रह, बेटा। करी सलाह तुम ने, पुत्र। आबादपुर जाने के बारे में?

ग़रीबू : सलाह को कौन सी हम ने एस.पी. के रिपोट देनी है। आज ही जाते हैं, जालंधर। रूपोवाल से मोटर पकड़ कर। मैं और सीबो।

सीबो : बापू, गोत्र भी सही निकल आएँगे।

किरपा : कुलथम से गए हैं उठकर। शींहमार होंगे।

सीबो : हाँ। प्रीतो की माँ बद्‌धण है।

किरपा : तो समझो, हो गया रिश्ता।

मींहमल : मुझे भी पता चले।

शैंकरी : लग जाएगा पता, जब हम तीनों को साड़ियाँ ख़रीद कर देनी पड़ीं। सीबो, बिचौलगीरी के साड़ी बलौज़ लेने हैं। बहुतेरा कमाता है सरकारी नहरें खोद कर। डैम खड़े करके। दादा-हगौने टूवल गाड़ कर।

ग़रीबू : ओ वरदी भी कस लेना, कोट पतलून। पहले अगलों से रिश्ता तो पक्का करें।

किरपा : लड़की मींहमल से उम्र में बड़ी तो नहीं? यों साल खंड का फर्क हुआ भी तो हर्ज नहीं।

सीबो : नहीं, बापू। प्रीतो कुल छः महीने बड़ी है मेरे से। मेरा कत्तक का जनम है। उसका बैसाख का।

ग़रीबू : फराले ब्याही थी?

सीबो : कलींडर लगा था लड़का। आलुओं का ट्रक ले कर जा रहे थे। नंबरदारों का। लुधियाना। टक्कर लगी टैंपो से। ट्रक बंदबाज़ी खा गया। डरैवर भी, और प्रीतो का पाहुना भी, कुतर हो गए बीच में। जैसे मशीन बाजरा कुतर कुतर कर फेंकती है।

किरपा : रब्ब की रज़ा, बेटी। बंदे का ज़ोर नहीं चलता। मींहमल के घर से, लड़की, बुखार ने दुबोच ली। तेईया बिगड़ गया। धक्का हो गया। मर गई।

ग़रीबू : फार्म वाला नंबरदार तो नहीं मरा, मेरा ससुर। जिसके आलू बेचने मंडी जा रहे थे। मरे तो मज़दूर, बेज़मीने। जिनके पास, नौकरी को छोड़कर, चारा नहीं है।

मींहमल : अच्छी नौकरी वाला भी कुरसी से चूतड़ नहीं उठाता। हमारे ओवरसीयर जैसा। मरेगा जब तो ग़रीब का बेटा। रुक्को का गुरमुख मर गया था जैसे। बॉर्डर पर, गोली खाकर। या हमारा पाहुना। खटकड़ कलाँ वाला भगत राम। थरैशर में फँस कर।

किरपा : बेटा, हुसने का फ़िक्र हो गया मुझे। शहर से ख़बर नहीं आई।

ग़रीबू : भगतराम को आप मरवाया सरदारों ने। मशीन में फँसा कर। क़त्ल किया था पालो के घर वाला।

शैंकरी : बापू, यह तो कह रहा था, लड़के को दाग़ देकर, मैं रात तक लौट आऊँगा।

मींहमल : हुसना सैक्टरी है। बरोज़े के कारख़ानों में काम करने वालों ने मिलकर चुना था। वो पीछे कैसे रह सकता है?

किरपा : ज़िद करता है हुसना। पुलिस ने जुलूस पर लाठी चार्ज न कर दिया हो।

ग़रीबू : होशियारपुर का एस.पी. तो है भी लोहा-चाब।—एक बार लाइन में आया। जहान खेहलां। परेड करवाकर, क़साई ने, हमारे कील निकलवा दिए।

किरपा : मींहमल, तूने भी अफसरों के साथ अबा तबा नहीं बोलना। जैसे कहते हैं, बच बचाकर, कुएँ उतार दो। टूटता है बाँध, तो बाद में, टूटता रहे। वक़्त बिता, किसी तरह।

मींहमल : नालियाँ टेढ़ी हैं। ख़तरनाक। मैं लड़कों की जाने जूये पर क्यों लगाऊँ?

किरपा : धींगाज़ोरी झगड़ा बढ़ा रहा है। खाली हो झटपट। और छुट्टी ले, दो दिहाड़े। लड़की लायें घर, आबादपुर से। क्यों, गरीब सिंह?

ग़रीबू : लड़की तो ज़रूर आ जाएगी। अभी जा रहे हैं हम, रोटी खाकर। पर, बापू तू है पक्का जुलाहा।

मींहमल : कैसे, भई?

ग़रीबू : जुलाहे होते हैं डरपोक। लड़ाई से कोसों दूर भागते हैं। अधिकारों के लिए लड़ना नहीं। अपना हिस्सा, मज़दूरी का, माँगना नहीं। ज़ोरावर ने जो दिया, क़बूल किया। सब्र किया।

किरपा : और क्या ख़ामख़ा टक्करें मारते फिरें? सब्र संतोष बुरा है क्या?

ग़रीबू : हमारा एक उस्ताद था। बठिंडा का सिद्धू बराड़। एक दिन सब रकरूटों के सामने उसने मेरी खिल्ली उड़ाई। शरम तो मुझे आई। पर बोली सही मारी बराड़ ने। हमारी जाति के बारे में।

मींहमल : कौन सी?

ग़रीबू : एक राजा का हाथी कीचड़ में धंस गया। दरिया के किनारे। हाथी राजा को बेटे से अधिक प्यारा था। डौंडी पिटवाई : ''जो मेरा हाथी ज़िंदा कीचड़ में से निकाल देगा, उसको मैं आधा राज दूँगा। साथ में अपनी बेटी का डोला।'' —बहुतों ने यत्न किया। हाथी

नहीं निकला। दो जुलाहे चले जा रहे थे। वज़ीर ने हुक्म दहाड़ा : ओए बुनकरो, राजा का हाथी निकालो!—जुलाहों ने रस्से बाँधे, हाथी बाहर खेंच दिया। सही सलामत। राजा ख़ुश। वज़ीर कहने लगा : महाराज, आप मत बोलना। आधे राज के बारे में मत बताना। न बेटी के डोले के बारे में। मैं आप ही सुलझाऊँगा।—वज़ीर बोला : ओए जुलाहो, हाथी निकालने की क्या मज़दूरी लोगे?—हाथ जोड़कर, जुलाहे बोले : "मज़दूरी कैसी, महाराज? गुड़ की डली दे दीजो। खाते हुए चले जाएँगे।"—यही बात हमारे बापू की है।

मींहमल : **(हँसता)** गुड़ की डली? सिर्फ?—कड़वी तो है, बापू, पर है सच्ची। हम अपने अधिकारों के लिए लड़ना नहीं जानते। चौधरी को वोट डाले जाओ। अंधे होकर। मुफतो मुफती। आधा राज छोड़कर, शहज़ादी का डोला छोड़ कर, रजवाड़ों का हाथी खेंचे जाओ। गुड़ के टुकड़े से पेट भरते रहो।

ग़रीबू : मैं लॉटरी का टिकट खरीदा करता हूँ। तन्ख़ाह वाले दिन। अगर कहीं लाख दो लाख निकल आए, पुलिस को लात मारूँगा। फार्म बनाऊँगा। अमीर बनूँगा। ज़मींदार बनूँगा। बापू की तरह नहीं। बेगार करते हुए, ज़िंदगी गला दी। **(नक़ल उतार कर)** "चौधरी जी, ख़ज़ाने भरे रहें! माई बाप, सातों ख़ैर!"

किरपा : क्यों उलटी वाणी बोलता है? यही सरकार है, जिसने फीस माफ की, तो तू दसवीं तक पढ़ा। किताबों के लिए वज़ीफा दिया। नौकरी दी।

मींहमल : नौकरी दी, गोली चलाने की, और गोली खाने की।

ग़रीबू : सच है। मैं रात को कह रहा था भाभी से। अगर भला मैं छुट्टी पर न होता? हुसने के साथियों के जुलूस पर, मुझे हुक्म होता, गोलिया बरसाने का? क्या करता मैं? भाई से भाई मरवाती है सरमायेदारों की सरकार।

मींहमल : अमीर तोंद पर हाथ फेरते हुए, बैठते हैं दुकानों पर। लीडर बैठते हैं गद्दियों पर। मरें ग़रीबों के बेटे, मालिकों की रक्षा करते हुए। कभी सिपाही भरती होकर। कभी चाकर बनकर। धन कमायें निठल्लों के लिए। मिलों के अंदर। कारख़ानों में।

शैंकरी : क्या तुमने पचाधा जाति वाली चिड़चिड़ पिड़पिड़ छेड़ दी। बापू के पीछे। शगुनों की बात करते करते।

(किरपा हुक्का पीने लगता है)

सीबो : बापू, हुक्का मत पीना।

किरपा : गर्म है अभी।

शैंकरी : मींहमल सगाई की ख़ुशी में मिर्चें डालकर पी रहा था।

(सीबो चिलम उठाकर दोबारा भरती है)

किरपा : मिर्चें?

शैंकरी : सीबो, विद्या की रोटी ढक दे, परात के नीचे। मैं चली हूँ, नंबरदारों के। गेहूँ छंटाने।

किरपा : ब्याह के लिए?

शैंकरी : हाँ। आलू खोदने को पड़े हैं अभी, दो एकड़।

ग़रीबू : हमें तो साला बेगारों से छुटकारा नहीं मिलेगा। भाभी, अब तू बंद कर गाँव का लीपना पोचना। शरम आती है। तीन हम हैं जो कमाने वाले।

मींहमल : बापू, तूने भी अब यह घास का सियापा शुरू कर लिया। फायदा क्या हुआ खड्डी उठाने का? जब आराम से नहीं बैठना?

किरपा : दो महीने झोंटी चार हरी लड़ियाँ चबा ले तो अच्छा है। नए दूध होने वाली है।

ग़रीबू : रिटैर होने का गुर नहीं सीखा तूने।

किरपा : कौन सी गहरी खुदाई करता हूँ मैं? बहुतेरा करा काम। बल्कि, एक चित्त करे, मैं आप जाऊँ पालो को लेकर। वडभाग सिंह के देहरे।

मींहमल : खरा है। जाओ।

किरपा : आबादपुर वाला कारज पूरा हो लेने दे। और फिर मैं रिश्तेदारी में घूम लूँ। कंढी गेड़ा मार आऊँ। कुकड़ां बीहड़ा, बडेसरों, पारोवाल, वीरमपुर, कालेवाल लल्लियाँ।

मींहमल : पाहुनाचारी?

किरपा : नंबरदार कहता है। चुनाव आने वाले हैं। अब तू बिरादरी को ताक़ीद कर दे।

ग़रीबू : लीडरी पकड़ने लगे हो? खड्डी को अस्तीफा देकर?

मींहमल : लीडरी करनी है जुलाहे ने, कफन बुनने की! वही रच्छ, वही हत्था, वही पंजाला!

गरीबू : न आषाड़ हरे, ना सावन सूखे।

मींहमल : जुलाहे की वही दैणक्क! दैणक्क!

ग़रीबू : गुलामी किए जा एक ही पार्टी की।

किरपा : ख़सम एक ही भला होता है।

मींहमल : झूठे देवता पूज रहा है तू। ये सँवारेंगे कुछ नहीं। तेरा ख़ून ही

पियेंगे।

ग़रीबू : तेरा और तेरी जाति का।

मींहमल : अच्छा। मैं आया लौटकर संध्या को।

किरपा : झगड़ना मत अफसर से। जैसे कैसे उतार ले कुएँ।

मींहमल : **(सीबो को)** प्रीतो की शक्ल सूरत भी है? कि यों ही, रंडुवा समझकर, नज़रबट्टू लगी हो मेरे बाँधने?

सीबो : भाइया, सूरजमुखी फूल है। तीखा नाक। पंसेरी पंसेरी की आँख है।

शैंकरी : बांदरी है पूरी, प्रीतो। मैंने कहा, तो क्या हुआ? मींहमल कौन सा मानुष है? लंगूर है मेरा देवर भी। लंगूर जाएगा नाचता हुआ, बांदरी का मुकलावा लाने।

सीबो : जोड़ी बनेगी कान्ह और राधा की।

मींहमल : कान्ह की बंसरी के साथ तो सोलह हज़ार गोपियाँ बंधी थीं। मेरे वास्ते, सीबो, तू एक ही रुक्मिणी हाँक कर ले आ **(जाता है)**

शैंकरी : धीरे धीरे नाच रे। आबादपुर निकट ही है। **(जाती है)**

किरपा : हुसने का पता करना, शहर में।

(बिद्दो आती है)

बिद्दो : चाची जी, मुझे रोटी दो।

किरपा : आ गया मेरा डी.सी. स्कूल से?

बिद्दो : भापा नहीं लौटा? कापियाँ के बग़ैर, मैं स्कूल का काम कैसे करूँ?

ग़रीबू : नसीबकौर, हो तैयार। मींहमल और प्रीतो को भी जुंगले के नीचे दबायें।

किरपा : जुलूस के साथ न जाने कैसे हुई?

बिद्दो : मास्टर दिलबाग सिंह कहता है, लाठी चार्ज हुआ था।

ग़रीबू : कहाँ है मास्टर?

किरपा : चोटें तो नहीं लगीं?

ग़रीबू : **(आवाज़ ऊँची)** मास्टर, ख़बर बताना शहर की।

मास्टर : **(दूर से)** आ रहा हूँ।

किरपा : हुसना भी कहा नहीं मानता। वैरी बना रहा है, व्यापारियों को। चौधरी को।

विद्दो : चाची, बुआ के लिए भी रोटी डाल दे। मैं खिला दूँगी।

सीबो : कहाँ है?

बिद्दो : गरुने के नीचे।

सीबो : वहाँ क्या कर रही है?

बिद्दो : लोरी दे रही है बेटे को।

(मास्टर आता है)

किरपा : ज़्यादा ज़ख़्मी हुए मज़दूर?

मास्टर : अख़बार में तो दो तीन लाईन थीं, सिर्फ़। रेडियो सुना मैंने। बोला : मामूली सा लाठी चार्ज किया था। भीड़ ने पुलिस के पत्थर मारे। क़ाबू पा लिया जल्दी। ज़्यादा टाइम तो रेडियो चौधरी का संदेश सुनाता रहा। मज़दूरों के नाम।

ग़रीबू : क्या?

मास्टर : शांति बनाए रखो। माँगे पूरी करेगी सरकार।

ग़रीबू : बातों से पेट भरता है चौधरी।

मास्टर : बहुत बंदे ज़ख़्मी हुए होते, तो रेडियो ने बोल देना था। फिक्र न करो। हुसना आता होगा।

ग़रीबू : रेडियो और टी.वी. कभी सच नहीं बताते।

किरपा : कल ही तुम्हें पूरा पता लेना चाहिए था।

मास्टर : हैड क्लर्क छुट्टी पर निकला। मैंने लौटने की जल्दी करी। रक़में खा गया ससुरा। काम मेरा किया नहीं।

किरपा : गोबर के साथ खरगोश नहीं मरा करते।

ग़रीबू : दिलबाग सिंह, बुद्धू तो तू आप है। जब तुम्हें पता था, डरैंग मास्टर शराबी कबाबी बंदा है, तुझे अकेली ज़नानी उसके साथ भेजनी ही नहीं चाहिए थी। बार-बार। शहर को।

मास्टर : पक्की नौकरी के लोभ ने परेशान किया। एक तन्ख़ाह से गुज़ारा मुश्किल है। चार पाँच साल ऐडहॉक लगाए रखी। परमानेंट न करें। यह कंजर कहने लगा : मेरी चलती है दफ्तर में। मैं दिला दूँगा पक्की नौकरी।—साथ ले जाया करे, मोटर साइकल पर चढ़ा कर। फँस गई। झाँसे में आ गई।

किरपा : बच्चे तो छीन लेता।

मास्टर : कैसे वापस लूँ?

ग़रीबू : छूटती है तो छोड़ दे।

मास्टर : लड़की लड़के का मोह है। वो कमज़ात तो खाए ख़ाक यहाँ खानी हो।

ग़रीबू : नामर्दी तेरी अपनी है। डरैंग मास्टर को कैसा दोष?

किरपा : रिश्वतों से गुंडा सीधा नहीं होगा।

मास्टर : बदली दूर की हो जाती अगर लुच्चे की।

किरपा : चालाकी बरत।

मास्टर : कौन सी?

किरपा : अगर न तीर निशाने पर लगा, तो मुझे कहना। पत्नी कहाँ रहती है उसकी?

मास्टर : आनंदगढ़ छोड़ रखी है। बच्चे भी। ज़मीन बुवाती बीजती है। आप साला, चोरी से, मेरी ज़नानी के साथ रहता है, ठक्करवाल।

ग़रीबू : आनंदगढ़ तो निकट ही है। चग्गरां के पास। जहाँ मींहमल और साथी बाँध बना रहे हैं। बरसाती नाले पर।

किरपा : उसकी घर वाली के पास जा। मिन्नत तरला कर। सियाने पड़ोसी बैठा लेना। नंबरदार के, सरपंच के, पैर पकड़ना। करतूत बता कंजर की। दो दिन के अंदर, जोरू उसकी, तेरी बहू की चुटिया पकड़ कर, ठक्करवाल से निकाल देगी। और ख़सम को बालों से घसीट कर आनंदगढ़ ले जाएगी।

ग़रीबू : ऐसे ही कर, मास्टर। उसकी बीवी से जूते मरवा। सौत को निकाल कर तेरे घर में बसाए।

मास्टर : अच्छा, यही करता हूँ।

ग़रीबू : देर कैसी?

किरपा : मार छलाँग।

ग़रीबू : मींहमल आगे आगे गया तेरे।

किरपा : बलीमा के इर्द गिर्द होगा।

मास्टर : मैं शाम तक आया लौटकर। मींहमल के साथ। **(जाता है)**

(पालो आती है। लकड़ी के गुड्डे से खेल रही है)

पालो : तुनका मार, मेरा लाल। तुनका।

सीबो : बीबी, रोटी खा ले।

किरपा : **(ऊँचे)** हुसने का पता करना। शहर में।

पालो : पतंग का पेचा लड़ा। नंबरदारों के छिंदे के साथ। ऐसे!

बिद्दो : बुआ, रोटी खा ले।

पालो : भापा तेरा गेहूँ काट रहा है, सरदारों का। मशीन चला रहा है। आ भगते, बेटे का पतंग देख। मार तुनका! कस के!

किरपा : रोटी खा, बैठकर।

पालो : हाय! **(रोती)** डोर टूट गई! मेरे पुत्र के पतंग की डोर टूट गई। मशीन में फँस गया। हाय! मशीन के अंदर चीर हो गया। मेरा बेटा! **(ऊँचा रोती)** कुतरा गया!

(अँधेरा)

झाँकी 6

किरपा : बीस बाईस बरस हो गए गुरमुख मरे को। भूल जा अब। प्रभु का नाम जपा कर।

रुक्को : कौन सी माँ है जो मरे हुए बेटे को भूल सकती है? मुँह भी न देख सकी मैं तो। बस, तार आ गई। मर गया, बाडर पर। गोली लगी।

किरपा : देश के नमित्त लग गया तेरा पुत्र।

रुक्को : उस वक़्त, सरकार फूल डाल रही थी मेरे गले में। नंबरदार क्या और चौधरी क्या। कहें : शहीद की माँ है।—आज? रोटी को भी तरसती हूँ मैं।

पालो : **(दूर से)** एक रंडी, रंडी। दो रंडी, चार।

रुकको : बहू ने ब्याह करा लिया। मुझे छोड़ गई। पेनशन बंद हो गई। बता, कहाँ से खाऊँ?

किरपा : बूढ़ों वाली पेनशन तेरी। हुई नहीं चालू?

रुक्को : छः महीने हो गए। नहीं भेजी सरकार ने। मास्टर की मिन्नत करती हूँ, सवेरे शाम। अर्ज़ी डाले।

किरपा : तू हमारे खा लिया कर, जो चप्पा खन्ना खानी हो।

(शैंकरी आती है)

शैंकरी : आया नहीं शहर वाला?

किरपा : अभी कहाँ। फिक्र लग गया।

शैंकरी : पकड़, अम्मा। नंबरदारों ने दीं।

रुक्को : बब्बरियाँ? ब्याह की? गुलगुले थे? नहीं खाए जाएँगे मेरे से। गोटियों जैसे। दाँत नहीं हैं मेरे। चबा नहीं सकूँगी।

शैंकरी : बब्बरियाँ पोली हैं। वो खाई जाएँगी।

पालो : **(दूर से)** भगते, आ। बेटे को मशीन दिखा। गेहूँ कुतरने की। कन्ना मन्ना कुरर्र!

रुक्को : गुलगुले मैं जैले को दूँगी। बड़ा स्नेह करता है। मेरी खाट पर सोता

है। ज़रा भी ध्यान नहीं छोड़ता मेरा।

किरपा : भाना भी नेक है। तेरा भतीजा। यों ही निंदा नहीं करनी चाहिए। भाना भला लोक है।

रुक्को : लाइलग है। जैसे छिन्नी कहती है, वैसे ही करता है।

किरपा : अमरूदों का बाग ख़रीदा है? बच भी जाएगा कुछ? खड्डी से तो पैसा बनता कोई नहीं, आजकल, बुनकर को।

रुक्को : दोनों औरत आदमी खाट ले गए बाग को। झोंपड़ी बना ली। जैला कह रहा है, मैं नहीं जाऊँगा। मैं तो दादी के साथ सोऊँगा।

शैंकरी : ख़ून है तेरा। सगों जैसा।

रुक्को : छिन्नी कारे बन्नी है। आने नहीं देती लड़के को मेरे निकट।

किरपा : क्यों?

रुक्को : लोभ। तमा। हर वेला चाहते हैं, कल मरती रुकमनी, आज मरे।

किरपा : यों ही? वो तेरा बुरा क्यों चाहेगी?

रुक्को : ले, है बावला। कोठा संभालने के लिए।

शैंकरी : अब क्या बाहर बैठी है छिन्नी? उसके लिए अपना कोठा काफी है। ले देकर, एक नन्हा मुन्ना बचा। तीन में से। मेरी तरह, मन्नतें मना मना कर, गला सुखा लिया। गाडीरना आँगन में घुमाने वाला दूसरा जी नहीं जन्मा।

रुक्को : **(इधर उधर ताड़ कर, परदे से)** बेटी, मैं तो बताती नहीं किसी को। ज़हर देने लगी थी मुझे। लस्सी में घोल कर।

शैंकरी : जाने दे, अम्मा। नहीं मेहराबों वाली हवेली संभालनी तेरी। छिन्नी ने। तुझे मार कर।

रुक्को : जैले से लस्सी मँगवाई मैं ने एक दिन। खट्टी चोहट। मैं समझ गई। छिन्नी ने बीच में कुछ घोल दिया है।

किरपा : **(हँसता)** वहमों में मत पड़।—बचगाना बुद्धि हो जाती है, सियाने की।

पालो : **(दूर से)** लाल कुरता पहनेंगे। गेहूँ काटने जाएँगे।

रुक्को : पालो को देहरे ले जाओ। हवा की कसर है।

शैंकरी : जवान घरवाला सरदारों ने मार दिया। मशीन में फँसा कर। बेटा मर गया गोद का। पागल तो आप ही होना हुआ। देहरे क्या बनाएँगे, बेचारी का?

किरपा : नहीं, बेटी। झूठ फैलाना अच्छा नहीं। अपने आप भगता मशीन में जकड़ा गया। सो नहीं पाया था। कई रातों से। थका टूटा। ऊँघ लगी। हाथ पाँव मशीन के अंदर कुतर हो गए।

शैंकरी : तेरा बड़ा बेटा तो यही कहता है—भगता खेत मज़दूरों को इकट्ठे कर रहा था। बंगा के इर्द गिर्द के दिहाड़ीदारों को। सरदारों ने चालाकी से मरवा दिया। सुबूत कोई है नहीं, क़त्ल का।

पालो : **(दूर से, गाती)** घोड़ी मेरे लाल की, मथुरा जी से आई।

(सीबो और गरीब सिंह आते हैं। सीबो तीनों सियानों को माथा टेकती है। वे आशीश देते हैं)

ग़रीबू : वाह! पालो ने पहले ही शादी के गीत गाने शुरू कर दिए। मींहमल लौटा नहीं?

किरपा : तुम शहर में से नहीं आए? हुसने को मिलकर?

ग़रीबू : रूपोवाल वाली सीधी मोटर मिल गई हमें।

सीबो : बधाई बापू तुम्हें।

किरपा : गोत्र खरे निकल आए?

ग़रीबू : टिपन टैप। अगले ऐतवार पाँच बंदे लेकर, पहुँच जा आबादपुरे।

रुक्को : बधाई हो, किरपा राम। भला हुआ। बेल बढ़े तेरी। अच्छा, मैं जैले को दूँ गुलगुले। **(चलती है)**

किरपा : रोटी यहाँ खाना। बेटे लौटते हैं, तो महल्ले के दो बंदे बुला कर, मींहमल के ब्याह का धागा पकड़ना है।

रुक्को : दो ब्याह, एक ही बारी में। भाग्यवान है तू। **(जाती है)**

ग़रीबू : मींहमल भी हो गया क़बीले वाला।

(बिद्दो उंगली पकड़े हुसने को लाती है। पट्टियाँ बँधी हैं। मुश्किल से चल पाता है। हाँफ रहा है)

शैंकरी : हाय रब्बा!

सीबो : क्या हुआ, भाइया?

किरपा : बेटा! **(खाट पर बैठाते हैं)**

ग़रीबू : पुलिस ने लाठी चार्ज किया?

बिद्दो : आख़िरी बस से उतरा है।

सीबो : **(गिलास पकड़ा कर)** पानी पी, भाइया।

बिद्दो : भोली ने बताया मुझे। भापा तेरा ज़ख़्मी हुआ है। पकड़ कर ले जा घर को।

किरपा : बेटा, कैसे हुई?

शैंकरी : **(रोती)** रोक हटे तुझे। न पड़ झगड़े में।

ग़रीबू : दंगा फसाद इतना बढ़ गया?

किरपा : तुझे तो सांस भी कठिनाई से आता है। धीरज से पी पानी।

ग़रीबू : पुलिस भी क्या करे? किस किस तरफ हो? बापू, वो फुगलाणे का

लड़का था न मेरे साथ? सिपाही भरती हुआ? आदि धर्मियों का?

किरपा : मुणशी का बेटा?

बिद्‌दो : बारहवीं पास?

ग़रीबू : हाँ। मर गया वो।

शैंकरी : यहाँ आया था जो? तेरी बरात?

ग़रीबू : गोली मारी, आतंकवादियों ने।

शैंकरी : हाय रे!

किरपा : कैसे?

ग़रीबू : सीधा यहाँ से गया, अमृतसर। ड्यूटी पर। बाज़ार माई सेवां, 'पंज ग्रंथी' खरीदने लगा। अवतार सिंह की दुकान से। अख़बार में पढ़ा मैंने। उग्रवादी पीछे से आए। गोली मार कर, पसलियों मे, दरबार साहिब के अंदर को भाग गए।

किरपा : इतना अनर्थ!

ग़रीबू : नौकरी पेशा बंदा किधर सिर छिपाए?

किरपा : बेटा, हुसने! पुत्र, तू तो गुम्म सुम्म हो गया?

शैंकरी : बोल कर तो बता।

हुसना : कल तो⋯बच गए⋯

किरपा : लड़का फूँक दिया?

हुसना : हाँ⋯जलसा किया, गेहूँ मंडी⋯चौधरी बोला⋯सरकार माँगें पूरी करेगी⋯हम मान गए⋯मालिकों ने⋯मता पकाया⋯पुलिस के केस बनाने हैं⋯हमारे ख़िलाफ⋯हमारे कारखाने⋯एक तरफ⋯आग लगवा दी⋯तीन कामगार झुलसे गए⋯धुआँ⋯ज़हर⋯फेफड़े⋯अंदर से जल गए⋯मुझे कहते⋯तू ने लगाई आग।

ग़रीबू : झूठा केस बनाने लगे हैं?

किरपा : ज़ुल्म है यह तो।

हुसना : बना दिया केस।

ग़रीबू : डॉक्टर से पट्‌टी करवाई?

किरपा : सरकारी हस्पताल नहीं गया?

हुसना : सवेरे देखेंगे, जो ज़िंदा रहे।

शैंकर : मेहर कर, बाबा रविदास।

किरपा : वैद्य को बुला, बेटा।

ग़रीबू : बैठे सोये, मुसीबत पड़ गई।

किरपा : सवेरे हस्पताल ले चलेंगे।

ग़रीबू : मैं टक्करूँगा कंजरों से। तगड़ा हो तू। अकेले अकेले के टुकड़े

करूँगा। मैं जीवित हूँ अभी।

किरपा : हौसला कर, पुत्र। आ जाएगा आराम। इलाज कराएँगे पूरा। दाख़िल करायेंगे बड़े हस्पताल। नंबरदार मदद करेगा। चौधरी सहायता करेगा। मेरा कहा नहीं मोड़ सकते।

ग़रीबू : केस नहीं बनने देंगे फर्ज़ी। मैं आप पेश हूँगा, ऐस.पी. साहिब के। घबरा न तू। मैं गिन गिन कर बदले लूँगा। साल भर मैंने ट्रेनिंग ली, राइफल चलाने की। स्टेन गन्न चलाने की। सरमायेदार कुत्ते यों ही क़त्ल किए जाएँगे, मज़दूरों को?

(मास्टर आता है, ऊँचा बिलखता है)

किरपा : मास्टर, क्या हुआ?

ग़रीबू : सुख है?

किरपा : तेरा घर बसेगा कि नहीं?

मास्टर : चाचा, मेरा घर तो बसा या न बसा। तू! चाचा! तू उजड़ गया!

सीबो : हाय माँ!

शैंकरी : क्या हुआ?

किरपा : मींहमल मिला?

मास्टर : चूंढी लगाने घुसा कुएँ के अंदर। नाली टूट गई। तीन आदमी नीचे दब गए। मनों के मन मिट्टी, और गारा, और इंटें। चार पाँच घंटे खोदते रहे। लाशें निकालीं। मैं पहुँचा जब, अनंदगढ़ से लौट कर, शहर लेकर जा रहे थे। डॉक्टरों ने क्या करना था? चिथड़े हो गए तीनों बंदे। टराली पर लाए हैं लाश। आओ। उतारों। सवेरे दाग देंगे।

पालो : **(बहुत दूर से गाती, दोहराती)** पानी वार बन्ने की अम्मा, बन्ना बाहर खड़!

(अँधेरा)

—मध्यांतर—

झाँकी 7

(विश्वामित्र के सिर पर केसरी टोपी। खाकी नीकर। पास तलवार या पिस्तौल)

विश्वामित्र : दीन धर्म की रक्षा कर ले,
पीछा छोड़ अमीरों का।
सिर धर तली, गली मोरी आओ,
तज कर लोभ शरीरों का।
जाम शहीदी छक ले, योद्धे,
बन सेवक गुर पीरों का।
वार के बेटे क़ौम बचाना।
धर्म देश के वीरो ंका।

(विशिष्ट के सिर पर इसलामी टोपी, ऐचकन, चूड़ीदार पायजामा)

विशिष्ट : सुन रे किरपा, प्राप्ति सरकारी,
तुझे अंकड़े दूँ तरक़्क़ियों के।
छण छण बज रहा रेडियो देश भीतर,
टैलिवियन की सुरें खड़क़्क्यों के।
कारों में मिरज़ा साहिबां इश्क़ करते,
भूल गए ज़माने सब बक्कियों के।
पैंट कोट कस घूमते हीर राँझा,
घूँघट घाघरी मुल्क से भग्गियों के।

विश्वामित्र : दीन धर्म की रक्षा कर ले,
पीछा छोड़ अमीरों का।

विशिष्ट : सुन रे किरपा, प्राप्ति सरकारी
तुझे अँकड़े दूँ तरक़्क़ियों के।

(दोनों लड़ने को तैयार)

किरपा : शांति! शांति! हे विश्वामित्र।

विशिष्ट : ओए मूर्ख, मैं हूँ ऋषि विशिष्ट।

किरपा : शांति! शांति! ऋषि विशिष्ट।

विश्वामित्र : ओए उल्लू, मैं हूँ विश्वामित्र।

विशिष्ट : सुन रे किरपा, प्राप्ति सरकारी,
तुझे अंकड़े दूँ तरक़्क़ियों के।

विश्वामित्र : दीन धर्म की रक्षा कर ले,
पीछा छोड़ अमीरों का।

टोली : चोट पड़ी नगारे, दलों मुक़ाबला।
संभलो बुनकर सारे, दुश्मन वो खड़ा।

(अँधेरा)

झाँकी 8

सीबो : **(बंधी रोटी पकड़ा कर)** बिद्दो उदास हो गई होगी। ले आना। दो दिन स्कूल जा सके। बीबी रह लेगी, हस्पताल।

किरपा : पास से उठती नहीं पगली। भापा भापा करती है हर वेला। कुछ बच्चे बड़ा प्यार करते हैं।

सीबो : छिन्नी ने दही भेजा था। लुटिया ध्यान से ले जाना।

(रुक्को आती है। हाथ में किटोरी)

रुक्को : हुसने का कैसा हाल है, किरपा राम?

किरपा : बुरे भाग्य। क्या करें?

सीबो : तीन महीने हो गए, हस्पताल दाख़िल कराए को। ज़रा फर्क नहीं पड़ा।

किरपा : ग़रीबों का कैसा इलाज, रुक्को। ग़रीब को तो हस्पताल के चपड़ासी झाड़ कर वो बैठा देते हैं। सौ मिन्नत करो नर्सों की। तो एक बार देखने आती हैं।

रुक्को : पैसे का खेल है सब।

सीबो : एक तन्ख़ाह। किधर किधर होये वो।

किरपा : उलटा कंजरों ने केस कर रखा है। दो तरीकें पड़ चुकी हैं, कचहरी।

रुक्को : तू कह रहा था, चौधरी है मदद को। नंबरदार भी वादे करता गया है।

किरपा : वक़्त पड़ने पर कोई नहीं पूछता ग़रीब को। सारी उम्र ससुरों का कहा माना। वोट डालते रहे। चुनाव जिताते रहे।—आज फिर जोड़ूँगा हाथ चौधरी के आगे।

सीबो : **(रोना रोकती)** अफसरों की मिन्नतें कर करके थक गया—कि भाई पर झूठा मुकद्दमा न बने।

किरपा : चौधरी शेशनाग निकला। डस लिया मेरे लाल को। कारख़ाने वालों से मिल कर।

रुक्को : अच्छा, बेटी, जिगरा कर। सिद्ध बाबा दिन बदलेगा।—शैंकरी नहीं दिखती?

किरपा : क्या करे बेचारी? पेट का गढ़ा नहीं भरना। ऊपर से बीमारी का ख़र्च।

सीबो : नंबरदारों के गई है, बाजरा डूँगने।

किरपा : लड़की की पढ़ाई का हर्जा होता है। अगर दो जमात पढ़ जाए, बेगार से छुटेगी। नहीं तो हवेलियों का गोबर कूड़ा उठाती जून बिताएगी।

(पालो आती है, हँस रही है)

पालो : नांह! मैं सरदारों के टूवल पर नहीं जाऊँगी। कामगार तू लगा है उनका। तू लगवा चावल। तेरे कहने पर, सिला चुगा। पाँच क्विंटल गेहूँ कमाया। लाल को भूखा प्यासा छोड़ कर। जब देखो : "भगते, बहू को भेज दे। दो दिहाड़ियाँ लगा दे। वक़्त बीत रहा है खेत का।"—बुद्धू है तू तो। राख समझ है तुम्हें। अधेड़ उम्र बता रहा है। ऐसे देखता है औरत की तरफ, अंदर बाहर से नंगी कर छोड़ता है।—**(बाल धोती हुई)** मींहमल! आना! साबुन जम गया! पानी डाल मेरे केश में। मींहमल! **(हँसती हुई दौड़ जाती है)**

रुक्को : लड़के की मौत के बाद सौदाईपन बढ़ गया है। लेकर तो नहीं गए बडभाग सिंह के देहरे?

किरपा : मींहमल की अस्थियाँ, गंगा ले जाने का टैम नहीं मिला। ऐसे ही कीकर के साथ बाँध दी, श्मशान में। हस्पताल के गेड़े मार मार कर, परिवार हफ गया।

सीबो : बिद्दो के भापे को आराम आएगा, तो ले जाएँगे।

किरपा : अच्छा, बेटा। धूप चढ़ रही है। लौट आऊँगा में शाम तक।

रुक्को : मोटर पर जा रहा है?

किरपा : कहाँ से भरते जाएँ, मोटरों के भाड़े। निठल्ले बैठकर खाओ तो कुएँ खाली हो जाते हैं। दस कोस वाट है। मैं बैठते उठते चला जाऊँगा। **(जाता है)**

रुक्को : पुत्र, एक किटोरी आटे की दे मुझे। उधारी। याद रखना। तीन किटोरी मैं पहले भी ले गई थी। शैंकरी से। पेनशन आएगी जब मेरी, चार की भी चाहे पाँच ले लेना, बदले में।

सीबो : अम्मा, तू यहीं खा लिया कर। रूखी मिस्सी।

रुक्को : तुम्हारा ही खा रही हूँ, बेटी। अऊत प्रेत का दूसरा कौन सहाई होता है?

सीबो : अंदर आ ज़रा। पेट मल दे मेरा।

रुक्को : भगवान बेटा दे। तीसरा महीना?

सीबो : हाँ।

रुक्को : तेल की बूँद है?

सीबो : हाँ, है। री अम्मा, क्या बताऊँ तुझे। मझले की रूह चारों तरफ घूम रही है, घर में।

रुक्को : गति जो नहीं कराई गंगा जाकर।

सीबो : एक दिन कहता मुझे, सपने में : सीबो, मुझे तिल्ले वाली जूती बनवाकर दे, अपने भाई से। तिल्ला तू आप निकालना। गौना लेने मैं तिल्लेवाली पहन कर जाऊँगा। नोकदार।

रुक्को : सोहला भी नहीं रखाया। दान करवा। मींहमल के नाम का। जूती दो बाहमन को, उसके नाप की। या समाधियों वाले साधु को दो, जोड़ा जामा।

सीबो : मुझे लगता है, मेरी कोख में उसी की आत्मा है।

रुक्को : सुख माँग, पुत्र। बाबा बालक नाथ से। किरपा राम का वंश बढ़ाए, बाबा।

(अँधेरा)

झाँकी 9

(हुसना चादर ओढ़ कर खाट पर पड़ा है। पालो बैठी मिट्टी खा रही है। उठकर सीठने गाती है)

पालो : दूलहा देखे ऊपर को
मैं ने आँख मारी नीचे को।
तू ऊपर को क्यों देखता था
हाय ओए बहना रामणे
तू ऊपर को क्यों देखता था।

हुसना : इसे चुप कराओ, शैंकरी।

पालो : हाय ओए बहना रामणे, तू ऊपर को क्यों देखता था।

हुसना : बिद्‌दो! इसे निकालो, मेरे पास से।

पालो : बहना रामणे, तू ऊपर को क्यों देखता था।

(सीबो बाहर आती है। गर्भ नज़र आता है)

हुसना : सिर फाड़ दिया मेरा इसके बोलों ने।

सीबो : जा री! खड्डियों के निकट। चीज़ी बेच रहा है भाई। पीपल के नीचे।

पालो : दूल्हा देखे ऊपर को, मैंने आँख मारी नीचे को· ·

सीबो : **(बाहर को धकेलती)** छोटे भाई को कह, चीज़ी लेकर दे।

हुसना : बिद्‌दो स्कूल गई?

सीबो : आने वाली होगी।

हुसना : ग़रीबू को कहना, अफसर बनाए मेरी बेटी को।

सीबा : बीबी लौटी नहीं नंबरदारों की हवेली से।

हुसना : बापू?

सीबो : गुणाचौर गया, तड़के का उठकर। दवाई लेने, तेरे लिए। हकीम से।

हुसना : दवाइयाँ अब क्या करनी हैं? जब डॉक्टरों ने जवाब दे दिया।

सीबो : नहीं दिया जवाब।

हुसना : इतना मैं समझता हूँ।

सीबो : वो तो यों ही कहें—गाँव की हवा अच्छी है तेरे फेफड़ों के लिए।

हुसना : **(रोता)** कुछ नहीं, सीबो, मैं ने परिवार गला छोड़ा। तू भी कहती होगी, ग़रीब सिंह की तन्ख़ाह जेठ बरबाद किए जा रहा है।

(ग़रीब सिंह आता है)

सीबो : राज़ी हो जाएगा तू, भाइया।

ग़रीबू : रोने का क्या काम, भई?

हुसना : मींहमल की अस्थियाँ अभी मसानो में टंगी हैं?

ग़रीबू : आती पहली को जाऊँगा। तन्ख़ाह मिलने पर। तू चलेगा गंगा? मेरे साथ?

हुसना : चलूँगा। गंगा ज़रूर जाऊँगा तेरे साथ।

ग़रीबू : हो तगड़ा। कस ले पेटी जल्दी जल्दी। दोनों हरिद्वार गश्त करेंगे।

सीबो : **(एक तरफ खड़ी)** पैसे मिले?

ग़रीबू : लेट जा। **(सीबो के पास जाकर)** भाना तो गया खादी भंडार, सूत लेने।

सीबो : छिन्नी को पूछ लेता।

ग़रीबू : वो कहती, नहीं है। जैले को तेईआ बुखार है। वैद्य ने निकलवा लिए बीस रुपए।

सीबो : बीबी कहेगी, इतने के लायक भी नहीं रहे।

ग़रीबू : शादी है कब की?

सीबो : पाँचवें नवरात्रे की। बिद्दो को इतना चाव है ननिहाल जाने का।

ग़रीबू : दो सौ तो मैं ने पकड़ा हुआ है, हाथ उधार। मोता सिंह जड़ाम वाले से। वो इंतज़ार कर रहा होगा। एक साली बदली दूर की हो गई।

सीबो : सगी भतीजी का ब्याह। दूसरी कोई होती तो बीबी न भी जाती।

ग़रीबू : तेरा कैसे है? देसी घी का तड़का बता रही थी बुढ़ी रुक्को तेरे लिए।

सीबो : मेरा सुख लेखा। बीबी शैंकरी की गर्ज पूरी कर किसी हीले।

ग़रीबू : मास्टर को पूछता हूँ। **(जाता है)**

(सीबो अंदर जाती है। बड़ा कष्ट उठाकर हुसना खड़ा होता है। अंदर से खड्डी उठा कर लाने की कोशिश करता है। गिर पड़ता है। कुब्ड़ा हुआ, वाट का तोड़ा, किरपा आता है। भाग कर हुसने को खड्डी के नीचे से निकालता है)

किरपा : हुसना! यह क्या कर रहा है? सौदाई!

सीबो : **(बाहर आकर)** बापू, क्या हुआ?

हुसना : मैं· · मैं· · कपड़ा बुनूँगा।

किरपा : हालत तो देख अपनी।

हुसना : खड्डी चलाऊगा।

सीबो : देखो तो! कितनी भारी है!

ग़रीबू : **(आकर)** क्या किया?

किरपा : कपड़े बुन रहा!

हुसना : ख़र्च निकालूँगा घर का।

ग़रीबू : तुझे बहुला फिक्र है ख़र्च का? **(सहारा देकर खाट पर लेटाता है)**

हुसना : पुश्तैनी काम हमारा· · बुनना।

किरपा : तुर इतनी भारी है। अंग टूट जाता अगर।

हुसना : नौकरी के क़ाबिल मैं रहा नहीं।

किरपा : **(उठाता)** बऊँ बल्ले! **(गिरने लगता है)**

सीबो : बापू, बचकर!

ग़रीबू : मैं उठाता हूँ। **(खड्डी अंदर रखकर आता है)**

सीबो : तेरे से उठाई जाएगी, सियाने से? कहाँ है गुणाचौर। इतनी बाट। हमारे गाँव जितनी।

किरपा : **(रोता)** पकड़, बेटा। हकीम की दवाई लग जाएगी। दो वेला पुड़ी देनी है। गऊ के दूध के साथ।

सीबो : गोका दूध कहाँ से मिलेगा?

किरपा : गाँव जाता हूँ मैं। मिन्नत करूँगा किसी ज़मींदार की।

(बिद्दो आती है, बस्ता लिए)

बिद्दो : भापा! भापा! मेरा हिसाब में सौ बटा सौ। मैं फस्ट निकली।

किरपा : बेटा, इधर आ जा। सो लेने दे ज़रा।—अव्वल नंबर आया मेरा डी. सी.?

बिद्दो : चार मज़मून में फस्ट हूँ।

किरपा : शाबाश मेरे अफसर के।

बिद्दो : मौसी, रोटी दो। जी, हम ननिहाल जाएँगे। बंसो बहन के ब्याह जाएँगे।

(शैंकरी आती है। फटे हुए कपड़े। गठड़ी दानों की। सूखे फुलके पल्ले में से निकाल कर सीबो को देती है)

ग़रीबू : देख, मास्टर आ गया?

बिद्दो : बीबी, कल कौन सी बस चलेंगे ब्याह?

शैंकरी : सीबो थाली ला। पतीले में डालकर उबाल।

किरपा : क्या लाई हो, बेटी?

शैंकरी : सूखे फुलके हैं। नंबरदारनी ने दिए हैं।

सीबो : दो जून निकल जाएँगे।

किरपा : खरा। गुड़ का टुकड़ा डाल लेना।

बिद्‌दो : इस गठड़ी में क्या है? गुड़?

ग़रीबू : बूढ़े के क्रियाकर्म से बचे होंगे फुलके।

सीबो : गेहूँ लगे यह तो।

शैंकरी : डलिया बनाईं थी न? जुड़वाँ कुनबे की करतारों ने दिया गेहूँ।

बिद्‌दो : रवेल सिंह की माँ ने?

सीबो : धड़ी भर होगी।

किरपा : करतारो का हाथ खुला है। ग़रीब गुरबी पर रहम करती है।

बिद्‌दो : **(नांद के पास से)** मास्टर जी तो वो खड़े। रेडियो सुन रहे हैं।

शैंकरी : यह रेडियो को रब्ब समझता है।

बिद्‌दो : **(ऊँचे)** मास्टर जी!

ग़रीबू : सीधा बंदा है। जो ख़बरें सरकार रेडियो पर, टी.वी. पर देती है, सच मान लेता है।

बिद्‌दो : मास्टर जी!

किरपा : हुसने का हीय देखा तुम ने? मेरी खड्‌डी उठा कर बाहर ले आया। बोला, कपड़ा बुनूँगा।

(मास्टर आता है। शैंकरी, सीबो, बिद्‌दो रसोई में कामकाज लग जाती हैं)

मास्टर : ग़रीब सिंह, ख़बर सुनी तू ने?

ग़रीबू : कैसी?

मास्टर : और दो सिपाही भून डाले।

किरपा : किसने?

मास्टर : आतंकवादियों ने।

ग़रीबू : कहाँ?

मास्टर : तरनतारन। दरबार साहिब के सामने। अमृतसर की हुई है तेरी बदली?

ग़रीबू : सदर थाना, अमृतसर।

किरपा : उग्रवादी ख़ौफ बैठा रहे हैं दिलों के अंदर। ताकि लोग वोटें उन को डालें।

मास्टर : रेडियो ने तो कुछ नहीं बताया। पर अख़बार में सवेरे छोटी सी ख़बर थी, हुसने वाले केस के बारे में।

किरपा : चौधरी रफा दफा करवा देगा मुक़द्‌दमा?

मास्टर : नहीं। मालिकों का बयान था। कहते हैं, तोड़ फोड़ करने वाले कामगारों को ज़रूर कैद करवाएँगे।

किरपा : गोली मारे भगवान, भेड़ियों के।

ग़रीबू : चौधरी बदमाशों का बदमाश है। चोर को कहेगा, चोरी कर। मालिक को कहेगा, जागते रहना।

किरपा : तेरे नन्हे मुन्नों का कैसे हुआ, मास्टर?

मास्टर : उम्मीद, चाचा, पक्की है। तेरी जुगत कामयाब हो जाएगी। ड्रैंग मास्टर की घरवाली ने भुगत संवारी ख़सम की। सौत का भी चोंडा उखाड़ा। बोली, बदली करवा कर साँस लूँगी। आई थी मिलने हमारे हैडमास्टर साहिब को।

किरपा : वाह वाह! परमात्मा तेरा परिवार इकट्ठा रखे। **(हुक्क़ा पीता है)**

ग़रीबू : **(एक तरफ खड़े)** तीन सौ रुपया कर सकता है, दिलबाग सिंह? ऐमरजंसी है। दो महीने में लौटा दूँगा। तेरे सामने ही है। घर की हालत। शैंकरी की भतीजी का ब्याह है। बदली भी दूर की कर दी, सरकार ने।

मास्टर : कठिन वक़्त पूछा तूने, ग़रीब सिंह। वीर, मैं तेरे से कभी इन्कारी नहीं होता। मजबूरी साली। पहले रिश्वतें चढ़ाता रहा। अब बच्चे मिलने की होप हुई। मैं कपड़े ख़रीद लाया, उनके लिए। घर का इक्कड़ टुक्कड़ सामान।

ग़रीबू : **(रूआँसा)** शिकंजे में फँसा पड़ा हूँ मैं। भैया, किसके पास रोना रोऊँ?

मास्टर : अगर मेरे पल्ले में होते, मैं अपने आप...

ग़रीबू : **(आँसू पोंछकर)** तू समझ ले.. जैसे हमारा जीजा भगता फँस गया था, थरैशर के अंदर। पालो के घर वाला, टुकड़ा टुकड़ा कुतरा गया था। ऐसे जकड़ा पड़ा है मेरा अंग अंग।

किरपा : हुसना! उठकर बैठ। रोटी खाएँ।

बिद्दो : भापा, उठ।

किरपा : बोलता नहीं?

बिद्दो : मौसी रोटी डाल रही है।

किरपा : बेटा! **(मुँह से कपड़ा उतारकर)** हुसना!

बिद्दो : भापा जी!

किरपा : बस! दे गया दग़ा! मींहमल की तरह। दे गया दग़ा।

बिद्दो : भापा जी!

(औरतें रोती हैं। रुक्को आती है। मास्टर नब्ज़ देखता है। ग़रीबू

एक तरफ खड़ा रो रहा है)

रुक्को : रे बेटा! जुल्म कर गया! माँ बाप के साथ! कहर कमा गया!

किरपा : हुसना भी गया! मेरा मींहमल भी गया। रुक्को, देख ले। बदले ले रहे हैं, बाप से। बारी छीन रहे हैं बापू से। बारी मेरी है, जाने की। चले गया, हुसना। चले गया, मींहमल। ओए हुसने! मत जा, ओए। मुझे अकेले को छोड़कर। ओए, मुझे भी ले चलो साथ। मेरी बारी मत लो। ओए बेटो, पहले बाप मरा करते हैं!

(मास्टर हुसने का चेहरा ढकता है)

(अँधेरा)

झाँकी 10

(ग़रीबू थैला पकड़ कर सफर के लिए तैयार। किरपा खुरपा चादर पकड़े खड़ा है)

पालो : **(दूर से, गाती)** बाबुल, मेरा अयोध्या का राजा (2)
धर्मी हरिचंद्र राजा (2)
बाबुल, बेटी वर माँग रही (2)

किरपा : गंगा से सीधा अमृतसर चला जाएगा?

ग़रीबू : छुट्टी नहीं बची एक भी।

किरपा : जैसे ख़समों की मरज़ी। नौकरी जो हुई।

ग़रीबू : हम ही रह गए बेज़मीने, ख़समों के चाकर। फार्मों वाले फार्म कमा रहे हैं। दुकानों वाले दुकानें चला रहे हैं। कारख़ानों वाले कारख़ाने चला रहे हैं। नौकरियाँ कर कर के, मरने के वास्ते, बच गए दीन दरिद्र! हुसना और मींहमल और ग़रीबू।

किरपा : जो लिख दिया लिखने वाले ने।

ग़रीबू : लिखने वाले अंधे बहरे ने, हमारी क़ौम की ड्यूटी लगाए रखनी है, सदियों से?

किरपा : **(सोच कर)** सत्य भाखा तू ने, बेटा। पराए बस पड़ना नरक है। सुख तो तभी मिलता है, अगर इन्सान अपना ख़सम आप रहे। **(सीबो कपड़े में बँधी रोटी पकड़ाती है)**

ग़रीबू : बिद्दो को घर के काम में नहीं लगाना। पढ़ाई करे डट कर।

सीबो : मैं नहीं लगाने देती हाथ, भांडे बरतन को। हम जो हैं घर के काम के लिए।

किरपा : किताब को एकाग्र चित्त होकर पढ़ती है। ऋषि मुनि करते हैं जैसे। **(शैंकरी खुरपा चादर उठाकर जाने लगती है)**

ग़रीबू : भाभी, तू कहाँ चली?

शैंकरी : आलू खोदने, नंबरदारों के। सीबो, विद्या स्कूल से लौटी, तो भेज

देना। गोगा वाले खेत को। धड़ी पंसेरी वो कमा लेगी।

ग़रीबू : श्मशान तक तो चलती मेरे साथ। अस्थियाँ उतरवा कर, बबूल से, चली जाना। उधर से।

शैंकरी : वीरा, उस पोटली के साथ मेरा क्या रिश्ता रह गया है? राख की मुट्ठी है। चाहे किसी जोहड़ में गिरा दे। गंगा क्या मेरी ज़िंदगी भर की ग़ुलामी दूर कर देगी?

सीबो : बीबी, फिर भी होता ही है। गति करानी बनती है, दोनों भाइयों की। लोग कराते आए हैं। जा मसानों को, खड़ी खड़ी।

शैंकरी : रिश्ते जीवित लोगों के साथ होते हैं, बहना। रोऊँगी मैं उसको पूरी उम्र। दर-दर की ठोकरें खाती हुई। बेटी पालूँगी। पेट का कुआँ भरूँगी। लोगों का गू गोबर उठा कर। मेरी तरफ से, जिस दिन शहर से आ कर, खाट पर गिर पड़ा, उसी दिन ही गंगा पहुँच गया था। रहने दे, ग़रीब सिंह, बबूल के ऊपर टँगे को। श्मशान में। जा तू नौकरी पर, अमृतसर। **(रोती जाती है)**

किरपा : **(आँसू पोंछता)** सच कह रही है बिटिया।

सीबो : गति ज़रूर करा। दोनों की। रूहें तड़पेंगी। पीछे बचे हैं जो, उनका भी जीना मुश्किल कर देती हैं, रूहें।

ग़रीबू : **(आवाज़ मार कर)** मास्टर!

मास्टर : **(दूर से)** एक ही मिनट!

किरपा : बेटा, सीधी मोटर आती है, गंगा से पहेवे को। कुरखेतर होकर। हुसना चारपाई पर पूरा हुआ था। पहेवे ज़रूर जाना। मींहमल तो, चलो, धरती माता के गर्भ में समाया।

(रुक्को आकर आटे से भरी डलिया पकड़ाती है)

सीबो : अम्मा, आटा रहने देती तू।

ग़रीबू : दोखो तो, उधार उतार रही है!

किरपा : यहीं खा लिया कर, तुझे कहा।

रुक्को : बिटिया, उधार तो उतारना ही है। छिन्नी ने पिसवाया था शाम को। जैला गया था मशीन पर।

किरपा : पेनशन आ गई तेरी?

रुक्को : हाँ। मिल गई। मास्टर ने करामात कर दी। चिट्ठियाँ लिख कर। छः महीनों की इकट्ठी। मैं ने भाने को कहा, पकड़ ले, रक़म। काम लगा कहीं।—भतीजा मेरा नेक है। छिन्नी भी कहा मानती है।

किरपा : सगे हैं तेरे। अपना ख़ून।

रुक्को : मेरा गुरमुख और भाना एक उम्र के हैं। बीस दिहाड़े बड़ा था गुरमुख।

किरपा : हमारे हुसने से महीना छोटा था तेरा गुरमुख।

रुक्को : हाँ, हुसना बड़ा था। दोनों से। सीबो, तेरी सास धर्मों के और मेरे और संती के—हमारी तीनों की गोद में लड़के थे। पहलौठी के। हम तीनों परिवारों ने इकट्ठी लोहड़ी बाँटी थी। तीनों जनी हम टीके भी इकट्ठे लगवा कर लाईं थी, पटवारखाने से।

(मास्टर आता है)

मास्टर : दो सौ काफी?

ग़रीबू : बहुत हैं।

मास्टर : बता दे और चाहियें तो। तेरी भाभी ने दिए हैं।

ग़रीबू : काफी हैं।

मास्टर : जुगाड़ बना हमारा, तो शायद हम तुम्हें अमृतसर मिलें।

रुक्को : क्या बार्डर के निकट तेरी बदली हो गई?

ग़रीबू : बार्डर वहाँ से दूर है, ताई।

किरपा : शहर में रहना है इसने तो। थाने के अंदर।

रुक्को : ख़्याल रखना, मेरा चाँद। बच बचा कर रहना। पकड़।

ग़रीबू : क्या?

रुक्को : सौ रुपया। ख़र्चा पड़ गया तुम्हें, बूते से बाहर। जब हुआ, साल खंड के बाद, लौटा देना।

ग़रीबू : ताई, सर गया अब।

रुक्को : नांह। यह नहीं लूँगी मैं।

किरपा : कोई बात नहीं। रख ले, पुत्र, हाल की घड़ी। अपने ही हैं ये भी।

मास्टर : तेरी भाभी कहती है, अमृतसर की दीवाली दिखाएँगे, राजू और डौली को।

सीबो : खरा। स्नान कर आओ, हरिमंदर साहिब।

ग़रीबू : तुझे भी नहलाऊँगा, अमृतसर। तीन चार महीने के बाद। मैंने मन्नत मनाई है। इक्कीस रुपए का प्रसाद।

रुक्को : वाहे गुरु भला दिन दिखाएगा किरपे को।

मास्टर : ओ के, ग़रीब सिंह। टेक केयर। **(जाता है)**

ग़रीबू : थैंक यू।

किरपा : बेटा, दोनों को आवाज़ मारना। जहाँ भी मोटर चढ़ना हुआ। उतरना हुआ।

रुक्को : कहना : चल, मींहमल, गंगा चलें। आ, हुसने, गाड़ी चढ़।

किरपा : गाँव की सीमा पार करते हुए भी दोनों को बुलाना।

सीबो : अस्थियाँ बहा कर भी आवाज़ देना : यहीं रहना।

(बिद्दो आती है)

ग़रीबू : तू स्कूल से क्यों लौट आई?

बिद्दो : अंग्रेज़ी वाले मास्टर आए नहीं। मैं छुट्टी लेकर आ गई।

सीबो : बीबी बुला कर गई है। नंबरदारों के आलू उखाड़ने हैं।

बिद्दो : मैं बापू के साथ जाऊँगी, घास छीलने।

ग़रीबू : नहीं, बेटा। तू अपनी पढ़ाई की तरफ ध्यान रख। बापू, तूने भी यह क्या अड़ी पकड़ ली? क्या बन जाएगा तेरे घास काटने से? हड्डियों की मूठ भर तू हुआ पड़ा है।

किरपा : जितना होता है, उतना तो तुझे सहारा दूँ।

रुक्को : कठिन है, किरपा राम, बुढ़ापे में।

किरपा : झोटी नए दूध होने वाली है। साल भर में ब्या जाएगी। तीन हज़ार की बिकेगी।

बिद्दो : बापू, मैं ने अपनी खुरपी तेज़ कर ली। अपने आप। जैले से हथौड़ी लेकर।

किरपा : खुरपा चलाने में तो ज़ोर नहीं लगता। गठड़ी घास की उठानी मुश्किल है। सो, बिद्दो करती है।

रुक्को : सीबो भी गठड़ी उठाने की हालत में नहीं।

(पालो आती है)

ग़रीबू : पालो, चल, तुम्हें गंगा नहला लाऊँ।

पालो : यह कौन बोला? हुसना? कि मींहमल? नहीं। यह तो मेरे भगते का बोल है। मेरे बेटे के भापे का।

बिद्दो : कोई ख़बर नहीं, क्या बोलती रहती है।

किरपा : बांवरी। सौदाइन।

रुक्को : सीधा नाम बोलती है पाहुने का—भगता! बहन भाई लगते हों जैसे।

पालो : बाबुल मेरा अयोध्या का राजा...

सीबो : झट में सीठने, सुहाग। झट में रुदन, विलाप।

पालो : धर्मी हरिचंद्र राजा
बाबुल बेटी वर माँग रही।
(ग़रीब सिंह पहले सिद्ध के मंच को, फिर रुक्को और किरपे को माथा टेकता है)

ग़रीबू : अच्छा, अम्मा।

रुक्को : ज़िंदा रह, मेरा लाल। जवानी भोग।

किरपा : ध्यान से, बेटा।

ग़रीबू : **(प्यार देकर)** बिद्दो बेटा, दबा कर पढ़। और किताबें लाऊँगा मैं, तेरे लिए, अमृतसर से।

(जाता है)

पालो : बाबुल मेरा अयोध्या का राजा···

किरपा : बिटिया, उठा खुरपी और चादर।

पालो : बाबुल मेरा अयोध्या का राजा···

किरपा : **(आँसू दबाता)** देखो तो! राजा बना रही है! घास छीलते को! इस उम्र में!

(अँधेरा)

झाँकी 11

(विशिष्ट गांधी टोपी, ऐचकन, चूड़ीदार पायजामा। विश्वामित्र : केसरी पगड़ी, खुली दाड़ी, छोटी तलवार या गात्रा। किरपा : कुब्ड़ा, बिना हिले डुले, डंडा पकड़े खड़ा है)

विशिष्ट : चुनाव आ गए सिर पर तेरे
आख़िर वक़्त चितारें।
बूढ़े खूसट ढो ले जाएँ
हमरी मोटर कारें।
सीटें जीत के हम बनाएँ,
हर सूबे सरकारें।
धर्म कमा, वोटें दे हम को
बाग़ी जान से मारें।

विश्वामित्र : हमारे दल को वोट डाल के, जान बचा।
नहीं तो हम से चोट खाएगा, पछताएगा।
पैर न धरना खेत के अंदर, काट गिराएँ।
लोथ सड़ेगी रेत के अंदर, देख बंदूकें।
बहू बेटी तेरी उठवा देंगे, होशियार।
गर्दन तेरी कटवा देंगे, ख़बरदार।

विशिष्ट : धर्म कमा, वोटें दे हम को,
बाग़ी जान से मारें।

विश्वामित्र : हमरे दल को वोट डाल के, जान बचा।
नहीं तो हम से चोट खाएगा, पछताएगा।

(अँधेरा)

झाँकी 12

(किरपा खाट पर बैठा हुक़्क़ा पी रहा है। बिद्दो लिख रही है। पालो मिट्टी खा रही, गा रही)

पालो : बल्ले बल्ले भई भिंडी व करेले बिकते,
कहीं वीर बिकने नहीं आये,
री, भिंडी व करेले बिकते।

किरपा : पालो, मिट्टी मत खा।—कोई कह सकता था, यह हालत होगी बड़ी हुई की। जब तेरी उम्र की थी, मुझे नलियाँ बना बनाकर दिया करती थी। ताना तनती थी। पाण कराती थी। गठनी लगवाती थी। कई बार मुझे कहा : बापू, अलग करघा बना दे। मेरा अकेली का। मैं बुनूँगी कपड़ा।

पालो : बल्ले बल्ले रे एक वीर देना ओ रब्बा!
मैं भी दुनिया में शामिल होऊँ,
रे एक वीर देना ओ रब्बा! **(जाती है)**

बिद्दो : मुझे भी आ गयीं नलियाँ बनानी।

किरपा : तू ने कहाँ से सीख लीं?

बिद्दो : छिन्नी चाची के चरखे पर। जैला कात रहा था नलियाँ। मैंने भी सीख लीं।

किरपा : शाबाश! काम धंधा सीखना अच्छा है।

बिद्दो : हमने ताना तनाया। मैं और जैले ने। भाना चाचा के साथ। पाण करवाई। मैं कुच नहीं उठा सकती अभी। बहुत भारी है।

किरपा : तेरे जितना था मैं, जब मेरे बाप ने मुझे खड्डी बैठाया। चौतहियों का कारीगर था। कहता कहलाता। खेसी बुनता था। दरियाँ, ग़ालीचे। बूटियाँ बना बना कर। उसके हाथों की चौतहियाँ, अभी तक, कई ज़मींदारों के घरों में संभाली पड़ी हैं।

पालो : **(दूर से)** कहीं वीर बिकने नहीं आए

री, भिंडी व करेले बिकते।

किरपा : नंबरदारों के होंगी चौतहियाँ।

बिद्दो : बापू, नंबरदारों ने पीला रंग करवाया हवेली को। कली भी कराई अंदर।

किरपा : दिवाली के कारण।—सिद्ध बाबा के चिराग़ जलाना, संध्या को।

बिद्दो : पछौरी हलवाई ने चाँदनी लगाई है दुकान के आगे। चिरंजी नाई का लड़का पटाखे और फुल झड़ियाँ बेच रहा है। मंदिर के आगे। मैं कापी ख़रीदने गई भजने भूश से। तो देखीं थीं दुकानें। सजी धजी।

पालो : **(दूर से)** एक वीर देना रे रब्बा।

बिद्दो : चाचे की मौज होगी, अमृतसर। हरिमंदिर साहिब जगमग जगमग कर रहा होगा।

किरपा : मौज कैसी, बिटिया। दीवाली सूझती है उसे? एक के बाद एक, दो साथ के जन्मे, मर गए। तगड़े जवान। बाहें टूट गईं मेरे पुत्र की।

(रुक्को आती है)

बिद्दो : बोबो, तू तो और भी कुब्ड़ी हुई जाती है।

रुक्को : और क्या, बिटिया, मैं जवान होऊँगी? दिन-ब-दिन कुब्ड़े ही होना है। शैंकरी, लड़की का कैसा हाल है? सीबो का?

शैंकरी : आ जा, ताई। राज़ी है अब तो। उठने लगी है। बापू, एक बात कहूँ?

किरपा : बता, बेटा।

शैंकरी : रिवाज तो है, पहला सूतक मायके में होता है।

रुक्को : रिवाज तो यही है।

शैंकर : मेरी सलाह है, सीबो को यहाँ रखूँ। अपने पास। ताई है यहाँ।

किरपा : चंगा है, मुन्नी। रिवाजों को मार गोली। मैं संदेशा भेज दूँगा। इसके मायके।

(सीबो बाहर आती है)

शैंकरी : मायके में कौन है अब इसका? भौजाइयों के बस, मैं नहीं पड़ने दूँगी लड़की।

किरपा : सीबो की क्या सलाह है?

सीबो : बापू, मेरी सलाह क्या तुम्हारी सलाह से अलग होगी? जैसे बीबी कहती है, ठीक है।

किरपा : खरी वाह वाह। सुख रखे बाबा रविदास।

रुक्को : महीने हैं बीच में तीन चार।

पालो : **(दूर से)** कहीं वीर बिकने नहीं आए
भिंडी व करेले बिकते।

शैंकरी : गरीब सिंह की भी राय ले लेंगे।

सीबो : कह रहा था, दीवाली के बाद आऊँगा।

शैंकरी : सीबो, मैं थोड़ी देर नंबरदारों का काम कर आऊँ, हवेली।

बिद्दो : कल चिट्ठी लिखूँगी मैं चाचा को। कार्ड ला कर।

किरपा : लिख, पुत्र, चिट्ठी।

शैंकरी : ताकीद करना, राज़ी ख़शी लिखने में ढील न किया करे।

किरपा : कहना, मिल जा आकर। दिल उदास है बड़ा।

(मास्टर बिलखता आता है)

किरपा : बेटा, क्या हुआ?

रुक्को : हाय रे पुत्र!

सीबो : वीरा क्या बात?

शैंकरी : सुख है?

मास्टर : प्रलय आ गई, ओ चाचा! कहर टूट पड़ा। तेरे पर! अनर्थ बरत गया!

सीबो : हाय रब्बा!

मास्टर : गरीब सिंह नहीं आएगा लौट कर! गरीब सिंह छोड़ गया हमें! **(सब सुन्न पत्थर)** टैलिवियन लगाया मैं ने! ख़बरें आ रहीं थीं। अमृतसर, दरबार साहिब। दीवाली की भीड़। ग़रीब सिंह की ड्यूटी थी। बड़े दरवाज़े के आगे। अंदर से गोली मारी। आतंकवादियों ने। पीठ पर। मैं ने पहचान लिया। नाम भी बोला। सिपाही ग़रीब सिंह, गाँव भाम, ज़िला होशियारपुर।

(लंबी चुप। अँधेरा बढ़ता है। किरपा डंडा पकड़ कर खड़ा होता है। विश्वामित्र और विशिष्ट हाथ जोड़कर आते हैं। नेताओं वाले खादी के कपड़े)

विश्वामित्र : अफसोस · · बड़ा · · हमें।

विशिष्ट : सहूलतें · · सब · · देंगे।

(गुस्से और जोश से अँधा, डंडा मारने को होता है)

दोनों : न, किरपा राम। **(दोनों जाते हैं)**

(किरपा धीरे-धीरे चलकर अंदर से खड्डी उठाकर लाता है। बिद्दो सहारा देती है। करघे पर रख कर, रस्सी खेंच कर, तानी फैलाता है। पालो का गीत चलता रहता है)

किरपा : चल, भइया! हिम्मत कर। तेरी दूर मंज़िल।

पालो : **(दूर से)** एक वीर देना, रे रब्बा
मैं भी दुनिया में शामिल होऊँ
एक वीर देना, रे रब्बा!

किरपा : तगड़ा हो भई।

रुक्को : खड्डी बैठने लगा है, किरपा राम?

मास्टर : उम्र नहीं अब, चाचा, तैरी।

किरपा : बारी मेरी थी। तीनों बारी ले गए। मेरे से छीन कर। मर गए! **(सीधा खड़ा होने का यत्न करता है। आँसू दबाता)** आप मर गए। मुझे जवान कर गए! बिद्दो, पुत्र, नलियाँ बना!

(अँधेरा)

—ख़त्म—

(पहला प्रालेख : मार्च, 1984)

□□□